세계교회협의회(WCC)와 신학

저자 **이형기**

서울대학교 문리과대학 종교학과(B.A)
장로회신학대학교 신대원(Th.B)
장로회신학대학교 대학원(Th.M)
서독 뮌스터대학교 신학부
미국 하버드대학교 신학부(Th.M)
미국 드류대학교 대학원(Ph.D)
미국 뉴욕 앰허스트 한인장로교회 목사
현) 장로회신학대학교 역사신학 명예교수
　　NCCK 신앙과 직제 위원
　　공적신학과 교회연구소 소장
　　바른교회아카데미 연구위원회 위원장

세계교회협의회(WCC)와 신학

2013년 8월　5일　초판 인쇄
2013년 8월 10일　초판 발행

지은이 | 이형기
펴낸이 | 이찬규
펴낸곳 | 북코리아
등록번호 | 제03-01240호
주소 | 462-807 경기도 성남시 중원구 상대원동 146-8
　　　우림2차 A동 1007호
전화 | 02-704-7840
팩스 | 02-704-7848
이메일 | sunhaksa@korea.com
홈페이지 | www.bookorea.co.kr
ISBN | 978-89-6324-323-8 (93230)

값 28,000원

세계교회협의회와 신학

World Council of Churches

이형기 지음

북코리아

서 문

　세계교회협의회(WCC)는 신학이 있는가? WCC 중심의 에큐메니칼 운동에
는 신학이 있는가? 한국교회의 에큐메니칼 지도자들 가운데 어떤 이들은 에큐
메니칼 운동에는 신학이 없다고 한다. 아니다. 그 운동은 신학에 의하여 추동되
고 신학에 의하여 반성되고 신학에 의하여 다시 추동된다. 이 운동에 신학이 없
다면 자신이 나가야 할 방향을 알지 못하고 지나온 길을 다시 돌이켜볼 수도 없
다. '해방신학'의 주장들 가운데는 '실천'(praxis)이 먼저고 그것에 대한 반성은
뒤따라 온다고 한다. 하지만 에큐메니칼 운동은 그렇지 않다. 요한복음 17:21절
이 복음전도와 증언을 위하여 교회가 삼위일체 하나님과 연합하여 하나가 되어
야 하고, 사도행전 15장이 공의회운동의 근거이며 에베소서 1:10절과 골로새서
1:15-20절이 '삶과 봉사'운동의 본문이라고 할 때, 에큐메니칼 운동은 단순히
'실천'에서 출발하는 운동과 신학이 아니다. 다시 말하면, 에큐메니칼 운동은 사
도들의 '복음전승', 성경, 설교 · 세례 · 성만찬과 같은 교회의 예배예전적 전통,
그리고 교회의 신학전통들을 전제하면서, 상황들에 걸맞은 다양한 신학들을 새
롭게 추구한다. 이런 전제하에서 맥락이 중요하다.

　본 필자는 에큐메니칼 운동에는 신학이 있다고 주장한다. 그러면 그 신학이
어떤 신학인가? 필자는 그 동안 이미 두 권의 에큐메니칼 관련 저서를 출판하였
다. 하나는 『복음주의와 에큐메니칼 운동의 세 흐름에 나타난 신학』(1999)이고
다른 하나는 『에큐메니칼 운동의 패러다임 전환』(2011)이었다. 본인은 이 두 저
서에서 에큐메니칼 신학을 역사적으로 다루었다. 첫 권에서는 주로 '신앙과 직

제'운동, '삶과 봉사'운동, 그리고 '세계선교와 복음전도'운동, 각각의 신학을 각각의 공식문서들 안에서 추적하되, 그것의 역사적 발전과 변화에 주목하였고, 두 번째 권에서 역시 특히 '삶과 봉사'운동의 역사적 발전과 변화, 그리고 특히 그것의 패러다임 변화를 다루었다. 따라서 에큐메니칼 운동에 신학이 없다고 하는 것은 말도 안 된다. 적어도 역사적으로 공식문서들에 나타난 신학들 안에는 다양한 신학전통들과 신학자들의 다양한 신학들이 녹아져 있고 수렴되어 있으면서, 나름대로 자신의 장르를 형성하여 에큐메니칼 운동 특유의 신학전통을 보여주고 있는 것이다. 그러니까, 에큐메니칼 신학은 '교회들의 코이노니아'와 '신학들의 코이노니아', '복음과 성경', '예태예전과 세례 성만찬', '삼위일체 하나님과 정통 기독론' 등을 신학들의 다양성의 통일성으로 전제하고 있다(참고: 결론 B. 에큐메니칼 신학의 전제와 자리) 하겠다.

본 저서의 제목은 세계교회협의회(WCC)와 신학이다. 본 저서는 13개의 논문들의 모음이다. 제5장 'WCC와 삼위일체론'과 제8장 'WCC와 종말론'을 제외하면 모두 세미나나 공개강연에서 발표했던 그리고 그중 어떤 것들은 발표될 글들이다. 제1장은 장신대에서 발표된 글이고(2011년 10월), 제2장과 7장은 2012년 부산 WCC 총회 한국준비위가 기획하였으나, 아직 실시를 미루고 있는 공개강연을 위한 글이며, 제3장은 2013년 5월 6일 발표할 '신대원연합세미나를 위한 글이고, 제4장은 순복음교회에서 강연된 글이고(2005년), 제5장과 7장은 본 저서 출판을 목적으로 쓰인 글(2012-2013)이다. 그리고 본인은 2013년 5월에 기독교 학술원 주체 공개강연에서 9장 축약하여 발표할 예정이고, 제10장은 '바른교회 아카데미'에서 발표하였으며(2012년 2월), 제11장은 한국의 로마가톨릭신학 잡지인 '신학과 사상'에 실었고(2009년 겨울), 제12장은 장신대에서 발표하였으며(2012년 11월), 제13장은 '총회연구단체협의회'에서 발표하였다(2012년 8월).

따라서 본 저서의 13개의 글들은 하나가 다른 하나로의 이동에 있어서 반드시 논리적 필연성에 의한 것이 아니고, 각 장의 글 분량 역시 다소 길고 촘촘하며 역사적 발전과 변화를 고려한 각각의 신학사상은 다른 글들과의 전후관련성보다는 오히려 그 자체로서 심화된 내용을 담고 있다고 생각한다. 그러니까, 본 저서의 13개의 글들은 제목들에 있어선 조직신학적인 특징을 보이고 있으나, 조직신학의 모든 주제들을 다룬 것도 아니고, 실제 내용인 즉, 각각에 있어서 역사신학적 접근에 의한 특징을 가지고 있다 하겠다.

필자는, 본 저서가 먼저 출판한 두 권의 저서들과 더불어 한국교회의 에큐메니칼 운동과 에큐메니칼 신학 발전에 크게 기여할 수 있기를 바란다.

2013년 7월
이형기

목 차

제7장 WCC와 교회론

▆▆▆ 제10장 WCC와 경제

제13장 '화해와 치유를 통한 생명공동체운동 10년'(2013-2023)을 향한 신학적인 비전과 방향

■■■ 전체 결론

제1장

WCC에 대한 이해와 오해

†

I
WCC에 대한 이해

1. 에큐메니칼이란 말의 뜻

에큐메니즘, 에큐메니시티(ecumenicity) 및 에큐메니칼이란 단어는 희랍어 오이쿠메네(oikoumene)에서 유래하였다. 이 말의 어원은 oikos(집)인데, 이로부터 oikonomia(집안 살림살이 = managing of the household)란 말이 나왔고, 이루부터 economy(경제, 그리고 신학에선 '경세')와 ecology(생태학)란 말이 나왔다.

이 말의 사전적 의미는 "사람들이 살고 있는 온 세상"(the whole inhabited world)이다. 희랍-로마 세계(the Greco-Roman World)에서 이 "오이쿠메네"는 사람들이 거주하는 온 세상, 문명세계 혹은 희랍-로마 문화영역, 나아가서는 로마 제국을 의미했다. 신약성경에선 이와 같은 세속적인 의미로 15회 가량 사용되었고, 2-3세기에 이르면 이 용어가 "사람들이 살고 있는 온 세상" 속에 지역별로 흩어져 있는 세계교회를 가리키는 것으로 사용되었고, 4세기에서 5세기 동안에는 지중해 세계의 보편교회를 지칭하는 것으로 사용되었다. 그리하여 381년의 콘스탄티노플 공의회는 처음으로 325년 니케아 공의회를 제1차 '에큐메니칼 공의회'라 불렀다.

제1차 세계대전(1914-1918) 이후로 "에큐메니칼"이라는 말은 획기적으로 새로운 의미를 갖게 된다. 즉, 그것은 교회들의 다양성 속에서의 일치를 추구하는 "신앙과 직제"(Faith and Order) 운동, 교회의 사회참여에 해당하는 "삶과 봉사"(Life and

Work) 운동, 복음전파와 하나님의 선교를 추구하는 "복음전도와 세계선교" 운동과, 이 세 운동의 신학을 가리키는 것으로 사용되었다. 그리고 이 세 운동이 WCC의 세 기둥인 바, 이 WCC는 에큐메니칼 운동의 도구로서 세계교회들의 공식대표들로 구성되어 있다. 하지만 1975년 '나이로비 세계교회협의회'의 JPSS(A Just, Participatory and Sustainable Society = 하나의 정의롭고 참여적이며 지속 가능한 사회) 이후 오이쿠메네의 의미는 창조세계 보전 차원에서 온 우주를 아우르고 타 종교들과의 대화도 포함하고 있다. 1983년 밴쿠버 WCC 총회 이래 오늘날 세계교회의 중심과제는 "JPIC"(Justice, Peace and Integrity of Creation = 정의, 평화, 창조세계 보전)가 되었다.

2. 에큐메니칼 운동의 성경적인 의미

예수님께서는 이 세상을 떠나시기 전 인류를 하나님께 화해시키시는 대제사장으로 아버지 하나님께 이렇게 기도하셨다. "아버지여, 아버지께서 내 안에, 내가 아버지 안에 있는 것 같이 그들도 다 하나가 되어 우리 안에 있게 하사 세상으로 아버지께서 나를 보내신 것을 믿게 하옵소서"(요 17:21)라고. 예수님은 하나님의 아들로서 성령을 통하여 아버지 하나님과 영원한 코이노니아 속에 계신 것처럼 우리 믿는 사람들 역시 다양성 속에서 코이노니아를 누리기(analogia trinitatis)를 위하여 기도하신 것이다. 그리고 이 구절의 끝 부분에 있는 "세상으로 아버지께서 나를 보내신 것을 믿게 하옵소서"는 그의 몸 된 교회에게 복음전파를 부탁하신 것이다. 즉, 교회일체를 위한 주님의 기도 목적은 교회의 복음전파이다. 그리고 골로새서 1:13-20절은 예수 그리스도께서 우리 믿는 자들의 구속 주이실 뿐만 아니라 온 인류와 온 우주를 하나님께 화해시키셨음을 증언하고 있다. 이것은 대체로 '하나님의 선교'(missio Dei) 영역일 것이다.

그가 우리를 흑암의 권세에서 건져내사 그의 사랑의 아들의 나라로 옮기셨으니 그 아들 안에서 우리가 속량 곧 죄 사함을 얻었도다.

그는 보이지 아니하는 하나님의 형상이시요 모든 피조물보다 먼저 나신 이시니 만물이 그에게서 창조되되 하늘과 땅에서 보이는 것들과 보이지 않는 것들과 혹은 왕권들이나 주관들이나 통치자들이나 권세들이나 만물이다.

그로 말미암고 그를 위하여 창조되었고 또한 그가 만물보다 먼저 계시고 만물이 그 안에 함께 섰느니라.

그는 몸인 교회의 머리시라 그가 근본이시요 죽은 자들 가운데서 먼저 나신 이시니 이는 친히 만물의 으뜸이 되려 하심이요.

아버지께서는 모든 충만으로 예수 안에 거하게 하시고 그의 십자가의 피로 화평을 이루사 만물 곧 땅에 있는 것들이나 하늘에 있는 것들이 그로 말미암아 자기와 화목하게 되기를 기뻐하심이라.

교회의 역사는 교회들의 분열의 역사요 일치추구의 역사이다. 교파들마다 성경에 대한 이해가 다르고 교리들과 직제들과 사회참여의 방법들이 다르다. 그러나 성경과 전통은 우리들에게 다양성 속에서 통일성을 제시한다. 구약의 구속사를 배경으로 하는 신약의 '하나의 하나님 나라 복음 이야기'와 삼위일체 하나님과 하나님 나라는 성경의 통일성에 해당하고, 이를 중심으로 하는 다양한 이야기들과 메시지들이 있고, 이것에서 비롯되는 다양한 교파들의 다양한 전통들이 있으니, 우리는 성경과 전통들 차원에서 통일성과 다양성을 찾아서, 교파들과 교파들의 신학들의 통일성과 다양성을 찾아야 할 것이다. 그래야 우리는 예수님께서 기도하신 대로 다양성 속에서 통일성을 이룸으로써, 역사와 창조세계를 하나님께 화해케 하는 과제(골 1:20절과 엡 1:10)를 수행할 수 있을 것이다. 이상과 같은 성경에 나타난 에큐메니즘은 아래에서 기술할 '신앙과 직제', '삶과 봉사', 그리고 '복음전도와 세계선교'의 성경적 근거이다.

3. 에큐메니칼 운동의 역사적 기원과 발전

하나님 아버지께서 그의 아들을 통하여 인류와 창조세계를 자신에게 화해시키셨으니, 이와 같은 화해의 복음사건 자체가 에큐메니칼 하다. 그리고 요한복음 17:21절에서처럼 삼위일체 하나님께서 인간과 창조세계를 자신과의 영원한 코이노니아에 초대하심 역시 에큐메니칼 하다. 그리고 구약과 신약이 지향하는 새 하늘과 새 땅의 성격 역시 에큐메니칼 하다. 따라서 에큐메니칼 운동은 역사적 필연성에서 생기기 전에 성경 메시지 그 자체 내에 내장되어 있다.

하지만 에큐메니칼 운동은 또한 역사적인 필연성에서 생긴 것도 사실(史實)이다. 고대 지중해 세계교회 시대에는 로마, 콘스탄티노플, 알렉산드리아, 안디옥, 예루살렘 교구가 에큐메니칼 공의회들을 통하여 이단들에 대처하였다. 다시 말하면, 이단들의 공격으로 인하여 지중해 세계의 보편교회가 분열될 위기들에 직면했을 때, 공의회들의 교리결정들이 그것을 해결하였다고 하는 것이다. 정통 삼위일체론과 정통 기독론 같은 것이 그 예라 할 수 있다.

그런데 에큐메니칼 운동의 좀 더 근대적인 기원은 19세기 복음주의 각성운동에 힘입은 세계 복음전도에 있었다. 즉, 복음전도의 현장에서 여러 교파들은 상호간의 협조를 필요로 하였고, 교파에 대한 정체성보다는 '복음'을 전파하는 일에 협력해야 함을 깨닫게 되었다. 라토렛(Scott Latourette) 교회사 교수는 1817-1914년까지의 유럽과 북미의 역사를 "위대한 세기"(The Great Century)라 하였다. 그 이유는 바로 19세기에 개신교의 복음 선교가 절정에 도달하였다고 보았기 때문이다. 바로 이와 같은 시기에 선교의 현장에서 교파들의 협력이 요청되었고, 교파를 초월하는 '복음' 전파가 필요했다는 말이다.[1]

그리하여 1910년 세계선교대회(WMC)의 폐막식에서 필리핀의 선교사로서 미국의 성공회 주교인 브렌트가 '신앙과 직제'(Faith and Order) 운동을 제안하였다. 이 운동은 미국을 중심으로 전개되면서 '신앙과 직제'운동이 등장하였고, 1914

---

1 • 참고: Kenneth Scott Latourette, *A History of Christianity*, Vol. Ⅱ, New York: Harper & Row, Publishers, 1975, 1334-1345. 1349-1380.

년 제1차 세계대전 직전에 스웨덴의 루터교 주교인 죄더블럼이 "평화에의 호소문"을 전쟁 당사국들의 교회를 포함하는 세계교회에 보낸 것이 계기가 되어 '삶과 봉사'(Life and Work) 운동이 출범하였다. 그리고 1910년 '세계선교대회'(WMC)가 1921년엔 '국제선교협의회'(IMC)로, 그리고 1960년대에는 WCC에 가담하면서 '세계선교와 복음전도 위원회'(CWME)로 명칭이 바뀌었다. 이리하여 '신앙과 직제', '삶과 봉사' 그리고 '세계 선교와 복음전도 운동'이 향후 에큐메니칼 운동의 흐름을 결정하였다.[2] 그런즉, 결국 WCC를 통한 에큐메니칼 운동의 주된 흐름은 셋인데, 이는 요한복음 17:21(아버지께서 내 안에, 내가 아버지 안에 있는 것 같이 저희도 다 하나가 되어 우리 안에 있게 하사 세상으로 아버지께서 나를 보내신 것을 믿게 하옵소서)과 골로새서 1:20(그의 십자가의 피로 화평을 이루사 만물 곧 땅에 있는 것들이나 하늘에 있는 것들을 그로 말미암아 자기와 화목하게 되기를 기뻐하심이라)과 에베소서 1:10(하늘에 있는 것이나 땅에 있는 것이 다 그리스도 안에서 통일되게 하려 하심이라)에 나오는 성경구절로 요약될 수 있다. 그런즉, 에큐메니칼 운동은 이상과 같이 세 흐름에 의하여 결정된다.

그리고 1920년엔 동방정교회가 "국제연합"(The League of Nations)에 맞먹는 "교회들의 코이노니아"(koinonia ton ecclesion)를 제안하였고, 비슷한 시기에 죄더블럼과 올드햄 역시 교회들의 연합체 구성을 제안하였다. 그리하여 1925년에 스톡홀름에서 제1차 삶과 봉사운동 세계대회가, 그리고 1927년에 로잔에서 제1차 신앙과 직제 세계대회가 열렸다. 그리고 이 두 대회의 대표들이 결국 1937년 케버트(McCrea Cavert)가 제안한 'WCC'(세계교회협의회)란 용어를 받아들여, 네덜란드의 유트레히트에서 WCC 헌장이 작성되었다. 그 교리헌장(the Basis)은 성육신 교리와 칼세돈의 정통 그리스도론을 배경으로 하였고, 1961년 뉴델리 WCC 때에는 성공회의 제안을 받아들여서 "성경"과 "삼위일체 하나님"을 첨부하였다.[3]

세계교회협의회(World Council of Churches)란 우리 주 예수 그리스도를 하나님

---

2 • 이 세 흐름에 관하여는 참고: 이형기, 『복음주의와 에큐메니칼 운동의 세 흐름에 나타난 신학』(서울: 한국장로교출판사, 1999).

3 • "World Council of Churches", Nicholas Lossky and Others(ed.), *Dictionary of the Ecumenical Movement*(Geneva: WCC Publications, 1991), 1084.

과 구세주로 받아들이는 교회들의 코이노니아이다.

세계교회협의회란 성경을 따라서 우리 주 예수 그리스도를 하나님과 구세주로
고백하고 성부와 성자와 성령 삼위로 일체되시는 하나님의 영광을 위한 교회
의 공동 소명을 함께 성취하려고 하는 교회들의 코이노니아이다.[4]

4. 협의회, 협의회적 친교 그리고 협의회성

WCC란 'World Council of Churches'의 이니셜로서 우리말로는 '세계교회협
의회'라고 번역된다. 협의회의 기원은 사도행전 15:1-35절의 예루살렘 사도들의
협의회에 있다. 바울이 안디옥에서 제기된 문제, 곧 이방인 출신 기독교인들이 할
례를 비롯한 모세의 율법을 지키지 않으면 구원을 받지 못할 것이라고 하는 문
제를 안디옥 교회 자체 내에서 스스로 해결하지 못하고 예루살렘 교회로 가져와,
사도들 회의에서 해결하였고, 그 결과물(편지)을 안디옥으로 발송하였다. 이것을
효시로 하여, 고대 교회는 일곱 공의회를 열어 이단의 문제를 해결하였다. 325년
니케아 공의회, 381년 콘스탄티노플 공의회, 431년 에베소 공의회, 451년 칼세
돈 공의회 등이 그 예라 하겠다. 그런데 381년 콘스탄티노플 공의회는 325년 니
케아 공의회를 제1차 에큐메니칼 공의회라 불렀으니, 결국 고대교회 역사 속에서
일곱 에큐메니칼 공의회들이 열렸다.

그리고 14-15세기경엔, 교회개혁을 위한 '공의회 운동'(conciliar movement)이
있었다. 이 운동은 파쥬아의 마르실리우스, 윌리엄 옥캄, 장 제르송, 피에르 다이
등에 의하여 주창되었던 바, 에큐메니칼 공의회의 권위가 교황 위에 있다고 하는
성경적 근거(마 16:18-20; 행 15; 갈 2:11)를 가지고 출발하였다. 그리고 그 회의는 피
사(1409), 콘스탄스(1414-1418) 등에서 열렸고, 특히 교황청의 아비뇽 포로기 동안
에 그 힘을 발휘하였다. 비록 그 운동이 크게 성공을 거둔 것은 아니었지만, 교회

---

4 • Ibid.

개혁과 유럽의 민주화에 큰 기여를 한 것으로 보인다.

　　20세기 '세계교회협의회'(WCC) 운동은 바로 이상과 같은 공의회 운동 혹은 협의회 운동 전통을 이어받아, 오늘의 교회일치운동과 교회의 사회참여 운동과 세계선교 운동을 주도하고 있다. 따라서 '세계교회협의회' 산하 모든 운동은 그 성격에 있어서 세계교회들의 협의회적 친교를 통한 협의회 운동인 것이다. 일찍이 1975년 나이로비 WCC는 "교회의 삶 속에 나타나는 진정한 협의회적 특성은 삼위일체 하나님의 협의회적 특성을 반사시킨다."(S. Ⅱ. Ⅱ. 5)고 하여 '협의회적 친교'(conciliar fellowship)의 신학적 근거를 '삼위일체론'에 두고 있으며, 이와 같은 '협의회적 친교'를 통하여 '진정으로 연합한 지역별 교회들'로 하여금 보편교회를 지향하게 하였다. 나이로비의 주장을 읽어보자.

> 예수 그리스도는 하나의 교회를 창설하셨지만, 오늘날 우리는 서로 분리된 다양한 교회들 안에서 살고 있다. 그러나 우리의 미래에 대한 비전은 우리가 다시 한 번 갈라지지 않은 한 교회 안에서 형제자매들로 사는 것이다. 이 목표가 어떻게 묘사될 수 있을까? 우리는 다음과 같은 묘사를 교회들에게 숙고하게 하고자 한다. 하나의 교회란 자신들끼리 진정으로 연합한 개교회들 혹은 지역 교회들의 협의회를 통한 친교로 묘사될 수 있다. 이 협의회를 통한 친교에 있어서 각 개교회 혹은 지역교회는 타 교회들과의 친교 속에서 완전한 보편성을 소유하고, 동일한 사도적 신앙을 증거하며, 타 교회들이 그리스도의 동일한 교회에 속하였고, 동일한 성령에 의하여 인도된다고 하는 사실을 인정한다. …
> (S. Ⅱ. Ⅱ. 3)[5]

　　그리고 WCC는 서울 JPIC(World Convocation on Justice, Peace and Integrity of Creation)를 "협의회적 과정"(conciliar process)으로 보고, 그것을 이렇게 정의하였다. "WCC 회원 교회들로 하여금 정의, 평화, 창조세계 보전에 대한 상호 참여(=언약)의 한 협의회적 과정에 동참하게 하는 것이야말로 WCC 프로그램들 가운데 우선

■■■ 5 • *Breaking Barriers Nairobi 1975*(SPCK, 1975).

과제가 되어야 한다."[6] 그리고 우리는 CWC(Christian World Communions)의 연합운동을 통해서도 에큐메니칼 운동의 '협의회성'(conciliarity)을 잘 알 수 있다.[7]

6 • The Final Document and Other Texts From the World Convocation on Justice, Peace and Integrity of Creation, Seoul, Republic of Korea, 5-12 March 1990(Geneva: WCC, 1990). 2.

7 • 참고: "Christian World Communions", In Dictionary of Ecumenical Movement(Geneva: WCC, 1991), 156 이하.

Ⅱ
WCC 신학에 대한 오해

1. WCC는 '초대형교회'(a Super-Church)를 추구하는가?

　　많은 사람들은 WCC가 기존의 모든 교파들을 해체시키고 '초대형교회'(a Super-Church)를 만들려고 하는 것이 아닌가라고 하는 의구심을 갖는다. 일찍이 1951년에 토론토에서 모인 WCC 중앙위원회는 WCC에 대한 이와 같은 오해를 불식시키고, 그것에 대한 참된 이해를 돕기 위하여 "교회, 교회들 그리고 세계교회협의회"(The Church, the churches and WCC: the ecclesiological significance of WCC)라고 하는 성명서를 발표하였다. 여기에서 "교회"(the Church)란 "하나님의 백성", "그리스도의 몸", "성령의 전"과 같은 신약성경에 증언된 하나의 교회요, 니케아-콘스탄티노플 신조가 고백하는 "하나의 거룩하며 보편적이고 사도적인 교회"를 말한다. 그리고 "교회들"은 로마가톨릭교회, 동방정교회, 성공회, 루터교, 장로교, 감리교 등 역사 속의 경험적 교회들을 말한다. 그러니까 WCC란 "교회들"의 협의체요 연합체로서 저 신약성경이 증언하고 고대신조가 고백했던 하나의 교회(Una Sancta)를 추구하는 것이다. 이런 뜻에서 WCC는 애초부터 다양성 속에서 통일성을 추구하였다. 그리하여 본 성명서는 "무엇이 WCC가 아닌가?"라고 하는 부분에서 "WCC란 하나의 획일주의적인 초대형교회가 아니고 결코 그것이 되어서도 안 된다."라고 하는 내용을 첫 번째 항목에 놓았다.

　　1927년 로잔 제1차 신앙과 직제 세계대회가 선언하고 있는 다음과 같은 교회의 표지들은 모든 교회들(로마가톨릭, 동방정교회, 성공회, 개혁교회 등)이 공유해야 할 '표지들'이다.

① 성경 안에 주어져 있고 성령에 의하여 교회와 개인에게 해석된 하나님의 말씀이 교회 안에 있다.

② 교회는 성육신하시고 그리스도 안에서 계시된 하나님에 대한 신앙을 소유하고 있다.

③ 교회는 모든 피조물들에게 복음을 전하라고 하는 그리스도의 명령을 수용하고 있다.

④ 교회는 성례전을 준수하고 있다.

⑤ 교회는 목회적 직무를 위한 교역(직제), 말씀의 설교, 그리고 성례전을 시행한다.

⑥ 기도와 예배와 모든 은혜의 방편들과 거룩함에 대한 추구와 사람을 섬김에 있어서 교제를 추구한다.(Ⅳ. 31-34)[8]

2. WCC는 교회의 정체성(본질과 사명)은 무시하고 사회참여 일변도로만 나가는가?

'신앙과 직제'운동 모두가 결국 '교회론'(ecclesiology)이라고 생각될 정도로 WCC는 교회의 정체성을 매우 강조한다. 그리고 WCC는 이와 같은 '교회론'을 전제하면서 결국 교회의 '사회윤리'(social ethics)라고 여겨지는 '삶과 봉사'운동을 주관하고 있기 때문에, WCC는 단순히 교회의 사회참여 일변도로 나가지 않는다. 이제 우리는 아래에서 '신앙과 직제'의 공식문서가 주장하는 교회론을 소개한다.

---

8 • *Faith and Order: Proceedings of the World Conference Lausanne, Aug. 3-21, 1927*(London:1927), 461ff.

1) '복음과 교회'

1927년 제1차 로잔 신앙과 직제 세계대회는 복음을 다음과 같이 정의하였다.

세상을 위한 교회의 메시지는 예수 그리스도의 복음이요, 항상 복음이어야 한
다. 복음은 현재와 미래를 향한 구속의 기쁜 메시지인 바, 그리스도 안에서 죄
인에게 주어진 선물이다. 성령은 온 인류 역사 속에서 활동하시어 그리스도의
오심을 준비하셨고, 무엇보다 구약 안에 주어진 그의 계시를 통해서 그의 오심
을 준비하셨는데, 때가 차서 하나님의 영원한 말씀이 성육하사 인간이 되신 것
이다. 바로 예수 그리스도는 하나님의 아들과 사람의 아들로서 은혜와 진리가
충만하신 분이시다.
　　이 예수 그리스도는 그의 삶과 가르침, 그의 회개에로의 부름, 그의 하나님
의 나라의 도래와 심판에 대한 선포, 그의 고난과 죽음, 그의 부활과 하나님
아버지 우편에로의 승귀 및 그의 성령의 파송을 통하여 우리에게 죄의 용서를
베풀어주셨고, 살아계신 하나님의 충만함과 우리를 향하신 하나님의 한없는
사랑을 계시하였다. 예수 그리스도는 십자가에서 보이신 완전한 사랑에 호소
하시어 우리들을 신앙에로 부르시고, 하나님과 인간을 섬기기 위한 자기 희생
과 헌신에로 부르신다. (Ⅱ. 9-11)[9]

이상과 같은 '복음'은 세상을 위한 "구속의 기쁜 메시지"로서 성경의 중심 메
시지이다. 이 "복음"은 인간을 "신앙"에로 부르시는 하나님 아버지의 한이 없으신
사랑으로서 정통 기독론적이고 정통 삼위일체론적인 틀 안에서 주어졌다. 바로 이
"복음"을 믿음으로 받아들여 의롭다 함을 받고 성화의 삶을 살아가는 공동체가 다
름 아닌 '교회' 공동체이다. 그래서 1937년 옥스퍼드 신앙과 직제 제2차 세계대회
는 "칭의와 성화"에 대하여 다음과 같이 주장함으로써 교회의 복음에 대한 수용을
명쾌하게 정의하였다.

━━━ 9 • Ibid.

값없이 사랑을 베푸시는 하나님은 그리스도를 통해서 우리를 칭의하시고 성화시키신다. 우리는 이 하나님의 은혜를 믿음으로 받아들이는데, 이 믿음 자체는 선물이다.

칭의와 성화는 죄인과 관계를 맺으시는 하나님의 은혜로우신 행동의 불가분리한 두 측면이다.

칭의는 하나님께서 우리의 죄를 용서하시고, 우리를 그 자신과 교제케 하시는 하나님의 행동이다. 하나님은 그리스도 안에서, 그리고 그의 십자가의 죽으심을 통해서 죄를 정죄하시고, 당신의 사랑을 죄인들에게 나타내시며, 세상을 자신과 화해시키신다.

성화는 성령을 통하여 우리와 전 교회를 새롭게 하시는 하나님의 역사이다. 하나님은 우리를 죄의 세력으로부터 구해내시고, 우리를 그의 거룩함 안에서 자라게 하시며, 예수 그리스도의 죽음과 부활의 삶에 동참함을 통해 우리로 그리스도를 닮아가게 만드신다. 우리를 지속적인 영적 행위와 악과의 투쟁으로 고무시키는 이러한 갱신은 하나님의 선물에 의해 유지된다. 거룩함에서의 우리의 성장이 어떤 것이라 할지라도, 우리의 하나님과의 교제는 항상 하나님의 용서하시는 은혜 위에 근거하고 있다.

믿음은 그리스도 안에 나타난 계시의 지적인 수용(受容) 이상의 것이다. 그것은 하나님과 그의 약속에 대한 전적인 신뢰이며, 우리의 구세주이며 주님이 되시는 예수 그리스도께 우리 자신을 위탁하는 것이다.(II. ii)[10]

그리고 1927년 로잔은 믿음의 공동체인 교회의 본성과 표지를 아래와 같이 규정하였다. 먼저 교회의 본성에 대하여 다음과 같이 주장하였다.

세계를 구원하시기 위한 복음을 우리에게 주신 하나님께서는 그의 교회가 삶

---

10 • 루카스 피셔, 『에큐메니칼 신학의 발전사 (I)』, 이형기 옮김, 서울: 한국장로교출판사, 1998, 50-54. 로마가톨릭교회와 루터교 세계연맹(LWF)은 *The Joint Declaration of the Doctrine of the Justification(1999)*을 통하여 '칭의'문제 관한 한 16세기에 있었던 상호 정죄를 더 이상 하지 않기로 하였고, 2006년엔 세계감리교협의회 19차 총회 역시 이 문서에 서명 날인하였다.

과 말씀으로써 복음의 구속하는 능력을 증거할 것을 명하셨다. ··· 예수 그리스
도는 이 교회의 머리이시고 성령은 교회를 지속시키는 생명이다.(Ⅲ. 16)

그리스도 예수를 믿는 자들의 공동체인 교회는 신약에 따르면 하나님의 새
언약의 백성이요, 그리스도의 몸이요, 성령의 전이다. 교회는 사도들과 선지
자들의 터 위에 세워졌다. 예수 그리스도는 교회의 모퉁이 돌이시다.(Ⅲ. 17)

교회는 하나님의 택하신 도구이다. 그리스도는 성령을 통하여 이 도구로써 인간
을 믿음으로 하나님께 화해시키고, 그들의 의지들을 주님께 복종케 하여, 그들
을 은혜의 방편들로 성화시키며, 그들을 사랑과 섬김 안에서 연합시킴으로 그리
스도의 증인들이 되게 하시고, 그의 나라가 영광 중에 도래할 때까지 지상에서
그의 통치를 확장시키는 일에 함께 동참하는 일꾼들이 되게 하신다.(Ⅲ. 18)

오직 하나의 그리스도, 그 안에 있는 하나의 생명, 그리고 모든 진리 가운데로
인도하시는 하나의 성령이 있듯이, 오직 하나의 거룩하고 보편적이며 사도적
인 교회가 있을 뿐이다.(Ⅲ. 19)

2) 삼위일체 하나님과 삼위일체 하나님의 형상으로서 교회

『교회의 본질과 선교』는 교회란 "은혜의 선물로서 말씀과 성령의 피조물"
(creatura Verbi et creatura Spiritus)이라 정의하였다.[11] 그런즉, 우리가 기독론적이고
삼위일체론적인 화해의 복음을 성령의 역사로 믿는 사람들이 다름 아닌 '하나
님의 백성'이요, '그리스도의 몸'이요, 그리고 '성령의 전'이다. 이는 다름 아닌
삼위일체 하나님의 형상(imago trinitatis)이다[I . A. (Ⅱ) 18-22].[12] 교회는 내재적 삼
위일체 하나님과 경세적 삼위일체 하나님의 자체 내의 코이노니아의 반사체

---

11 • 『교회의 본질과 선교』, 신앙과 직제 문서 198.『신앙과 직제와 삶과 봉사의 합류』, 이형기 · 송인설
　　공역, 한국기독교교회협의회 신앙과 직제위원회 편(서울: 한국기독교교회협의회, 2009), 350. I .A.
　　(1) 9.

12 • Ibid., 356-358.

라고 하는 말이다. 따라서 이와 같은 삼중형태 혹은 다양성 속의 코이노니아로서 교회는 교역자들이든 일반 성도들이든 모든 믿는 사람들을 포함한다. 그리고 교회에 대한 이와 같은 세 가지 유형은 상호 보완하여 교회의 의미를 충만하게 한다. 특히 삼위일체 하나님의 형상으로서 교회 개념은 동방정교회 신학전통으로부터 온 것이다.

(1) 코이노니아(Koinonia/Communion)로서의 교회[13]

1991년 캔버라 WCC 총회는 '신앙과 직제'가 제출한 "코이노니아: 은혜와 과제"를 받아들였고, 1993년 스페인의 산티에고 데 콤포스텔라에서 열린 '신앙과 직제' 제5차 세계대회는 "신앙과 삶과 증언에 있어서 코아노니아를 향하여"를 총회 전체 주제로 하였다. 이는 '사도적 신앙'을 함께 고백하고, 『BEM Text』를 중심으로 교회적 삶을 살며, 복음전도와 하나님의 선교에 있어서 코이노니아를 바탕으로 하고, 동시에 코이노니아를 추구한다고 하는 내용이다. 이 '코이노니아' 개념은 신약성서와 교부들과 종교개혁의 글들에서 발견되는 것으로서, "성만찬, 공동체, 연합, 참여, 사귐, 나눔, 연대성"을 뜻한다.[14] 성부와 성자와 성령의 내재적인 삼위의 '코이노니아'는 경세 차원에서 인류와 창조세계와의 코이노니아로 전개된다. 하나님께서는 인류의 타락에도 불구하고 하나님과 그의 택하신 백성 사이의 특별한 관계인 언약을 맺으셨으니(Ⅰ. A. 25), 창조세계 전체는 하나님과의 코이노니아를 누릴 때에만 그것은 온전성을 지닌다. 따라서 '코이노니아로서 교회'의 의미는 매우 심오하다(Ⅰ. A. 29). 특히 본문은 복음 설교를 통한 연합 그리고 '세례'와 '성만찬'을 통한 '연합'에 관련된 '코이노니아로서의 교회'에 대하여 언급한 다음, '코이노니아로서의 교회'의 존재 이유와 존재 목적에 대하여 말한다.

---

13 • 주의: 필자는 제Ⅱ부.Ⅰ. 3에서 『교회의 본질과 선교』가 주장하는 '교회의 본질'만을 소개하였다. 그 이유는, 역사 속의 교회는 '교회본질'론 부분에서보다 삶과 봉사' 운동에 더욱 긴밀하게 연계되었기 때문이다. 하지만 필자는 '본질'과 '역사'가 결코 이원화될 수 없다고 하는 사실을 잊지 않고 있다.

14 • "koinonia"란 participation, fellowship, sharing, solidarity, community, communion과 같은 다양한 의미를 지닌다. 참고: *Official Report of the Fifth World Conference on Faith and Order: On the Way to Fuller Koinonia*, ed. Thomas F. Best and Guenther Gassmann, Faith and Order no. 166(Geneva: WCC Publications, 1993), 230-262: 공식적으로 받아들여진 4분과 보고서.

교회는 하나님의 영광과 찬양을 위해 존재하고, 이로써 그리스도의 명령에 순종하여 인류의 화해를 위해서 봉사한다. 교회 안에서 실현된 그리스도 안의 코이노니아가 피조물 전체를 포함하는 것이 바로 하나님의 뜻이다(cf. 엡 1:10). 코이노니아로서의 교회는 하나님의 궁극적 목적을 이루는 도구의 역할을 한다 (cf. 롬 8:19-21; 골 1:18-20).(Ⅰ. A. 33)

(2) 교회의 선교/사명

『교회의 본질과 선교』(2006)는 "모든 피조물을 그리스도의 주권 아래 모으고 (cf. 엡 1:10), 인류와 모든 피조물을 코이노니아로 인도하는 것이 하나님의 계획이다. 삼위일체 하나님 안의 코이노니아의 반영으로서, 교회는 이런 목적을 성취하는 하나님의 도구이다."(Ⅰ. B. 34)라고 하면서 교회는 이 목적을 섬김으로써 모든 사람들을 믿게 해야 한다.(요 17:21) 즉, "교회"는 이 목적을 이룩하기 위하여 "복음을 아직도 듣지 못한 사람들과 하나님의 통치에 대한 좋은 소식인 복음을 따라서 살지 않는 사람들에게 말과 행동으로써 이 복음을 전해야 한다. 즉, 이는 '복음전도'(evangelism)에 대한 것이다. 뿐만 아니라 교회는 이 목적을 위하여 세상 속에서 하나님의 통치의 가치들을 삶으로 옮기고 그것의 미리 맛봄이 되도록 부름을 받았다."(Ⅰ. B. 35) 교회는 "자신의 삶으로 구원의 신비와 인류의 변형을 체현함으로써 만유를 하나님께 화해케 하고(고후 5:18-21; 롬 8:18-25), 인간 상호 간의 화해를 구현하시는 그리스도의 선교에 동해야 한다."고 한다. 이는 '하나님의 선교'에 대한 이야기이다. 그런즉, 교회의 모든 본질적 기능과 역할들은 이와 같은 '복음전도'와 '하나님의 선교'에 참여해야 한다고 하는 말이다.(Ⅰ. B. 42)

(3) 이 세상을 위한 하나님의 의도와 계획의 징표와 도구로서 교회

본 문서(『교회의 본질과 선교』)는 교회를, 장차 도래할 하나님 나라의 예언자적 징표요 이 하나님 나라를 역사와 창조세계 속에서 실현하는 도구라고 주장하였다.

하나의 거룩하고 보편적이며 사도적인 교회는 온 세상을 위한 하나님의 의도와 계획을 나타내는 징표요, 그것을 일구는 도구이다. 교회는 이미 삼위일체 하나님의 사랑과 생명에 동참하면서 자기를 넘어서서 모든 창조세계의 목적인 하나님 나라의 완성을 가리키는 예언자적 징표이다. 이 때문에 예수님은 그를 따르는 무리들에게 '땅의 소금', '세상의 빛' 그리고 '산 위에 있는 동네'라 일컫고 있는 것이다('신앙과 직제', 198. 43).(I. c. 43)

즉, 예배를 드리고, 세례와 성만찬을 베풀며, 기독교의 진리들을 가르치고, 친교를 나누며, 봉사와 제자의 도를 행하는 교회는 자기 자신을 위해서 실존하는 것이 아니라, 다가올 하나님 나라를 희망하는 가운데 교회 밖의 영역에서 삼위일체 하나님의 하나님 나라 실현운동에 동참해야 하는 것이다. 본문이 교회를 "신비"(엡 1:9-10; 5:32)라고 부른 이유는, 그것이 "하나님에 의하여 주어진 초월적인 실재(이미 주어졌고, 그것의 완성이 약속된 하나님 나라: 필자 주)를 가리키기 때문이다."(I. c. 45) 그리하여 교회 밖을 향한 종말론적인 목표는 두 가지이다. 하나는 '복음전도'(evangelism)요 다른 하나는 '하나님의 선교'(missio Dei)이다.(I. c. 46)

결국 이상에서 제시한 "삼위일체 하나님의 형상으로서의 교회", "교회의 선교" 그리고 "이 세상을 위한 하나님의 의도와 계획의 징표와 도구로서 교회"는 모든 교파들의 모든 신학이 공유해야 할 교회의 본질과 목적(선교)이다. 따라서 지금까지 이 글이 논한 교회론은 주로 어느 특정 교회(로마가톨릭교회, 동방정교회, 성공회, 루터교, 개혁교회 등)의 교회론이 아니라 신약성경이 증언하고 있는 "그리스도의 몸", "하나님의 백성", "성령의 전" 혹은 니케아-콘스탄티노플 신조(381)가 고백하고 있는 "하나의 거룩하고 보편적이며 사도적인 교회" 또는 예수 그리스도의 교회(the Church of Jesus Christ)의 본성과 목적(선교)에 대한 이야기이다. 다시 말하면, 만약에 역사적 경험 속에 있는 교회들이 위에서 언급한 "교회의 본성"과 "교회의 표지들"을 지니고 있는 한, 이 역사적 경험 속에 있는 교회들 안에 예수 그리스도의 교회(a God-given Unity)는 "존속(subsists in …)하고 있다."

3. WCC의 구원론은 인간의 자력구원을 주장한 펠라기우스(Pelagius)의 후예인가?

이 글은 2의 '1) 복음과 교회'에서 '복음'이 무엇인가를 소개하였고, 칭의와 성화를 소개하였다. 그리고 2의 2)의 (3)에서 미래 지향적인 하나님 나라에 대한 희망을 언급하였다. 때문에 WCC는 '복음'에 대한 신·애·망을 주장한다. 그리고『교회의 본질과 선교』(2006)는 교회의 목적인 '증언' 부분에서 에큐메니칼 운동의 사회윤리('삶과 봉사' 혹은 'JPIC')란 결코 펠라기우스주의 전통을 잇고 있는 것이 아니라고 말한다. 본문이 아래와 같이 말하고 있기 때문이다.

> 교회란 도덕적 성취에 의존하는 것이 아니라 믿음을 통한 은혜로 의롭다 함을 받음에 의존한다. 로마가톨릭교회와 루터교 두 공동체의 분열로 종교개혁이 시작되었던 바, 최근에 이 두 공동체가 자신들을 분열시킨 주된 교리인 이신칭의 교리(혹은 의화교리)의 핵심적인 측면들에 대한 합의에 도달한 것은 교회일치를 위해서 중차대한 일이다.[15] 도덕적인 헌신과 공동의 행동이 가능하고 심지어 교회의 삶과 존재가 지닌 본유적인 것으로 주장될 수 있는 것은 신앙과 은혜에 근거한 것이다."(IV.113)

그리고 본문은 이상과 같이 1999년에 합의한 '칭의론'뿐만 아니라 은혜로 주어질 '하나님 나라' 혹은 '새 하늘과 새 땅'(IV.118)에 대한 비전하에서 기독교인들은 예언자 전통에 서 있으면서도 타 종교인들과 심지어 신앙을 갖고 있지 않은 사람들과 연대하여 교회와 국가 모두에서 하나님 나라의 가치를 구현해야 할 것을 촉구하고 있다.

---

15 • 참고: *Joint Declaration on the Doctrine of Justification, The Lutheran World Federation and the Roman Catholic Church,* English language edition, Grands Rapids, Michigan and Cambridge, UK, William B. Eerdmans, 2000; 인터넷상으로는 http://www.elca.org/ecumenical/ecumenicaldialogue/romancatholic/jddj/declaration.html.

그리스도인들은 타 종교의 사람들과 심지어 종교적 신앙을 지니고 있지 않은 사람들과도 협력하여 하나님 나라의 가치들을 증진시키지 않으면 안 될 뿐만 아니라 정치와 경제 영역에서도 하나님 나라에 대하여 증거 할 의무를 짊어지고 있는 것이다. 특히, 교회와 국가의 관계는 위험과 왜곡에도 불구하고 예수님께서 복음서에서 그려주신 노선들을 따라서 여러 세기에 걸쳐서 사회를 변혁시켜야 한다고 하는 그리스도교적 주장이 구현되는 각축장이다. … 자신의 제자들이 "세상의 소금"이 되어야 하고 "세상의 빛"(비교: 마 5:13-16)이 되어야 하고, 하나님 나라(사회 속에서 이 하나님 나라의 역할은 밀가루 반죽 전체를 발효시키는 것이다. 비교: 마 13:33)를 설교해야 한다고 하는 예수님의 명시적인 부르심은 그리스도인들로 하여금 하나님 나라의 가치를 구현하기 위하여 정치당국과 경제당국과 협조하고, 나아가서 그와 같은 것들과 충돌하는 것들에는 항거하도록 초청하고 있다. 이런 식으로 그리스도인들은 모든 불의에 대해서 하나님의 심판을 선포하는 예언자들의 전통에 서 있는 것이다.(Ⅳ.115)

4. WCC 신학은 자유주의 신학인가?

많은 사람들은 WCC가 자유주의 신학을 추구하고 과격한 사회참여를 실천한다고 비판한다. 그러나 WCC는 "신앙과 직제"(Faith and Order) 운동이 추구하는 '복음', '삼위일체론', '교회론', '구원론', '종말른' 등을 근거로 '삶과 봉사'(Life and Work)운동으로 나가고, 하나님의 선교와 복음전도('세계선교와 복음전도 위원회')를 함께 추구하기 때문에, 결코 사람들이 생각하는 만큼 그렇게 '자유주의 신학'을 추구하는 것이 아니다.[16] 이미 지적한 '신앙과 직제'운동이 주장하는 '복음', '칭의와 성화'(구원론)[17], '복음과 교회' 그리고 '삼위일체론과 삼위일체 하나님으로서의 형상으로서의 교회' 등에서 우리는 WCC는 결코 19세기적 자유주의적 개신교도 20

---

16 • 참고: 이형기, 『복음주의와 에큐메니칼 운동의 세 흐름에 나타난 신학』, 서울: 한국장로교출판사.

17 • 참고: 각주 13.

세기 미국의 개신교 근본주의 전통에 따른 신학을 추구하고 있지 않는다고 하는 사실을 확인하였다.

1) 복음과 성경

1963년 몬트리올 '신앙과 직제' 제4차 세계대회는 제2분과('Scripture, Tradition and traditions')에서 경전으로서의 성경은 대문자 Tradition(전승)에서 기원하였고, 성경 안에서 이 Tradition은 여러 사도적 교회들의 traditions(전통들)를 통하여 전수되었으며(transmission), 성경 밖의 모든 교회들은 소문자 traditions를 형성해왔는데, 이 교회들의 traditions 속에도 Tradition이 증언되고 있다고 하였다.(S.Ⅱ. 39)

무엇보다도 본 문서는 '성경'이 '전승'(Tradition)에서 기원하였고, '전통들'을 통하여 전수된다고 본다.

기독교인들로서 우리 모두는 구약성서에 나타난 하나님의 백성의 역사에서, 그리고 하나님과 인간 사이의 중보자, 하나님의 아들 그리스도 예수 안에서, 하나님이 자신을 계시하셨다는 것을 감사함으로 인정한다. 하나님의 자비와 하나님의 영광은 우리 자신의 역사의 시작이며 끝이다. 예언자들과 사도들의 증언은 그의 계시의 전승(T)을 등장시켰다. 예수 그리스도 안에서의 하나님의 유일회적인 계시는 사도들과 제자들에게 영감을 불어넣어 그리스도의 위격과 사역 안에 주어진 계시를 증거하게 하였다. 아무도 "성령으로 아니하고는 예수를 주시라."(고전 12:3) 할 수도 없었고, 할 수도 없다. 성령의 인도 아래 예언자들과 사도들의 구전과 기록된 전통은 성경의 형성과 교회의 성서로서의 구약과 신약의 경전화를 가져왔다. 전승(T)이 성서들에 앞선다는 바로 그 사실은 전승(T)의 중요성을 지적하는 것이며, 그러나 또한 성서를 하나님의 말씀의 보화로 가리키는 것이다. (S. Ⅱ. 40) (참고: S. Ⅱ. 45)

2) 복음, 정통 기독론 그리고 정통 삼위일체론

기독론적이고 삼위일체론적인 '복음'을 주장하는 '신앙과 직제'는 1952년 빌링겐의 IMC가 종말론적인 비전하에서 삼위일체 하나님의 선고를 주장하였고, 1961년 뉴델리 WCC에 와서는 WCC 헌장에 삼위일체론을 첨가하였으며, 1963년 몬트리올 제3차 신앙과 직제 세계대회는 "복음전승"(the Gospel Tradition)과 아울러 삼위일체론을 더욱 힘주어 언급하였다. 우리는 여기에서 적어도 "복음"과 "삼위일체 하나님"이 WCC 회원 교파들의 다양한 신학전통들을 한데 묶는 통일성으로써 가장 근본적인 사도적 신앙전승이라는 사실을 확인할 수 있다. 그리고 이상과 같은 교회의 정체성에 대한 문제는 50년 이상이나 걸려서 리마에서 수렴된 『세례 · 성만찬 · 직제』(BEM Text, 1982)에서 그 절정에 도달한다. 이 문서는 '복음'과 '삼위일체론'을 근간으로 하여 세례와 성만찬과 직제에 대한 에큐메니칼 신학을 정립하였다. 물론 이 문서 작성과정에 동방정교회와 로마가톨릭교회 대표들도 동참하였다.

그런데 1975년 나이로비의 JPSS, 1983년 밴쿠버의 JPIC, 1989년 바젤에서 열린 '유럽교회들의 에큐메니칼 총회'[18] 그리고 1989년 산 아토니오 CWME[19] 이래로 '복음'의 개념은 창조세계를 포괄하는 화해의 복음으로 이해되었고, 1991년 『하나의 신앙을 고백하며: 니케아-콘스탄티노플 신조로 고백된 사도적 신앙에 대한 하나의 에큐메니칼 해설』[20] 이래로 삼위일체 하나님이 더욱 크게 부각되었다. 따라서 우리는 이상에서 인류뿐만 아니라 창조세계 전체까지 포함하는 '기독론적이고 삼위일체론적인 종말론적인 화해의 복음'이야말로 성경의 다양성 속의

---

18 • *Peace With Justice. The Official Documentation of the European Ecumenical Assembly*, Basel, Switzerland, 15-21 May, 1989, 150 route de Ferney, CH-1211 Geneva 2C: Conference of European Churches, 40.

19 • *The San Antonio Report*, ed. Frederick R. Wilson(Geneva: WCC Publications, 1990), 52 이하(Ⅲ. The Earth Is the Lord's.), 26. 참고: missio Dei는 1952년 Willingen IMC에서 시발하였고, 새 하늘 새 땅에 대한 언급은 1982년 Mission and Evangelism: An Ecumenical Affirmation에서부터 발견된다.

20 • 1975년 나이로비 WCC가 '신앙과 직제'에게 '사도적 신앙의 공동 고백'을 무엇으로 할 것인가를 연구케 한 이래, '신앙과 직제'는 1981년부터 '니케아-콘스탄티노플 신조'(381)를 연구하여 1991년에 본 문서를 출판하였다. 물론, 에큐메니칼 운동에 있어서 삼위일체론은 1952년 빌링겐 IMC, 1961년 수정보완된 WCC 헌장, 1961년 몬트리올 제4차 신앙과 직제 세계대회로까지 소급된다.

통일성이요, 교회들과 신학들의 다양성 속의 통일성이라고 하는 사실을 발견한다. 삼위일체 하나님의 사역 속에서 하나님의 아들 예수 그리스도께서는 하나님과 인류, 하나님과 창조세계, 인간과 인간, 그리고 인간과 창조세계의 화해를 이룩하셨고, 하나님 나라에서 그것을 완성하실 것이다. 이상과 같은 인류와 창조세계를 하나님 아버지께 화해케 한 '복음'은 객관적이고 보편적이며 종말론적이다.

그리고 교회는 이상과 같은 기독론적이고 삼위일체론적이며 종말론적인 복음을 믿음과 사랑과 희망으로 수용한 공동체이다. 나머지 인류공동체는 아직 이를 믿음과 사랑과 희망으로 수용하지 않고 있다.

5. WCC는 '복음전도'와 '교회개척과 교회성장'은 무시하고 '하나님의 선교' 일변도로 나가는가?

에큐메니칼 운동이 지향하는 선교신학의 고전적인 지침서인 1982년 『선교와 복음전도』(Mission and Evangelism: An Ecuemnical Affirmation)는 복음을 통하여 성령으로 개인이 회심에 이르고, 개교회를 세우고 성장시키며, 복음을 전한다고 하는 '복음주의' 전통의 '복음전도'와 WCC 전통의 선교신학 모두를 포함하고 있다.

예수 그리스도는 성령의 능력으로 믿지 않는 사람들을 예배하는 공동체(복음설교, 세례, 성만찬, 가르침 등)로 불러 모으시사, 회심과 이신칭의와 성화를 일으키신다. 다음의 인용들은 18-19세기적 복음주의 전통을 반영하고 있다.

복음의 선포는 그리스도의 구원하시는 주권을 인식하고 이것을 개인의 결단으로 받아들이라고 하는 초대를 포함한다. 그것은 성령의 매개에 의해서 살아계신 그리스도와의 인격적인 만남을 경험함으로써 주님의 사죄를 받아들이고 제자의 도와 봉사의 삶으로의 부름을 개인적으로 받아들이라는 선언이다.

… 신약성경은 이것을 새로 태어남(요 3:3), 메타노이아, 우리의 태도들과 삶의

스타일들의 변혁이라고도 불린다.[21]

　모든 인간 공동체 안에서 개교회들을 증가시키는 것이 기독교적 선교의 중심에 있다. 복음의 씨앗을 심으면, 말씀과 성려 전 주위에 회집하여 하나님의 계시된 목적을 선포하도록 부름받은 한 백성이 생겨난다.

　교회들이 실제로 각 나라에 생겨났다. 이는 모든 시대에 있어서 제자들의 신실한 증거 덕분이다. 이러한 씨 뿌리는 과제는 각 인간 공동체 안에 하나님의 나라의 한 세포, 즉 예수 그리스도를 고백하고 그의 이름으로 그의 백성을 섬기는 교회가 있기까지 지속될 필요가 있다. 각 장소에 교회를 세우는 일이 복음의 본질이다. 그리스도의 대리적 사역은 하나의 대리적 백성의 현존을 요구한다. 개교회는 교회(the Church)의 선교적 성취를 우한 필수 불가결한 도구이다.[22]

　하지만 본 문서는 새로운 패러다임의 선교신학을 제시한다. 즉, 복음주의적 회개와 순종으로의 부르심은 한걸음 나아가서 나라들, 집단들 및 가정들에게도 주어져야 한다. 교회는 전쟁에서 평화에로, 부정의에서 정의에로, 인종주의에서 연대성(solidarity)으로, 증오에서 사랑에로 변혁되어야 할 필요성을 선포해야 한다. 예수 그리스도에 대한 증거란 그의 나라에 대한 증거이기 때문이다.[23] 그리하여 1982년의 『선교와 복음전도…』는 복음의 다차원적 의미를 다차원적 세계에 선포해야 할 것을 다음과 같이 촉구한다.

　성경에서 종교적 삶은 결코 성전에만 국한되어 있지 않고, 일상생활로부터 격리되어 있지 않다(호 6:4-6; 사 58:6-7). 하나님의 나라에 대한 예수님의 가르침은 하나님께서 인류 역사를 사랑으로 주장하시는 하나님의 사랑의 주권을 말하고 있다. 그리스도의 주권은 삶의 고든 영역에서 선포되어야 한다. … 하나

■■ 21 • *New Directions in Mission and Evangelization I: Basic Statements 1974-1991*, ed. by James A. Scherer and Stephen B. Bevans, S.V.D.(New York: Maryknoll, Orbis Bocks, 1991), 41

　22 • Ibid., 43-44.

　23 • New Directions … , 40-41.

님의 나라의 복음은 개인들을 회개로 부를 뿐만 아니라, 사회구조들에 대한 도전(엡 3:9-10)이다. '하나님의 사죄를 통한 죄로부터의 구원이 진실로 그리고 충분히 개인적이여야 한다면, 그것은 이러한 관계들과 구조들의 변혁으로 표현되어야 한다. … '(나이로비 WCC, 1975)

복음의 증거란 양자됨과 구속을 찾아 신음하고 고통하는 모든 피조물(the ktisis)에게로 향한다. …[24]

그리고 본 문서는 "가난한 자들에 대한 복음선포야말로 메시아 왕국의 징표요 오늘날 선교의 타당성을 판단하는 우선적 표준"[25]이라고 말한다. 이같은 새로운 선교적 각성은 "개교회 차원과 세계적 차원의 선교적 노력에 있어서 우선과제와 삶의 스타일들을 다시 생각하게 한다."[26] 그래서 "오늘날 기독교인들 사이에서 점증하는 합의는 가난한 자들에 대한 하나님의 우선적 선택에 관하여 말한다."[27]

끝으로 본 문서는 새 하늘과 새 땅에 대한 종말론적 비전에서 복음전도와 missio Dei 전통에 입각한 넓은 의미의 교회의 사회참여에 대해서 주장한다. 이 맥락 속에 창조세계 보전 문제가 포함되는 것은 1989년 산안토니오 CWME에서였다.

사랑, 평화 그리고 정의가 지배할 새 하늘과 새 땅에 대한 성서적 약속(시 85:7-13; 사 32:17-18, 65:17-25; 계 21:1-2)은 그리스도인들에게 역사 속에서 행동할 것을 요구한다. 그런데 이 새 창조의 비전은 인류의 죄와 흉측 함, 즉 인류를 향하신 하나님의 해방시키시는 의지를 거역함으로써 결과한 죄악과 대조를 이룬다. 그리하여 사람들을 하나님과 이웃과 자연으로부터 소외시키는 죄는 개인적인 형태와 구조적인 형태로 나타나고, 인간 의지의 노예화와 지배와 종

---

24 • New Directions … , 42.

25 • Ibid.; 참고: Ibid., 46.

26 • Ibid.

27 • Ibid.

속의 사회적, 정치적 · 경제적 · 구조로도 나타난다.[28]

6. WCC는 종교다원주의(pluralism vs. purality)를 추구하는가?
WCC는 기독교는 여러 종교들 가운데 하나요, 모든 종교적 진리는
상대적이라고 보는가? 기독교와 타(이웃) 종교들과의 관계는?

우리는 지금 우리가 논하고 있는 'Ⅱ. WCC 신학에 대한 오해'의 모든 주제들을 살펴볼 때, WCC는 타 종교들과의 대화에서 복음과 성경, 삼위일체론, 교회의 본질, 복음전도와 하나님의 선교 등 기독교의 본질과 교회의 정체성을 결코 양보하는 것으로 보이지 않는다. 우리는 WCC가 종교의 다원성(plurality)은 인정하지만 종교다원주의(pluralism)를 추구하지는 않는다고 보아야 한다. WCC는 보편주의적 기독론과 삼위일체론, 그리고 미래에 도래할 보편주의적 하나님 나라에 대한 희망을 주장하면서도, 교회의 정체성과 본질을 확고하게 붙잡고 특히 도덕과 사회 윤리 차원에서 타 종교들과 대화하고 연대하며, 과학과 기술, 경제와 정치, 사회와 문화 등 제반 분야의 학문들과도 대화하고 연대하여 JPSS와 JPIC의 요구들이 구현되는 사회를 건설하려고 한다.

『기독교와 타 종교 간 대화에 관한 지침』(Guidelines on Dialogue with People of Living Faiths and Ideologies, Geneva, WCC, 1979.)은 "공동체 안에서의 대화"(dialogue in community)를 주장한다. 여기에서 공동체란 두 가지 종류의 공동체이다. 하나는 "다양한 공동체들의 하나의 인류공동체"요, 다른 하나는 "다양한 교회 공동체들의 하나의 교회공동체"인데, 이 둘 모두가 삼위일체 하나님의 통치 아래 있고, 하나님 나라(하나님의 통치) 안에서 완성된다.(제1부. A. 1)

본 문서는 기본적인 기독교 신앙과 희망을 출발점으로 하여 이 세상의 실제적인 경험적 현실들을 논하면서 '다양한 인간 공동체들이 하나의 인류공동체에 어떻게 풍요롭게 기여할 수 있는지에 대하여 논한다.(제1부. A. 2) 그런데 공동체들

---

28 • *New Dirctions* … , 36-37.

의 인류공동체에 대한 논의의 목적은 모든 종교들과 이념들의 공동체 분열적이고 공동체 파괴적인 이유 때문에 각각 어떤 종교와 이념에 소속된 공동체들이든지 "평화와 해방과 정의" 운동을 통하여 각 공동체가 하나의 인류공동체의 풍요를 위하여 기여해야 한다고 하는 것이다.(제1부. A. 7)

그리고 "교회 공동체들의 공동체"란 결국 경험 속에 있는 세상의 다양한 교회들(churches)과 신약성서가 증언하고 있는 '하나님의 백성, 그리스도의 몸, 그리고 성령의 전'으로서의 교회, 그리고 니케아-콘스탄티노플 신조(381)가 고백하고 있는 "하나의 거룩하고 보편적이며 사도적인 교회"와 같은 하나의 교회 공동체 사이의 관계인데, 하나의 교회는 경험 속에 있는 이 세상의 교회 공동체들과 불가분리한 관계 속에서 하나님의 통치(하나님의 나라)를 받고 있다고 하는 것을 말한다. 따라서 다양한 인간 공동체들로 구성된 하나의 인류공동체 안에 있는 다양한 종교들과 이념들의 공동체들과 다양한 전통의 교회들과 하나의 거룩하고 보편적이며 사도적인 교회가 모두 하나님 나라를 구축하고 있다고 하는 사실을 확인할 수 있다.

그런데 기독교인들은 새롭게 된 기독교 공동체의 실재를 4가지 차원에서 깊이 경험함으로써, 교회 공동체의 정체성과 고유성, 특수성과 다름과 차이를 나타낸다.

• 교회 안에서 우리의 코이노니아는 예수 그리스도 안에서 하나님의 구원 활동을 통하여 재창조된 인류의 화해와 일치의 성례이다.
• 하나님께서는 그의 삼위일체의 충만하심 안에서 인류를 자신과의 일치로 부르시어 그분의 전 창조세계와의 영원한 코이노이아 안으로 초대하신다.
• 우리는 역사를 통하여 그리고 인종과 성과 계급과 문화의 차이를 가로질러 그리스도의 몸의 모든 지체들과의 코이노니아를 누리고 있다.
• 기독교인들은 그리스도 안에 계신 하나님께서 우리들을 자유케 하시어, 하나님의 사역에 의하여 거룩하게 된 모든 사람들과 모든 것들과의 코이노니아를 누릴 수 있다고 확신한다.

비록 우리가 위와 같은 공동체의 실재를 여러 가지 방법으로 표현할 수 있겠으나, 우리는 말씀과 성례로써 자신의 교회를 양육하고 계시는 그리스도 안에 계신 하나님을 확고하게 붙들고 있다.(제1부 B. 11)

그런즉, 비록 이상과 같은 교회의 정체성과 고유성, 특수성과 다름과 차이가 "인간 공동체들의 세계 안에서 우리가 경험하고 있는 기독교 공동체들 사이에 긴장을 가져오고 있지만, 우리는 그것이 본질적으로 하나님의 약속 안에 있는 것으로 믿는다."(제1부 B. 14) 나아가서 "우리는 이와 같은 긴장 속에서 기독교 교회야말로 좀 더 충만하고 심오한 공동체에 대한 사람들의 필요와 그리스도 안에서 회복된 인간 공동체에 대한 하나님의 약속을 나타나는 징표의 성격을 발견한다."(제1부 B. 14) 때문에 우리 기독교인들은 이와 같은 '사람들의 필요'를 채우고 '하나님의 약속'을 시간과 공간 속에 구현하기 위하여 "우리의 동료 인간들과 더불어" 하나님의 선교에 동참해야 할 것이다.(제1부 B. 15)

대화의 필요성: 이상과 같은 "공동 안에서의 대화"라고 하는 신학적인 전제를 가지고 본 문서는 교회들과 타 종교들과의 대화의 필요성에 대하여 이렇게 말한다. 우리 기독교인들은 가정과 마을과 같은 로컬 차원에서 뿐만 아니라 정의와 평화와 창조세계 보전이 요청되는 국가와 나라들과 같은 글로벌 차원에서도 타 종교들과 이념들과 문화의 문제들로 대화를 필요로 하는데, 기독교인들에게 있어서 두 가지가 꼭 전제되어야 한다. 하나는 "전적인 신뢰와 각 참여자의 정체성의 온전성에 대한 존중에 기초한" 대화를 위하여 "네 이웃에 대하여 거짓 증거하지 말지니라."이고 둘은 "네 이웃을 내 몸과 같이 사랑하라."(제2부 C. 17)고 하는 것이다. 그리고 본 문서는 '대화'를 통하여 복음이 '증언'된다고 힘주어 말한다. "진실로 기독교인들이 예수 그리스도에 대한 헌신을 가지고 대화에 들어갈 때, 흔히 대화의 관계에서 신빙성 있는 증언을 위한 기회가 주어진다."(제2부 C. 18)

혼합주의: 본 문서는 혼합주의의 위험성을 언급한다. "의식적으로든 혹은 무

의식적으로 든 타 종교들로부터 취해진 여러 가지 요소들을 자료로 제3의 무엇을 만들려고 하는 위험성인데(나이로비 WCC), 나이로비는 혼합주의의 위험성을 좀 더 넓게 본다(제2부 C. 26)며, 두 가지 위험성을 덧붙인다. 하나는 기독교의 메시지를 대화 상대방의 문화적인 세팅이나 타 종교들과 타 이념들의 개념들의 용어로 번역하는 과정에서 "너무 과도하게 나감으로써 기독교 신앙과 삶의 신빙성을 타협해버리는 위험성이다." 둘째 위험은 "하나의 살아 있는 신앙을 자신의 고유한 언어로써가 아니라 타 신앙 혹은 이념의 용어로써 해석할 때 생기는 위험부담이다.(제2부 C. 27) 이는 학문성과 대화의 원칙에 근거하여 볼 때 합당하지 않다. 이를 상론하면 아래와 같다.

> 이런 식으로 기독교는 자기 자신을 하나님에 대한 어떤 다른 접근의 한 변형체라고 봄으로써 '혼합주의화'될 수 있고, 혹은 기독교 이외의 신앙이 기독교인들이 충만한 것으로 알고 있는 자신들의 신앙내용의 부분적인 이해에 불과하다고 할 때 역시 '혼합주의화'할 수 있다.(제2부 C. 27)

7. 복음주의 기독교 지도자들의 세계대회인 1974년 로잔대회(Lausanne Congress)와 1989년 마닐라 제2차 로잔대회는 WCC 노선과 정반대로 나가는가?

로잔과 마닐라는 '복음', '삼위일체론' 그리고 '교회의 사회참여'에 관하여 WCC와 공유하고 있다. 아래에서 이 글은 1974년 로잔대회의 공식문서(Lausanne Covenant)만을 소개한다. 1989년 마닐라(제2 로잔대회)와 2011년 10월 남아공 케이프타운에서 모인 제3차 로잔대회 역시 1974년 로잔에 정향되어 있다고 보기 때문이다.[29]

■■■ 29 • 참고: 2008년에 "The Whole Gospel", 2009년 "The Whole Church", 그리고 2010년엔 "The Whole World"에 대한 신학대회를 가진 바 있다.

1974년 로잔대회

로잔 언약(The Lausanne Covenant)은 모두 15항목을 제시하고 있다. 로잔은 "제1항: 하나님의 목적"과 "제7항: 교회와 복음전도"에서 1952년 빌링겐 이래의 삼위일체 하나님의 선교(missio Dei)를 주장하고 있다.

우리는 그의 의지의 목적을 따라 모든 것을 통치하시는 세상의 창조자시요 주님이신 한 영원하신 하나님, 곧 성부, 성자, 성령에 대한 우리의 신앙을 확언한다. 이 삼위일체 하나님께서는 이 세상으로부터 자신을 위하여 한 백성을 불러내고, 또한 세상 속으로 파송하시어, 그의 나라를 확장시키고, 그리스도의 몸을 세워나가며, 그의 이름을 영화롭게 하기 위한 자신의 종들과 증인들로 삼으신다. ···[30]

우리는 아버지 하나님께서 그의 아들을 파송하시듯, 그리스도께서도 그의 구속받은 백성을 파송하시어 교회로 하여금 이 세상 속으로 값을 치르면서 깊숙이 파고들어 갈 것을 요구하신다는 사실을 확언한다. 우리는 우리의 교회 울타리(our ecclesiastical ghettos)로부터 빠져나와 비기독교적 사회 속으로 스며들어가야 한다. ···[31]

그런데 결정적으로 중요한 것은 "제4항: 복음의 본성"에서 18-19세기적 복음전도를 언급하고, 이어서 "제5항: 기독교의 사회적 책임"을 제시하고 있다는 사실이다. 다음의 인용은 로잔이 에큐메니칼 선교개념인 missio Dei와 "삶과 봉사"(Life and Work)전통의 영향하에 넓은 의미의 교회의 사회적 책임을 매우 강조하고 있다 하겠다.

우리는 하나님이 모든 인간의 창조자시요 심판자이심을 믿는다. 그래서 우리

---

[30] • *World Evangelization, Summer 1989*, vol.16, no.62. 36.
  [31] • Ibid.

는 하나님께서 인간 사회 속에 실현하시려는 정의와 화해에 대한 하나님의 관심에 동참하며, 사람들을 온갖 종류의 억압들로부터 자유케 하시려는 하나님의 관심에 동참해야 한다. 인간들은 하나님의 형상으로 지음을 받았기 때문에 각 개인은 인종, 종교, 피부색, 문화, 계층, 성(性) 및 연령에 관계없이 본래적인 존엄성을 지니고 있기 때문에 존경받아야 하고, 섬김받아야 하고 결코 착취를 당해서는 안 된다는 것이다. 또한 우리는 여기에서 복음전도와 사회참여를 서로 배타적인 것으로 여겨, 사회참여를 소홀히 해온 사실을 참회한다. … 구원의 메시지는 모든 형태의 소외, 억압 및 차별에 대한 심판을 함축하기 때문에, 우리는 두려움 없이 악과 부정의가 있는 곳에서마다 그것들을 고발해야 한다. 사람들이 그리스도를 영접할 때, 중생하여 그의 나라 안으로 들어가고, 불의한 세계 한복판에서 그 나라의 의(義)를 나타낼 뿐만 아니라 확산시키려고 해야 한다. 우리가 주장하는 구원이란 개인적이든, 사회적이든, 우리의 모든 책임영역들에 있어서 우리를 변혁시키는 것이다.[32]

끝으로 선교의 종말론적 비전에 관하여도 로잔은 1952년의 빌링겐과 1954년 에번스톤 이래의 하나님의 선교의 종말론적 전망에 의하여 크게 영향받았다.

우리는 예수 그리스도께서 그의 구원과 심판을 최종적으로 완성하기 위하여 개인적으로 그리고 가시적으로 권능과 영광 가운데 다시 오실 것을 믿는다.

그의 재림에 대한 이와 같은 약속은 우리의 복음전도를 자극한다. 왜냐하면 우리는 복음이 우선 모든 족속들에게 전해져야 한다는 그분의 말씀을 기억하기 때문이다. 우리는 그리스도의 승천과 재림 사이의 중간 기간이 종말이 오기 전에는 멈출 자유를 가질 수 없는 하나님의 백성의 선교에 의해서 채워져야 한다. … 우리 기독인들의 양심은 하나님께서 그의 나라를 완성하실 것을 믿으며, 긴장된 기대감을 가지고 그날을 바라보며, 의(義)가 거하고 하나님이 영원

---

32 • Ibid.

토록 지배하실 새 하늘과 새 땅을 기다린다. ⋯[33]

8. WCC와 이데올로기(자본주의와 공산주의에 대한 태도)의 관계는?

1937년 옥스퍼드 '삶과 봉사' 세계대회는 모든 정치형태와 경제이념들을 초월하는 교회의 인류사회에 대한 책임을 표명하였다. 그리하여 1948년 암스테르담 제1차 WCC 총회 역시 공산주의와 자본주의 모두를 비판하고 넘어서는 예언자적인 사회윤리의 입장 혹은 초월적이면서도 참여적인 사회윤리의 입장을 보였으니, 향후 WCC는 정치적 형태와 경제적 이념들을 넘어서서 JPSS와 JPIC 등 복음이 요청하고 불신자들도 어느 정도로 알고 있는 중간 공리들에 입각한 사회윤리의 실현을 추구해왔다. 암스테르담은 이렇게 주장하였다.

> 기독교회는 공산주의와 자유방임적 자본주의 같은 이데올로기 모두를 거부해야만 하고, 또 이러한 극단적 형태만이 유일한 대안이라고 생각하는 잘못된 가정으로부터 인간을 벗어나게 해야 한다. 이 둘 모두는 지킬 수 없는 약속들을 해왔다. 공산주의의 이데올로기는 경제정의를 강조하며 혁명이 완수된 후에는 자유가 자동적으로 올 것이라고 약속한다. 반면에 자본주의는 자유를 강조하면서 정의는 자유기업의 부산물로서 따라오게 될 것이라고 약속한다. 이것 역시 그 거짓이 드러난 하나의 이데올로기이다. 그리하여 정의와 자유가 다른 한편을 파괴하지 못하게 하는 새롭고도 창의적인 해결책을 강구하는 것이 기독교인의 책임일 것이다.[34]

그리하여 S.Ⅲ.에 의한 즉, 암스테르담은 자본주의 나라이든, 공산주의 나라이든, 이 나라 안에 있는 국민과 기독교인들의 책임을 촉구하고 있다. 암스테르담은

---

33 • Ibid., 37.

34 • *Man's Disorder and God's Design*(Harper & Brother's, 1948), Section Ⅲ, 195.

세상에 참여하면서도 세상에 대하여 초월하는 입장을 고수했다. 이는 이미 지적한 옥스퍼드(1937)의 긴장을 계속 유지하고 있음을 보여주고 있다. 이처럼 이데올로기를 초월하는 암스테르담의 입장이 1980년대 말 공산권의 붕괴에 의하여 돋보이는 동시에, 오늘날 시장경제 원리에 의하여 지구촌을 하나의 시장으로 만들고 자본주의적 가차관에 대하여 무감각해진 20세기 말의 현대인들의 모습을 반성케 한다 하겠다.

9. WCC는 '누이 좋고 매부 좋은' 관계의 협의체인가? 코이노니아의 한계는?

1993년 스페인의 산티아고에서 열린 '신앙과 직제' 제5차 세계대회는 '코이노니아' 개념 속에 개교회와 지역교회들의 다양성과 연속성을 강조하고, 이 '코이노니아'의 한계를 다음과 같이 말한다.

> 예수 그리스도를 어제나, 오늘이나, 영원토록 동일하신(히13 : 8) 하나님과 구세주로 고백할 수 없고, 성경이 선포하였고, 사도적 공동체가 설교한 구원과 인간의 궁극적 운명에 대해서 함께 고백할 수 없는 다양성은 부당하다.(S.Ⅱ.17)

> 경전으로서의 성경은 복음진리(갈2:5,14)와 훗날 니케아-콘스탄티노플 신조 안에 제시돼 있고 부연된 가르침들 위에 교회의 통일성(the God-given Unity)을 기초시키고 있다. 이 통일성과 이 가르침들을 거부하는 사람들은 기독교인이 아니고, 교회가 아니다. 성경은 또한 다양성의 기초이다. 그도 그럴 것이 성경은 다양한 메시지들과 가르침들을 제시하고 있으며, 이 성경이 기록된 상황들이 다양하고, 이 성경에 대한 접근 방법과 해석 방법이 다양하며, …[35]

---

35 • *Towards Koinonia in Faith, Life and Witness*(Geneva :WCC, 1993), Section Ⅱ., Ⅲ.

이 같은 다양성의 한계는 교회들의 코이노니아를 위한 최소한도의 요청인데, 적극적으로 말한다면 교회들은 "복음과 성경", 니케아-콘스탄티노플 신조의 "삼위일체 하나님", "세례, 성만찬, 직제"를 사도적 전승으로 공유하면서, 다양한 교파적 특성과 지역적 혹은 문화적 특수성을 지닐 수 있다고 하는 말이다.

10. 정현경 박사의 성령론의 문제점은?

1991년 캔버라 WCC의 전체 주제는 "성령이여 오소서, 전 창조세계를 다시 새롭게 하소서"였다. 성령초대의 기도로써 전 창조세계의 갱신을 기원한 것이다. 그리고 그 하부주제들도 성령으로 시작한다. 제1분과는 '생명의 부여자이시여, 당신의 창조세계를 지탱하소서!'였고, 제2분과는 '진리의 영이시여, 우리를 자유케 하소서!'였으며, 제3분과는 '일치의 영이시여, 당신의 백성을 화해시키소서!'였고, 제4분과는 '성령이시여, 우리를 개변시키시고 거룩하게 하소서!'였다. 캔버라는 전통적인 삼위일체론적인 성령론에 바탕을 두어 성령의 만유현존을 주장하였다.

> ··· 우리는 삼위일체 하나님을 모든 생명의 원천으로 고백한다. 이번 총회의 주제가 기도하는 성령께서는 만유 안에 현존하시는 생명의 에너지를 나타내신다. 만유는 예수 그리스도를 통하여 창조되었고 이분 안에서 하나님의 창조세계는 완성되어간다. 우리는 그리스도의 십자가와 부활을 통하여 전 창조세계가 새롭게 되었음을 확신한다. 만유가 예수 그리스도 안에서 하나님께 화해되었고 성령을 통하여 우리는 하나님의 미래를 경험하기 시작한다.(S. 1. 1. A. 1)

창조세계 안에 성령의 신적 현존은 우리를 인간들로서(as human beings) 모든 피조 된 생명체들과 묶어주신다. 그래서 우리는 하나님 존전에서 생명의 공동체 안에서 그리고 생명의 공동체에게 책임이 있다. 그런즉, 이와 같은 책임성은 여러 가지 이미지들로 표현되었다. 머슴들과 청지기와 후견인들로서, 경작자들과 관리자들로서, 창조세계의 제사장들로서, 양육자들로서 그리고 공동 창조자들로서 표현되어 있다. 이는 인간들에게 긍휼과 겸손, 존경과 경외를 요구한다.(S. I . I . A. 2)[36]

그런데 위와 같이 성령을 전체 주제와 소주제들로 내세운 캔버라는 두 사람으로 하여금 전체 주제에 대한 '기조연설'(keynote speech)을 하게 하였다. 한 사람은 알렉산드리아와 범아프리카 동방정교회의 총대주교인 파르테니오스(Parthenios)였고, 다른 한 사람은 정현경 박사였다. 그런데 정교회 사람은 정통 삼위일체론과 정통 기독론과 정통 성령론을 주장하였다.

> WCC 총회들의 주제들은 그동안 성 삼위일체 하나님의 제2 위격이신 하나님의 아들, 그리스도와 관련되어왔다. 그러나 호주 대륙에서 모이는 이번 총회에서 우리는 이번 대회의 주제가 성 삼위일체 하나님의 제3 위격이신 성령이 될 것을 결의하였다.(S. II. 2)

즉, 파르테니오스는 내재적 삼위일체 하나님으로부터 경세적 하나님께로 하향하는 삼위체론에 입각한 성령론을 주장한 것이다.

그러나 정현경은 '해방신학', '민중 신학' 그리고 '한(恨)의 신학' 입장에서 혹은 '경험의 세계'로부터, 혹은 아래로부터의 '성령론'을 주장하다가, 정통 성령론으로부터 너무 빗나간 것으로 보인다. 그녀는 초혼 굿의 형식을 빌려서 정치, 경제, 사회 문화적으로 억압받고 소외되었으며 주변으로 밀려난 사람들의 탄식과 울부짖음을 성령의 목소리와 동일시하였기 때문이다. 그 예를 몇 가지 들어보자.

> 우리의 믿음의 조상들(창 21:15-21)인 아브라함과 사라에 의하여 착취를 당하였고 버림을 받은 이집트의 흑인 여성 하갈의 영혼이여!(…중략…)

---

36 • *Signs of the Spirit: Official Report, Seventh Assembly*, ed. Michael Kinnamon(Geneva: WCC, 1991).

예수 탄생 시 헤롯왕의 군인들에 의하여 살해된 남자 아기들의 영혼이여!

잔 닥과 중세 시기 동안 마녀심판으로 화형에 처해진 많은 다른 여성들의 영혼이여!

십자군전쟁 때 죽은 모든 사람들의 영혼이여!

식민주의 시대와 기독교 이방선교 시기 동안에 대량 살상된 토착민들의 영혼들이여!

홀로코스트 동안 가스실에서 죽임을 당한 유대인들의 영혼들이여!

히로시마와 나가사키에서 원폭으로 죽임을 당한 사람들의 영혼들이여!

(…중략…)

광주와 천안문광장과 리투아니아에서 탱크에 깔려 죽은 사람들의 영혼들이여!

매일 같이 죽임을 당하는 아마존 우림의 영혼들이여!

인간의 물질과 금전에 대한 탐욕으로 강간을 당하고 고문을 당하여 착취를 당하는 땅과 공기와 물의 영혼들이여!

피비린내 나는 걸프전에서 지금 죽어가고 있는 흙과 공기와 물의 영혼들이여!

십자가에서 고문을 당하셨고 죽임을 당하신 우리의 맏형 해방자 예수님의 영혼이여![37]

그런데 정현경 박사는 위의 서론에 이어서 3가지 주제를 다루었다. "① 한(恨)으로 가득 찬 이 영혼들과 함께하는 성령의 땅에서, ② 바벨의 영으로부터 오순절의 성령으로, ③ 회개에 대한 부름: 하나의 '생명의 정치적 경제'를 향하여"를 다루었는데, 각 주제의 끝 부분에서 위로부터 오시는 성령과 위와 같은 아래로부터의 영혼들의 부르짖음을 연결시켰다. 세 번째 주제의 끝 부분만을 인용하면 아래와 같다.

형제자매 여러분 우리는 성령의 에너지로 우리를 분열시키고 있는 분열의 담들과 '죽음의 문화'를 무너트리십시다. 우리는 성령의 생명의 정치적 경제에

---

37 • Ibid., 38-39.

동참하여, 모든 생명체들과 연대하여 이 땅 위에서 우리의 생명을 위하여 싸우고 JPIC를 위한 공동체들을 건설하십시다. 성령의 거친 바람이여 우리에게 불어오소서! 우리는 그녀를 영접하여, 그녀의 거친 삶의 리듬에 동참하십시다. 성령이여 오소서! 전 창조세계를 새롭게 하소서.[38]

그럼에도 불구하고 정현경 박사의 성령론은 위에서 제시한 삼위일체론의 틀에서 벗어나 있고, 기독론에 정위되어 있지 않으며, 교회론 및 구원론과도 긴밀한 관계를 갖고 있지 않고, 그리고 종말론과도 무관하여, 큰 문제를 안고 있다 하겠다.

---

38 • Ibid., 46.

제2장

WCC와 복음주의 신학

†

I

들어가는 말

18-19세기 복음주의 각성운동과 복음전도는 자연스럽게 20세기 에큐메니칼 운동으로 이어졌다. 그러나 우리 한국의 개신교는 이와 같은 18-19세기 복음주의 흐름 속에서 복음을 받아들여(19세기), 복음주의 각성운동과 복음전도에는 큰 관심을 갖고 있지만 에큐메니칼 운동에는 큰 거부반응을 보이고 있다. 특히, 이 글은 18-19세기 복음주의 전통을 물려받은 베를린(1966), 휘튼(1966), 제1 로잔 (1974), 제2 로잔(1989) 그리고 제3 로잔이 에큐메니칼 운동의 어떤 측면들에 대하여 꺼려하는가를 알아보고, 향후 대책을 제안하려고 한다. 그리고 미국의 개신교 '근본주의', NAE, 그리고 ICCC로부터 크게 영향을 받은 한국의 근본주의적 복음주의 개신교가 18-19세기 '복음주의' 및 20세기 '복음주의자들의 세계대회들'의 입장과 무엇이 다른가를 추적해보려고 한다.

II

16세기 개신교 종교개혁으로부터
18-19세기 복음주의 각성운동까지

1. 16세기 종교개혁과 기독교의 확장

그리스도교의 확장이라고 하는 선교사관을 가지고 교회사를 서술하는 라투렛 교회사가는 1500-1750년 동안의 기독교를 "개혁과 확장"(Reform and Expansion)이라 하여 16세기 종교개혁의 복음이 서유럽으로 널리 확장되어가는 과정으로 교회의 역사를 서술하고 있다. 그는 심지어 16-17세기를 '대각성운동'(The Great Awakenings of the Sixteenth and Seventeenth Centuries: Inclusive Generalization)의 시기라고도 한다. 그러니까 라투렛은 16세기 종교개혁을 18-19세기 복음주의 각성운동과 동일시하면서 그것이 복음의 넘쳐흐르는 능력으로 그리스도교의 확장을 가져왔다고 본다.

우리가 아는 대로 루터의 종교개혁은 독일을 넘어서 스칸디나비아 등으로 확장되었고, 개혁교회는 취리히, 베른, 바젤, 제네바 등 스위스의 도시국가들을 넘어서 독일, 프랑스, 네덜란드, 스코틀랜드, 헝가리, 체코 등으로 확산되었으며, 과격파 종교개혁 역시 취리히를 넘어서 슈트라스부르크, 뮌스터, 네덜란드, 영국 등지로 확산된 것이 사실이다. 그리고 영국 종교개혁은 로마가톨릭영국을 성공회의 나라로 만들었으니, 성공회는 '영국의 교회'(the Church of England), 곧 국가교회가 되었다. 그리고 영국 내에 있는 청교도적 장로교회들, 침례교회들, 회중교회들은 이와 같은 '영국의 교회'와 불편한 관계 속에 있었다.

2. 모더니즘(18-19세기)시기의 개신교 확장

1) 18세기의 경건주의와 복음주의 각성운동 그리고 선교활동

18세기 서유럽의 역사에는 한류(寒流)와 난류(暖流)가 흐른다. 하나는 계몽주의요, 다른 하나는 경건주의, 복음주의 각성운동 및 개신교 선교활동이다. 대체로 계몽주의와 경건주의 모두가 17세기 기독교 정통주의에 대한 반발이었다. 전자(계몽주의)는 교리적 주장의 절대화 혹은 교파절대주의로 야기된 17세기 30년전쟁에 신물을 느낀 나머지 인간의 이성을 만물의 척도로 내세웠고, 후자(경건주의)는 문자적 성경 이해, 무미건조해진 교리논쟁 및 굳어진 교회제도 등에 있어서 경직된 객관주의를 지향했던 17세기의 잘못된 객관주의에 반하여 믿는 개인들의 심령 안에 내주하시는 예수 그리스도와 성령을 강조하였다. 그리하여 경건주의는 선교활동을 불러일으켰고, 동시에 복음주의 각성운동을 가져왔다. 그리고 18세기 복음주의 각성운동 역시 개신교 선교활동을 낳았다. 우리는 19세기 유럽의 역사 속에서도 이와 같은 두 흐름을 발견할 것이다.

18세기의 복음 선교에 대해서 언급하자. 18세기의 프랑케와 모라비안 형제단으로 대표되는 경건주의 운동에 영향받은 18세기 영국의 웨슬리 형제와 휫필드, 그리고 미국의 조나단 에드워즈 등 복음주의 각성운동은 근대 개신교 선교의 원동력으로써 교회갱신의 힘이기도 하였다. 경건주의자들은 물론, 복음주의 부흥운동 역시 교리적 주장이나 신학적인 주장보다도 복음을 전하여, 회심과 성화의 삶을 살게 하는 것이 훨씬 더 중요하다고 확신하였다. 그리하여 18세기의 복음주의 각성운동과 선교활동은 19세기의 전주곡이었다고 판단된다. 에큐메니칼 운동이 복음주의 부흥 운동과 선교활동에 크게 빚지고 있다고 한다면, 우리는 세계 개신교의 에큐메니칼 운동을 18세기의 경건주의 운동, 복음주의 부흥 운동 및 선교활동에까지 소급하여 추적해야 할 것이다.

그리고 18세기의 계몽주의가 초자연(계시, 교회, 신학)으로부터 이성을 해방시켜, 기독교를 자연종교화시켰고, 성경의 구속사, 복음, 참 하나님이시고 참 인간이신 중보자 예수 그리스도, 그리고 삼위일체 하나님과 이신칭의 및 성화를 무시했다면, 18세기의 경건주의와 복음주의 각성운동은 이와 같은 기독교의 세속화의 흐름을 막는 일에 크게 기여하였다. 이와 같은 두 흐름은 다음에 논할 19세기에서도 발견된다. 즉 19세기는 계몽주의 유산으로 인한 유럽의 세속화와 자유주의 개신교 신학에도 불구하고, 복음주의 대각성운동과 역사상 유래가 없는 선교활동으로 '위대한 세기'(라투렛 교회사가)라 불린다.

2) 19세기 유럽의 세속화에 맞대응하는 복음주의 각성과 복음 선교활동

이미 언급한, 18세기 서유럽의 한류(寒流)와 난류(暖流)는 19세기로 이어진다. 이 두 흐름 중, 하나는 18세기 계몽주의 유산을 물려받은 19세기 유럽의 세속화요, 다른 하나는 18세기 경건주의와 복음주의 각성운동과 선교운동을 이어받은 19세기의 "위대한 선교의 세기"(라투렛)이다. 그리고 이 두 흐름 사이에 있는 슐라이에르마허를 비롯한 독일의 자유주의적 개신교신학은 19세기 유럽의 세속화에 대응하는 신학이었다. 19세기 독일의 개신교 신학은 19세기 유럽의 세속화의 도전에 대한 응전의 맥락 속에서 문화신학, 인간 중심적 신학 혹은 변증신학을 시도했었다.

라투렛(Kenneth S. Latourette) 교회사가는 프랑스혁명 후, 그리고 나폴레옹전쟁이 끝나는 1815년에 시작해서 제1차 세계대전이 일어나는 1914년 어간의 19세기야말로 서양제국주의 시대로서, 유럽인들이 지구의 대부분을 통치하는 시대지만, 바로 이 99년 동안에 기독교 2000년 역사 동안 그 유래를 찾기 힘들 정도로 '복음'과 '기독교'가 널리 확장된, '위대한 세기'(the Great Century)라 하였다. 이와 같은 '선교'의 원동력은 18세기에서 19세기로 이어지는 개신교회들의 복음주의 부흥 운동이었으니, 19세기 미국의 제2차 대각성운동과 영국 및 유럽대륙의 복음주의 부흥 운동이야말로 위대한 19세기의 추진력이었다. 라투렛은 7권으로 된 그의 방대한『기독교 확장사』(History of the Expansion of Christianity, 7vols. , 1937-1945) 중 3권을 19세기에 할애하였다. 그 이유는 1815년부터 1914년까지 100년 동안에 기독교가 남북미, 호주, 아프리카, 태평양군도, 한국을 비롯한 아시아권에까지 확장되었기 때문이다. 19세기 한 세기 동안 세상을 향한 선교 활동에 의한 광범위한 영향은 1800년 동안의 — 기독교가 미쳐 온 — 영향을 능가할 정도였다. 미국 장로교 선교사 언더우드와 감리교 선교사 아펜젤러가 한국에 복음을 옮겨 심은 것도 이 '위대한 세기'였다.

19세기는 18세기 개신교의 복음주의 각성운동과 선교활동을 이어받아 그것을 더욱 더 활성화시켰고, 교회 역사상 유래가 없었던 기독교의 확장을 경험하였다. 19세기의 복음주의 부흥운동은 잉글랜드와 스코틀랜드, 유럽 대륙의 경우, 독일, 스칸디나비아, 스위스, 프랑스 및 네덜란드에서 일어났고, 미국에서는 제2차 대각성운동이 일어났다. 그리고 이처럼 복음주의 각성운동이 일어난 모든 나라들에서는 선교활동이 활발히 전개되었던 것이다. 이는 우리가 이미 논한 18세기 개신교파들의 복음주의 각성운동이 19세기로 이어진 것으로 보인다. 19세기에는 영국, 유럽, 미국 등의 개신교 각성운동의 에너지가 세계 복음전도로 표출되었다.

그러나 19세기의 선교활동은 교파주의적 색채를 띤 기독교 확장의 역사였다. 19세기에는 어느 나라 어느 교파의 선교사나 선교단체가 어느 나라에 어떤 교파의 교회를 개척하여 성장시키느냐가 중요했다. 종교개혁 이래로 17세기의 교파절대주의를 거쳤고, 18세기 계몽주의를 거친 19세기의 개신교는 아직도 교파주의로 인한 어려움을 겪었던 것이다. 이와 같은 기독교는 교파주의와 개교회의 성장주의 이상(以上)을 볼 수 없었다.

Ⅲ

19세기 복음주의 각성운동과 복음전도와 에큐메니칼 운동의 연속성

　그럼에도 불구하고, 복음주의 각성운동과 선교활동으로 불타올랐던 19세기는 특히 피선교지역의 선교 현장에서 교파들 간의 친교와 연합, 나아가서 선교단체들 사이의 친교와 연합의 필요성을 느끼기 시작하였다. 라우즈(Ruth Rouse)는 "선교와 에큐메니즘은 불가분리하다. 복음주의적 부흥 운동, 선교, 기독교적 일치추구는 필연적으로 연결되어있다."고 했고, 브랜드레스(Henry Renauld Brandreth) 역시 19세기가 기독교의 놀라운 확장을 경험했다는 라투렛의 주장을 인정하면서 19세기야말로 기독교 역사상 일찍이 없었던 각 고파의 세계적 연합 기구의 확산과 교파 대 교파의 연합운동을 보았다고 주장한다.[1]

　우리는 여기에서 브랜드레스가 제시하는 19세기의 교파단위의 세계적 연합 운동과 교파 간의 세계적 연합 운동을 소개함으로써, 19세기가 단순한 기독교 확장의 '위대한 세기'일 뿐만 아니라 교회들의 일치추구에 있어서도 그 이전에는 경험할 수 없었던 '위대한 세기'였음을 지적하려고 한다. ① 람베드 주교대회(1867), ② 세계 개혁 교회 연맹(1875), ③ 미국 감리교 감독 교회 총회(1876), ④ 세계의 구(舊) 가톨릭교회들의 위트레흐트 연합(1889), ⑤ 제1차 국제 회중 교회 협의회(1891), ⑥ 제1차 침례교 세계대회(1905) 등이 그것이다.[2] 18세기의 경건주의

---

1 • Ruth Rouse, "Voluntary Movements and The Changing Ecumenical Climate", in *A History of the Ecumenical Movement*, vol. I, ed. by Ruth Rouse and Stephen Charles Neill(Geneva : WCC, 1986), 300. 그리고 Henry Renauld Turner Brandreth, "Approaches of the Churches Towards Each Other in the Nineteenth Century", in Ibid., 265.

　2 • Ibid., 264 이하.

제2장 WCC와 복음주의 신학　59

전통을 이어받은 18세기의 복음주의 각성운동과 선교활동, 그리고 18세기의 복음주의 각성운동과 선교활동을 물려받은 19세기의 복음주의 각성운동과 선교활동은 개인의 회심과 성화, 교파별 개교회의 개척과 성장을 한결같이 강조하는 경향을 보이는데, 방금 언급한 19세기의 교파별 세계 연합기구들과 교파 대 교파의 연합 노력은 20세기의 에큐메니칼 운동을 내다보는 교회의 세계화에로의 노력을 보여주고 있음이 틀림없다. 이와 같은 연합운동은 새로운 패러다임의 교회운동으로서 에큐메니칼 운동에 크게 기여하였다.

우리는 이상과 같은 18-19세기 기독교의 역사적 흐름에서, 복음주의와 선교활동이 필연적으로 에큐메니칼 운동을 낳았다고 하는 역사적 필연성을 발견한다. 여기에 더하여 교파를 초월하는 '자발적 공동체들'(voluntary associations)의 성격을 띤 기독교 단체들이 생겨, 에큐메니칼 운동에 기여하게 된다.

남북전쟁의 도전 앞에서 그리고 미국의 급격한 도시화와 산업화에 따른 유럽인들의 홍수 같은 이민의 물결 앞에서, 기성 제도권 교회들은 그 기력을 상실하였다. 이와 같은 상황에서 19세기 중엽 영국에서 들어온 YMCA와 YWCA 운동, 초교파적 주일학교 운동 그리고 대각성운동을 뒤잇는 무디(D.L. Moody) 중심 복음주의 각성운동이 미국교회에 활력을 불어넣었다. 특히, 무디의 헐몬산(메사추세츠의 노스필드 근처) 성경공부 대 집회를 통해서 결성된 SVM(Student Voluntary Movement for Foreign Mission)은 '이 세대 안에 전 세계를 복음화하자'(The Evangelization of the World in this Generation)라고 하는 표어를 내걸고 선교운동에 박차를 가하였다. 바로이 집회에서 100명 이상의 대학생 선교 지망생들이 나타났고, 이 운동은 세계로 확산되어 1892년 이 운동의 국제기구(International Student Voluntary Missionary Union)가 생기기까지 하였다. 다른 한편 19세기 중엽에 시작된 '기독학생 운동'(Student Christian Movement)은 1895년에 '세계 기독학생 연맹'(the World Student Christian Federation)을 낳았다. 이러한 개신교의 복음주의적 초교파 운동은 에큐메니칼 운동의 전주곡이기도 하였다. 그도 그럴 것이 모트(John Mott), 올드햄(J.H. Oldham), 템플(William Temple), 죄더블럼(N. Soederblom)과 같은 초기 에큐메니칼 운동의 지도자들이 모두 기독학생 운동의 지도자들이었기 때문이다.

우리는 유럽과 북미에서 한류와 난류가 함께 흐르고 있다고 하는 사실을 이미 확인하였거니와, 18-19세기의 난류는 제1차 세계대전(1919)과 러시아혁명(1917) 이후, 무엇보다 1920년경의 에큐메니칼 운동의 쾌동 이후로 이어지는 에큐메니칼 운동을 가능케 하였으니, 이러한 난류가 없이는 에큐메니칼 운동과 WCC 형성 및 에큐메니칼 차원의 선교, 일치, 그리고 사회봉사는 불가능하였을 것이다. 특히, 19세기 선교의 역사는 19세기 중엽의 교회들의 연합과 협조를 통하여 급기야 1910년 에든버러의 WMC(World Missionary Conference: 세계선교대회)로 이어져 현대의 에큐메니칼 운동과 WCC 형성에 직접적으로 기여하였다. 선교의 현장에서 교회의 일치가 요청되었으니, 바로 에든버러의 WMC야말로 '신앙과 직제'운동의 산실(産室)에 다름 아니었다.

Ⅳ

근본주의, NAE 그리고 ICCC

이상에서 우리는 18-19세기 복음주의 전통이 자연스럽게 에큐메니칼 운동으로 이어졌다고 하는 사실을 밝힌 셈이다. 전자와 후자 사이에는 연속성이 있다고 하는 말이다. 우리 한국교회가 주로 미국으로부터 '복음'을 받아들인 것은 1880년대였다. 하지만 우리 한국 개신교회들은 18-19세기의 복음주의 각성운동과 복음전도 전통은 환영하지만, 그것이 '에큐메니칼 운동'으로 이어졌다고 하는 사실은 받아들이기를 꺼려하는 것 같이 보인다. 그 이유는 초기 개신교 선교사들이 이상과 같은 세계교회사의 흐름을 가르쳐 주지 않은 데 있고, 1930년대에, 특히 해방 이후 미국으로부터 수입된 개신교 '근본주의'(fundamentalism)때문이다. '근본주의'란 1920년경 미국개신교 안에서 일어난 보수주의 신학운동으로서 '근대주의' 혹은 '자유주의' 신학에 대한 보수반동이었다. 이 운동은 기독교 신앙의 다섯 가지 '근본적인 항목들'(fundamentals)을 내세웠다. ① 동정녀탄생, ② 그리스도의 부활과 신성, ③ 그의 대속, ④ 주님의 재림, ⑤ 성경의 권위와 무오성이 그것이다. 그런데 18-19세기 복음주의 운동은 '에큐메니칼 운동'으로 이어졌으나, '근본주의'는 그렇지 않았을 뿐만 아니라 '에큐메니칼 운동'을 가장 심하게 반대한다. 한국의 '복음주의 개신교'는 상당 부분 이와 같은 미국의 개신교 '근본주의' 노선을 지향하고 있다.[3]

그리고 위의 '근본주의' 노선의 NAE(National Association of Evangelicals)는 1943년

■■■ 3 • *Dictionary of the Christian Church*, ed. J. D. Douglas(Grand Rapids, Michigan: Zondervan, 1978), 396.

에 탄생하였는데, 이들은 미국 NCC의 전신인 '미국 연방교회 협의회'(the Federal Council of Churches)에 대한 보수반동으로 출발하였다.[4]

끝으로 WEA(World Evangelical Alliance)는 1846년 런던에서 주로 영국 복음주의 지도자들에 의하여 결성되었다. 이들은 기독교적 연합을 창조하려고 하지 않고, 그리스도의 교회가 그리스도의 몸으로서 지니고 있는 일치를 고백하면서 자신들의 복음주의 원칙들을 받아들이는 복음주의 교회들과의 연합(Confederation)을 추구하였다. 이들은 복음 안에서 교파를 초월하는 사귐을 강조하였고, 개인 자격(vs. 교회의 대표)으로 회원권을 획득하였으며, 1912년까지 WEA의 회원이 되려는 사람들은 다음과 같은 복음주의 원칙들을 받아들일 것을 요청하였다. 즉, "성경의 영감과 권위와 충분성을 인정하고, 한 하나님, 곧 성부와 우리의 죄를 위하여 죽으셨다가 다시 살아나신 하나님의 아들 주 예수 그리스도 우리의 하나님 그리고 그리스도의 한 몸을 구성하는 모든 사람들과 사귐을 갖고자 하는 열망을 일으키시는 성령을 믿는 모든 사람들은 WEA(영국 조직체)의 회원으로 환영을 받을 것이다."[5] 그런데 이와 같은 WEA의 신앙노선은 미국의 '근본주의' 및 NAE보다는 좀 더 19세기 '복음주의'의 본류에 속하는 것으로 보인다. 그런데 우리 한국 복음주의자들은 WEA보다는 미국의 '근본주의'와 NAE와 매킨타이어(Carl McIntire)의 ICCC(International Council of Christian Churches)로부터 크게 영향을 받아, 에큐메니칼 운동에 대하여 전투적으로 반대한다.

---

4 • *The Westminster Dictionary of Church History*, ed. Jerald C. Brauer(Philadelphia: The Westminster Press, 1971), 583.

5 • *Dictionary of the Christian Church*, ed. J. D. Douglas, 359.

V

변화된 상황: 선교신학의 패러다임 전환과 '삶과 봉사' 운동

　방금 위에서 지적한 대로 18-19세기의 복음주의적 각성운동 혹은 갱신운동은 복음전도로 이어졌고, 복음을 전하는 선교의 현장에서 교파들의 연합과 협력의 필요성이 생겼다. 그리하여 1910년 WMC(World Missionary Conference = 세계선교대회)가 폐막할 즈음 브렌트 주교가 제안하여 '신앙과 직제'운동이 출발하였다. 이 점에서 18-19세기 기독교와 20세기 에큐메니칼 운동은 연속성상에 있다 하겠다. 그런데 1910년 에든버러 세계선교대회(WMC = World Missionary Conference)는 18-19세기의 낙관주의적 하나님 나라 실현을 앞에 바라보면서 믿지 않는 족속들에 대한 복음전도를 열정적으로 밀고 나가려는 분위기였다. 이와 같은 선교대회는 19세기 복음주의 부흥운동과 선교운동 역시 낙관주의적 인간 이해와 산업혁명과, 그리고 과학기술의 발전에 따른 낙관주의적 세계관의 영향 하에 낙관적인 인간의 회심과 지상에서의 도덕적 왕국 건설을 기대했다.

　그러나 보쉬와 한스 큉 등은 제1차 세계대전을 계기로 신학 일반과 선교신학에 있어서 '패러다임 이동'(paradigm shift)이 일어났다고 주장한다. 제1차 세계대전을 거치면서, 18-19세기적 복음전도가 한계에 부닥쳤다는 것이다. 그런즉 선교신학은 18-19세기적 선교개념의 유산을 물려받은 1910년 에든버러 WMC의 그것과 1928년 예루살렘 IMC의 그것 사이에 현저한 패러다임 이동을 보인다. 전자는 유럽의 18세기 계몽주의의 유산과 19세기 낙관주의의 유산을 물려받은 모더니즘 패러다임의 선교개념을, 후자는 제1차 세계대전 이후, 곧 포스트모더니즘의 선교개념을 보이고 있다. 우리는 여기에서 1928년을 계기로 선교개념의 엄청난 패러다임 이동이 온 것으로 본다.

1928년 예루살렘 IMC의 '복음'과 선교개념은 18-19세기의 그것으로부터의 패러다임의 변화를 보여주고 있다. 우리는 여기에서 18-19세기 복음주의의 선교 개념과 1928년 이후의 에큐메니칼 선교개념 사이의 연속성에도 불구하고 불연 속성이 있음을 발견한다. 왜냐하면 예루살렘은 '신정통주의 신학'이 제시한 보편 주의적 '복음'의 개념과 기독론에 집중하는 선교신학과, 복음의 대사회적인 관련 성을 강조하였기 때문에, 18-19세기의 그것과 아주 다르다. 무엇보다도 예루살 렘은 '인종관계', '아시아와 아프리카의 산업화에 따른 문제들과의 관련된 기독 교 선교의 문제', '아시아와 아프리카의 농촌 문제에 관련된 기독교 선교'와 같은 제목들에서 교회의 대(對)사회적 책임을 '선교'개념에 포함시켰기 때문이다.

하지만 '하나님의 선교'(missio Dei)라고 하는 개념이 처음 등장한 것은, 칼 하 르텐슈타인이라고 하는 독일의 선교신학자가 1928년 칼 바르트의 선교에 대한 강연 내용을 요약하면서 '하나님의 선교'라고 하는 개념을 사용하기 시작한 데서 연유하였다. 그리고 칼 바르트는 1932년 브란덴부르크 선교대회에서 발표한 글 에서도 선교란 하나님 자신의 활동이라 하였다. 특히, 칼 바르트는 '삼위일체 하 나님의 선교'를 주장하였으니, 성부 하나님께서 성자 예수 그리스도를 파송하시 고, 성부와 성자가 성령을 파송하시며, 이 삼위일체 하나님께서 사도들을 세상 속 으로 파송하시고, 이어서 교회를 세상 속으로 파송하신다고 하는 것이었다. 더군 다나 이들은 이와 같은 삼위일체 하나님의 경세적인 선교활동이 시간과 공간 이 전의 내재적 삼위일체 하나님 자체 내의 활동으로부터 나온 것으로 보았다.[6] 그리 고 하르텐슈타인은 1933년 『신학적인 문제로서 선교』에서도 이상과 같은 칼 바 르트의 '하나님의 선교' 개념을 전적으로 받아들였다.

1952년 빌링겐 IMC는 1928년 예루살렘 IMC 이래로 '하나님의 선교'의 의미 에서 교회의 사회참여를 그 이전과 비교하여 가장 강조하는 선교개념을 제시하

---

6 • David J. Bosch, *Transforming Mission: Paradigm Shifts in Theology of Mission* (Maryknoll, New York: Orbis Books, 1992), 389. Christopher J. Wright, *The Mission of God: Unlocking the Bible's Grand Narrative* (Downers Grove, Illinois: IVP Academic, 2006), 62-63.

였다. 빌링겐의 1938년 탐바람을 잇는 삼위일체론적 복음 이해와 무엇보다도 삼위일체론적 기독론 중심의 파송의 신학(성부께서 성자를 이 세상에 파송하시고, 성자께서 그의 백성을 성령에 의하여 이 세상 속으로 파송하신다고 하는 신학논리)은 18-19세기의 복음전도 개념을 훨씬 넘어서서 정치, 경제, 사회, 문화 등 삶의 모든 차원을 선교의 대상으로 삼았다. 그리하여 빌링겐은 개인의 회심과 개교회의 개척과 성장을 소홀히 할 정도였다. 끝으로 에큐메니칼 선교신학에 있어서 빌링겐으로부터 종말론적 시야가 확보되어, 1954년 에번스톤 WCC 총회는 그 전체 주제를 '예수 그리스도 - 세상의 소망'이라 하였다.

1982년『선교와 복음전도 - 하나의 에큐메니칼 확언』은 직접적으로는 1980년 멜버른 CWME의 치우침을 수정하였고, 간접적으로는 1975년 나이로비의 통전성을 이어받았다. 다시 말하면 예수 그리스도께서 성령의 능력으로 믿지 않는 사람들을 예배하는 공동체(복음 설교, 세례, 성만찬, 가르침 등)로 불러모으시어, 회심과 이신칭의와 성화를 일으키신다고 하는 18-19세기적 복음주의적 전통과 1952년 빌링겐의 '하나님의 선교'와 1975년 나이로비의 해방신학적 요소와 구조 악에 대한 주장들을 함께 담아내고 있다 하겠다. 그리고 본 문서는 1952년 빌링겐 이래로 강조되어온 종말론적 비전을 명쾌하게 제시함으로써 하나님 나라와 교회의 긴장관계를 잘 포착하고 있다. 교회는 새 하늘과 새 땅의 미리 맛봄이요 징표요 이것을 이 땅 위에 실현시키는 도구인 것이다.

그리고 다른 한편 1966년 제네바 '교회와 사회'세계대회와 1968년 웁살라 WCC를 계기로 교회의 사회참여가 첨예화되어갔으니, 대체로 이 시점은 해방신학이 '삶과 봉사' 운동 쪽에 크게 영향을 주었다. 확실한 것은 1975년 나이로비의 JPSS(a Just, Participatory and Sustainable Society = 정의롭고 참여적이며 지속 가능한 인류사회), 1983년 밴쿠버의 JPIC(Justice, Peace and Integrity of Creation = 정의, 평화, 창조세계 보전)와 'WCC 서울 JPIC 대회', 그리고 1998년 하라레의 '폭력극복운동 10년' 등은 모두 '하나님의 선교'를 힘주어 말하고 있다. 그러니까 WCC는 1928년 IMC 이후, 아니 확정적으로는 1952년 빌링겐 IMC 이후 '복음전도'(evangelism)와 더불어 '하나님의 선교'를 강조해오고 있다. 이미 지적한 대로 에큐메니칼 운동의 흐름 속에서 선교개념이 1928년을 기점으로 패러다임 전환을 보여주었으니, 에큐메니칼 운동이 18-19세기 복음주의와의 연속성을 가지고 있음에도 불구하고 우리는 이 둘 사이의 관계가 이상과 같은 '선교'개념으로 인하여 점점 소원해져 가고 있음을 보았다. 그럼에도 불구하고 WCC 중심의 '신앙과 직제'운동은 다른 운동들('삶과 봉사' 및 '세계선교와 복음전도 위원회')보다 좀 더 복음주의와의 연속성을 보이고 있다 하겠다.[7]

또한 그동안 WCC 중심의 에큐메니칼 운동의 흐름 속에서 '신앙과 직제' (ecclesiology)와 '삶과 봉사'(social ethics)는 소원한 관계를 유지해오다가, 1990년 서울 JPIC를 계기로 이 두 운동('신앙과 직제'와 '삶과 봉사')은 매우 접근하였고, 1990년 서울 JPIC로부터 1991년 캔버라로 오면서 '신앙과 직제'는 '생태신학', '경제정의', '세계적인 사회정의'와 더욱 긴밀하게 연결되었다. 그리고 1993년 산티아고 '신앙과 직제' 세계대회의 공식문서(『Towards Koinonia in Faith, Life and Witness』)에서 '증거'(Witness) 부분에 『값비싼 일치』(Costly Unity) 문서가 전적으로 수용된 것으로 보아, 여기에서 '신앙과 직제' 역사상 이 두 운동의 합류가 가장 강하게 나타나고 있다. 1992년부터 1996년 사이에 '신앙과 직제'(Unit Ⅰ)와 JPIC(Unit Ⅲ)는 연합연구를 통하여 세 문서가 나왔으니, 1993년 덴마크 뢴데(Ronde)에서 나온 『값비싼 일치』, 1994년 예루살렘 근교 탄투르에서 확정된 『값비싼 참여』(Costly Commitment), 그리고 남아공의 요하네스버그에서 빛을 본 『값비싼 순종』(Costly Obedience)은 이 두 운동을 가교(架橋)시키는 과정을 위해서 매우 중요한 길목들이다.

---

7 • 참고: 본지에 실린 필자의 'WCC 중심의 에큐메니칼 운동에 나타난 교회론'은 에큐메니칼 운동과 '복음주의자들'이 공유하고 있는 신학적인 주제들을 다루었다.

Ⅵ

20세기 '복음주의자들의 세계대회들'

1. 20세기 에큐메니칼 운동에 대한 보수반동으로 열린 복음주의자들의 '세계대회들'

20세기 '복음주의 세계대회'들은 대체로 에큐메니칼 교회의 과격하게 보이는 교회의 사회봉사와 '하나님의 선교'개념에 대한 보수반동으로 열렸다. 그도 그럴 것이 1963년 멕시코 CWME와 1966년 제네바 '교회와 사회' 세계대회에 대응하여, 1966년 베를린 '복음전도대회'(World Congress and Evangelism)와 1966년 휘튼 선언(the Wheaton Declaration)이 나왔고, 1968년 웁살라 WCC와 1973년 방콕 CWME에 대응하여, 1974년 '로잔 복음주의자들의 세계대회'(the International Congress on World Evangelization)가 열렸으며, 1980년 멜버른의 CWME에 대응하여, 1980년 파타야의 COWE(Consultation on World Evangelization)가 개최되었고, 1982년 『에큐메니칼 확언: 선교와 복음전도』에 대응하여 1982년 미시간에서 CRESR(Consultation on the Relation of Evangelism and Social Responsibility)가 열렸으며, 1989년 산안토니오의 CWME에 대응하여 1989년 마닐라 제2 로잔대회(the Lausanne Ⅱ Congress on World Evangelization)의 매니페스토가 나왔다. 끝으로 2010년 케이프타운에서 모인 제3 로잔은 마닐라 제2 로잔으로부터 21년이나 지나서 개최된 바, 그동안의 에큐메니칼 운동을 의식하면서 『케이프타운 헌신』을 작성했을 것으로 보인다. 다시 언급하면, 이상과 같은 복음주의 지도자들의 세계대회들(vs. conciliar movement로서

WCC 중심의 에큐메니칼 운동)은 주로 에큐메니칼 운동이 추구하는 사회참여 개념과
선교개념에 대한 보수반동으로 열린 것으로 보인다.

2. 20세기 '복음주의 세계대회들'의 보고서들에 대한 신학적 관찰

이제 필자는 에큐메니칼 운동의 신학에 비추어서 제1 로잔(1974), 제2 로잔
(1989), 제3 로잔의 복음에 대한 이해, 삼위일체론, 선교개념, 사회참여 개념 등을
소개하려고 한다.

1) 『로잔 언약』(The Lausanne Covenant, 1974)

본 문서는 모두 15항목을 제시하고 있는데, '제1항: 하나님의 목적'과 '제7항:
교회와 복음전도'에서 1952년 빌링겐 이래의 삼위일체 하나님의 선교(missio Dei)
를 주장하고 있다.

> 우리는 그의 의지의 목적을 따라 모든 것을 통치하시는 세상의 창조자시요 주
> 님이신 한 영원하신 하나님, 곧 성부, 성자, 성령에 대한 우리의 신앙을 확언
> 한다. 이 삼위일체 하나님께서는 이 세상으로부터 자신을 위하여 한 백성을 불
> 러내고, 또한 세상 속으로 파송하시어, 그의 나라를 확장시키고, 그리스도의
> 몸을 세워나가며, 그의 이름을 영화롭게 하기 위한 자신의 종들과 증인들로 삼
> 으신다. …[8]
> 　우리는 아버지 하나님께서 그의 아들을 파송하시듯, 그리스도께서도 그의
> 구속받은 백성을 파송하시어 교회로 하여금 이 세상 속으로 값을 치르면서 깊
> 숙이 파고들어갈 것을 요구하신다는 사실을 확언한다. 우리는 우리의 교회 울
> 타리(our ecclesiastical ghettos)로부터 빠져나와 비기독교적 사회 속으로 스며들

---

8 • *World Evangelization, Summer 1989*, vol.16, no.62, 36.

어 가야 한다. …[9]

이어서 로잔은 '제2항: 성서의 권위와 능력'을, 복음의 내용을 담고 있는 '제
3항: 그리스도의 유일무이성과 보편성'과 '제4장: 복음의 본성'보다 앞세우고 있
으나, 제1항의 '하나님의 목적' 때문에 어느 정도는 성서주의(biblicism)를 극복하
려는 듯하다. 그런데 결정적으로 중요한 것은 '제4항: 복음의 본성'에서 18-19세
기적 복음전도를 언급하고, 이어서 '제5항: 기독교의 사회적 책임'을 제시하고 있
다는 사실이다. 다음의 인용은 로잔이 에큐메니칼 선교개념인 '하나님의 선교'와
'삶과 봉사'(Life and Work) 전통의 영향하에 넓은 의미의 교회의 사회적 책임을 매
우 강조하고 있음을 보여주고 있는 것으로 보인다.

우리는 하나님이 모든 인간의 창조자시요 심판자이심을 믿는다. 그래서 우리
는 하나님께서 인간 사회 속에 실현하시려는 정의와 화해에 대한 하나님의 관
심에 동참하며, 사람들을 온갖 종류의 억압들로부터 자유롭게 하시려는 하나
님의 관심에 동참해야 한다. 인간들은 하나님의 형상으로 지음을 받았기 때문
에 각 개인은 인종, 종교, 피부색, 문화, 계층, 성(性) 및 연령에 관계없이 본래
적인 존엄성을 지니고 있기 때문에 존경을 받아야 하고, 섬김을 받아야 하고
결코 착취를 당해서는 안 된다는 것이다. 또한 우리는 여기에서 복음전도와 사
회참여를 서로 배타적인 것으로 여겨, 사회참여를 소홀히 해온 사실을 참회한
다. 비록 인간들 간의 화해가 하나님과의 화해가 아니고, 사회적 행동이 복음
전도는 아니고, 정치적 해방이 구원은 아니지만 우리는 복음전도와 정치, 사
회적 참여가 모두 우리 기독교인들의 의무임을 믿는다. 이 두 가지는 모두 하
나님과 인간에 대한 교리의 필연적인 표현이요, 우리의 이웃사랑과 예수 그리
스도에 대한 우리의 순종의 필연적 표현이다. 구원의 메시지는 모든 형태의 소
외, 억압 및 차별에 대한 심판을 함축하기 때문에, 우리는 두려움 없이 악과
부정의가 있는 곳에서마다 그것들을 고발해야 한다. 사람들이 그리스도를 영

---

9 • Ibid.

접할 때, 중생하여 그의 나라 안으로 들어가고, 불의한 세계 한복판에서 그 나라의 의(義)를 나타낼 뿐만 아니라 확산시키려고 해야 한다. 우리가 주장하는 구원이란 개인적이든, 사회적이든, 우리의 모든 책임영역들에 있어서 우리를 변혁시키는 것이다.[10]

끝으로 선교의 종말론적 비전에 관하여도 로잔은 1952년의 빌링겐과 1954년 에번스톤 이래의 하나님의 선교의 종말론적 전망에 대한 주장으로부터 크게 영향받았다.

우리는 예수 그리스도께서 그의 구원과 심판을 최종적으로 완성하기 위하여 개인적으로 그리고 가시적으로 권능과 영광 가운데 다시 오실 것을 믿는다.

그의 재림에 대한 이와 같은 약속은 우리의 복음전도를 자극한다. 왜냐하면 우리는 복음이 우선 모든 족속들에게 전해져야 한다는 그분의 말씀을 기억하기 때문이다. 그리스도의 승천과 재림 사이의 중간 기간은 종말이 오기 전에는 멈출 자유를 가질 수 없는 하나님의 백성의 선교에 의해서 채워져야 한다. … 우리 기독인들의 양심은 하나님께서 그의 나라를 완성하실 것을 믿으며, 긴장된 기대감을 가지고 그날을 바라보며, 의(義)가 거하고 하나님이 영원토록 지배하실 새 하늘과 새 땅을 기다린다. …[11]

2)『마닐라 매니페스토, 1989』

우리가 이미 논한 제1 로잔과 이제 다루려고 하는 제2 로잔 사이에는 15년의 기간이 흘렀는데, 이 기간 동안에 '복음과 문화', '복음전도와 사회적 책임', '단순한 삶의 스타일', '성령' 및 '회심'에 대한 소규모 신학 협의회들이 있었다. 그리하

---

10 • Ibid.
11 • Ibid., 37.

여 마닐라 성명(the Manila Manifesto)은 이러한 협의회의 총결산으로서 본 대회의 두 주제에 대한 논의의 결실을 정리한 것인 바, 하나는 '그리스도께서 재림하실 때까지 그를 선포하라'와 다른 하나는 '온전한 교회로 하여금 온전한 복음을 온 세상에 가져가도록 하라는 부름"(Calling the Whole Church to take the Whole Gospel to the Whole World)이었다. 그런데 전자는 21개의 확언들로 되어 있고, 후자는 12명제들로 되어 있는데, 특히 후자는 '제1차 로잔 언약'과 함께 연구하고 행동하도록 교회들에게 추천되었다.

본 성명은 역시 '복음'(제3항)보다 '성서'를(제2항) 앞에 놓았다. 이는 성서주의를 암시한다. 하지만 제8항, 제9항 그리고 제18항은 18-19세기적인 복음전도 이외에 교회의 넓은 의미의 사회참여를 역설하고 있다.

우리는 의와 존엄성과 식량과 거처를 빼앗긴 사람들을 돌봄으로써 하나님의 사랑을 가시적으로 나타내야 한다는 사실을 확언한다(제8항).[12]

우리는 정의와 평화의 하나님 나라에 대한 선포가 개인적이든, 구조적이든 모든 부정의와 억압들에 대한 고발을 요구한다는 사실을 확언한다. 우리는 바로 이와 같은 예언자적 증거로부터 움츠러들어서는 안 된다(제9항).[13]

우리는 우리가 살고 있는 사회의 구조들 및 가치들과 필요들을 이해하고 적절한 선교전략을 발전시키기 위하여 우리가 몸담고 살고 있는 우리의 사회를 연구해야 하는 우리의 의무를 확언한다(18항).[14]

그리고 12명제는 'A. 온전한 복음'(the Whole Gospel), 'B. 온전한 교회'(the Whole Church) 및 'C. 온 세상'(the Whole World)으로 나뉘어 나열되었는데, 'A. 온전한 복

---

12 • *The Whole Gospel for the Whole World: Story of Lausanne II Congress on World Evangelization, Manila 1989*, ed. by Alan Nichols(California: A Division of GL Publication Ventura, 1989), 111.

13 • Ibid.

14 • Ibid.

음' 안에 들어 있는 '4. 복음과 사회적 책임'은 제1 로잔 언약보다도 교회의 사회
참여를 더 강도 높게 주장하고 있다.

> 복음전도가 우선이다. 우리의 주된 관심은 복음이기 때문이다. 이 복음전도의
> 목적은 모든 인간들이 예수 그리스도를 주님과 구세주로 받아들일 수 있는 기
> 회를 갖게 하는 것이다. 그런데 예수님은 하나님의 나라를 선포하셨을 뿐만 아
> 니라 자비와 능력의 행위들을 통하여 하나님의 나라의 도래를 보여주셨다.
>
> … 우리 역시 겸허한 정신으로 하나님의 나라를 설교하고 가르쳐야 하며, 나아
> 가서 병든 자들을 돌보고, 장애자들과 불이익을 당하는 자들을 도와주어야 하
> 고, 억압받는 자들을 구출해내야 한다. 우리는 은사와 소명과 상황의 다양성을
> 인정하면서, 복음과 선행을 분리시켜서는 안 된다.
>
> 하나님 나라의 선포는 필연적으로 이 하나님 나라와 양립할 수 없는 모든 것에
> 대하여 예언자적 심판을 가한다. 악들 중에서 우리는 제도화된 폭력을 포함한
> 모든 파괴적 폭력을 반대하고, 정치적 부패, 온갖 종류의 인간 착취와 환경 착
> 취, 임신 중절, 마약 및 인권남용 등에 반대한다. 우리는 또한 가난한 자들에
> 대하여 관심하면서 우리들 자신이 세계의 틀 안에서 빚더미에 짓눌려 있다는
> 사실을 안다….
>
> 진정한 선교는 항상 성육신적이여야 한다. 따라서 우리는 다른 사람들의 세
> 계 속으로 파고들어 가 이들의 사회적 현실, 이들의 슬픔과 고통, 이들의 억압
> 적 세력에 정의로써 항거해야 한다.[15]

바샴은 그의 Mission Theology에서 1970년대에 이르면 토마가톨릭교회와 복
음주의 교회들과 에큐메니칼 운동이 선교에 관한 5가지 주제(1. 선교의 신학적인 기
초, 2. 교회 - 선교의 관계, 3. 복음전도와 사회적 행동, 4. 기독교와 타 신앙들, 5. 선교와 일치)에 있

---

15 • Ibid., 115.

어서 상이성들에도 불구하고 기본적인 공통점을 갖고 있는 것으로 결론을 내린다. 이 5가지 주장들은 18-19세기 선교개념과의 연속성에도 불구하고 새로운 패러다임 혹은 포스트모던 패러다임의 선교개념들이라고 판단된다.[16]

3) 『케이프타운 헌신, 2010』

본 대회는 제2 로잔대회(1989)로부터 21년 만에 남아공에서 열린 제3 로잔대회였다. 앞의 두 대회가, 상응하는 에큐메니칼 대회들에 대한 반작용으로 열렸으나, 본 대회는 딱히 에큐메니칼 진영의 어떤 대회에 대한 반작용으로 일어났는지가 분명하지 않다. 하지만 우리는 본 문서를 이해하기 위하여 그동안 에큐메니칼 진영의 대회들과 그것들의 주장을 염두에 두어야 할 것 같다.

즉, 정치적 · 경제적 · 사회적 정의와 평화를 '창조보전'에 연결시킨 1990년 서울 JPIC, '신앙과 직제'와 '삶과 봉사'의 신학적인 합류를 정초시킨 1990년의 『교회와 세상: 교회의 일치와 세상의 갱신』, 성령의 관계적 독립성을 부각시키면서 '그리스도 중심적 보편주의'로부터 삼위일체론과 삼위일체론적 성령론으로의 신학적 패러다임 이동을 보여준 1991년 '캔버라 WCC', 그리고 사도적 신앙 안에서의 코이노니아, 세례 성만찬 사역의 교회적 삶 안에서의 코이노니아, 증언(CWME와 삶과 봉사 전통)에 있어서 코이노니아를 서로 불가분리한 것으로 본 1993년 『신앙과 삶과 증언에 있어서 코이노니아를 향하여』와 같은 대회들과 그것들의 문서들이 중요하다. 그러나 가장 중요한 문서는 『값비싼 일치』(1993), 『값비싼 헌신』, 『값비싼 순종』과 같은 '신앙과 직제'와 '삶과 봉사'를 신학적으로 합류시킨 문서들을 전 역사로 하는 2006년의 『교회의 본질과 선교』일 것이다.[17]

---

16 • 참고: Rodger C. Bassham, *Mission Theology: 1948-1975 Years of Worldwide Creative Tension Ecumenical, Evangelical, and Roman Catholic*(California: William Carey Library, 1979), 333-334.

17 • 참고: 본 논고와 함께 실릴, 'WCC 중심의 에큐메니칼 운동에 나타난 교회론' 중, 'Ⅲ. 가시적 일치추구와 교회의 사회참여를 아우르는 교회론'.

49쪽의 『케이프타운 헌신』[18]은 두 부분으로 구성되었다. 하나는 '신앙고백'(4-21)이요 다른 하나는 '사회적 행동'(22-47)이다. 신앙'에 근거한 '사회적 행동'이 본 문서의 기본구조이다. WCC 중심의 에큐메니칼 운동에 나타난 신학의 입장에서 보면, 전자는 '신앙과 직제'운동에, 후자는 '삶과 봉사'운동과 '세계선교와 복음전도'운동에 각각 해당한다. 이는 에큐메니칼 운동이 1990년대 접어들면서 '신앙과 직제'가 '삶과 봉사' 및 '세계선교와 복음전도'와 긴밀한 관계에 돌입해온 것에 상응한다. 본 문서는 1990년 접어들면서 세계가 겪은 변화를 주로 "글로벌화, 디지털 혁명 그리고 경제적 · 정치적 권력의 변화되어가는 지형의 영향"(preamble, 4쪽)으로 보고, 3가지 불변의 요소를 제시한다. 하나는 인류의 죄성이요, 둘은 복음이요, 셋은 교회의 선교이다. 이 중 두 번째 것과 세 번째 것을 소개 한다.

  복음은 좋은 소식이다. 복음은 새로운 아이디어들을 필요로 하는 하나의 개념이 아니다. 그것은 항상 새롭게 이야기도어야 할 이야기이다. 그것은 하나님께서 이 세상을 구원하시기 위하여 행하신 바에 대한 이야기이다. 특히 하나님의 행동은 예수 그리스도의 삶과 죽음과 부활의 역사적 사건들에서 절정에 도달하였다. 그리스도 안에는 희망이 있다. (preamble, 5쪽)

  교회의 선교는 지속한다. 하나님의 선교는 땅의 끝과 세상의 끝까지 확장된다. 그리하여 급기야 이 세상의 나라들이 우리 하나님과 그분의 그리스도의 나라가 될 것이고 하나님께서 새 창조의 세계 안에서 그분의 구속받은 인류와 함께 거하실 날이 올 것이다. 바로 이날까지 교회의 하나님의 선교에 대한 동참은 환희의 긴급성으로 그리고 우리 세대를 포함하는 각 세대에서 새롭고 감동되는 기회들을 가지고 지속될 것이다. (Ibid.)

  본 문서는 "구약에서든 신약에서든 성서적 언약들은 상실된 인류와 망가진

---

18 • *The Cape Town Commitment*. www.lausanne.org/ctcommitment.

창조세계에게 손을 뻗치는 하나님의 구속하시는 사랑과 은혜의 표현들이다. 그리고 이 언약들이 우리 인간에게 사랑으로 반응할 것을 요구한다."(Ibid.)며, '신앙고백'(4-21) 부분을 인간의 하나님의 사랑과 은혜에 대한 반응으로 본다. 즉, '① 하나님께서 우리를 먼저 사랑하셨기 때문에 우리는 사랑한다.', '② 우리는 살아계신 하나님을 사랑한다.', '③ 우리는 하나님 아버지를 사랑한다.', '④ 우리는 하나님이신 아들을 사랑한다.', '⑤ 우리는 하나님이신 성령을 사랑한다.', '⑥ 우리는 하나님의 말씀을 사랑한다.', '⑦ 우리는 하나님의 세상을 사랑한다.', '⑧ 우리는 하나님의 복음을 사랑한다.', '⑨ 우리는 하나님의 백성을 사랑한다.', 그리고 '⑩ 우리는 하나님의 선교를 사랑한다.'는 다름 아니라 하나님의 사랑과 은혜에 대한 반응이라고 하는 말이다.

이와 같은 신학논리는 '복음과 율법', '은혜와 소명'(Gabe und Aufgabe), '직설법과 명령법'(Indicative and Imperative)이라고 하는 종교개혁신학의 유산으로 보인다. 하지만 제3 로잔의 이와 같은 신학논리에서 필자는 신구약성경의 언약들로 표현된 하나님의 아가페 사랑과 무조건적인 은혜에 대한 '믿음'이 전제된 사랑(10가지)이어야 하지 않을까 생각한다. '지식을 추구하는 신앙'(안셀름과 칼 바르트)에 입각한 '사랑을 추구하는 신앙'이어야 한다고 하는 입장이다.

그런데 '⑥ 우리는 하나님의 말씀을 사랑한다.'에서 '성서주의'를 언급하고 있으나, '⑧ 우리는 하나님의 복음을 사랑한다.'에서는 철저히 이야기로서 복음을 주장하고 있기 때문에, '성서주의'는 성서해석의 형식적인 원리요, 이야기로서의 '복음'이 그것의 실제적인 원리인 것으로 보인다. 이는 1963년 몬트리올 '제4차 신앙과 직제 세계대회'가 제3분과에서 '성서, 전통(Tradition)' 그리고 '전통들(traditions)'을 주장하면서 '전통'(the Tradition: 대문자 'T'는 '복음전통'을 지칭함)을 성서의 근원으로 본 것을 의식한 것으로 보인다.

그리고 본 '신앙고백'은 삼위일체론과 보편주의적 종말론과 '하나님의 선교'(the mission of God)를 상호 연관 속에서 고백하고 있기 때문에, 교회 대 세상의 이분법이나 개인주의적 구원이나 교회 중심주의적 선교를 지양하고 있다. 끝으로 '⑦ 우리는 하나님의 세상을 사랑한다.'는 창조세계와 세상과 타 종교들에 대한 매우 적극적인 자세와 관계맺음을 강조하고 있으니, 종전의 '복음주의 전통'과는 달리 창조세계에 대한 배려, '교회 대 세상'의 긴밀한 관계, 그리고 타 종교들을 보듬어 안는 입장을 보여주었다.

(1) 우리는 하나님의 창조세계를 사랑한다. …
땅은 그리스도에 의하여 창조되었고 지탱되며 구속되었다. 우리는 창조, 구속 그리고 상속의 권리차원에서 그리스도에게 속한 것들을 남용하면서 하나님을 사랑한다고 주장할 수 없다. …

하나님의 창조세계에 대한 그와 같은 사랑은 지구자원의 파괴, 황폐화와 오염 그리고 소비주의의 우상에의 도취의 공범에 대한 회개를 요구한다. …

(2) 우리는 나라들과 문화들의 세상을 사랑한다. '하나님께서는 한 사람으로부터 인류의 모든 나라들을 만드시어 지구의 전 지역에 살게 하셨다.' 종족적이고 민족적인 다양성은 창조 시에 주어진 하나님의 은혜이기 때문에 그것들이 분열과 라이벌로부터 해방될 새 창조의 세계에서도 보전될 것이다. 모든 백성들에 대한 우리의 사랑은 땅 위의 모든 민족들을 축복하시겠다고 하는 하나님의 약속과 그 자신을 위하여 '각 족속과 방언과 백성과 나라 가운데서'(계 5:7) 뽑힌 한 백성을 창조하시기 위한 하나님의 선교를 반영한다. 우리는 모든 문화들을 포함하여 하나님께서 복을 주시기로 선택하신 모든 것을 사랑하지 않으면 안 될 것이다. … 우리는 복음이 모든 문화들 속에 체현되고 뿌리를 내려서 그것들이 그 속으로부터 구속됨으로써, 하나님의 영광과 그리스도의 빛을 충만하게 나타내기를 갈망한다. 우리는 장차 하나님의 도성 안으로 받아들여질 모든 문화들의 풍요와 영광과 광채를 바라본다. 그리하여 이와 같은 문화들은 모든 죄로부터 구속되고 정화(purged)됨으로써 새 창조의 세계를 풍요롭게 할 것이다.

(…중략…)

(3) 우리는 이 세상의 가난한 사람들과 고난받는 사람들을 사랑한다. 성경은
주님께서 그가 지으신 모든 것에 대하여 사랑하시고, 억압당하는 사람들의
대의를 지지하시며, 외지인들을 사랑하시고, 굶주린 자들을 먹이시며, 고아
와 과부를 양육하신다고 우리들에게 이야기한다. 또한 성경은 하나님께서는
그와 같은 행동을 위하여 헌신된 사람들을 통하여 그와 같은 일들을 하시기
를 원하신다는 사실을 보여주고 있다. 하나님께서는 특히 사회에서 정치적
이고 법적인 지도층에게 그와 같은 책임을 물으시지만 모든 하나님의 백성
들 역시 율법과 선지자, 시편과 지혜서, 예수님과 바울과 요한으로부터 하나
님의 사랑과 정의를 곤궁한 사람들을 위한 사랑과 정의의 실천으로 반영할
것을 명령받고 있다.

(…중략…)

(4) 우리는 우리의 이웃들을 우리들 자신을 사랑하듯 사랑해야 한다. 예수님은
제자들에게 이 두 번째로 큰 계명에 순종할 것을 요구하셨는데, 동일한 장에서
그와 같은 요구를 과격하게 심화시켰으니, 낯선 사람들과 원수까지도 사랑할
것을 요청하셨다.

… 우리의 이웃에 대한 이와 같은 사랑은 타 종교의 사람들을 포용하고 우리를
증오하고 모욕하며 핍박하고 심지어는 죽이는 사람들에게까지 확장되어야 한
다. 예수님은 거짓을 진실로, 악을 행하는 사람들에게 친절과 자비와 용서의
행동으로, 자신의 제자들에 대한 폭력과 살인에 대하여 자기희생으로 응답하
여, 사람들을 자신에게로 이끌고 악의 사슬을 단절시키라고 가르치셨다. 우리
는 특히 복음의 확장을 위한 그 어떤 폭력의 길도 배격하고 악을 행하는 사람
들에 반하여 앙갚음하려는 유혹을 포기해야 할 것이다. 그와 같은 불순종은 그

리스도의 모범과 가르침 그리고 신약성서와 양립 불가능하다. 등시에 우리의 고난받는 이웃들에 대한 사랑의 의무는 악행 자들을 벌줌에 있어서 하나님의 종들로 기능하는 법 당국이나 국가 당국에게 적절히 호소하여 그들을 위한 정의를 구현할 것을 우리들에게 요청한다(롬 13:4).

(5) 우리가 사랑하지 말아야 할 세상. 하나님의 좋은 창조의 세계가 하나님에 대한 인간들과 사단의 반역의 세계로 변했다. 우리는 죄악 된 욕망과 탐욕과 교만의 세상을 사랑하지 말라고 하는 명령을 받고 있다. 우리는 정확하게 그와 같은 세상의 세상성의 표지들이 그렇게나 흔하지 우리의 그리스도교적 현존을 볼꼴 사납게 만들고 우리의 복음증언을 거부하고 있다고 하는 사실을 슬픈 마음으로 고백한다.[19]

따라서 이상과 같이 1960년대 이래의 '복음주의 세계대회들'은 WEA전통과 더불어, 미국의 '근본주의'와 NAE와 ICCC 전통으로부터 크게 영향을 받은 한국 '복음주의 교회들'과는 달리 '에큐메니칼 운동'에 대하여 훨씬 덜 전투적이다. 아니, 그와 같은 대회들은 에큐메니칼 운동에 나타난 신학적인 주제들(e.g. '복음', '삼위일체론', '종말론', '교회론', '교회의 사회참여', '기독교와 타 종교들과의 대화' 등)을 공유하고 있다. 그중 『케이프타운 헌신』의 신학이 가장 에큐메니칼 운동에 나타난 신학과 많은 부분들을 공유하고 있다 하겠다.

---

19 • Part Ⅰ. 7(14-16쪽), In Ibid.

Ⅶ

나가는 말

본 논고는 '복음주의' 전통의 근원을 16세기 종교개혁으로 보고, 이 종교개혁의 지리적 확장에 다름 아닌 유럽으로부터 미국과 한국에 이르는 선교사적 교회사 읽기를 시도하면서, 1960년대 이후, 특히 1974년 제1 로잔, 1989년 제2 로잔, 그리고 2010년 제3 로잔의 주요 신학적인 주제들을 에큐메니칼 운동에 타나난 신학에 조명하여 숙고해보았다. 필자는 본 연구를 통해서 아래와 같은 사실들을 발견하였다.

① 18-19세기의 '복음주의' 전통은 초기 에큐메니칼 운동에 기여하였으니, 전자와 후자 사이에는 연속성이 있다.

② 하지만 한국 개신교에 큰 영향을 준 미국의 개신교 '근본주의'와 NAE와 ICCC는 18-19세기의 주류 '복음주의'와는 달리 '에큐메니칼 운동'에 대하여 전투적으로 반대한다.

③ 베를린, 휘튼, 로잔, 마닐라, 케이프타운으로 이어지는 '복음주의자들의 세계대회들'은 18-19세기 '복음주의'의 본류로부터 기원하였지만, 에큐메니칼 운동이 추구하는 '하나님의 선교'개념과 교회의 사회봉사개념에 거부반응을 보임으로써 에큐메니칼 운동과 평행으로 나가고 있다. 특히 이들은 '신앙과 직제'보다는 '세계선교와 복음전도' 및 '삶과 봉사' 전통에 대하여 비판적이다. 하지만 WEA 전통과 더불어 이들은 에큐메니칼 운동에 대하여 '미국의

개신교 근본주의'와 NAE와 ICCC만큼 전투적으로 대립각을 세우고 있지 않는 것으로 보인다. 우리는 이와 같은 사실을 제1 로잔, 제2 로잔, 케이프타운의 제3 로잔 문서들에서 확인하였다. 특히 '케이프타운 헌신'은 역대 로잔 대회들보다 훨씬 더 WCC 중심의 에큐메니칼 운동에 타나난 신학들을 공유하고 있다.

④ 향후 우리 에큐메니칼 진영은 '신앙과 직제' 전통의 유산20을 저들과 최대한도로 함께 나누면서 '하나님의 선교'와 '교회의 사회봉사'와 '종교 간 대화'21 차원에서 공유할 수 있는 부분들을 찾아나가야 할 것이다. 이에 대하여 『케이프타운 헌신』은 시사하는 바가 크다.

---

20 • 필자는 'WCC 중심의 에큐메니칼 운동에 나타난 교회론'에서 신앙과 직제 전통의 본질적 '교회론'이 '복음주의신학자들'의 교회론과 상당 부분 공유될 수 있을 것이라고 하는 점을 발견하였다.

21 • 2011년에 WCC와 바티칸과 WEA의 '다원사회 안에서 그리스도인의 증언'이 선언되었다. '교황청 종교 간 대화 평의회'와 'WCC의 종교 간 대화 및 협력 프로그램'은 '그리스도인의 증언행위를 위한 공유된 추천들을 향한 연합 과정'에 돌입하였는데, 세계복음주의연맹을 대화 파트너로 초대한 것이다. 2006년 5월 이탈리아 라리아노에서 첫 번째 회의가, 그리고 2007년 8월 프랑스의 뚤르즈에서 두 번째 회의가 열렸다. 그리하여 2011년에 위와 같은 선언문이 나왔다.

제3장

WCC 중심의 에큐메니칼 운동에 있어서
성서의 통일성과 다양성

†

I

들어가는 말

'신앙과 직제'는 1980년 『에큐메니칼 운동에 있어서 성경의 권위와 해석』[1]이라고 하는 책을 출판하였다. 본 저서는 1949년 워드햄 회의, 1963년 몬트리올 신앙과 직제 제4차 대회, 1967년 브리스톨 회의, 1971년 루뱅 회의, 1977년 로쿰 회의, 1978년 벵갈 회의의 결과물들을 싣고 있다. 본 문서들은 성서의 통일성과 다양성의 문제 그리고 성서의 해석학에 대한 것을 소개하고 있다. 대체로 1949년 워드햄 회의로부터 1963년 몬트리올 신앙과 직제 제4차 세계대회는 성서의 통일성을 강조하였고, 1967년 브리스톨 회의는 성서 비평학 사용에 의한 성서의 다양성을 힘주어 다루었으며, 1971년 루뱅 회의는 문화의 다양성에 따른 성서해석의 다양성을 논했다. 그럼에도 불구하고 1977년 로쿰 회의와 1978년 벵갈 회의는 다시 성서의 통일성을 강조하였다. 따라서 전체적으로 볼 때, 우리는 이 문서들에서 성서의 통일성과 다양성을 발견한다.

이제 필자는 1949년 워드햄 문서, 1963년의 몬트리올 문서, 1978년 벵갈 문서만을 소개한다. 그 이유는, 대체로 이 문서들이 성서의 통일성을 말하고 있는 바, 성서의 다양성이란 성서 비평학의 사용과 다양한 교회전통과 문화들의 다양성으로 인하여 생기는 것으로 보이기 때문이다. 그리고 무엇보다도 교회들이 성서의 '통일성'만 확보한다면 혹은 공유한다면, 다양성의 문제는 교회들과 신학들을 결코 분열시키는 요인들로 작용하지 않을 것이기 때문이다.

■ 1 • 『에큐메니칼 운동에 있어서 성경의 권위와 해석』(서울: 한국장로교출판사, 1996).

II
본 론

1. 1949년 워드햄 문서

에큐메니칼 운동에서 사용되어온 신학들은 1938년부터 1945년까지 유럽에서 등장한 성서신학(a biblical theology)의 영향하에 오늘에까지 이른다. 이와 같은 성서관과 성서해석의 흐름은 성서신학, 나아가서 이것에서 유래한 내러티브 신학을 추구하는 바, 하나님의 말씀이신 예수 그리스도를 중심에 두는 구약에서 신학으로 이어지는 구속사를 중요시해왔다. 다음의 인용을 읽어보자.

> 제2차 세계대전 기간 동안 교회들, 특히 유럽에 있던 종교개혁 전통의 교회들은 말 그대로 성서의 현실적합성(relevancy)을 재발견하였다. 어둠의 시대가 주었던 당혹감과 위험의 한가운데서 그 사실은 교회들을 지탱하였고 길을 인도하였다. 그리하여 교회들은 이러한 경험을 새로 건립된 세계교회협의회(WCC)의 신학적 시도에 도입하였고, 협의회 초기에 성서에 대한 수많은 진지한 연구가 이와 같은 방향에서 이루어졌다. 헨드릭 크레머와 수잔느 드 디트리히와 같은 사람들이 성서에 대한 이와 같은 연구를 추진하는 데 중요한 역할을 하였다. 이들의 작업의 영향은, WCC와 보세이 에큐메니칼 연구소에만 국한되지 않고, 그들의 영역을 훨씬 넘어서고 있었다. 간약에 사람들이 성서가 말하려고 하는 것에 대하여 기꺼이 경청하려고만 한다면 성서는 모든 문제들에 대하여 말씀한

다고 하는 것이, 이러한 성서적인 운동 밑에 깔려 있는 공통된 확신이었다.[2]

이러한 분위기 속에서 세계교회협의회의 연구부는 현대적인 생활의 여러 영역에 있어서 성서의 권위와 성격, 성서의 올바른 해석, 구약과 신학성서의 상관성과 같은 문제들을 연구하기 위하여 여러 대회들을 조직하였다. 그리하여 그 결과로 나온 문건이 바로 1949년 옥스퍼드의 워드햄 대학에서 출판된『성서해석을 위한 지침서들』이었다. 이 보고서는 과거 15년 이상 세계교회협의회 차원에서 일반적으로 수용되었던 '성서적 신학'(a biblical theology)에 대한 강조의 좋은 본보기를 제공하였다. 그 연구는 성서 본문들에 대한 역사적 해석을 교파신학들과 결합시켰고, 신약과 구약성서 간의 통일성을 하나님의 구속사에 대한 충실하고도 녹슬지 않은 증거로 제시하였다. 그것의 주된 특징은 그리스도 중심, 즉 예수 그리스도는 성서의 중심이며, 성서의 목적이기 때문에 성서해석 전체의 열쇠라는 점을 강조하는 데 있었다.

이상과 같은 성서관과 성서해석의 큰 틀 안에서 본 보고서는 4장으로 구성되었다. 즉, 하나는 "성서해석에 필요한 신학적 전제들", 둘은 "특수한 구절에 대한 해석", 셋은 "특수한 사회적 혹은 정치적 문제에 관한 성서적 가르침", 넷은 "성서 메시지를 현대 상황에 적용하기"로 되어 있다. 이제 필자는 이 4장의 각 내용을 소개한다.

제1장은 6가지 신학적인 전제들을 제시한다. 첫째는 모든 에큐메니칼 운동에 있어서 신학적인 출발점은 성서인데, 이 성서 속에 있는 "하나님의 말씀"이 "우리에게 부딪쳐 온다."[3]고 한다. 둘째로 성서에서 가장 중요한 메시지는 "죄인을 구속하시는 하나님의 하나의 권위 있는 요구가 인간 위에 놓여 있고, 인간은 그의 삶과 사역의 전체를 통하여 신앙과 순종으로 그것에 응답하도록 부름받는다는 사실에 있다."(30) 그런즉, 하나님께서는 예수 그리스도 안에서 행하신 구속사역으로 자신을 위하여 하나의 백성을 창조하셨다고 하는 사실이다. 따라서 우리

---

2 • Ibid., 11.

3 • Ibid., 30.

하나의 하나님의 백성은 신구약의 사랑의 율법에 순종해야 하는데, 구약에는 순전히 지역적이고 일시적인 의미만을 지닌 율법들이 있다고 제한하였다. 셋째로 "기독교적인 해석자의 출발점은 신앙에 의하여 한 구성원이 된 구원받은 교회 공동체 안에 놓여 있다."(30)고 하는 사실이다.

넷째로 "성서 전체의 중심과 목적은 예수 그리스도라는 사실에 동의한다. 이 사실은 신구약성서에서 예수 그리스도께서 율법의 성취이며 끝이라고 하는 시각을 제공한다."(30-31) 다섯째로 삼위일체 하나님의 근원이신 신약의 성육신하신 하나님의 말씀이신 예수 그리스도께서는 구약적인 구속사적 배경을 가지고 계심을 주장하였다. 다음의 인용을 읽어보자.

> 구약과 신학의 통일성은… 그리스도 안에서 성취에 도달하는 한 백성의 역사 속에서 진행되어 온 하나님의 계속되는 구원사역 속에서 발견된다. 따라서 구약성서를 예수 그리스도의 위격과 사역 안에 나타난 전체적인 계시의 빛에 비추어서 해석하는 것이 결정적으로 중요한 바, 이 예수 그리스도는 하나님의 성육신하신 말씀으로서 교회의 삼위일체 신앙의 근원이다.(31)

여섯째로 "기독교적 석의는 구약과 신약의 몇몇 사건들과 가르침 사이에 있는 몇몇 상응내용들에 대해서 하나님께서 이를 친히 설정하신 것으로 받아들인다."(31) 그리고 일곱 번째로 "비록 전통, 이성 그리고 자연법을 사용하는 방법에 대하여 의견이 다양하더라도, 명백히 성서에 위배되는 가르침은 결코 기독교적인 것으로 받아들여질 수 없다."(31)

제2장은 세 가지 점을 말하고 있다. 첫째로 그것은 "본문결정/구절의 문학 형식/삶의 자리(역사적 상황)/그 말씀의 원래 저자와 청취자, 또는 독자에게 가졌던 의미/그 구절을 본문의 전체 맥락과 그것이 출혼한 배경의 빛 아래에서 이해하기"를 언급하고, 둘째와 셋째는 신약의 어떤 구절이나 단락을 해석할 때, 구약의 구속사에 비추어서 해석해야 할 것을 말한다. 구약성서의 그것 역시 구약의 구속사에 비추어서 해석해야 하지만 말이다. 다음의 인용을 읽어보자.

구약성서의 구절들의 경우, 이스라엘 이전 혹은 이후 시기를 통틀어서 이스라엘에게 계시된 하나님의 계시와 상관관계 속에서 그것을 검토하고 설명해야 한다. 이때 또한 해석자는 그런 시각에서 그 구절을 보기 위하여 신약성서에 의존해야 한다. 이런 과정에서 구약성서 구절은 제한과 수정을 받을 수 있고, 그것은 또한 원래 저자에게 알려지지 않은 새롭고 좀 더 심오한 의미를 신약성서의 빛 속에서 찾을 수 있다.(32)

한 신약성서의 구절의 경우, 우리는 그것을 그것의 배경과 맥락 속에서 검토해야 한다. 그런 다음에 하나님의 이전 계시 속에서 그것의 배경을 말하기 위하여 구약성서에 의존해야 한다. 그런 다음에 다시 신약성서로 돌아올 때, 우리는 그 구절을 구속사의 전체적인 시야에서(in the light of the whole scope of Heilsgeschichte) 보면서 설명할 수 있다. 여기에서 우리의 한 신약성서 구절에 대한 이해는 구약성서에 대한 우리의 이해를 통하여 심화될 수 있다.(32)

제3장은 두 가지 점에 유의하였다. 첫째로 우리는 우리 시대의 전제들을 성서 속으로 끌고 들어갈 것이 아니라, "주어진 문제의 답을 찾기 위하여 성서 본문에 대한 직접적인 연구에서 출발해야 한다."며, "하나의 특수한 현대적인 문제를 검토함에 있어서 우리는 신약성서의 가르침에서 시작해야 하고, 이러한 관점에서 우리는 하나님의 전체적인 계시의 관점에서 그 문제를 보기 위하여 구약성서를 또한 고찰해야 한다."(32)고 하였다. 그리고 셋째로 미래 종말론적 비전과 현재적인 하나님 나라 구현을 위한 도덕과 윤리에 대하여 주장하였다. 다음의 인용을 읽어보자.

사회적 정치적 문제들에 대한 성서적 가르침은, 이 세상 나라들 안에서의 삶과 하나님 나라에의 참여 사이에 놓인 긴장이라고 하는 시각에서 고찰되어야 한다. 본 대회는 윤리학과 종말론의 관계에 대한 이해를 발전시킬 만한 시간이 없었으나, 우리는 두 시대(two ages = 세상적인 시간과 하나님 나라의 시간: 역자 주)에 관한 성서의 가르침이 하나의 특수한 사회적 혹은 정치적 문제가 해석되어

야 하는 방식에 관한 중요한 태도를 가지고 있다고 하는 데 대하여 의견을 같이한다.(33)

제4장은 세 가지 점을 제시하였다. 첫째로 우선 현대적인 상황과 유사한 상황을 성서에서 찾아야 하지만 절대적인 동일한 상황은 발견되지 않기 때문에, "각각의 새로운 상황에서 우리는 하나님의 뜻에 대한 지식으로 인도되도록 우리 자신을 내맡겨야 한다."(33) 둘째로 "성서는 주로 교회에게 말씀한다고 하는 데 의견을 같이한다. 그러나 교회의 주님에 의하여 전 세계가 그분의 것이라고 주장되기 때문에 그것은 또한 교회를 통하여 세상에게 말씀하는 것이다. 교회는 하나님의 말씀에 의하여 다시 만들어짐으로써 세상에 대하여 가장 훌륭하게 발언할 수 있다."(33) 셋째는 "에큐메니칼 운동에 동참하는 WCC의 회원들은 교리적이고 교회적인 전통들이 다르고, 윤리적이고 정치적이고 문화적인 배경이 다르며, 지형학적이고 사회적인 상황이 다르고, 기질과 은사가 다르다. … 그러나 우리가 대체로 의식하지 못하는 그와 같은 전제들을 가지고 함께 만나 이러한 전제들을 성서에 비추어서 검토할 때, 우리는 그 어려움들을 뚫고 복음을 함께 들을 수 있으니, 성서 그 자체야말로 우리를 살아 있는 하나님의 말씀(the living Word of God)으로 돌아가도록 인도한다."(33)는 것이다.

2. 1963년 몬트리올 '신앙과 직제'의 제2분과("Scripture, Tradition and traditions")

본 문서는 교파들이 서로 다르지만 삼위일체 하나님에 대한 신앙과 소망 안에서 서로를 만날 수 있다고 하면서 다양한 신학적인 전통들(traditions) 안에서 하나의 전승(the Gospel Tradition)을 공유하고 있다고 한다. 본 문서는 제2차 바티칸 공의회의 '계시론'(Dei Verbum)[4]에도 영향을 준 것으로서 교회들이 성서와 교회 각각

---

4 • Walter M. Abbott, S.J.,(ed.), *The Documents of Vatican II*, trans. by Joseph Gallagher, American Press/Association Press, 1966, 112.

의 통일성을 공유하는 문제에 있어서 결정적인 해답을 준다. 우리는 아래의 인용문에서 "복음전승"(the Tradition)이 경전으로서의 성서의 기원이요, 구속사적 배경을 지닌 예언자들과 사도들의 전승임을 알 수 있다.

기독교인들로서 우리 모두는 구약성서에 나타난 하나님의 백성의 역사에서, 그리고 하나님과 인간 사이의 중보자, 하나님의 아들, 그리스도 예수 안에서 하나님이 자신을 계시하셨다는 것을 감사함으로 인정한다. 하나님의 자비와 하나님의 영광은 우리 자신의 역사의 시작이며 끝이다. 예언자들과 사도들의 증언은 그의 계시의 전승(T)을 등장시켰다. 예수 그리스도 안에서의 하나님의 유일회적인 계시는 사도들과 제자들에게 영감을 불어넣어 그리스도의 인격과 사역 안에 주어진 계시를 증거 하게 하였다. 아무도 "성령으로 아니하고는 예수를 주시라."(고전 12:3) 할 수도 없었고, 할 수도 없다. 성령의 인도 아래 예언자들과 사도들의 구전과 기록된 전통은 성경의 형성과 교회의 성서로서의 구약과 신약의 경전화를 가져왔다. 전승(T)이 성서들에 앞선다는 바로 그 사실은 전승의 중요성을 지적하는 것이며, 또한 성서를 하나님의 말씀의 보화로 가리키는 것이다.(42)[5]

■■ 5 · 『에큐메니칼 운동의 발전사(Ⅱ). 신앙과 직제 문서사: 1963-1993』. 권터 가스만 엮음/이형기 옮김(한국장로교출판사, 1998), 38-39. 참고: 1927년 로잔 신앙과 직제 세계대회는 처음으로 '복음'을 에큐메니칼하게 정의했다. 그리하여 이 '복음'정의는 1928년 '예루살렘 IMC'의 헌장 안에 그리고 1940년대에 오면 '중국 그리스도 교회'(the Church of Christ in China)의 헌장 안에도 포함되었다. 이것이 그렇게 중요한 이유는 각 교파가 나름대로 '복음'이 무엇인가를 말하고 있으나, 과연 에큐메니칼 차원에서 '복음'이 무엇인가를 논할 때, 이와 같은 '복음' 정의는 꼭 필요하다고 보인다. 아래의 긴 인용을 읽어보자.

세상을 위한 교회의 메시지는 예수 그리스도의 복음이요, 항상 복음이어야 한다. 복음은 현재와 미래를 향한 구속의 기쁜 메시지인 바, 그리스도 안에서 죄인에게 주어진 선물이다. 성령은 온 인류 역사 속에서 활동하시어 그리스도의 오심을 준비하셨고, 무엇보다 구약 안에 주어진 그의 계시를 통해서 그의 오심을 준비하셨는데, 때가 차서 하나님의 영원한 말씀이 성육하사 인간이 되신 것이다. 바로 예수 그리스도는 하나님의 아들과 사람의 아들로서 은혜와 진리가 충만하신 분이시다.
이 예수 그리스도는 그의 삶과 가르침, 그의 회개에로의 부름, 그의 하나님의 나라의 도래와 심판에 대한 선포, 그의 고난과 죽음, 그의 부활과 하나님 아버지 우편에로의 승귀 및 그의 성령의 파송을 통하여 우리에게 죄의 용서를 베풀어주셨고, 살아계신 하나님의 충만함과 우리를 향하신 하나님의 한없는 사랑을 계시하였다. 예수 그리스도는 십자가에서 보이신 완전한 사랑에 호소하시어 우리들을 신앙에로 부르시고, 하나님과 인간을 섬기기 위한 자기희생과 헌신에로 부르신다.
(…중략…)

그리고 다음의 인용은 전승(the Tradition)과 전통들을 구별한다.

우리의 출발점은 우리 모두가 우리의 주님에게 거슬러 올라가는 하나의 전승 안에서 살고 있는 바, 그것은 구약에 뿌리를 내리고 있으며 우리 모두는 우리가 그것이 한 세대로부터 또 다른 세대로 전달되는 것을 통해 그 계시된 진리, 즉 복음을 받아들이는 만큼, 그 전승에 빚지고 있다는 사실이다. 따라서 우리는 기독교인들로서 우리가 성서 안에서 확증된, 성령의 능력을 통해 교회 안에서, 그리고 교회에 의해서 전달된 복음(the paradosis of the kerygma)의 전통에 의해서 존재하고 있다고 말할 수 있다. 이러한 의미에서 취해진 전승(T)은 말씀의 선포에서, 성례전과 예배의 집행에서, 기독교적 가르침과 신학에서, 그리고 교회의 구성원들의 삶들에 의한 선교와 그리스도에 대한 증거에서 실현된다.(45)

그러나 성령의 사역인 이 전승(T)은 전통들(t)로 구현된다(그 단어의 두 가지 의미들로, 즉 표현의 형태들에 있어서 다양성을 언급하는 것으로, 그리고 분리된 교파들의 의미로). 기독교 역사에 있어서 전통들은 전승(capital T)과 구별되며, 그리고 동시에 관련되어 있다. 그것들은 그리스도라고 하는 하나의 진리와 하나의 실재의 다양한 역사적 형태들로서의 표현들이며 확증들이다.(47)

복음은 죄인을 하나님께로 향하게 하는 예언자적 부름, 그리스도를 믿는 자들을 향한 칭의와 성화의 기쁜 소식이다. 복음은 고통당하는 자들의 위로이다. 묶인 자들에게는 복음이란 하나님의 아들들의 영광스러운 해방에 대한 확신이다. 복음은 마음에 평화와 기쁨을 가져오고, 사람 안에 자기 부정, 형제의 섬김을 위한 준비, 그리고 긍휼을 불러일으킨다. 복음은 젊은이들의 열망을 위해서 최고의 목표를 제공하고, 일하는 자에게 힘을, 지친 자에게 쉼을, 그리고 순교자에게 생명의 면류관을 제공한다.

복음은 사회적 갱신을 위한 확실한 힘의 근원이다. 복음은 인류가 현재 살고 있는 사회를 황폐케 하는 계급과 인종의 증오에서 벗어나 국가적 복지와 국제적 우정과 평화의 즐거움에 들어가게 할 수 있는 유일한 길을 선포한다. 그것은 또한 동구와 서구의 비기독교적 세계가 살아계신 주님의 기쁨에 들어오게 하는 은혜로운 초대이다.

그리고 1937년 에든버러 신앙과 직제 세계대회는 이상과 같은 '복음'에 대한 반응으로서 "은혜의 의미", 칭의와 성화", "하나님의 주권과 인간의 반응", "교회와 은혜", "은혜, 설교말씀과 성례전", "오직 은혜로"에 대하여 정의하였다.

그러나 본문은 성서의 통일성에도 불구하고 교파들의 다양한 전통에 따른 다양한 해석의 역사가 있다며, 결국 '전통들'의 다양성을 말하고 나아가서 다양한 문화들에 의한 '하나의 전승'(the one Gospel Tradition)의 문화화와 다양한 문제들에 대한 다양한 대응방안들에 있어서도 '하나의 전승'의 다양한 표현은 불가피한 것으로 본다. 먼저 교파들의 전통에 따른 다양한 해석에 대하여 아래와 같이 말한다.

이 문제는 다양한 교회들에 의해 다양한 방법들로 다루어져 왔다. 몇몇 교파적 전통들에서 받아들여진 해석학적 원리는 성경의 어떤 부분일지라도 성경 전체에 비추어 해석되어야 한다는 것이었다. 또 다른 전통들에서는 그 열쇠가 성서의 중심으로 생각되는 것에서 찾아져 왔고, 그리고 강조는 주로 성육신, 혹은 속죄와 구원, 혹은 이신칭의(以信稱義), 혹은 또 하나님의 나라의 임박에 대한 메시지, 혹은 예수의 윤리적 가르침들에 있어 왔다. 그러나 또 다른 전통들에서는 모든 강조가 성서가 성령의 인도 아래 개인의 양심에게 말하는 것에 두어졌다. 동방정교회에서는 해석학적 열쇠가 교회의 생각에서, 특별히 교회의 교부들과 에큐메니칼 회의들에서 발견되는 것으로서 발견된다. 로마가톨릭교회에서는 그 열쇠가 예치된 신앙 내용에서 발견된다. 그리고 이 예치된 신앙의 관리인은 교회의 가르치는 권위(magisterium)이다. 또 다른 전통들에서는 신앙고백적인 문헌들, 혹은 고대 에큐메니칼 회의들의 정의들과 교부들의 증언에 의해 보완된 신조들이 성서 이해를 위한 올바른 열쇠로 간주된다. 해석의 원리가 성서 이외의 다른 곳에서 발견되는 이 경우들의 어떤 것에서도 그 권위가 성서의 중심개념과 무관한 것으로 생각되지는 않는다. 반대로, 그것은 바로 성서에서 말해지고 있는 바의 이해를 위한 열쇠를 제공하고 있는 것으로 간주된다.(53)

물론 본 대회는 교파들의 성서해석의 다양성에도 불구하고, '하나의 복음전승'을 통일성으로 보는 것이 확실하다. 그러나 이 '하나의 복음전승'은 그와 같은 다양성 속에서 발견된다. 그것은 사도들과 오늘날 교회들 모두에 있어서 상황들과 맞물려 있는 것이기 때문이다. 만약에 우리가 사도들의 '복음'을 오늘날 단순히 반복만 하는 것은 사도들에 대한 반역행위일 것이다. 우리는 다음의 두 인용에서 성서의 본문도 중요하지만 그것이 그 당시의 상황과 관련하여 무엇을 의미하고 오늘의 상황에 대하여 무엇을 의미할 것인가도 중요하다고 하는 사실을 알 수 있다.

> 현대적인 해석이 성서 속에서 인식될 수 있는 해석적인 과정의 계속적인 연장으로 보이면, 우리의 성서해석에 있어서 어떤 주어진 시대의 상황이 매우 중요시되어야 한다. 성서 저자들이 특수한 상황들에 반응했던 것처럼, 현대적인 해석 역시 그렇게 우리 자신의 상황에 의해서 결정되어야 한다. 본문을 향하여 제기된 문제들은 해석에 있어서 커다란 부분을 차지한다. 물론 그 본문은 그 자체로서 중요성을 가지고 있다. 그것은 그 자신의 문제들을 제시하기 때문에, 우리 자신의 상황으로부터 나오는 어떤 문제들은 성서 안에서 그 어떤 반향도 찾지 못할 것이다. 범위는 원칙적으로 성서 안에서 증거 되고 있는 실재(reality)에 의하여 제약을 받는다. 하지만 자신의 기존의 요소들과 열려진 문제들을 가지고 있는 상황은 성서적 증거가 읽혀져야 하고 해석되어야 하는 시각을 결정한다. 그래서 해당 그룹은 상황에 의하여 조건 지워진 해석학이 불가피하다고 하는 사실을 분명히 하였다. …[6]

다음으로 '하나의 (복음)전승'의 다양한 문화 속에서의 문화화로 인한 다양성에 대하여는 아래와 같이 주장한다.

> 서로 다른 지역들과 문화들에서의 전통의 전달에 의하여 야기된 문제들, 그리고 하나의 전승이 전달된 토양 안에서의 전통들(traditions)의 다양성에 의해 야기된 문제들은 다양한 점들에서 모든 기독교인들에게 공통적인 것이다. 그 문제들은 오늘날 아시아와 아프리카의 신생 교회들의 삶 속에서 예민한 형태로, 그리고 이전에 서구 기독교라고 불렸던 곳에서는 보다 덜 분명하지만 그러나

---

6 • 『에큐메니칼 운동에 있어서 성경의 권위와 해석』, 83-84. 참고: 몬트리올 '신앙과 직제' 제2분과 제50항.

사실 상실제적인 형태로 목격될 수 있다. 신생 교회들의 문제를 다룬다면, 하나의 아주 작은, 그리고 전형적인 나라에 80개 이상의 서로 다른 교파들이 있다. 이러한 전통들 가운데서 우리는 어떻게 전승(capital T)을 발견할 수 있는가? 새로운 국가들을 건설함에 있어서 사람들 사이의 일치를 위해 도움이 될 모든 것이 특별히 필요하다. 화해의 직무가 위임된 기독교인들이 그러한 때에 분열의 요소가 되어서야 되겠는가? 이와 같은 시련의 상황들 속에서 교회가 어떻게 참으로 토착적일 수 있는가, 교회가 어떻게 혼합주의에 빠지지 않으면서 모든 문화와 국가의 삶에 있어서 좋은 모든 것을 그리스도를 섬기는 일에 기여할 수 있는가에 대한 진지한 질문들이 다루어져야 한다.(65)

말씀이 육신이 되었을 때, 복음이 하나의 특정의 문화적 매개를 통해서, 즉 당대의 팔레스타인 세계의 문화적 매개를 통해서 인간에게 왔다. 마찬가지로 교회가 전승(T)을 새로운 민족들에게로 가져갈 때, 다시금 그 본질적인 내용이 새로운 문화들로 표현되어야 하는 것이 필요하다. … (66)

끝으로 부언하고 싶은 것은, 1999년 로마가톨릭교회와 성공회가 합의한 '교회 안에서의 권위'에 대한 문건이다. 이 합의서는 고린도후서 1:18-29절('하나님은 미쁘시니라 우리가 너희에게 한 말은 예하고 아니라 함이 없노라 우리 곧 나와 실루아노와 디모데로 말미암아 너희 가운데 전파된 하나님의 아들 예수 그리스도는 예하고 아니라 함이 되지 아니하셨으니 그에게는 예만 되었느니라 하나님의 약속은 얼마든지 그리스도 안에서 예가 되니 그런즉 그로 말미암아 우리가 아멘 하여 하나님께 영광을 돌리게 되느니라.')말씀을 키 텍스트로 하여 예수 그리스도 안에서 하나님의 인류에 대한 '예스'와 인류의 하나님에 대한 '아멘'이 일어났다며(II. 8), 결국 교회는 "세례, 사도적 신앙의 고백, 성만찬 축하, 사도적 사역에 의한 지도력과 같은 교회적 컴뮤니온을 구성하는 요소들"(II.14) 안에서 승계되는 '전승'(the Gospel Tradition), 곧 하나님의 인류에 대한 '예스'에 대하여 '아멘'으로 응답해야 하는데, 그것의 핵심은 성육신하시어 우리 가운데 거하시는 하나님의 말씀이라고 한다. 다음의 인용을 읽어보자.

하나님의 '예스'는 믿는 사람들의 '아멘'을 명령하고 초대한다. 사도적 공동체가 근원적으로 증언한 계시된 말씀은 기독교 공동체 전체를 통하여 받아들여지고 전달된다. 전통(paradosis = the Tradition: 이는 사도들의 원초적인 복음 케뤼그마를 뜻함: 필자 주)은 이와 같은 과정을 가리킨다. 십자가에 달리셨다가 부활하신 그리스도의 복음은 기독교 교회들 안에서 지속적으로 승계되고 수용된다(참고: 고전 15:3). 이와 같은 복음전통 혹은 복음의 넘겨줌은 특히 말씀과 성례(Word and Sacrament)의 사역을 통하여 그리고 하나님의 백성의 공동생활 안에서 일어나는 성령의 사역이다. 전통이란 사도적 공동체에게 유일회적으로 주어진 것을 각 세대에게 전달하는 하나의 역동적인 과정이다. 전통이란 구원에 대한 명제적 진리들의 전승보다 훨씬 능가하는 그 무엇이다. … 교회는 교회적 코이노니아를 구축하는 모든 그와 같은 요소들을 받아서 반드시 승계시켜야 한다. 예컨대 세례, 사도적 신앙의 고백, 성만찬 예전, 사도적 사역에 의한 지도력이 그것이다(참고: Church as Communion, 15, 43). 인류에 대한 하나님의 사랑의 경세(oikonomia = economy)에 있어서 육신이 되시어 우리 가운데 거하시는 말씀은 처음부터 전승되고 끝날까지 전승되어질 것의 중심에 놓여 있다. (Ⅱ.14)[7]

그리고 위와 같은 하나님의 인류에 대한 '예스'는 종말론적으로 '새 창조'를 목적으로 하는 바, 교회와 세상은 이와 같은 목표을 인류 역사와 창조세계 안에서 실현해가시는 성령의 사역에 대하여 '아멘'으로 동참해야 한다고 한다.

하나님은 생명의 창시자이시다. 하나님께서는 그분의 말씀과 성령에 의하여 완전한 자유 안에서 생명을 존재하게 만드셨다. 인간의 죄성에도 불구하고 완벽하게 신실하신 하나님께서는 만유의 새 생명에 대한 희망의 창시자이시다. 하나님께서는 예수 그리스도의 구속사역 안에서 자신의 창조세계에 대한 약속을 새롭게 하신다. 그도 그럴 것이 '하나님의 약속은 모든 인간들을 하나의 변

---

7 • The Gift of Authority. An Agreed Statement by the Second Anglican-Roman Catholic International Commission, London, Catholic Truth Center, Toronto, Anglican Book Center(New York: Church Publishing Incorporated, 1999).

혁된 창조세계 내에서 그 자신과의 코이노니아로 인도하시는 것이다.'(ARCIC, Church as Communion, 16) 하나님의 영은 그와 같은 화해와 통일의 목적을 완성하시기 위하여 계속해서 창조와 구속 안에서 사역하신다. 모든 참된 권위의 뿌리는 그와 같은 충만한 생명을 창시하시는 삼위일체 하나님의 활동이다.(Ⅱ.7)

그리하여 본 문서는 '복음전승'을 중심에 두는 성서 이해를 하고 있다.

전통(the Tradition) 안에서 성경은 하나의 유일하고 규범적인 자리를 점하고 있고 유일회적으로 주어진 것에 속한다. 성경은 하나님의 '예스'에 대한 기록된 증언으로서 교회에게 그것의 가르침과 설교와 행동을 끊임없이 측정할 것을 요청한다. 성경은 신적 계시에 대한 유일무이한 영감 된 증언이기 때문에, 그 계시에 대한 교회의 표현은 그것이 성경과 일치하는가에 의하여 검증되지 않으면 안 된다(Authority in the Church: Elucidation, 2). 하나님의 계시는 성경을 통하여 교회의 삶 속에서 현재화하고 전승된다. 하나님의 '예스'는 하나님의 신빙할만한 계시를 받아들이는 교회의 '아멘' 안에서 그리고 그것을 통하여 인식된다. 교회는 어떤 본문들(certain texts)을 하나님의 계시에 대한 참된 증언들로 받아들임으로써 자신의 성서를 성서로 인정한다. 교회는 그와 같은 집성(corpus, 集成)만을 기록된 하나님의 말씀으로 간주한다. 그것은 그 자체로서 유일무이하게 권위를 지니고 있다.(Ⅱ.19)

뿐만 아니라 '복음전승'은 성령을 통하여 하나님과 인간 그리고 인간과 인간의 코이노니아를 낳는다.

전통은 교회와 오늘의 세상 안에서 하나님의 사랑을 접근 가능하게 만드는 하나님의 사랑의 한 통로이다. 인류는 한 세대로부터 다른 세대로 전승되는 그와 같은 전통을 통하여 삼위일체 하나님 안에서 코이노니아를 나눈다. 교회는 전승의 과정에 의하여 교회는 주 예수 그리스도의 은혜와 성령의 코이노니아를 섬긴다(참고: 고후 13:14). 그러므로 전통은 은혜와 사랑과 코이노니아에 없어서는 안 될 부분이다. 구원의 복음을 받아들이는 순간은 들어보지 못했고 보지 못했던 사람들에겐 깨달음, 사죄, 치유, 그리고 해방에 대한 경험이다. 복음의 코이노니아에 참여하는 사람들은 그것을 다른 사람들에게 전승시켜 주는 일을 안 할 수가 없다. 비록 그것이 순교를 의미할지라도. 전통은 하나님의 백성에 의하여 수용되고 모든 인류와 함께 공유되어질 하나의 선물이다.(Ⅱ.15)

3. 1978년 벵갈 문서

위의 두 문서처럼 본 문서 역시 성서의 통일성을 강조하고 있다. 필자는 주로 "제2부: 공통의 관점들"에서 발견되는 7가지 주제들(① 하나의 주제와 하나의 성서, ② 신구약성서의 통일성과 역사의 개념, ③ 신약성서의 특수성, ④ 성취에 대한 다양한 의미들, ⑤ 구약성서의 특수성, ⑥ 구약성서 다시 읽기, ⑦ 신약성서와 구약성서의 케뤼그마적 사용) 가운데 성서의 통일성을 말하는 3가지 주제만을 소개하려고 한다.

1) 하나의 주제와 하나의 성서

본문은 구약성서의 중요성을 힘주어 말하면서 성서의 통일성에 대하여 이렇게 주장한다.

성서는 두 개의 책 묶음 속에서 하나의 즈제에 의해 함께 모아진 다양한 많은 책들의 모음집이다. 우리는 그것들 속에서 전 창조와 민족들과 개개인의 삶을 다루고 계시는 하나이며 동일하신 하나님을 만난다. 구약과 신약의 다양한 증언들 안에서 통일성을 만드는 분은 바로 그분이시다. 구약성서에서 우리는 특별히 하나의 특정 민족을 다루시며 그 민족을 통하여 모든 민족을 다루시는 그분을 만난다. 신약성서에서 우리는 그의 가장 충만하고 결정적인 계시인, 예수 그리스도 안에서 모든 민족들로부터 자신의 백성을 부르시는 그분을 본질적으로 만난다. 성서의 이 하나님은 세계를 보전하고 그가 그것을 위해 세우신 계획을 성취하는 데 있어서 인간존재를 자신의 파트너로 원하시는 분으로 그 자신을 나타내신다. 그분은 '나는 너희의 하나님이고, 너희는 나의 백성이라.'라고 말씀하시는 한 분 하나님이시다. (104-105)[8]

그리고 본문은 '은혜의 언약의 역사', '희망의 역사', '지혜'의 연속성과 불연속성에 있어서 구약과 신약의 통일성을 주장한다. 구약에서 하나님께서는 아브라함, 모세, 여호수아, 요시아, 예레미야 등에게 은혜의 언약을 주시고 급기야 예수 그리스도 안에서 그것을 성취하셨다고 하는 것이고, '지혜'에 관하여는 창조주의 창조와 섭리의 지혜에 이어서 예수 그리스도 안에서 계시된 신적 지혜를 언급하였으며, '희망의 역사'에 대하여는 구속사 속에 나타나는 희망의 역사가 초월적이고 미래 지향적인 새 하늘 새 땅에 대한 희망으로 이어진다고 하는 것이다. '희망'에 관한 것만 인용하면 아래와 같다.

… 구약과 신약 모두를 믿는 성도들은 경험상의 실존과 이상적인 존재 사이에 있는 모순이 제거되어질 그날을 기다리고 있다. 그들이 그들 자신의 것이라 부를 만한 거주지가 없이 이리저리 방황하는 사람들에게는, 땅과 거대한 자손에 대한 희망이 있었다. 외국의 억압 속에서 사는 사람들에겐 노예로부터의 해방이라고 하는 희망이 있었다. 원수들에 의하여 포위되어 있는 사람들에게는 승리에 대한 희망이 있었다. 나중에 우리는 현존하는 세상의 한계를 넘어서는 주님에 대한, 그리고 평화에 대한 우주적인 지식에 대한 희망을 듣게 되는 것이다. 그 다음에는 죽음을 넘어선 생명에 대한 희망에 관해, 그리고 하나님의 뜻이 완전히 이루어지고 그의 영광이 나타날 희망에 대하여 듣게 되며, 최종적으로 하나님이 모든 것 안에 모든 것이 되시는 모든 희망들의 희망이 발견될 것이다. 이와 같은 희망의 주제는 외경문학 속에서 강조된다. 이런 점에서 이 문

---

8 • 『에큐메니칼 운동에 있어서 성경의 권위와 해석』.

학은 구약과 신약성서 사이의 강력한 연결고리를 형성하는 것이다. (106)

2) 신약성서의 특수성

본문은 이상과 같이 구약으로부터 신약으로 이어지는 '하나의 구원 이야기'에도 불구하고, 신약의 특수성을 6가지로 본다. 첫째로

신약성서의 특수성은 구약을 능가하는 한에 있어서 주로 예수 그리스도 그분 자신이다. 그분의 모습에서 하나님에 의해 보내심을 받은 사람으로 하나님의 뜻을 온전히 이루는 자가 나타난다. 하나님께서는 그리스도의 삶과, 죽음과, 부활을 통하여 인간에 대한 그의 사랑 안에서 자기 자신을 온전히 표현하셨으니, 이는 우리를 그의 동반자로 삼기 위함이다. (108)

둘째로 "말씀 그 자체가 육체가 된 '성육신' 안에서, 하나님께서는 구약에서와는 비교될 수 없는 친숙한 방법으로 자신이 세상에 오셨고 세상 속에 자신을 관여시키셨다." (108) 셋째로

그의 '수난과 죽음'을 통하여 예수 그리스도는 하나님의 고난받는 종으로 선포되었다. 그는 그의 독특한 희생적 삶과 죽음을 통하여 세상을 자신과 화해시키셨고, 모든 인간이 용서받은 죄인으로 살아갈 수 있는 새로운 가능성을 열어놓으셨다. 그런즉 구약의 제사법과 규례들은 그것의 적합성을 상실하였다. (108)

넷째는 '부활'을 통하여 계시되고 약속된 미래 지향적인 초역사적 정의와 평화의 샬롬의 세계에 대한 희망을 말한다.

그리스도의 부활을 통해서, 인간 개인의 삶과 우주적인 역사의 궁극적인 운명이 명시되었다. 삶과 역사가 이 세상의 한계 안에서 완성될 수 없으며, 삶의

궁극적인 목표는 죽음 너머에 있는 삶이고, 역사의 최종적 목표가 모든 것의 존재하는 가능성들을 넘어선 세계의 전체적인 변형이라고 하는 것이 분명하게 되었다. 그것에 의해서 죽음의 최종성에 대한 구약의 믿음과 하나님의 그의 피조물들을 다루시는 경세가 죽음 이편의 삶으로 제한된다고 하는 구약의 믿음이 대치되고 무효화되었다. 그리고 완전한 평화와 정의의 세계에 대한 구약의 희망은 변화되어서, 그것의 완성은 역사를 넘어서고 있다. (108-19)

다섯째는 십자가에 달리셨다가 부활하신 그리스도로부터 파송된 성령이 '모든 육체'에 부은 바 됨에 따라, 향후 구약성서의 메시지는 이스라엘에게만 국한된 것이 아니라 새롭고 보편적인 차원을 획득한다고 하는 것이다. 성령께서는 많은 민족들 가운데서 많은 사람들을 하나의 하나님의 백성 혹은 그리스도의 몸속으로 합체시키시고, 이들을 통하여 모든 민족들을 세계적인 공동체로서 교회로 삼으시기 위하여 교회 공동체 안에 성서가 살아 있게 하신다. "따라서 구약성서 안에서 한 특정 나라에 대한 하나님의 활동을 가리키고 있는 관심은 모든 세계에로 확장된다. 그리하여 인간들 사이의 사랑과 정의가 더 이상 한 민족 안에 제한되지 않고, 거룩한 전쟁이나 정복한 적들을 진멸하는 것과 같은 일들이 거부된다."(109)

여섯째로 "구약성서를 능가하는 신약성서 속의 많은 것들이 이미 구약성서 안에서 발견된다."

3) 구약성서의 특수성

끝으로 신약성서를 보완해주는 구약성서의 특수한 내용들을 지적하려고 한다. 이는 신약을 능가하는 구약의 특수성에 다름 아니다. 첫째로 "우리는 하나님께서, 존재하는 모든 것들의 창조주시요, 역사를 다스리시는 주님이시요, 가난하고 억눌린 사람들의 권리를 보호하시는 심판자라고 하는 것을 구약으로부터 알게 된다."(112) 둘째로 "구약에서는 하나님의 거룩성과 위엄과 은폐성이 강조되어 있고, 세계정치에 대한 관심과 질투하심이라 불리는 그의 피조물들에 대한 배타적인 사랑이 강조되어 있다." 셋째로 "구약은 남성과 여성이 하나님의 형상으로 창조되었고, 이들이 우주 안에서 하나의 관리인으로 자리매김되었으며, 자연에 대한 더 큰 관심들이 나타나 있고, 우상숭배 유혹에 대한 경고가 강조되고 있으며, …". 넷째로 개인도덕과 개인주의적 윤리가 아니라 구조 악과 구조적인 변혁에 대한 요구들이 있으니, "사회의 구조들에 대한 관심, 정의에 대한 요구, 빈곤과 억압에 대항하는 투쟁, 하나님에 의해 버려지는 슬픔과 불평에 대한 관심, 그리고 매일의 삶을 위해 지혜를 부여하는 신앙의 중요성, …". 다섯째로 신약은 개인주의적이고 수직적이며 영적인 반면 구약은 공동체적이고 수평적이며 현세적이라고 한다. 즉,

> 그러나 그것들(네 번째에서 언급된 구약의 특수성들)은 신약성서가 그리스도의 계시와 신앙의 철저화, 그것과 부합되는 삶의 개인적인 행위에 초점을 맞추고 있기 때문에, 구약성서에서 보다 덜 분명하게 주목을 끈다. 하지만 이 특별한 구약의 요소들이 결코 무시되어서는 안 된다. 그것들이 무시될 경우, 우리는 그리스도의 계시의 맥락을 잘못 해석하게 된다. … 그런즉 우리는 개인주의적이고 내향적이며 이상적인 틀 안에 갇힐 것이다. 결과적으로 신약이 그것의 목적을 빼앗기고 말 것이다. 특히 우리 시대에는, 세계적 차원에서 윤리적이고 구조적인 문제들을 가지고 있기 때문에 우리는 이전보다 구약성서의 넓이와 깊이를 필요로 하고 있다.(113)

4. 그리스도 중심적 구속사로부터 삼위일체 중심적 구속사로 패러다임 이동

『에큐메니칼 운동에 있어서 성경의 권위와 해석』 초판은 1980년에 나왔다. 우리가 지적한 대로 본 저서는 1949년 문서부터 1978년 뱅갈 문서까지만 다루었다. 그런데 필자는 콘라드 라이저(Konrad Raiser)와 더불어 WCC 중심의 에큐메니

칼 운동이 1980년대까지 '그리스도 중심적 보편주의'를 추구해 오다가 1990년대로 접어들면서 결정적으로 그리고 본격적으로 '삼위일체 중심적 보편주의'로 패러다임 이동을 했다고 주장한다. 물론 그렇다고 전자가 폐기처분된 것이 아니라 후자 속에 재편되었지만 말이다.

우선 우리는 라이저가 주장하는 '그리스도 중심적 보편주의'가 무엇인가를 알아보자. 라이저는 다음의 인용문들에서 그것을 설명하고 있다. 라이저는 그의 저서 『에큐메니칼 운동의 패러다임 전환』에서 '그리스도 중심적 보편주의'에 대하여 이렇게 언급하였다.

① 신약성서는 예수 그리스도께서 하늘과 땅의 주님(마 28:18)이라고 확언한다. 이 세상을 창조하시고 통치하시는 하나님의 말씀이 그분 안에서 성육신하셨고 하늘과 땅의 창조주시오 주님이신 하나님 자신이 그분 안에 계시되었다(요 1:14; 골 2:9). 그분은 낮아지심과 고난과 죽음을 통과하여 승귀되심으로써 주님이 되신 것이다(빌 2:6-11).

② 하나님께서 그리스도에게 주신 주권은 최후 심판과 완성의 날에 그것의 완성을 볼 것이다(고전 15:24 이하; 계 11:15). 그러나 그 주권은 하나님의 (종말론적인) 약속이요 선물이지만 지금 현재 실제적이고 현재적이며 무제약적이고 완전하다. 사람들이 그것을 인정하든 말든(엡 1:20-22; 골 2:10; 딤전 3:16; 벧전 3:22) 말이다.

③ 그리스도의 주권은 인류에 의한 인정을 요구한다. 그와 같은 인정이 없이는 이 세상을 위한 진정한 웰빙과 구원이 없다. 하나님께서 신앙의 기적을 일으키시는 모든 곳에서 그리스도의 은폐된 주권에 대한 이와 같은 인정이 촉발되는 것이다(눅 10:23; 요 20:29; 고전 2:9).

④ 이 세상에 대한 그리스도의 주권은 그분의 교회에 대한 주권에서 특수하게 현현된다. 하나님께서 그리스도의 주권에 대한 선포를 통하여 모으시고 신앙의 기적을 일으키신 세상 안에 있는 그와 같은 사람들이 교회를 구축한다. 하나님께서는 세례와 성만찬을 통하여 충만한 역사적 실재성과 유일무

이성을 지닌 사람들로 하여금 그분 자신의 죽음과 부활에 동참하게 하신다. 그렇게 해서 탄생된 교회 안에서 하나님께서는 성령을 통하여 교회를 그분이 겪으신 고난의 길을 따라가게 하심으로써, 그들의 약함 속에서 강함을 나타내심으로써(고후 12:9; 참고 4:7), 신앙에로의 순종을 일으켜 심으로써, 그리고 예배 및 성만찬에 실질적으로 현존하심으로써(마 18:20; 엡 5:26 이하) 그분의 주권을 나타내신다(막 8:31, 34; 고후 4:10; 계 12:11). 교회는 그것의 실존 그 자체에 의하여 창조세계 전체에게 이 세상은 그리스도의 주권 밑에 있다고 하는 사실을 선포하는 것이다(마 5:14; 엡 3:10). (40)[9]

우리는 이상과 같은 '그리스도 중심적 보편주의'가 1990년 이전까지의 성서의 통일성으로서의 '복음'(the Gospel Tradition)이해에 크게 영향을 주었다고 본다. 하지만 라이저는 이상과 같은 '그리스도 중심적 보편주의'가 1990년대 접어들면서 '삼위일체 중심적 보편주의'로 패러다임 이동을 보였다고 본다. 라이저는 다음과 같은 3가지 점을 새로운 신학적 패러다임의 출발점으로 보았다.

- 신적 실재와, 하나님과 세상과 인류 사이의 관계에 대한 삼위일체론적인 이해
- '생명', 상호관계망으로 그리고 하나의 중심적인 전거 점으로 이해된 생명
- 각 장소와 모든 장소에서 상호 간에 서로 다른 사람들의 한 공동체의 의미로 이해된 코이노니아로서 하나의 교회에 대한 이해[10]

마이클슨은 1966년 제네바 '교회와 사회 세계대회'까지만 해도 창조세계를 인류 구속의 드라마(언약사)가 펼쳐지는 무대로 보는 칼 바르트류의 창조의 신학이 지배적이었으나, 1975년 나이로비(JPSS)와 이를 심화시키는 1979년 MIT 교회

---

9 • Konrad Raiser, Ecumenicism in Transition: A Paradigm Shift in the Ecumenical Movement(Geneva: WCC, 1991). 참고: 이형기, 『에큐메니칼 운동의 패러다임 전환』(서울: 한들출판사, 2011), 365-375: "The Lordship of Christ over the World and the Church", study document, WCC Division of Studies(Geneva, WCC, 1959), 3. WCC 자체는 1954년 예번스톤 이후 '그리스도의 주권'에 대한 연구를 하나의 포괄적인 성서적이고 신학적인 연구 프로그램으로 정하여 이와 같은 결과물을 얻었다.

10 • K. Raiser, op. cit., 77.

와 사회 세계대회를 거쳐 1983년 밴쿠버 WCC와 1990년 서울 JPIC 대회에서는 '창조의 세계'가 결코 '역사'에 종속하는 무엇이 아니라 '역사'와 더불어 하나의 '생명공동체'의 구속의 드라마에서 결정적인 역할을 한다고 하였다. 비록 마이클슨이 칼 바르트적인 '그리스도 중심적 보편주의'로부터 '삼위일체론과 삼위일체론적 성령론'에로의 신학적인 패러다임 전환을 주장하지는 않으나, 1991년 캔버라 WCC가 성령의 관계적 독립성과 만유 내재에 대한 주장으로 삼위일체론을 내세우면서 창조세계와 그 안의 모든 생명체들의 '본유적 가치와 위엄', '상호관계성' 그리고 '지속가능성'을 주장하게 되었으니, 이와 같은 창조세계와 그 가운데 있는 모든 생명체에 대한 이해는 특히 사회적 삼위일체론과 다양성을 통일시키려는 성령론에 의존하고 있는 것이라고 하는 것이다.[11] 따라서 필자는 '그리스도 중심적 보편주의'로부터 '삼위일체론'으로의 패러다임 전환에 있어서 '성령과 창조세계' 그리고 '생태학과 창조세계' 역시 함께 기여한 것으로 보인다. 마이클슨의 다음과 같은 주장은 옳다. "생태학적 패러다임들과 에큐메니칼 패러다임들 사이에는 놀라운 평행들이 있다. 모든 것은 상호 의존적이고(interdependent) 유기적으로 관계되어 있다. 다양성은 전체의 생명이고 실제로 통일성를 가능하게 만든다. 연관되어 있음(connectedness)은 하나의 소여이다. 우리의 '죄'는 이와 같은 전체에의 귀속의 실재를 부인하거나 파괴하는 것이다. 창조의 신학을 심화시키려는 현재의 노력들이야말로 통일성과 코이노니아에 대한 새로운 이해를 떠받치면서 에큐메니칼 신학을 위한 새로운 패러다임을 열어주고 있는 것이 사실이 아닌가?"[12]

여기에 더하여 라이저는 삼위일체론적 성령을 주장한다. 그는 로마가톨릭 형태이든 프로테스탄트형태이든 서방교회는 정교회 전통의 '성령'을 망각하고 있다면서, 1990년대 들어서면서 크게 논의된 "특히 기독론과 성령론의 관계('filioque' 논쟁)와 성령의 교회에 대한 관계"(92)를 의식하고 있다. 그리고 이와 같은 맥락에서 최근 사회적 삼위일체론의 근간인 "페리코레시스"야말로 "하나님 담론, 하나님과 창조세계에 대한 관계를 밝히는 담론, 그리고 인간론과 교회론 담

11 • Wesley Granberg-Michaelson, "Creation in Ecumenical Theology", In *Ecotheology: Voices From South and North*, ed. by David C. Hallman(Geneva: WCC, 1994), 96-100.

12 • Ibid., 104-105.

론을 위한 하나의 기본적인 범주"(92)에 다름 아니라고 하였다. 그는 이와 같은 정교회 전통의 삼위일체론으로부터 영향받은 사회적 삼위일체론을 통하여 '통치자로서의 하나님' 혹은 '하나님의 주권'에 대한 강조가 삼위일체 하나님 자체 내의 그리고 삼위일체 하나님과 창조 및 인류 사이의 관계를 오도할 수도 있다고 하는 사실을 지적하였다.[13]

라이저에 따르면, 복음서들은 아버지 하나님의 영이신 성령께서 성부의 아들이신 예수님의 위격과 모든 사역들에 선행(先行)하시고 사역하셨다(정교회의 '영 그리스도론')고 본다. 그래서 예수님은 세상에 대하여 묵시적 위협을 가하는, 당대의 묵시운동과 메시아운동과 세례자 요한의 하나님 나라와는 달리 은혜와 자비가 충만한 아버지의 나라를 선포하셨다고 하는 것이다. 라이저는 몰트만의 글을 인용하였다. 즉,

> … 바실레이아는 오직 하나님의 아버지 되심의 맥락 안에 실존한다. 이 나라에 있어서 하나님은 주님이 아니시다. 그는 자비로우신 아버지이시다. 이 나라에 있어선 종들이란 없다. 오직 하나님의 자녀들뿐이다. 이 나라에 있어서 요청되는 것은 순종과 복종이 아니라 사랑과 자유로운 참여이다. (Moltmann, Trinity and Kingdom, 70)[14]

그런즉, 라이저는 다음 인용에서 바울과 요한의 기독론적 성령과 복음서들에서 증언된 '영 그리스도론'을 하나로 통합하였다. 이는 정교회의 성령론과 서방교회의 그것의 조합일 것이다.

> 첫 제자들의 공동체는 예수님의 죽은 자들로부터의 부활을 생명을 창조하시는 성령의 사역으로서 메시아적 시대의 돌입으로 경험한다. 그들은 성령을 부활 승천하신 그리스도의 선물이라고 증언하였고, 이 성령 안에서 그들은 예수님

---

13 • K. Raiser, op. cit., 92-93.
14 • K. Raiser, op. cit., 94.

을 태초부터 하나님의 영이 그분 위에 거하시는 하나님의 아들이요 메시아로 인정한다. 이런 식으로 공동체의 그리스도에 대한 증언은 아버지께로부터 나오시고 또한 승천하신 주님의 선물이신 성령의 사역에 대한 증언과 불가분리하게 연계되어 있다. 그분은 성령에 의하여 지음 받으셨고 탄생하신 것이다(눅 1:35; 마 1:18ff.). 그리고 그분은 수세 시에 성령에 의하여 하나님의 아들로 선포되고 그의 메시아 직분(막 1:10ff.)을 갖게 된다. 그리고 향후 그는 성령의 능력으로 행동하시고(눅 4:16ff.; 마 12:28), 성령의 능력으로 부활하시며(롬 1:4; 8:11) 그분의 승천에서 그 자신이 하나의 생명을 살리는 영이 되신다(고전 15:45). … 이 영이 남녀 인간들로 하나님의 아들들과 딸들로, 예수 그리스도의 형제들과 자매들로 만드시며 하나님을 '아바 아버지'라 부르게 하신다.(95)

그리고 이 맥락에서 라이저는 역시 몰트만의 글을 인용하면서 복음서의 예수님을 내재적 삼위일체론에 근거하여 읽어냈다.

성령 안에서 예수님은 새 창조의 실재이다. 성령 안에서 그는 하나님과 인류를 향해 개방된 새 아담이다. … 태초부터 그는 전적으로 성령으로 태어나신 분이시다. 때문에(눅 1:35) 그는 태초부터 하나님의 아들이시다. 성령은 예수 그리스도 안에 계신다. 물론 여기에서 이 예수 그리스도께서는 유일무이한 방법으로 하나님을 인류에게 그리고 인류를 하나님께 매개하시는 분이시지만 말이다.(Ibid.)

그리고 이상과 같은 주장을 강하게 뒷받침하는 문서로는 1991년『캔버라 WCC 총회 보고서』, 1991년『하나의 신앙을 고백하며: … 』, 1990년『바이르 성명서』(The Baar Statement), 2005년 아테네 보고서 중 커스틴(Kirsteen Kim)의 'Come, Holy Spirit: Who? Why? How? So What?' 등이 있다. 그리고 2005년 아테네는 "THE SIGNIFICANCE OF ATHENS"의 "7. 선교적 성령론은 하나의 삼위일체론적 선교론으로 인도한다."고 하는 글에서 우리는 성령론이 결코 삼위일체론으로부터 동떨어진 것이 아님을 알 수 있다. 우리는 특히 이 시기의 삼위일체론에서 삼위일체론적 성령론을 발견하는 바, 정교회 전통의 '영 그리스도론'이 이미 1991년『하나의 신앙을 고백하며: … 』에서 발견되고, 이것이 부산 총회에 제출된 2012년 '마닐라 CWME 확언'에서 전적으로 받아들여졌다.[15]

이상과 같은 '삼위일체론적 보편주의'에서 우리는 '복음서들'과 '서신들'을 삼위일체론적으로 읽을 수 있다. 예수님은 그의 지상사역에서 하나님의 아들로서 성령과 함께 그리고 성령을 통하여 하나님 나라를 선포하셨고 그것을 앞당겨 보여주셨으며, 성령을 통하여 부활하신 후 아버지 으편으로 오르시어 또한 아버지께서 약속하신 성령을 이 땅 위로 보내주셨다. 그는 아버지의 아들로서 아버지의 나라와 그의 뜻을 완성하시기 위하여 사역하셨다. 따라서 우리는 '그리스도 중심적 보편주의'를 폐기처분하지 않으면서 삼위일체론적 보편주의를 추구해야 할 것이다.

5. 성서의 영감

『에큐메니칼 운동에 있어서 성경의 권위와 해석』(1983, 제2판)에 따르면, 이상과 같은 '복음'(the Gospel Tradition)을 중심으로 하는 혹은 그것을 통일성으로 하는 성서는 '복음'에 대한 증언들로서 영감 된 말씀들이다. 하지만 그와 같은 '복음'은 예수 그리스도 중심적이면서도 삼위일체 하나님의 구속사를 지향한다(라이저의 논지). 본 문서는 아래에서 이와 같은 복음의 증언들로서 성서의 영감을 세 가지로 지적할 때, "성경의 내용 그 자체가 권위 있는 것으로 입증되는 것이 영감이다."

---

15 • 참고: Juergen Moltmann, *The Spirit of Life*(London, SCM Press, 1992)(독일어판, 1991).『하나의 신앙을 고백하며: …』와 같은 년도에 출판된 본 저서는 '영 그리스도론'을 전적으로 수용하고 있고, 향후 그의 저서들에선 '영 그리스도론'에 따른 성령이해를 하고 있다. 몰트만은 이미 1980년『삼위일체와 하나님 나라』에서 "filioque"문제를 논하였고, 1985년『창조 안에 계신 하나님』에서 창조세계 안에 내주하시는 '생명의 영'으로서 성령을 주장하였으며, 1990년『예수 그리스도의 길』에서도 '영 그리스도론'을 사용하고 있다. 보캠은 몰트만이 심지어 1975년『성령의 능력 안에 있는 교회』에서부터 정교회의 삼위일체론과 성령론을 수용하기 시작하였다고 한다. (참고: Richarrd Bauckham, *Moltmann: Messianic Theology in the Making*, Marshall Morgan and Scott, 1987, 122.)

라고 본다. 이는 적어도 이상의 3문서들에서 소개된 방식의 해석에 따른 성서의 내용이지만 말이다.

① 성서는 파생적이지 않으며(non-derivative) 원형적인(archetypal) 메시지를 가지고 있다. 그것은 성격상 독특하며 그렇게 되어야만 한다. 예를 들면 어느 한 그룹이 구약성경 안에서의 하나님에 대한 이해는 독특한 것이며, 따라서 동양종교로부터 파생될 수 없다고 하였다. …

② 교회의 역사 속에서 성서는 거듭 반복해서 신앙의 원천으로서 입증되었다. 이러한 이유로 성서는 오늘날 우리들이 그것의 주장에 대해 복종해야 함을 주장할 만한 자격을 지니고 있다.

③ … 연구보고서들은 그와는 대조적으로 성서의 내용 그 자체가 권위 있는 것으로 입증되어야 하며, 그들은 성서의 권위를 위한 그 어떤 외부적 토대를 제공하는 것을 포기하는 데 동의한다. 권위는 스스로 입증할 수 있는 능력이 있어야만 한다.(86-87)[16]

다시 말하면 본 저서는 영감론에서 출발하여 성경의 권위를 주장하는 방식이 아니라 우리들을 감화시키는 성경의 메시지를 중요시한다. 적어도 이것은 앞에서 지적한 사도들의 복음전승과 그것에 대한 증언들일 것이다. 아래의 인용을 읽어보자.

만약에 확실하게 성서 속에 있는 하나님의 주장이 사람의 마음을 강권적으로 움직이는 방식으로 체험된다면, 성경 뒤에는 하나님 자신, 즉 성령의 활동하심이 있다는 것을 의미하는 것이 아닐까? 하나님께서 특별한 방식으로 하나님의 증거를 우리에게 나타내신다고 하는 것이 성경의 증거가 아닌가? … (87-88)

그리고 아우구스티누스, 루터 등 성경해석자들은 결국 성경이 말씀하고 있는

---

16 · 『에큐메니칼 운동에 있어서 성경의 권위와 해석』엘렌 플레세만 - 반 리어 엮음/이형기 옮김(서울: 한국장로교출판사, 1996).

그 내용으로 우리들을 인도하기 때문에 오늘날도 우리들에게 감동을 주는 것으로 본다. 그렇다고 그것들이 성서를 대체하는 것은 아니지만.

현대적인 해석이 성경이 성령의 저작물로 알도록 인도할 때마다, 우리는 이러한 해석에 영향을 준 영감 받은 증인들의 긴 연속선을 기억해야만 한다. 첫 번째 증인들은 성령에 의해서 부름받고 감화되었다. 그러나 일단 그것의 마지막 최종 형태가 부여된 후, 성경해석자들의 증거는 동일한 성령으로부터 독립된 것이 아니다. 마치 성령께서 예전에 그의 증인들을 부르셨듯이, 그분이 우리에게 이러한 필요불가결한 증거들을 나타내게 될 때 그는 오늘날에도 그렇게 신앙과 순종과 증거를 일깨우실 것이다. 성령은 교회 안에 살아계신다. ⋯ (88-89)

하지만 중요한 것은 성경의 통일성에만 있는 것은 아니다. 우리는 성경의 통일성과 아울러 그것의 다양성 그리고 통일성과 다양성의 관계를 중요시해야 한다. 이런 의미에서 정경으로서의 성경 역시 매우 중요하다.

성경을 형성하기 위하여 함께 묶인 책들은 역사의 과정 전체를 통하여 심대한 영향력을 발휘했던 문학적 통일체(a literary unity)를 이루었다. 어떤 저작들은 포함되고 여타의 저작들은 제외된 사실은 교회역사에 대해 결정적인 영향을 주어왔다. 정경은 다양한 증언들을 모아놓았고 석의의 역사를 결정한 것은 바로 이러한 다양성이었다. (84)

그런즉, 우리는 본문비평과 역사 비평적 방법을 통한 다양한 석의에 의하여 본문의 다양한 의미를 찾아내면서 '복음전승'(the Gospel Tradition)에서 통일성을 확보해야 할 것이다.

이상과 같은 주장에 비추어볼 때, WCC가 성서를 타 종교들의 경전과 동격(同格)과 동가(同價)로 여긴다고 하는 것은 말도 안 된다.

Ⅲ

나가는 말

이상에서 필자는 '1949년 워드햄 문서', '1963년 몬트리올 '신앙과 직제'의 제2분과', '1978년 벵갈 문서'를 소개함으로써 결국 성서와 성서해석의 통일성과 다양성을 정리하였다. 교파들마다, 신학자들마다, 목회자들마다 성서의 통일성에는 관심이 없고, 성서를 제 각각 해석하고 있으며, 세계교회사를 통하여 각 시대마다 각 신학자가 나름대로의 신학을 펼쳐온 신학의 파노라마 속에서, 그리고 다원성, 다름, 타자의 타자성 등을 강조하면서 보편성과 '거대담론'을 거부하는 포스트모던 시대에, 이상 3문건이 제시하는 성서의 통일성은 매우 중요한 것으로 보인다. '신앙과 직제'운동이든 '삶과 봉사'운동이든 혹은 '세계선교와 복음전도' 운동이든 각각의 신학적이고 교회적인 다양성들에도 불구하고 이상과 같은 통일성을 공유할 때, 모두가 같은 길을 걷고 있다고 확신하게 될 것이다. 이것이 다름 아닌 교회들이 다양성 속에서 코이노니아적 가시적 일치를 추구하는 길일 것이다. 일찍이 1993년 산티아고 데 콤포스텔라에서 모인 '신앙과 직제' 제5차 대회는 교회적 코이노니아의 조건으로서 '복음'과 '삼위일체론'(니케아-콘스탄티노플 신조, 381)을 통일성으로 하는 성서의 다양성과 성서의 해석의 다양성을 제시함으로써 교회들의 진정한 코이노니아의 길을 제시하였다.

경전으로서의 성서는 복음진리(갈 2:5, 14)와 훗날 니케아-콘스탄티노플 신조 안에 제시되었고 부연된 가르침들 위에 교회의 통일성(the God-given Unity)을 기초시키고 있다. 이 통일성과 이 가르침들을 거부하는 사람들은 기독교인이 아니고 교회가 아니다. 성서는 또한 교회의 다양성의 기초이다. 그도 그럴 것이 이 성경은 다양한 메시지들과 가르침들을 제시하고 있으며, 이 성경이 기록될 당시의 상황들이 다양하고, 이 성서에 대한 접근방법과 해석방법이 다양하며, 교회 공동체들의 입장이 다양하기 때문이다. 교회들은 자기들의 해석학적 원리들(예컨대, 전통, 예전적-성례전적 맥락, 이신칭의, 경험 등)을 분명히 할 필요가 있다. 성서라고 하는 하나의 경전이 그처럼 풍요로운 신학의 다양성을 보여주고 있기 때문에, 교회들은 전(全) 성서적 증언들을 자기 것으로 삼아, 보편성(catholicity)을 향해 성장하도록 도전을 받고 있는 것이다. (S. Ⅱ. 18)[17]

필자가 앞에서 다룬 3문건은 교회들과 신학들의 다양성과 통일성의 문제에 대한 매우 탁월한 대답이다. 특히 이 문서들은 1938-1945년 어간 유럽에서 주목을 받았던 '성서신학'(a biblical theology)에 의하여 정향(正向)되었기 때문에, 성서의 내러티브과 내러티브 신학을 존중하는 경향이고, 이 맥락에서 구약으로부터 신약으로 이어지는 미래 지향적 종말론으로 정향된 '구속사'(Heilsgeschichte)를 근간으로 하는 성서관을 유지하고 있는 것으로 보인다. 따라서 몬트리올의 '하나의 복음전승'(the one Gospel Tradition)이 통일성을 위하여 그렇게도 중요하지만, 구속사의 구약적 배경과 구약의 특수성, 나아가서 구약성서와의 긴밀한 관계에서 신약성서를 해석해야 한다고 하는 워드햄 문서와 벵갈 문서는 몬트리올 문서의 부족한 점을 채워주고 있는 것으로 보인다.

세계적으로 신학자 개인들은 물론, 로마가톨릭교회와 정교회, 개신교의 교파들, 그리고 개신교의 교파별 세계기구들(WLF, WCRC 등)은 다양한 신학들을 추구하고 있다. 우리는 성령의 다양한 은사들과 역사 속에서 신학들의 다양성을 거부할

---

17 • *On the Way to Fuller Koinonia*, ed. by Thomas Best and Guenther Gassmann, Faith and Order Paper no. 166(Geneva: WCC, 1994). 참고: 2006년 포트트 알리그로 WCC 총회는 WCC의 목적과 기능에서 WCC의 회원교회가 되는 신학적 자격조건들 중에, '삼위일체 하나님'과 '복음'에 대한 신앙을 맨 앞부분에서 언급하였다. "① 교회들은 삶과 증언에 있어서 성경에 따른 삼위일체 하나님에 대한 신앙을 공적으로 고백하고 이 신앙이 니케아-콘스탄티노플 신조(381)에 반영되어 있다고 하는 사실을 인정한다. ② 교회는 복음을 설교하고 복음의 가르침에 의하여 이해된 대로의 성례전들을 추구하는 사역(a ministry)을 유지한다."

수 없다. 마치 창조세계와 인류문화의 다양성들을 우리가 거부할 수 없는 것처럼 말이다. 하지만 우리는 모든 신학이 성서의 통일성에서 교회와 신학들의 통일성을 찾아야 하고, 성서와 역사 속에서의 성서해석의 다양성에서 그것의 다양성을 추구해야 할 것이다. 모든 신학들은 '복음(the Tradition)과 성서', 교회 공동체를 구축하는 성서는 물론, '설교', '세례, 사도적 신앙의 고백, 성만찬 축하, 사도적 사역에 의한 지도력', '성령의 사역으로 복음(the Tradition) 안에서 일어나는 삼위일체 하나님 및 믿는 사람들 사이의 코이노니아', 그리고 '세상을 향한 공동증언과 섬김'을 전제하고 있다 하겠다.

또한 우리가 논한 3문서는 구속사적 배경을 가지고 "그리스도 중심적 보편주의"를 지향하고 있어서, 캔버라(1991) 이래로 부각된 삼위일체론에 대하여는 매우 인색한 편이다(참고: 라이저의 논지). 물론 3문서 안에 '삼위일체론'이 전혀 없는 것은 아니지만 말이다. 방금 위에서 인용한 1993년의 산티아고 '신앙과 직제' 문서에서는 성서 안에서 발견되는 '복음'과 '삼위일체'를 성서와 신학들의 통일성으로 보았거니와, 필자는 위의 3문서가 주장하는 성서의 통일성과 다양성 중 '삼위일체론'을 통일성 차원에 포함시켜야 하는 것으로 본다.[18] '복음'과 정통 기독론과 정통 삼위일체론은 모두 성서의 '하나의 하나님 나라 복음 이야기'에 근거하고 있기 때문이다.[19] 『값비싼 순종』(1994)은 예배예전, 설교, 세례와 성만찬, 종말론과 도덕과 윤리, 복음과 정통 기독론과 삼위일체론이 다름 아닌 '하나의 구원 이야기'로부터 나왔다고 하였다. 그리고 성서의 영감론은, 메시지들과 말씀들이 '복음'과 '삼위일체 하나님'을 통일성으로 하고 구속사를 배경으로 하는 한에 있어서 그리고 상황들과의 맞물림의 긴장 안에서 그 타당성을 지닐 수 있을 것이다.

---

18 • 2006년 포트 알레그로 제9차 WCC 총회는 WCC의 회원교회가 되기 위해서 다섯 가지 조건을 요구하는데, 그중 셋은 '삼위일체 하나님', '복음', '세례'를 언급하였다. 즉, "① 교회들은 삶과 증언에 있어서 성경에 따른 삼위일체 하나님에 대한 신앙을 공적으로 고백하고 이 신앙이 니케아-콘스탄티노플 신조(381)에 반영되어 있다고 하는 사실을 인정한다. ② 교회는 복음을 설교하고 복음의 가르침에 의하여 이해된 대로의 성례전들을 추구하는 사역(a ministry)을 유지한다. ③ 교회는 '성부 · 성자 · 성령' 한 하나님의 이름으로 세례를 주고 다른 교회들의 세례를 인정하는 방향으로 이동할 필요가 있다.

19 • 몰트만은 복음서 이야기를 '삼위일체론'의 뿌리로 본다. 구약으로부터 신약으로 이어지는 구속사야말로 삼위일체론의 근거이다. 성서는 창조와 화해와 성화와 종말론적인 완성에 대한 삼위일체 하나님의 하나님 나라 이야기이기 때문이다. 참고: 이형기, 『성경의 내러티브 신학과 교회의 공적책임』(서울: 한들출판사, 2010), 115-130; 234 이하.

제4장

WCC와 '온전한 복음'

†

I

들어가는 말

　　서유럽의 17세기 개신교 정통주의, 하지, 워필드, 아치발드 알렉산더 등 19세기 미국의 '구 프린스턴 신학', 그리고 20세기 초 미국의 개신교 근본주의는 단순히 성경의 '명제들' 그 자체가 영감 된 절대적인 하나님의 말씀(vs. the Word of God incarnate in Jesus Christ)으로 보았다. 이들은 소위 '성서주의'(a biblicism) 혹은 '축자영감론'을 추구하였다. 이들은 성경의 중심 메시지에는 관심이 없고, 모든 영감 된 하나님의 말씀들에만 관심한다. 경건주의 전통에 뿌리는 내리고 있고, 복음주의 각성운동을 배경으로 하는 18-19세기 서유럽의 개신교는 앞에 지적한 '근본주의적 성경관보다는 16세기 루터와 칼빈으로 대표되는 '복음' 중심의 성경관에 어느 정도 근접하고 있는 것으로 보인다.

　　16세기 개신교 종교개혁은 '복음'의 재발견에서 비롯되었다. 하지만 이 '종교개혁 전통'의 복음은 아돌프 하르낙의 경우처럼 그렇게 단순한 역사적 예수님의 하나님 나라에 대한 설교(the simple Gospel)나 루돌프 불트만의 경우처럼 단순히 초기교회의 사도적 설교(케뤼그마)로 축소될 수 없다.

　　우리 한국 개신교는 초기에 18-19세기 복음주의 각성운동과 미국의 개신교 근본주의의 영향을 받았고, 1930년대에 박형룡 박사의 근본주의와 김재준 박사의 '신정통주의'의 충돌이 있었고, 해방 직후 현 기독교 장로회의 '한국 신학대학'이 시작되었다. 그리고 1972년에 기장은 '웨스트민스터 신앙고백'을 넘어서는 『새로운 신앙고백』을 작성하였고, 통합 측 역시 신학교에서 1970년대부터 '신정통주의 신학'을 소개하기 시작하여, 1985년엔 『장로회신학대학 신학선언문』을 내놓았고, 2001년엔 총회차원에선 『21세기 대한예수교장로회 신앙고백』를 선언하였다.[1] 통합 측의 『총회선교신학 지침서』(1996)는 상당 부분 웨스트민스터 신앙고백 수준을 넘어서지 못하였으나, 본인이 그 초안을 작성한 『21세기 … 』는 칼 바르트, 몰트만 그리고 에큐메니칼 신학을 모두 담아내고 있다고 보인다. 따라서 오늘날 총신 측, 고려파, 오순절, 그리고 통합 측의 복음주의자들은 아직도 17세기 개신교 정통주의와 18-19세기 복음주의와 20세기 초 미국의 개신교 근본주의에 마물어 있는 성경관을 지니고 있는 것으로 보인다.[2]

우리는 제1장 'WCC에 대한 이해와 오해' 'WCC 신학은 자유주의 신학인가?'(II. 4)와 '복음, 정통 기독론 그리고 정통 삼위일체론'(II. 4. 2)에서 성경이 복음축소주의가 아니라 기독론 및 삼위일체론과 불가분리한 한 몸을 이루고 있다고 하는 사실을 지적하였다. 이 글은 아래에서 에큐메니칼 운동사를 통하여 '복음'이 어떻게 이해되어왔는가를 검토할 때, '온전한 복음'에 초점을 두었다.[3]

---

1 • 필자는 이 두 문서와 『장로회신학대학교 신학교육성명을 위한 기초문서』(2002)를 초안하였다.

2 • 개혁교회의 성경관에 관하여는 참고: 이형기, "제3장: 20세기 개혁교회 신앙고백". 『개혁교회의 신앙고백』, 총회교육자원부 편(서울: 한국장로교출판사, 2007), 357 이하.

3 • 하지만 필자는 여기에서 구약과 신약성서의 내러티브를 매우 존중하는 '복음' 이해는 논외(論外)로 하였다. 에큐메니칼 성경 해석사에 있어서 '내러티브'와 '복음'의 관계에 대하여는 참고: 이형기, 『에큐메니칼 운동의 패러다임 전환』(서울: 한들출판사. 2011), 411-428; 이형기, 『역사 속의 내러티브 신학』(서울: 한들출판사, 2005); 이형기, 『성경의 내러티브 신학과 교회의 공적책임』.

II
본 론

1. 1927년 로잔 제1차 신앙과 직제 세계대회: "복음"에 대한 정의

로잔은 처음으로 "복음"을 에큐메니칼하게 정의했다. 이것이 중요한 이유는 각 교파가 나름대로 "복음"이 무엇인가를 말하고 있으나, 과연 에큐메니칼 차원에서 "복음"이 무엇인가를 논할 때, 이와 같은 "복음" 정의는 꼭 필요하다고 보인다. 아래의 긴 인용을 읽어보자.

세상을 위한 교회의 메시지는 예수 그리스도의 복음이요, 항상 복음이어야 한다. 복음은 현재와 미래를 향한 구속의 기쁜 메시지인 바, 그리스도 안에서 죄인에게 주어진 선물이다. 성령은 온 인류 역사 속에서 활동하시어 그리스도의 오심을 준비하셨고, 무엇보다 구약 안에 주어진 그의 계시를 통해서 그의 오심을 준비하셨는데, 때가 차서 하나님의 영원한 말씀이 성육하사 인간이 되신 것이다. 바로 예수 그리스도는 하나님의 아들과 사람의 아들로서 은혜와 진리가 충만하신 분이시다.

이 예수 그리스도는 그의 삶과 가르침, 그의 회개에로의 부름, 그의 하나님의 나라의 도래와 심판에 대한 선포, 그의 고난과 죽음, 그의 부활과 하나님 아버지 우편에로의 승귀 및 그의 성령의 파송을 통하여 우리에게 죄의 용서를 베풀어주셨고, 살아계신 하나님의 충만함과 우리를 향하신 하나님의 한없는 사랑을 계시하였다. 예수 그리스도는 십자가에서 보이신 완전한 사랑에 호소하시어 우리들을 신앙에로 부르시고, 하나님과 인간을 섬기기 위한 자기희생과 헌신에로 부르신다.

(…중략…)

복음은 죄인을 하나님께로 향하게 하는 예언자적 부름, 그리스도를 믿는 자들을 향한 칭의와 성화의 기쁜 소식이다. 복음은 고통당하는 자들의 위로이다. 묶인 자들에게는 복음이란 하나님의 아들들의 영광스러운 해방에 대한 확신이다. 복음은 마음에 평화와 기쁨을 가져오고, 사람 안에 자기 부정, 형제의 섬김을 위한 준비, 그리고 긍휼을 불러일으킨다. 복음은 젊은이들의 열망을 위해서 최고의 목표를 제공하고, 일하는 자에게 힘을, 지친 자에게 쉼을, 그리고 순교자에게 생명의 면류관을 제공한다.

복음은 사회적 갱신을 위한 확실한 힘의 근원이다. 복음은 인류가 현재 살고 있는 사회를 황폐케 하는 계급과 인종의 증오에서 벗어나 국가적 복지와 국제적 우정과 평화의 즐거움에 들어가게 할 수 있는 유일한 길을 선포한다. 그것은 또한 동구와 서구의 비기독교적 세계가 살아계신 주님의 기쁨에 들어오게 하는 은혜로운 초대이다.[4]

이상과 같은 '복음' 정의는 매우 건전하다. 바울과 요한이 선포하는 '복음', 공관 복음서가 지향하는 하나의 '복음', 구속사를 배경으로 하는 '복음', 정통 기독론과 정통 삼위일체론을 배경으로 하는 '복음', '칭의와 성화'를 가져오고, 다차원적인 의미를 갖는 '복음', 그리고 끝으로 사회적 갱신의 원천적 힘으로서 '복음'을 말하기 때문이다. 하지만 아직 이 '복음'은 삼위일체론과 연루되어 있지 않고, 사회적 책임과 창조세계 보전과는 별로 관련이 되어 있지 않다. 따라서 '복음'에 대한 '온전한 이해'를 위해서 향후 여러 가지 역사적인 도전에 대한 응전이 있어야 했다.

---

4 • *Faith and Order : Proceedings of the World Conference lausanne, Aug. 3-21*, 1927(London: 1927) 461ff.

2. 1937년 에든버러 제2차 신앙과 직제 세계대회: "복음"의 수용

다음의 인용문들은 복음의 수용에 관련된다. 로잔이 복음을 정의하고, 이제 에든버러가 그 복음의 수용을 논하고 있다.

1) 은혜의 의미

우리가 하나님의 은혜에 대해서 말할 때, 우리는 그의 아들 예수 그리스도 안에 계시된 하나님 자신에 대해서 생각하고 있는 것이다. 하나님이 사랑이시고, 그가 행하시는 모든 것은 그의 의로운 목적들을 사랑하고 성취하시는 것이라고 믿는 사람들만이 하나님의 은혜의 의미를 진실로 인식할 수 있다. 그의 은혜는 우리를 창조하셨고 보존하시고 축복하시는 일과, 무엇보다도 예수 그리스도의 삶과 죽음과 부활을 통한 우리의 구속과, 거룩하시고 생명을 주시는 성령의 파송 및 교회의 사귐과 말씀, 성례의 선물을 통해서 나타난다.

인간의 구원과 부유함은 오직 하나님께만 그 근원이 있다. 이 하나님은 인간에게 인간 편의 어떠한 공로에 의해서가 아니라, 오직 하나님의 값없는 사랑에 의해 은혜로운 행위를 주신다.

2) 칭의와 성화

값없이 사랑을 베푸시는 하나님은 그리스도를 통해서 우리를 칭의하시고 성화시키신다. 우리는 이 하나님의 은혜를 믿음으로 받아들이는데, 이 믿음 자체는 선물이다.

칭의와 성화는 죄인과 관계를 맺으시는 하나님의 은혜로우신 행동의 불가분리한 두 측면이다. 칭의는 하나님께서 우리의 죄를 용서하시고, 우리를 그 자신과 교제케 하시는 하나님의 행동이다. 하나님은 그리스도 안에서, 그리고 그의 십자가의 죽으심을 통해서 죄를 정죄하시고, 당신의 사랑을 죄인들에게 나타내시며, 세상을 자신과 화해시키신다.

성화는 성령을 통하여 우리와 전 교회를 새롭게 하시는 하나님의 역사이다. 하나님은 우리를 죄의 세력으로부터 구해내시고, 우리를 그의 거룩함 안에서 자라게 하시며, 예수 그리스도의 죽음과 부활의 삶에 동참함을 통해 우리로 그리스도를 닮아가게 만드신다. 우리를 지속적인 영적 행위와 악과의 투쟁으로 고무시키는 이러한 갱신은 하나님의 선물에 의해 유지된다. 거룩함에서의 우리의 성장이 어떤 것이라 할지라도, 우리의 하나님과의 교제는 항상 하나님의 용서하시는 은혜 위에 근거하고 있다.

믿음은 그리스도 안에 나타난 계시의 지적인 수용 이상의 것이다. 그것은 하나님과 그의 약속에 대한 전적인 신뢰이며, 우리의 구세주이며 주님이 되시는 예수 그리스도께 우리 자신을 위탁하는 것이다.

3) 하나님의 주권과 인간의 반응

하나님의 은혜와 인간의 자유와의 관계에 관하여, 우리 모두는 성경과 기독교적 경험에 기초하여 하나님의 주권이 최고라는 사실에 동의한다. 우리가 의미하는 주권이란 모든 개인과 인류를 위해 예수 그리스도 안에 계시된 하나님의 모든 것을 다스리시고, 포용하시는(all-controlling, all-embracing) 의지와 목적이다. 그리고 이 영원하신 목적이 하나님 자신의 사랑과 거룩한 본성의 표출이다. 이처럼 우리 인간은 우리의 전(全) 구원을 하나님의 은혜로우신 의지에 빚지고 있다. 그러나 다른 한편 인간 자신의 의지는 이 하나님의 은혜를 적극적으로 수용해야 하고, 인간은 이같은 수용의 결단을 해야 할 책임이 있다.

많은 신학자들은 철학적인 면에서 하나님의 주권과 인간의 책임이라는 외견상 반대명제로 보이는 두 가지를 화해시키고자 노력하였다. 그러나 그러한 이론들은 기독교 신앙의 일부가 될 수 없다.

우리는 이 어려운 문제에서 일치된 목소리로 말해올 수 있었고, 그래서 우리는 이 문제에 있어서 교회들 사이의 어떠한 분열을 계속할 아무런 이유가 없어야 한다는 사실을 기쁘게 보고한다.

4) 교회와 은혜

우리는 교회가 그리스도의 몸이요, 모든 믿는 사람들의 축복된 사귐이요, 땅에 있건 하늘에 있건 성도들의 교제라고 하는 사실을 믿는다. 교회란 창조와 구속을 통해서 보여주신 하나님의 은혜로운 목적들의 실현이요, 그리스도 안에 나타난 하나님의 은혜를 성령을 통하여 계속 매개시키는 기관인데, 이 성령이란 교회 속으로 침투해 들어오신 생명이시요, 끊임없이 교회에 속한 사람들을 거룩하게 하시는 분이시다.

교회의 기능은 자신의 삶과 예배를 통하여 하나님을 영화롭게 하고, 모든 피조물에게 복음을 선포하고, 인종과 국적에 관계없이 모든 믿는 사람들을 성령의 사귐과 생명 안에서 세워나가는 것이다. 이 목적을 위하여 하나님께서는 말씀설교와 성례전을 통하여 교회 안에서 그의 지체들에게 은혜를 베푸시고 성령의 항존 안에서 은혜를 베푸신다.

5) 은혜, 말씀설교와 성례전

우리는 말씀설교와 성례전이 인류의 구원을 위해서 예수 그리스도를 통해서 교회에게 주어진 하나님의 선물이라는 사실에 동의한다. 이 둘을 통해 하나님의 은혜는 나타나고, 주어지며, 신앙에 의해서 수용된다. 그리고 이 은혜는 나눌 수 없는 하나의 은혜이다.

말씀설교는 하나님의 은혜가 인간에게 알려지는 적절한 수단인데, 이는 사람들을 회개로 부르며, 그들의 사죄를 확신시켜주고, 그들을 순종으로 이끌며, 신앙과 사랑의 교제 가운데 세워준다.

성례는 단순히 그 자체만으로 고려되어서는 안 되고, 항상 그리스도의 몸인 교회의 성례로서 생각되어야 한다. 성례는 교회의 생명이신 성령의 계속적인 역사에 그 중요성이 있다. 성례를 통하여 하나님은 그 참여자들에게 영원한 교제의 삶을 발전시키시고, 이렇게 함으로 세상의 삶에서 하나님의 뜻을 구현할 수 있게 하신다. 그러나 하나님의 자비하심은 성례를 통해서 제한적으로 알려지는 것만은 아니다.

우리에 의해 대표되는 교회들 사이에서 갈씀설교와 성례전에 놓인 강조점의 차이들이 존재한다. 그러나 그러한 차이들은 일치에 장벽이 될 필요가 없다는 데 우리는 동의한다.

6) 오직 은혜로(sola gratia)

어떤 교회들은 "sola gratia"를 강조하고, 어떤 교회들은 그것을 피한다. 이 구절은 논란을 불러일으켜 왔으나, 우리 도두는 다음의 진술에 동의할 수 있다. 즉, 우리의 구원은 하나님의 선물이요, 그의 은혜의 열매이다. 그것은 인간의 공로에 근거하지 않고, 하나님께서 그의 은혜 가운데 죄인에게 베푸시는 사죄와 성화에 달린 것이다. 하지만 하나님의 은혜의 행동은 인간의 자유와 책임을 무시하지 않는다. 오히려 신앙으로 하나님의 은혜에 응답할 때, 우리의 참자유가 성취되는 것이다. 하나님의 한없으신 사랑을 거부하는 것은 자유가 아니라 속박을 의미하고, 완전한 자유는 오직 선하고 수용할 만하며 완전한 하나님의 의지에 전적으로 순복할 때 발견되는 것이다.[5]

이상과 같은 '복음'의 수용에 대한 신앙과 직제의 주장은 아우구스티누스 이래로 그동안 교리사를 통해서 교회 분열의 요인이 되었던 '은총의 수용' 차원의 문제들을 매우 명쾌하게 정리하였다고 판단된다.

3. 1952년 빌링겐 '국제선교협의회'(IMC) : '하나님의 선교'(missio Dei)

이미 1925년 예루살렘의 IMC와 1939년 인도의 탐바람 IMC가 1910년 에든버러 WMC까지(18-19세기)의 선교개념을 넘어서서 교회의 사회참여를 점증적으로 강조하는 폭넓은 선교개념을 추구한 이래, 독일 빌링겐 IMC의 'missio Dei'는 종전(18-19세기)의 교파 중심의 선교, 교파를 피선교 지역에 심는 선교, 교파가 선교의 주체가 되는 선교, 교파가 선교사를 파송하는 선교를 지양(止揚)하고, '하나님의 선교'를 역설하였다. 이 '하나님의 선교'란 말은 1950년대에 IMC 안에 있는 영국의 개신교 단체들(the Anglican-Protestant circles)이 선교신학의 근거로 사용한 데서 기원하였다.[6] 탐비람(1939)과 휘트비(1947) IMC를 거치면서 교회와 선교는 결코 별개의 것이 아니라 선교가 교회의 본성에 속한다고 하는 이해가 지배적이 되면서, 1952년 빌링겐 IMC를 준비하는 가운데, 화란의 개혁주의 전통의 호켄다이크(Hoekendijk)가 교회 중심의 선교를 지양(止揚)하고, 하나님 중심의 선교를 부르짖은 데에 크게 빚지고 있다 하겠다. 물론 그의 주장이 빌링겐 IMC에서 모두 수용된 것은 아니지만. 호켄다이크는 '교회, 세상, 하나님'의 틀을 '하나님, 세상, 교회'라고 하는 새로운 패러다임으로 바꾸어놓았다. 교회가 아니라 하나님의 세상에서 하나님이 하시는 일들까지도 하나님의 선교에 포함됨으로써, 교회를 통한

---

5 • 에큐메니칼 신학의 발전사(I), 루카스 피셔/이형기 옮김, 서울 한국장로교출판사, 1998, 50-54.

6 • *Dictionary of Ecumenical Movement*, 688.

하나님의 선교는 정치, 경제, 사회 등 인간의 모든 삶의 영역들을 선교의 장으로 삼는다.

빌링겐은 "우리가 참여하고 있는 선교운동의 근원을 삼위일체 하나님 자신"으로 보면서, 성부께서 성자를 파송하고, 성부와 성자가 성령을 파송하며, 성자와 성령이 교회를 세상을 위해서 세상 속으로 파송하신다고 하는 선교신학의 논리를 정립하였다. 이것이 하나님의 선교이다. 교파들이나 특정 선교단체들, 그리고 서구와 북미가 선교파송의 주체가 되었던 18-19세기와는 달리 삼위일체 하나님 자신이 직접 선교의 주체가 되신다고 하는 주장이다. 선교의 주체이신 삼위일체 하나님은 제국주의와 식민지주의의 패러다임 안에 갇혀 있을 수가 없었다. 바야흐로 교회는 복음을 불신자들에게 전도하기 위해서뿐만 아니라 삼위일체 하나님께서 일하고 계시는 역사(歷史) 속으로, 즉 정치, 경제, 사회, 문화 속으로 복음을 증거 하도록 파송받았다는 것이다. 이 세상 속으로의 파송은 세상과의 연대와 이 세상에서 일어나고 있는 시대의 징표에 대한 통찰을 요구한다. 이것은 확실히 새로운 패러다임의 선교신학이다. 우리는 아래의 인용문들에서 향후 선교신학의 새로운 방향을 본다.

> 우리들이 참여하고 있는 선교운동은 그 근원을 삼위일체 하나님에게 두고 있다. 성부께서는 그의 우리에 대한 깊은 사랑으로부터 모든 것을 자신에게 화해시키셨고 그 자신의 사랑하는 아들을 파송하사, 우리들과 모든 인간들이 성령을 통하여 하나님의 본성 자체인 완전한 사랑 안에서 그의 아들을 통하여 성부와 하나 되게 하려는 것이다.

> 우리는 성령에 의하여 그리스도의 대사들로서 세상 속으로 파송받아 모든 사람들을 하나님께 화해시킬 수 있게 되었고, 그의 사랑의 승리를 확신 있게 기다릴 수 있게 되었다.[7]

---

7 • *Missions Under The Cross*, published by IMC(London: Edinburgh House Press, 1953), 189.

세상 속으로 파송받아 이 세상에 참여하여 그의 선교를 수행하신 그리스도의 선교에 참여함이 없이는 그리스도에 참여할 수가 없다. 세계선교는 교회의 본성에 속한다. '아버지께서 나를 보내신 것 같이 나도 너희를 보내노라.'

교회는 그것이 멀리 떨어져 있든 가까이 있든 간에 인류의 모든 사회적, 정치적, 종교적 공동체로 파송받는다.

교회는 모든 순간과 모든 상황에서 그리스도의 주권을 선포하기 위하여 파송받고 있다. 따라서 교회의 선교는 우리 시대의 사건들 앞에서 도피하는 것을 금한다. … 교회는 세상 속에 있고, 교회의 주님께서 자기 자신을 인류와 동일시하신 것처럼 교회도 그래야 한다. 교회가 교회의 주님께 가까이 가면 갈수록 교회는 세상에 더 가까이 접근한다.[8]

위의 인용에 나타난 1952년 빌링겐의 '하나님의 선교'는 1960년대의 선교는 물론, 교회의 사회참여 차원에도 큰 영향을 주었다. 이 '하나님의 선교'와 관련된 다음의 종말론적 암시 역시 그렇다.

이같은 종말론적 선교개념은 호켄다이크(Hoekendijk), 워렌(Warren) 및 화란 선교 보고서(the Dutch report)로부터 크게 영향받았다.[9]

종말론적 시야에서 볼 때, 땅끝까지 이르는 기독교적 선교는 부활과 인류를 향하신 하나님의 목적에 대한 하나님의 궁극적 성취와 완성 사이에서 교회는 모든 족속들에게 필히 복음을 설교해야 한다는 것이다.

우리 주님께서는 그의 제자들에게 시대의 징표를 분별할 것을 당부하셨다. 오늘의 시대가 인간이 보기에는 흑암과 혼돈의 시대이지만, 십자가에 달리신 분

8 • Ibid., 190.

9 • Rodger C. Bassham, *Mission Theology*(California: William Carey Library, 1979), 35.

에 의하여 눈을 뜬 우리들은 이 시대 속에서 하나님의 주권적 다스리심을 분별할 것이다. 우리는 교회의 여러 부분들에 있어서 성령의 역사들을 감지할 수 있으며, … 우리들이 신앙의 눈으로 볼 때, 오늘날의 큰 사건들, 이 시대가 증거 하는 인간 지식과 능력의 엄청난 확장과 증가, 우리 시대의 큰 정치사회적 운동들 그리고 종말의 날에 분명히 드러날 수많은 개인들의 경험들 속에서, 모든 인간들의 구세주이시요 심판자이신 예수 그리스도의 주권적 통치를 분별할 수 있다.[10]

… 우리는 십자가에 달리셨다 부활하신 우리 주님의 은폐된 통치를 다시 새롭게 선포한다. 우리는 모든 기독교인들이 온 땅의 주님을 위해서 안일함과 많은 담을 쌓는 비좁은 생각에서 벗어나서 새로운 확신을 가지고 만물을 주님께 복종시키며 주님이 오시는 날을 위하여 온 땅을 준비시키는 일로 나가야 할 것이다.[11]

로마가톨릭교회와 특히 동방 정통교회는 '하나님의 선교'가 그동안의 기독론 중심의 선교개념을 깨고 삼위일체론적 접근을 시도한 것을 매우 환영하였다. 우리는 앞으로 논할 'WCC와 삼위일체론'에서 기독론으로부터 삼위일체론으로의 패러다임 이동은 1990년부터 본격적으로 일어났다고 하는 것을 밝힐 것이다. 어찌됐든 바야흐로 '복음' 이해는 삼위일체론과 결부되었고, 나아가서 종말론적인 성격을 띠게 된다. '복음' 이해가 점차 온전해진다고 보인다.

---

10 • Mission Under the Cross, 191-192.

11 • Ibid.

4. 1963년 몬트리올 제4차 신앙과 직제 세계대회: '복음전승', '성경', '교회의 신학전통들'(제3분과: Scripture, Tradition and traditions)

본 신앙과 직제 세계대회는 '복음'을 성경의 기원으로, 그리고 이 '복음'이 '전승과정'(tradition 혹은 transmission-process)을 통해서 성경과 여러 교파들의 '신학전통들(traditions) 속으로 흘러들어 가고, 맥락화하고 문화화한다고 보아, '복음전승'(Tradition)에 의한 성경의 통일성뿐만 아니라 교파들의 다양성 속에서의 통일성을 제시하고 있다 하겠다.

우리의 현재의 상황에서 우리는 성서와 전승(T)의 문제, 혹은 오히려 전승(T)과 성서의 문제를 다시 숙고하기를 원한다. 그러므로 우리는 다음의 진술을 우리의 문제를 효과적으로 다시 공식화하기 위한 방법으로 제안하기를 원한다. 우리의 출발점은 우리 모두가 우리의 주님에게 거슬러 올라가는 하나의 전승 안에서 살고 있는 바, 그것은 구약에 뿌리를 내리고 있으며 우리 모두는 우리가 그것이 한 세대로부터 또 다른 세대로 전달되는 것을 통해 그 계시된 진리, 즉 복음을 받아들이는 만큼 그 전승에 빚지고 있다는 사실이다. 따라서 우리는 기독교인들로서 우리가 성서 안에서 확증된 성령의 능력을 통해 교회 안에서, 그리고 교회에 의해서 전달된 복음(the paradosis of the kerygma)의 전통에 의해서 존재하고 있다고 말할 수 있다. 이러한 의미로 취해진 전승(T)은 말씀의 선포에서, 성례전과 예배의 집행에서, 기독교적 가르침과 신학에서, 그리고 교회의 구성원들의 삶들에 의한 선교와 그리스도에 대한 증거에서 실현된다.

전승의 과정에서 전달되는 것은 주장들의 총화로서가 아니라 성령의 활동을 통해 전달되는 살아 있는 실재로서의 기독교 신앙이다. 우리는 그것의 내용이 교회의 삶 속에서 현존하는, 그리스도 안에서의 하나님의 계시와 하나님의 자기-내어주심인 그 기독교 전승(with a capital T)에 대해 말할 수 있다.

이상과 같은 몬트리올의 주장은 16세기 루터와 칼빈으로 대표되는 종교개혁

전통의 '복음' 이해에 다름 아니다. 이는 개신교 근본주의 계통의 성서주의도 아니고 하르낙의 '단순한 복음'도 아니며 불트만의 케뤼그마 축소적 복음도 아니요, 나중에 상술하겠거니와, 내러티브 신학의 '복음' 이해에 해당하는 것으로 보인다. 말하자면 구약의 구속사와 복음서의 구속사를 통하여 흐르는 정통 기독론적이고 정통 삼위일체론적인 '복음'일 것이다.

5. 1968년 웁살라 WCC 총회: "하나님의 선교"신학의 첨예화

1968년엔 '하나님의 선교'가 절정에 도달하였고, 교회의 사회적 책임수행이 역사상 그 유래를 찾아볼 수 없을 만큼 첨예화되었다. 1968년엔 마르크스주의와 같은 사회학적 통찰이 기독교 신학에 적극 수용되기 시작하였고(1968년 Medellin에서 열린 제2차 라틴아메리카 주교 총회), 적절한 폭력까지 정당화되었으며, 선교의 개념이 '인간화'와 동일시되는 측면도 있었다. 무엇보다도 1948-1960년대 초까지의 '책임적 사회'(responsible society)가 '세계적 크기의 책임적 사회'로 확장되었다. 그런데 1968년 베이루트 회의(Conference on World Cooperation for Development)까지만해도 제3세계가 경제 강대국의 신제국주의로부터 어떻게 '해방'되는가를 문제 삼은 것이 아니라, 제3세계의 개발과 발전을 문제 삼았다.

그런데 해방신학이 1968년 웁살라 WCC에서 쓰터 올랐다. 이미 웁살라의 '발전'에 관한 내용들은 단순히 강대국이 저가발 국가들에게 '자본과 기술'을 이전하는 정도의 도움은 결코 아니었다. 대체로 구티어 레즈(Gustavo Gutierrez)가 주제 연설을 했던 1968년 메델린(Columbia)의 제2차 라틴아메리카 주교 총회를 '해방신학의 태동기로 볼 수 있는데, 이미 웁살라의 보고서에서 해방신학적 요소들을 발견할 수 있다. 그러나 웁살라는 1960년대 말 '신앙과 직제'의 '창조세계 보전'에 대한 신학에는 거의 귀를 기울이지 않았고, '역사'에 대해서만 관심을 보였다.

바야흐로 '복음'이 '하나님(삼위일체 하나님)의 선고' 및 해방신학과 관련되어, 로잔 신앙과 직제(1927)의 '복음'과는 달리 1960년대에 오면, 사회참여가 첨예화된다. 그리하여 결국 1960년대와 1974년 로잔 복음주의자들의 세계대회들을 거쳐 나이로비 WCC는 '하나님의 선교' 일변도와 '해방신학으로의 편향'을 반성하면 서 '온전한 복음'(the whole Gospel)을 역설하기에 이른다.

6. 1960년대에 에큐메니칼 '선교신학'에 보수 반동으로 등장한 복음주의 세계대회들의 '복음'과 '사회참여'

우리는 '하나님의 선교'가 절정에 달했던 1968년 웁살라 WCC와 1973년 방 콕 CWME(Conference on the World Mission and Evangelism = 세계선교와 복음전도대회)의 선 교개념에 거부반응을 일으킨 복음주의 세계대회들이 개인의 회심과 성화, 그리 고 개교회의 개척과 성장을 강조하면서도, WCC가 지향해온 missio Dei 전통을 매우 존중하고 있음을 밝히고자 한다. 특히, 방콕 CWME에 대응해서 열린 1974 년 로잔 복음주의자들의 국제대회와 1989년 산안토니오 CWME에 대응하여 열 린 1989년의 마닐라 제2로잔 세계대회야말로 복음전도와 사회참여에 관한 그 이 전까지의 복음주의 세계대회들의 이원론적 태도와는 달리, 하나의 선교 개념에 복음전도와 교회의 사회봉사를 모두 포함시킴으로써, 복음주의 계열의 교회들이 개인과 개교회를 중요시 여기면서도 나름대로 교회의 세계화와 지역화를 지향하 고 있다고 하겠다. 아래의 주장은 마닐라(1989)의 선교개념이다. 적어도 이 복음 주의 계열의 세계대회들은 개인의 회심과 성화, 그리고 개교회의 개척과 성장을 강조하는 18-19세기 기독교를 물려받았다.

복음전도가 우선이다. 우리의 주된 관심은 복음이기 때문이다. 이 복음전도의 목적은 모든 인간들이 예수 그리스도를 주님과 구세주로 받아들일 수 있는 기 회를 갖게 하는 것이다. 그런데 예수님은 하나님의 나라를 선포하셨을 뿐만 아 니라 자비와 능력의 행위들을 통하여 하나님의 나라의 도래를 보여주셨다. … 우리 역시 겸허한 정신으로 하나님의 나라를 설교하고 가르쳐야 하며, 나아가서 병든 자들을 돌보고, 장애자들과 불기익을 당하는 자들을 도와주어야 하고, 억압받는 자들을 구출해내야 한다. 우리는 은사와 소명과 상황의 다양성을 인정하면서, 복음과 선행을 분리시켜서는 안 된다.

하나님 나라의 선포는 필연적으로 이 하나님 나라와 양립할 수 없는 모든 것에 대하여 예언자적 심판을 가한다. 악들 중에서 우리는 제도화된 폭력을 포함한 모든 파괴적 폭력을 반대하고, 정치적 부패, 온갖 종류의 인간 착취와 환경 착취, 임신 중절, 마약 및 인권남용 등에 반대한다. 우리는 또한 가난한 자들에 대하여 관심하면서 우리들 자신이 세계의 틀 안에서 빚더미에 짓눌려 있다는 사실을 안다….

진정한 선교는 항상 성육신적이어야 한다. 따라서 우리는 다른 사람들의 세계 속으로 파고들어가 이들의 사회적 현실, 이들의 슬픔과 고통, 이들의 억압적 세력에 정의로써 항거해야 한다.[12]

우리는 WCC의 '신앙과 직제'전통이 개인의 회심과 성화, 그리고 개교회의 개척과 성장을 결코 무시하지 않는다는 사실을 밝혔거니와, CWME가 WCC 중앙위원회에 제출한『에큐메니칼 확언: 선교와 전도』(Ecumenical Affirmation - Mission and Evangelism, 1982)역시 개인의 회심과 성화, 그리고 개교회의 개척과 성장을 강조하고 있다.

복음의 선포는 그리스도의 구원하시는 주권을 인식하고 이것을 개인의 결단으로 받아들이라고 하는 초대를 포함한다. 그것은 성령의 매개에 의해서 살아계신 그리스도와의 인격적인 만남을 경험함으로써 주님의 사죄를 받아들이고 제

---

12 • "The Manila Manifesto: Calling the Whole Church to Take the Gospel to the Whole World", in *The Whole Gospel for The Whole World: Story of Lausanne II Congreess on World Evangelization*, Manila 1989, ed. by Alan Nichols(Lausanne Committee for World Evangelization and Regal Books, 1989), 110.

자의 삶과 봉사의 삶으로의 부름을 개인적으로 받아들이라는 선언이다.

… 신약성경은 이것을 새로 태어남(요3:3), 메타노이아, 우리의 태도들과 삶의 스타일들의 변혁이라고도 부른다.

모든 인간 공동체 안에서 개교회들을 증가시키는 것이 기독교적 선교의 중심에 있다. 복음의 씨앗을 심으면, 말씀과 성례전 주위에 회집하여 하나님의 계시된 목적을 선포하도록 부름 받은 한 백성이 생겨난다.
　교회들이 실제로 각 나라에 생겼다. 이것은 이 모든 시대에 있어서 제자들의 신실한 증거 덕분이다. 이러한 씨 뿌리는 과제는 각 인간 공동체 안에서 하나님의 나라의 한 세포, 즉 예수 그리스도를 고백하고 그의 이름으로 그의 백성을 섬기는 교회가 있기까지 지속될 필요가 있다. 각 장소에 교회를 세우는 일이 복음의 본질이다. 그리스도의 대리적 사역은 하나의 대리적 백성의 현존을 요구한다. 개교회는 교회(the Church)의 선교적 성취를 위한 필수 불가결한 도구이다.[13]

이상에서 우리는 에큐메니칼 전통의 '복음' 이해가 복음주의자들의 그것을 상당 부분 감안하고 있다는 사실을 발견한다. 물론, 1927년 로잔의 '복음' 정의가 이미 그와 같은 복음주의적인 '복음' 이해를 보여주고 있지만 말이다.

---

13 • *New Directions in Mission and Evangelization 1: Basis Statements* 1974-1991, ed. by James A. Scherer and Stephen B. Bevans, S.V.D.(New York: Orbis Books, 1992), 40, 44.

7. 1975년 나이로비 WCC의 '온전한 복음'(the whole Gospel), '온전한 인격' (the whole person), '온 세상'(the whole world), '온 교회'(the whole church)와 JPSS(A Just, Participatory, Sustainable Society = 하나의 정의롭고 참여적이며 지속 가능한 사회)

바쌈은 WCC가 웁살라와 방콕 CWME(1973)에 이어 계속해서 첨예한 교회의 사회참여를 말하고 있으나, 그럼에도 불구하고 방금 위에서 지적한 1960년대에서 1974년 로잔에 이르는 복음주의자들의 주장이 1975년 나이로비 WCC에 많이 가미되었다고 지적하였다. 즉,

"그럼에도 불구하고 복음전도에 대한 새로운 강조가 있었고, 교회는 하나님의 선교를 위한 행동자로 다시 부각되었다. 교회는 말과 행동으로 복음을 선포하고, 말과 행동으로 사회적 행동을 감행함으로써 모든 사람들로 하여금 그리스도를 고백케 해야 한다."[14]

그러나 바쌈은 1975년 나이로비 WCC의 선교의 특징을 '통전적 선교'(holistic mission)라 지칭하였으니, 본 WCC는 복음주의적 요소에도 불구하고 교회의 사회 참여로써의 '하나님의 선교'를 계속 유지하고 있다. 그도 그럴 것이 본 문서는 제1분과(S.1)에서 '온전한 복음', '온전한 인격', '온 세계', '온 교회'라고 하는 항목들에서 복음의 정체성과 그것의 상관성을 말한다. 다음 인용은 복음의 전통적인 본질과 사회참여에의 부름을 진술하고 있다.

"복음이란 하나님, 곧 창조자와 구속자로부터 온 좋은 소식이다. 예루살렘에서 갈릴리에 이르기까지 그리고 땅끝까지 이르도록 성령은 예수 그리스도 안에 나타난 하나님의 결정적 계시의 새로운 국면들과 차원들을 항상 다시 노출시키고 있다. 복음이란 예수 그리스도를 통해서 계시된 하나님의 나라와 하나

---

14 • Bassham. op. cit., 105.

님의 사랑을 선포하는 것이요, 은혜 베푸심과 죄들의 용서, 회개와 예수 그리스도에 대한 신앙, 하나님의 교회 안에서의 사귐, 하나님의 구원의 말씀과 행동의 증언, 정의와 인간존엄성을 위한 투쟁에의 참여, 인간의 통전성을 저해하는 모든 것을 배격해야 할 의무, 목숨까지도 버리는 참여를 포함한다. 오늘날 복음은 억눌린 자를 해방시키는 격려의 메시지로서 이들로 하여금 해방을 위한 투쟁을 견디게 한다. 이 투쟁이야말로 돌입해오는 하나님 나라에 대한 소망의 표시이다. 여성들에게 복음은 문화적 굴종 속에서도 담대하게 하는 그리스도에 대한 소식이다. 복음이란 어린아이들에게 사랑의 부름이요 부자와 권세자들 에게는 가난한 자의 궁핍을 나누어야 할 책임을 계시한다."[15]

본 보고서는 이어서 신약성경에 나타난 사도적 복음전승의 정체성과 이 복음의 다양한 상황과 맥락에의 적용을 말한다.

"우리는 복음이 우리의 특수 상황들에 대하여 무엇이라 말하는가를 듣고 기뻐하며 또한 우리는 이 복음을 특수 맥락에 전하려고 해야 한다. 그러나 우리는 사도들의 역사적 증언에 의한 복음에 충실해야 한다. 우리는 이 사도적 증언에 의한 복음을 성경과 전승에서 찾는데, 그 중심은 예수 그리스도이시다. 우리는 이 복음을 우리들 자신의 관심과 욕망에 갖다 맞추어서는 안 된다."[16]

위의 복음은 전 인격과 전 세계를 개변시키는 것이니, 교회는 복음을 고백하고 복음을 전해야 할 사명을 맡았다.
복음은 전 인격을 개변시킨다. 즉,

"복음은 성령의 능력을 통하여 인간의 모든 필요에 대응하여 말하며, 우리의 삶을 개변시킨다. 복음은 우리의 죄를 용서하므로 우리의 창조자에게 화해시

---

15 • *Breaking Barriers*, 52.
16 • Ibid., 52-53.

키고, 우리 마음속에 하나님을 아는 참 기쁨을 일으키며, 영생을 약속한다. 복음은 우리를 하나님의 백성으로 묶어줌으로 공동체와 사귐의 필요성을 충족시킨다. 복음은 모든 사람들에 대한 하나님의 사랑을 계시하므로 우리로 하여금 우리가 사는 사회에서 책임적이고, 비판적이며, 창조적인 구성원들이 되게 한다. 예수님의 부활에 대한 좋은 소식은 역사 속에서 하나님의 의로우신 목적이 성취될 것을 말하며, 우리를 자유케 하사 이 목적성취를 위하여 희망과 용기를 갖게 한다."[17]

복음은 전 세계를 개변시킨다. 즉,

"이 세상은 단순한 하나님의 피조물이 아니다. 그것은 하나님의 선교의 장이기도 하다. 하나님은 전 세계를 사랑하셨기 때문에 교회는 이 세상의 어느 부분도 소홀히 여길 수가 없다. 구원하시는 자의 이름을 들은 자들이나 아직 그것을 듣지 못한 더 많은 사람이든 간에, 우리는 하나님께 순종해야 하는 한 그리고 인류 가족과 연대의식을 갖고 있는 한 우리는 하나님의 사랑을 모든 사람, 모든 계층, 모든 인종, 오대양 육대주 ― 어떤 문화적 맥락과 어떤 역사적 상황에 있어서도 ― 에게 선포하고, 증거 해야 한다는 그리스도의 명령에 순종해야 한다."[18]

끝으로 다음의 인용은, 복음전도는 전 교회의 사명임을 역설한다.

"복음전도는 어떤 특수 은사를 받은 개인들이나 어느 특수 선교기관의 사업이 아니라 '전 교회', 곧 그리스도의 몸에게 위탁되었다. 이 전 교회의 모든 구성원들은 각각 특수 은사들과 기능에 의하여 전 몸의 삶을 표현하고 있다."[19]

17 • Ibid., 53.
18 • Ibid.
19 • Ibid.

1973년 방콕 CWME는 한편 1968년 웁살라에서 절정에 도달했던 missio Dei 전통을 1969년에 동터 오른 해방신학과 가미시켜 더욱 추진시켰고, 다른 한편 1960년대의 복음주의 세계대회들의 소리를 귀담아 들어 1968년의 지나친 점들을 극복하였다. 이같은 경향은 1928년 예루살렘 IMC 이래로 내려오는 포괄적 선교개념이지, 결코 부정적인 의미에서 선교의 두 얼굴이 아니다. 그리하여 1975년 나이로비 WCC는 이러한 두 흐름을 그대로 수용한 것으로 보인다. 바야흐로 JPSS를 WCC 전체의 목표로 내세운 나이로비는 '온전한 복음', '전 인격', '전 교회' 및 '전 세계'를 결코 분리시켜서 논하지 않았다. 구조악의 문제를 웁살라보다 더 심각하게 논하는 나이로비는 예배, 말씀, 세례, 성만찬을 통한 개인의 신앙과 회심, 부활하신 주님, 나아가서 삼위일체 하나님과의 만남을 결코 제외시킨 것이 아니었다. 우리는 방콕과 나이로비에서 조차도 18-19세기적 유산이 발견된다고 말해야 한다.

그리고 나이로비 WCC가 공헌한 교회의 사회참여에 관한 주장은 JPSS(a Just, Participatory, Sustainable Society)에 잘 나타나 있다. JPSS는 결코 우연히 선택된 주제가 아니다. '정의'(Justice), '참여'(Participation), '지탱'(Sustainability)은 삼위일체적으로 서로 맞물려 있는 것으로서 이미 에큐메니칼 의사일정에 올라 있는 것들이다. '정의'는 WCC 이래 에큐메니칼 관심사로서 WCC 헌장에 명시되어 있는 WCC의 기능 가운데 하나이다. 그런데 1966년 제네바의 '교회와 사회' 세계대회와 1968년 웁살라 때 '정의' 추구의 긴급성이 일어났고, '해방신학'을 거쳐 1970년대로 넘어온다.

나이로비는 '정의'를 '발전'(제3세계)의 주된 목적으로 보고, 조직적 혹은 구조적 부정의에 대한 대립개념으로 보며, 이같은 부정의의 상황이 평화를 위협하기 때문에 항상 평화 개념을 요청한다고 본다. '정의'와 '참여'를 인종주의, 여성차별 및 인권 문제 등에 관련시킨다. 끝으로 '지탱 가능성'(sustainability)은 과학과 기술의 오용과 남용으로 지탱되기 어려운 인간 사회가 '제한 발전', '제한 성장'(1972년 로만 클럽), 그리고 '생태학적으로 건강한 발전'에 의해서 지탱 가능한 사회를 말한다. 이미 1975년 나이로비는 '창조세계의 보전'을 '정의'와 '평화'와 맞물린 1990

년 서울 JPIC 대회와 '지탱'과 '발전'을 창조적 긴장관계로 본 1992년 리우(Rio) UN 지구정상회의를 내다보았다 하겠다. 확실한 것은 생명 살리기 운동의 '생명'이 정의와 평화 문제와 불가분리의 관계에 있는 창조세계의 보전이라는 통전적이고 총체적인 생명이라는 점이다.

우리는 이상과 같은 나이로비의 '복음' 정의야말로 에큐메니칼 운동이 지향해야 할 가장 아름다운 '온전한 복음'(the whole Gospel)이라고 생각하면서, 이것이 아래 9번 항목에서 다룰 '니케아-콘스탄티노플 신조'에 대한 에큐메니칼 해석이 제시하는 삼위일체론과 종말론으로 보충되어야 한다고 보는 것이다.

8. 1983년 밴쿠버 WCC와 1990년 서울 JP C(정의, 평화, 창조세계 보전)

1975년 나이로비의 JPSS가 1983년 밴쿠버에서는 JPIC로 바뀌었고, 1990년 서울 JPIC 이래로 창조세계의 보전(IC)이 급부상하기 시작하였다. 그리하여 1991년 캔버라의 전체 주제(성령이여, 오소서. 전 창조의 세계를 새롭게 하소서)와 제1분과의 주제(생명의 시여자시여, 당신의 창조세계를 지탱하소서)에서 '창조세계의 보전' 문제가 강조되고 있음이 보인다. 그리고 1993년 산티아고의 신앙과 직제 제5차 세계대회 이후, WCC의 JPIC(Unit Ⅲ)는 '생명의 신학'(Theology of Life)에 관심을 집중하고 있다.

1983년 밴쿠버 WCC의 전체 주제("예수 그리스도 - 세상의 생명")와 그 소주제들(① 하나님의 선물인 생명, ② 죽음에 직면하여 죽음을 극복하는 생명, ③ 충만한 가운데 있는 생명, ④ 일치 속의 생명)은 1980년대에 접어들면서 '생명' 문제가 크게 부상하고 있음을 웅변적으로 말해주고 있다. 특히, 밴쿠버는 MIT의 결과를 3가지 측면(① 세계의 무기경쟁, ② 경제적 지배와 착취, ③ 생태계의 위기)에서 수용하면서 JPIC를 역설하고 있다.

서울 JPIC에서, 발전을 거듭해온 제1세계는 창조세계 보전의 문제와 평화 문제에, 개발을 계속적으로 필요로 하는 제3세계는 정의와 발전 문제에 부심하여, 서로 의견의 충돌을 보였다. 이것은 1960년대 말부터는 제1세계의 전통적인 신학과 제3세계의 해방신학이 갈등을 보여온 것과도 관련이 있다. 하지만 1990년 서울 JPIC 직후, JPIC(Unit Ⅲ)에서 JPIC 문제야말로 제1세계나 제3세계 모두를 포함하여 향후 세계교회가 감당해야 할 21세기의 과제라는 점이 확실해졌다. '생명이 지탱되는 미래사회'를 지향하는 JPIC의 과제는 "생명의 시여자시여, 당신의 창조세계를 지탱하소서"라는 기도에 대해서 응답하는 경제, 정치, 사회 및 생태학적 구조의 변혁이다. 이는 전 WCC, 아니 전 인류의 과제인 바, 우리는 모더니즘의 가치관들을 가지고 있는 정치, 경제, 사회, 문화의 재구조화를 요청하는 포스트모더니즘 시대로 돌입하고 있다. 물론 여기에서 생명 개념은 통전적이고 총체적이다.

따라서 1983년 밴쿠버의 총회에 이어 1990년 서울 JPIC와 1991년 캔버라 총회는 '생명의 영'이신 성령과 삼위일체론을 본격적으로 내세우면서, '복음' 이해에 있어서도 성령론적이고 삼위일체론적으로 변모하였다. 바야흐로 니케아-콘스탄티노플 신조가 고백하는 '생명을 살리는 영'(the Lord and life-giving Spirit)이 강조되고 '그리스도 중심의 보편주의'[20]로부터 삼위일체론으로 패러다임 이동을 보임에 따라서 '복음' 이해 역시 이와 같은 신학적 맥락 속에서 일어났다.

9. 1991년『하나의 신앙을 고백하며: 니케아-콘스탄티노플 신조(381)로 표현된 사도적 신앙내용에 대한 에큐메니칼 해석』: 삼위일체론적이고 종말론적인 복음 이해

필자는 몬트리올의 사도적 복음(the Tradition)에 이어,『하나의 신앙을 고백하며: 니케아-콘스탄티노플 신조로 고백된 사도적 신앙내용에 대한 에큐메니칼 해석』(Confessing the One Faith: An Ecumenical Explication of the Apostolic Faith as it is Confessed in the Nicene-Constantinopolitan Creed, 381)에 나타난 '복음'을 소개하려고 한다. 그것은 사도적 신앙의 공동 고백이기 때문이다. 복음과 이와 같은 사도적인 신앙의 공동 고백은 '다양성 속에서 통일성'(unity in diversity 혹은 koinonia in diversity)

■■■ 20 • 이것에 관하여는 'WCC와 성령 · 삼위일체론'에서 자세히 논할 것이다.

이라고 하는 원리에 있어서 통일성을 구축할 것이다. 뿐만 아니라 몬트리올에서 정리된 복음과 에큐메니칼하게 해석된 니케아-콘스탄티노플 신조의 삼위일체 하나님이 지향하는 종말론적인 방향과 비전은 모든 다양한 복음 이해들과 종말론들의 통일성이 될 수 있다 하겠다.

'신앙과 직제'는 '니케아-콘스탄티노플 신조'(381)를, "성경이 증언하고, 초기 교회가 신조들로 요약한 하나의 사도적 신앙"의 공동표현으로 확정하였다. 신앙과 직제는 오늘날 세계교회가 이것을 함께 증거 하고, 고백하여, 축하해야 할 것을 촉구한다."[21] 오늘날 교회는 다양한 상황들 속에서 그리고 오늘날의 세계의 도전에 직면하여 이 사도적 신앙을 고백해야 한다고 한다. 즉, "다양한 전통들에 속해 있고, 다양한 문화적 · 사회적 · 정치적 · 종교적 맥락들 속에서 살고 있는 오늘의 교회는 그들의 공동의 신앙내용을, 다시 새롭게 자신들의 것으로 받아들여 자신들의 공동의 신앙으로 고백해야 한다는 것이다".[22] 그래서 이렇게 하는 동안 교회는 "모든 인류와 창조세계를 위한 삼위일체 하나님의 구원하시는 목적들을 함께 증언할 것이다."라고 한다.[23]

그런데 이와 같은 사도적 신앙은 초기 사도적 공동체의 사도적 신앙과의 연속성을 유지하면서도, 각 시대의 다양한 상황에 걸맞게 해석되어야 한다. 이런 의미에서 사도적 신앙내용에 대한 에큐메니칼 해석이라고 할 수 있는『하나의 신앙을 고백하며 … 』는 이상의 모든 요건들을 충족시키는 매우 훌륭한 사도적 신앙에 대한 해설이다. 그러면 사도적 신앙이란 무엇인가? 본 문서는 이것에 대하여 다음과 같이 주장한다.

이 연구서에서 사용된 '사도적 신앙'이란 하나의 고정된 신조나 기독교 역사에 있어서 어떤 특정 기간을 가르키는 것이 아니다. 오히려 그것은 기독교 신앙의 역동적 실재를 말한다. 이 신앙은 구약 백성의 예언적 증거에 뿌리를 내리고

21 • Ibid., 2.
22 • Ibid.
23 • Ibid.

있고, 신약성서에 나타난 규범적인 증거, 곧 이 사도들과 더불어 초기교회에서 복음을 함께 선포한 사람들의 증거(사도 시대)에 뿌리를 내리고 있으며, 그들의 공동체의 증거에 뿌리를 두고 있다. 사도적 신앙은 신앙고백으로 표현되고, 설교로도 표현되며, 신조들, 공의회의 교리결정들 및 신앙고백서들로 뿐만 아니라 예배와 교회의 성례전들을 통해서 표현되고, 교회의 삶으로도 표현된다. 신학적 반성작업은 사도적 신앙을 밝힘으로써 사도적 신앙을 고백하는 공동체에 일조를 하는 것이다.[24]

본 문서의 연구를 통하여 확실해진 사실은 '니케아-콘스탄티노플 신조'의 모든 신앙 항목들이 철저하게 종말론적으로 정위(定位)되어 있다고 하는 것이다. 이는 21세기 신학이 지향해야 할 공통의 종말론적인 비전이라고 생각된다. 즉, 오늘날의 신학은 모든 신학적인 주제들을 종말론적으로 다루어야 한다는 말이다. 종말론이 다만 조직신학의 말미(末尾)에 오는 것이 아니라는 것이 입증된 것이다. 필자는 아래에서 '기독론' 부분과 '창조론' 부분에 나타난 종말론만을 소개하려고 하는데, 심지어 창조론까지도 종말론적으로 정위되어 있는 것을 보게 될 것이다. 이 맥락에서 '복음'은 철저히 삼위일체론적이고 종말론적인 '복음'이다.

10. 1991년 캔버라 WCC와 1998년 하라레 WCC의 "생명의 신학"

1991년 캔버라 WCC의 제1분과에 나오는 "창조의 신학: 우리시대의 도전"이 주장하는 삼위일체 하나님과 예수 그리스도, 무엇보다 창조세계 속에 현존하시는 '성령'에 대한 주장은 '창조의 신학', 나아가서 '생명의 신학'의 신학적 근거를 제시하고 있다. 캔버라 WCC를 위한 쿠알라룸푸르 준비 대회가 밝힌 성령과 창조세계와의 관계는 창조 신학에 새로운 비전을 열어 보여주었다. 그리고 캔버라 역시 '세계적인 생태학적 위기'가 '세계적인 사회정의의 위기' 및 '세계적인 경제정

24 • Ibid., 2-3.

의의 위기'와 맞물려 있는 것으로 보았다. 나아가서 캔버라는 세계교회의 JPIC에 대한 책임을 논함에 있어서, '교회의 신앙, 정치 및 구조'를 비판적으로 재검토해야 하고, '교회의 정책들, 과제들의 우선순위들 및 프로그램의 재조정'을 촉구하고 있으며, 교회의 성경공부, 교리교육, 찬송, 예전, 기도, 성례 및 증거에도 JPIC, 특히 창조세계의 보전에 대한 책임이 반영될 것을 요구하고 있다. 역시 에큐메니칼 운동이 지향하는 생명 개념은 통전적이고 총체적이다.

1998년 12월 짐바브웨의 하라레에서 모인 WCC 제8차 총회는 "도시에 평화를" 캠페인과 관련된 노력들에 감동을 받고 교회가 힘을 합해서 세계적, 지역적 차원에서 폭력이 증가하고 있는 것에 함께 대처해야 한다는 것을 절감했다. 그리하여 총회 대표들은 "폭력극복 10년: 화해와 평화를 일구어가는 교회, 2001-2010"을 제안하게 되었다. 1998년 하라레 WCC에서 2001-2010부터 시작하기로 결의한 "폭력극복 10년"은 '경제적, 생태학적, 정치적 폭력'을 문제 삼고 있다. 이 운동은 JPIC 운동의 연장선상에서 2001-2010까지 이어지는 UN의 "평화의 문화" 운동(the International Decade for a Culture of Peace and Non-Violence for the Children of the World)에 발맞춘 것이었다.[25] 또한 WCC는 유엔의 "세계 어린이를 위한 평화와 비폭력 문화 10년"(United Nations Decade for a Culture of Peace and Nonviolence for the Children of the World/2001-2010:http://www.unesco.org/cpp/uk/index.htm) 캠페인과도 협력할 것이다.[26] 그런데 "폭력극복 10년"은 국가들 간의 폭력, 한 국가 안에서의 폭력, 지역 공동체 안에서의 폭력, 가정과 가족 안에서의 폭력, 교회 안에서의 폭력, 성폭력, 사회-경제적 폭력, 경제적이고 정치적인 봉쇄의 결과로서 야기된 폭력, 청소년들 간의 폭력, 종교적 문화적 관례에서 생기는 폭력, 법적 구조 안의 폭력, 창조를 거스르는 폭력, 그리고 인종차별주의와 소수민족 혐오증에서 나온 폭력 등 13가지 형태의 폭력을 주요 이슈로 삼고 있다.[27]

이상과 같은 상황에서 우리는 소극적인 저항에 머무를 것이 아니라 폭력을

----

25 • Janice Love, "The Decade to Overcome Violence," in The Ecumenical Review, vol. 53, No. 2, April 2001, 135-143. 필자는 본 항목에 관하여 주로 이 글을 참고하였다.

26 • "폭력극복 10년"을 위한 자료집(www.kncc.or.kr)

27 • Ibid.

추방하기 위하여 교육을 통한 의식화, 공동체 형성과 평화의 문화(a culture of just peace vs. a culture of violence) 및 생명문화(a culture of life vs. a culture of death)의 형성, 정의로운 평화 만들기(a just peace-making mission) 등 적극적인 투쟁에 나서야 할 것이다. 이처럼 에큐메니칼 운동은 통전적이고 총체적인 생명 살리기 운동을 요청하고 있다. 삼위일체론적이고 종말론적인 '온전한 복음'은 이처럼 총체적인 생명살리기 운동과 직결되어 있다고 보인다. 하지만 개신교 근본주의와 복음주의 부흥운동과 오순절 계통의 교회는 이상과 같은 오늘의 상황과 동떨어진 단순한 교리주의나 '번영의 복음'(a prosperity Gospel)을 외치고 있다 하겠다.

Ⅲ

나가는 말: 성경의 통일성으로서 '온전한 복음'

이 글은 1927년 로잔의 '복음' 정의에서 1998년 하라레 WCC의 생명의 신학에 이르는 복음정의를 편력하고 추적함으로써, 에큐메니칼 운동을 통해서 어떻게 '온전한 복음' 이해에로 발전하였나를 살펴보았다. 본디 성경이 증언하고 있는 '복음'이 온전한 복음이긴 하지만, 그것이 이상에서 살펴본 것처럼 역사적이고 생태학적인 맥락과 상황의 도전에 대한 응전 차원에서 로잔으로부터 하라레에 이르는 '복음'이 그렇게 '온전한 복음'(the whole Gospel)으로 그 모습을 드러냈다는 사실을 우리는 확인하였다. 즉, '온전한 복음'이란 '복음' 자체가 그 모습을 온전히 나타낸다는 의미뿐만 아니라 이 '복음'에 대한 이해가 온전해졌다는 의미도 포함한다. 성경이 증언하고 있는 사도적 복음이 역사적인 상황에 따라서 여러 가지로 그리고 부분적으로 이해되면서 점차 '온전한 복음'에 도달했다는 말이다. 이미 사도들 역시 그 당시의 특수한 맥락과 상황에 대응하는 과정에서 '복음'과 그것의 의미를 증언하였기 때문이다. 물론, 이 사도들의 '복음'에 대한 원초적인 증언들이 역사적인 신학들의 표준(a canon = a rule)이기는 하지만 말이다.

대체로 복음주의자들의 '복음' 이해는 신앙과 직제운동의 역사로 말하면, 1927년 로잔의 '복음' 이해와 1937년 에든버러의 '복음의 수용' 정도에 머물러 있는 것으로 보인다. 우리가 지적한 대로, 에큐메니칼 운동의 역사가 보여주는 '복음' 이해는 1952년 빌링겐의 '하나님의 선교'와 이것을 첨예화시킨 1968년 웁살라 WCC를 거치고, 1960년대와 1974년 로잔 복음주의자들의 돈소리를 담아낸

1975년 나이로비 WCC에 와서 비로소 '온전한 복음'의 모습을 드러냈다. 그리고 그것은 나이로비의 JPSS, 1983년 밴쿠버 WCC의 JPIC, 그리고 1990년 서울 JPIC 의 도전을 받았고, 1991년 캔버라와 1998년 하라레의 '생명의 신학'을 통하여 진정한 의미에서 '온전한 복음'으로 발전하였다.

이상은 에큐메니칼 운동사에 나타난 '복음'과 '복음 이해'이다. 필자는 나이로비 WCC를 따라서 그것을 '온전한 복음'(the whole Gospel)이라 불렀다. 그런데 우리가 본문에서 본 대로 이 '온전한 복음'은 18-19세기적인 '복음' 이해와 1960년 대에서 1974년 로잔를 거쳐 1989년 마닐라에 이르는 복음주의자들의 세계대회들의 '복음' 이해를 배제하지 않으면서, 매우 넓은 의미의 역사와 사회참여, 나아가서 창조세계 보전까지를 아우르는 에큐메니칼 운동사에 나타난 '온전한 복음' 이해로 나갔다. 1963년 몬트리올이 지적한 바, 우리가 단순히 사도들이 선포했던 '복음'으로 돌아가는 것은 '사도적 복음'에 대한 반역이다. 그 이유는 모든 사도들 역시 그 당시의 상황과 맥락에 대응하는 '복음' 이해를 했기 때문이다. 따라서 우리가 이상과 같이 이해된 '온전한 복음'을 성경의 통일성으로 볼 때, 우리는 이와 같은 '복음 이해'가 향후 또 다른 상황들과 맥락들의 도전들에 응전하면서 더 '온전한 복음' 이해로 나갈 것이라고 주장할 수 있다.

적어도 우리는 성경 해석에 있어서 인권문제, 여성문제, 가난한 사람들의 문제, 인종문제, 다양성의 문제, 생태계의 문제 등이 성경의 감추어졌던 부분들을 드러냈고, 성경이 증언하는 '복음 이해'를 매우 풍요롭게 하였고, 다양하게 했다는 사실을 인정해야 할 것이다. 이는 상황들과 맥락들이 복음과 성경 안에 이미 있었던 내용들이나 함축적으로 이미 주어진 내용들을 드러낸다고 하는 사실을 의미한다. 이것은 단순히 상황과 맥락이 '복음'을 온전하게 만든다고 하는 것을 결코 뜻한다고 하는 말은 아니다. 이와 같은 '복음과 상황'의 관계는 '하나의 복음전승'(the Tradition)이 다(多)문화 속에 육화(肉化)하면서 일어나는 '복음'의 다양한 '문화화'(inculturation of the Gospel)로도 설명이 가능하다. 그래서 몬트리올은 이미 "전승과 전통들"(Tradition and traditions)에 대해서 말했다. 즉, "하나의 복음"에 대한 다(多)교파의 성경해석들은 다름 아니라 해당 교파의 문화적 상황과 삶의 자리에 따른 성경해석이요, 복음해석인 것이다. 그러면 왜 복음은 문화화해야 하나? 무엇보다도 성육신의 신비는 "복음의 문화화"의 필연성을 선포하고 있다. 즉, 나사렛 예수께서 팔레스타인 문명 속에 성육신 하신 하나님의 아들이시오, 하나님의 영원하신 말씀이신 한, 향후 '사도적 복음' 역시 성령의 역사로 모든 문화권 속에 다시 육화되어야 한다고 하는 필연성을 보이고 있는 것이다. 그러니까 에큐메니칼 운동사에 있어서 상황들과 맥락들이 다름 아닌 문화에 해당하는 것이기도 하다.

제5장

WCC와 삼위일체론

†

I
들어가는 말

이 글은 라이저의 논지를 수용하면서, WCC 중심의 에큐메니칼 운동사의 신학에 나타난 기독론과 성령론을 추적하면서 삼위일체론으로의 패러다임 이동을 살펴볼 것이다. 필자는 라이저의 논지를 따라서 '그리스도 중심적 보편주의'가 1920년대부터 1968년까지 에큐메니칼 운동을 지배하였고, 1991 캔버라 WCC로부터는 성령론과 삼위일체론에 있어서 패러다임 이동을 보인 것으로 보기 때문에, 전자는 1968년 웁살라 WCC 총회까지의 공식문서들에서 그리고 후자는 1990년 이후의 공식문서들에서 추적될 것이다.

II

콘라드 라이저의 논지

　콘라드 라이저는 그의 저서『에큐메니칼 운동의 패러다임 전환』[1]에서 1968년 웁살라까지는 '그리스도 중심적 보편주의'가 지배적이었지만, 1970-1980년대를 거쳐 1990년대에 오면 '삼위일체론'이 지배적이라고 하였다. 물론, 1990년대에도 전자가 폐기 처분된 것이 아니라 후자 안에서 재활용되고 있지만.

　라이저는 1983년 밴쿠버 WCC 총회를 계기로 세 가지 자극이 자신에게 새로운 신학적 패러다임(a new theological model for interpretation)을 보게 하였다고 한다. **첫 번째는** "살아 있고 상호관계적인 신학을 향한 성장"이다. 여기에서 '하나의 살아 있는 신학'이란 전 세계적으로 교회들의 다양한 경험으로부터 생기는 신학적 접근들의 풍요로운 다양성을 말한다. 그런즉, 삼위일체 하나님이 다름 아닌 이와 같은 살아 있는 다양한 신학의 합체의 틀거리라고 하는 것이다. 이로써 WCC는 삼위의 다름 속에서 상호 유기적인 관계성을 유지하시고 현존하시며 활동하시는 삼위일체 하나님께로 인도함을 받았다고 하는 것이다. **두 번째는** 빌립 포터가 총무직을 끝냈던 1984년에 열린 "대화하는 문화"에서 얻은 아이디어였다. 이는 다종교와 다문화 상황에서 다름을 존중하면서 관계를 형성하는 삶의 태도이다. 라이저는 히브리서(2:5: 13:14ff.)와 계시록(21-22장)의 언어로 표현되는 미래 오이쿠메네에 대한 빌립 포터의 주장을 전적으로 받아들였다.

---

1 • 참고: Konrad Raiser, *Ecumenism in Transition: A Paradigm Shift in the Ecumenical Movement*(Geneva: WCC, 1991), 54-77.

그것은 문화들의 우주적인 대화들이 일어날 수 있는 하나의 열린 도시이다. 그것은 모두가 서로에게 열려 있고 그것의 모든 상호 관계된 다양성 안에서 하나의 공동의 삶을 나눌 수 있는 하나의 집(oikos)이 되는 땅이다. 포터는 빈번히 '마틴 부버에게 있어서 진정한 삶이야말로 대화이다.'라고 하면서… 이와 같은 대화는 종교 간에도 매우 중요하다고 한다. 이 맥락에서 라이저는 『살아 있는 종교들과 이념들의 사람들과의 대화 지침서』(1979)의 중요성을 역설한다.(82-83)

결국, 이상과 같은 두 번째 자극 역시 WCC로 하여금 다양한 삼위가 상호 간에 열려 있고 대화 속에서 다양성을 유지하면서 공동의 삶을 살고 있는 삼위일체 하나님을 보게 하였다고 하는 것이다.

끝으로 **세 번째 자극**은 1972년 빌립 포터가 총무로 취임하면서부터 강조했던 코이노니아 개념으로부터 온 것이다. 즉, 그는 여러 기회에 바울의 몸 이미지(고전 12)와 서로 짐을 나누어질(갈 6:2ff.) 필요로부터 시작하여 이로부터 개방성과 신뢰와 고난의 코이노니아를 말했고(1977), 삼위의 상호 내주하고 상호 침투하는 관계(perichoresis)(1979)에 대하여 언급하였으며, 소통과 신앙과 나눔과 참된 인류공동체를 위한 투쟁과 삶과 기쁨(1980)에 대하여 논했고, 끝으로 치유와 구원의 코이노니아에 대하여도 다루었다.[2] 그리고 포터는 밴쿠버 총회 전 성경공부 시간에 '생명의 이미지'에 대하여 검토하였고, 베드로 전서 2:4 이하에 나오는 '살아 있는 돌들의 집'과 관련하여 에큐메니칼 운동 안에서 교회들의 코이노니아에 대한 비전을 발전시켰다. 포터는 oikos(집 혹은 집 안 살림살이)로부터 파생된 생태학(ecology), 경제(economy), 에큐메니즘을 생각하였고, '이스라엘의 집', '하나님의 집', 예수 그리스도를 모퉁이 돌로 하는 새롭게 지어진 집, 그리고 아직 지어지고 있는 하나의 살아 있는 집으로서 기독교적 공동체에 대한 풍부한 성서적인 증언들을 검토하였다. 그는 이와 같은 집은 모든 사람들을 하나의 인류 가족 안에서 정의와 평화로 연합시킬 하나님의 구원계획(oikonomia)의 한 징표로 보았

---

2 • Konrad Raiser, op. cit., 83.

다.(84) 그리고 라이저는 밴쿠버 WCC 총회 보고서(197)에서 다음과 같은 글을 인용한다.

에큐메니칼 운동을 동기 지운 것은 다름 아닌 살아 있는 집에 대한 이미지와 이해이다. … 때문에 에큐메니칼 운동은 하나님의 집인 그와 같은 집을 형성하는 교회들이 생명을 주시는 성령 안에서 십자가에 달리셨다가 부활하신 그리스도를 통하여 모든 오이쿠메네가 하나님의 집이 될 것이라고 하는 사실을 모든 사람들 앞에서 삶으로 증거 하려는 수단인 것이다.

결국, 이상과 같은 세 번째 자극 역시 WCC로 하여금 "서로가 서로 안에 상호 내주하고 상호 침투하는 사랑의 관계" 속에 현존하시고 활동하시며, "개방성과 신뢰와 고난의 코이노니아" 속에서 현존하시고 활동하시는 "생명의 이미지"로서 삼위일체 하나님을 보게 하였다고 하는 말이다.

그리하여 라이저는 다음과 같은 세 가지 점을 새로운 신학적 패러다임의 출발점으로 보았다.

- 신적 실재와, 하나님과 세상과 인류 사이의 관계에 대한 삼위일체론적인 이해
- '생명', 상호관계망으로 그리고 하나의 중심적인 전거 점으로 이해된 생명
- 각 장소와 모든 장소에서 상호 간에 서로 다른 사람들의 한 공동체의 의미로 이해된 코이노니아로서 하나의 교회에 대한 이해[3]

마이클슨은 1966년 제네바 '교회와 사회 세계대회'까지만 해도 창조세계를 인류 구속의 드라마(언약사)가 펼쳐지는 무대로 보는 칼 바르트류의 창조의 신학이 지배적이었으나, 1975년 나이로비(JPSS)와 이를 심화시키는 1979년 MIT 교회와 사회 세계대회를 거쳐 1983년 밴쿠버 WCC와 1990년 서울 JPIC 대회에서는 '창조의 세계'가 결코 '역사'에 종속하는 무엇이 아니라 '역사'와 더불어 하나의

---

3 • K. Raiser, op. cit., 77.

'생명공동체'의 구속의 드라마에서 결정적인 역할을 한다고 하였다. 비록 저자는 칼 바르트적인 '그리스도 중심적 보편주의'로부터 '삼위일체론과 삼위일체론적 성령론'에로의 신학적인 패러다임 전환을 주장하지는 않으나, 1991년 캔버라 WCC가 성령의 관계적 독립성과 만유 내재에 대한 주장으로 삼위일체론을 내세우면서 창조세계와 그 안의 모든 생명체들의 '본유적 가치와 위엄', '상호관계성', 그리고 '지속가능성'을 주장하게 되었으니, 이와 같은 창조세계와 그 가운데 있는 모든 생명체에 대한 이해는 특히 사회적 삼위일체론과 다양성을 통일시키려는 성령론에 의존하고 있는 것일 것이다.[4] 따라서 필자는 '그리스도 중심적 보편주의'로부터 '삼위일체론'으로의 패러다임 전환에 있어서 '성령과 창조세계' 그리고 '생태학과 창조세계' 역시 함께 기여한 것으로 보인다. 마이클슨의 다음과 같은 주장은 옳다. "생태학적 패러다임들과 에큐메니칼 패러다임들 사이에는 놀라운 평행들이 있다. 모든 것은 상호 의존적이고(interdependent) 유기적으로 관계되어 있다. 다양성은 전체의 생명이고 실제로 통일성을 가능하게 만든다. 연관되어 있음(connectedness)은 하나의 소여이다. 우리의 '죄'는 이와 같은 전체에의 귀속의 실재를 부인하거나 파괴하는 것이다. 창조의 신학을 심화시키려는 현재의 노력들이야말로 통일성과 코이노니아에 대한 새로운 이해를 떠받치면서 에큐메니칼 신학을 위한 새로운 패러다임을 열어주고 있는 것이 사실이 아닌가?"[5]

이어서 라이저는 삼위일체론적 성령이해도 주장한다. 그는 로마가톨릭 형태이든 프로테스탄트 형태이든 서방교회는 정교회 전통의 '성령'을 망각하고 있다면서, 1990년대 들어서면서 크게 논의된 "특히 기독론과 성령론의 관계('filioque' 논쟁)와 성령의 교회에 대한 관계"(92)를 의식하고 있다. 그리고 이와 같은 맥락에서 최근 사회적 삼위일체론의 근간인 '페리코레시스'야말로 "하나님 담론, 하나님과 창조세계에 대한 관계를 밝히는 담론, 그리고 인간론과 교회론 담론을 위한 하나의 기본적인 범주"(92)에 다름 아니라고 하였다. 그는 이와 같은 정교회 전통의 삼위일체론으로부터 영향받은 사회적 삼위일체론을 통하여 '통치자로서의 하

4 • Wesley Granberg-Michaelson, "Creation in Ecumenical Theology", In *Ecotheology: Voices From South and North*, ed. by David C. Hallman(Geneva: WCC, 1994), 96-100.

5 • Ibid., 104-105.

나님' 혹은 '하나님의 주권'에 대한 강조가 삼위일체 하나님 자체 내의 그리고 삼위일체 하나님과 창조 및 인류 사이의 관계를 오도할 수도 있다고 하는 사실을 지적하였다.[6]

라이저에 따르면, 복음서들은 아버지 하나님의 영이신 성령께서 성부의 아들이신 예수님의 위격과 모든 사역들에 선행(先行)하시고 사역하셨다(정교회의 '영 그리스도론')고 본다. 그래서 예수님은 세상에 대하여 묵시적 위협을 가하는, 당대의 묵시운동과 메시아운동과 세례자 요한의 하나님 나라와는 달리 은혜와 자비가 충만한 아버지의 나라를 선포하셨다고 하는 것이다. 라이저는 몰트만의 글을 인용하였다. 즉,

> … 바실레이아는 오직 하나님의 아버지 되심의 맥락 안에 실존한다. 이 나라에 있어서 하나님은 주님이 아니시다. 그는 자비로우신 아버지이시다. 이 나라에 있어선 종들이란 없다. 오직 하나님의 자녀들뿐이다. 이 나라에 있어서 요청되는 것은 순종과 복종이 아니라 사랑과 자유로운 참여이다. (Moltmann, Trinity and Kingdom, 70)[7]

그런즉, 라이저는 다음 인용에서 바울과 요한의 기독론적 성령과 복음서들에서 증언된 '영 그리스도론'을 하나로 통합하였다. 이는 정교회의 성령론과 서방교회의 그것의 조합일 것이다.

> 첫 제자들의 공동체는 예수님의 죽은 자들로부터의 부활을 생명을 창조하시는 성령의 사역으로서 메시아적 시대의 돌입으로 경험한다. 그들은 성령을 부활 승천하신 그리스도의 선물이라고 증언하였고, 이 성령 안에서 그들은 예수님을 태초부터 하나님의 영이 그분 위에 거하시는 하나님의 아들이요 메시아로 인정한다. 이런 식으로 공동체의 그리스도에 대한 증언은 아버지께로부터 나

---

6 • K. Raiser, op. cit., 92-93.

7 • K. Raiser, op. cit., 94.

오시고 또한 승천하신 주님의 선물이신 성령의 사역에 대한 증언과 불가분리하게 연계되어 있다. 그분은 성령에 의하여 지음 받으셨고 탄생하신 것이다(눅 1:35; 마 1:18ff.). 그리고 그분은 수세 시에 성령에 의하여 하나님의 아들로 선포되고 그의 메시아 직분(막 1:10ff.)을 갖게 된다. 그리고 향후 그는 성령의 능력으로 행동하시고(눅 4:16ff.; 마 12:28), 성령의 능력으로 부활하시며(롬 1:4; 8:11) 그분의 승천에서 그 자신이 하나의 생명을 살리는 영이 되신다(고전 15:45). … 이 영이 남녀 인간들로 하나님의 아들들과 딸들로, 예수 그리스도의 형제들과 자매들로 만드시며 하나님을 '아바 아버지'라 부르게 하신다.(95)

그리고 이 맥락에서 라이저는 역시 몰트만의 글을 인용하면서 복음서의 예수님을 내재적 삼위일체론에 근거하여 읽어냈다.

성령 안에서 예수님은 새 창조의 실재이다. 성령 안에서 그는 하나님과 인류를 향해 개방된 새 아담이다. … 태초부터 그는 전적으로 성령으로 태어나신 분이시다. 때문에(눅 1:35) 그는 태초부터 하나님의 아들이시다. 성령은 예수 그리스도 안에 계신다. 물론, 여기에서 이 예수 그리스도께서는 유일무이한 방법으로 하나님을 인류에게 그리고 인류를 하나님께 매개하시는 분이시지만 말이다.(Ibid.)

그리고 이상과 같은 주장을 강하게 뒷받침하는 문서로는 1991년『캔버라 WCC 총회 보고서』, 1991년『하나의 신앙을 고백하며: … 』, 1990년 The Baar Statement, 2005년 아테네 보고서 중 커스틴(Kirsteen Kim)의 'Come, Holy Spirit: Who? Why? How? So What?' 등이 있다. 그리고 2005년 아테네는 "THE SIGNIFICANCE OF ATHENS"의 '7. 선교적 성령론은 하나의 삼위일체론적 선교론으로 인도한다'고 하는 글에서 우리는 성령론이 결코 삼위일체론으로부터 동떨어진 것이 아님을 알 수 있다. 우리는 특히 이 시기의 삼위일체론에서 삼위일체론적 성령론을 발견하는 바, 정교회 전통의 '영 그리스도론'이 이미 1991년

『하나의 신앙을 고백하며: ⋯ 』에서 발견되고, 이것이 부산 총회에 제출될 2012년 '마닐라 CWME 확언'에서 전적으로 받아들여졌다.[8]

8・참고: Juergen Moltmann, *The Spirit of Life*(London, SCM Press, 1992)(독일어판, 1991).『하나의 신앙을 고백하며: ⋯ 』와 같은 년도에 출판된 본 저서는 '영 그리스도론'을 전적으로 수용하고 있고, 향후 그의 저서들에선 '영 그리스도론'에 따른 성령이해를 하고 있다. 몰트만은 이미 1980년『삼위일체와 하나님 나라』에서 "filioque"문제를 논하였고, 1985년『창조 안에 계신 하나님』에서 창조세계 안에 내주하시는 '생명의 영'으로서 성령을 주장하였으며, 1990년『예수 그리스도의 길』에서도 '영 그리스도론'을 사용하고 있다. 보캠은 몰트만이 심지어 1975년『성령의 능력 안에 있는 교회』에서부터 정교회의 삼위일체론과 성령론을 수용하기 시작하였다고 한다.(참고: Richarrd Bauckham, *Moltmann: Messianic Theology in the Making*, Marshall Morgan and Scott, 1987, 122.)

Ⅲ

기독론

1. 1948년 암스테르담 WCC

본 보고서는 그리스도를 통한 만인의 화해를 하나님의 목적으로 본다. 이와 같은 '그리스도 중심적 보편주의'는 성령을 통하여 실현되고 그리스도를 통한 만유의 화해에 이른다.

하나님의 목적은 모든 인간을 예수 그리스도 하나님의 아들 안에서 자기 자신에게와 인간들 상호 간에 화해를 성취하는 것이다. 그와 같은 목적은 예수 그리스도, 곧 그분의 성육신, 섬김의 사역, 그분의 십자가상의 죽으심, 그분의 부활과 승천 안에서 명시되었다. 그와 같은 목적은 성령의 선물 안에서, 모든 이방 사람들을 제사 삼으라고 하는 그분의 명령 안에서, 그리고 그분 자신의 교회와 함께 거하시는 그분의 현존 안에서 지속된다. 그것은 또한 만유를 그리스도 안으로 모으시면서 완성될 그분의 목적을 내다보는 것이다. (제Ⅱ분과 Ⅰ)[9]

위의 인용문은 예수 그리스도를 통한 만인의 화해라고 하는 뜻에서 '그리스도 중심적 보편주의'에 다름 아니다. 교회는 예수 그리스도의 위격과 그와 같은 객

---

9 • *Man's Disorder and God's Design*(New York: Harper & Brothers, Publishers, 1948), Report of Section Ⅱ. 이후로, 분과 보고서를 S.로 표기함.

관적이고 보편적인 그분의 화해사역을 믿음과 희망과 사랑으로 수용(收容)한 공동체이다. 그리고 하나님께서는 예수 그리스도를 통하여 종말론적 완성을 이루신다. 이는 '그리스도 중심적 보편주의에 근거한 '보편주의적 하나님 나라'에 대한 이야기'이다.

문서는 예수 그리스도 안에서 일어난 만인화해에 대한 언급에 이어서 예수 그리스도 안에서 주어진 하나의 교회(the one Church in Jesus Christ)를 주장한다. 이는 교회론 차원에서 '그리스도 중심적 보편주의'이다. "하나님께서는 예수 그리스도 안에 있는 당신의 백성들에게 우리의 성취가 아니요, 당신의 창조인 하나 됨을 주셨다. 우리는 당신의 성령의 권능의 역사를 찬양하고 감사드린다. 성령의 권능의 역사로 말미암아 우리는 우리의 분열에도 불구하고 예수 그리스도 안에서 하나가 되었음을 발견하도록 다 같이 인도되었던 것이다."(S. 1)고 한다. 그리고 이 "그리스도 안에 있는 당신의 백성"은 구약의 이스라엘 백성을 뒤잇는 하나님의 백성이다. 그 이유는 아래와 같다.

> 이 세상에서 펼쳐지는 하나님의 구원 사역은 한 민족을 당신의 선민으로 부르심을 통해 이루어져왔다. 하나님의 성육신하신 아들 예수 그리스도께서 죽으시고 죽은 자 가운데서 살아나시며 승천하시고 성령을 보내시어 당신의 몸 된 교회에 거하셨을 때, 옛 계약은 새로운 계약 안에서 성취되었다. 우리를 하나로 모으는 것은 바로 그 교회에 대한 우리의 공통된 관심이요, 또한 바로 그 관심 속에서 우리는 교회의 주님이시오, 머리되신 분과의 관계에 대한 우리의 하나 됨을 발견하는 것이다.[10]

역시 위 인용문에서 믿는 자들은 성령을 통하여 그와 같은 하나의 교회와 보편적 교회를 믿는다고 한다. 이는 계시 안에 주어진 교회, 그리고 역사적이고 사회문화적 교회들이 불완전하나마 이미 경험하고 있는 "예수 그리스도 안에 있는 하나님의 한 백성"(a God-given Unity)을 말하고 있다. 이는 아직 '가시적 일치'(a

---

[10] • Ibid.

visible unity)에 대한 이야기 이전의 '주어진 하나 됨'일 것이다.

끝으로 문서는 "기독교 교회"(the Christian Church)의 "전례 없는 사회적 위기"에 대한 대응방안으로 "예수 그리스도의 주권에 대한 신앙"을 언급하면서, "하나님께서는 이 예수 그리스도 안에서 그의 나라를 세우셨고 그 나라로 들어오려고 하는 모든 사람들에게 그 문은 열려 있다. 이 나라의 사람들은 사회의 그 어떤 무질서도 파괴할 수 없고 하나님의 나라와 그의 의를 먼저 추구하는 의무가 자신들에게 부과되어 있다고 하는 확실성을 가지고 하나님께 속해 있다."고 하였으니, 교회 안팎의 그 어떤 부정성도 이 나라를 파괴할 수 없다고 역설한다. 즉, 교회의 머리이신 예수 그리스도께서는 동시에 역사와 정치 · 경제 · 사회 · 문화의 주님이시라고 하는 것이다. 이는 교회 밖의 영역에서의 '도덕과 윤리'가 중요하는 말도 될 것이다. 결국 이는 아직 삼위일체론적이고 성령론적인 역사이해나 교회이해가 아니라 '그리스도 중심적 보편주의'에 따른 교회와 역사에 대한 이해이다.

2. 1954년 에번스톤 WCC

에번스톤 역시 예수 그리스도 안에서 하나 된 교회, 곧 교회론 차원에서 '그리스도 중심적 보편주의'를 주장한다. 다음의 두 개의 긴 인용은 결국 삼위일체 하나님의 형상으로서의 교회론이나 성령에 의한 코이노니아아로서의 교회론이 아니라 기독론적 보편주의적 교회론이다.

신약성경은 그리스도 안에서 그의 백성들의 하나 됨을 묘사하기 위해 그리스도와 그의 백성 사이의 관계를 많은 방법으로 이야기하고 있다. 교회는 한 몸 안에 많은 지체를 갖고 있다(고전 12:12). 그 여러 지체들은 몸의 머리되시는 한 분이신 주님께 속해 있다(엡 1:22, 4:25, 5:23; 골 1:18, 2:19). 교회는 그의 신부요 신랑 되신 그분과 연합해 있다(막 2:19; 계19:7; 마 22:2 이하, 25:10,11; 눅 12:36; 엡 1:22 이하도 참조하라). 신자들은 그의 백성이다(벧전 2:9,10; 골 3:12; 롬

11:2,11,12,32). 그분은 참 예배가 드려질 새 성전이며(요 2:19 이하; 요 4:21 이하도 참조하라), 또 그분은 믿는 이들이 산 돌이 되어 이루어지는 단 하나의 건물이다(벧전 2:5; 엡 2:20; 고전 3:9도 참조하라). 그분은 포도나무이고 우리는 그의 가지들이며(요 15:1 이하), 또 그분은 목자이고 우리는 그의 양이다(요 10:1 이하).11 신약성경은 교회의 하나 된 삶이 구원자 되시고 주님 되시는 예수 그리스도의 온전한 인격(위격)과 사역(the whole Person and work)으로부터 유래하는 것으로 생각하고 있다. 교회의 하나 됨은 다음과 같은 사실에 그 근거를 두고 있다. 즉 그분께서 우리의 본질(nature)을 취하셨다는 사실과 그의 나라의 권능과 삶을 분명히 드러낸 그분 자신의 말씀들과 사역들에. 그리고 인간들을 당신 나라의 교제 가운데로 부르는 부르심에, 또 열두 사도를 임명하사 당신의 메시야적 사역과 일을 함께 나누도록 한 것과 죄악을 최종적으로 정복하고 분열의 세력을 패배시킨 그의 고난과 죽음에, 우리 모두가 자라 나아가야 할 새 사람(엡 4:11이하), 즉 모든 인간적 분열이 사라진 새 사람(갈 3:28)을 밝혀 보여주신 그의 부활에, 모든 역사가 그의 권세 아래에 놓이게 되는 그의 승천과 하늘의 통치에, 오순절 날 모든 교회(the whole church) 위에 성령을 부어주심으로 그 이후의 모든 세례의식에 가장 깊은 의미를 부여하신 사실에, 그리고 승리와 영광의 왕으로 다시 오시겠다는 약속에 근거하고 있다. 내주하시는 보혜사 성령, 교회를 모든 진리 가운데로 인도하시는 성령을 통해서 교회의 하나 됨은 장차 있게 될 충만함을 현재에 미리 맛보는 것이다. 그 충만함이 이미 존재하고 있기 때문이다. 그러므로 교회는 지칠 줄 모르고 일할 수 있으며 또 인내하며 소망을 갖고서 하나님께서 그리스도 안에서 모든 것을 완성하실 그날을 기다릴 수 있다.12

그리고 위와 같은 교회는 또한 역사와 사회의 주님께 순종하야 한다. 이 교회의 사회적 책임은 교회의 머리로서 동시에 교회 밖 온 인류 역사의 주님이시고

---

11 • *The Evanston Report*(Harper & Brothers, 1954), Section I.

12 • Ibid.

이 인류 역사의 한복판으로 뚫고 들어오시어 기독교인들과 교회의 사회적 책임을 계시하시고 약속하시며 명령하신 주님께 순종하는 것이다. 역시 주 예수 그리스도는 이 세상 전체에 대한 주님이시라고 하는 말이다. 이는 다름 아닌 '그리스도 중심적 보편주의'일 것이다.

> 기독교의 사회적 책임은 우리 주님 예수 그리스도 안에 계시된 하나님의 권능의 행동들 안에 근거를 두고 있다. 그는 이 세상을 지우셨다. 때문에 모든 시간은 그분의 영원한 목적 안에 포용되어 있다. 그는 항상 살아계신 하나님으로서 역사 안에서 움직이시고 행동하신다. 세계역사의 중심은 예수 그리스도의 지상적 삶과 십자가와 부활이다. 본 총회 주제에 대한 보고서에서 확언된 바, 하나님께서는 인간을 심판하시고 용서하시기 위하여 역사 한복판을 뚫고 결정적으로 들어오셨다. 바로 그분 안에서 인간의 현재의 곤경과 이 세상을 향하여 전진해가는 종말이 계시되었다. (S.Ⅲ)

> 그리스도 안에 나타난 하나님의 사랑에 대한 반응과 그분의 최후심판에 대한 인식은 책임적인 행동을 가져올 것이다. 사회정의에로의 부름은 그리스도 안에서 악의 권세를 정복하신 하나님, 그리고 이 승리가 그분의 날에 그리스도 안에서 이 승리를 충만하게 현시(顯示)하실 하나님과 함께 있다고 하는 확실한 희망에 의하여 지탱된다. (S.Ⅲ)

위의 본문은 '인류 역사' 혹은 '이 세상' 혹은 '정치 · 경제 · 사회 · 문화'에 대한 이해에 있어서 성부와 성령에 대한 전거가 전혀 없는, '그리스도 중심적 보편주의'에 해당한다.

3. 1961년 뉴델리 WCC

뉴델리의 3분과 보고서는 '증언', '섬김', '일치'에 대하여 말한다. 이 주제 역시 '그리스도 중심적 보편주의'를 보여주고 있다.

1) "증언"

이 부분은 예수 그리스도를 "세상의 구세주"라며 보편적인 주님과 보편적 구세주야말로 기독교의 공동신앙이라고 한다. 다음의 인용을 읽어보자.

> 그리스도이신 나사렛 예수님은 보편적인 주님이시오 보편적인 구세주이시다. 이것이 우리의 공통신앙이다. … 우리는 예수 그리스도의 주권에 대하여 숙고할 때, 우리는 온 세상이 성부의 세상 사랑의 지속적인 관심이라고 하는 사실을 새롭게 깨달았다. 하나님의 아들이 인간이 되신 것은 모든 인류를 위한 것이다. 그분의 사역과 죽으심과 부활과 승천의 권세 있는 행동들은 세상 구속이라고 하는 단 하나의 목적을 이루기 위한 것이었다.[13]

그리고 하나님께서는 예수 그리스도를 통한 세상 구속사역을 역사 속에서 지속하시고, 예수 그리스도 안에서 시작하신 구속사역을 마지막 때에 완성하신다고 한다.

> 하나님께서는 모든 인류의 유일무이한 주님이시오 구세주이신 그의 아들에 대한 증언을 지속하신다. 하나님께서는 성령 충만한 교회 안에서 성경에 담겨 우리들에게 전해 내려오고 있는 사도적 증언들 안에서 모든 향후 증언의 초석을 우리들에게 주신다. 세례와 성만찬이라고 하는 성례전들 안에서 하나님께서는 지금까지의 교회의 모든 역사를 통하여 예수 그리스도 안에서 인류에게 접근

---

13 • *The New Dehli Report*(New York: Association Press, 1961) Ⅲ. Witness 6.

해오시고 그분 자신의 신실하심에 대하여 증언하셨다. 하나님 자신은 말씀(his Word)에 대한 신실한 설교 안에서 진리에 대하여 증언하신다. 교회의 실존 그 자체 안에는 하나님께서 예수 그리스도 안에서 인류와 관계하신다고 하는 실재에 대한 끊임없는 증언이 있는 것이다. 사실상 침묵 속에서도 그와 같은 증언을 엄존하고 있는 것이지만.(Ⅲ. 9)

하나님께서는 예수 그리스도 안에서 인간에게 인간의 참 본성과 운명을 보여주셨다. 인간들은 이 그리스도에 대한 믿음으로 하나님의 자녀들이 된다. 그리스도께서는 우리의 인산성을 하나님 안으로 재편시키셨으니, '우리의 지정한 생명은 하나님 안에서 그리스도와 함께 감추어져 있는 것이다.' 그리하여 우리는 열심히 특심한 열망을 가지고 만유의 영광스러운 완성(consummation)을 바라보고 있는 것이다. 그때에 우리는 하나님의 생명의 충만하심에 동참하게 될 것이다. 진실로 인간다움이란 무엇인가에 대한 표준이야말로 '그리스도의 장성한 분량이 충만한 데까지'(에1 4:13)와 다름 아니다.(Ⅲ. 12. 13)

2) "섬김"

모든 기독교적 섬김은 사해동포설로부터가 아니라 "예수 그리스도 안에 계시된 하나님의 값진 사랑으로부터 기원하고 이것에 의하여 양육된다."고 하면서 "인간들에 대한 하나님의 사랑의 척도는 그의 아들이 인간들을 위하여 흔쾌히 죽으시려고 하셨다고 하는 사실에서 보인다."고 하였다. 본문은 바로 이것이 "그 어떤 기독교적 섬김의 윤리"라도 그것의 표준이라고 하였다. 그리고 이 사랑은 라인홀드 니이버식으로 정의와 불가분리한 관계 속에 있다고 한다. "우리의 모든 섬김은 먼저 우리들을 사랑하신 하나님에 대한 반응이다. 정의는 사회구조들 속에서 이와 같은 사랑의 표현이다." 아래의 긴 인용은 모든 기독교적 도덕과 윤리가 예수 그리스도를 통해서 보인 하나님의 머슴의 섬김에 초석을 가지고 있다고 한다.

우리는 하나님과 인간들을 섬김에 있어서 의도적으로 강제의 길을 포기하시고 한 머슴의 역할을 선택하신 그리스도를 따른다. 아버지께서 그를 보내신 것처럼 그는 또한 우리를 세상 속으로 보내시어 우리들 자신을 희생하여 그분을 섬기게 하신다. 그리스도께서 종의 형상을 취하시고 온 인류와 온 세상의 구속과 화해를 위하여 그 자신을 내어주신 것처럼 기독교인들은 머슴이 되신 주님(the Servant-Lord)의 머슴들로서 그분 자신의 고난받으시고 승리하시는 사역에 동참하도록 부름을 받고 있는 것이다. 섬김의 능력은 교회를 도구로 사용하시어 모든 인간관계들과 모든 사회구조들 안에서 하나님의 나라를 나타내시고 예수 그리스도의 주 되심을 나타내시는 성령에 의하여 주어진다. 그런즉, 이와 같은 섬김은 하나님 예배의 일부요 우리들과 모든 인류에 대한 하나님의 사랑에 대한 증언이다. (Ⅲ. Service 3)

3) "일치"

뉴델리 역시 그 이전 두 WCC 총회에서처럼 교회들의 일치에 관하여 예수 그리스도 안에 "하나님에 의하여 주어진 일치"를 주장한다. 1952년 룬드 제3차 신앙과 직제 세계대회가 "예수 그리스도에게 가까워지면 질수록 교회들이 상호 간에 가까워진다."고 주장한 이래로, 에번스톤부터 가시적 일치의 방향으로 움직이기 시작하여 본 뉴델리에서는 좀 더 가시적 일치를 정립하는 쪽으로 나갔다. 본 뉴델리 역시 주로 '그리스도 중심적 보편주의' 차원의 교회일치론에 머물러 있었다고 보이지만, 역사 속에서의 '주어진 일치'와 가시적 일치 모두가 결국엔 영광의 하나님 나라에서 삼위일체 하나님을 원천으로 하고 있고 그분과의 연합으로 골인하는 것이라고 주장한다.

성령께서 하나 되게 하시는 성부와 성자의 사랑은 삼위일체 되시는 하나님께서 모든 인간과 피조물을 위해 바라시는 하나 됨의 원천이요 목표이다. 우리는 만물 이전에 계시고 그 안에서 만물이 하나 되어 있는 예수 그리스도의 교회 속에서 이 하나 됨에 동참하고 있음을 믿는다. 성부 하나님에 의해 몸의 머리가 되시는 오직 그분 안에서만 교회는 참된 하나 됨을 갖고 있다. 이 하나 됨의 현실이 성령의 은사를 통해 오순절 날 드러났으며, 우리는 성령을 통해 이 시대에도 — 만물이 그리스도의 영광 속에서 그리스도에 의해 종말적으로 완성될 때만이 온전하게 알려지게 될 — 성자와 성부의 완전한 하나 됨의 첫 열매들을 알고 있다. 마지막 날에 만물을 완전히 하나 되게 하실 주님은 우리로 하여금 그분이 교회를 위해 원하고 계신 하나 됨을 지금 여기 이 땅 위에서 추구하도록 명령하고 계신다.(Ⅲ. Unity Ⅰ. 1)

끝으로 가시적 일치의 초기 모델에 해당하는 다음과 같은 글 역시 예수 그리스도를 초석으로 하고 있다.

우리는 하나님의 뜻이요 그의 교회에게 주시는 선물인 하나 됨이 가시화되고 있는 중이라고 믿는다. 왜냐하면 예수 그리스도와 연합하여 세례를 받았으며 그를 주님이시요 구세주로 고백하는 각 장소의 모든 기독교인들이(all in each place) 성령에 의해 완전히 헌신하는 하나의 교제로 인도되어, 하나의 사도적 신앙을 갖고 하나의 복음을 전하며 하나의 떡을 떼고 함께 공동의 기도를 드리며 공동체적 삶을 통해서 모든 사람들에게 증거와 봉사를 하는 과정 중에 있기 때문이며, 동시에 이들 기독교인들은 모든 장소와 모든 시대에서 교역자와 신도가 모두에 의해 받아들여지며 또 모든 사람들이 하나님께서 자기 백성에게 요구하는 일을 위하여 상황이 요구하는 대로 함께 행동하고 함께 말하는 그런 방식으로 전적인 기독교적 교제(the whole Christian fellowship)와 일치되어가고 있기 때문이다.(Ⅲ. Unity Ⅰ. 2)

4. 1968년 웁살라 WCC

본 총회의 제1분과는 "성령과 교회의 보편성(catholicity)"에 대해서 언급한다. 본 총회는 지금까지의 세 총회가 공통적으로 진술하고 있는 '그리스도 중심적 보편주의'를 그대로 이어받으면서 '성령론'을 부각시킨다. 하지만 여기에서 논하는 '성령'은 교회의 보편성과 일치 그리고 인류의 보편성과 일치에 관련된 것이기 때문에, 그것은 '그리스도 중심적 보편주의' 이상으로 발전하지 못했다. 다시 말하면 '하나님의 영'(창조주의 영, 생명 지탱의 영, 혹은 구약의 루아흐 야훼)으로서의 성령론으로 발전할 수 없었다고 하는 말이다. 무엇보다도 본문 서두에서 "우리는 이 시점에서 그리스도의 몸에 대한 신선하고도 상쾌하기 하는 이해로 우리를 인도하시는 성령 하나님께 감사한다."고 하였기 때문이다. 더군다나 본 총회의 성령론은 1991년 캔버라 WCC 총회 보고서와 1991년『하나의 신앙을 고백하며: … 』[14]에서처럼 '역사'와 '창조세계'에 관련된 '생명의 시여자로서 성령'(the Lord and life-giver)[15]이 아니라 어디까지나 보편주의적 예수 그리스도를 섬기는 성령(filioque)을 주장하기 때문이다. 다시 말하면, 웁살라는 서방교회의 성령론(filioque)에 머물러 있었고, 동방교회가 주장하는 니케아-콘스탄티노플 신조의 '생명의 시여자로서 성령', 곧 하나님의 영 혹은 루아흐 야훼 차원을 전혀 고려하지 않았다고 하는 말이다. 웁살라의 다음과 같은 주장들은 보편주의적 그리스도를 섬기고 복음을 섬기며 교회론을 섬기고 구원론과 그리스도 중심적 종말론을 섬기는 성령론에 속한다.

바로 이 세상 안에서 하나님께서는 그리스도의 교회 안에서 그리스도의 사역을 통하여 인간들에게 보편성을 가능하게 하신다. 그리스도의 사역의 목적은 모든 시대, 모든 인종, 모든 장소, 그리고 모든 조건의 사람들을 성령에 의하여 하나님의 보편적인 도우심하에 그리스도 안에서 하나의 유기적이고 살아

---

14 • *Confessing the One Faith: An Ecumenical Explication of the Apostolic Faith as it is Confessed in the Nicene_Constantinopolitan Creed(381)*. Faith and Order Paper No. 153(Geneva: WCC, 1991).

15 • 이에 대하여는 '성령론' 부분에서 언급될 것이다.

있는 일치 혹은 통일성(unity)으로 인도하는 것이다.[16]

그리스도께서는 모든 인류를 위하여 사셨고 죽으셨으며 다시 살아나셨기 때문에, 보편성(catholicity)이란 모든 종류의 이기주의와 특수주의의 정반대이다. …
(S. I. 7)

움살라에서는, 성령께서 창조주 아버지 하나님의 나라와 창조의 영이시오 창조지탱의 영이시오 '역사' 및 정치 · 경제 · 사회 · 문화의 영이신 하나님의 영 혹은 루아흐 야훼의 나라가 아니라 '아들의 나라를 물려주심'(요일 1:1-4)에 있어서 다음과 같은 복음, 세례와 성만찬, 칭의와 성화, 성도의 교제, 은사 등에 관계된 성령에 대하여 주장한다. 즉, 성령께서는

죄인들을 회개와 세례를 통해서 용서받은 사람들의 보편적인 코이노니아 속으로 인도하고,

교회를 통하여 복음진리를 증언하고 사람들에게 그것을 믿게 만들며,

말씀선포와 성만찬 축하를 통하여 각 장소에 교회를 세우고,

예언자들의 목소리에 호소하여 교회의 양심을 불러일으켜서 교회로 하여금 하나님의 자비와 심판 안에 있게 하며,

교회로 하여금 모든 시대와 모든 장소의 하나님의 백성과의 코이노니아와 연속성을 유지하게 하시고,

교회를 무장시켜서 인간의 삶을 풍요롭게 하기 위하여 교회의 성원들에게 주

---

16 • S. I. 6.

어진 하나님의 각종 은사들을 받고 사용하게 하시며,

교회가 하나 되어 인류의 갱신과 일치(혹은 통일)를 위하여 사회 안에서 효소가 되도록 힘을 주시고,

사람들을 무장시키시어 세상 속으로 파송하시어 갇힌 자들에게 자유를 선포하고 시각장애인들에게 다시 보게 함으로써 이 땅 위에 하나님의 통치를 위한 길을 예비하게 하시며,

기독교인들을 일깨워서 주님의 오심을 깨어 기다리게 할 것이다. 그리스도께서는 산 자와 죽은 자를 심판하러 오시어 모든 그의 백성에게 그 도성의 문을 열어주실 것이다.(S. I. 8.)

이어서 본문은 역시 "성령과 교회의 보편성" 저하에 "인류일치에 대한 추구"를 논하는데, "교회일치는 하나님과 인류일치의 성례이다."라고 하는 제2차 바티칸 공의회(1962-1965)에 상응하여 "교회는 장차 도래할 인류일치의 징표로서 자기 자신에 대하여 담대하게 말해야 한다."고 주장한다. 다음의 인용은 '그리스도 중심적 보편주의'에 다름없는, 예수 그리스도께서 교회일체와 인류일치의 원칙이심을 진술하고 있다.

… 기독교인들에게 이와 같은 인간의 일치는 한 하나님에 의하여 그분의 형상대로 지음을 받았다고 하는 데에 근거하는 것일 뿐만 아니라 '우리들 인간을 위하여' 참 인간이 되셨고 십자가에 달리셨으며 새 피조물들의 새로운 공동체로서 그분의 몸인 교회를 구축하신 예수 그리스도 안에 근거하고 있다. 교회의 가톨리시티(보편성)란 이와 같은 주어진 은혜의 실재로서, 이것 안에서 창조의 목적이 회복되었고 죄인들은 하나님의 아들의 한 분 아들 되심 안에서 화해되었다. 그리스도께서는 이 화해의 시작자요 완성자이시다.(S. I. 21)

끝으로 제2분과는 "선교 갱신"을 말한다. 본문은 "인간이 자신의 본성을 제대로 알려면 오직 자신들을 하나님의 자녀들로 보아야 하고, 서로서로를 위하여 그리고 이 세상을 위하여 자신들의 아버지 하나님께 응답할 때이다."라고 하면서, 오직 예수 그리스도께서 "새로운 인간"이시고 인간이 무엇인가에 대한 표준이라고 한다.

성육신하시고 십자가에 달리셨다가 부활하신 예수 그리스도께서는 유일무이한 새 인간이시다. 바로 그분이 완전한 순종으로 아버지를 영화롭게 하셨을 때 그리스도 안에서 하나님의 형상이 계시되었다. 우리는 타자들을 위한 전적인 내어주심, 그분의 절대적인 참여와 절대적인 자유, 그분의 침투하는 진리와 고난과 죽음에 대한 그분의 승리적인 수용 안에서 인간이 무엇이 되도록 의도되었나를 본다. 인간의 소외는 십자가 죽음을 통하여 하나님의 사죄로 극복되었고 모든 인간들이 그들의 아들 됨으로 회복되는 길이 열렸다. 예수님의 부활에서 하나의 새 창조가 탄생되었고 그리스도께서 새 인류의 머리로서 만유를 갱신하실 그와 같은 역사의 최종 목표가 확보되었다.(S. Ⅱ. Ⅰ. 3)

그러나 이 새 인간성은 한탄 목표일 뿐은 아니다. 그것은 또한 하나의 선물이다. 그것은 하나님의 모든 선물들처럼 신앙의 반응에 의하여 자기의 것이 되지 않으면 안 된다. 성령께서는 이와 같은 선물을 다양한 결단의 순간들에 사람들에게 선사하신다. …

Ⅳ

삼위일체론

1. 기독론과 관련하여

칼 바라트와 칼 라너를 비롯한 현대 서방교회 신학자들의 기독론은 대체로 그리스도 중심적 삼위일체론인데 반하여 믈트만 등 동방정교회의 삼위일체론을 수용하는 기독론은 삼위일체론적 기독론을 추구한다. 즉, 전자의 입장은 기독론에 집중한 나머지 아버지 하나님의 위격과 성령 하나님의 위격에게 온전성을 부여하지 않는 입장이요, 후자의 입장은 성부와 성령께서 각각 온전한 위격으로서 아들 예수 그리스도와 관계적 독립성을 갖는 것으로 본다. 전자가 극단적으로 나가면 '기독교적 유일신론'(Christian monotheism) 혹은 '유일신론적 삼위일체론'(monotheistic trinitarianism)으로 나간다.

아래의 두 공식문서(1.『하나의 신앙을 고백하며: … 』2. 캔버라 WCC 총회 보고서)는 서방교회의 기독론적 삼위일체론이 아니라 정교회의 삼위일체론적 기독론을 주장하고 있다. 필자는 여기에서 정교회의 기독론 전통을 수용하면서 기독론이 삼위일체론과 불가분리하다고 하는 의미에서 삼위일체론적 기독론을 제시하려고 한다. 필자는 이 두 문서로부터 '기독론과 삼위일체론' 그리고 '성령론과 삼위일체론'에 대하여 소개하려고 하는데,『하나의 … 』를 먼저 논하는 이유는, 그것이 1982년 페루에서 신앙과 직제가 처음으로 연구를 시발하여, 결국 1990년에 책으로 출판되었기 때문이다. 이는 1981년 제네바에서 축하 된, 니케아-콘스탄티노

폴 신조(381) 1600주년의 기념으로 비롯되었다.

1) 1991년 『하나의 신앙을 고백하며: …』

우리는 본 문서 중, "제2부: 우리는 한 주님 예수 그리스도를 믿는다."로부터 관련 내용을 살펴보려고 한다. 이 본문은 "우리는 예수님 안에서 구세주로서의 하나님을 만난다."(part Ⅱ. A. 90.)고 한다. 이는 예수께서 하나님이신 하나님의 아들의 성육신이시라고 하는 것을 뜻한다. 이런 의미에서 "하나님께서는 그리스도 안에서 직접 그 자신을 우리들에게 계시하시고 우리들과 새로운 관계를 맺으신다."(Ibid.)는 것이다. 그리고 이 예수님은 이처럼 아버지 하나님의 영원한 아들이실 뿐만 아니라 "완전한 인간이시고, 인류의 본성이 그분 안에서 하나님의 은혜로운 현존에 의하여 전적으로 회복되었고 변혁되었다."(Ibid.) 즉, 아버지 하나님께서는 성육신하신 하나님의 아들 예수 그리스도 안에서 온 인류의 구원을 이루셨다고 하는 것이다. 성육신이 십자가 사건과 부활사건을 포함하는 것이지만. 그리고 "'우리를 위해서 그리고 우리의 구원을 위한' 성육신을 통하여 하나님께서는 인간적 상황들 — 심지어 빈곤과 고통과 죽음과 같은 상황 속에서도 — 의 한복판 안에 현존하시고 살아계신다."(Ibid.)고 하는 것은 예수 그리스도 하나님의 아들을 통하여 계시된 하나님께서는 오늘날 인간의 파국적 상황들 속에서도 현존하시고 살아계신다고 하는 것을 말한다. 이처럼 본문은 아버지 하나님과 아들에게 동일한 무게를 두면서 예수 그리스도를 아버지 하나님의 아들로 보고 있다.

그리고 "이 아들은 영원하시다." 그는 영원 전부터 아버지와 함께 계셨다. "아버지가 무엇이고 무슨 일을 행하시는가는 아들이 무엇이고 무슨 일을 행하는가와 동일하다. 아버지는 창조자이시지만 유아독존하시는 분이 아니다. 그는 아들의 아버지로서 아들과 함께 계시고 아들을 통해서 계신다."(part Ⅱ. A. Ⅰ. 93) 이상은 성부와 성자의 위격에 대한 이야기이다.

그런데 본문은 이어서 성부와 성자의 '동일본질'(homoousios)에 대하여 주장한다. 위격의 동일성이 아니라 본질의 동질성 말이다. "아들은 아버지와 다른 류의 실재, 즉 우연적이고 피조 된 그 무엇이 아니다."면서, 아들의 생명(본질: 필자 주)은 아버지의 생명과 동일한 것으로 본다. 즉, "… 아들은 아버지께서 무조건적 사랑, 자유, 영원, 창조성 가운데 살아계신 것처럼 그렇게 살아계신다."((part Ⅱ. A. Ⅰ. 94)고 하였고, 이와 같은 본질 차원에서도 하나님께서는 사랑의 관계 속에 계신다. 즉, "위격은 사랑을 상대방에게 부어주시고 상대방으로부터 돌려받으시며, 사랑을 상대방에게 내어주시고 상대방으로부터 그 반응을 받으신다."(Ibid.)고 한다. "그런즉, 나치안주스의 그레고리와 같은 후기 희랍 교부들은 '하나님'이라고 하는 말은 성부·성자·성령에 의하여 활동적으로 공유되는 생명 이외에 아무 것도 아니다."(Ibid.)라고 말한다. 이는 예수 그리스도 하나님의 아들이 구세주라고 하는 말의 깊은 의미이기도 하다. 그도 그럴 것이 "호모우시오스가 표현하는 의도의 특별한 의미는 그리스도 안에서의 우리의 구원이야말로 하나님 이외에 그 누구에 의해서도 이룩된 것이 아니라고 하는 사실에 있기 때문이다."(Ibid.)

그리고 본 문서는 하나님의 아들의 성육신에서 만유구원론을 말한다. 이와 같이 성육신을 만유구원론의 근거로 말하기 위해서 본 문서는 칼세돈의 정통 기독론(451)이 말하는 "두 본성의 위격적 연합"(the hypostatic union)을 말한다. "위격적 연합"이란 삼위일체의 제2 위격으로서 하나님의 영원하신 아들이 참 인간이 되셨고, 참 인간이 되신 이 하나님의 "신성과 인성은 혼동될 수 없고 서로 분리될 수 없으며, 인성은 영원한 로고스(신성)의 행동적인 현존에 의해서 전적으로 지탱되기 때문에 이 로고스의 인간 본성은 그것의 독특하고 유일무이한 존재양태를 확보하고 있다고 하는 것이다."[17] 적어도 여기에서 참 인간이 되신 하나님의 영원하신 아들의 이 "참 인간"은 우리 인류를 위한 참 인간이요, 우리 인류를 대신하신 참 인간이시다. 그래서 이분의 십자가 사건과 부활 사건은 적어도 모든 인류, 나아가서 모든 창조세계의 죽음과 부활이기도 하다는 말이다. 따라서 이미 이와 같은 성육신은 만인구원론, 나아가서 만유구원론적 의미를 갖고 있다. 따라서 본 문서가 말하는 하나님의 아들의 성육신은 종말론적 의미를 갖는다. 이상은 '복음'이 종말론적 성격을 지녔다고 하는 것을 뜻한다. 그런즉, 성육하신 분이 하나

---

17 • Ibid., part Ⅱ. A. 95.

님의 아들이라고 하는 사실은 이 아들의 아버지 및 성령과의 관계를 전제하기 때문에 삼위일체론적이다.

본 문서는 "영원한 하나님의 아들이 나사렛 예수 안에 성육신하셨다고 하는 사실은 "죽은 자들로부터의 부활"의 빛에서 보인 예수님의 지상교역의 전 과정을 요약하는 말이다."(part Ⅱ. A. 120.)라고 하면서, "성육신이란 예수님의 인간적인 삶의 시작에만 국한하는 것이 아니라 이스라엘 백성과 인류와 모든 창조세계의 구원을 위한 그의 사역과 선교에 관계 된다."(Ibid.)고 주장한다. 이로써 우리는 위와 같은 의미에서 하나님의 아들의 성육신은 이미 만유구원론을 함축하고 있다고 보아야 한다. 그리고 이와 같은 성육신하신 하나님의 아들의 구속행위는 아버지 하나님과 성령님과의 관계 속에서 일어난다. 즉, "모든 피조물들에 대한 아버지의 영원한 사랑은 아들의 선교(파송)에서 나타나는 바, 죽음의 지점까지 아들을 내어주심에서 드러난다. 이로써 우리가 아버지로부터 돌아서기 때문에 결과한 죽음의 권세가 극복된다. 따라서 인간의 아버지와의 코이노니아는 아들을 통하여 성령의 능력 안에서 회복된다."(part Ⅱ. A. 120 a)는 것이다. 본 문서는 주로 종말론적 기독론을 언급하면서도 삼위일체론적 틀 안에서 그렇게 한다.

우리는 이상의 논의에서 삼위일체 하나님의 객관적이고 보편적인 구속(救贖)사역을 말하고 있음을 발견한다. 하지만 본 문서는 이 객관적이고 보편적인 구속을 주관적으로 받아들여, 실질적으로 하나님의 자녀들이 되고, 아버지와의 코이노니아를 회복한다고 하는 차원도 역설하고 있다. 즉, "이것이 일어나는 것은 성령 안에서 우리가 자유 함을 받아, 우리의 기도 가운데 아버지를 '아빠'라 부르고, 우리 자신을 아버지의 사랑의 관여에 맡길 때이다. 이때 우리는 예수님 자신의 아들 되심에 참여하고, 성자 예수님의 아버지와의 관계에 참여하는 것이다."(part Ⅱ. A. 120. c.) 이와 같이 하나님께서는 구원의 결과로 우리를 용납하시어, 우리들이 하나님의 신실하고 순종하는 자녀들로 부름 받았음을 권위 있게 선포하신다. 그래서 우리는 이미 우리가 하나님의 은혜로 할 수 있는 만큼 하나님 나라 안에서 살고 있고, 하나님 나라의 가치들을 삶으로 옮기고 있는 바, 우리는 버림받은 자들과 억압받는 자들과 절망적인 사람들을 영접하고, 고난당하는 자들과 우리를 동일시하며, 하나님의 사랑과 그의 요구들에 반항하는 세상 속에서, 하나님 나라의 가치를 실현하다가 겪는 모험을 감수해야 하는 것이다.(part Ⅱ. A. 120. d.) 이처럼 종말론적 복음과 삼위일체론적 종말론을 받아들인 사람들은 이미 이 땅 위에서 종말론적인 하나님 나라의 삶을 영위한다는 말이다.

본 문서가 주장하는 정교회의 '영 그리스도론'(the Spirit-Christology) 역시 삼위일체론적 기독론 이해에 기여한다. 이는 '인류 역사'와 '창조세계 및 그 안에 있는 모든 생명체들' 속에 현존하시고 사역하시는 하나님의 영 혹은 루아흐 야훼께서 복음서들이 증언하고 있는 바, 예수님의 위격과 사역에 현존하시고 사역하셨다고 하는 주장으로서 하나님의 아들 예수 그리스도께서 창조주 아버지께서 파송하신 성령(하나님의 영)과 불가분리한 관계에서 그분의 화해사역 혹은 구속사역을 이룩하셨다고 하는 것을 뜻한다. 즉, 이는 삼위일체론적 기독론에 다름 아니다. 본 문서는 이렇게 주장한다.

초기 기독교 세대는 성령님을, 동정녀 마리아에게 그리스도를 잉태케 하여 탄생시키신 분으로(눅 1:35), 예수님을 세례 주어서 메시아로 세우신 분으로(마 5:16; 비교: 막 1:10; 행 10:38), 그리스도의 전 교역을 통해서 그분 안에서 현존하시면서 일하신 분으로(마 12:28; 눅 4:14; 요 1:32 이하), 그리고 예수님을 죽은 자들로부터 부활시키신 분(고전 15:45)으로 믿는다.(part Ⅲ. A. Ⅰ. 198)

끝으로 우리는 본 문서의 '창조론 부분'에서도 삼위일체론적 기독론을 발견한다. 이 부분 초두에서 창조주 하나님 아버지께서 아들과 성령을 떠나서는 이해되실 수 없고, 사역을 펼치실 수 없는 삼위일체의 네트워크 속에 계심을 말한다. 그러나 본 신조는 삼위일체론을, 단순히 성경의 명제적 진리들에서 출발하지 않고, 그렇다고 칼 바르트의 경우처럼 '계시'이신 예수 그리스도에게서만 출발하지도 않으며, 구속사적으로 접근하고 있다하겠다. '계시'(Offenbarung)이신 예수 그리스도(아들)에게서 출발하여, 누가(Offenbarer) 계시를 하셨나(아버지), 그리고 그 계시의 결과(Offenbartsein)가 무엇인가(성령)를 묻는 바르트의 삼위일체론은 기독론에 집중하는 바, 서방교회의 전형인 동일 본질론으로 축소될 가능성을 보이고 있는 바, 성부론과 성령론의 독자성과 고유성을 손상시킬 우려가 있다 하겠다. 따라서 본 신조는 삼신론이나 기독론적으로 축소하는 삼위일체를 용납하지 않는다. 그리고 본 신조가 말하는 "창조자와 구속자와 만유의 지탱자인 단 한 분 보편적인 하나님에 대한 신앙"은 결코 양태론을 허용하지도 않는다.

진실로 본 신조는 신적 동일 본질에 의한 통일성(서방교회)과 아버지 하나님(위격)에 의한 통일성(동방교회)을 배제하지 않으면서, "구속사를 통해서 계시된 한 분 하나님 안에 계신 삼위 각각의 독특성을 강조하고, 동시에 하나의 신적 존재 안에서 일어나는 이 삼위의 코이노니아(공동체) 속에서의 통일성을 강조한다."(part I. A. 10) 즉, 본 신조는 동방정교회 전통이 말하는 상호 내주하고 상호 교류하는 삼위의 일체성 혹은 통일성(perichoretic unity)을 더 힘주어 말하고 있다. 이것은 또한 삼위 각각의 독특성과 고유성을 인정하면서도 이 삼위의 관계성을 말하는 공동체성(a relational koinonia =community)을 뜻한다.

본 항목은 "한 분 하나님에 대한 그리스도교 신앙의 독특성이 성부, 성자, 성령의 계시에 근거하고 있다."고 보기 때문에, '경세적 삼위일체론'(the economic Trinity)을 먼저 논하면서 이것이 결국 '내재적 삼위일체론'(the immanent Trinity or the eternal Trinity)과 전적으로 동일하다고 주장한다. 그리하여 본 항목은 이 경세적 삼위일체 하나님의 경세가 종말론적 완성을 포함하고 있는 것으로 본다. 본 항목은 "그럼으로 신적인 경세, 곧 창조와 화해와 종말론적 완성에 있어서 구속사는 삼위일체 신앙의 바탕이다."(part I. A. 15)라고 한다. 그리고 다음 인용이 말하는 삼위일체 하나님의 경세에서 "종말론적 미래에 있어서 우리의 삶과 전 창조세계의 종극적 변형과 영화롭게 됨"이 포함되고 있다고 하는 점에 우리는 유의해야 할 것이다.

이 세상이 하나님으로부터 분리되었고, 소외된 것은 죄악의 결과인데, 이것이
신적인 경세 속에서 아들의 화해사역과 성령의 변형시키시는 현존을 통해서
극복된다. 한 분 하나님은 이와 같은 신적 구원의 경세의 신비 속에서 자기 자

신을 피조물들에게 나누어주시는 생명과 사랑으로 계시되신다. 아버지 하나님은 자신의 영원한 아들의 성육신, 교역 및 고난을 통해서 이 세상을 자기 자신에게 화해시키신다. 이 아들 안에서 하나님은 인류에게 죄 사함과 부활과 영생(요 3:16)을 제공하시기 위해서 죽음에 이르기까지 인간의 고뇌에 동참하신다. 그리하여 하나님께서는 성령을 통하여 십자가에 달리신 분을 새로운 삶과 불멸의 삶으로 부활시키셨으니, 하나님께서는 장차 성령을 통해서 종말론적 미래에 있어서 우리의 삶과 전 창조세계의 종극적 변형과 영화롭게 됨을 가져올 것이다.(part Ⅰ. A. 16)

그런데 본 문서는 위에서 지적한 삼위일체 하나님의 객관적이고 보편적인 경세는 성령을 통해서 교회 공동체에게 신망대를 매개한다고 한다. 즉, "성령님께서는 지금도 복음 선포에 의하여 이 복음을 받아들이는 사람들의 심장 안에 믿음, 사랑, 소망을 불러일으키신다."(Ibid.)

본 문서는 성육신하신 하나님의 아들과 이 예수 그리스도의 십자가와 부활이 내재적 삼위일체 하나님 혹은 영원한 하나님의 '상호 내주와 상호 교류'(perichoresis)를 계시한다고 하면서, 이 성육신과 십자가와 부활을 떠난 삼위일체 하나님은 생각할 수 없고, 동시에 삼위일체 하나님을 떠난 성육신과 십자가와 부활은 결코 생각할 수 없다고 한다.(part Ⅰ. A. 17) 그리고 본 문서는 아들과 성령을 아버지께 종속시키는 종속론이 아니라, 아버지 하나님을 삼위의 상호 사랑의 내주와 상호 사랑의 교류의 통일성으로 보면서도, "아버지는 아들 없이 있을 수 없고, 성령 없이도 있을 수 없다. … 신적인 통일성은 아버지를 원천으로 하고 있으나, 이것이 유지되는 것은 아들의 순종과 아버지 안에서 아들을 영화롭게 하시고 아들 안에서 아버지를 영화롭게 하시는 성령의 증거 안에서이다."(part Ⅰ. A. 18)라고 말한다.

따라서 본 문서는 삼위일체 하나님의 상호 사랑의 내주와 상호 사랑의 교류(perichoresis)가 신적인 경세에서 계시되고 실현되는 바, 이것은 구속사역, 성화사역 및 궁극적인 영화롭게 함의 사역에서뿐만 아니라 세상 창조 사역에 있어서도 일어났다고 본다. 그리고 본 문서는 이 삼위일체의 경세에 있어서 창조는 주로 아버지 하나님께, 구속은 주로 아들에게, 그리고 성화와 영화롭게 하는 사역은 주로 성령님께 돌려지지만 이 각 위격은 다른 두 위격 없이 일하시지 않으신다고 본다.(part Ⅰ. A. 19) 그리고 본 문서는 이 삼위일체 하나님은 창조세계의 다양성과 통일성의 근거라고 하면서, "이러한 삼위일체 하나님은 통일성을 파괴하지 않는 다양성의 모형이고, 획일성을 위해서 다양성을 축소시키지 않는 통일성의 원리이다."[18]라고 한다. 그리고 끝으로 이 삼위일체 하나님은 인간과 만유 안에 내재하시면서도 초월하신다고 힘주어 말한다.(part Ⅰ. A. 20) 이와 같은 주장은 타 종교들 속에서도 진리가 발견된다고 하는 것을 말하는 것이나 마찬가지이다.

2) 1991년 『캔버라 WCC 총회 보고서』

우리는 방금 윗글에서 '그리스도 중심적 보편주의'(1948-1968)로부터 '삼위일체론적 기독론, 나아가서 '삼위일체론'으로의 패러다임 이동이 어떠하였나를 살펴보았다. 1970년대와 1980년대는 과도기로 보이지만. 따라서 우리는 그와 같은 '패러다임 전환'에 대하여 확실한 증거를 제시한 셈이다. 하지만 우리는 그와 같은 '전환'이 1991년 캔버라 WCC 총회 보고서에서는 어떠하였나를 간단히 짚고 넘어가야 한다. 그도 그럴 것이 매 총회 보고서는 그때까지 작성된 모든 하부기관들의 결과물들을 최종적으로 받아들이기 때문이다.

본 문서에서 우리는 성부와 성령으로부터 동떨어진 '그리스도 중심적 보편주의'를 발견할 수 없다. 제1분과("성령이여 오소서! 당신의 창조세계 전체를 지탱하소서!")는 성령론, 그것도 '영 그리스도론' 차원의 하나님의 영으로서 성령론을 부각시키면서 삼위일체 하나님을 내세운다.

본 총회는 제2분과의 주제("진리의 영시여! 우리를 자유케 하소서")에 와서 비로소 기독론적 성령에 해당하는 '복음진리의 영'을 언급하면서 기독론을 부각시키고

---

18 • Ibid.

있다. 즉, 본문은 우리를 자유케 하는 '복음진리', 그리고 성령께서 이 진리로 인도하시는 "진리의 성령"이시라고 하는 말이다. 그런 의미에서 성령초대의 기도이다. 본문은 "그리스도께서 우리를 자유케 하려고 자유를 주셨으니, … 형제들아 너희가 자유를 위하여 부르심을 입었으니… ."(갈 5:, 13)라고 하는 기독론적인 복음의 자유를 우리는 "성령의 선물"로 누리고 있다고 한다(3. 3. 1. 1). 그리고 이 성령에 의하여 기독교인들과 교회들은 하나님 나라 구현에 참여한다고 한다. 그러니까++ 제2분과의 성령론은 제1분과의 그것과 경세차원에서 다르다. 전자는 '창조주 아버지 하나님의 영'이시고 후자는 '그리스도의 영'이시다.

　제3분과의 주제("일치의 성령이시여! 당신의 백성을 화해시키소서!")는 "B. 성령의 능력 안에 있는 선교 - 화해와 나눔의 사역"에서 예수 그리스도를 통한 하나님의 화해 사역에 근거한 인류공동체 및 창조공동체의 화해와 나눔, 그리고 이 화해와 나눔에 있어서 요청되는 고난을 주장한다. 물론, 여기에서도 성령을 진술하는 맥락 속에서 기독론이 소개되고 있다.

　우리가 추구하는 화해된 공동체는 오직 자신의 친구들을 위하여 자기 생명을 주셨고 자신을 십자가에 못 박는 사람들을 용서하신 예수님을 통해서만 발견될 수 있다. 분열로 생긴 희생자들의 고통은 십자가와 불가분리하게 얽혀 있다. 그리스도의 고통과 고난을 함께 나누는 사람들 입장에서는 고난에는 연대성이 있는 것이니, 이들은 그리스도의 고통과 고난을 통하여 모든 인류의 고통과 연합되어 있다. 십자가가 가져온 화해는 교회선교의 초석이다.(3. 4. B)

　하나의 화해되고 갱신된 창조세계는 교회 선교의 목표이다. 그리스도 안에서 만유를 연합시키려는 하나님의 비전은 교회의 삶과 나눔의 추동력이다. 나눔이란 또한 우리가 경제적 불평등과 계층들, 신분들, 인종들, 성들 그리고 문화들 사이의 사회적 적대관계들을 극복하기 위하여 구체적으로 사역해야 하는 것을 뜻한다. … (Ibid.)

이어서 본문에 따르면, 하나님께서는 온 인류와 온 창조를 구원하시기 위하여 이스라엘과 특별하신 은혜의 언약을 맺으셨고, 예수 그리스도를 통하여 그것을 확인하셨다. 그래서 "C. 일치의 성령 그리고 타 종교들 및 이념들과의 만남"은 아래의 글에서 타 종교들 및 이념들까지도 포용하는 은혜의 언약을 주장하는 것으로 보인다. 이는 적어도 기독교와 타 종교들 및 이념들과의 대화의 기독교적 근거를 말한다.

성경은 하나님을 모든 나라들과 민족들의 주권자로 증언한다. 그의 사랑과 긍휼은 모든 인류를 포함하고도 남음이 있다. 우리는 노아와의 언약에서 모든 창조세계와의 언약을 발견한다. 그리고 우리는 하나님의 아브라함 및 이스라엘과의 언약을 인정한다. 이와 같은 언약의 역사 속에서 우리는 예수 그리스도를 통해서 하나님의 은혜로 하나님을 알게 되기에 이르는 것이다. 또한 우리는 다른 사람들 역시 다른 방법들을 통하여 하나님을 알고 있음을 증언하고 있음을 인정한다. 우리는 구원이 그리스도 안에 있고 또한 타 종교인들이 나름대로 경험하는 진리에 대한 증언에 열려 있다. (3. 4. C. 2)

이상과 같은 그리고 아래에서 진술할 캔버라 WCC 총회 보고서는 기독론에 대하여 기독론적 성령론 및 삼위일체 하나님과의 관계에서 논하고 있을 뿐, 1948-1968년 어간의 WCC 총회 보고서에서 발견되는 '그리스도 중심적 보편주의'에 대한 내용은 전혀 없는 것으로 확인되었다. 그리고 우리는 1990년대부터 발견되는 삼위일체로의 패러다임 전환이 보편주의적 기독론을 모두 폐기처분한 것이 아니라고 하는 것을 알 수 있다. 그도 그럴 것이 위의 진술에서처럼 화해론과 은혜의 언약성취 사건과 같은 구속론적 기독론이 성령론 및 삼위일체론과 관련하여 발견되기 때문이다.

2. 성령론과 관련하여

이미 우리가 논한 1968년 웁살라 WCC 총회 보고서의 성령론은 정교회의 성령론 및 기독론과의 관계에 근거한 삼위일체론을 받아들이기 이전의 그것이다. 다시 말하면, 필리오케(filioque)의 성령이 주로 예수 그리스도의 구속사역을 역사 속에 실현하시고 교회를 세우시며 칭의와 성화를 낳으시고 은사들을 주시는 분이시다. 대체로 이와 같은 서방교회의 성령은 '역사'와 '창조' 안에 보편적으로 현존하시고 사역하시는 '하나님의 영'(루아흐 야훼)이 아니라 부활 후 하나님 우편으로 승귀하신 주님께서 아버지께서 약속하신 대로 보내주신 성령을 말한다. 따라서 이 글은 아래에서 정교의 성령론 및 기독론과의 관계를 수용한 삼위일체론 혹은 삼위일체론적 성령론을 제시하려고 한다. 서방교회 중 오순절 하나님의 성회와 18-19세기 복음주의 각성운동 전통이 성령론적 삼위일체론을 강조하였다면, 아래의 본문들은 삼위일체론적 성령론을 제시하고 있다. 그런즉, 여기에서 제시되는 기독론적 삼위일체론과 성령론적 삼위일체론 모두에서 우리는 결국 정교회 전통의 삼위일체론을 수용하는 서방교회의 삼위일체론을 소개하려고 하는 것이다.

1)『하나의 신앙을 고백하며: …』

필자는 이 문서로부터 "제3부: 우리는 성령을 믿사오매, …"를 분석하고 해석한다. 문서에서 성령께서는 아버지 하나님의 위격과 아들 예수 그리스도의 위격과 불가분리한 관계 속에서 관계적 독립성을 유지하신다. 돌론, 본질에 관하여는 기독론 부분에서 아들과 아버지가 동일본질(무조건적 사랑, 자유, 영원, 창조성 등 = '생명')에 참여하고 계신 것처럼 성령 역시 아들과 아버지가 공유하신 본질을 함께 나누고 계신다. 우리는 우선 본문("우리는 주님이시고 생명의 사여자 되시는 성령을 믿는다. 그는 아버지로부터 나오셨고, 아버지와 아들과 함께 예배와 영광을 받으시며 예언자들을 통하여 말씀하셨다.")을 잘 읽어야 한다. 이 본문에서 성령께서는 아버지 하나님(창조주)으로부터 나오신(not 'filioque') '생명의 시여자'(the Lord and life-giver)로서 '아버지와 아들과 함께 예배와 영광을 받으신다.' 즉, 니케아-콘스탄티노플 신조의 본문 자체에서 위격이 강조된 것을 우리는 발견한다. 본 에큐메니칼 해설서는 다음과 같이 성령의 위격을 부각시키고 있다. 물론, 성부 · 성자 · 성령에 대한 신앙은 본질의 차원을 포함하고 있지만 말이다.

… 우리들이 본 신조에서 고백하는 하나님은 삼위일체 하나님으로서 계시되었기 때문에 성령에 대한 신앙은 아버지와 아들에 대한 신앙으로부터 결코 고립될 수 없다. 성령은 아버지와 아들을 떠나서는 교회 안에서 결코 경험되지 않고 고백되지 않으며 예배되지 않는다. 성령께선 생명의 주여 생명의 시여자로서 우리로 하여금 아버지 및 아들과 교제할 수 있게 하신다. 때문에 성령은 기독교 신앙과 삶과 희망의 기본이 되는 것이다.

그리하여 성부와 성자와 관계적 독립성을 지니고 있는 성령께서는 '창조주 영'(Creator Spiritus)과 '창조 지탱의 영'(동방교회의 하나님의 영 혹은 루아흐), '계시(말씀)의 영'과 '교회생명의 원천이 되시는 영'(서방교회의 그리스도의 영), 그리고 '종말론적으로 전 창조세계를 완성하실 영'(동서의 종합된 성령론)이시다. 우리는 아래의 인용문 중 첫 번째 글에서 '영 그리스도론'(the Spirit-Christology)을 발견하고 두 번째 글에선 '하나님의 영'(구약의 루아흐 야훼)과 부활 승천 후 그리스도께서 보내주신 기독론적 영을 발견한다. 구약의 예언자들을 통하여 말씀하신 성령께서는 또한 사도들의 증언인 신약성경의 '그리스도의 영'이시라는 말이다. 그런즉, 아래의 글은 동방정교회의 성령론과 서방교회의 그것을 종합하여 통일시키고 있다 하겠다.

초기 기독교 세대는 성령님을, 동정녀 마리아에게 그리스도를 잉태케 하여 탄생시키신 분으로(눅 1:35), 예수님을 세례 주어서 메시아로 세우신 분으로(마 5:16; 비교: 막 1:10; 행 10:38), 그리스도의 전 교역을 통해서 그분 안에서 현존하시면서 일하신 분으로(마 12:28; 눅 4:14; 요 1:32 이하), 그리고 예수님을 죽은 자

들로부터 부활시키신 분(고전 15:45)으로 믿는다.19

초기 그리스도인들은 이 성령님께서 창조 시에 수면 위에 운행하신 바로 그 성령님이시요(창 1:2), 예언자들을 통해서 말씀하신 분이시요, 백성들의 왕들을 기름 부으신 분이시요, 성도들로 기도하게 하신 분이시라는 사실을 인정한다. 그들은 오순절 성령 강림을, 이미 예언자들을 통해서 말씀하신 바로 그 성령님으로 그리고 마지막 때의 선물(행 2:1-21)로 경험하였고, 이해하였으며, 선포하였다. 신약성경은 오순절 때에 주어진 성령님께서 교회의 생명의 원천이라는 사실을 보여준다. 즉, 바로 이 성령님께서 설교를 듣는 사람들에게 신앙을 불러일으키고, 세례를 통하여 이들을 그리스도의 몸의 지체가 되게 하신다. 이 성령님은 신앙의 불을 붙이시고(고전 12:3), 믿는 개인의 삶과 공동체의 삶에 필요한 모든 은사들을 베풀어주신다(고전 12:4-13; 14:1). 이 성령님은 또한 기도하게 하시고(롬 8:15-16), 하나님의 자녀들의 자유를 불러일으키신다(롬 8:12-16). 바로 이 성령님으로부터 마지막 부활이 일어난다(롬 8 12-16). 성령님께서는 다른 보혜사이시다(요 14:16). 시간의 끝에 가서, 전 창조세계를 하나님의 영광 속에 있는 완성으로 부르시는 븐은 다름 아닌 성령님이시다(계 22:17).

다시 말하면, 성령께서는 항상 교회 안에 계실 뿐만 아니라 "성부와 성자께서 사역하시는 곳마다 거기에서 또한 성령께서도 발견된다."(200)고 하여 서방교회가 강조하는 성령의 현존과 사역 그리고 동방교회가 강조하는 성령의 현존과 사역을 하나로 묶고 있는 것으로 보인다.

그러면 성령이 "주님"이시고 "생명의 시여자"이시며 "아버지께로부터 나오신다."라고 고백될 때 각각 그것이 의미하는 것을 무엇일까?

첫째로 본문은 "주님"에 대하여 이렇게 고백한다.

19 • Ibid., 111.

교회는 성령을 주님으로 고백하면서 성령의 신성을 환호로써 인정하고 모든 창조세계와 역사에 대한 성령의 주권을 인정한다. 성령은 하나의 신적 위격으로서 주 하나님(Theos Kyrios)과 하나이시고 주님이신 그리스도(Christos Kyrios)와 하나이시다.(203)

둘째로 "생명의 시여자"에 대하여 다음과 같이 고백할 때, 첫 인용문은 정교회의 '하나님의 영'('창조의 영', '창조와 생명 지탱의 영', 루아흐 야훼)이시고, 두 번째 단락은 서방교회의 기독론적 성령론이요, 세 번째 단락은 그 둘을 종합하여 통일시킨다.

생명의 선물이 피조물들에게 베풀어지는 것은 하나님의 영을 통해서 이 영 안에서이다. 모든 형태의 생명은 하나님의 선물들(시 104:29-30)이기 때문에 존중돼야 한다. 인간의 생명뿐만 아니라 동물들, 공중의 새들 및 바다의 물고기들과 같은 모든 다른 생명은 존중되어야 한다. 하나님께서는 그의 형상과 모양을 따라 창조하신 인류에게 모든 피조세계에 대한 다스림을 위탁하셨다. … (205)

성령께서는 또한 그리스도 안에 있는 새 생명을 주신다. 즉, 인간은 새 창조의 첫 열매들로서 중생하고 나머지 피조물들과 함께 새 하늘 새 땅에의 참여를 고대하면서 신음하고 있다(롬 8:11, 19-29). 세례 시 성령은 한 분 성자 안에서 성부의 새 자녀들을 낳으시는데, 이 성자 자신의 인간성은 이미 성령의 생명으로 충만하다. 이런 식으로 세례 시 성령은 성령에 의하여 생명력을 얻은 교회, 곧 그리스도의 살아계신 몸의 원천이다.(206)

하나님께서는 그의 아들과 성령에 의하여 창조사역, 구속사역 및 성화사역을 하시면서 모든 것들을 충만케 하시고 모든 것들에게 그의 신적인 생명을 개방하신다. 믿는 사람들은 '신의 성품에 참예하는 자'(벧후 1:3-4)가 됨으로써 삼위일체 하나님과의 교제에 들어가는 것이다. 성령의 능력으로 계속하여 '죽도록 충성'하는 사람들은 '생명의 면류관'(계 2:11)을 받을 것이다.(207)

셋째로 "아버지께로부터 나오심"에 대하여 본문은 아들이 아버지로부터 낳음을 받으셨다와 성령께서 아버지로부터 나오신다란 아들의 아버지에 대한 관계 그리고 성령의 아버지에 대한 관계, 곧 성부·성자·성령의 위격의 확보를 뜻한다. 그런즉 삼위는 분명히 다르면서 상호 불가분리의 관계를 맺고 계신다. "성령은 성부와 성자의 숨을 내쉬고 들이쉬심에 있어서 항상 아들과 관계하신다. 따라서 구원의 경세에 있어서 성령과 그리스도 사이의 교제와 일치는 상호 용해될 수 없다."(209)고 한다. 그리고 오늘날 에큐메니칼 운동의 결과로(특히, 1981년부터 작업이 시작되어 1991년에 마무리된 본 신조에 대한 에큐메니칼 해설서)로 동서방교회 모두가 '필리오케' 없는 본래의 니케아-콘스탄티노플 신조(아버지께로부터 나오심)를 함께 고백한다.

끝으로 본 신조는 "예언자들을 통하여 말씀하셨다."를 부언하여 고백하였다.

이 고백에서 구약의 하나님의 백성과 연속성상에 있고 동시에 신약의 하나님의 백성인 교회는 하나님의 영이 이스라엘의 예언자들과 히브리 경전을 영감시킨 영과 동일하다는 사실을 주장한다. 유대인들은 자신의 전통에 근거하여 이 성경(the canonical Hebrew Scriptures) 안에서 말씀하시는 하나님의 영에 수세기를 통하여 계속하여 귀를 기울였고 반응하여왔다. 기독교인들도 마찬가지로 계속해서 예언자들을 통한 성령의 가르침을 받으나, 그리스도의 계시에 조명하여 이를 이해한다(요 5:39). 바로 이 점을 미루어볼 때, 우리는 하나님의 영이 그의 지속적인 활동에 의하여 이 두 공동체를 상호 접근시킬 수 있다고 하는 희망이 주어진 것으로 본다(롬 11:29-31).(213)

2) 1991년 『캔버라 WCC 총회 보고서』

우리는 '성령론과 삼위일체론', 나아가서 '삼위일체론'에 대한 위와 같은 주장을 통하여, '그리스도 중심적 보편주의'로부터 '삼위일체론'으로의 패러다임 전환이 일어났다고 보지만, 이제 그와 같은 '전환'이 본 총회 보고서에서는 어떻게 나타났는가를 살펴보려고 한다.

(1) 전체 주제

본 총회는 그동안 기독론을 WCC 총회의 전체 주제로 해왔으나, 처음으로 삼위 가운데 제3위에 초점을 두었다. "오셔서 성령이시여! 창조세계 전체를 새롭게 하소서"가 총회 전체 주제였다. 본문은 3가지 관점에서 성령초대의 기도를 올렸다고 본다. 첫째는 서양세계의 물질적 풍요가 충만한 생명을 구축하지 못하고, 둘째는 "가난과 부정의와 전쟁과 오염에 의하여 창조세계가 위협을 받고 있다."고 하는 것이고, 세째는 "잘못된 것들을 바로잡는 인간의 시도들이 허사다."(1. 5)라고 하는 사실 때문이다.

그리하여 이와 같은 '성령'의 중요성을 깨달은 캔버라는 알렉산드리아의 정교회 총대주와 정현경에게 각각 성령론에 대한 주제 강연을 하게 하였으니, 전자는 교회일치와 인류의 일치를 주도하고 가능하게 하는 전통적인 삼위일체론적 성령에 대하여 그리고 후자는 "세상의 영들의 한복판에서 발견되는 성령의 진정한 활동"에 대하여 각각 발표하였다. 이와 같은 위로부터의 성령론과 아래로부터의 성령론에 대한 논의는 밴쿠버 WCC 총회의 위탁 사안이었다. 즉, 밴쿠버는 "고전적인 접근들과 맥락적인 접근들을 창의적으로 통합할 수 있는 하나의 생명력이 있고 연관성을 가진 신학"을 발전시키라고 하였다.

(2) 파르테니오스 총대주교

그는 "성령을 떠나서는 그 어떤 교회도, 피조물도, 인격도 있을 수 없다."(2.2)라며, "우리는 성령에 대하여 말할 때에 우리는 성 삼위일체에 대하여 말하고 있는 것이다. 삼위일체를 떠나서는 성령이 있을 수가 없다. 우리는 성부 안에서 성자 안에서 그리고 성령 안에서 살고 있기 때문이다. 우리는 이것을 나눌 수 없다. 우리의 하나님은 한 분이시기 때문이다. 본 신조에서 그들은 항상 하나의 분리됨이 없고 분열됨이 없으며 변함이 없으신 한 실체이시다."(2.2)라고 주장하기 때문이다. 그는 "삼위일체, 기독론, 성령론 그리고 교회론은 신비이다."라고 하여, 이와 같은 주제에 대한 지식에 있어서 '아포파틱 차원'(vs. 카타파틱 차원)을 인정할 것을 요구한다.

본 강연은 서방교회와 동방교회의 성령론을 하나로 묶고 있다. 그도 그럴 것이 "교회, 그분의 백성, 진실하게 믿는 우리 모두는 또한 성령 안에서 살고 있다. 성령께서는 우리 안에 거주하시고 우리를 감싸 안으시며 만유를 포용하신다. 우리는 성령초대의 기도로써 성령께서 창조와 세상과 땅을 갱신하시기를 기원한다. … "(2.2)고 하기 때문이다. 이 중 마지막 문장에서 우리는 인류 역사와 창조 안에 보편적으로 현존하시고 사역하시는 하나님의 영 혹은 루아흐 야훼를 발견한다.

강연자는 정교회 전통의 '영 그리스도론'을 제시하고 그것을 서방교회의 교회론적 삶으로 잇는다. 즉, "그리스도의 삶은 '보혜사적'이었다. 그도 그럴 것이 성령께서 그분의 성육신, 희생과 십자가에 달리심, 그분의 부활, 그분의 교회, 그분의 성만찬, 그분의 7성례전들 그분의 생명인 우리의 삶 속에 현존하시기 때문이다."(2.2) 그리고 강연자는 "성령을 통하여 하나님의 아들 예수 그리스도께서 우리 안에 거주하시고 우리 인간들은 하나님이 거주하시는 장막이 된다."(2.2)고 하였고, "우리 믿는 남녀들은 그리스도의 한 몸 안에서 연합해 있다."(2.2)고 하면서, "이것이 다름 아닌 우리 인류와 온 창조세계에게 주어진 성령의 신비"(2.2)라고 하기 때문이다. 그런즉, 새 창조와 새로운 삶을 시발시키고 만유를 새롭게 하고 계시는 오순절 날의 성령께는 다름 아닌 "생명의 성령, 생명의 시여자(the Lord and life-giver), 깨닫게 하는 분과 선의 원천"이라고 고백하였다. 아니, 삼위일체의 제3위격이신 성령에 대하여 송영하고 찬양하는 오순절 주일과 성령강림절 후 첫째 월요일에 정교회는 또한 삼위일체 하나님께 대한 예배를 올린다고 한다. 결국, 영생이란 이와 같은 성령을 통하여 아버지와 아들과 연합하여 누리는 삶인 것이다(요일 1:2-3).

우리는 이상과 같은 본문 분석을 통하여 총회 전체 주제인 "오셔서 성령이시여! 창조세계 전체를 새롭게 하소서"에 있어서 '성령'은 다분히 정교회의 '영 그리스도론'(the Spirit-Christology)를 함축하고 있는 것으로 판단된다.

(3) 정현경 박사

정현경은 '해방신학', '민중 신학' 그리고 '한(恨)의 신학' 입장에서 맥락적 신학을 펼쳤다. 그녀는 '경험의 세계' 혹은 아래로부터의 '성령론'을 추구하였다. 그녀는 초혼 굿의 형식을 빌려서 정치·경제·사회·문화적으로 억압받고 소외되었으며 주변으로 밀려난 사람들의 탄식과 울부짖음을 성령의 목소리와 동일시하였던 것이다. 그 예를 몇 가지 들어보자.

우리의 믿음의 조상들(창 21:15-21)인 아브라함과 사라에 의하여 착취를 당하였고 버림을 받은 이집트의 흑인 여성 하갈의 영혼이여!

(…중략…)

예수 탄생 시 헤롯왕의 군인들에 의하여 살해된 남자 아기들의 영혼이여!

잔 닥과 중세시기 동안 마녀심판으로 화형에 처해진 많은 다른 여성들의 영혼이여!

십자군전쟁 때 죽은 모든 사람들의 영혼이여!

식민주의 시대와 기독교 이방선교 시기 동안에 대량 살상된 토착민들의 영혼들이여!

홀로코스트 동안 가스실에서 죽임을 당한 유대인들의 영혼들이여!

히로시마와 나가사키에서 원폭으로 죽임을 당한 사람들의 영혼들이여!

(…중략…)

광주와 천안문광장과 리투아니아에서 탱크에 깔려 죽은 사람들의 영혼들이여!

매일 같이 죽임을 당하는 아마존 우림의 영혼들이여!

인간의 물질과 금전에 대한 탐욕으로 강간을 당하고 고문을 당하여 착취를 당하는 땅과 공기와 물의 영혼들이여!

피비린내 나는 걸프전에서 지금 죽어가고 있는 흙과 공기와 물의 영혼들이여!

십자가에서 고문을 당하셨고 죽임을 당하신 우리의 맏형 해방자 예수님의 영혼이여![20]

---

20 • Ibid., 38-39.

그런데 정현경 박사는 위의 서론에 이어서 세 주제를 다루었다. "① 한(恨)으로 가득 찬 이 영혼들과 함께하는 성령의 광에서, ② 바벨의 영으로부터 오순절의 성령으로, ③ 회개에 대한 부름: 하나의 '생명의 정치적 경제'를 향하여"를 다루었는데, 각 주제의 끝 부분에서 위로부터 오시는 성령과 위와 같은 아래로부터의 영혼들의 부르짖음을 연결시켰다. 세 번째 주제의 끝 부분만을 인용하면 아래와 같다.

> 형제자매 여러분 우리는 성령의 에너지로 우리를 분열시키고 있는 분열의 담들과 '죽음의 문화'를 무너트리십시다. 우리는 성령의 생명의 정치적 경제에 동참하여, 모든 생명체들과 연대하여 이 땅 위에서 우리의 생명을 위하여 싸우고 JPIC를 위한 공동체들을 건설하십시다. 성령의 거친 바람이여 우리게 불어오소서! 우리는 그녀를 영접하여, 그녀의 거친 삶의 리듬에 동참하십시다. 성령이여 오소서! 전 창조세계를 새롭게 하소서.[21]

그녀의 성령론은 본 총회가 의도했던 "세상의 영들의 한복판에서 발견되는 성령의 진정한 활동"에 대한 연구발표였다. 그녀는 진정 인류 역사와 창조 속에 보편적으로 현존하시고 보편적으로 사역하시는 성령, 그러나 매우 특수한 상황들과 맥락들 속에서 현존하시고 사역하시는 성령, 곧 정교회의 '영 그리스도론'에 해당하는, 역사와 창조 속의 하나님의 영을 소개하다가 앞에서 지적한 대로 '해방신학', '민중 신학' 그리고 '한(恨)의 신학'의 테두리 안에 머물게 된 것으로 보인다.

(4) 제1분과 보고서: '생명의 시여자 – 당신의 창조를 지탱하소서'(3. 2)
"3. 2. 1 . 창조의 신학: 우리 시대의 도전"에 대하여 언급한다. 그리고 여기에서 성령에 대하여 역설할 때, 그와 같은 성령은 '영 그리스도론'에 입각한 성령, 곧 창조주 아버지 하나님의 영 혹은 루아흐 야훼에 다름 아니다. 다음의 인용문

---

21 • Ibid., 46.

들은 이를 웅변적으로 말하고 있다.

우주의 무한량한 신비, 창조세계와 이렇게 아름다운 지구의 풍요와 아름다움과 장엄함은 하나님의 영광을 드러낸다. 우리는 삼위일체 하나님께서 모든 생명의 원천임을 고백한다. 우리가 본 총회의 기도 주제에서 기도드린 성령께서는 만유 안에 현존하고 있는 하나님의 생명 에너지이시니, 우리들에게 만유가 하나님께 의존하고 있다고 하는 사실을 생각나게 한다. 만유는 예수 그리스도를 통하여 지음 바 되었고 그분 안에서 하나님의 창조세계는 완성을 향해가고 있는 것이다. 우리는 그리스도의 십자가와 부활을 통하여 전 창조세계가 새롭게 되고 있음을 확신한다. 만유가 예수 그리스도 안에서 하나님께 화해되었고 우리는 성령을 통하여 하나님의 미래를 경험하기 시작하였다.(3.2. I. A.1.)

창조 안에 계신 성령의 신적 현존은 인간으로서 우리들을 모든 피조 된 생명과 연결시킨다. 우리는 생명의 공동체 안에서 그리고 그것에 대하여 하나님 앞에서 책임이 있다. 이 책임은 성경에서 여러 가지 이미지들로 표현되어 있다. 즉, 머슴들, 청지기들과 수탁자들, 경작인들과 관리인들로서, 창조의 제사장들로서, 양육자들로서 그리고 공동 창조자들로서 말이다. 이는 긍휼과 겸손, 존중과 경외를 요청한다.(3.2. I. A.2.)

그런데 땅은 하나님에 의하여 무로부터 순수하고 단순한 사랑의 행동으로 지음을 받았기 때문에 성령께서는 창조를 버리지 아니하셨거나 그것을 지탱하시기를 멈추지 아니하셨다. 그럼에도 불구하고 우리가 살고 있는 땅은 위험에 빠져 있다. 창조는 인류의 창조파괴에 대하여 항거한다. 창조는 그것의 모든 부분들에 있어서 신음하고 해산의 고통을 겪고 있다(롬 8:22). 생태학적 균형이 심하게 깨어져 버렸다. … (3.2. I. A.3.)

그리고 우리가 대처해야 할 "위기의 성격" 역시 성령의 보편적인 현존과 사역의 반대급부에 해당한다. "현 국제적인 상황에서 우리는 두 가지 주된 문제에 직면해 있다. 하나는 세계적인 사회정의의 위기요, 다른 하나는 글로벌 생태위기와 환경위기이다."(3. 2. I. A. 5.)라고 할 때, 우리는 '영 그리스도론' 차원에서 하나님의 영의 충만이야말로 교회뿐만 아니라 온 인류와 세상과 창조가 정의와 평화로 충만을 가져 올 것으로 보기 때문이다.

"3. 2. II. 경제와 생태 윤리를 향하여'에서 우리는 '영 그리스도론' 차원에서 타 종교들과의 대화와 연대(連帶) 그리고 모든 학문들과의 대화와 연대에 대한 긍정을 발견한다. 그도 그럴 것이 '하나님의 영'은 이들 종교들과 도덕윤리들과 학문들의 이론들과 실천의 원천이라고 하는 말이다.

우리의 비전은, 종교들 상호 간의 영성과 공동체에 대한 헌신과 나눔에 있어서 실천적 모범들을 발전시킴으로써 얻는 영감으로부터 배우기 시작하는 다종교의 사람들에 대한 것이다. 우리의 비전은, 소비주의를 새로운 영성으로 대체하면서 적게 가진 사람들과 나누기 시작하는 충분히 많이 가진 사람들과 모든 창조세계의 필요에 근거하여 결단하는 경제적이고 정치적인 권력을 가진 자들에 대한 비전이다. 우리의 비전은, 이 지구의 지역 공동체들이 우리의 생존에 대한 위협들에 저항할 수 있는 힘을 받는 것이다. … 우리의 비전은, 산업화된 나라들이 지구온난화의 속도를 상당히 늦추기 위하여 새로운 패턴의 에너지 소비를 발전시키는 것에 관한 것이다. 우리의 새로운 비전 안에서 여러 학문들의 자원들, 기술연구들, 그리고 경제적 분석이야말로 창조의 모든 것에 봉사할 것이다. 지성적 연구결과인 경제발전의 새로운 개념들은 모든 생명 형태들의 온전성을 존중해야 할 것이다. 기술의 목표는 자연과 그것의 신비들과 함께 사역하는 것이지 그것을 지배하는 것이 아니다.(3. 2. II. A. 17)

"3. 2. III. 교회: 모든 창조세계의 생명을 위한 언약" 역시 '영 그리스도론' 차원의 하나님의 영의 현존과 사역 영역과의 관계에서 '기독론적 성령론' 차원의 교회 내적 성령의 현존과 사역을 주장한다. 다음의 두 인용문이 보여주고 있는 교회의 JPIC에 대한 책임은 기독론적 성령에 힘입은 교회가 역사와 창조 속에서 보편적으로 현존하시고 사역하시는 '하나님의 영'에 대하여도 응답해야 한다고 하는 말로 이해된다.

> 전 생명공동체의 깨어짐에 의하여 제시된 위기는 교회로 하여금 JPIC에 헌신하도록 도전해오고 있다. 교회들은 이와 같은 헌신을 구체적이고 실천적인 방법으로 바꿔야 하는 책임을 가지고 있다.(3. 2. Ⅲ. A. 47)

> 깨어짐으로부터 온전성으로 그리고 죽음으로부터 생명으로 구속함을 받은 교회는 그리스도 안에서 '새 창조'의 한 징표이다. 교회는 구속받은 공동체로서 창조세계의 갱신에 있어서 중차대한 역할을 한다. 그것은 교회의 예언자적 과제요 교회는 신앙과 용기와 희망으로 응답하도록 부름을 받고 있는 것이다.(3. 2. Ⅲ. A. 49)

(5) 제2분과 보고서, 제3분과 보고서 그리고 제4분과 보고서

제1분과 보고서('성령이여 오서서! 창조세계 전체를 지탱하소서')를 제외한 나머지 분과 보고서들은 서방교회의 기독론적 성령론(vs. the Spirit-Christology)을 출발로 하여 '하나님의 영'의 보편적 현존과 사역으로 나간다. 즉, 그것들은 그리스도께서 부활 승천하신 후 아버지의 약속을 따라 파송해주신 성령, 곧 교회론, 칭의론, 성화론 등에 관련된 그리스도의 영에서 출발한다고 하는 말이다.

제2분과: "진리의 영이여! 우리를 자유케 하소서"라고 하는 본 분과의 소주제는 '복음진리'를 받아들이게 해달라고 하는 성령초대의 기도이기 때문이다. 본문은 "그리스도께서 우리를 자유케 하려고 자유를 주셨으니, … 형제들아 너희가 자유를 위하여 부르심을 입었으니….".(갈 5:1, 13)라고 하는 기독론적인 복음의 자유를 우리는 "성령의 선물"로 누리고 있다(3. 3. Ⅰ. 1)고 한다. 그리고 "이 성령은 예수님 자신이 자신에게 임해오신 성령의 결과로 받아들이신 과제를 우리들에게 부과하신다."(Ibid.)고 하였다. 그리고 이어서 이 성령은 교회일치와 교회들의 세계적인 코이노니아를 가능하게 하신다고 하고, 복음을 증언하게 하시며, 나아가서 구조 악에 저항하게 하시면서 하나님 나라의 정의를 증언케 하신다고 하였다.(3. 3. Ⅰ. 2) 그리고 본문은 3. 3. Ⅱ.에서 6가지 이슈들을 진술할 때 역시 기독론적 성령론에서 출발하여 하나님의 영의 현존과 사역 영역으로 나간다. 즉, 첫 번째 이슈는 "투쟁을 위하여 자유케 되라고 하는 도전", "두 번째 이슈는 "하나의 지속 가능한 가치체계를 고안해내라고 하는 도전", 세 번째 이슈는 "인종적 정의를 위하여 사역하라고 하는 도전", 네 번째 이슈는 "해방을 위한 소통의 도전", 다섯 번째 이슈는 "지속적인 평화와 의미 있는 안전으로의 도전", 그리고 여섯 번째는 "여성들을 위한 정의"를 각각 '복음'을 성령(기독론적 성령)으로 받아들인 사람들과 교회들의 '하나님의 영'의 영역에의 참여를 말하고 있기 때문이다.

제3분과: "일치의 영이시여! 당신의 백성을 화해케 하소서" 역시 '기독론적 성령론'으로부터 출발하여 하나님의 영의 보편적 현존과 사역의 방향으로 나간다. 본 소주제의 제목들만 보아도 우리는 그것을 확언할 수 있다. 즉, 3. 4. A는 "일치의 영", 3. 4. B는 "성령의 능력 안에 있는 선교 — 화해의 사역과 나눔의 사역", 3. 4. C는 "일치의 성령과 타 종교들과 이념들의 사람들과의 만남", 3. 4. D는 "오순절 및 카리스마 운동들" 등은 모두 부활하시어 승천하신 그리스도께서 파송해주신 그리스도의 영으로부터 출발하는 것들이다.

제4분과: "성령이시여! 우리를 변혁시키시고 거룩하게 하소서" 역시 기독론적 성령론에서 출발하여 '영 그리스도론'으로 나간다. 우리는 여기에서 "세상 속에 있는 성령", 곧 '영 그리스도론' 차원의 '하나님의 영' 혹은 루아흐 야훼에 대하여만 주목하면 될 것이다. '역사와 창조' 속에 계신 '하나님의 영'에 대한 분별은 '기독론적인 성령'이시지만 말이다.

생명의 시여자이신 성령께서는 모든 창조세계 속으로 계속해서 생명을 불어넣으신다. 모든 생명이 하나님께로부터 나와서 궁극적으로 하나님께로 돌아가기 때문에(시 104) 거룩성의 에토스는 존재하고 있는 모든 것에 대하여 본성상 하나님께 속한 것처럼 대해줄 것을 요청한다. 우리는 우리의 몸과, 공기와 흙을 스스로 자신의 소유로 지니고 있는 것이 아니다. 모든 것이 하나님께로부터 주어진 것이다.(3. 5. 6. 36)

우리는 창조세계에 불가분리하게 소속되어 있지만, 우리는 이 세상 안에서 창조의 청지기와 창조의 제사장들이다. 우리들은 창조를 그것의 창조주에게 되돌려주어야 하는 특권과 책임을 천부적으로 부여받았다. 이제 교회는 과학과의 대화를 통하여 인류와 나머지 창조세계와의 관계를 규명하도록 도전을 받고 있다. 인간 중심주의(인간의 하나님의 유일한 관심사라고 하는 아이디어)는 창조의 온전성을 거부한다. … (3. 5. 6. 37)

성령께서는 모든 사람들과 신앙들(종교들) 사이에서 그리고 우주 전체를 통하여 사역하신다. 하나님께만 속하는 주권적 자유를 가지고 바람(하나님의 영으로서 성령: 필자 주)은 그것이 원하는 대로 분다. 교회들은 이와 같은 사실을 인식하면서 말씀과 성례전들을 통한 성령의 사역으로 구원에 동참하면서 양육받고 있음을 기뻐한다.(3. 5. 6. 38)

영들은 분별되지 않으면 안 된다. 모든 영이 성령은 아니다. 성령분별의 우선적 표준은 성령이란 그리스도의 영이라고 하는 것이다. 그것은 십자가와 부활을 가리키고 그리스도의 주권을 증언한다. 성령의 열매들, 그중 사랑·기쁨·평화는 적용되어야 할 또 다른 표준이다(갈 5:22). 우리는 타 종교들의 심오한 영성과의 해후에서 이와 같은 표준들이 작동되어야 한다고 믿는다.(3. 5. 6. 39)

V
나가는 말

　필자는 콘라드 라이저의 논지를 받아들이면서 실제로 그것이 에큐메니칼 공식문서에서 어떠하였나를 검증한 셈이다. 그것이 그렇게나 중요하기 때문이다. 그래서 필자는 1920년대와 1948-1968년까지 문서들에서 '그리스도 중심적 보편주의'가 과연 무엇을 의미하는가를 확인하였고, 1990년대부터 확연히 나타난 '삼위일체론'으로의 패러다임 이동을 살펴보았다. 그런데 후자에 관련하여 필자는 '기독론과 삼위일체론' 그리고 '성령론과 삼위일체론'을 각각 두 문서에서 읽어 냈다. 하나는 『하나의 신앙을 고백하며: … 』였고 다른 하나는 『캔버라 WCC 총회 보고서』였다.

　우리는 1991년의 두 문서에 대한 연구에서 '기독론'이 삼위일체론으로 발전하였고, '성령론' 역시 삼위일체론으로 발전하고 있음을 발견하였다. 결국, 이 둘을 취합하여 말한다면, 1991년의 두 문서 이래로 '기독론'은 삼위일체의 얼개를 떠나서 있을 수 없고 '성령론' 역시 그러하다고 하는 사실을 확인한 셈이다. 부연하면 기독론은 성령론적 기독론이고, 성령론은 기독론적 성령론이라는 말이다. 그리하여 1991년 이후 '신앙과 직제', '삶과 봉사', '세계선교와 복음전도' 운동들은 모두 전환된 패러다임, 곧 정교회의 성령론을 수용한 삼위일체론을 모든 신학의 전거의 틀로 받아들이고 있는 것으로 보인다.

　우리는 본 저서의 '제8장 WCC와 종말론'에서 '종말론'의 경우 역시, 1948-1968년까지는 '그리스도 중심적 보편주의'에 정위(定位)된 종말론을, 그리고

1991-2012년까지는 '삼위일체 중심적 보편주의'에 정위된 종말론을 소개할 것이다. 필자가 보기에, '제5장 WCC와 삼위일체론'과 '제8장 WCC와 종말론' 모두에 있어서 결정적으로 중요한 문서는 『하나의 신앙을 고백하며: … 』(1991)이다.

제6장

WCC와 구원론

†

I

들어가는 말: 역사적 배경

고대교회는 기독론과 삼위일체론의 문제로, 그리고 어느 정도 구원론의 문제(아우구스티누스와 펠라기우스)로 교회의 분열을 경험하였다면, 16세기는 구원론의 문제로 서방교회 안에서 로마가톨릭교회와 루터교를 비롯한 개신교회가 분열을 경험하였다. 하지만 1530년 '아욱스부르크 신앙고백서'가 나온 이래 계속해서 1530대와 1540년대에 로마가톨릭교회와 루터교 양측은 양자 간 신학 협의회들을 통하여 화해를 모색했으나 결실을 맺지 못하고 말았다. 이 양자 간 대화의 역사에 있어서 '레겐스부르크 회담'(1541년)이 가장 성공적이었지만 결국 실패로 끝나고 말았다. 그리고 1545-1563년 어간에 로마가톨릭교회의 "트렌트 공의회"의 교리 선언은 당시 루터교와의 결별을 선언하는 비극적인 사건이 된 것이다. 따라서 1999년 10월 31일에 공동 서명 날인은 '1541년의 레겐스부르크 회담'으로부터 꼭 458년 만의 일이었다.

그러나 양측이 오늘에 이르게 된 직접적인 원인은, 20세기에 들어와서 활발히 전개된 에큐메니칼 운동의 흐름 속에서 일어난 교파들 간의 양자 간 신학 협의회 운동이요, 이러한 에큐메니칼 운동 속에서 일어난 제2차 바티칸 공의회(1962-1965)의 교리 선언이다. 로마가톨릭 측과 루터교는 30년에 걸친 양자 간 대화를 통하여 "복음"과 "삼위일체 하나님"을 공유하고 있다고 하는 사실을 재확인했다. 1963년 몬트리올 신앙과 직제 세계대회의 제2분과("Scripture, Tradition and Traditions")는 세계교회가 "복음"(the Tradition: 대문자 T)을 공유하고 있다는 사실을,

그리고 제2차 바티칸 공의회(1962-1965)의 "계시론"(Dei Verbum)은 "계시 그 자체" (the Revelation itself)를 성경과 전통 이전에 놓고 있다는 사실을 각각 선언하였다. 즉, "복음"을 공유하고 있다는 말이다.

또한 에큐메니칼 운동을 통해서 1980년대 이후, '니케아-콘스탄티노플 신조' (381)가 세계교회가 공유하는 사도적 신앙의 공동 표현과 고백으로 인정되어 오고 있고, 트렌트와 제2차 바티칸 공의회 역시 이 신조를 동방정교회 및 개신교와 공유하고 있다는 사실을 알고 있다. 즉, 양측은 적어도 삼위일체 하나님에 대한 공동의 신앙을 갖고 있다. 따라서 세계교회가 공유하고 있는 "복음"과 "삼위일체 하나님"은 에큐메니칼 운동을 통하여 확인된 바 "칭의"교리의 대전제이다. 이 전제는 "복음"에 대한 수용(appropriation)에 해당하는 "이신칭의"의 전제이다.

여기에 더하여 최근의 성서신학이 신약성서에서 발견한 "칭의" 교리에 맞먹는 다른 다양한 표현들이 16세기 당시의 "칭의"교리의 이해의 폭을 넓혀주었다고 하는 사실도 중요하다. 그리고 기독교의 모든 교리들은 항상 새로운 역사적 상황들에 직면하여 재해석될 필요가 있다. 복음과 삼위일체 하나님도 그렇거니와, 복음에 대한 이해와 수용으로서의 "칭의"교리 역시 그 시대적 상황에 응답해야 한다. 바울은 후기 유대교의 율법주의 상황에서, 그리고 루터는 중세 말의 율법주의 상황에서 각각 "복음"의 수용으로서의 "이신 칭의"교리를 주장했던 것으로 보인다. 하지만 본 '공동 선언문'은 '레겐스부르크 회담'과의 연속선상에서 그리고 무엇보다도 '트렌트 공의회'(1545-1563)의 교리 선언에 나타난 "의인화"(義人化) 교리와의 관계 속에서 "칭의" 혹은 "의인화" 교리를 다시 천명한 것이다.

이러한 새로운 기류 속에서 가장 중요한 것은 양측이 "복음"을 성경의 통일성으로 보게 된 것이다. 이번 최종문서는 1972년에 시작되어 약 30년 동안 진행되어온 양자 간 신학 협의회들의 총결론으로 이해되는 바, 양측이 공유하고 있는 "복음"과 "삼위일체론"을 재확인하면서 결국 삼위일체 하나님의 역사로 인한 이 복음의 수용(收容)인 "이신칭의"(以信稱義)에 있어서 합의를 도출해낼 수 있었다. 루터교와 로마가톨릭교회가 "구원론"에 대한 본질적 진리들에 관하여 합의를 보았고, 여타 차이점들에 있어서는 큰 문제가 없다고 하는 사실을 천명한 것이다.

양측은 서로가 서로를 더 이상 정죄하지 않겠다는 결론에 이르렀다.

"칭의"는 "복음"에 대한 수용에 관한 것이다. 그런데 이 "수용"의 양태에 있어서, 양측이 그것의 기본 진리들에 있어서 합의를 보았다. 그리고 양측은 이 "수용"이 예수 그리스도(하나님의 아들)를 성령의 역사로, 말씀과 성례전을 통하여 수용함으로써, 예수 그리스도와의 연합은 물론, 아버지 하나님과의 연합에 이른다고 하는 점에 일치하고 있다. "복음"이 "삼위일체 하나님"과 불가분리하듯이, 이 "복음"의 "수용" 역시 삼위일체 하나님과 분리될 수 없다. '공동 선언문'이 선포하는 "a differentiated consensus"(상이성을 열어놓는 합의)의 대전제는 바로 "복음"과 "삼위일체 하나님"이다.

그리하여 양측은 이번 서명식을 위해서 두 개의 문건을 만들었다. 하나는 '공식적인 공동 선언문'(Official Common Statement)이요, 다른 하나는 '추가 문서'(Annex)이다. 여기에서 우리는 우선 결론에 해당하는 본문부터 인용하고자 한다. 양측은 전자에서 다음과 같은 "일치"(consensus)에 도달하였음을 주장하고 있다.

… 우리는 이신칭의 교리에 관한 기본적인 진리들에 있어서 일치(consensus)에 도달하였고, 이 교리에 관하여 16세기 종교개혁 시대로부터 내려오는 상호 교리적 정죄가, 더 이상 '공동 선언문'에 제시된, 이신칭의 교리에는 결코 적용될 수 없다고 하는 사실을 확인하였다.[1]

그리고 후자에서는 다음과 같은 사실을 확인하였다.

우리는 오직 은혜로, 우리 쪽의 그 어떤 공로가 아니라 그리스도의 구원사역에 대한 신앙으로만, 하나님에 의하여 받아들여지고, 우리의 마음을 갱신하여 우리로 하여금 선행을 하게 하시는 성령을 받는다고 하는 사실을 함께 고백한다.[2]

---

1 • Ibid., 579.

2 • Ibid., 580.

그리고 위의 인용문을 풀어서 선언하는 항목들(a-e) 가운데 a)와 e)는 다음과 같이 천명하였다.

우리는 하나님께서 은혜로써 죄를 용서하시고, 동시에 인간을 죄의 노예되게
하는 권세로부터 자유케 하신다고 하는 사실을 함께 고백한다. …[1]

칭의에 의하여 우리는 무조건적으로 하나님과의 코이노니아를 갖게 된다. 이
것은 영생을 포함한다. …[2]

---

1 • Ibid.
2 • Ibid., 581.

Ⅱ

이신칭의와 성화의 문제

우리는 최종문서(1999. 10. 31)를, 16세기 당시 루터의 "구원론"(혹은 "이신칭의론")과 트렌트 공의회 문서에 나타난 "의인화((義人化)론"과 비교하면서 이해하여야 한다. 그 이유는 오늘에 이르러 양측은 이 최종문서에서 16세기 당시 양측이 주장하던 "이신칭의론"에 있어서 서로에게 껄끄러웠던 부분들을 서로가 양보하고 받아들였다고 하기 때문이다. 그러면 16세기 당시, 칭의론에 있어서 양자 간에 무엇이 문제였던가?

트렌트는 "filioque"가 있는 니케아-콘스탄티노플 신조의 삼위일체를 첫 신앙 항목으로 하고, 아담 이야기에 입각한 인류 타락론을 언급하고 난 다음에, 예수 그리스도를 통한 객관적인 구속사역을 소개하였다. 트렌트는 이를 전제로 하여 세례를 통한 중생(the laver of regeneration)(Chapter Ⅳ)으로 인간의 신분이 아담의 후예로부터 제2 아담을 통하여 "하나님의 자녀들로 입양"되는데, 바로 이 입양과정이 "의화"과정이라고 하는 것이다. 그런즉, 트렌트는 "선행은총"의 부름에 응답(Yes 혹은 No)한 사람의 심성 안에는 이 선행은총의 "주입"으로 말미암아 준비단계의 "신애망"(habitus = new disposition)이 형성된다(Chapter Ⅴ, Ⅵ)고 보는 것이다. 그리고 나서 이와 같은 준비단계 다음에 세례를 통하여 "의화 그 자체"(the Justification itself)가 주어지는데, 이는 "은총과 은혜"에 대한 인간의 적극적인 수용에 의한 "성화"에 다름 아니라고 한다(Ⅶ). 바로 이점에서 로마가톨릭 "의화"는 종교개혁의 그것과 다르다. 하지만 트렌트는 이렇게 선언하였다. "우리는 믿음으로 의롭게 된다고 말하여진다. 그도 그럴 것이 신앙은 인간 구원의 시작이요, 모든 의화 (all Justification)의 초석이요, 뿌리이기 때문이다. 그것이 없으면 우리는 하나님을 기쁘시게 할 수 없다. 그래서 우리는 값없이 의롭다함을 얻는다. 신앙이든 선행이든 의화에 선행하는 것들 가운데 그 무엇도 우리로 하여금 의화라고 하는 하나님의 은혜 그 자체를 얻게 하는 것은 아니다."(Ⅷ)[3]

트렌트 공의회에 따르면, 로마가톨릭교회는 "세례"를 받을 때에 하나님으로부터 믿음, 사랑, 소망이라고 하는 초자연적인 은사들(the supernatural virtues = 믿음, 사랑, 소망)을 주입받음(gratia infusa)으로써 의인화된다고 하는데, 이는 이미 세례 이전에 일어나는 하나님의 선행 은총(gratia preveniens)에 대한 반응으로 성취되는 인간의 수평적 차원에서의 질적 변화[(transformation: 초기 단계의 믿음(prudentia), 사랑 (iustitia), 소망(fortitudo)]를 전제한다.[4] 그리고 이처럼 의롭게 된 사람(to be made just) 은 "세례" 이래로 계속해서 "성화(聖化)"의 삶을 살아가는 바, 당시 가톨릭교회는 이 "성화"를 "이신칭의"와 분명하게 구별할 수 없었다.

루터의 경우는 사람이 복음을 성령 역사로 받아들여(믿음), 수직적 차원에서 의롭다고 선언되는데(to be declared to be justified). 이때에 복음을 받아들이는 사람이 전혀 의롭지 않음에도 불구하고 예수 그리스도께서 성취하신 완전한 의(義) 를 옷 입어 의롭다하심을 받고(imputation), 성화(사랑과 소망)로 나간다고 하는 것이다. 여기에서 차이점은 루터가 "밖으로부터 오는 의"(iustitia aliena extra nos)를 덧입는다고 하는 복음의 수직적인 차원을 강조하였고, 로마가톨릭교회는 인간이 세례를 전후로 하여 내적 변화를 성취해야 한다고 하는 수평적 차원을 강조한 것이다. 루터는 세례 이후의 이 수평적인 차원을 전적으로 "이신칭의(以信稱義)" 와 불가분리한 성화 차원으로 돌렸지만, 그럼에도 불구하고 수직적 차원과 수평적 차원의 이분화의 위험으로 "반율법주의"(anti-nominianism)의 가능성을 배제시

---

3 • "The Canons And Dogmatic Decrees Of The Council Of Trent, 1963", in *The Creeds of Christendom, vol. II,* ed. by Philip Schaff, Grand Rapids, Michigan: Baker Book House, 1990(reprinted), 77ff.: 트렌트는 'The Sixth Session : Decree on Justification'에서 "의화교리"문제를 논한다.

4 • 참고: Thomas Aquinas, *On Nature and Grace,* L.C.C. Vol. 11, Selections from the Summa Theologica of Thomas Aquinas, trans. and ed. A. M. Fairweather(Philadelphia: The Westminster Press, 1954), 205.

키지 못했었다. 하나님의 법정(coram Deo)에서 하나님의 법(Law and Gospel)으로부터의 고발과 정죄와 형벌로부터 자유 함을 얻은 "이신칭의" 받은 그리스도인은 구원에 관한 한 모든 율법의 요구로부터 자유 함을 얻었기 때문이다(forensic righteousness).

　여기에서 우리는 루터에 대한 보완적 측면을 발견한다. 즉, '공동 선언문'은 복음을 받아들이는 단계에서 인간의 응답을 강조하였다. 루터와 순수 루터주의자들(the genesio-Lutherans)의 경우에, 복음을 수용하는 주체가 어디까지나 불가항력적(irresistible)이거나 순수하게 수동적이다. 하지만 '공동 선언문'은 이 이신칭의 단계에서 하나님의 사랑(성령)이 부은 바 됨으로써, 이 이신칭의의 신앙은 "사랑으로써 역사하는 믿음"(active in love)(갈 5:6)이라고 한다. 비록 이신칭의가 "성화"에 다름 아닌 이 사랑으로 활동적인 행위들에 의존하고 있지는 않지만 말이다. 그리고 본 '공동 선언문'에서 루터교는 "율법"의 사용에 있어서, 그것의 성화 차원의 기능을 루터나 순수 루터주의자들보다 더 강조하고 있는 것으로 보인다.

　그러면 '공동 선언문'은 16세기 트렌트의 로마가톨릭 의인화 교리의 어떤 점들을 양보하고 보완하고 있나? 로마가톨릭교회가 이 문서에서 가장 분명하게 천명한 것은 "'율법에 의해서 규정된 행위와 무관하게'(롬 3: 28), 복음을 믿어 칭의를 받는다."라는 것이고, "그리스도께서는 율법을 성취하셨고, 그분의 죽으심과 부활에 의하여 구원에 이르는 길로써의 율법을 극복하셨다."(4.5.31)고 하는 구원론에 대한 내용이다. 가톨릭 측은 여기에서 "칭의"와 "성화"를 16세기에서 보다 더 분명하게 구별하면서도(4.7.37), "칭의 그 자체"(Justification itself) 이전의 "새로운 성향"(habitus)이나 그 이후의 성화가 전혀 의인화 그 자체에 기여할 수 없다고 하는 것을 명료화시켰다.

　그러면 이번 최종문서에서 서로가 양보한 것은 무엇인가? 로마가톨릭교회는 세례를 전후하여 일어나는, 인간의 내적 변화의 과정을 전적으로 은총으로 돌리는 동시에, 이 세례에서 받는 의롭게 됨(Justification itself)이 결코 그 이전이나 그 이후의 내적 변화에 결코 의존하지 않는다는 것이고, 루터교는 수직적인 "이신칭의" 차원에서도 믿는 사람은 이미 성령(하나님의 사랑)이 부은 바 되고, 예수 그리스도께서 내주(內住)하시기 때문에 성화의 추진력을 지녔고, 소망 가운데 있다는 것이다(4.3.25). 즉, 루터교는 "오직 믿음"의 차원에 "사랑"과 "소망"이 공존한다는 사실을 인정하면서 역시 "구원"(이신칭의)은 결코 "성화"(사랑과 소망)에 의존하지 않는다고 하는 입장을 표명하기에 이르렀고, 나아가서 "이신칭의"와 "성화"는 구별은 되지만 분리는 될 수 없다고 하면서, 종전보다 '성화'를 더 강조하기에 이른 것이다.

칼빈은 루터의 "이신칭의"를 받아들였다. 칼빈 역시 루터처럼 이신칭의(the justification the sinner)와 성화를 엄격히 구별하면서도 이 둘의 불가분리성을 강조하였고, 나아가서 "이신칭의 받은 사람의 행위들에 대한 칭의"(the justification of the justified)[5]를 루터보다 더 강조하였다. 하지만 칼빈의 이신칭의론과 성화론은 어느 정도 루터와 뉴앙스를 달리하는 신학적인 맥락 속에서 이해되고 있다.

칼빈의 최종판 『기독교 강요』(1559)의 제2권을 복음이라고 한다면 제3권은 이 복음을 믿음으로 수용하는 것을 가능케 하는 성령론이다. 제2권의 복음 이해가 참 하나님이시요, 참 인간이신 중보자 예수 그리스도의 3중직에 의한 화해사역을 말하고 있고, 제3권은 "그리스도의 은혜를 받아들이는 방법"(the Way in which We Receive the Grace of Christ)이라 이름 하였다. 칼빈은 이 제3권에서 성령을 통하여 예수 그리스도와 믿는 사람 사이에 신비적인 연합(unio mystica cum Jesu Christo)이 일어난다고 보고, 이 신비적인 연합이 이신칭의와 성화의 근거라고 한다(Ⅲ. i. 1). 즉, 인간이 복음(제2권)에 대해서 성령 역사로 신앙과 순종(제3권)으로 응답할 때, 성령을 통한 예수 그리스도와의 신비적인 연합이 먼저 일어나야 한다는 것이다(니젤과 방달).

이신칭의와 성화를 이중적인 은혜라고 말하는 칼빈의 구원론은 루터보다 성화를 더 강조한다. 그래서 그는 제3권에서 칭의론을 본격적으로 다루기에 앞서 성화(중생)에 대해서 논했고, 제2권 기독론(Ⅱ. vii. 12)에서 율법의 제3 사용을 역설

■■■ 5 • Inst. Ⅲ. 17. 5. 재인용. 칼빈: 그의 신학사상의 근원과 발전, 프랑수아 방달 지음/김재성 옮김(서울: 크리스천 다이제스트, 1999), 314.

하였다. 그는 루터의 율법과 복음을 받아들이면서도 "복음과 율법"(Ⅱ. viii. 13)[6]에 더 강조점을 두었다. 칼빈은 모세가 이스라엘 백성을 애굽의 노예생활로부터 출애굽시킨 것처럼 예수 그리스도께서는 죄와 죽음에 노예 되었던 인류를 출애굽시켰다고 하는 이야기가 십계명의 머리말(나는 … 너의 하나님 여호와로라)의 의미내용이라고 보고, 이 은혜야말로 나머지 계명들을 지킬 수 있게 하는 복음이라고 하는 것이다(Inst. Ⅱ. vii). 바로 이런 뜻에서 칼빈은 "복음과 율법"을 더 강조하였다. 복음으로 구원을 받아 이신칭의 얻은 사람은 구약의 예언서들과 신약의 산상수훈과 사도들의 훈령을 따라서 성화의 삶을 살아야 한다는 말이다.

그럼에도 불구하고 칼빈은 이신칭의 받은 사람의 "성화" 그 자체가 인간을 구원하는 것은 아니라고 주장한다(Ⅲ. ⅹiv. 18, 19, 20, 21). 그럴 경우에 우리는 이신칭의 받은 사람이 하나님 존전에서 역시 심히 부족한 죄인이라고 하는 것을 거부하는 결과를 가져오기 때문이다. 칼빈은 택정함을 입은 사람의 증거로써 이신칭의 받은 사람의 선행(善行)을 말한다. 이것은 개혁교회 구원론 전통이 말하는 "실천적 삼단논법"(syllogismus practicus)[7]이다. 택함을 받은 사람들은 필연적으로 성화의 열매를 맺는다고 하는 말이다. 칼빈은 이신칭의 받은 사람들의 선행을 하나님이 용납하신다(accept)는 사실을 강조한다(Ⅲ. ⅹvii. 4, 5). 그래서 그는 기독교적인 삶을 강조한다(Ⅲ. vi. vii). 여기에 더하여 칼빈은 하나님께만 영광을 돌려야 하고, 하나님 나라를 건설해야 한다는 것을 힘주어 말함으로써 그의 성화론은 개인주의적 차원을 넘어서서 역사와 사회와 문화의 갱신을 포함하였다고 보인다.

칼빈은 이 제3권에서 이신칭의와 성화를 논한다. 이 구원론에 있어서 루터와 다른 점은 칼빈이 이 제3권 끝 부분에서 예정론을 다룬다는 점이다. 물론 루터 역시 복음을 성령 역사로 받아들인다고 할 때 노예의지를 말하지만 칼빈은 여기에 더하여 어거스틴 전통을 따라서 예정론을 주장하였다.

끝으로 『하이델베르크 교리문답』(1563)의 내용구조에서 우리는 개혁교회의

---

6 • 이 주제에 관하여는 개혁교회 전통의 칼 바르트가 히틀러리즘의 상황에서 루터교의 "Law and Gospel"을 의식하면서, "Gospel and Law"에 대한 주장을 펼쳤다.

7 • 이 용어는 경건주의자들이 사용한 것으로 칼빈이 이 용어에 따른 주장을 받아들이는가에 대해서는 오늘날 칼빈 신학자들 중에서 논란의 여지가 있음.

구원론의 총화를 발견한다. 즉, 이 교리문답은 3가지 내용구조를 가지고 있다. 첫째는 인간이 얼마나 비참한 존재인가(Von des Menschen Elend)이고, 둘째는 이 인간이 복음을 믿어서 이신칭의를 받으며(Von des Menschen Erloesung), 셋째로 감사하는 삶을 살아야 한다(Von der Dankbarkeit)고 하는 것이다. 첫째는 인간이 하나님의 말씀에 비추어볼 때 얼마나 비참한 존재인가를, 둘째는 복음을 신앙으로 받아들여 이신칭의를 얻은 사람이 사도신경의 모든 신앙항목들을 믿어야 할 것을, 셋째는 회개에 이어서 십계명과 주기도문을 풀이하고 있다. 죄와 사망으로부터 구원받은 사람은 기쁘고 감사하여 이중적인 사랑으로 요약되는 십계명을 따라서 살아야 하는데, 늘 기도를 해야만 그것이 가능하다고 하는 논리이다.

Ⅲ

율법과 복음

이 주제에 관련된 이슈는, 루터교 측이 인간은 그의 그 어떤 행위에 의해서도 "칭의"를 받을 수가 없다고 하는 것을 인식하게 만드는 율법의 몽학선생적 역할을 강조한다면, 가톨릭 측은 의인화론과 성화론 모두에 있어서 율법의 역할을 다분히 성화론적 차원에서 주장하는 데 있다. 그러나 이 율법에 관하여, 양측이 다음과 같이 합의한 사실은 매우 놀랍다 하겠다. 우리는 아래의 인용에서 그리스도께서 모든 율법을 성취하셨다고 하는 사실과 칭의 받은 사람들에게도 여전히 성화 차원에서 율법이 계속 유효하다는 사실에 유의하자.

> 우리는 '율법에 의해서 규정된 행위와 무관하게'(롬 3:28) 복음을 믿어 칭의를 받는다고 함께 고백한다. 그리스도께서는 율법을 성취하셨고, 그분의 죽으심과 부활에 의하여 구원에 이르는 길로써의 율법을 극복하셨다. 우리는 또한 하나님의 계명들이 칭의 받은 사람들에게도 그 타당성을 계속 가지고 있고, 그리스도께서 그분의 가르치심과 모범을 통해서 칭의 받은 사람들의 행동을 위한 표준을 표현하셨다.(4.5.31)

우리는 양측이 위의 사실을 공유하면서도, 루터교는 율법의 몽학선생적 역할(율법의 고발적 기능, 율법의 신학적 사용 혹은 율법의 영적인 사용)이 칭의 받은 기독교인의 전 생애를 통해서 유효하다는 점을 강조함으로써, 이미 언급한 대로 칭의 받은 기독교인의 죄성을 심각하게 생각한다면(4.5.32), 가톨릭 측은 "의인은 하나님의 계명을 지키지 않으면 안 된다."(4.5.33)고 하는 성화를 강조하면서도, "하나님께서는 예수 그리스도를 통하여 그의 자녀들에게 영생의 은혜를 자비에 의해서 약속하셨다."(4.5.33)고 가르친다.

본 주제에 관한 개혁교회의 입장은 어떠한가? 이미 지적한 대로 칼빈은 "율법과 복음"을 수용하면서도, "복음과 율법"에 더 무게를 두었다. 이 점에서 칼빈은 성화 차원에서의 율법사용에 루터보다 더 강조하는 로마가톨릭의 율법사용에 대한 입장에 근접하고 있으나, "이신칭의"의 역동적인 이해와 이 "이신칭의"와 "성화"의 엄격한 구별에 있어서 루터의 그것을 따르는 한 칼빈의 "율법의 제3 사용"은 로마가톨릭교회의 그것과 차이를 보이는 것으로 보인다. "성화"는 "이신칭의"와 긴장관계 속에 있어야 하기 때문일 것이다.

하지만 확실한 사실은 이번 '공동 선언문'이 "우리는 선행들이 ─ 믿음과 소망과 사랑 가운데 행하여지는 기독교적인 삶 ─ 이신칭의의 결과요, 이신칭의의 열매라고 하는 사실을 함께 고백한다."(4.7.37)고 하는 점이다.

Ⅳ

WARC가 추구하는 성화

WARC(World Alliance of Reformed Churches, 세계개혁교회 연맹)은 이미 1982년 제21차 오타와 총회에서 JPIC(정의, 평화, 창조세계 보전)운동을 선도(先導)하였고, 1989년 제22차 서울 총회에서 이 운동을 재확인함으로써, WCC가 추구하는 JPIC 운동에 동력을 제공하였다. WARC 전통은 개혁신학 전통을 따라서 하나님의 은혜의 언약사와 이에 대한 언약 공동체의 정치, 사회 그리고 경제적인 책임을 강조해 왔다.

1. WARC를 통해서 본 생명 살리기 운동

1997년 데브레첸에서 열린 제23차 WARC 총회는 대회의 전체 주제를 "불의의 사슬을 끊자"(사 58)라 하였고, 2004년 아크라 제24차 WARC 총회의 주제는 "모두가 더 풍성한 삶을 누리기 위하여"(요 10:10)였다. 이 둘은 서로 충돌하지 않고 잘 연결되는 신학적인 논리였다. "예수 그리스도 안에서 우리의 불의한 세상 속으로 들어오신 하나님은 풍성한 생명을 주시는 분이시기 때문이다."[8]

---

8 • The Alliance Today and Tomorrow: Towards Accra and Beyond, ed. by Paraic Reamonn(Geneva: World Alliance of Reformed Churches, 2004), 11.

2. 데브레첸에서 아크라 그리고 아크라 이후: "경제와 지구에 있어서 정의를 위한 언약"

데브레첸은 "그리스도 안에서 새 창조의 세계를 은혜로 주시는 삼위일체 하나님에 대한 신앙"을 확언하였고, 나아가서 "바야흐로 지금은 이와 같은 불의의 사슬을 끊고, 이에 대항하여 싸워야 하는 하나의 신앙을 고백할 때이다."라고 하면서, 개혁교회들에게 경제 부정의와 생태계파괴에 대한 인식과정과 교육과정과 고백과정에의 헌신을 촉구한 바 있다. 인식이란 교회가 이와 같은 상황을 직시하는 것을, 교육이란 교회 구성원 모두가 이와 같은 경제 부정의와 환경파괴를 교육받아야 하는 것을, 그리고 신앙고백이란 이와 같은 상황에 대하여 지속적으로 신앙을 고백해야 하는 것을 의미하였다. 본디 데브레첸은 이를 "processus confessionis(지속적인 신앙고백)"라 칭하였으나, 그 후 이 개념을 쉽게 풀어서 "경제와 지구에 있어서 정의를 위한 언약"(Covenanting for Justice in the Economy and the Earth)이라 하였다. 여기에서 "언약"이란 무엇보다도 "하나님의 창조세계에 대한 신실성"과 하나님의 "땅에 대한 항구적인 참여"를 말하고, 이것은 우리들을 하나님의 세계 창조와 재창조와 구속에 참여하는 동반자들이 되도록 초대하는 것을 뜻한다.(19-20)

그런데 WARC의 "협력과 증언 분과"는 주로 "세계 도처에서 일어나고 있는 신자유주의"에 대해서 관심을 집중하였는데, 1998-2004년까지 WCC와 루터교 세계연맹 등과 이 주제에 관한 신학 협의회를 가졌다. 그리고 이 "신자유주의"가 여성에게 불의한 결과를 초래한다고 보아, "여성과 남성 동반자 분과"가 "성 정의"(gender justice)를 지역별 신학 협의회를 통하여 심도 있게 연구하였다.(21 이하)

그리고 WARC는 "2004년 이후의 과제"(the Alliance beyond 2004)에서 "모두를 위한 풍성한 삶(아크라)을 저해하는 오늘날의 도전들"에 관하여 아프리카, 아시아, 남태평양, 유럽, 라틴아메리카, 중동, 미국 등의 모든 지역의 정치, 경제, 사회, 문화의 목소리를 듣고 나서, 세 가지를 언급하였다. 하나는 "세계적인 경제 부정의"요, 둘은 "환경파괴"요, 셋은 "평화에 대한 위협"이다. 즉, WARC는 향후 데브레첸과의 연속성을 갖는 아크라의 선교적 과제를 계속 추구해나가려고 한다.(66-72) 그런데 WARC는 이와 같은 선교적 과제를 수행하는 일은 다름 아니라 "하나님 나라"를 이 땅 위에 실현시키는 것이라고 역설한다. 다음의 인용을 결국 선교의 최종 목적인 하나님 나라 건설에 있는 것으로 본다.

'내가 온 것은 양으로 생명을 얻게 하고 더 풍성히 얻게 하려는 것이다.'(요 10:10)고 말씀하신 주 예수 그리스도께서는 그의 제자들에게 성령을 불어넣으 시면서 저들에게 '아버지께서 나를 보내신 것과 같이 나도 너희를 보내노라.' (요 20:21 이하, 17.18)고 말씀하셨다. 하나님 아들의 선교는 온 지구 공동체가 생 명이 풍성한 삶의 하나님 나라가 될 것을 선포하고 시발시킨 것이다. 그분의 가르침과 선포와 치유는 '목자 없는 양과 같이 고생하며 유리하는'(마 9:35-36) 가난한 사람들과 배제된 사람들을 위한 복음이었다. 그래서 그의 몸인 교회의 선교 역시 성령의 능력 안에서(요 16:13) 말과 행동으로 하나님의 은혜로우신 자기 내어주심의 은혜를 증거하는 것이다. 즉, 하나님께서는 예수 그리스도 안 에서 지구 공동체 혹은 하나님 나라를 위한 새로운 시대를 약속하셨고, 도래 시키신다. 기독교회들은 '하나님의 영광이란 충만한 삶을 누릴 인류'라고 하는 비전(리용의 이레네우스)에 감화되어서 현 역사 속에서 무엇이 이 하나님 나라를 배격하는 징표들이고 무엇이 이 하나님 나라를 긍정하는 징표들인가를 분별하 도록 부름을 받았고, 새로워진 형태의 예언자적이고 봉사적인 증언을 통해서 그와 같은 것들에 대하여 응답하도록 부름을 받았다.(66)

V

"로이엔베르크 합의"[9](Leuenberg Agreement, 1973)에 나타난 루터교와 개혁교회의 칭의와 성화문제

본 문서는 다만 루터교와 개혁교회 사이의 합의가 아니라 이 둘로부터 태어난 "독일 연합교회"(Unionskirche)와 종교개혁 이전 교회인 "왈도파 교회"와 "체코 형제교회"와의 신학적 합의를 선언하고 있다. 이들은 무엇보다도 "복음에 대한 공동의 이해에 근거하여 교회적인 코이노니아를 구현할 수 있었다."(B. (1))고 하였다. 이 문서는 이와 같은 합의가 16세기 종교개혁 이래로 변화된 상황이지만, 적어도 이들은 종교개혁 당시에 "우리를 자유케 하고 확신을 주는 복음의 능력에 대한 새로운 경험"을 출발점으로 했다고 한다. 즉, 이들의 삶과 교리는 무엇보다도 "성경 안에 있는 복음에 대한 근원적이고 순수한 증언"에 의하여 인도되었고, 측정되었으며, 판단되었다고 본다. 다시 말하면, 이들은 "예수 그리스도의 삶과 죽으심과 부활에 나타난 하나님의 무상(無償)의 무조건적인 은혜가 이 약속을 믿는 모든 사람들을 위한 것이라고 하는 사실을 증언함에 있어서 하나이다."(B. 1.) 그러면서도 이들은 "교회의 고대신조로 표현된 삼위일체 하나님과 예수 그리스도의 신인(神人)되심을 수용하고 새롭게 함에 있어서 모든 기독교회들과 하나이다."라고 주장한다.

본 합의문서는 종교개혁 스승들(fathers)의 '이신칭의'를 "복음"에 대한 바른 이해로 보면서, 칼 바르트의 용어로 말한다면, "복음"의 "de iure"(원칙적으로 혹은

---

9 • "Leuenberg Agreement: Reformation Churches in Europe, 1973", In *The Ecumenical Movement: An Anthology of Key Texts and Voices*, ed. by Michael Kinnamon and Brian E. Cope, 149 이하.

법적으로) 차원과 "de facto"(실제로 혹은 사실적으로) 차원을 구별하고 있다. 인간이 성령 역사로 수용하기 이전의 "복음"과 성령 역사로 수용하는 "복음"을 나누어서 생각했다고 하는 말이다. 우선 "de iure" 차원의 "복음"에 대해서는 아래와 같다.

복음이란 구약 이스라엘 백성에게 주어진 약속의 성취로써 세상을 구원하시는 예수 그리스도에 대한 메시지이다.(B. Ⅱ. (7))

이 메시지에 있어서 예수 그리스도께서는 그 안에서 하나님이 인간이 되시어, 그 자신을 인간에게 결속시키신 그런 분으로 인정되는 바, 바로 이 십자가에 달리셨다가 부활하신 이 예수 그리스도께서는 하나님의 인간에 대한 심판을 스스로 걸머지셨고, 그렇게 하심으로써 하나님의 사랑을 죄인들에게 나타내 보이셨으며, 장차 심판주와 구세주로 재림하사, 이 세상을 완성(consummation) 시키실 것이다.(B. Ⅱ. (9), b)

다음의 인용은 "de facto" 차원을 말한다.

하나님께서는 그의 말씀을 통하여 성령 역사로 모든 사람들을 회개와 신앙으로 부르시고, 믿는 죄인에게는 예수 그리스도 안에 있는 하나님의 의(義)를 확신케 하신다. 그리하여 누구든지 복음을 신뢰하는 사람은 예수 그리스도 덕분에 하나님 존전에서 의롭다 하심을 받아, 율법의 고발로부터 자유 함을 얻는다.(B. Ⅱ. (10), c)

그리고 본 문서는 바로 위의 "de facto" 차원의 복음 수용에 대한 주장에서 "성화"의 차원을 그것과 불가분리한 관계에서 선언하고 있다. 즉,

그는(이신칭의 받은 사람: 역자 주) 매일매일 회개하고 갱신되어서 코이노니아 가운데서 하나님을 찬양하고 다른 사람들을 섬기는 삶을 살면서, 하나님께서 그

의 나라를 전적으로 충만케 하실 것을 확신한다. 이런 식으로 하나님께서는 새로운 삶을 창조하시고, 이 세상 한복판어 새 인류의 씨앗을 심으신다.(B. Ⅱ. (10), c)

나아가서 본 문서는 정의와 평화 차원의 성화를 역설하고 있다.

이 메시지는 그리스도인들을 자유케 하여 이 세상에서 책임적인 봉사를 하게 하고, 이 봉사를 위하여 언제든지 고난을 감수할 수 있게 한다. 그리스도인들은 요구와 구원(succour)으로서의 하나님의 뜻이 세상사 전체에 해당하는 것을 안다. 그리스도인들은 개인들과 나라들 사이의 역사적 정의와 평화(temporal justice and peace)를 위해서 함께 일어나야 한다. 이를 위하여 그리스도인들은 합리적이고 적절한 표준을 찾기 위하여 다른 사람들과 제휴하면서, 이 표준을 적용함에 있어서 자신들의 역할을 한다. 그리스도인들은 하나님께서 이 세상을 지탱하실 것이라고 하는 확신 가운데 이렇게 행하고, 이 하나님께 책임을 지는 사람들로서 그렇게 행해야 할 것이다.(B. Ⅱ. (10), d)

VI

"이신칭의"는 모든 신학적인 주제들을 심판하는 심판관인가? 기독교 진리들에 대한 표준(criterion)의 문제

로마가톨릭교회와 루터교는 "이신칭의 메시지가 특별한 방법으로 우리를 그리스도 안에서 일어난 하나님의 구원행동에 대한 신약성서의 증언으로 인도한다는 확신을 함께 공유한다."(3. 17)고 한다. 때문에 양측은 이 "이신칭의 교리가 기독교 교리의 일부 정도가 아니라 그 이상의 것"(3. 18)으로 받아들이는 것이다. 양측은 "이 교리는 상호 내적으로 관련되어 있는 것으로 보여져야 하는 기독교의 모든 진리들과 본질적인 관계 속에 있다. 그리하여 그것은 우리 교회들의 모든 가르침과 실천을 그리스도를 향하여 정위되도록 한다."(3. 18)고 선언하였다. 그리고 양측은 이 "이신칭의"로 인하여 "모든 것에 있어서 오직 그리스도만을 고백하는 목적을 공유하게 되었으니, 하나님께서는 오직 그리스도라고 하는 한 중보자를 통해서만 성령 안에서 자신을 내어주시고, 성령의 새롭게 하시는 은혜들을 주신다고 신뢰하게 되었다."(Ibid.)고 하는 것이다.

하지만 루터교는 이신칭의를 "첫째 되고 주된 교리항목"(the first and chief article)이요, "모든 다른 교리들에 대한 지배자요 재판관"(the ruler and judge over all other Christian doctrines)으로 보면서, "신앙의 모든 진리들의 상호 관련성과 의미"(3.18)를 거부하지 않는 반면에, 로마가톨릭교회는 "여러 표준들"(several criteria)(3.18)을 주장하면서도 "이신칭의 메시지의 특별한 기능"을 거부하지 않는다. 즉, 루터교와 로마가톨릭교회 각각에게 있어서, 이 "이신칭의"는 "진리의 우선순위"(Hierarchy of

Truths)[10]에 있어서 각각 자리매김이 다르기 때문일 것이다.[11] 말하자면, 로마가톨릭 측에서는 기독교 진리들의 "우선순위"에 있어서 "신앙규범"(regula fidei) 혹은 "니케아 신조"에 나타난 삼위일체 하나님과 칼세돈의 정통 기독론과 복음을 "이신칭의" 교리보다 상위에 있는 것으로 볼 것 같고, 루터교 측은 "복음"에 대한 수용인 "이신칭의"를 모든 여타의 교리들보다 우위에 놓을 것이다.

그럼에도 양측은 이 "이신칭의" 교리야말로 "우리와 하나님 사이의 관계에 대한 어떤 하나의 특별한 해석이 '크리스천'이란 이름을 주장할 수 있는지 없는지를 항상 가늠하는 시금석이라고 하는 사실에서 그것의 특별한 기능을 지닌다." 고 하는 사실에 동의하였고, 동시에 이들 양측에게 이 "이신칭의" 교리는 교회를 위한 시금석과 교회의 선포와 실천이 주님으로부터 주어진 바에 일치하는가 아닌가를 항상 가늠하는 시금석이 되었다."[12]고 하는 사실이다. 하지만 양측은 향후 성례론과 교회론과 윤리적 가르침들에 관련하여 계속 이 "표준"의 문제를 연구해야 할 과제로 안고 있다.[13]

적어도 우리는 "이신칭의" 교리를 복음을 수용하는 탁월한 신앙항목으로 받아들이면서도, 에큐메니칼 교회들이 매우 귀하게 여기는 "니케아-콘스탄티노플 신조"(Confessing the One Faith … , 1991)에 나타난 신앙 항목들과 각 개신교파들의 신앙고백서들에 나타난 신앙항목들을 결코 무시해서는 안 될 것이다. 성경의 중심 메시지가 "복음"이요, 이 복음에 대한 수용이 "이신칭의"인 한 이 "이신칭의" 교리는 여타의 교리들보다 탁월한 위치에 있는 것이 확실하지만, 창조, 타락, 이스라엘 백성을 통한 구속사, 예수 그리스도의 사건(성육신, 지상 사역, 십자가, 부활, 승천), 오순절 성령강림, 교회의 역사 및 종말론적 완성이 "regula fidei"와 사도신경과 니케아-콘스탄티노플 신조에 의해서 지지를 받고 있는 성경의 통일성에 속한다면, 역시 우리는 다만 "이신칭의"에만 집중해서는 안 될 것이다. 이 문제에 대

---

10 • Vat, II : Decree on Ecumenism, II . 11.

11 • Karl Lehmann and Wolfhart Pannenberg, eds.(Minneapolis, 1990), 69.

12 • Ibid.

13 • Evaluation of the Pontifical Council for Promoting Christian Unity of the Study "Lehrverurteilungen - kirchentrennend?", Vatican, 1992, unpublished document, 96.

해서도 개혁교회의 입장은 중도를 걷는다. 즉, "복음"에 대한 수용인 "이신칭의"를 강조하면서도 성경과 "regula fidei" 및 사도신경과 니케아-콘스탄티노플 신조의 신앙 항목들을 중요시한다. 하지만 개혁전통은 가톨릭교회만큼 이 "이신칭의" 교리와 충돌하는 "표준들"(criteria)을 주장하지는 않는다.

VII

"이신칭의" 받은 기독교인은 여전히 죄인인가(the Justified as Sinner)? 기독교인에게 남아 있는 "욕정"(concupiscentia)의 문제

'공동 선언문'은 어거스틴에게서 물려받은 종교개혁자들의 용어인 "욕정"개념을 가지고 논한다. 즉, 로마가톨릭교회는 세례받은 사람에게서 발견되는 "욕정"이란 그 자체가 죄가 아니고, "죄로부터 와서 죄로 향하는 성향"(4.4.30)이요, 그것이 "인격적인 요소를 결여하고 있기 때문에 본연의 의미에서 죄가 아니라"(Ibid.)고 하고, 루터교는 "이신칭의" 받은 그리스도인 역시 죄인(simul iustus et peccator)이기 때문에, 그것까지도 죄성으로 보자는 것이다. 가톨릭 측은 루터교가 세례 후에도 죄성을 강조하면서 "이신칭의"에 머무르려는 경향을 비판하고, 루터교 측은 로마가톨릭 측이 세례 후의 성화를 강조하다가 죄성과 "이신칭의"를 약화시키지 않을까 염려하고 있다고 생각된다.

이 문제의 핵심은 루터교가 수직적 차원에서의 "전가"(imputatio)를 강조한다면, 가톨릭 측은 수평적 차원에서의 "분여"(impartatio)에 의한 "개변"(transformation)을 강조하는 점이다. 이 맥락에서 루터교는 수직적인 이신칭의를 강조하기 위해서 "Law and Gospel"의 "Law"가 칭의 받은 사람에게도 유효하다는 점을 강조하고, 가톨릭 측은 "분여"에 의한 "개변"을 강조하기 위해서 "욕정"이 죄성을 완전히 상실했다는 점을 강조하는 것이다. 이 두 입장에 대해서 개혁교회 전통은 중도 입장이라 여겨진다. 즉, 개혁전통은 성화를 약화시키고 "이신칭의" 쪽으로 기울어지는 루터교의 입장을 경계하고, "이신칭의"를 약화시키고 "성화" 쪽으로 나가는 가톨릭 입장도 경계한다. 『하이델베르크 교리문답』의 구조는 개혁전통의 입장을 잘 대변한다고 생각된다.

칼빈은 타락 이후 인간의 죄성에 대하여 이렇게 말한다. 즉, "원죄로 인한 우리의 본성의 부패(perversity)는 마치 불이 타고 있는 아궁이가 화염과 불꽃을 뿜어 내듯이 혹은 샘터로부터 물이 끊임없이 부글부글 흘러나오듯이 육체의 새 열매들 혹은 육체의 행위들(the works of the flesh)을 낳는다."(Inst. Ⅱ. i. 8). 칼빈에게 있어서 죄성은 인간의 저열한 부분뿐만 아니라 지성과 의지와 같은 가장 고상한 부분까지 완전히 오염시켰다고 본다.(Inst. Ⅱ. i. 9) 이와 같은 완전 타락에 대한 칼빈의 견해는 어거스틴 전통으로 소급되는 루터의 "노예의지론"에 다름 아니다.

그런데 16세기 당시 로마가톨릭교회는 세례를 받는 자는 완전히 원죄 및 원죄로 인한 지옥으로부터 해방되고, 자범죄는 고해성사를 통해서 해결된다고 가르쳤으나, 루터와 칼빈은 세례를 받은 사람도 원죄로 인한 불씨가 남아 있어서 언제라도 죄의 화염이 일어날 수 있다고 가르쳤다. 칼빈은 "이신칭의" 받은 사람 안에는 아직도 "불은 타오르지는 않으나 연기가 나는 불똥(a smoldering cinder of evil)이 남아 있어서, 이것이 원인이 되어, 그의 욕정(concupiscentia)은 그로 하여금 죄를 짓도록 유혹하고 자극할 정도로 용솟음쳐 오른다."(Inst. Ⅲ. iii. 10)고 하였다. 그런즉 그리스도인의 마음속에는 몸을 완전히 벗어버릴 때까지도, "의(義)에 대항하여 싸우는 부절제한 욕정의 부패성"(Ibid.)이 남아 있다고 하는 것이다. 그리스도인들은 성령께서 주시는 능력으로 죄와의 싸움에서 승기를 잡고 항상 승리하지만, 죄는 항상 이들 안에 "거한다."(to dwell)고 한다. 즉, "죄의 지배력은 소멸되었으나(abolished)", "죄가 이들 안에 아직도 살아 있다."(it does not also cease to dwell in them)(Inst. Ⅲ. iii. 11)고 하는 말이다.

따라서 칼빈은 그리스도인의 마음속에 아직도 남아 있는 "욕정"이 죄가 아니라 죄를 일으키는 계기(중성적인 것) 정도로 보는 로마가톨릭교회의 주장에 대하여 루터와 더불어 그리스도인은 몸을 벗을 때까지 여전히 하나님 존전에서 죄인(simul theme)이라고 하는 주장하에서 "욕정"을 좀 더 심각한 문제로 여기고, 이 맥락에서 개혁교회는 "욕정"에 대한 논의에서 "이신칭의"를 힘주어 말하려고 하지 않고, 성령의 힘주심으로 죄를 이기고 앞으로 나가는 "성화"를 강조하는 것으로 보인다. 그리고 칼빈 역시 "이신칭의" 받은 후에도 효력을 발휘하는 "율법과 복음"의 "율법"을 주장한다.

VIII

나가는 말: 발견한 점들

1. 이 글은 '공동 선언문'에 대한 논의가 오늘날 갑자기 하늘에서 떨어진 이슈가 아니라 16세기의 로마가톨릭교회와 루터교의 현안으로서, 에큐메니칼 운동과 제2차 바티칸 공의회 이후 30년간의 에큐메니칼 양자 간 대화의 산물이라는 점을 확인하였다.

2. 로마가톨릭 의화론은 이신칭의와 성화를 혼동하는 경향이고, 루터교의 이신칭의론은 그 둘을 엄격히 구별하려다가 분리시키는 경향이 있는데, 필자는 이번 '공동 선언문'이 이신칭의와 성화를 결코 혼동하고 있지 않음을 발견하였다. 때문에 '공동 선언문'은 결코 '반(半)펠라기우스주의'를 지향하지 않는다. 양측이 뉘앙스는 달리하고는 있으나, "의화"가 결코 그 이전의 준비과정이나 그 이후의 성화과정에 의존하지 않는다고 하는, 의화교리와 칭의 교리의 본질에 합의를 보았기 때문이다. 오히려 이번 '공동 선언문'은 '반펠라기우스주의'와 '반아우구스티누스주의'의 논쟁을 잠재운 제2차 오렌지 공의회의 은총론의 의도에 매우 근접한 것으로 보인다. 그도 그럴 것이 이 오렌지 공의회는 루터적인 단회유일회적인 그리고 수직적이고 법정적인 "이신칭의"가 아니라 "우리의 의지를 고치시고 이 의지를 불신앙으로부터 신앙으로 그리고 불경건으로부터 경건으로 전향시키시는 성령의 감화로 혹은 은총으로 신앙의 증강과 신앙의 시작(initium fidei)과 신앙에 대한 갈망이 생기는 것이고, 우리는 이로써 하나님을 믿게 되고, 하나님은

이를 보시고 우리 불경건한 자들을 의롭다고 하시며 거룩한 세례의 중생에 이르게 하신다."(Canon 5)고 하였기 때문이다.[14] 즉, 오렌지가 "신앙에 대한 갈망과 시작과 증강"을 성령의 역사로 말미암는 것이라고 할 때, 인간의 공로(by nature)를 전적으로 배제하고 있다. 그런데 오렌지는 이와 같은 의미의 수세자는 새로워진 의지의 능력으로 그리스도의 도우심과 협조를 얻어서 자신들의 영혼구원을 위하여 꼭 필요한 것을 행해야 할 능력과 책임을 가지고 있다고 하여, 루터와 칼빈과는 달리 칭의에 이어 성화의 과정을 구원으로 보았다. 바로 이 점은 로마가톨릭 가르침에 근접하고 있는 것으로 보인다.

3. 성화문제에 있어서 루터는 수직적이고 역동적인 "이신칭의"에 무게를 두면서, "이신칭의"와 "성화"를 구별하고, 이 둘의 불가분리성을 주장한다면, 로마가톨릭 측은 은혜의 분여(impartation)에 의한 "의화" 이전과 이후의 수평적인 "개변과정"(transformation process)에 무게를 두면서, "의화"(the Justification itself)와 "성화"를 구별한다. 반면에 개혁교회는 루터의 '이신칭의'와 '성화'의 구조를 따르면서, '율법의 제3 사용' 등 성화를 강조할 때, 로마가톨릭 입장과 다른 점은 "이신칭의"와의 긴장관계를 유지하면서, 성화를 강조하고 있다는 점이다. 그리고 개혁교회의 WARC 운동과 에큐메니칼 운동에의 참여에 있어서 루터교와 로마가톨릭 측 모두 보다 정치 경제적 그리고 사회 문화적 성화를 더 강조하고 있는 것으로 보인다.

4. '칭의'교리에 있어서, 양측 사이의 가장 큰 이슈에 관하여, 루터교는 '칭의'교리를 다른 신학적 주제들과 교회의 실천들(직제까지 포함)을 판단하는 유일한 표준(an indispensable criterion)으로 보고, 가톨릭 측은 그것을 '여러 표준들'(several criteria) 가운데 하나로 보는 점이다.[15] 삼위일체론, 기독론, 복음, 교회론(교회의 본질

---

14 • "The Council of Orange(529)", In *Creeds of the Churches*, ed. John H. Leith(Atlanta: John Knox Press, 1977), 38-45.

15 • 참고: 이형기, "칭의론에 관한 루터교회와 가톨릭 교회의 공동 선언문(1999. 10. 31)", 한국교회사학회지, 2003년 제11집(한국사학회, 2002), 32 이하. 필자는 이 8항의 이슈에 대하여 이 글에서 자세히 논하였다.

과 직제), 성례론, 종말론, 기독교 윤리 등 모든 신학적 주제들의 우선순위에 있어서 루터교는 '이신칭의'를 가장 높은 가치로 생각하면서, 이것을 '필수 불가결한 표준'으로 하여 나머지 진리들을 가늠한다면, 로마가톨릭 측은 진리들의 '우선 순위'에 있어서 '의화'를 가장 높은 가치로 생각하지 않고, 예컨대 '성화'를 그것에 못지않은 가치로 생각할 수 있을 것이고, 삼위일체 등 여러 가지 표준들을 제시할 것이다. 반면에 개혁교회는 루터의 '이신칭의'와 '성화'의 관계구조를 따르면서도, 삼위일체론, 정통 기독론, 성화론, 하나님의 영광, 교회, 하나님 나라 등과 같은 주제들을 중요시하는 바, 로마가톨릭 측과 다른 점(이들은 '이신칭의'와의 긴장관계를 떠난 '성화'를 주장하지만)은 이 모든 주제들에 있어서 '이신칭의'와 긴장관계 속에서 '성화'를 중요시하는 것이다.

5. 그리스도인의 죄 된 성향(simul iustus et peccator와 the justified as a sinner)의 문제는 로마가톨릭교회의 '공동 선언문'에 대한 공식반응문서에 제시된 이슈들 가운데 하나로서, '칭의'(의화)에도 불구하고 죽을 때까지 "욕정"(concupiscentia)이 인간의 본성을 지배하고 있는가 아닌가에 대한 문제이다. 결국, 루터교는 "의인인 동시에 죄인"이라고 하는 주제와 관련하여 인간은 '이신칭의' 이후에도 하나님 존전에서 그리고 그의 율법말씀에 비추어볼 때 여전히 죄인이라고 하는 점을 강조하였고, 로마가톨릭 측은 인격의 주체(주로 의지적인 결단)하에서 그것이 죄를 불러일으키기도 하고 그렇지 않을 수도 있어서, 그것의 중성적(中性的) 성향을 주장하였다. 대체로 개혁교회는 이 문제에 관하여 루터의 입장을 따르면서도 그것을 '성화'의 맥락에서 이해하고, 루터교는 그것을 '이신칭의'와의 관계에서 이해한다면, 로마가톨릭 측은 개혁교회의 그것과 뉘앙스를 달리하는 '성화'의 맥락에서 그것을 이해하였다. 역시 이와 같은 차이는 'a differentiated consensus'라고 하는 개념으로 해결되고도 남음이 있다 하겠다.

6. 본 '공동 선언문'의 에큐메니칼 의미는 무엇인가? 개혁교회와 루터교는 이미 1973년 "로이엔베르크 합의문"(Ⅱ.1)에서 "이신칭의"에 대한 일치를 양자 간

대화의 대전제로 하였다. 그리고 이번에 '19차 세계감리교 협의회' 역시 '공동 선언문'에 서명 날인하였다. 따라서 로마가톨릭 측과 루터교 사이의 양자 간 대화의 결과물인 공동 선언문의 '이신칭의' 혹은 '의화' 교리이야말로 세계교회가 지향해야 할 '복음'에 대한 기본적인 이해와 수용을 천명한 셈이다.

본 '공동 선언문'의 "a differentiated consensus"(5.4-43)는 다양성 속에서 통일성을 말한다. 이는 '칭의 교리'에 대한 합의문서이긴 하지만 '차이'를 인정하는 "합의문서"라는 뜻이다. 하지만, 이 글이 이미 밝힌 통일성(칭의 교리의 본질적인 차원에 대한 합의)은 "진리들의 우선순위" 차원에서 양자 사이의 다양성을 성령의 다양한 은사들로 용납하고도 남음이 있을 것이다. 이와 같은 루터교와 로마가톨릭교회의 양자 간 대화에서 발견한 '다양성 속에서의 통일성' 혹은 '다양성 속에서의 코이노니아'(koinonia in diversity)는 다자간 대화를 통하여 나머지 교회들도 끌어안아야 할 것이다. 우리는 종종 교회들 사이의 차이들에만 관심한 나머지 모든 교회들의 "주어진 일치"(a God-given Unity)의 근거를 보지 못하지는 않는가?

431년 에베소 공의회가 펠라기우스주의의 '구원론'을 정죄했다면, 오늘날 개신교들 내의 반펠라기우스주의나 알미니언니즘 계통의 구원론 역시 구원론의 다양성 차원에서 받아들여야 할 것이다. 그리고 루터교와 로마가톨릭교회는 "직제" 문제를 비롯한 나머지 현안 문제들도 계속해서 양자 간 신학대화를 통해서 풀어 갈 것으로 기대된다. 뿐만 아니라 사분오열된 우리 개신교회들 역시 자체 내의 양자 간 혹은 다자간 신학적인 대화를 시도해야 하고, 나아가서 로마가톨릭교회 및 동방정통교회와도 에큐메니칼 관계를 추구해야 할 것이다.

7. 끝으로 19차 세계감리교 협의회의 '공동 선언문'에 대한 입장 표명을 평가해 보자. 감리교는 우선 "삼위일체론"과 "복음"(제15항)의 공유를 지적하면서, 객관적으로 그리고 보편적으로 주어진 예수 그리스도 사건을 선포한다. 그리고 나서 성령의 선물인 신앙을 통하여 인간이 이 은혜를 수용한다고 하는 차원을 논하였다(16항). 감리교는 본 '공동 선언문'의 의화교리에 대한 본질적인 것에 대하여 동의하고, 로마가톨릭 측과 루터교 측 각각의 입장 설명에 대하여도 반대하지 않

으면서, 감리교의 입장을 다음과 같이 선언하고 있다(제3항).

　　첫째로 감리교가 하나님의 보편적인 선행은총에 대하여 신앙으로 반응하는 것이 하나님의 조력(to assist)에 의한 것으로 보면서, 우리는 이로써 예수 그리스도를 통하여 하나님과 화해할 수 있다고 할 때, 이는 신앙의 시작(initium fidei)이 하나님의 선행은총으로 말미암는다고 하는 말이다(4.1). 바로 이 부분은 '공동 선언문'에서 양측이 의화를 성화와 구별하면서, 전자를 하나님의 은혜라고 하는 주장과 같아 보인다. 이 점에서 감리교는 '공동 선언문'의 의화 교리의 본질적인 부분에 대하여 동의하는 것으로 생각된다.

　　둘째로 감리교는 웨슬리의 이중적인 은혜를 근거로 성화는 "이신칭의"의 신앙과 불가분리의 관계 속에 있다면서, 진정한 그리스도교 신앙은 "사랑으로 역사하는 믿음"(갈 5:6)이라 하였다(4.3). 그리고 한 걸음 더 나아가서 감리교는 신앙 이외에 성령의 부으심에 의한 "사랑"을 구원의 실재 안에 포함시킨다(4.4).[16] 그리고 이와 같은 맥락에서 4.5의 a), b), c), d), e)는 성화를 강조하고 있고, 의화된 사람의 범죄 가능성을 열어놓고 있다. 그리고 감리교가 "사랑으로 역사하는 믿음"에서 나오는 "경건 생활과 자비의 사역"을 "예수님을 따르는 자들의 삶 속에 있는 성령의 열매"라고 하는 점을 강조할 때, 이것 역시 성화를 강조하는 맥락에서 이해된 것이다.

　　그리고 역시 같은 맥락에서 "율법과 복음"에 대한 감리교의 이해는 루터적인 "Law and Gospel"과 칼빈적인 "율법의 제3 사용"도 포함한다(4.6). 이와 같이 감리교가 '공동 선언문'의 "의화"교리의 본질에 대하여 동의하고, "성화"교리를 강조하고 있는 것은 다양성(a differentiated consensus) 차원으로 받아들일 수 있으나, 만약에 로마가톨릭 입장처럼 "성화"를 구원의 필수 조건으로 삼을 경우엔, 칼빈의 주장과 다르다고 여겨진다. 감리교가 성화를 강조한 나머지, 성화를 완전한 구원의 필수 불가결한 조건으로 생각하는 경향은 제2차 오렌지 공의회와 로마가톨

---

16 • Neither faith nor love are the achievement of human efforts, but by God's call to faith and by the outpouring of God's love we as human beings are included in the reality of God's salvation. (4.4)

릭 측의 구원론에 가까운 것으로 보인다. 그러나 "… but by God's call to faith and by the outpouring of God's love we as human beings are included in the reality of God's salvation."(4.4)에 있어서, "하나님의 사랑의 부으심"은 "성화" 차원이 아니라 성화를 가능케 하는 근원(성령의 부으심)으로 판단되어야 할 것이다. 그리고 확실한 것은 "표준" 문제 혹은 "진리의 우선순위" 문제에 있어서 감리교는 루터교만큼 오직 '이신칭의'에 모든 것을 거는 것 같지 않고, '성화'를 '의화'보다 더 중요한 것으로 보는 것 같다. 감리교의 '성화론'은 개혁교회의 그것만큼 그것을 '이신칭의'와의 긴장관계에서 이해하지 않은 것으로 보인다.

8. 필자는 '제1장 WCC에 대한 이해와 오해'의 Ⅱ. 3(WCC의 구원론은 인간의 자력 구원을 주장한 펠라기우스의 후예인가?)에서 WCC의 구원론은 펠라기우스주의나 반펠라기우스주의의 구원론을 따르는 것이 아니라 이상과 같은 '공동선언문'의 구원론에 가깝다고 하는 사실을 밝혔다. WCC는 본 '공동 선언문'이야말로 교회일치를 위하여 매우 중요하다며, 신앙과 은혜에 근거한 도덕윤리를 천명하고 있다[참고: 『교회의 본질과 선교』(2006), Ⅱ.113].

제7장

WCC와 교회론

†

I

들어가는 말

이 글의 목적은 WCC 중심의 에큐메니칼 운동의 공식 결과물들에 나타난 교회론의 역사적 변천과정을 제시하는 데에 있다. 1927년 로잔 신앙과 직제 세계대회로부터 2006년의 『교회의 본질과 선교』에 이르기까지 교회론은 어떻게 발전하였고 변천과정을 거쳤으며 어떤 패러다임 전환을 보였는가?

첫째로 "Ⅱ '하나의 교회'(the Church)와 '교회들'(the churches)"에선 토론토 성명이 선언한 '하나의 교회'를, "Ⅲ 신약성경과 고대교회들의 신앙고백전통: '하나의 교회'"에선 1927년 로잔 신앙과 직제와 1937년 에든버러 신앙과 직제가 밝히고 있는 교회의 본질적 특성과 표지를 다루었다. 둘째로 "Ⅳ 1948년 암스테르담 WCC로부터 1990년 『하나의 신앙을 고백하며: …』까지"는 교회의 가시적 일치추구의 과정에서 나타난 교회론적 특징들을 살펴보았고, 셋째로 "Ⅴ 1990년 '로마가톨릭교회와 WCC의 공동 연구모임'(A Joint Working Group)"은 '보편교회'와 '개교회 혹은 지역교회'의 관계를 규명하였으며, 넷째로 "Ⅵ 가시적 일치추구와 교회의 사회참여를 아우르는 교회론"은 1990년대 이래의 가시적 일치추구의 교회론과 사회윤리의 신학적인 합류를 논하였다. 그리고 "제1장 Ⅰ. 1. 에큐메니칼이란 말의 뜻"에선 20세기 에큐메니칼 운동의 주된 흐름이 셋임을 밝혔고, "제1장 Ⅰ. 4. 협의회, 협의회적 친교 그리고 협의회성"에선 WCC의 교회적 성격을 밝혔다.

II

'하나의 교회'(the Church)와 '교회들'(the churches)

WCC는 '초대형교회'(a Super-Church)를 추구하는가? 많은 사람들은 WCC가 기존의 모든 교파들을 해체시키고 '초대형고회'를 만들려고 하는 것이 아닌가라고 하는 의구심을 갖는다. 일찍이 1950년에 토론토에서 모인 WCC 중앙위원회는 WCC에 대한 이와 같은 오해를 불식시키고, 그것에 대한 참된 이해를 돕기 위하여 "교회, 교회들 그리고 세계교회협의회: 세계교회협의회의 교회론적 의미" (The Church, the churches and WCC: the ecclesiolcgical significance of WCC)라고 하는 성명서를 발표하였다. 여기에서 '교회'(the Church)란 '그리스도의 몸'과 같은 신약성경이 증언하고 있는 '하나의 그리스도의 교회'요, 니케아-콘스탄티노플 신조가 고백하는 '하나의 거룩하며 보편적이고 사도적인 교회를 말한다. 그리고 '교회들'(the churches)이란 로마가톨릭교회, 동방정교회, 성공회, 루터교, 장로교, 감리교 등 역사적 교회들을 말한다. 따라서 WCC란 '교회들'의 협의체요 연합체로서 저 신약성경이 증언하고 고대신조가 고백했던 하나의 교회(Una Sancta)를 추구하는 것이다. 따라서 WCC 그 자체는 교회(the Church)가 아니다. 그것은 '교회들'(the churches)로 하여금 저 신약성경이 증언하고 있는 '하나의 그리스도의 교회' 그리고 고대신조가 고백하고 있는 '하나의 거룩하고 보편적이며 사도적인 교회'가 되도록 돕는 협의체인 것이다. 때문에 WCC는 교회와 교회들을 위한 잠정적인 기구이다.

이런 뜻에서 WCC는 애초부터 다양성 속에서 통일성을 추구하였다. 그리하여 본 성명서는 "무엇이 WCC가 아닌가?"라고 하는 부분에서 "WCC란 하나의 획일주의적인 초대형교회가 아니고 결코 그것이 되어서도 안 된다."라고 하는 내용을 첫 번째 항목에 놓았다. 하지만 우리는 '교회'와 '교회들'의 관계를 이분법적으로 이해해서는 안 될 것이다. 물론, 전자가 사회문화적이고 역사적이며 신학 논쟁적으로 조건 지워진 후자를 초월하고 있긴 하지만, 적어도 '교회'는 '교회들' 안에 실존하고 있다 하겠다.[1]

따라서 "WCC는 교회에 대한 그 어떤 하나의 특별한 개념에 근거될 수 없고 그래서도 안 된다."(토론토 5-3)고 한다. 이는 WCC가 결코 역사적인 어느 특정교회나 그 어떤 특정 신에 입각한 교회론에 기초된 것이 아니라고 하는 말이다. 거꾸로 말하면 그것은 '교회들'의 교회에 대한 신학적 수렴과 합의를 중요시한다고 하는 말로 이해될 수 있다. 따라서 "WCC의 회원권이란 한 교회가 그 자신의 교회(the Church)에 대한 개념을 단순히 상대적인 것으로 취급해버려야 하는 것을 함축하는 것도 아니다."(토론토 6-4) 만약 그렇다면, WCC가 교회(the Church)에 대한 다양하고 독특한 신학적 진리를 전혀 염두에 두지 않는다고 하는 사실을 함축하기 때문이다.[2]

그런즉 '신앙과 직제의 헌장'에 따르면, '신앙과 직제위원회의 기능'은 "그리스도의 교회의 본질적인 하나 됨을 선포하고 WCC와 교회들 앞에서 세계선교와 복음전도를 위한 그와 같은 교회의 본질적 일치와 그와 같은 본질적 일치의 긴급

---

1 • 토론토 성명 초안을 주도한 Florovsky는 정교회의 '신성화'(deification) 교리에 따라서 예수 그리스도의 한 교회의 초월성을 강조하면서 이 한 교회가 역사적 교회들 안에 없지 아니하나 전자를 표준으로 후자를 비판적으로 보고, 칼 바르트는 예수 그리스도의 한 교회를 부활 승천하시어 아버지 하나님 우편에 앉아 계신 초월적인 그리스도의 '지상적-역사적 실존양태'로 보면서 이 교회와 역사적 교회들 사이의 변증법적 관계를 주장한다. 특히, 바르트는 예수 그리스도의 신성과 인성에 유추하여 교회의 불가시성과 가시성을 주장하였다. 두 신학자는 당대에 기독론 중심의 교회론을 각각 주장하였다. 참고: *The Sufficiency of God: Essays on the Ecumenical Hope in Honor of W. A. Visser 't Hooft*, eds. Robert C. Mackie and Charles C. West (SCM, London), 1963, 58-70. 그리고 Karl Barth, *The Church Dogmatics*, IV/1, 62장, 668-715.

2 • *A Documentary History of the Faith and Order Movement: 1927-1963*, 169 이하.

성을 나타내는 의무를 탁월하게 지키는 것이다."[3]라고 하였다.

따라서 우리는 '토론토 성명'과 '신앙과 직제의 헌장'이야말로 WCC 중심의 에큐메니칼 운동을 통해서 전개될 교회론의 '기본문법'(the basic grammar)에 해당한다고 볼 수 있을 것이다.

---

3 • "The Constitution of the Commission on Faith and Order", In *A Documentary History of the Faith and Order Movement: 1927-1963*, 202. 본 헌장은 1952년 룬드 '신앙과 직제' 세계대회에서 받아들여졌고, 1954년 에번스톤 WCC, 1955년 중앙위원회에 의하여, 그리고 1960년과 1962년 센 앤드류에서 신앙과 직제위원회와 중앙위원회에 의하여 수정되었다.

III

신약성경과 고대교회들의 신앙고백전통: '하나의 교회'

1927년 로잔과 1937년 에든버러 '신앙과 직제' 세계대회의 공식 분과 보고서들의 '교회의 본성론', 1948년 암스테르담 WCC의 '하나님에 의하여 주어진 일치'(a God-given Unity), 그리고 1954년 에번스톤 WCC의 '하나님에 의하여 주어진 일치'는 로마가톨릭교회, 정교회, 성공회, 루터교회, 개혁교회, 감리교회, 침례교회, 오순절 하나님의 성회 등과 불가분리한 관계 속에 있는 '하나의 교회'를 선언하고 있는 것이다. 그것의 근거는 주로 신약성경과 고대교회의 신앙고백(주로 사도신경과 니케아-콘스탄티노플 신조)이다. 이상과 같은 '하나의 교회'는 모든 시대와 모든 장소(all in all places and ages)에서 타당한 교회의 본질에 다름 아니다. 따라서 이상에서 '본질적 교회론'은 아직 역사적 교회들의 교회론적 '다름들'과 '차이들'을 감안하고 있는 것이 아니다. 다시 말하면 로잔과 에든버러는 아직 역사적 교회들의 교회론적 '다름들'과 '차이들'을 극복하면서 '가시적 일치'를 추구하는 과정에서 형성될 교회론이 아니다.[4]

이제 우리는 1927년 로잔부터 1954년 에번스톤 WCC까지의 에큐메니칼 공식 문서들에 나타난 '하나의 교회'에 대한 주장, 그중에 특히 로잔 제1차 '신앙과 직

───

4 • 참고: One Baptism: Towards Mutual Recognition. A Study Text. Faith and Order Paper No. 210(Gneneva: WCC, 2011), V. B. 85. 이 연구문서는 우리는 세례를 통하여 '그리스도의 한 몸'에 속하면서 동시에 개별 교회에 소속되어야 하는 역설을 언급하면서, 교회들의 세례들에 대한 상호인정을 통한 가시적 일치에 도달할 수 있어야 한다고 말한다. 이 문서는 대체로 삼위일체 하나님의 이름과 물로써 베풀어지는 역사적 교회들의 세례를 인정하지만. 그리고 이 세례는 그리스도의 몸의 지체들로서 모든 세례받은 사람들과의 컴뮤니온으로 인도하고, "그리스도의 몸의 모든 지체들의 충만한 성만찬적 컴뮤니온에 의하여 완성된다."(One Baptism⋯ VI. 111).

제' 세계대회의 제3분과는 '교회의 본성'과 '교회의 표지들'에 대한 주장에 주목한다.

1. '교회의 본성'

세계를 구원하시기 위한 복음을 우리에게 주신 하나님께서는 그의 교회가 삶과 말씀으로써 복음의 구속(救贖)하는 능력을 증거 할 것을 명하셨다. … 예수 그리스도는 이 교회의 머리이시고 성령은 교회를 지속시키는 생명이다.(Ⅲ. 16)[5]

그리스도 예수를 믿는 자들의 공동체인 교회는 신약에 따르면 하나님의 새 언약의 백성이요, 그리스도의 몸이요, 성령의 전이다. 교회는 사도들과 선지자들의 터 위에 세워졌다. 예수 그리스도는 교회의 모퉁이 돌이시다.(Ⅲ. 17)

교회는 하나님의 택하신 도구이다. 그리스도는 성령을 통하여 이 도구로써 인간을 믿음으로 하나님께 화해시키고, 그들의 의지들을 주님께 복종케 하여, 그들을 은혜의 방편들로 성화시키며, 그들을 사랑과 섬김 안에서 연합시킴으로 그리스도의 증인들이 되게 하시고, 그의 나라가 영광 중에 도래할 때까지 지상에서 그의 통치를 확장시키는 일에 함께 동참하는 일꾼들이 되게 하신다.(Ⅲ. 18)

오직 하나의 그리스도, 그 안에 있는 하나의 성명, 그리고 모든 진리 가운데로 인도하시는 하나의 성령이 있듯이, 오직 하나의 거룩하고 보편적이며 사도적인 교회가 있을 뿐이다.(Ⅲ. 19)

---

5 • *A Documentary History of the Faith and Order Movement: 1927-1963.* ed. Lukas Vischer(St. Louis, Missouri: The Bethany Press, 1963).

2. '교회의 표지(標識)'

① 성경 안에 주어져 있고 성령에 의하여 교회와 개인에게 해석된 하나님의 말씀이 교회 안에 있다.

② 교회는 성육신하시고 그리스도 안에서 계시된 하나님에 대한 신앙을 소유하고 있다.

③ 교회는 모든 피조물들에게 복음을 전하라고 하는 그리스도의 명령을 수용하고 있다.

④ 교회는 성례전을 준수하고 있다.

⑤ 교회는 목회적 직무를 위한 사역(직제), 말씀의 설교 그리고 성례전을 시행한다.

⑥ 교회는 기도와 예배와 모든 은혜의 방편들과 거룩함에 대한 추구와 사람을 섬김에 있어서 교제를 추구한다.(Ⅲ. 20)[6]

하지만 이상과 같은 '하나의 교회' 안에서는 사도행전이 보여주듯이 "초기부터 어떤 균열들이 나타났고(참고: 고전 11:18-19; 갈 1:6-0; 요일 2:18-19), 이를 사도바울은 저주받을 일이라고 강력하게 비난하였다."[7] 그럼에도 제2차 바티칸 공의회는 이 '하나의 교회'가 베드로의 후계자와 이 후계자와 하나가 되어 있는 주교들에 의하여 다스려지는 가톨릭교회 안에 '존속하고 있다.'(subsists in)[8]고 하였고, 제도권 로마가톨릭교회 밖의 그리스도인들 안에도 '교회 그 자체' 혹은 '그리스도의 한 교회'[9]가 있다고 보았다. 하지만 이 '하나의 교회'는 로마가톨릭교회를 포함하는 역사적 '교회들'(the churches) 안에 '존속하고 있는 것'이고, '하나의 교회'와

---

6 • 참고: 로잔의 '교회의 공동 신앙고백'(Ⅲ. 30), '교회의 사역'(V. 34), '교회의 성례전'(Ⅵ. 50-54) 그리고 에든버러의 '우리의 공동신앙의 대상으로서 교회'(Ⅲ. iii. 27-31), '교회와 하나님 나라'(Ⅲ. v. 38), '교회의 기능'(Ⅲ. vi. 44), '예언의 은사와 말씀사역'(Ⅲ. vii. 45-46), '거룩한 교회(Sancta)와 우리의 분열들'(Ⅲ. viii. 47), 그리고 '성도의 교제'((Ⅳ. 50-57).

7 • Walter M. Abbott, S.J., (ed), *The Document of Vatical Ⅱ*, Joseph Gallagher(trns.)(American Press, Association Press, 1966), '에큐메니즘에 대한 교령', Ⅰ. 3.

8 • Ibid., '교회교리헌장', Ⅰ. 8.

9 • Ibid., '에큐메니즘에 대한 교리헌장', Ⅰ. 3.

'교회들'은 불가분리한 관계 속에 있다고 본다.『하나의 신앙을 고백하며: 니케아-콘스탄티노플 신조로 고백된 사도적 신앙에 대한 하나의 해설서』(1991)는 이렇게 언급하였다.

… 모든 개교회들과 그 구성원은 성부 · 성자 · 성령의 삼위일체적 교제를 반시시키면서, 동일한 신앙과 삶으로써 하나 됨을 누려야 한다. 각 개교회가 신빙성 있는 하나님의 교회가 되려면 다음의 조건을 갖추어야 한다. 즉, 과거의 모든 교회들이 사도들과의 교제 안에서 말씀을 설교하였고 성만찬을 베풀었으며 행동하였고, 지금 여기에 있는 모든 교회들이 사도들과의 교제 안에서 그리고 사도적 복음 밑에서 말씀을 설교하고 성만찬을 베풀고 행동하듯이, 한 개교회도 사도들과 교제하는 가운데 사도적 복음 밑에서 말씀을 설교하고 성만찬을 베풀며 행동해야 하는 것이다. 이런 식으로 보편교회는 개교회들, 나아가서 지역교회들과의 교제에 있다. 그러나 교회적 분열이 존속하는 한, 그리스도의 한 교회의 현존은 이들 개교회들과 지역교회들의 각각 안에서 축소되고 있는 것이다(Part Ⅲ.B. Ⅱ. 226).[10]

10 • *Confessing the One Faith: An Ecumenical Explication of the Apostolic Faith as it is confessed in the Nicene-Constantinopolitan Creed, 381*, A Faith and Order Paper No. 153(Geneva: WCC, 1991).

IV

1948년 암스테르담 WCC로부터
1990년 『하나의 신앙을 고백하며: …』까지

우리는 위에서 '신앙과 직제'가 선포하고 추구하는 '하나의 교회'에 대하여 언급하였다. 그러나 WCC는 처음부터 이 '하나의 교회'와 사회문화적이고 역사적인 상황들과 다양한 신학들에 의하여 조건 지워진 교회들 사이의 '다름들'과 '차이들'로 고민해왔다. 때문에 1948년 암스테르담 WCC는 '하나님에 의하여 주어진 일치'(a God-given Unity)[11]에 대하여 주장하면서, '비교교회론'을 추구하였고, 1952년 룬드 제3차 '신앙과 직제' 세계대회는 "우리가 그리스도에게 보다 더 가까이 가려고 할수록 우리는 서로 가까워진다."(I. 2)[12]고 하여 복음과 기독론을 출발점과 근거로 하는 '교회들'의 가시적 일치를 추구하였으며, 1954년 에번스톤 WCC는 '주어진 일치'에 근거한 가시적 일치추구를 더욱 힘주어 주장하였다.[13]

그러나 '하나의 교회'를 전제하고 그것을 출발점으로 하는 역사적 교회들의 '가시적 일치의 징표들'을 제시한 것은 1961년 뉴델리 WCC였다. 뉴델리 WCC는 '각 장소에 있는 모든 기독교인들'(all in each place)[14]의 유기적 연합을 위한 가시적 일치추구의 요건을 이렇게 제시하였다. 즉, 예수 그리스도와 연합하여 세례를

---

11 • *Man's Disorder and God's Design*(New York: Harper & Brothers, 1949), Report of Section I.

12 • Lund, 1952, Final Report, I. 2. In *A Documentary History of the Faith and Order Movement: 1927-1963)*, ed. Lukas Vischer(St. Louis, Missouri: The Bethany Press, 1963), 85.

13 • *Evanston Report*(New York: Harper & Brothers, 1954), 83. 83-84.

14 • 뉴델리의 "all in each place"에 있어서 "place"는 공시적 차원에서 지역별, 광영지역별, 국가별, 그리고 6대주 5대양과 같은 더 큰 광역별 지역에 있는 모든 기독교인들과 교회들을 뜻하고, 웁살라의 "all in all places"는 통시적 차원에서 그것들의 보편교회적 실재를 의미한다.

받고 그를 주님과 구세주로 고백하며 성령에 의한 하나의 교제를 누리고 하나의 사도적 신앙을 고백하고 하나의 복음을 전하며 하나의 떡을 떼고 함께 공동의 기도를 올리고 공동체적 삶을 통하여 증거와 봉사를 하며 모든 장소와 모든 시대에서 사역자와 신도 모두 상호 인정되고 시대적 상황에 대응하여 함께 행동하고 함께 말하는 교제[15]가 다름 아닌 그와 같은 가시적 일치추구의 요건들인 것이다.[16]

그리하여 이상과 같은 '가시적 일치추구'의 과정에서 '하나의 교회'와 역사적 교회들 사이의 관계들은 더욱 풍성해져 갔다. 즉, 1968년 웁살라의 '보편교회', '1973년 나이로비의 '협의회성', 1982년 리마의 '세례 성만찬 직제', 1991년의 '하나의 사도적 신앙', 그리고 아래에서 논할 '보편교회와 지역교회들의 관계'는 '하나의 교회'를, 역사적 교회들과의 역동적인 관계 속에서 더욱 풍요롭게 만들었다.[17]

---

15 • *The New Delhi Report*(New York: Association Press, 1961), 116.

16 • Ibid.

17 • 참고: Willem Visser't Hooft, *The Pressure of Our Common Calling*(Garden City, N.Y.: Doubleday, 1959), 13-29. "How Does Unity Grow?": 비셔투프트는 이 부분에서 WCC가 출범하기 이전 초기 (1920년대부터) 에큐메니칼 운동을 통하여 즉 '신앙과 직제'와 '삶과 봉사' 운동 모두에 있어서 '이미 주어진 경험적 일치'를 출발점으로 하여 신약성경과 고대신조가 고백하는 '하나의 교회'가 역사 속에서 실현되어야 하는 것으로 보았다. 그는 마치 종말론에서 '이미'와 '아직 아님'의 긴장을 주장하는 것처럼 교회일치론에 있어서 '이미'와 '아직 아님'을 언급한다. 그는 결론적으로 이렇게 주장한다. "이처럼 우리는 우리의 현재적인 기존의 일치를 **다소평가도 과대평가도** 하지 말아야 한다. 그것은 진정한 출발점이다. 하지만 그것은 다만 하나의 출발점에 불과하다. 우리가 이미 우리가 소유하고 있는 일치라고 하는 하나님의 큰 선물을 인정하고 감사하는 마음으로 받아들이지 않는다면, 우리는 장차 우리를 위하여 예비 된 충만한 일치라고 하는 선물을 결코 받을 수가 없다. 다른 한편 만약에 우리가 이미 교회(the Church)가 장차 갖도록 의도된 일치를 이미 소유하고 있다고 믿는다면, 우리는 하나님의 말씀이 진정으로 그리스도 안에서의 충만한 일체에 대하여 언급하는 바가 무엇을 의미하는가를 거부하는 것이다."(24-25)
하지만 필자는 신약성경과 고대신조가 신앙하는 '하나의 교회'를 출발점으로 역사적인 '교회들'의 현실을 보았고, 전자가 후자의 관계를 논하였다. 전자는 후자 안에 있고, 후자는 전자를 '교회들'의 커뮤니온을 통하여 구현할 것을 주장한 것이다. 그와 같은 '교회들'의 일치추구는 가시적 일치추구이지만 말이다.

V

1990년 '로마가톨릭교회와 WCC의 공동 연구모임'
(A Joint Working Group)

1990년 『지역교회와 보편교회』(The Church: Local and Universal)[18]라고 하는 로마 가톨릭교회와 WCC의 '공동 연구회'의 문서는 그동안 지역교회들보다 보편교회를 강조해온 가톨릭교회로 하여금 지역교회를 생각하게 하였고, 보편교회보다 지역교회를 강조해오던 개신교로 하여금 보편교회를 생각하게 하는 데에 기여하였다. 본 문서는 지역교회의 정체성을 분명히 하면서 '지역교회들의 컴뮤니온'을 보편교회라고 한다. 그러니까 보편교회란 단순히 지역교회들의 지리적 확장이나 연방이나 병렬이 아니고, 보편교회의 행정적이고 사법적인 하부구조도 아니다. 진정한 보편교회는 지역교회들의 참 교회 됨을 전제하는 '지역교회들의 코이노니아'라고 하는 것이다. 다음의 인용에서 지역교회의 정체성에 대하여 주목하자.

지역교회는 참으로 교회이다. 그것은 그 자신의 상황에서 교회가 되기 위하여 필요한 모든 것을 지니고 있다. 즉, 그것은 사도적 신앙(삼위일체와 예수님의 주되심에 관련된)을 고백하고 성경 안에 있는 하나님의 말씀을 선포하며 그 구성원들을 세례 주고 성만찬 및 다른 성례들을 축하하고 성령과 성령의 은혜들을 긍정하고 그것에 응답하며 하나님 나라를 고지하고 바라보며 공동체 안에서 권위의 사역을 인정한다. 이상과 같은 모든 특징들이 반드시 있어야, 하나님

---

18 • *Joint Working Group between the Roman Catholic Church and the World Council of Churches,* Sixth Report(Geneva: WCC, 1990), Appendix(23-35).

의 교회의 컴뮤니온 안에 있는 하나의 지역교회가 될 수 있는 것이다. 지역교회란 그 자체로 독립구조로 서 있는 자기충족적인 실재가 아니다. 지역교회는 컴뮤니온의 관계망의 일부로서 다른 지역교회들과 관계를 맺음에 의해서 그것의 실재를 교회로 지속한다. 제2차 바티칸 공의회의 말로 표현하면, "그리스도의 교회는 신약성서에 있어서 그들 자신의 목자들과 연합해 있음으로 그들 자체가 교회들이라 불리는 믿는 사람들의 모든 합법적인 지역 회중들 안에 현존한다."(vere adest)(LG, 26). (Ⅱ. 1. 13)

지역교회란 보편교회의 하부 행정조직이나 사법적인 하부 구조가 아니다. 지역교회 안에는 하나의 거룩하며 보편적이고 사도적인 교회가 진실로 현존하고 활동한다(Christus Dominus, 22). 지역교회는 하나님의 교회가 구체적으로 실현되는 장소이다. 지역교회는 부활하신 그리스도의 성령에 사로잡혀 하나님의 삶에 동참하여 코이노니아를 누리게 된다.(Ⅱ. 1. 14)

그러면 보편교회란 무엇인가? 다음의 인용에서 보편교회란 지역교회들의 코이노니아라고 하는 사실을 발견한다.

보편교회란 세상 도처에서 신앙과 예배로 연합된 지역교회들의 코이노니아이다. 그러나 보편교회란 지역교회들의 총화나 연합이나 병렬이 아니다. 보편교회든 지역교회든 모두가 다 함께 이 세상 속에 현존하고 활동하는 하나님의 동일한 교회이다. 여기에서 문제는 교회론적인 것이지 조직에 관한 것이 아니다. 말씀과 성만찬을 축하함에 의하여 그리고 그와 같은 축하 주변에 모인 지역교회들의 코이노니아야말로 하나님의 교회를 나타내고 있는 것이다. 보편교회 개념은 문화적이고 사회적인 조건들의 다양성을 인정한다. … 보편성 (catholicity)이란 교회의 개념 자체이지, 단순히 지리적 확장을 말하는 것이 아니라 지역교회들의 다양성과 이 지역교회들의 하나의 코이노니아에의 참여를 뜻하는 것이다. 각 지역교회는 전체 교회의 선(善)을 위해서 각각의 유일무이한 은사들을 기여한다.(Ⅱ. 2. 20)

결국 보편교회 안에서든 지역교회들 안에서든 예수 그리스도와 성령께서 현존하신다.

은혜와 진리로 충만하신 그리스도께서는 이미 이 땅 위에서 보편교회(the Church catholic) 안에 현존하신다. … 각 개교회의 예배 안에서 그리스도 전(全) 신비가 현존한다. 예수 그리스도께서 계신 곳에 보편교회도 있다. 성령께서는 모든 시대에 걸쳐 이 보편교회 안에서 성과 인종과 지위에 관계없이 사람들로 하여금 그리스도의 삶과 구원에 참여하게 하신다.(『하나의 신앙을 고백하며: …』, 240항)

VI

가시적 일치추구와 교회의 사회참여를 아우르는 교회론

콘라드 라이저는 그의 『에큐메니칼 운동의 패러다임 전환』에서 1968년 웁살라까지는 '그리스도 중심적 보편주의'가 지배적이었지만, 1970-1980년대를 거쳐 1990년대에 오면 '삼위일체론'이 지배적이라고 하였다. 물론 1990년대에도 전자가 폐기처분된 것이 아니라 후자 안에서 재활용되고 있지만.[19] 라이저는 1970년대의 '다종교'의 상황, 해방신학이 보여준 구조악의 상황, 그리고 생태계 파괴의 상황을 에큐메니칼 운동을 통하여 등장한 삼위일체론과 (정교회의) '영 그리스도론'과 (복음서의) '구체적인 그리스도론'의 등장배경이라며, 이와 같은 새로운 신학적 패러다임이야말로 '그리스도 중심적 보편주의'와는 달리 '관계'를 중요시한다고 보았다. 이는 교회일치문제에 대해서뿐만 아니라 '하나님의 선교' (missio trinitatis) 차원에서도 참이다.[20] 이와 같은 라이저의 통찰은 '성령론'과 '삼위일체론' 그리고 '코이노니아'를 강조하여 새로운 신학적 패러다임을 보여준 1991년 캔버라 WCC, 1991년 『하나의 신앙을 고백하며: … 』, 그리고 1993년 신앙과 직제 세계대회의 'Towards Koinonia in Faith, and Life and Witness'에서 강하게 입증되었다.

이상과 같은 라이저의 '새로운 신학적 패러다임'에 따르면, 1983년 밴쿠버 WCC 이래로, 더 정확히 말하면, 1990년대 들어서면서 교회론에 있어서도 패러

---

19 • 이형기, 『에큐메니칼 운동의 패러다임 전환』(서울: 한들출판사, 2011), 365-375.

20 • Konrad Raiser, Ecumenism in Transition: A Paradigm Shift in the Ecumenical Movement?(Geneva: WCC, 1991), 54-78, 특히 79-96.

다임 전환이 일어났다고 하는 것이다. 즉, 플로로프스키에 의해서 초안된 '토론토 성명'의 교회론은 칼 바르트의 교회론과 더불어 '그리스도 중심적 보편주의'가 지배하던 시대의 교회론을 벗어날 수가 없었다. 그러나 그동안의 에큐메니칼 운동의 경험 속에서 1990년대에 오면, 삼위일체 하나님의 형상으로서의 교회 그리고 성령론이 강조되는 코이노니아의 교회론이 크게 부상했다. 라이저는 아래에서 로마가톨릭교회나 정교회의 교회론과는 달리 '하나의 교회'보다는 '교회들의 관계 맺음'에 무게를 둔다.

어찌됐든, 이상과 같은 주장들은 타 교회들을 에큐메니칼 집의 구성원으로서 혹은 협의회적 교제 안에서 맺어지는 관계들이 본질적으로 교회의 본질(the esse of the Church)에 속한다고 하는 통찰을 확인해준다. … WCC의 교회론적 의미는 정확히 그것이 성령의 사역에 의존하는, 이와 같은 교제의 도구이기 때문에 이런 식으로 그것의 교회적 본성에 참여하는 것이라고 하는 점에 있다. WCC에 대한 모든 교회론적 진술들은 엄격히 말하면 교회들 사이의 이와 같은 교제의 질에 대한 진술들이다. 그래서 WCC가 교회들이 현재의 WCC를 어색한 것으로 여길 정도로 온전한 의미에서 교회들의 관계 맺어짐을 협의회적 교제로 표현할 수 있는 날을 향해 전진하지 않으면 안 된다고 하는 사실, 그리하여 현재 형태의 WCC는 어색한 느낌을 주는 기구가 되어버릴 것이라고 하는 사실은 지금까지 진리였고 아직도 진리이다.[21]

그러므로 라이저는 기독교인들은 성령에 의하여 "그리스도에 대한 신앙을 고백"하고, "세례"를 통하여 "그리스도의 몸에 합체"되는 바, 이로써 '교회'(the Church)란 성령에 의하여 창조되는 교회들 사이에 그리고 그리스도인들 사이의 불가시적 유대를 통하여 드러나는 것이라며, 'WCC 헌장'에 '세례'를 삽입해야 한다고 본다.

---

21 • Ibid., 116.

교회들 사이의 성취된 교제란 단순히 끈질긴 에큐메니칼 노력의 결과가 아니다. 그것은 성령의 사역으로 보여야 한다. 성령께서는 교회들로 하여금 교리와 교회직제상의 모든 다름들을 너머서 함께 동일 귀속하게 하시고, 그들이 그리스도의 세계적 크기의 몸에 속하여 있다고 하는 사실을 새롭게 깨닫게 하신다. 이는 다시 한 번 우리로 하여금 세례를 생각하게 한다. 교회의 역사에 있어서 거의 모든 교회들은 그들의 분열들에도 불구하고 세례의 유대를 보존하고 있다. 그들은 성령의 능력에 의한 그리스도의 몸 안으로의 합체행동으로서 세례야말로 그들 사이에 하나의 불가시적 교제의 유대를 창조한다고 하는 사실을 믿는다. 그리하여 이 세례는 교회들어 의한 그 어떤 신앙고백이나 행동보다 앞선다. 현행 'WCC 헌장'은 예수 그리스도에 대한 신앙고백에 국한되어 있다. 만약에 'WCC 헌장'이 정교회의 제안대로 하나의 세례에 대한 언급에 의하여 확장되거나 보충될 경우, 그 헌장은 이와 같은 교회들의 교제의 교회적인 본성을 묘사하기에 필요한 모든 것을 말하고 있는 것일 것이다. 예수 그리스도에 대한 신앙고백과 세례는 교회의 하나 됨을 가시적이게 하는 우리의 모든 에큐메니칼 노력들에 선행하는, 교제의 가시적 징표이다.[22]

라이저가 '세례'를 'WCC 헌장'에 삽입하려고 하는 의도는 토마가톨릭교회가 '하나의 교회'를 다분히 제도권 로마가톨릭교회와 동일시하려는 경향을 가지면서 '교회일치운동'이나 '협의회 과정'으로서 WCC의 에큐메니칼 운동(예컨대, JPIC)에의 동참을 꺼려하는 이유 때문인 것으로 보인다. 로마가톨릭교회는 타 교회들에 소속된 '그리스도인들'의 일치에는 관심을 갖지만 교회일치에는 관심이 없기 때문에, 라이저의 주장은 '세례'를 'WCC 헌장'에 삽입함으로써 WCC의 교회론적 의미를 더욱 강화하여 가톨릭교회로 하여금 협의회 운동으로서의 WCC에 참여하라고 권고하기 위한 것으로 보이고, 세례받은 모든 하나님의 백성의 WCC 참여를 더욱 강조하기 위한 것으로도 보인다.

하지만 필자는 라이저가 주장하는 이상과 같은 새로운 '신학적 패러다임에 미

---

22 • Ibid.

래 지향적 종말론도 에큐메니칼 신학의 큰 틀거리로 자리하게 되었다고 본다. 따라서 우리는 1990년대의 신앙과 직제 문서들에서 교회론을 비롯한 다른 신학적인 주제들에 접근할 때에 한결같이 보편주의적 기독론과 삼위일체론과 종말론에 주목해야 한다고 본다. 이와 같은 주장을 강하게 뒷받침하는 문서는 1990년 『교회와 세상: 교회일치와 인류공동체의 갱신』, 1991년 『캔버라 WCC 총회 보고서』 그리고 1991년 『하나의 신앙을 고백하며: … 』이다. 콘라드 라이저는 1993-1996년 사이의 '교회론과 윤리'에 대한 WCC의 연구과정의 초점은 '도덕형성'인데 이것은 신앙과 직제의 『교회와 세상: …』에 대한 연구로 비롯되었다고 본다. 그는 신앙과 직제가 이 문건에서 교회론과 윤리를 JPIC에 대한 에큐메니칼 과정에 긴밀하게 연결시켰다고 한다.[23]

그리하여 1990년대 신앙과 직제 문서들의 두드러진 특징은 '신앙과 직제'(교회론)와 '삶과 봉사'(사회윤리)의 신학적 합류에 있다. 바야흐로 교회의 본질(what it is to be the Church)과 교회의 사명(what it is for the Church to do)이 신학적으로 결코 이분화될 수 없다고 하는 것이다. 실제로 1990년 『교회와 세상: …』뿐만 아니라 『값비싼 일치』(1993), 『값비싼 헌신』(1994), 그리고 『값비싼 순종』은 모두 '신앙과 직제'와 '삶과 봉사' 양측의 연구진들에 의하여 작성된 문건들이다. 아래에서 논할 1993년의 『신앙과 삶과 증언에 있어서 코이노니아를 향하여』와 『교회의 본질과 선교』(2006)는 그와 같은 두 전통, 아니 세 전통('세계선교와 복음전도'를 더하면)의 합류를 보여주는 전형적인 문건들이다.

1. 1993년 『신앙과 삶과 증언에 있어서 코이노니아를 향하여』[24]

본 문서는 산티아고 데 콤포스텔라 제5차 신앙과 직제 세계대회의 공식 보고

---

23 • Konrad Raiser, *For a Culture of Life: Transforming Globalization and Violence*(Geneva: WCC, 2002), 148.

24 • *On the Way to Fuller Koinonia: Official Report of the Fifth World Conference on Faith and Order*, Faith and Order Paper no. 166, ed. Thomas F Best and Guenther Gassmann(Geneva: WCC Publications, 1994). 참고: 필자 역시 이 대회에 참석하여 많은 것을 경험하고 배웠다.

서이다. 본 보고서에서는,『세례 · 성만찬 · 직제』,『교회와 사회: …』,『하나의 신앙을 고백하며: … 』,『값비싼 일치』와 같은 자료들이 사용되었으니, 이는 본 대회의 의도가 전적으로 '신앙과 직제'와 '삶과 봉사' 운동의 신학적인 합체를 지향하고 있다고 하는 것을 웅변적으로 말해주고 있다.

본 산티아고 보고서는 모두 4분과의 결과물을 싣고 있다. 하나는 '코이노니아'에 대한 성서적 근거를 다루는데,『값비싼 일치』처럼 캔버라의『코이노니아로서 교회의 일치: 은혜와 소명』[25]을 도약판으로 삼고 있다. 둘은 '사도적 신앙'을 중심으로 하는 에큐메니칼 신앙을 담고 있는데, 결국 이 글이 이미 소개한『하나의 신앙을 고백하며: … 』에 해당하는 사도적 신앙을 말하고 있으며, 셋은『세례 · 성만찬 · 직제』를 중심으로 하는 교회적 삶이고, 넷은『교회와 세상: 교회의 일치와 인류공동체의 갱신』에 해당하는 교회의 복음전도 및 하나님의 선교에의 참여에 대한 것이었다.

짧게 말하면, 세계교회는 '사도적 신앙'을 고백하면서, '세례 · 성만찬 · 직제' 중심의 교회적 삶(코이노니아로서 다양성 속에 일치)을 추구하고, 나아가서 복음을 전하고 하나님의 선교에 동참해야 한다고 하는 것인데, 이 셋의 각각이 '코이노니아'적 본성을 지니고 있고, 이 셋 모두가 보다 충만한 코이노니아로서 다양성 속에 가시적 일치를 추구하고 있다고 하는 것이다. 다시 말하면, '사도적 신앙'과 '세례 · 성만찬 · 직제'는 '신앙과 직제' 전통에 속한 것이고, '증언' 부분은 '삶과 봉사' 및 '세계선교와 복음전도' 전통에 해당한다. 따라서 '신앙과 직제'와 '삶과 봉사'가 신학적으로 이분화되어서는 안 되고, 서로가 서로를 전제해야 하며, 서로가 서로를 지향하는 관계 속에 있어야 함을 우리는 알 수 있다. 이는 '교회론'(신앙과 직제)과 '사회윤리'(삶과 봉사 운동)의 신학적인 합류, 곧 전자는 후자 없이 맹목적이고 후자는 전자 없이 공허하다고 하는 것이다. 그동안 교회론과 사회윤리가 각각의 길을 걸어왔으나, 본 문서에서는 이 둘이 신학적으로 합체되고 있는 것을 우리는 발견한다.

---

25 • 본 문서는 정교회의 신학자로서 Being as Communion을 쓴 지지울라스에 의하여 초안되었다.

2. 2006년 『교회의 본질과 선교』

1990년을 기점으로 '신앙과 직제'와 '삶과 봉사'는 신학적인 제휴(solidarity)를 통하여 오늘의 글로컬(global-local) 이슈들에 대응하였으니, 이 시점으로부터 양측을 대표하는 신학자들은 '에큐메니칼 교회론'과 '에큐메니칼 사회윤리'를 합류시키기 시작하였다.[26] 이제 아래에서 논할 본 문서 역시 이와 같은 합류를 보여주고 있다.

『교회의 본질과 선교』는 교회란 '은혜의 선물로서 말씀과 성령의 피조물' (creatura Verbi et creatura Spiritus)[27]이라 정의하였다. 그런즉, 우리가 기독론적이고 삼위일체론적인 화해의 복음을 성령의 역사로 믿는 사람들이 다름 아닌 '하나님의 백성'이요, '그리스도의 몸'이요, '성령의 전'이다. 이는 다름 아닌 삼위일체 하나님의 형상(imago trinitatis)이다(Ⅰ. A. (Ⅱ) 18-22).[28] 따라서 이와 같은 삼중형태 혹은 다양성 속의 코이노니아로서 교회는 교역자들이든 일반 성도들이든 모든 믿는 사람들을 포함한다. 그리고 교회에 대한 이와 같은 3가지 유형은 상호 보완하여 교회의 의미를 충만하게 한다. 특히, 삼위일체 하나님의 형상으로서 교회 개념은 동방정교회 신학전통으로부터 크게 영향을 받았다. 이것은 이 글이 이미 지적한 '하나의 교회'(the Church vs. the churches)를 지칭한다.

---

26 • 참고:『신앙과 직제와 삶과 봉사의 합류』. 이형기 · 송인설 공역/한국기독교신앙과 직제위원회 편(서울: 한국기독교교회협의회, 2009). 본 역서는 두 운동이 신학적으로 한 몸을 이룬 공식문건들을 거의 다 모아서 번역하였다. 특히, '역서 서문'을 참고할 것.

27 •『교회의 본질과 선교』, 신앙과 직제 문서 198.『신앙과 직제와 삶과 봉사의 합류』, 이형기 · 송인설 공역, 한국기독교교회협의회 신앙과 직제위원회 편(서울: 한국기독교교회협의회, 2009), 350. Ⅰ.A. (1) 9.

28 • Ibid., 356-358.

1) 코이노니아(Koinonia/Communion)로서의 교회[29]: 삼위일체 하나님과 삼위일체 하나님의 형상으로서 교회

1991년 캔버라 WCC 총회는 '신앙과 직제'가 제출한 '코이노니아: 은혜와 과제'를 받아들였고, 1993년 스페인의 산티에고 데 콤포스텔라에서 열린 '신앙과 직제' 제5차 세계대회는 『신앙과 삶과 증언에 있어서 코아노니아를 향하여』를 총회 전체 주제로 하였다. 여기에서 '코이노니아' 개념은 신약성서와 교부들과 종교개혁의 글들에서 발견되는 것으로서, "성만찬, 공동체, 연합, 참여, 사귐, 나눔, 연대성"을 뜻한다.[30] 성부와 성자와 성령의 내재적인 삼위의 '코이노니아'는 경세 차원에서 인류 및 창조세계와의 코이노니아로 전개된다. 하나님께서는 인류의 타락에도 불구하고 하나님과 그의 택하신 백성 사이의 특별한 관계인 언약을 맺으셨으니(Ⅰ. A. 25), 창조세계 전체는 하나님과의 코이노니아를 누릴 때에만 그것의 온전성을 지닌다. 따라서 '코이노니아로서 교회'의 의미는 매우 심오하다(Ⅰ. A. 29). 특히, 본문은 복음 설교를 통한 연합, 그리고 '세례'와 '성만찬'을 통한 '연합'에 관련된 '코이노니아로서의 교회'에 대하여 언급한 다음, '코이노니아로서의 교회'의 존재이유와 존재목적에 대하여 말한다. 따라서 수직적이고 수평적인 '코이노니아'는 우리가 지적한 '하나의 교회'의 본질이다.

교회는 하나님의 영광과 찬양을 위해 존재하고, 이로써 그리스도의 명령에 순종하여 인류의 화해를 위해서 봉사한다. 교회 안에서 실현된 그리스도 안의 코이노니아가 피조물 전체를 포함하는 것이 바로 하나님의 뜻이다(cf. 엡 1:10). 코이노니아로서의 교회는 하나님의 궁극적 목적을 이루는 도구의 역할을 한다

---

29 • 주의: 필자는 본 섹션에서 『교회의 본질과 선고』가 주장하는 '교회의 본질'만을 소개하였다. 그 이유는, '역사 속의 교회'는 '교회본질'론 부분보다 '삶과 봉사' 운동에 더욱 긴밀하게 연계되었기 때문이다. 하지만 필자는 '본질'과 '역사'가 결코 이원화될 수 없다고 하는 사실을 잊지 않고 있다.

30 • "koinonia"란 participation, fellowship, sharing, solidarity, community, communion과 같은 다양한 의미를 지닌다. 참고: *Offficial Report of the Fifth World Conference on Faith and Order: On the Way to Fuller Koinonia*, ed. Thomas F. Best and Guenther Gassmann, Faith and Order no. 166(Geneva: WCC Publications, 1993), 230-262: 공식적으로 받아들여진 4분과 보고서.

(cf. 롬 8:19-21; 골 1:18-20).(I . A. 33)

교회의 사명/선교: 본 문서는 "모든 피조물을 그리스도의 주권 아래 모으고 (cf. 엡 1:10), 인류와 모든 피조물을 코이노니아로 인도하는 것이 하나님의 계획이다. 삼위일체 하나님 안의 코이노니아의 반영으로써, 교회는 이런 목적을 성취하는 하나님의 도구이다."(I . B. 34)라고 하면서 "교회는 이 목적을 섬김으로써 모든 사람들을 믿게 해야 한다."(요 17:21)고 한다. 즉, '교회'는 이 목적을 이룩하기 위하여 "복음을 아직도 듣지 못한 사람들과 하나님의 통치에 대한 좋은 소식인 복음을 따라서 살지 않는 사람들에게 말과 행동으로써 이 복음을 전해야 한다. 즉, 이는 '복음전도'(evangelism)에 대한 것이다. 뿐만 아니라 교회는 이 목적을 위하여 세상 속에서 하나님의 통치의 가치들을 삶으로 옮기고 그것의 미리 맛봄이 되도록 부름을 받았다."(I . B. 35)고 한다. 교회는 "자신의 삶으로 구원의 신비와 인류의 변형을 체현함으로써 만유를 하나님께 화해케 하고(고후 5:18-21; 롬 8:18-25), 인간 상호 간의 화해를 구현하시는 그리스도의 선교에 동참해야 한다."고 한다. 이는 '하나님의 선교'에 대한 이야기이다. 그런즉, 교회의 모든 본질적 기능과 역할들은 이와 같은 '복음전도'와 '하나님의 선교'에의 참여와 불가분리하다(I . B. 42).

2) 이 세상을 위한 하나님의 의도와 계획의 징표와 도구로서 교회

본 문서는 교회를, 장차 도래할 하나님 나라의 예언자적 징표요 이 하나님 나라를 역사와 창조세계 속에서 실현하는 도구라고 주장하였다.

하나의 거룩하고 보편적이며 사도적인 교회는 온 세상을 위한 하나님의 의도와 계획을 나타내는 징표요, 그것을 일구는 도구이다. 교회는 이미 삼위일체 하나님의 사랑과 생명에 동참하면서 자기를 넘어서서 모든 창조세계의 목적인 하나님 나라의 완성을 가리키는 예언자적 징표이다. 이 때문에 예수님은 그를 따르는 무리들에게 '땅의 소금', '세상의 빛' 그리고 '산 위에 있는 동네'라 일컫

고 있는 것이다('신앙과 직제', 198. 43). (I . c. 43)

즉, 예배를 드리고, 세례와 성만찬을 베풀며, 기독교의 진리들을 가르치고, 친교를 나누며, 봉사와 제자의 도를 행하는 교회는 자기 자신을 위해서 실존하는 것이 아니라, 다가올 하나님 나라를 희망하는 가운데 교회 밖의 영역에서 삼위일체 하나님의 하나님 나라 실현운동에 동참해야 하는 것이다. 본문이 교회를 "신비"(엡 1:9-10; 5:32)라고 부른 이유는, 그것이 '하나님에 의하여 주어진 초월적인 실재(이미 주어졌고, 그것의 완성이 약속된 하나님 나라: 필자 주)를 가리키기 때문이다.'(I . c. 45) 그리하여 교회 밖을 향한 종말론적인 목표는 드 가지이다. 하나는 '복음전도' (evangelism)요 다른 하나는 '하나님의 선교'(missio Dei)이다(I . c. 46).

결국, 이상에서 제시한 '삼위일체 하나님의 형상으로서의 교회', '교회의 사명/선교', 그리고 '이 세상을 위한 하나님의 의도와 계획의 징표와 도구로써 교회'는 모든 교파들의 모든 신학이 모든 시대를 초월하여 공유해야 할 교회의 본질과 사명 혹은 목적(선교)이다. 따라서 본 문서에 나타난 교회론은 주로 어느 특정 교회(로마가톨릭교회, 동방정교회, 성공회, 루터교, 개혁교회 등)의 교회론이 아니라 신약성경이 증언하고 있는 '그리스도의 몸', '하나님의 백성', 그리고 '성령의 전' 혹은 고대교회가 니케아-콘스탄티노플 신조(381)로 고백하고 있는 '하나의 거룩하고 보편적이며 사도적인 교회'를 말하고 있는 것이다. 이는 예수 그리스도의 교회 (the Church of Jesus Christ), 나아가서 '삼위일체 하나님의 형상'으로서의 교회의 본성과 사명/선교에 대한 이야기이다. 그런데 필자는 지면의 제한으로, 이상과 같은 '교회의 본질과 사명/선교'를 역사적 교회들의 교회론적 '다름들'과 '차이들'과의 역동적인 관계(이것은 결국 가시적 일치추구의 과정에서 펼쳐지는 교회론이지만) 속에서 논할 수 없었다.[31]

■■■ 31 • 참고: '교회의 본성과 선교/사명', 신앙과 직제 198, 『신앙과 직제와 삶과 봉사의 합류』, 이형기/송인설 옮김(서울: 한국기독교교협의회, 2009), 366 이하. '교회의 본성과 사명/선교'는 제II장에서 "A. 도상에 있는 교회, B. 그리스도 안에 있으나, 아직 충만한 코이노니아는 아닌 교회, C. 코이노니아와 다양성, D. 지역교회들의 코이노니아로서 교회"를, 제III장에서 "A. 사도적 신앙, B. 세례, C. 성만찬, D. 모든 믿는 사람들의 사역"에 대하여 논하며, 제IV장에선 "이 세상 안에서 그리고 이 세상을 위하여"에 대하여 논한다.

Ⅶ

나가는 말: WCC 중심의 에큐메니칼 운동사에 나타난 교회론의 패러다임 전환

1. 1927년 로잔에서 1950년 토론토 성명까지: 교회의 정체성과 '하나의 교회'

1927년 로잔과 1937년 에든버러는 교회의 본질적 특성들과 그것의 항구적인 표지들을 제시함으로써 '교회의 정체성'을 밝혔고, 토론토는 신약성서가 선포하고 사도신경 혹은 니케아-콘스탄티노플 신조가 고백한 '하나의 교회'(the Church 혹은 the one Church of Jesus Christ)에 무게를 두었다.

2. 1954년 에번스톤부터 1961년 뉴델리까지: 우리가 추구하는 가시적 일치의 징표들

1948년 암스테르담이 '비교교회론'적 차원에 머물렀으나, 1954년 에번스톤부터 시작되어 1961년엔 우리가 추구하는 '교회들'(the churches)의 '가시적 일치를 위한 징표들'이 확정되었다. 즉, 예수 그리스도와 연합하여 세례를 받고 그를 주님과 구세주로 고백하며 성령에 의한 하나의 교제를 누리고 하나의 사도적 신앙을 고백하고 하나의 복음을 전하며 하나의 떡을 떼고 함께 공동의 기도를 올리고 공동체적 삶을 통하여 증거와 봉사를 하며 모든 장소와 모든 시대에서 사역자와 신도 모두 상호 인정되고 시대적 상황에 대응하여 함께 행동하고 함께 말하는 교제가 다름 아닌 그와 같은 가시적 일치추구의 요건들이다.

3. 1968년 웁살라로부터 1990년 JWG까지: '교회들'의 다양성 속에서 코이노니아

1927년부터 1950년에 이르는 시기의 교회론이 '교회의 정체성'과 '하나 됨'에 부심하였다면, 1968년부터 1990년의 JWG까지는 제2차 바티칸 공의회(1962-1965)의 영향으로 '교회들(the churches)의 다양성 속에서 코이노니아'에 무게를 두었다. 그도 그럴 것이 1968년 웁살라가 '보편교회'를 규정함에 있어서 '교회들'의 정체성과 연속성과 다양성을 언급하였고, 1975년 나이로비가 '교회들의 협의회적 친교'를 논하면서 지역별 '교회들'의 진정한 일치를 전제하였으며, 1990년 JWG의 '보편교회'와 '개교회 혹은 지역교회'의 관계를 규명함에 있어서 역시 '개교회 혹은 지역교회'의 정체성과 연속성과 다양성을 중요시하였기 때문이다. 즉, 삼위일체 하나님을 반영하고 사도적 설교와 사도적 성례를 집례하는 '개교회' 혹은 '지역교회'야말로 '보편교회'보다 결코 열등하지 않다고 하는 것이다. '개교회' 혹은 '지역교회'는 중앙 집권적 상부기구에 종속하고 있는 하부 기구가 아니라고 하는 말이다.

4. 1991년 캔버라로부터 2006년 포트 알레그로까지: 교회론('신앙과 직제')과 사회윤리('삶과 봉사')의 신학적인 합류

1991년 캔버라가 성령위격의 관계적 독립성을 강조하면서 삼위일체론을 강조하기 시작한 이후로, '신앙과 직제'와 '삶과 봉사'와 '세계선교와 전도'의 신학적 패러다임은 종전의 '그리스도 중심적 보편주의'로부터 '삼위일체론'과 '삼위일체론적 성령론'으로 전환하였다(Konrad Raiser). 즉, 3가지 흐름의 에큐메니칼 신학의 패러다임에 있어서 '정체성과 관계성', '독립성과 상호의존성', '부분들과 전체의 상호의존적 부분들', '다양성 속에서 코이노니아', '상호관계와 상호존중과 상호나눔과 상호참여'와 같은 삼위일체 하나님의 '유비'가 발견되고, '다자'(manyness)를 '유기적 연합'(organic union)으로 인도하는 삼위일체론적 성령론의 '유비'도 발견되기 때문이다.

따라서 1993년 'Towards Koinonia in Faith, Life and Witness', 1993년 'Costly Unity', 1994년 'Costly Commitment', 1995년 'Costly Obedience', 그리고 2005년 'The Nature and Mission of the Church'에서 발견되는 '교회론'과 '사회윤리'의 신학적인 엮어 짜임 역시 위와 같은 새로운 패러다임의 예증으로 보이고, 2012년 마닐라 '세계선교와 전도를 위한 신학지침서'[32]에서 발견되는 '신앙과 직제'와 '삶과 봉사'가 'CWME'의 신학을 위하여 함께 엮어 짜임 역시 그렇다. 이는 각각 '정체성과 관계성' 그리고 '독립성과 상호의존성'과 같은 삼위일체 하나님의 '유비'에 속한다.

---

32 • *Together Towards Life: Mission and Evangelism in Changing Landscapes. Proposal for a new WCC Affirmation on Mission and Evangelism towards WCC's 10th Assembly in Busan, Korea, 2013.*

제8장

WCC와 종말론

†

I
들어가는 말

　　WCC 신학이 말하고 있는 '종말론'은 우리가 앞에서(제5장 WCC와 삼위일체론) 논한 것처럼 1948년 암스테르담부터 1968년 웁살라까지는 '그리스도 중심적 보편주의'에 정위(定位)되었고, 1991년부터는 '삼위일체론'에 정위되었으나, 종말론 그 자체에 있어서는 큰 변화를 보이고 있지 않는다. 하지만 역사를 비관주의적으로 보는 유럽 에큐메니칼 신학자들과 역사를 좀 더 낙관적으로 보는 영미계통의 에큐메니칼 신학자들의 갈등을 보였던 1920년대의 종말론은 히틀러의 인종주의적 국가사회주의와 무솔리니의 파시즘과, 제2차 세계대전의 징후를 보였던 1937년 옥스퍼드 삶과 봉사 세계대회를 거치면서 상당한 정도로 비관주의로 정착되었다.

　　그런즉, 우리가 검토하려는 1948년부터 2012년까지의 종말론은 한 씨앗이 큰 나무로 발전하듯이 동일한 유형의 종말론의 발전으로 보인다. 물론 '삼위일체론'과 종말론과의 본격적인 관련은 콘라드 라이저의 논지대로 1990년부터 발견되고 있지만 말이다.

　　대체로 WCC 신학전통의 종말론은 니케아-콘스탄티노플 신조가 고백하고 있는 '장차 올 세상의 삶'(the life of the world to come)에 대한 희망과, 역사와 창조의 지평 속에서 이것의 앞당겨진 구현의 관계에 대한 것이다. 그러니까 WCC의 종말론은 다드(C.H. Dodd)의 실현된 종말론도, 알버트 슈바이처의 다만 철저히 미래로 던져진 종말론도, 루돌프 불트만의 케뤼그마를 통하여 순간에 일어나는 종말론도, 미국계통의 전천년설이나 후천년설이나 단순한 무천년설도 아니다. 아마도 에른스트 케제만을 비롯한 후기 불트만 신학자들, 쿨만, 큄멜, 그리고 칼 바르트 등으로 시발된 미래 지향적 종말론과 그 뒤를 잇는 몰트만의 종말론이 WCC의 종말론에 근접하고 있는 것으로 보인다. 이와 같은 WCC의 종말론의 경향은 제4장 WCC와 '온전한 복음'에서 지적한 대로 에큐메니칼 신학이 '성서적 신학'(biblical theology), 구속사를 중요시하는 신학, 혹은 내러티브 신학을 추구하고 있기 때문이다.[1] 물론 WCC의 종말론은 미래 지향적인 하나님 나라에 대한 희망과 아울러 그것의 현재적인 실현과정과 '종말 이전'(the pen-Ultimate)의 도덕과 윤리를 강조하고 있다.

---

1 • 에큐메니칼 성경해석사에 있어서 '내러티브'와 '복음'의 관계에 대하여는 참고: 이형기, 『에큐메니칼 운동의 패러다임 전환』(서울: 한들출판사, 2011), 411-428.

Ⅱ

1948년부터 1990년 직전까지

1. 1948년 암스테르담 WCC

제3분과의 처음 항목(S. Ⅱ. 1.)은 "하나님의 목적"에서 '그리스도 중심적 보편주의'에 입각한 종말론을 주장한다.

하나님의 목적은 모든 인간을 예수 그리스도 하나님의 아들 안에서 자기 자신에게와 인간들 상호 간에 화해를 성취하는 것이다. 그와 같은 목적은 예수 그리스도, 곧 그분의 성육신, 섬김의 사역, 그분의 십자가상의 죽으심, 그분의 부활과 승천 안에서 명시되었다. 그와 같은 목적은 성령의 선물 안에서, 모든 이방사람들을 제사 삼으라고 하는 그분의 명령 안에서, 그리고 그분 자신의 교회와 함께 거하시는 그분의 현존 안에서 지속된다. 그것은 또한 만유를 그리스도 안으로 모으시면서 완성될 그분의 목적을 내다보는 것이다. 그와 같은 목적에 있어서 많은 부분들이 우리로부터 여전히 감추어져 있지만, 세 가지 점은 완전히 명백하다.(제Ⅱ분과 Ⅰ)

하나님의 목적에 대하여 우리가 알아야 할 필요가 있는 모든 것은 이미 그리스도 안에서 계시되어 있다.

세계 도처의 모든 사람들에게 복음이 전파되어야 하는 것은 하나님의 뜻이다.

하나님께서는 자신의 목적성취를 위하여 인간의 순종을 사용하시기를 기뻐하신다.[2]

그리고 암스테르담은 제3분과에서 이 세상의 죄악과 무질서에 대한 그리스도의 승리와 주권에 입각한 하나님 나라를 주장한다. 이것 역시 '그리스도 중심적 보편주의이다.' 그도 그럴 것이 성부와 성령에 대한 언급은 없이 다만 하나님 나라의 기독론적 근거만을 제시하고 있기 때문이다.

기독교회는 예수 그리스도의 주권에 대한 신앙을 가지고 우리 사회의 무질서에 접근한다. 하나님께서는 이 예수 그리스도 안에서 그분의 나라를 세우셨고 거기로 들어오려는 모든 사람들에게 그것의 문이 열려 있다. 그들의 삶은 그 어떤 사회의 무질서도 파괴할 수 없고 하나님 나라와 그분의 의(義)를 먼저 추구하라고 하는 의무가 자신들에 부과되어 있다고 하는 확신을 가지고 전적으로 하나님께 속하여 있다.[3]

기독교인들은 심판과 자비를 구비한 그 나라의 빛에 비추어서 각 시대에 인간 공동체들과 제도들을 부패시키는 죄들에 대하여 의식하고 있으나, 또한 그리스도를 통한 모든 죄와 죽음에 대한 궁극적인 승리에 대하여 확신하고 있다. 우리 주님께서는 하나님 나라가 임하고 그분의 뜻이 하늘에서처럼 땅에서도 실현되게 해달라고 기도하도록 명령하신다. 이 명령에 대한 우리의 순종은 우리들이 각 시대에 인간 사회 안에 있는 항구적인 악을 더욱 악화시키는 특별한 무질서들을 극복하려고 노력할 것과 우리들이 그와 같은 무질서의 제거나 제어를 확보할 수 있는 수단들을 찾으라고 요청한다.(Ibid.)

끝으로 아래의 인용은 이상과 같은 '그리스도 중심적 보편주의'에 정위(定位)

---

2 • *Man's Disorder and God's Design* (New York: Harper & Brothers, Publishers, 1948), Report of Section Ⅱ. 이후로, 분과 보고서를 S.로 표기함.

3 • Ibid., Section Ⅲ. 1.

된 종말론에 대한 비전 속에서 교회의 소명을 주장한다.

우리는 교회가 그분의 거룩함 안에 계신 하나님을 예배하고, 복음을 모든 피조물들에게 선포해야 할 소명을 가지고 있다고 믿는다. 교회는 하나님에 의하여 그리스도의 몸을 세우기 위하여 성령의 각종 은사들로 무장되어 있다. 교회는 십자가에 달리셨다가 부활하신 주님의 능력과 그분의 모범을 따라서 신앙과 사랑으로 모든 인류를 섬기기 위하여 살도록 구별함을 받았다. 교회는 죄 사함 받은 사람들로 구성되어 있지만 이들은 믿음으로 이미 하나님 나라의 영원성에 동참하고 있고 그리스도께서 그분의 영광과 능력의 충만 가운데 다시 오실 완성의 때(consummation)를 기다리고 있는 것이다.[4]

2. 1954년 에번스턴 WCC

1952년 빌링겐 IMC(국제선교협의회)에 있어서 교회는 '하나님의 선교'(missio Dei)의 대행자(the agent)이다. 빌링겐은 교회를 대행자로 하는 삼위일체 하나님의 선교가 예수 그리스도의 초림과 재림 사이의 긴장 속에서 하나님의 나라를 실현하는 것으로 본다. 비로소 빌링겐에 와서야 하나님의 선교가 종말론적 시야에서 이해되고 있다. 본 보고서(2. A Statement on the Missionary Calling of the Church)의 끝 부분인 "V. 시대의 표징들을 분별하면서"는 교회는 삼위일체 하나님의 선교의 대행자(the agents)로서 예수 그리스도의 초림과 재림 사이에서 하나님의 나라를 실현해야할 것을 말하고 있기 때문이다.

우리 주님께서는 그의 제자들에게 시대의 징표들을 분별하라고 명령하셨다. 인간의 눈에는 지금은 흑암과 혼돈의 시대이다. 하지만 십자가에 달리신 분에 의해 열려진 눈은 어둠과 혼돈의 시대에서 하나님의 주권적 통치의 확실한 징

---

4 • Ibid., Section I. III. B.

표들을 분별할 것이다. …

모든 것이 무너지고, 익숙한 경계들이 흐려지고, 전쟁과 소용돌이가 우리를 삼키고, 모든 인간의 교만과 허영이 겸손해질 때, 우리는 십자가에 못 박히시고, 부활 승천하신 주님이 감추인 형태로 다스리는, 주님의 은폐된 통치를 새롭게 선포한다. 우리는 모든 기독교인들이… 새로운 확신을 가지고 모든 것을 사로잡아 그리스도에게 인도하고 그리스도의 재림을 위해 모든 땅을 준비시키는 일을 하도록 촉구한다.[5]

이상의 종말론은 전적으로 '그리스도 중심적 보편주의'에 해당한다. 그리고 빌링겐의 보고서 중, 그 당시 총회에서 아직 통과되지는 않은 잠정보고서(an Interim Report) 역시 이같은 종말론적 시야를 더욱 힘주어 언급하고 있다.

… 교회는 종말적 최종완성을 향해서 간다. 예수 그리스도야말로 참 종말(the true Eschaton)이요, 교회는 바로 이분의 몸이다. 교회는 이 땅 위에서 자신이 선포하는 하나님의 나라에 참여하고 있다. 이 종말론적 소망은 교회의 선교적 메시지의 본질적 부분이다.[6]

… 계급 없는 사회를 소망하고 나가는 세속화된 종말론으로부터 파생된 마르크스주의의 선교적 추진력은 선교적 메시지에 있어서 종말론적 요소를 소홀히 하고 있는 우리 기독교인들에 대한 심판이다는 사실은 누구나 동의하는 주장이다.[7]

그리하여 이와 같은 종말론적 시야와 전망은 1954년 에번스톤 WCC 총회에서 더 확실해진다. 에번스톤은 IMC전통을 수용하는 "제2분과 복음전도: 교회의

---

5 • *Missions Under the Cross*(IMC and Edinburgh House Press, 1953), 192.

6 • Ibid., 244

7 • Ibid., 245.

교회 밖 사람들에 대한 선교"에서 파송과 소망의 신학을 논하고, 끝으로 종말적 전망과 긴장을 가진 교회의 하나님 선교에의 참여를 말한다.

예수 그리스도는 우리가 선포하는 복음이다. 아니 그분 자신이 복음전도자였다. 그분은 세상을 구속하시기 위하여 이 세상에 파송된 하나님의 사도(히 3:1)였다. 아버지 하나님께서 그를 파송하시듯이, 그분은 우리를 파송하신다. 그분은 우리를 부르신다. 우리는 그분에게 순종해야 한다. 그분이 우리를 파송하신다. 우리는 가야 한다.[8]

우리는 우리의 삶과 이 삶 속에서의 우리의 자리매김에 대하여 소망이 없었다. 그분이 우리에게 소망을 주셔서, 우리의 삶을 의미로 충만하게 하셨다. 우리는 죄 가운데에서 소망이 없었으나, 그분이 우리에게 소망을 주셨다. … 우리는 죽음 앞에서 절망하고 있다. 즉, 우리는 무화(無化)에 대한 두려움과 미래에 있을 형벌에 대한 두려움 사이에서 두려워 떨고 있다. 그러나 죽음의 날카로움을 극복하신 그리스도께서 하나님 나라의 문을 우리에게 활짝 열어주셨다.[9]

끝으로 에번스톤은 제2분과를 "Ⅵ. 주 예수여 어서 오시옵소서!"로 끝내고 있다.

성령을 통해서 자신의 머리이신 예수 그리스도의 삶에 참여하는 교회는 이 머리 되시는 예수 그리스도께서 그의 사역을 완성하실 것을 확신한다. 그리스도의 한없는 은총의 메신저는 하나님 나라의 최종적 완성을 바라보는 바, 이 하나님 나라에서는 그리스도의 구속하시는 사랑이 그 의도를 완전히 성취할 것이다. … 복음전도의 시간이 기다림의 시간인 것처럼, 기다림의 시간은 복음전도의 시간이다. 우리의 심판주로 오시는 그분은 또한 우리의 구속주이시기 때

---

8 • *The Evanston Report*, 98-99.

9 • Ibid., 91.

문이다.[10]

1952년 빌링겐 IMC는 1928년 예루살렘 IMC 이래로 '하나님의 선교'의 의미에서 교회의 사회참여를 가장 강조하는 선교개념을 제시하였다. 빌링겐은 1948년 암스테르담에서 1954년 에번스톤에 이르는 '책임적 사회'에 걸맞은 '하나님의 선교'를 역설했다. 1938년 탐바람을 잇는 삼위일체론적 복음이해와 무엇보다도 삼위일체론적 기독론 중심의 파송의 신학(Missio Dei)은 18-19세기의 복음전도 개념을 훨씬 넘어서서 정치, 경제, 사회, 문화 등 삶의 모든 차원을 선교의 대상으로 삼았다. 그리하여 빌링겐은 개인의 회심과 개교회의 개척과 성장을 소홀히 할 정도여서, 1982년『선교와 복음전도 - 하나의 에큐메니칼 확언』에 오면 이에 대한 큰 수정이 있게 된다. 그리고 끝으로 에큐데니칼 선교신학에 있어서 빌링겐부터 종말론적 시야가 확보되어, 1954년 에번스톤 WCC 총회는 그 전체 주제를 '예수 그리스도 - 세상의 소망'이라 하였다. "제2차 WCC 총회로부터의 메시지"는 '그리스도 중심적 보편주의'의 종말론을 진술하고 있다.

… 우리는 예수 그리스도에 대한 신앙을 세상의 희망으로 확언하고 이 신앙을 모든 사람들과 공유하기를 갈망한다. 하나님께서는 우리가 종종 우리의 죄로 인하여 이와 같은 희망을 세상으로부터 은폐시킨 것을 용서하여 주옵소서.[11]

그리고 본문은 현재 성령으로 우리와 함께 현존하시는 예수 그리스도께서는 이미 죄와 죽음과 심판을 극복하신 분으로서 모든 것을 완성하시기 위하여 다시 오실 분이라고 역설한다.

우리가 서 있는 그곳에 예수 그리스도께서 서 계신다. 그분은 참 하나님과 참 인간으로 우리를 찾으시고 구원하시기 위하여 우리에게 오셨다. 비록 우리는

---

10 • Ibid., 107.
11 • *The Evanston Report*(New York: Harper & Brothers Publishers, 1955), 1.

하나님의 원수들이지만 그리스도께서 우리들을 위하여 죽으셨다. 우리는 그분을 십자가에 달려 죽게 하였다. 그러나 하나님께서는 그분을 죽은 자들로부터 다시 살리셨다. 그분은 부활하신 것이다. 그분은 죄와 죽음의 권세를 극복하셨다. 하나의 새로운 생명이 시작된 것이다. 그분은 그의 부활 승천의 능력으로 이 세상 속으로 하나의 새로운 공동체를 파송하셨다. 그분은 이 공동체가 성령으로 하나로 묶여 그분의 신적 생명을 함께 공유하고 그분을 온 세상에 알리도록 위탁하셨다. 바로 이분은 만유를 완성하시기 위하여 심판주와 왕으로서 다시 오실 것이다. 그때에 우리는 그분의 참 모습을 볼 것이고 우리들이 하나님에 의하여 알려진 우리의 모습을 볼 것이다. 우리는 하나님께서 신실하시고 이미 지금도 그분은 만유를 그분의 손 안에 가지고 계시다고 하는 사실을 알기 때문에 온 창조의 세계와 더불어 열정적 희망을 가지고 이것을 기다릴 것이다.[12]

3. 1966년 제네바 '교회와 사회' 세계대회

1961년 뉴델리 WCC 총회 보고서는 종말론에 대한 이렇다 할 진술을 하지 않고 있다. 그런데 1960년대는 세계사적 격변기였다. 과학기술의 발달로 핵무기 경쟁을 가져왔고, 케네디 암살(1963)과 마틴 루터 킹 목사의 암살(1968)이 일어났다. 1965년 북베트남에 폭격이 시작되고 월남전이 시작되었고 1967년 중동에는 6일전쟁이 일어났다. 중국에선 문화혁명이 일어났다. 1968년 체코의 민주화는 소련군대의 학살로 막을 내렸다. 1963년 미국에서는 20만 명의 흑인들이 인권시위를 했고 1968년 도쿄와 전 유럽에서는 학생들의 반전시위가 일어났다. 로마가톨릭교회는 제2차 바티칸공의회(1962-65)를 열어 교회개혁을 단행했고 1965년도에는 WCC와 로마가톨릭이 함께 신학연구에 참여하는 연합연구위원회(Joint Working Group)가 조직되었다. 이와 같은 상황에서 1966년 제3차 '삶과 봉사' 대회가 열렸다. 본 대회는 4분과 중 특히 제1분과에서 "제3세계"와 관련하여 경제정의와 개

---

12 • Ibid.

발문제를 연구하기 시작했다. 그리고 메델린 주교회의(1968)는 가난한 사람들을 우선 배려하는 정치적 선택을 하였다.

WCC의 제3세계에 대한 관심은 이미 "급격한 사회변혁 연구"(1955-1961)로 시발되었다. 1954년 에번스턴 직후 1955년 다보스 WCC 중앙위원회는 "급격한 사회적 변혁 지역들에 대한 기독교의 공동 책임"이라고 하는 제목을 '교회와 사회'(삶과 봉사)에 연구 위원회에게 맡겨 연구하게 하였다. 바로 이 연구 프로젝트의 목적은 두 가지였다. "① 아시아와 아프리카와 라틴아메리카에 있는 기독교인들과 토착 교회들로 하여금 토착 지도자의 지도 아래 그들의 지역들에서 기독교적 사회적 사상과 행동에 도전해 오는 사회적 이슈들에 대한 심도 있는 연구를 함으로써 정치, 경제, 사회적 삶에 대한 기독교적 책임을 분명하게 할 수 있게 하는 것이다." ② 서구의 기독교인들과 교회들로 하여금 비서양 세계 안에 있는 새로운 사회들의 발전에 관련된 "책임들을 이해하게 하는 것이다."[13]

그런즉, 본 제3차 '삶과 봉사'(제네바 '교회와 사회') 세계대회(1966)의 특징은 두 가지이다. 하나는 방금 지적한 것처럼 1954년 이래로 그리고 1961년에 이래로 더욱 높아진 WCC의 제3세계에 대한 관심이요, 다른 하나는 1949-1983년까지 '교회와 사회'의 총무를 맡은 아브레히트(Paul Abrecht)의 공헌, 특히 그의 방법론이었다. 1961년 그의 저서『The Churches and Rapid Social Change』는 위에서 그의 감독하에 진행해온 "급격한 사회변혁 연구" 및 기타 '교회와 사회' 연구의 수록으로서 본 대회에 결정적인 공헌을 하였다.[14] 그는 올드햄(J. H. Oldham)의 방법론을 계승 발전시켰으니, 그것은 1937년 이래 향후 '삶과 봉사' 운동의 방법론을 정향시켰다. 바야흐로 아브레히트와 올드햄은 종말론적인 전망에서 성서적이고 신학적 윤리와 사회과학의 영역의 보편적인 도덕과 윤리'(the pen-Ultimate)를 연결시켰다. 이는 향후 종말론(the Ultimate)이 '종말 이전(the pen-Ultimate)의 도덕윤리'와 긴장관계에 놓이게 되는 계기였다. 몰트만은 종말과 도덕윤리와의 긴장관계에서 1969년 웁살라 WCC의 에큐메니칼 도덕윤리를 "변혁의 희망"(transforming

---

13 • M. M. Thomas, "The Asian Churches and the Study of Rapid Social Change", in *Church and Society: Ecumenical Perspectives. Essays in honour of Paul Abrecht* (Geneva: WCC, 1985), 21.

14 • John C. Bennett, "The Geneva Conference of 1966 as a Climactic Event", in Ibid., 26.

hope)이라 하였으니, 이는 1968년 이후 에큐메니칼 도덕윤리가 그렇다고 하는 말이다.

이제 우리는 본 대회의 중요한 신학(종말론)과 사회윤리의 관계를 담고 있는 "특별 연구위원회"(A. 변화하는 세계 속에서 신학과 사회윤리. B. 오늘날 기술적이고 과학적인 혁명의 잠재력들. C. 사회 속에서 교회의 행동.) 중 첫 번째 연구위원회의 보고서(A. 변화하는 세계 속에서 신학과 사회윤리) 내용을 소개할 것이다.

본 보고서는 주로 미래 지향적인 '하나님 나라'와 '종말 이전의 역사와 교회의 책임'을 주장하고 있다. 대체로 종말과 역사의 문제는 '하나님의 구원역사와 인류 보편사와의 관계'를 말하는 것으로 일찍이 구약의 히브리 백성에게로 소급한다며, 에큐메니칼 운동에 있어서는 옥스퍼드 '삶과 봉사'운동 때부터 등장하여(여섯 준비 문서들 가운데 하나가 The Kingdom of God and History였다.), 1948년 암스테르담 때에는 이와 같은 입장에서 '공산주의와 자유방임적 자본주의' 모두를 초월하는 사회 이미지를 제시할 수 있었으며, 1954년 에번스턴 WCC 총회는 '종말과 윤리, 그리고 모든 시대를 위한 기독교적인 희망과 우리 시대의 특수한 희망들과의 관계'를 주제로 삼았다. 그리고 1965년에 몰트만의 『희망의 신학』이 출판되었으며, 에큐메니칼 운동사에 있어서는 1982년 『BEM Text』와 1990년 『교회와 세상: … 』 및 1991년 『하나의 신앙을 고백하며: … 』이래로 오늘에 이르기까지 삼위일체론과 더불어 그와 같은 종말론이 대부분의 에큐메니칼 문서들 안에서 크게 강조되고 있다.

보고서는 Ⅱ. 12, 15, 16에서 오늘날의 상황이 종말론을 요청한다며, 오늘의 상황 속에서 성서의 세계가 제시하는 "진리(truth)는 미래가 그분께 속한, 바로 그 하나님과의 살아 있는 관계 속에서 알려진 것이고, 선(good) 역시 그와 같은 관계 속에서 행해진 것이다."라고 하고, 바로 이와 같은 근거에서 기독교인들은 "사람들 사이에서 정의와 평화의 책임적 사회를 성취하고 역사 속에서 상대적인 의미들을 분별하고 구현한다."(Ⅱ.18)라고 본다. 그리고 4가지 방안을 제시하면서, 바로 이 4가지 방안들이 기독교인들과 나머지 사람들이 연대(solidarity)하면서도 다름(difference)을 나타내는 것이라고 주장한다. 아마도 기독교인들은 성서에서 발견되는 "진리와 선"이 역사적 상황들 속에서 알려지고 행해졌다고 보는 의미에서 절대적인 차원에 접촉되어 있으면서도 상대적인 "진리와 선"에도 관련되어 있다고 하는 말로 이해되고, 나아가서 종말론적으로 완성될 "진리와 선"을 희망하면서도 '역사'와 '교회' 속에서 실현되어야 할 상대적인 "진리와 선"을 주장하였다고 하는 것일 것이다.

이제 우리는 4가지 방안을 소개한다. 첫째로 기독교 신앙은 모든 사회구조, 인간권력의 구조와 안전이 결코 완전하게 정의롭지 못하고 하나님의 심판 밑에 있음을 신앙으로 알고 있다. 사회구조와 권력구조 등이 그 각각의 권력 밑에 있는 사람들의 정의를 향한 부르짖음에 응답하여 자신을 갱신할 수 없는 한 그렇다는 말이다. 그런즉, 모든 세속적인 구조들은 새로운 인간적 필요의 빛에 비추어서 끊임없이 수정되어야 한다며, 본문은 이렇게 역설한다.

> 역사 속에는 선의 역동성뿐만 아니라 악의 역동성도 함께 있다. 하나님의 행동은 인간의 권력질서를 계속적으로 재구성하신다. 교만한 자들을 빈손으로 돌려보내시고 억압받는 자들을 일으켜 세우신다. 그리스도의 십자가는 자기 보호적인 현상유지에 대한 궁극적인 심판이요 하나님의 순례하는 백성이 되라고 하는 부름은 이 세상의 안일함들에 대한 계속적인 도전이다. (II.19)

세상에서는 그 어떤 것도 하나님에 의하여 제정된 사회질서란 없다. 그 어떤 변혁도 그 어떤 현상유지 그 자체도 필연적으로 선하지 않다. 오직 새로운 인간적인 필요의 빛에 비추어서 끊임없이 수정되어야 할 상대적이고 세속적인 구조들이 있을 뿐이다.

따라서 기독교인들은 현상유지를 영구화하려는 모든 권력구조들에 대하여 '아니다.'라고 말해야 하고, "효율적인 사회변혁을 일으켜야 하며 가난한 자들과 억압받는 자들의 항거 속에서 상대적인 역사적 정의를 찾아야 할 것이다."(II.20) 그런즉, 기독교인들은 교회 안의 지배계층들을 회개로 인도할 경우에만, "혁명적인 것"을 해낼 수 있다고 한다. 그것은 "증오로부터의 자유, 곧 심지어 혁명적인 계획들과 권력까지도 변형시키지 않으면 안 되는 주고받음(the give and take)을 받아들이는 자유이다.(Ⅱ.20)

둘째로 미래 종말론적인 심판과 새 하늘 새 땅에서의 만유의 회복에 대한 비전 속에서 기독교인들은 하나님께서는 역사 속에서 그들이 성공하든 실패하든 모든 것을 선으로 인도하시고 계신다고 믿고 희망한다. 아래의 주장은 윌겔 몰트만의『희망의 신학』(1965)과 비슷한 종말론적 비전을 보여주고 있다.

기독교인들은 이 세상(this age)의 권세들에 대한 그리스도의 마지막 승리를 희망하는 가운데 이 세상에서 살고 있기 때문에, 우리 시대에 있어서 정의와 진정한 인간성을 위한 투쟁을 이와 같은 종말론적인 희망의 징표로 본다. 시간이 완성되는 때에, 모든 자연과 인류 역사의 모든 세력들과 인간의 생명 그 자체는 성서에 의하여 '새 하늘과 새 땅'이라고 상징된, 상상을 넘어서는 방법으로 변혁될 것이다. 하나님의 나라는 그리스도의 오심과 더불어 인류 역사 속에 돌입하였고 모든 인간들과 창조세계 전체로 확장될 것이다. 부활하신 주님과 악마적 권세 사이의 싸움에서 후자는 결코 승리할 수 없을 것이다. 메시아이신 예수님께서 이미 오셨고 유대인들과 열방들을 위하여 다시 오실 것이며 이와 같은 그분의 통치의 징표가 우리 시대를 뚫고 들어와 이 세상을 변혁시키고 있다. 물론, 이와 같은 변혁은 단순한 인간의 계획들과 욕망들의 완성이 아니다. 그와 같은 변혁은 인간관계에 대한 하나의 새로운 전망과 통찰을 가져온다. 흔히 그것은 전혀 다른 동기들을 지닌 행동들의 결과로 일어난다. 우리는 이 세상이 하나님 나라가 될 때까지 이 세상의 지속적인 변혁에 대하여 말할 수 없다. 이 세상은 진보와 발전뿐만 아니라 장차 심판과 파괴를 겪을 것이기 때문이다. 그러나 참 하나님이시고 참 인간이신 메시아께서 타락한 인간의 권세로 십자가에 달리신 그와 같은 죽음으로부터 부활하셨기 때문에, 기독교인들은 하나님께서 자신들이 성공하든지 실패하든지 자신들의 사역을 사용하시어 선을 이루실 것이라고 하는 희망 가운데 인간 사회를 모든 차원에서 변혁시키기 위하여 사역하도록 부름을 받고 있는 것이다.(Ⅱ.21)

셋째로 기독교인들은 "성서, 기독교 역사와 오늘날의 교회의 정신, 그리고 사회과학적 분석의 최선의 통찰들"(Ⅱ.23)과 지속적인 대화를 시도하면서, 오늘의 정치적이고 경제적인 변화의 복합성들 가운데서 무엇이 정의이고 무엇이 부정의이며 무엇이 인간적인 것이고 무엇이 비인간적인 것인가를 분별할 수 있어야 할 것이라고 한다. 하지만 이와 같은 훈련은 진리의 이론체계를 세우는 것이 아니라 인간 사회 속에서의 행동을 목표로 하고 있다. 그래서 "기독교인은 자신이 하나님의 뜻을 행하고 있다고 하는 믿음하에 그의 최선의 지식을 따라서 이 세상에 대하여 행동해야 한다. 기독교 신학이 예언자적이 되려면, 그것이 충분한 성찰 가운데 하나님께서 특정한 시공간 속에서 어떻게 역사하고 계시는가를 감히 선포하고 이런 식으로 교회는 언제 어디에서 하나님의 사역에 동참할 것인가를 감히 보여줄 경우이다."(Ibid.)

넷째로 본문은 하나님 나라와의 관계에서 '교회'의 정체성을 규정한다.

교회란 이 세상 속에서 모든 인간들에 대한 하나님의 사랑에 응답하고 있는 세상의 일부요 하나님의 인간에 대한 관계가 알려지고 구현되는 공동체가 되도록 부름을 받고 있다. 교회는 어떤 의미에서 세상의 중심이요 세상의 완성(fulfilment)이다. 또 다른 의미에선 그것은 세상의 종이요 그것의 미래에 대한 희망을 세상에 알리는 증인이다. 교회는 장차 마지막 때에 될 세상이 자신 안에서 미리 발견되는 그와 같은 공동체가 되도록 부름을 받고 있다. 종종 그렇듯이, 만약에 교회가 이와 같은 사명을 이루지 못하고 세상의 편견들을 반사시킬 경우, 교회는 자신의 소명에 신실하지 못한 것이다.(Ⅱ.26)

4. 1968년 웁살라 WCC

웁살라 역시 '그리스도 중심적 보편주의'에 정위된 종말론을 주장한다.

성육신하시고 십자가에 달리셨다가 부활하신 예수 그리스도는 새 인간이시다. 그분이 완전한 순종으로 아버지 하나님을 영화롭게 하셨을 때에 그분 안에서 하나님의 형상이 계시되었다. 우리는 그분의 타자들을 위한 전적인 내어주심, 그분의 절대적인 참여와 절대적인 자유, 그분의 파고드는 진리와 고난과 죽음에 대한 그분의 승리적인 용납에 있어서 인간이 본래 어떠한 존재가 되어야 하는가를 본다. 십자가 죽으심을 통한 하나님의 사죄에 의하여 인간의 소외가 극복되었고 모든 인간들이 하나님의 아들들로 회복될 길이 열린 것이다. 그리고 예수님의 부활에서 하나의 새 창조가 탄생되었고 그 새 인류의 머리이신 그리스도께서 만유를 총괄 갱신하실 역사의 마지막 목표가 담보되었다.[15]

때문에 본문은 우리가 아무리 정치·경제적인 구조 악으로 억눌려 있을지라도 "하나님께서는 우리의 구조적인 세계 속으로 돌입하시어 이미 모든 '정사와 권세'를 승리하셨다. 하나님의 나라는 그분의 심판과 자비로써 도래하고 있다."(Ⅲ. Ⅰ. 2)고 하였다.

"보라! 내가 만물을 새롭게 하노라."고 하는 웁살라의 총 주제는 미래 지향적인 하나님 나라를 암시하기에 충분하다. 우리는 위에서 1960년대야말로 세계사적 격변기였음을 회상하였거니와, 몰트만의 말대로 웁살라 WCC로부터 향후 에큐메니칼 종말론은 "변혁적 희망"[16]을 추구한다. 다시 말하면 '종말 이전'의 도덕윤리가 미래의 새 하늘과 새 땅에 대한 비전과 긴장관계 속에 있다고 하는 말이다. 다음의 인용들은 "변혁적 희망"을 표현하고 있다 하겠다. 즉, 새 하늘과 새 땅을 바라보면서 기존의 옛 세계질서를 새롭게 해야 한다고 하는 것이다. 이는 에

---

15 • op. cit., S. Ⅱ. Ⅰ. 3.

16 • 참고: Juergen Moltmann, *Ethics of Hope*(Minneapolis: Fortress Press, 2012)(독일어, 2010), Preface.

큐메니칼 도덕윤리가 '종말'과의 긴장관계 속에 있는 '종말 이전'의 도덕윤리라고 하는 말이다.

우리의 희망은 만물을 새롭게 하시는 그분 안에 있다. 그분은 우리의 사고와 행동구조들을 심판하시고 그것들을 폐물로 만드신다. 옛것에 대한 우리의 거짓 안주와 혁명적 변혁에 대한 두려움은 우리들에게 현상유지를 변호하게 하거나 그것을 엉거주춤한 방책들과 어설프게 결합시키도록 유혹한다면, 우리는 모두 멸망할 것이다. 옛것에 대한 죽음이 어떤 이들에겐 고통을 일으킬 수도 있지만 하나의 새로운 공동체 형성에 실패하는 것은 모든 사람들에게 죽음을 초래한다. 기독교인들의 도래하는 하나님 나라에 대한 믿음과 하나님의 의(義)에 대한 추구에 있어서 보다 큰 사회정의와 세계발전을 위하여 수백만의 사람들의 투쟁에 동참할 것을 요청받는다.(S. Ⅲ. Ⅰ. 4)

끝으로 다음의 인용은 '이미'와 '아직 아님'의 긴장 속에서 '종말 이전'의 도덕윤리의 긴장을 역설한다.

'보라! 내가 만물을 새롭게 하노라.'(계 21:5)고 하는 하나님의 약속은 하나님께서 장차 구원과 정의와 평화를 가져오실 것이라고 하는 희망을 우리들에게 준다. '보라 내가 만물을 새롭게 하노라.'는 말씀은 그리스도 안에서 화해된 새 창조의 세계가 이미 동터 올랐다고 하는 확신을 내포하고 있다. 교회는 현재 그와 같은 확신으로 살면서 이 희망을 향하여 힘차게 전진한다.(S. Ⅳ. 1.)

이와 같은 힘찬 전진은 우리를 그리스도로부터 분리시키는 것으로부터 전환하고 그분에 대한 우리의 순종을 방해하는 것을 벗어버리는 것을 함축한다. 그것은 또한 우리의 정치적 사고와 행동을 변화시킨다. 우리는 죄책으로 인한 불안, 단념, 자기 고집, 그리고 억눌림으로부터 멀리 떠나 모든 인간들과의 개방과 연대로 나가고 건설적인 해결들을 위해서 신뢰의 감행과 희생의 각오로 전진해야 할 것이다. 우리의 정치적 사고와 행동의 목표는 사람들을 유익하게 하고 도와주는 것이다.(S. Ⅳ. 2.)

그리고 본문은 '종말'과 긴장관계 속에 있는 도덕윤리 차원에서 타 종교의 사람들이나 불신자들과 대화하고 연대할 것을 주장한다.

이것은 또한 많은 불신자들의 목표이기도 하다. 그것은 우리로 하여금 구체적인 과제들에 있어서 그들과 협력하는 방향으로 인도한다. 그렇게 함에 있어서 우리의 특별한 공헌은 우리들이 성취하는 모든 것들이 적합지 못하고 한계 속에 계속 머물러 있을 것이라고 하는 깨달음에 있어서 뿐만 아니라 '보라! 내가 만물을 새롭게 하노라.'고 말씀하시는 그분에 대한 우리의 흔들림 없는 희망 속에서 이루어져야 할 것이다.(S. Ⅳ. 3.)

5. 1980년 멜버른 CWME

1970년대를 보내고 1980년에 열린 멜버른은 '하나님의 선교' 차원에서 해방 신학이 강조되던 때였다. 제2분과는 "하나님의 나라와 인간의 투쟁들" 그리고 제 3분과는 "하나님 나라에 대한 교회의 증언들"을 논하는데, 상당한 정도로 '해방 신학'으로부터 받은 영향을 보인다. 하지만 여기에서 "인간의 투쟁들"은 해방신 학적 과제로만 축소될 수 없다. 그것들은 인류 보편사에서 일어나는, 좀 더 나은 세상을 만들려는 인간의 모든 투쟁들을 포함한다.

첫째로 제2분과를 소개한다. 멜버른의 전체 주제는 "아버지 하나님의 나라가 임하옵시며"였으니, 본 분과의 "Ⅰ. 인간의 투쟁들, 교회들, 그리고 하나님의 나라"는 교회 밖의 세상 혹은 인류보편사의 영역에서 일어나는 하나님 나라 운동을 그것의 불투명성에도 불구하고 암시한다. 그도 그럴 것이 본문은 "지속되는 투쟁들 속에서 우리는 창조세계의 모든 부분들에서 들리는 해산의 고통과도 같은 온 창조의 신음소리를 듣는다. 하나님의 은사들 중 으뜸가는 성령을 받은 우리들은 하나님께서 우리들을 그분의 자녀들로 삼으시고 우리의 전 존재를 자유케 하시기를 기다리면서 우리들 자체 안에서도 신음하고 있다(롬 8:22, 23).”[17]라고 말하기 때문이다. 이제 아래에서 우리는 본 제2분과의 결론 부분을 소개한다.

하나님 나라와 인간의 투쟁들에 대한 제2분과의 연구는 1973년 방콕 CWME 를 떠올리면서도 우리들과 우리 교회들에게 지속되고 있는 인간의 투쟁들에 더 온전히 동참해야 할 필요를 강권하고 하나님 나라의 도래에 대한 복음이 이 세상의 투쟁들과 관계되어 있다고 하는 사실을 좀 더 잘 깨닫게 될 것을 요청한다.

(…중략…)

교회들은 그와 같은 투쟁들과 그것들이 보여주고 있는 애매성들 속에서 어디에서 하나님 나라의 권세가 역사하고 있고 어디에서 하나님 나라의 정반대 급부가 수립되고 있는지를 분별해야 할 하나의 예언자적 과제를 가지고 있다. 교회는 그것의 예언자적 역할을 새롭게 행사하기 위해 깨어 있어야 하고 하나님 나라의 효율적 표지판들을 세우기 위해 성령의 은사를 간구해야 할 것이다.

교회들은 그 자신들의 삶의 태도와 스타일을 변화시키고 수많은 투쟁들 안에서 진행되고 있는 것들에 대한 하나의 참된 해석으로써 인류를 섬기도록 스스로 자신들에게 위탁된 복음에 의하여 갱신되게 할 필요가 있다. 이 모든 것은 하나님께서 만유를 그분 안에서 총괄 갱신하실 분으로서 예수 그리스도를 가리키는 것에 다름 아니다.

교회들은 투쟁들에 의미를 부여하는 한 메시지를 가지고 있고 투쟁들 한복판에서 화해 가능성에 대한 한 메시지를 가지고 있다. 그들은 그와 같은 메시지를 분명하게 구체화시키지 않으면 안 된다. 그도 그럴 것이 그렇게나 수많은

---

17 • *Your Kingdom Come: Report on CWME*, Melbourne, Australia 12-25 May 1980, Section Ⅱ. Ⅰ. 1.

사람들이 당황하고 있고 자신들이 살고 있는 장소들에서 진행되고 있는 그 많은 인간 투쟁들 속에서 악을 겪고 있기 때문이다.

둘째로 제3분과를 소개한다. 본 분과는 "모든 장소와 모든 시간 속에 있는 하나님의 교회 전체가 예수 그리스도의 위격 안에서 도래하였고 장차 충만한 영광 가운데 재림하실 하나님 나라에 대한 한 성례이다."라며, "현 우리 교회들의 삶과 증언의 다양성"을 주장한다. 그와 같은 다양성은 교회의 말씀선포, 공동체성, 치유사역, 복음의 보편성과 그것의 지역적 표현에 의한 하나님 나라 증언, 그리고 성만찬과의 관련성을 포함한다.

6. 1982년 『BEM Text』

첫째로 본문은 세례가 종말론적 의미를 지니는 것으로 본다. 그것은 "하나님 나라" 혹은 "장차 도래할 세계의 삶"에 대한 징표라고 한다.

세례란 현 세상 한복판에서 주어지는 새 생명의 실재를 시발시킨다. 세례는 성령의 공동체에 대한 참여를 의미한다. 그것은 하나님 나라 혹은 장차 도래할 세계의 삶의 징표이다. 신망애의 은사들을 통하여 세례는 삶 전체를 포용하고 모든 나라들에서 베풀어지며 모든 혀가 아버지 하나님의 영광을 위하여 예수 그리스도께서 주님이라고 고백하는 그 날을 기다리는 하나의 역동성을 가지고 있다. (Baptism I. E. 7.)[18]

그리고 본문은 "세례와 신앙"에서 "세례는 단순히 순간적인 경험에 관계된 것이 아니라 평생토록 이어지는 그리스도 안으로의 성장에 관련된 것이다."며, 하나님 나라에 대한 비전 속에서 현세의 삶을 기독교적으로 살 것이라고 역설한다.

---

18 • *Baptism, Eucharist and Ministry*, Faith and Order Paper No. 111(Geneva: WCC, 1982).

이와 같은 새로운 관계 안에서 세례받은 사람들은 그리스도와 교회와 하나님이 사랑하시는 세상을 위하여 살면서, 하나님의 새 창조의 현시(顯示)와 하나님께서 모든 것 안에서 모든 것이 되실 그 시간을 희망 가운데 기다린다.(Baptism Ⅰ. E. 9.)

둘째로 본문은 성만찬의 의미를 다섯 가지로 본다. "아버지 하나님에 대한 감사로서 성만찬", "그리스도에 대한 회상 혹은 기억으로서 성만찬", "성령 초대로서 성만찬", "믿는 자들의 공동체로서 성만찬", 그리고 "하나님 나라의 식사로서 성만찬"이 그것이다. 첫째로 성만찬은 "창조의 갱신"을 약속하는 바, 교회 밖 세상 한복판에서 일어나고 있는 "정의와 사랑과 평화"와 같은 하나님 나라의 징표들을 읽으면서 감사하는 행위이다.

성만찬은 창조의 궁극적인 갱신을 약속하는 하나님의 통치에 대한 비전을 열어주며 또 통치를 미리 맛보는 것이다. 이 같은 갱신의 징표들은 하나님의 은혜가 분명하게 드러나고 인간이 정의, 사랑, 평화를 위하여 일하는 곳이라면 어디에서든지 이 세상 안에 있다. 성만찬은 교회가 이 같은 징표들에 대해 하나님께 감사드리며 그리스도 안에서 임해오는 하나님 나라를 기쁜 마음으로 기념하고 또 고대하는 축제이다(고전 11:26; 마 26:29).(Eucharist Ⅱ E. 22.)

둘째로 "새롭게 될 것이라 약속된 이 세계 전체"가 성만찬에 참여한다. 다름 아닌 교회가 모든 창조세계와 이 세상을 대신하는 제사장으로서 그와 같은 참여를 대신한다고 하는 것이다. 즉, 온 세상과 우주만물은 예수 그리스도와 연합된 교회의 기억과 감사에 동참하고 있다.

새롭게 될 것이라고 약속된 이 세계는 성만찬 예전 전체에 동참한다. 이 세계는 하나님 아버지께 감사드리는 데 참여하는 바 이 경우에 교회는 모든 피조물을 대신하여 말한다. 그리고 이 새롭게 될 것이라고 약속된 이 세계는 그리스도에 대한 기억에도 동참하는 바, 큰 대제사장이요 중보자 되시는 분과 연합되어 있는 교회는 이 세상을 위해서 기도드린다. 또 이 세계는 성령의 은사를 간구하는 기도에도 동참하는 바, 이 경우 교회는 세상의 성화와 새 창조를 간구한다.((Eucharist Ⅱ E. 23.)

7. 1989년 산안토니오 CWME

"아버지 하나님의 뜻이 이루어지이다: 그리스도 방법에 의한 선교"라고 하는 주제로 1983년 밴쿠버 WCC의 JPIC와 1991년 서울 JPIC 사이에 열린 본 대회는 "제1분과: 살아계신 하나님께 돌아가기"에서 예수 그리스도 안에서 등장하기 시작한 하나님 나라와 삼위일체 하나님의 선교를 함께 연계시켜 논한다. 특히 주목할 만한 것은, 창조세계와 이류 보편사에 관여하시는 삼위일체 하나님의 선교가 다름 아닌 교회선교의 원천이요 목표라고 하는 점이다.

세상 속에서의 교회의 소명의 핵심에 놓여 있는 것은 십자가에 달리셨다가 부활하셨고 성령을 통하여 우리들 사이에 현존하고 계시는 주 예수님 안에서 등장한 하나님 나라에 대한 선포이다.
성부 · 성자 · 성령 삼위로 일체되시는 하나님께서는 선교하고 계시는 하나님이시다. 즉, 그는 교회선교의 원천이시오 지탱자이시다(요 20:21; 행 2). 교회의 선교는 창조세계 전체에 대한 하나님의 배려 밖에 그 어떤 다른 데로부터 흘러나올 수가 없다. 그것은 모든 인간들에 대한 무조건적인 사랑이요 모든 인류들과 그리고 이 인류들 사이의 일치와 코이노니아에 대한 관심이다.(S. 1. 1. 1)

… 살아계신 하나님께서 우리를 창조하시어 공동체적 삶을 살게 하시고 먼저 은혜와 사랑으로 우리에게 다가오셨으며 우리 주님이시오 구세주이신 예수 그리스도 안에서 그와 같은 공동체적인 삶과 은혜 및 사랑의 절정을 보이셨다.

그러므로 우리의 증언 사역은 우리에게 부과된 의무로부터가 아니라 무엇보다도 감사로부터 흘러나온다.(S. Ⅰ. Ⅰ. 2)[19]

그런즉, 교회선교의 범위는 우주적 차원을 포함한다고 한다. 본 대회는 1975년 JPSS, 1979년 MIT 교회와 사회의 JPSS, 1983년 밴쿠버의 JPIC를 이어받고 있으며, 1990년 서울 JPIC를 바라보고 있어서, 교회의 창조세계 전체, 특히 생태계 차원에 대한 선교를 힘주어 언급한다.

'교회의 선교는 우주적인 차원을 가지고 있다.'(정교회, 33) '사랑과 정의가 지배하게 될 새 하늘과 새 땅에 대한 성경적 약속은 … 역사 속에서 기독교인들로서 우리의 행동을 촉구한다.'(멜버른) 우리의 선교는 하나님의 통치의 도래를 섬기는 것이기 때문에, 그것은 미래를 현재 속으르 가져오는 것에 관심한다. 즉, 그것은 새 하늘이라고 하는 하나님의 통치의 대의를 섬기는 것이다.(S. Ⅰ. Ⅰ. 4)

그리고 "제3분과: 땅은 주님의 것이다" 역시 '창조세계의 보전'(Integrity of Creation) 차원에서 본 산안토니오의 특징인 바, 하나님께서 인류에게 맡기신 창조세계에 대한 청지기적 책임은 앞에서 제시한 종말론적 비전과 긴장관계 속에 있는 '종말 이전'(the pen-Ultima. 1 te)의 책임(도덕윤리)에 해당하는 것으로 보인다. 아래의 'IC'에 대한 소명에 주목하자.

우리는 창조세계 전체가 삼위일체 하나님께 속하는 것으로 확언한다. 지구의 모든 생명의 거처들(inhabited parts)과 땅의 조각들(lands)은 하나님의 것이요 계속적으로 하나님의 것으로 머물러 있다. 하나님께서는 이 지구를 인류 가족 전체에게 주시어, "다스리며 지키게 하셨다."(창 2:15)(S.Ⅲ. 1)

---

19 • *The San Antonio Report: Your Will be Done: Mission in Christ's Way*(Geneva: WCC, 1990).

하나님께서는 우리를 부르시어,

- 우리의 청지기직을 정의롭게 행사하고,

- 창조세계의 온전성을 유지하며,

- 지구의 무한한 자원을 사용하고 나누고,

- 모든 생명체들의 생명을 지탱시키며 성취하게 하신다.(S. Ⅲ. 2)

하나님의 지구에 대한 소유권에 대한 확언은 다음과 같은 소유권의 개념들과
실천들에 도전해온다.

㉠ 자연을 착취하고,

㉡ 땅을 오직 상품으로 보며,

㉢ 지구의 해당 부분들에 대한 배타적인 민족주의적 소유권을 주장하고,

㉣ 특권들을 보호하기 위하여 문화적 요인들을 고안해내고 유지하는 소유권
   말이다.(S. Ⅲ. 3)

Ⅲ

1990년부터 2012년까지

우리는 이상 8개의 WCC 공식문서들에서 '그리스도 중심적 보편주의'에 정향된 '종말론'을 논하였는데, 특기할 사항은 두 가지이다. 하나는 1952년 빌링겐 IMC에서 '하나님의 선교'와 '종말론', 곧 '하나님 나라를 향한 삼위일체 하나님의 선교'와 1989년 산안토니오 CWME에서 역시 삼위일체론과 종말론이 등장하는 것을 발견한 것이고, 다른 하나는 세계사적 급변기인 1960년대로 접어들면서 '하나님 나라'와 '종말 이전'(the pen-Ultimate)의 도덕윤리가 긴장 가운데 연결되어 있는 것을 알게 되었다. 그런데 1990-2012년 사이의 문서들은 삼위일체론을 좀 더 본격적으로 논하면서 종말론을 다루고 있고, '종말'과 '종말 이전'의 긴장관계도 계속 유지되고 있다 하겠다.

1. 1990년 『교회와 세상: 교회일치와 인류의 갱신』

세계교회협의회(WCC)의 밴쿠버 총회(1983)는 『BEM Text』(Baptism, Eucharist and Ministry = 세례 · 성만찬 · 직제)를 공식적으로 채택하고, 이 BEM을 인류의 갱신과 교회의 사회참여와 연결시켰다. 적어도 BEM Text는 종말론적인 하나님 나라의 시야를 가지고 교회의 사회윤리적 책임('종말 이전')을 촉구하고 있다. 그리하여 1982년 페루의 리마에서 열린 신앙과 직제 대회 이래로 그리고 1983년 밴쿠버 WCC

가 교회를 회복될 인류공동체의 표징이요 이 인류공동체의 회복을 위한 도구라고 역설한 이래로, 교회의 가시적 일치와 인류의 갱신을 위한 여러 과정을 거쳐「교회의 일치와 인류공동체의 갱신」(The Unity of the Church and the Renewal of Human Community)(1990: 신앙과 직제, No.151)이라는 공식문건이 나왔는데, 중요한 것은 샹티유(Chantilly)에서 모인 교회일치와 인류공동체의 갱신을 위한 신학 협의회가 내놓은「신비와 예언자적 징표로서 교회」(The Church as Mystery and Prophetic Sign)가 이 문서 안에 포함되게 되었다는 사실이다.

「교회의 일치와 인류공동체의 갱신」은 제2장 "하나님의 나라에 비추어본 일치와 갱신"에서 구약에서 신약(나사렛 예수의 생애와 교역: 예수의 메시지와 행동들)에 이르는 하나님 나라에 대한 개념을 소개한 다음, 이 하나님 나라에 대한 반응으로서 회심, 신앙, 갱신 및 정의, 평화, 기쁨을 연속적으로 논한다. 특히 제2장이 "하나님의 나라"(basileia)를 소개하는 이유는 교회와 인류공동체의 일치와 갱신을 미래 지향적으로 논하기 위해서이다. 여기서 우리가 알 수 있는 것은 하나님 나라와 복음이 교회를 낳았고 교회의 존재 이유와 존재 목적은 이 하나님 나라요 복음이라는 사실이다.

본 문서는 제3장 "하나님의 나라, 교회, 인류"에서 우리가 논해야 할「신비와 예언자적 징표로서 교회」를 소개하고 있는 바, 우리는 이 문서 중 가장 중요한 부분을 아래와 같이 소개한다. 아래에서 우리는 특히 '하나님 나라와 교회'의 관계를 발견하며, '종말'과 '종말 이전'으로서의 '교회와 세상'을 보게 될 것이다.

1) 교회론의 전제들

장차 도래할 하나님의 나라를 계시하는 예수 그리스도의 사건에서 전 인류와 전 창조의 세계가 하나님과 화해하였고, 코이노니아를 회복하였다는 사실을 우리(교회)는 믿는다. 그런데 교회란 구약의 하나님의 백성 및 종말론적인 하나님 나라에 대한 예수 그리스도의 복음과 연속성을 가지면서 그리스도의 피로 세워진 인류와의 새 언약(고전 11:25) 위에 기초하고 있다.(Ⅲ.1.3) 바로 이 교회의 중심은 부활하시어 왕 노릇하시는 그리스도이시며 이 그리스도께서 이 교회의 주님이시요, 머리시요, 삶과 선교의 근원이시다. 이 그리스도는 성령을 통해서 그리스도의 몸인 교회 안에 현존해 계시고 활동하신다.(Ibid.) 기독론적 바탕을 가졌고 성령에 의해서 살아가는 교회는 예수 그리스도의 신비체로서 예수 그리스도와 생명적인 코이노니아를 갖고 있고 나아가서 사랑의 코이노니아 속에 있는 삼위일체 하나님에 그 뿌리를 내리고 이 삼위일체 하나님에 의해 지탱된다. 그리하여 교회는 전 인류의 구원과 갱신을 향한 삼위일체 하나님의 사역을 가리키며 이 사역에 동참하는 신비와 표징이다.(III.1.5) 교회는 종말론적 하나님 나라의 신비요 징표요 미리 맛봄이요 이 하나님 나라를 역사 속에서 실현시키는 도구이다.

2) 하나님 나라와 교회

예수 그리스도는 복음, 곧 하나님 나라의 도래를 설교하셨고, 그의 삶과 십자가와 부활을 통하여 하나님 나라의 행동적인 현존을 실현시키셨으며, 성령을 통해서 교회의 초석을 놓으셨다. 그래서 누구든지 이 하나님 나라의 복음을 성령의 역사로 믿고 세례를 받은 자들은 그리스도의 교회이다.(III.2.6) 바로 이 교회는 하나님 나라의 신비, 징표, 미리 맛봄으로서, 전 인류를 하나님과 화해시키며 이 인류의 일치와 갱신을 위해서 부름받은 에클레시아인 것이다. 특히 교회는 성만찬을 통하여 이 하나님 나라를 미리 맛보면서 이 하나님 나라의 도래를 간절히 간구한다.(마 6:10; 눅 11:2; 고전 16:22; 계 22:17)(III.2.7) 따라서 교회는 인류공동체 속에서 인류의 갱신, 정의, 공동체성 및 구원을 향한 하나님의 뜻을 증거하는 공동체이다.(III.2.8)

3) 교회와 인류

하나님께서 교회를 부르시어, 하나님의 백성, 종으로서의 백성, 성령의 살아있는 전 하나님의 아들인 예수 그리스도의 신부와 몸이 되게 하신 목적은 교회로 하여금 전 인류의 구원과 갱신을 향한 삼위일체 하나님의 사역의 징표요 담지자가 되게 하기 위함이었다. 하나님께서는 이 목적 수행을 위해 교회가 가시적으로 하나가 되어 예배와 증거와 봉사의 공동체가 되기를 원하셨다.(Ⅲ.3.10)

4) 신비로서의 교회

예수 그리스도를 통하여 전 인류를 구원하사 전 인류와 코이노니아를 갖는 것이 하나님의 원초적 의도인 바, 이것은 신비이다.(엡 1:9-10; 골 1:15-20) 그런데 교회는 이 신비에 참여하고 있기 때문에 교회 역시 신비에 속한다. 교회는 성부, 성자, 성령의 코이노니아에 뿌리를 내렸고, 이것에 의해 지탱되고 형성되기 때문에 그것의 경험적 역사적 표현을 초월하는 신비적 차원을 갖고 있다.(Ⅲ.4.17) 이 심오한 신비를 아는 사람은 성령의 힘을 입은 신앙인들이다.(고전 2:7-10) "신비"로서의 교회는 신약성경에서 증거 되었다.(Ⅲ.4.18) 특히 신-인으로서의 예수 그리스도께서 교회의 신비로서 하나님의 백성의 일체성과 공동체성의 초석이시다.(Ⅲ.4.19) 교회는 그리스도의 몸으로서 하나님의 신비에 참여하고 있다. 교회는 신비로서 복음 선포, 성례전의 집례, 새로워진 삶의 나타냄에 의하여 그리스도를 세상에 계시하며, 그리스도 안에 이미 현존하는 하나님의 나라를 기대한다.(Ibid.) 그리고 교회는 창조세계의 갱신과 새 창조를 기대한다.(Ⅲ.4.22)

5) 예언자적 표징으로서 교회

"표징"이란 하나님 나라의 시각에서 교회와 인류 사이의 관계를 잘 표현할 수 있는 말이다.(Ⅲ.5.24) 복음을 설교하고 복음을 따라 사는 것이 교회 안에서 행해져야 할 기독교인들의 역동적인 예언자적 교역인 바, 이는 일반적인 예언자직의 핵심이다. 그런데 교회 공동체 안에서 이 같은 예언자적 교역은 복음을 그 시대의 중요한 사건들과 쟁점들에 관계시키려고 한다. 교회의 예언자적 교역은 하나님 나라의 심판과 약속에 대해 증거 함으로써 인류에 대한 책임을 수행한다.(Ⅲ.5.32)

그런데 교회와 세상은 상호 도전적인 관계 속에 있다. 삼위일체 하나님께서는 세상 속에서도 사역하시기 때문이다. 그래서 우리는 예수 그리스도 안에 나타난 하나님의 계시와 삼위일체 하나님의 총괄적인 구원 계획에 비추어 교회와 세상 속에 나타나는 표징들을 읽고 이해해야 할 것이다.(III.5.33) 그렇기 때문에 교회는 예수 그리스도 안에 나타난 하나님의 심판과 구원을 가리키는 표징이 되어야 하는 소명을 따라서, 하나님의 진리를 세상에 전해야 하그 하나님의 사랑을 세상과 나누어야 할 것이다.(Ibid.) 교회는 보편적이고 종말론적인 복음 진리를 성령을 통해서 모든 문화와 민족들에게 전해야 하고(III.5.34-37), 예수 그리스도 안에 나타난 하나님의 고난받는 사랑을 역사 속에서 실천해야 하며(III.5.38-40), 창조세계의 보전과 갱신 그리고 인류의 일치와 갱신이 삼위일체 하나님에 의해 종말적인 하나님 나라에서 완성될 것이라고 증거해야 한다.(III.5.41-42)

6) 교회의 사명

교회는 성령을 통하여 예수 그리스도, 나아가서 삼위일체 하나님과의 코이노니아 및 믿는 사람들 상호 간의 코이노니아 속에 있으면서 — 이 코이노니아 개념은 '신비', '표징' 등의 개념을 포괄하지만 — '하나의 거룩한 보편적 사도적' 특성을 나타내고, 이 같은 전제하에서 예배와 증거와 봉사의 공동체가 되어야 한다.(III.6.43-56)

2. 1991년 『하나의 신앙을 고백하며: … 』

필자는 『니케아-콘스탄티노플 신조로 고백된 사도적 신앙내용에 대한 에큐메니칼 해석』(Confessing the One Faith: An Ecumenical Explication of the Apostolic Faith as it is Confessed in the Nicene-Constantinopolitan Creed, 381)에 나타난 삼위일체론적 종말론을 소개함으로써, 종말론적 복음을 핵심으로 하는 삼위일체론적 종말론을 소

개하려고 한다.[20] 그 이유는 몬트리올의 사도적 복음(the Tradition)에 이어, 본『하나의 신앙을 고백하며: …』는 사도적 신앙의 공동 고백에 해당하기 때문이다. 복음과 이와 같은 사도적인 신앙의 공동 고백은 "다양성 속에서 통일성"(unity in diversity 혹은 koinonia in diversity)이라고 하는 원리에 있어서 통일성을 구축한다. 뿐만 아니라 몬트리올에서 정리된 복음과 에큐메니칼하게 해석된 니케아-콘스탄티노플 신조의 삼위일체 하나님이 지향하는 종말론적인 방향과 비전은 모든 다양한 종말론들의 통일성이 될 수 있다.

신앙과 직제운동은 1927년 제1차 로잔 세계대회와 1937년 제2차 옥스퍼드 세계대회를 거쳐, 1948년 암스테르담 WCC 총회에 이르면, 복음을 "주어진 일치"(God-given Unity)로 보고, 1952년 제3차 룬드 세계대회에서는 "복음"을 바탕으로 하는 가시적 일치추구로 나가기 시작하며, 1954년에 본격적으로 가시적 일치추구를 지향한다. 그리하여 1961년 뉴델리 WCC 총회는 그 교리 헌장(the Basis)에 삼위일체 하나님을 첨가함으로써 복음에 이어 "삼위일체 하나님"을 "주어진 일치"의 공통분모로 삼았다.

그리고 1963년 몬트리올 제4차 신앙과 직제 세계대회(제2분과: Scripture, Tradition, and traditions)와 제2차 바티칸 문서의 계시론인 "데이 베르붐"(Dei Verbum)이 동일하게 복음을 성경의 단일한 원초적 원천으로 보아, 복음을 통한 전통들의 통일성을 확인하였고, "신앙과 직제"의 가시적 일치추구의 원칙을 WCC의 헌장 제1조에 기록한 1975년 나이로비 WCC는 무엇을 "사도적 신앙의 공동 표현"으로 할 것인가를 신앙과 직제에게 연구케 하였으니, 신앙과 직제는 결국 "니케아-콘스탄티노플 신조"(381)를 채택하였다. 사도신경은 세례신조요, 공의회의 소산이 아닌 까닭에 거부되었으니, 적어도 우리는 몬트리올에서 나이로비에 이르는 도상에서 역시 '복음'과 '삼위일체 하나님'이 결정적으로 중요한 교회들의 모든 다양한 신학적인 가르침들의 통일성이라고 하는 사실을 확인할 수 있다.

---

20 • "세계선교대회"(WMC), "국제선교협의회"(IMC) 혹은 "선교와 복음전도 세계대회"(CWME)의 공식문서에 나타난 종말론의 발전과정 역시 확정적으로는 1952년 비링겐 이후로『하나의 신앙을 고백하며 …』가 지향하는 종말론을 추구하고 있다. 그리고 "삶과 봉사"(Life and Work) 전통 역시 동일한 종말론적 비전하에서 교회의 세계 참여를 추구하고 있다. 참고: 강희창,『에큐메니칼 운동사에 나타난 선교신학의 패러다임 변화에 대한 연구 – 종말론적 비전을 중심하여』(2003년, 장신대 Th.D. 논문).

나이로비 WCC의 위임사항을, '신앙과 직제'는 1981년 제네바에서 열린 콘스탄티노플 신조(381) 1600주년 기념 예배 이후 집중적으로 연구하여 1991년에『하나의 신앙을 고백하며: …』내놓게 되었다.[21] 이 문서는 1982년 리마의『세례 · 성만찬 · 직제』문서(BEM Text)와 함께 교회들의 가시적 일치를 위한 필수요건이다. 여기에 더하여 신앙과 직제는 협의회적 교제(conciliar fellowship)와 협의회(councils)를 통한 가시적 일치추구를 주장하는 바, "결의와 권위 있는 가르침 및 증거와 봉사를 위한 공동의 협의기구"[22]를 풀어야 할 과제로 남겨놓고 있다. '복음과 삼위일체 하나님'은 이 세 가지 가시적 일치추구의 바탕, 즉 "주어진 일치 추구"의 공통분모에 해당한다. 이와 같은 세 가지 가시적 일치의 요건들은 "삶과 봉사" 운동이 지향하는 "정의, 평화, 창조세계의 보전"(Justice, Peace and Integrity of Creation = "JPIC")의 구현과 세계선교의 활성화를 위해 필수 불가결하다. 후자가 없이 전자만이 추구되는 한 그것은 값싼 일치(cheap unity)에 지나지 않는다.

"신앙과 직제"는 결국 "니케아-콘스탄티노플 신조"(381)를, '성경이 증언하고, 초기교회가 신조들로 요약한 하나의 사도적 신앙'의 공동표현으로 확정하였다. 신앙과 직제는 오늘날 세계교회가 이것을 함께 증거하고, 고백하여, 축하해야 할 것을 촉구한다.[23] 오늘날 교회는 다양한 상황들 속에서 그리고 오늘날의 세계의 도전에 직면하여 이 사도적 신앙을 고백해야 한다고 한다. 즉, "다양한 전통들에 속해 있고, 다양한 문화적, 사회적, 정치적, 종교적 맥락들 속에서 살고 있는 오늘의 교회는 그들의 공동의 신앙내용을, 다시 새롭게 자신들의 것으로 받아들여 자신들의 공동의 신앙을 고백해야 한다는 것이다."[24] 그래서 이렇게 하는 동안 교회는 "모든 인류와 창조세계를 위한 삼위일체 하나님의 구원하시는 목적들을 함께 증거할 것이다."[25] 우리는 바로 여기에서『하나의 신앙을 고백하며: …』가 삼위일

■■ 21 • 본 문서의 형성 과정에 관하여는 참고하라: *Confessing the One Faith: An Ecumenical Explication of the Apostolic Faith as it is Confessed in the Nicene-Constantinopolitan Creed*(381), Faith and Order Paper No. 153(Geneva: WCC Publications), 105ff.

22 • Ibid.

23 • Ibid., 2

24 • Ibid.

25 • Ibid.

체론적 종말론을 제시하고 있다고 본다.

그런데 이와 같은 사도적 신앙은 초기 사도적 공동체의 사도적 신앙과의 연속성을 유지하면서, 각 시대의 다양한 상황에 걸맞게 해석되어야 한다. 이런 의미에서 사도적 신앙내용에 대한 에큐메니칼 해석이라고 할 수 있는『하나의 신앙을 고백하며: …』는 이상의 모든 요건들을 충족시키는 매우 훌륭한 사도적 신앙에 대한 해설이다. 그러면 사도적 신앙이란 무엇인가? 본 문서는 이것에 대하여 다음과 같이 주장한다.

> 이 연구서에서 사용된 '사도적 신앙'이란 하나의 고정된 신조나 기독교 역사에 있어서 어떤 특정 기간을 가르키는 것이 아니다. 오히려 그것은 기독교 신앙의 역동적 실재를 말한다. 이 신앙은 구약 백성의 예언적 증거에 뿌리를 내리고 있고, 신약성서에 나타난 규범적인 증거, 곧 이 사도들과 더불어 초기교회에서 복음을 함께 선포한 사람들의 증거(사도 시대)에 뿌리를 내리고 있으며, 그들의 공동체의 증거에 뿌리를 두고 있다. 사도적 신앙은 신앙고백으로 표현되고, 설교로도 표현되며, 신조들, 공의회의 교리결정들 및 신앙고백서들로 뿐만 아니라 예배와 교회의 성례전들을 통해서 표현되고, 교회의 삶으로도 표현된다. 신학적 반성작업은 사도적 신앙을 밝힘으로써 사도적 신앙을 고백하는 공동체에 일조를 하는 것이다.[26]

따라서 니케아-콘스탄티노플 신조의 에큐메니칼 해석인『하나의 신앙을 고백하며: …』는 방금 위에서 정의한 사도적 신앙내용 중 하나요, 그런 의미에서 사도적 신앙의 공동표현이다. 그리하여 본 문서의 서론은 사도적 신앙의 공동표현인『하나의 신앙을 고백하며: …』가 '신앙과 직제'의 두 가지 프로그램인 리마의『세례 · 성만찬 · 직제』(BEM Text)와 '교회의 일치와 인류공동체의 갱신'과 관련되어 있다고 한다. 즉, 그것은『세례 · 성만찬 · 직제』에 대한 교회론적 초점을 부각시키는 리마 문서를 위해서 보다 넓은 기초와 틀거리를 마련해주는 것이었고,

---

26 • Ibid., 2-3.

'교회의 일치와 인류의 갱신'에 대한 교회론적 초점을, "창조, 구속 및 완성에 개입하시는 하나님의 구원행동에 대한 보다 높은 삼위일체론적 비전"[27]으로 강화시키는 것이었다. 따라서 본 공식 문서에 나타난 종말론은 명실공히 에큐메니칼 종말론이라고 보인다.

필자는 본인의 졸저인 『역사 속의 종말론』(2003)에서 『하나의 신앙을 고백하며: …』의 내용을 소개하되, 제2항목(기독론)을 먼저 소개하고, 그 다음에 제3항(성령론)을 소개했으며, 끝으로 제1항(삼위일체론과 창조론)을 분석하였다. 그 이유는 몬트리올에서 알 수 있듯이 "복음"(the Tradition)이 성경과 모든 신학전통의 원천이요, 그 다음으로 삼위일체론은 이 "복음"과 불가분리한 관계 속에 있기 때문이었다. 성령론에 나타난 종말론을 두 번째로 논한 이유는, 물론 객관적이고 보편적인 종말을 향한 모든 삼위일체론적인 과정에 있어서 성령의 능력과 그 기능이 그 다음으로 중요하기 때문이기도 하지만, 무엇보다도 우리가 "성령"의 역사로 교회 안에서 그리고 교회를 통하여(in and through the Church of Jesus Christ) "복음"을 수용(신망애)하기 때문이었다.

필자가 이 문서를 연구한 결과 확실해진 사실은 "니케아-콘스탄티노플 신조"의 모든 신앙 항목들이 철저하게 종말론적으로 정위(定位)되어 있다고 하는 것이었다. 이는 21세기 신학이 지향해야 할 공통의 종말론적인 비전이라고 생각된다. 즉, 오늘날의 신학은 모든 신학적인 주제들을 종말론적으로 다루어야 한다는 말이다. 종말론이 다만 조직신학의 말미(末尾)에 오는 것이 아니라는 것이 입증된 것이다. 심지어는 창조론까지도 종말론적으로 정위되어 있는 것을 우리는 아래에서 보게 될 것이다. 이 글은 아래에서 이상의 순서를 따라서 각 부분을 요점 정리하려고 한다.

---

27 • Ibid., 3.

1) 기독론 부분에서

이 부분에서 필자는 "예수 그리스도 – 우리의 구원을 위해서 성육신하신"만을 소개하기로 한다. 이 종말론적인 기독론의 나머지 부분은 『역사 속의 종말론』(이형기, 기독교서회, 2004)에 실렸기 때문이다. 본 문서는 하나님의 아들의 성육신에서 만유구원론을 말한다. 이와 같이 성육신을 만유 구원론의 근거로 말하기 위해서 본 문서는 칼세돈의 정통 기독론(451)이 말하는 '두 본성의 위격적 연합'(the hypostatic union)을 말한다. '위격적 연합'이란 삼위일체의 제2 위격으로서 하나님의 영원하신 아들이 참 인간이 되셨고, 참 인간이 되신 이 하나님의 "신성과 인성은 혼동될 수 없고 서로 분리될 수 없으며, 인성은 영원한 로고스(신성)의 행동적인 현존에 의해서 전적으로 지탱되기 때문에 이 로고스의 인간본성은 그것의 독특하고 유일무이한 존재양태를 확보하고 있다고 하는 것이다."[28] 적어도 여기에서 참 인간이 되신 하나님의 영원하신 아들의 이 '참 인간'은 우리 인류를 위한 참 인간이요, 우리 인류를 대신하신 참 인간이시다. 그래서 이분의 십자가 사건과 부활 사건은 적어도 모든 인류의 죽음과 부활이기도 하다는 말이다. 따라서 이미 이와 같은 성육신은 만인 구원론, 나아가서 만유구원론적 의미를 갖고 있다. 따라서 본 문서가 말하는 하나님의 아들의 성육신은 종말론적 의미를 갖는다.

본 문서는 "영원한 하나님의 아들이 나사렛 예수 안에 성육신하셨다고 하는 사실은 부활의 빛에서 보여진 예수님의 지상교역의 전 과정을 요약하는 말이다."[29]라고 하면서, "성육신이란 예수님의 인간적인 삶의 시작에만 국한하는 것이 아니라 이스라엘 백성과 인류와 모든 창조세계의 구원을 위한 그의 교역과 선교에 관계 된다."[30]고 주장한다. 이로써 우리는 위와 같은 의미에서 하나님의 아들의 성육신은 이미 만유구원론을 함축하고 있다고 보아야 한다. 그리고 이와 같은

---

28 • Ibid., 45.

29 • Ibid., 52: 본 문서는 "예수 그리스도를 주님으로 고백하는 것 역시 부활에 근거한다. 그분은 하나님의 능력에 의하여 죽은 자들로부터 다시 살아나셨다. 또한 부활은 예수님의 삶과 행동들이 우리를 위해서 그리고 우리의 구원을 위해서 말씀된 하나님의 영원하신 말씀이라고 확인한다." (Ibid., p. 48)

30 • Ibid.

성육신하신 하나님의 아들의 구속행위는 아버지 하나님과 성령님과의 관계 속에서 일어난다. 즉, "모든 피조물들에 대한 아버지의 영원한 사랑은 아들의 선교(파송)에서 나타나는 바, 죽음의 지점까지 아들을 내어주심에서 드러난다. 이로써 우리가 아버지로부터 돌아서기 때문에 결과한 죽음의 권세가 극복된다. 따라서 인간의 아버지와의 코이노니아는 아들을 통하여 성령의 능력 안에서 회복된다."[31]는 것이다. 본 문서는 주로 종말론적 기독론을 언급하면서도 삼위일체론적 틀 안에서 그렇게 한다.

방금 인용한 본문의 글은 삼위일체 하나님의 객관적이고 보편적인 구속(救贖)사역을 말하고 있다. 하지만 본 문서는 이 객관적이고 보편적인 구속을 주관적으로 받아들여, 실질적으로 하나님의 자녀들이 되고, 아버지와의 코이노니아를 회복한다고 하는 차원도 역설하고 있다. 즉, "이것이 일어나는 것은 성령 안에서 우리가 자유 함을 받아, 우리의 기도 가운데 아버지를 '아빠'라 부르고, 우리 자신을 아버지의 사랑의 관여에 맡길 때이다. 이때 우리는 예수님 자신의 아들 되심에 참여하고, 성자 예수님의 아버지와의 관계에 참여하는 것이다."[32] 이와 같이 하나님께서는 구원의 결과로 우리를 용납하시어, 우리들이 하나님의 신실하고 순종하는 자녀들로 부름받았음을 권위 있게 선포하신다. 그래서 우리는 이미 우리가 하나님의 은혜로 할 수 있는 만큼 하나님 나라 안에서 살고 있고, 하나님 나라의 가치들을 삶으로 옮기고 있는 바, 우리는 버림받은 자들과 억압받는 자들과 절망적인 사람들을 영접하고, 고난당하는 자들과 우리를 동일시하며, 하나님의 사랑과 그의 요구들에 반항하는 세상 속에서, 하나님 나라의 가치를 실현하다가 겪는 모험을 감수해야 하는 것이다.[33] 이처럼 종말론적 복음과 삼위일체론적 종말론을 받아들인 사람들은 이미 이 땅 위에서 종말론적인 하나님 나라의 삶을 영위한다는 말이다.

그러나 교회는 종말론적 긴장 속에서 살고 있다. 교회가 경험하고 있는 칭의와 성화는 교회가 고대하는 전 창조세계의 구속의 일부이다.

---

31 • Ibid., 52.

32 • Ibid.

33 • Ibid.

우리는 그리스도 안에서 다가온 하나님의 나라와 그것의 마지막 완성 사이에 긴장을 인정한다. 그러나 우리는 그리스도 안에서 시작된 새 창조가 또한 그리스도 안에서 성취될 것을 믿는다. 우리는 이것이 모든 것을 포함하는 완성이라고 본다. 개인의 이신칭의와 성화는 우리가 고대하는 전(全) 창조세계의 구속(救贖)의 일부에 불과하다. 그리하여 그리스도인들은 하나님께서 새 생명을 베풀어주실 마지막 성취와 완성을 소망 가운데 열심히 기다리고 있다. 이것은 우리의 세상과 역사 속에서 그리스도의 부활, 곧 십자가에 달리신 주님 안에서 주어진다.[34]

2) 성령론 부분에서

본 문서는 "제3부: 우리는 성령님을 믿사오며, 거룩한 보편교회와 장차 올 세상의 삶을 믿는다" 밑에 "A. 성령님, B. 하나의 거룩한 보편적, 사도적 교회, C. 죄의 용서를 위한 하나의 세례, D. 죽은 자들의 부활과 장차 올 세상의 삶"을 다루었다.

본 항목은 성령님에 대한 신앙이 교회, 죄 사함을 위한 하나의 세례, 죽은 자들의 부활과 장차 올 세상의 삶을 이해하는 데 필수적인 요소라고 하면서, 성령님을 결코 삼신론적으로 보지 아니하고, 삼위일체론적으로 보되, 성령님(위격)의 독자성과 고유의 본성과 기능을 인정하고 있다. 즉, "우리가 본 신조에서 고백하는 하나님은 삼위일체 하나님으로 계시되셨기 때문에, 성령님에 대한 신앙은 아버지와 아들에 대한 신앙으로부터 결코 분리될 수 없다. 교회에서 성령님은 아버지와 아들을 떠나서 결코 경험될 수 없고, 고백될 수 없으며, 예배되어질 수 없다."[35]고 한다. 바로 이 성령님께서는 주님이시오, 생명의 부여지로서 우리로 하여금 아버지와 아들과 코이노니아를 누리게 하시는 바, 그리스도교적 믿음과 사랑과 소망을 불러일으키는 분이시다. 그는 객관적이고, 보편적인 만유구원론적 구속사건을, 교회 공동체 안에서 그리고 교회 공동체를 통하여 개인들로 하여금 신

---

34 • Ibid., 105.

35 • Ibid., 73.

망애로 받아들이게 하신다.

본 문서는 영 그리스도론(Spirit-Christology), 창조자 영(Creator Spiritus), 그리스도론적 영, 구원론적 영 및 종말론적 영을 모두 포괄하는 하나의 삼위일체론적 성령님을 말한다. 다음의 인용은 매우 중요하다.

초기 기독교 세대는 성령님을, 동정녀 마리아에게 그리스도를 잉태케 하여 탄생시키신 분으로(눅 1:35), 예수님을 세례주어서 메시아로 세우신 분으로(마 5:16; 비교: 막 1:10; 행 10:38), 그리스도의 전 교역을 통해서 그분 안에서 현존하시면서 일하신 분으로(마 12:28; 눅 4:14; 요 1:32f.), 그리고 예수님을 죽은 자들로부터 부활시키신 분(고전 15:45)으로 믿는다.[36]

초기 그리스도인들은 이 성령님께서 창조 시에 수면 위에 운행하신 바로 그 성령님이시요(창 1:2), 예언자들을 통해서 말씀하신 분이시요, 백성들의 왕들을 기름 부으신 분이이요, 성도들로 기도하게 하신 분이시라는 사실을 인정한다. 그들은 오순절 성령 강림을, 이미 예언자들을 통해서 말씀하신 바로 그 성령님으로 그리고 마지막 때의 선물(행 2:1-21)로 경험하였고, 이해하였으며, 선포하였다. 신약성경은 오순절 때에 주어진 성령님께서 교회의 생명의 원천이라는 사실을 보여준다. 즉, 바로 이 성령님께서 설교를 듣는 사람들에게 신앙을 불러일으키고, 세례를 통하여 이들을 그리스도의 몸의 지체가 되게 하신다. 이 성령님은 신앙의 불을 붙이시고(고전 12:3), 믿는 개인의 삶과 공동체의 삶에 필요한 모든 은사들을 베풀어주신다(고전 12:4-13; 14:1). 이 성령님은 또한 기도를 하게 하시고(롬 8:15-16), 하나님의 자녀들의 자유를 불러일으키신다(롬 8:12-16). 바로 이 성령님으로부터 마지막 부활이 일어난다(롬 8:12-16). 성령님께서는 다른 보혜사이시다(요 14:16). 시간의 끝에 가서, 전 창조세계를 하나님의 영광 속에 있는 완성으로 부르시는 분은 다름 아닌 성령님이시다(계 22:17).[37]

---

36 • Ibid., 74.

37 • Ibid., 75.

본 문서의 본 항목은 '생명의 부여자'(the Giver of life)로서 성령, 곧 창조자 영을 논하면서, 이 생명의 선물이 인간에게뿐만 아니라 지구생명공동체의 구성원들 모두에게 주어졌다고 가르친다. 그래서 하나님의 형상대로 지음을 받아, "창조세계를 다스려야 하는 남녀인간은 하나님의 동반자로서 자연의 오염과 착취 그리고 인권의 유린으로 파열된 창조세계를 존중하고, 보호하며, 보전함으로써, 하나님의 생명의 선물이 번창하게 해야 한다[38]고 한다. 그리하여 믿는 자와 믿는 공동체에게 주어졌고, 주어질 새 생명은 지구생명공동체의 구성원들의 새 생명과 불가분리하다. 즉, 성령님께서는 그리스도 안에서 새 생명을 주신다. 인간은 새 창조의 첫 열매로서 새로 태어나고, 나머지 피조물들과 함께 새 하늘과 새 땅을 함께 나눌 것을 기대하면서 탄식하고 있다. 성령님은 세례 시에 아들 안에서 아버지의 새로운 자녀들을 탄생시키는데, 이 아들의 인간성은 이미 성령님의 생명으로 충만하였다.[39] 다음의 인용 역시 생명의 보편성과 특수성을 통일시키고 있다.

하나님께서는 창조와 구속과 성화 행동에 있어서 그의 아들과 성령님에 의해 행동하심으로써 만유를 충만케 하시고 자신의 신적인 생명을 만유에게 개방하신다. 그런데 믿는 자들은 하나님의 본성에 참여함으로써(벧후 1:3-4) 삼위일체 하나님과의 코이노니아에 돌입한다. 그리하여 죽기까지 신실한 사람들은 성령님의 능력으로 생명의 면류관을 받을 것이다(계 2:11).

그리고 본 문서는 "성령에 의하여 동정녀 마리아로부터"를 해석하는 부분에서조차도 성령을 종말론적 비전과 연계시켜 이해한다. 즉, 이 문서는 "하나님의 아들의 성육신은 성령님의 능력에 의하여 일어났다."고 하면서 이 성령님께서 창조, 십자가, 부활, 신앙, 종말론적 영생과 새 창조에 전적으로 관여하신다고 가르친다.

---

38 • Ibid., 77.

39 • Ibid.

성경은 보통 성령님을 창조와 새 창조와 관련시킨다. 새 아담이신 예수 그리스도의 부활에서 시작된 인류와 모든 창조세계의 종말론적 완성은 생명 주시는 성령님의 압력을 심하게 받는다. 그리스도께서 인류를 구속하시고, 갱신하기 위해서 오셨을 때, 그의 성육신 자체는 첫째 창조 시에 인류에게 생명을 주신 바로 그 성령님의 사역이다. 마리아를 뒤덮은 성령님(눅 1:35)은 또한 예수님을 죽은 자들로부터 부활시키신 성령님이시다(롬 8:11). 그리하여 이제 이 동일한 성령님께서는 믿음에 의해서 그리고 세례를 통하여 예수 그리스도와 연합하는 사람들에게 주어진다. 이들은 "혈통으로나 육정으로나 사람의 뜻으로 나지 아니하고 오직 하나님께로서 난 자들이다."(요 1:13) 이 성령은 장차 부활의 새로운 삶과 영생에 참여할 것을 담보한다. 더군다나 이 동일한 성령님께서는 모든 창조세계의 변형을 일으키시어, 하나님의 영광에 참여케 하실 것이다. 본 신조가 창조의 중보자 되시는 하나님의 아들의 성육신을 이 성령의 능력에 돌릴 때, 그 성육신 사건은 온 세계, 그것의 갱신 및 그것의 종말론적 완성에 관련된다.[40]

적어도 이와 같은 성령론은 아들(화해론 혹은 구속론)에게 종속되는 성령론이 아니라 창조역사와 구속의 역사와 종말론적 새 창조의 역사에서 발견되는 성령 고유의 사역에 근거한 성령론이라 하겠다. 이것은 진정한 의미에서 삼위일체론적 성령이해이다. 이는 동일 본질 차원의 성령론 이해에 중점을 두는 서방교회의 성령론, 특히 칼 바르트의 그것보다 성령님의 고유한 위격에 역점을 두는 삼위의 위격론적 성령론이라 하겠다. 역시 우리는 여기에서도 종말론적 복음 이해가 성령님의 위격적 역할과 기능과 불가분리하고, 또한 아버지 하나님의 위격적 역할과 기능과도 불가분리하다는 사실을 확인할 수 있다.

끝으로 본 항목은 "성령님께서 예언자들을 통해서 말씀하셨다."를 풀이함으로서, 구약과 신약성경이 동일한 성령님에 의해서 영감받았다고 한다. 유대인들은 구약을 통해서 말씀하시는 성령 하나님께 귀를 기울이고 반응한다면, 신약의

■■■ 40 • Ibid., 53.

그리스도인들도 계속해서 그리스도의 계시의 빛에 비추어서 이해된 바(요 5:39), 예언자들을 통한 성령님의 가르침을 계속 받아야 한다고 한다. 그런데 이 맥락에서 중요한 것은 동일한 성령님께서 지속적인 행동을 통하여 결국 이 두 공동체를 하나로 묶으실 것이라고 하는 점이다(롬 11:29-32). 그리하여 유대인들과 그리스도인들은 종말론에 있어서 공유하는 바가 없지 아니하다. 유대인들이 바라보는 미래 지향적 종말론은 메시아이신 예수 그리스도에 의해서 앞당겨져 실현되었고, 또한 아직도 미래 종말론적 차원을 남겨놓고 있는 것이다. 즉,

> … 히브리 예언자들은 무엇보다도 땅의 표면을 새롭게 하실 메시아의 종말론적 도래를 선포하였다. 그리스도인들은 이 선포내용의 시각에서 예수님을 메시아로 이해한다. 그리스도인들과 유대인들은 종극적인 하나님의 나라에 대한 각각의 기대를 연구함으로서, 그리고 이 비전하에서 인류를 함께 섬김으로써 서로서로 에게 근접할 수 있다.[41]

이미 이상의 문맥에서 밝히 드러난 바, 본 문서에 있어서 교회론 부분 역시 철저히 하나님 나라의 비전하에서 규명되었다. 하지만 이 글은 지면 관계로 종말론적인 교회론 부분을 생략하고, 종말론의 미래적인 차원을 매우 힘 있게 말하는 "D. 죽은 자들의 부활과 장차 올 세상"에 대해서만 소개하려고 한다.

(1) "죽은 자들의 부활과 장차 올 세상의 삶"

성령님과 "죽은 자들의 부활과 장차 올 세상의 삶"의 관계에 대해서 알아보아야 한다. 이미 본 문서는 제2항인 기독론 부분에서 "그리스도의 미래"에 대해서 논했고, 지금 여기에서는 "믿는 사람들의 미래와 장차 올 세상의 삶"에 대해서 논한다. 그리고 "산 자들과 죽은 자들에 대한 최후 심판" 역시 기독론 부분에서 다루어졌다. 본 항목이 "죽은 자들의 부활"을 말할 때, 그것은 "믿는 자들의 죽음 너머의 미래가 단순히 영적인 미래가 아님을 말한다. 그것은 영지주의와 마니교

---

41 • Ibid., 80.

의 이원론적 사고 혹은 이분법적 사고와는 달리, 인간의 몸과 지성과 정신을 변화시키는 통전적 과정을 의미한다."[42] 그리고 사도신경은 "영생"을 말하나, 본 신조는 "장차 올 세상의 삶"을 말하는 바, 이것은 현재의 삶과 미래의 삶의 질적인 차이를 강조한다.

구약의 예언자들은 "한 새로운 다윗이 예루살렘에서 통치할(사 9장과 11장) 한 새로운 시대, 곧 축복과 평화의 한 미래 시대를 바라보았으나, 신약성경은 "죽은 자들의 부활"을 말한다. 특히, 바울은 그것을 죽은 자들로부터 처음 살아난 자이신 예수 그리스도 자신의 부활(고전 15:12ff.)에 연결시킨다. 즉, 예수 그리스도를 부활시키신 성령님께서 죽은 자들을 다시 살리실 것이라고 하는 것이다.[43] 그리고 영생이란 신약성경에서 '한 개인의 실존'일뿐만 아니라 "영원한 하나님을 찬양하기 위해서 하나가 되어 있는 하나님 나라 안에서의 코이노니아"(눅 13:29; 막14:25; 계 22:3, 7-12)이다. 여기에서 하나님 나라는 예언자들이 내다본 미래의 초월적 실재로서, 눈물이 더 이상 없는 새 하늘과 새 땅이기도 하고, 하나의 새로운 도성이기도 하다(계 21:1ff.). 그런데 본 문서는 이와 같은 영생은 이미 현재적 실재(비교: 요한 복음)라고 가르친다. 다음의 인용을 읽어보자.

> … 하나님의 나라는 이미 우리 가운데 있다(눅 17:21). 새로운 삶은 이미 세례에서 주어지고, 우리는 그것을 성령님의 코이노니아로서 경험한다(롬 6:3 및 14:17). 이사야에 의해서 미래에 약속으로 선포된 주님의 은혜의 해는 이미 예수님의 초림에서 성취되었다(눅 4:16-21).[44]

위와 같은 희망은 전적으로 예수 그리스도에 근거하고 있다. 신앙의 근거이신 예수 그리스도께서 또한 희망의 근거이시다. 본 문서의 종말론은 철저하게 기독론적이다. 본 문서는 철저히 복음의 종말론적 본성을 말하고 있다. 그리고 그것은 철저히 성령론적이다. 따라서 그것은 삼위일체론적이다.

42 • Ibid., 97.
43 • Ibid., 98.
44 • Ibid., 98.

예수 그리스도는 죽은 자들로부터 처음 살아난 자로서 새로운 인류의 실현이요, 나타남이다. 하나님께서는 그리스도의 삶과 사역, 죽음과 부활 안에서 세상을 위해서 의도하시는 미래를 성령을 통해서 나타내신다. 그리스도 안에서, 영원한 생명이 우리의 생명들 속으로 들어오시어, 이 생명들을 죽음에의 노예됨으로부터 해방시키시고, 하나님과의 코이노이아로 인도하신다. 부활하신 그리스도에 의해서 부은 바 된 성령께서 인간적인 가능성들과 기대들 너머에 있는 것에 대한 희망(히 11:1)인 우리의 희망을 인 치신다. 이 희망은 바랄 수 없는 상황에서 바라는 희망이다. 하지만 그것은 하나님의 힘 있는 약속에 근거하기 때문에, 확신에 찬 희망이다.[45]

그리하여 본 문서는 이와 같은 종말론적 희망은 세상에서의 그리스도인 개인의 실존을 의미 있게 만든다고 하는 것이다.

① "죽은 자들의 부활"

그리스도교적 신앙에 있어서 부활이 의미하는 바는, 인간은 개체성과 전인성(몸-영혼-정신)에 있어서 죽음 저편에 있는 하나의 미래를 갖고 있기 때문에, 이 세상에서의 인간실존은 처음부터 죽음의 시점까지 하나님께서 책임을 지셔야 하는 점에서 영원한 의미를 갖는다.[46]

본 문서는 우리 믿는 사람들은 "세례를 통하여 그리고 전 생애를 통해서 그리스도의 죽음에 참여하고, 부활에서 일어난 죽음에 대한 승리에 참여하며, 나아가서 그리스도의 생명주시는 성령을 받는다."[47]고 하며, 동시에 복음의 빛 하에서 인류의 구원과 우주의 종말론적 변형을 바라본다고 한다. 즉, "동시에 그리스도의 죽음과 부활과 성령님의 오심은 죽은 자들의 부활을 가리키고, 나아가서 우주의 궁극적 변형(the final transformation of the cosmos)을 가리킨다."[48] 본 문서에 따르

---

45 • Ibid., 99.
46 • Ibid.
47 • Ibid., 100.
48 • Ibid.

면, 하나님께서는 자신이 창조하신 창조세계를 정죄하시고, 파괴하시기를 원하시지 않으시고, 자신의 아들을 파송하시어, 세상 모두를 구원하시기를 원하신다(요 3:17)고 한다. 그러나 동시에 "최후의 정죄 가능성"(마 25:45ff.; 계 20:15)을 열어놓고 있다.

② "장차 올 세상의 삶"

장차 올 세상의 삶은 단순히 개인의 영생만이 아니다. 그것은 아직 신비에 쌓여 있기는 하지만 철저하게 변혁될 창조세계이다. 하나님께서는 그리스도 안에서 충만한 때를 위한 그의 계획, 곧 하늘에 있는 모든 것과 땅에 있는 모든 것을 그리스도 안에서 통일하시려는 계획을 제시하셨다(엡 1:10). 따라서 옛 인류와 옛 창조세계는 새 인류 및 새 창조세계와 철저한 불연속성에도 불구하고 어떤 연속성을 갖고 있다. 본 문서는 이렇게 말한다.

> 이런 식으로 창조세계 전부는 하나님 나라의 마지막 완성으로부터 분리되지 않을 것이다. 세례에서 사용되는 물, 복음 선포에서 사용되는 언어 및 성만찬의 떡과 즙은 이미 성령님에 의해서 우리에게 하나님 나라의 첫 열매를 주시기 위해서 사용된 것이다. 새 하늘과 새 땅에서(사 65:17; 계 21:1) 새 인류는 하나님을 낯과 낯을 대하여 볼 것이다(고전 13:12). 하나님께서 모든 것의 모든 것이 될 것이다(고전 15:28).[49]

특히, 교회의 역사와 인류의 역사는 하나님 나라와 철저한 불연속성에도 불구하고 어떤 연속을 지닐 것으로 이해된다. 그도 그럴 것이 본 문서는 "하나님 나라는 이사야 선지자의 이스라엘 백성에 대한 예언(사 11:1-11; 미 4:3)의 성취, 곧 공의와 의와 평화가 수립됨으로써 하늘에서처럼 땅 위에 오직 하나님의 뜻이 이루질 것이다."[50]라고 말하기 때문이다. 그리고 이 하나님의 나라는 삼위일체의 나라이

---

49 • Ibid., 101.
50 • Ibid., 101.

다. 즉, "하나님의 나라는 [아버지] 하나님의 주권적 통치가 그의 아들 예수 그리스도를 통해서 성령의 능력에 의하여 실현되는 그런 실재이다."[51]

끝으로 교회와 종말론과의 관계를 알아보자. 위에서 지적한 종말론적 희망 때문에 교회는 "죽음과 파괴에 직면해 있는 세계 속에서 희망의 공동체"가 된다. 하나님 나라의 가치들이 이미 그리스도의 현재적 통치하에서 이 교회 안에서 실현된다. 즉, "그리스도의 통치는 교회 안에 있음으로써 세계 안에 있다. 이 그리스도의 통치하에 있는 '교회와 이 세상'에서 성령님의 능력에 의하여 화해와 평화와 정의와 갱신이 이미 실현 가능한 실재들이 된다."[52] 그리고 이 교회는 비록 이 세상 속에 있으나, "인류갱신을 위한 하나님의 미래의 징표로서, 마지막 완성을 바라본다. 그리하여 본 문서는 교회가 전(全) 창조세계의 구속을 미리 보여주고 있다고 한다. 즉, "교회의 희망은 세상을 위한 희망이요, 하나님의 전 창조세계에 대한 신실하신 구속의 약속에 대한 신뢰이다."[53] 본 문서는 "몸이 하나이요 성령이 하나이니 이와 같이 너희가 부르심의 한 소망 안에서 부르심을 입었느니라."(엡 4:4)에 나오는 "한 소망"이 "죽은 자들의 부활과 장차 올 세상의 삶에 대한 소망을 다 포함한다."[54]고 말한다. 그리고 이것은 그리스도교적 소망의 "개인적 차원, 사회적 차원 및 우주적 차원"[55]을 아우른다고 본다.

결국 짧게 말하면, 이상에서 주장된 희망은 초월적인 차원에 대한 종말론적 희망으로서 그리스도인들이 살고 있는 현재에 큰 영향을 주고 있다고 하는 것이다.

하나님께서는 그리스도와 그의 부활 안에서 그리스도인들을 위해서 이 시간, 이 현생 그리고 이 세상의 파란곡절과 곤경들 너머에 있는 하나의 미래와 하나의 희망을 개방시켜주셨다. 그런데 이 초월적 희망은 이미 지금 힘의 원천과 오래 참음과 기대가 되고, 사람들이 살아가고 행동하는 방식에 있어서 열매를

---

51 • Ibid.
52 • Ibid., 101.
53 • Ibid., 101.
54 • Ibid., 101.
55 • Ibid.

맺을 수 있다.[56]

그러나 우리의 시간과 세상 너머에 있는 삶에 대한 희망의 메시지는 인구 폭발, 생태학적 파괴 및 수백만의 사람들의 불행들에 대한 버거운 경험에 직면해 있다.[57]

3) 창조론 부분에서

본 문서는 이 부분 초두에서 창조주 하나님 아버지께서 아들과 성령을 떠나서는 이해되실 수 없고, 사역을 펼치실 수 없는 삼위일체의 네트워크 속에 계심을 말한다. 따라서 본 신조는 성부론과 성령론의 독자성과 고유성을 손상시킬 모든 우려를 배제하고 있다 하겠다. 따라서 본 신조는 삼신론이나 기독론적으로 축소하는 삼위일체를 용납하지 않는다. 그리고 본 신조가 말하는 "창조자와 구속자와 만유의 지탱자인 단 한 분 보편적인 하나님에 대한 신앙"[58]은 결코 양태론을 허용하지 않는다.

진실로 본 신조는 신적 동일 본질에 의한 통일성과 아버지 하나님(위격)에 의한 통일성을 배제하지 않으면서, "구속사를 통해서 계시된 한 분 하나님 안에 계신 삼위 각각의 독특성을 강조하고, 동시에 하나의 신적 존재 안에서 일어나는 이 삼위의 코이노니아(공동체) 속에서의 통일성을 강조 한다."[59] 즉, 본 신조는 동방정교 전통이 말하는 상호 내주하고 상호 교류하는 삼위의 일체성 혹은 통일성(perichoretic unity)을 더 힘주어 말하고 있다. 이것은 또한 삼위 각각의 독특성과 고유성을 인정하면서도 이 삼위의 관계성을 말하는 공동체성(a relational koinonia = community)을 뜻한다.

본 항목은 "한 분 하나님에 대한 그리스도교 신앙의 독특성이 성부, 성자, 성

---

56 • Ibid., 97.
57 • Ibid.
58 • Ibid.
59 • Ibid., 19.

령의 계시에 근거하고 있다."고 보기 때문에, '경세적 삼위일체론'(the economic Trinity)을 먼저 논하면서 이것이 결국 '내재적 삼위일체론'(the immanent Trinity or the eternal Trinity)과 전적으로 동일하다고 주장한다. 그리하여 본 항목은 이 경세적 삼위일체 하나님의 경세가 종말론적 완성을 포함하고 있는 것으로 본다. 본 항목은 "그럼으로 신적인 경세, 곧 창조와 화해와 종말론적 완성에 있어서 구속사는 삼위일체 신앙의 바탕에 깔려 있다."[60]고 한다. 다음 인용이 말하는 삼위일체 하나님의 경세에서 "종말론적 미래에 있어서 우리의 삶과 전 창조세계의 종극적 변형과 영화롭게 됨"이 포함되고 있다고 하는 점에 우리는 유의해야 할 것이다.

> 이 세상이 하나님으로부터 분리되었고, 소외된 것은 죄악의 결과인데, 이것이 신적인 경세 속에서 아들의 화해사역과 성령의 변형시키시는 현존을 통해서 극복된다. 한 분 하나님은 이와 같은 신적 구원의 경세의 신비 속에서 자기 자신을 피조물들에게 나누어 주시는 생명과 사랑으로 계시되신다. 아버지 하나님은 자신의 영원한 아들의 성육신, 교역 및 고난을 통해서 이 세상을 자기 자신에게 화해시키신다. 이 아들 안에서 하나님은 인류에게 죄 사함과 부활과 영생(요 3:16)을 제공하시기 위해서 죽음에 이르기까지 인간의 고뇌에 동참하신다. 그리하여 하나님께서는 성령을 통하여 십자가에 달리신 분을 새로운 삶과 불멸의 삶으로 부활시키셨으니, 하나님께서는 장차 성령을 통해서 종말론적 미래에 있어서 우리의 삶과 전 창조세계의 종극적 변형과 영화롭게 됨을 가져올 것이다.[61]

그런데 본 문서는 위에서 지적한 삼위일체 하나님의 객관적이고 보편적인 경세는 성령을 통해서 일어나는 신망애의 공동체에 매개된다고 본다. 즉, "성령님께서는 지금도 복음선포에 의하여 이 복음을 받아들이는 사람들의 심장 안에 믿음, 사랑, 소망을 불러일으키신다."[62]

---

60 • Ibid., 20.

61 • Ibid., 21.

62 • Ibid.

본 문서는 성육신하신 하나님의 아들과 이 여수 그리스도의 십자가와 부활이 내재적 삼위일체 하나님 혹은 영원한 하나님의 '상호 내주와 상호 교류'(perichoresis)를 계시한다고 하면서, 이 성육신과 십자가와 부활을 떠난 삼위일체 하나님은 생각할 수 없고, 동시에 삼위일체 하나님을 떠난 성육신과 십자가와 부활은 결코 생각할 수 없다고 한다.[63] 그리고 본 문서는 아들과 성령을 아버지께 종속시키는 종속론이 아니라, 아버지 하나님을 삼위의 상호 사랑의 내주와 상호 사랑의 교류의 통일성으로 보면서도, "아버지는 아들 없이 있을 수 없고, 성령 없이도 있을 수 없다. … 신적인 통일성은 아버지를 원천으로 하고 있으나, 이것이 유지되는 것은 아들의 순종과 아버지 안에서 아들을 영화롭게 하시고 아들 안에서 아버지를 영화롭게 하시는 성령의 증거 안에서이다."[64]라고 말한다.

따라서 본 문서는 삼위일체 하나님의 상호 사랑의 내주와 상호 사랑의 교류(perichoresis)가 신적인 경세에서 계시되고 실현되는 바, 이것은 구속사역, 성화사역 및 궁극적인 영화롭게 함의 사역에서뿐만 아니라 세상 창조 사역에 있어서도 일어났다고 본다. 그리고 본 문서는 이 삼위일체의 경세에 있어서 창조는 주로 아버지 하나님께, 구속은 주로 아들에게, 그리고 성화와 영화롭게 하는 사역은 주로 성령님께 돌려지지만 이 각 위격은 다른 두 위격 없이 일하시지 않으신다고 본다.[65] 그리고 본 문서는 이 삼위일체 하나님은 창조세계의 다양성과 통일성의 근거라고 하면서, "이러한 삼위일체 하나님은 통일성을 파괴하지 않는 다양성의 모형이고, 획일성을 위해서 다양성을 축소시키지 않는 통일성의 원리이다."[66]라고 한다. 그리고 끝으로 이 삼위일체 하나님은 인간과 만유 안에 내재하시면서도 초월하신다고 힘주어 말한다.[67] 이와 같은 주장은 타 종교들 속에서도 진리가 발견된다고 하는 것을 말하는 것이나 마찬가지이다.

---

63 • Ibid., 21.
64 • Ibid., 21.
65 • Ibid., 22.
66 • Ibid.
67 • Ibid.

(1) 전능하신 아버지

'아버지'와 '전능한'은 매우 밀접한 관계를 가지고 있다. "전능하신 아버지"란 모든 인류와 창조세계에 대한 '권위와 통치'가 전적으로 아버지께 속한다고 하는 것인데, 여기에서 '전능'이란 무조건 자신이 원하는 것은 무엇이든지 할 수 있는 것을 말하지 않고, "모든 것이 그분 손안에 있다고 하는 섭리개념"을 말한다. 그것은 강제력과 모든 권력을 휘두르는 폭군의 힘 같은 것이 아니라 "창조하시는 사랑의 힘이요, 피조물에 대한 사랑의 관여(關與)"를 뜻한다.[68] 따라서 '아버지' 개념과 '전능' 개념은 상호 규정적이라는 것이다. 즉, 전능개념이 없는 아버지는 하잘 것 없고, 감상적인 아버지 개념으로 축소되고, 예수 그리스도와 성령을 통해서 계시된 아버지 개념이 없는 '전능'은 "순 인위적인 권력에 대한 악마적 비전"을 생각나게 할 수도 있기 때문이다. 본 문서는 이와 같은 '전능하신 아버지'께서 바로 모든 부정적인 세력을 극복하시고, 종말론적으로 결국 새 하늘과 새 땅이라고 하는 새 창조의 세계를 이룩하실 것이라고 하는 것이다. 다음의 인용을 읽어보자.

> 교회는 인류와 세계를 위한 하나님의 은혜롭고 자비로우신 목적들을 달성하실 하나님의 무한한 능력을 고백한다. 즉, 그는 새 창조 안에 있는 하나님의 나라, 곧 새 하늘과 새 땅에서 인류와 세계의 종말론적 완성을 이룩하실 것이다. 하나님의 전능에 대한 신앙은, 현세의 권세들 — 정치적, 경제적, 산업적, 군사적, 이념적 혹은 종교적 — 이 세계와 인류의 운명을 제어할 수 없고, 그것에 관한 마지막 말을 가지고 있지 않다는 확신을 준다. …[69]

그리고 이어서 이와 같은 '전능하신 아버지'만이 그의 아들을 통해서 신정(a theodicy)의 문제를 해결하고, 나아가서 모든 죄와 죽음의 권세를 종말론적으로 해결하실 것이다. 본 문서는 '이미' 죽음과 사단마귀의 권세가 파괴되었으나, '아직' 그 졸개들이 남아 있다고 하는 쿨만과 칼 바르트의 D-day와 V-day의 관계의 낙

관론적 입장도 아니다. 물론 칼 바르트가 화해론(『교회 교의학, IV』) 자체에서도 미래
지향적인 새 창조의 세계를 논하였고, 만인 및 만유구원론적인 희망을 그의 『교
회 교의학, V』(Erloesung)에서 논할 계획이었으나, 그의 소천으로 그것을 이룩할
수 없었지만 말이다. 그러나 대체로 이 문서의 종말론은 칼 바르트의 그것보다
몰트만의 그것과 거의 동일하다고 보인다.

> … 궁극적인 대답은 하나님께서는 그의 아들을 통한 세상과의 화해에 의해서
> 세상의 죄악과 고통과 죽음을 극복하신다고 하는 사실에서 발견된다. 하나님
> 은 이런 식으로 이 세상의 고통을 스스로 걸머지셨다. 모든 눈물이 눈에서 씻
> 기어지는 장차 올 세계에서 완성될 죄와 사망권세에 대한 하나님의 완전한 승
> 리에서 창조세계는 완전히 창조자에게 화해될 것이다. 이것이 그리스도교적
> 희망이다. …[70]

(2) 하늘과 땅, 곧 보이는 것과 보이지 않는 것의 창조자

구약에서 주님은 초기부터 창조자로 이해되었는데, 시간이 지나면서 이스라
엘 백성의 하나님은 모든 다른 권세들을 제어하시는 주권적 하나님으로 선포되
었다. 즉, 바벨론 포로 때에, 예루살렘과 성전 파괴 이후에, 그리고 바벨론에 의한
주님의 굴욕과 버림받으심에 대한 항거의 맥락에서, 제2 이사야는 야훼가 유일
하신 하나님이시요, 창조자시요, 모든 것의 통치자라고 하는 사실을 주장하였다.
즉, 야훼는 그의 말씀으로 세상을 창조하셨을 뿐만 아니라 동일한 말씀으로 인류
의 역사과정도 지도하신다고 하는 것이다(사 55:11). 본 문서는 이처럼 구약의 말
씀을 통해서 역사(歷史)까지 주장하시는 창조자 개념으로부터 구속사와 종말론적
완성(재창조)의 개념까지 이끌어낸다. 본 문서는 다음과 같이 말한다.

> 더군다나 세상에 대한 하나님의 지속적인 배려와 이스라엘 백성의 역사 속에
> 서의 그의 구속행동들은 재창조의 행동들로 해석된다. 그래서 이와 같은 행동

---

70 • Ibid., 35.

들은 종말론적 구원행동과 재창조에서 그 절정에 도달할 것이다.[71]

그리고 신약성서에서는 창조세계의 구원론적 의미와 종말론적 의미가 예수 그리스도의 사역과 성령님의 사역의 맥락에서 전면에 등장하고 있다. 본 문서는 아래와 같이 주장한다.

태초에 창조하신 하나님은 다시 한 번 창조하시고, 미래에 창조하실 것이다(막 13:19; 엡 2:10; 계 1:8). 마지막 때에 하나님께서는 모든 것의 모든 것이 되실 것 이고(고전 15:28), 새 하늘과 새 땅이 있게 될 것이다(벧후 3:13; 계 21:1; 비교: 사 65:17; 66:22). 모든 피조물들과 자연 그 자체가 변형되어, 하나님의 새로운 세 계에 참여할 것이다(롬 8:19-23).

"전능하신 아버지로서 한 분 하나님께서 그의 아들을 통한(골 1:16) 그리고 성 령님을 통한(시 104:30) 창조자이시다."에서 우리는 전능하신 창조자께서 삼위일 체적으로 창조 사역을 하신다는 사실을 알 수 있다. 즉, 본 문서는 성부, 성자, 성 령님께서 각각 창조사역에 참여하시는데, 특히 성령님께서는 종말론적인 재창조 의 사역을 주도하신다고 본다. 다음의 인용을 읽어보자.

본 신조의 첫 번째 항목은 한 하나님, 아버지, 혹은 전능자가 하늘과 땅, 곧 보 이는 것과 보이지 않는 것의 창조자이심을 주장한다. 두 번째 항목에서는 아버 지 하나님의 아들이 만유 창조의 중보자이심이 밝혀졌다. 끝으로 세 번째 항목 은 아버지로부터 발출하신 성령님께서 '생명의 부여자'이심을 긍정하고, 이 성 령에 의한 '죽은 자들의 부활과 장차 올 세상의 삶'에 대한 종말론적 주장으로 결론을 맺는다.[72]

---

71 • Ibid., 37.

72 • Ibid., 38.

본 문서는 삼위일체 하나님의 세 위격이 창조세계 속에 내재하시면서 동시에 초월하신다고 하면서, 창조자가 그의 창조사역을 마치고 기뻐하신 것처럼(창 1:31) 우리 역시 창조세계에 대해서 기뻐해야 하고, 그의 창조세계에 나타난 하나님의 영원한 능력과 신성(롬 1:20)을 파악해야 한다고 한다. 그리고 본 문서는 우리는 창조세계에 나타난 삼위일체 하나님의 영광을 확신해야 하고, 그 안에서 하나님께 감사드려야 한다고 하면서, 이 창조세계에 나타난 하나님의 영광은 종말론적 재창조의 세계에로 이어질 것을 주장한다. 본 문서는 이렇게 말한다.

이것은 특히 예전에서 일어난다. 교회는 예전에서 고난당하는 사람들과 교제를 나누면서 하나님 나라에서 절정에 도달한 갱신, 곧 하나님 자신에 의한 만유의 변형과 갱신을 축하한다.[73]

이 모든 것은 창조세계 전체가, 삼위일체 하나님의 현존과 활동을 통해서 그의 영광으로 충만하고(사 6:3), 마지막 때에는 하나님의 영광(롬 8:21)에의 참여에 의해서 변형될 것이라는 것을 뜻한다.[74]

끝으로 창조주의 형상을 따라 지음받았기 때문에(창 1:26-27) 인류는 영구적인 존엄성을 부여받았다고 한다. 따라서 인간의 생명은 존엄하고 존중되어야 한다는 것이다. 그래서 인간은 또한 창조세계와 그것의 창조자를 찬양해야 하고, 이 맥락에서 본 문서는 문화 창조와 가치창조를 포함하는 인간의 창조세계에 대한 책임을 주장한다.

동시에 인간은 하나님의 대리자들이 되는 책임을 부여받았다. 인간은 창조세계 안에서 하나님의 협력자들이고, 이 창조세계의 청지기들이며, 심지어는 이 창조세계에 대한 통치자들이다. 그래서 인간은 인간, 동물, 식물 등 땅의 모든 자원들을 포함하는 창조된 모든 것을 돌봐야 할 것이다. 또한 이것은 인간이,

---

73 • Ibid., 40.

74 • Ibid.

과학과 기술뿐만 아니라 예술을 포함하는 문화의 세계를 발전시키고, 그것들을 하나님의 주권하에서 축하하고 사용할 자유를 가지고 있다는 사실을 의미한다.[75]

하지만 본 문서는 이와 같은 하나님의 문화명령에 따라 발전된 인간의 문화가 창조세계를 파괴하고 죽음으로 몰고 가는 것은 그것이 모더니즘 시대의 해방과정에서 창조자 하나님으로부터 독립했기 때문이라고 한다. 창조세계 그 자체는 그 안에서 역사하시고 계신 성령님의 역동적인 힘 때문에 생동하고 있는바, 비록 그 안에 악의 권세가 역사하고 있으나, "그리스도인들은 창조세계의 운명이 하나님의 손안에 있고, 하나님께서는 결국 새 하늘과 새 땅에서 이 창조세계를 완성으로 이끄실 것이라고 하는 소망 가운데 확신을 가지고 살고 있다."[76]고 하였다.

3. 2012년 『교회: 가시적 일치를 향하여』

본 문서는 2013년 부산 WCC 총회에서 마무리될 것이다. 1998년에 『교회의 본질과 목적』으로, 2006년에 『교회의 본질과 선교』로, 그리고 2012년엔 『교회: 가시적 일치를 향하여』로 문서명이 변경되었다. 본 문서는 1993년 '신앙과 직제 제5차 세계대회'로부터 5개년 프로젝트로 진행되어 1998년에 첫 초안이 나왔고, WCC 회원교회들의 논찬을 받아들여 2005년에 그 다음 초안이 나왔으며, 이제 2012년 거의 마지막(?) 초안이 나온 것이다. 본 교회론에 대한 연구는 1993년 '신앙과 삶과 증언에 있어서 코이노니아를 향하여'(Towards Koinonia in Faith, Life, and Witness)라고 하는 주제로 모인 '신앙과 직제 제5차 세계대회'(스페인의 산티아고 데 콤포스텔라)의 메시지를 담아내는 '교회론'이다. 즉, '신앙'(『하나의 신앙을 고백하며:

---

75 • Ibid., 41.

76 • Ibid., 41-42.

…)에 있어서 코이노니아, '삶'(세례 · 성만찬 · 직제를 중심한 교회적 삶)(BEM Text)에 있어서 코이노니아, 그리고 JPIC를 비롯한 사회참여와 복음전도를 통한 '증언'에 있어서 코이노니아를 담아내는 교회론에 집중하였다. 따라서 본 교회론이 교회의 공동체성과 일치성과 같은 코이노니아를 가장 중요시하면서 그 안에 '삶과 봉사'(Life and Work) 운동 및 '세계선교와 복음전도'(CWME) 전통을 함께 포함시켰다. '신앙과 직제'의 이와 같은 경향은 이미 1991년의 'Costly Unity', 1993년의 'Costly Commitment', 그리고 1994년의 'Costly Obedience'와 더불어 시발되었지만 말이다.

따라서 우리는 본 문서로부터 '종말론'을 읽어내려고 할 때, 이상과 같은 세 차원을 감안해야 할 것이다. 즉, 그것은 교회일치 차원에서 하나님 나라, 교회의 JPIC 등 사회참여 차원에서 하나님 나라, 그리고 '세계선교와 복음전도' 차원에서의 하나님 나라를 생각해야 할 것이다.

본 문서는 『BEM Text』에 버금가는, 아니 1991년 이후 신학적으로 '삶과 봉사' 운동을 포괄하는 '신앙과 직제'의 경향 때문에, 그것을 능가하는 수렴문서이다. 본 문서는 21세기 에큐메니즘을 가늠하는 매우 중요한 에큐메니칼 교회론으로서, 교회가 무엇이고(What is it to be the Church?), 교회가 무엇을 하여야 할 것인가(What is it for the Church to do)에 대하여 대답하는 과정일 것이다.

본 문서는 4장(章)으로 구성되어 있다. '제1장: 하나님의 선교와 교회의 일치', '제2장: 삼위일체 하나님의 교회', '제3장: 코이노니아에 있어서 성장하는 교회', 그리고 '제4장: 세상 안에 있는 그리고 세상을 위해서 있는 교회'가 그것인데, 이 중 제1장과 제3장과 제4장이 직접적으로 '하나님 나라'와의 관계에서 '교회'를 언급하고 있다.

'제1장: 하나님의 선교와 교회의 일치'

본 장은 하나님 나라에 대한 전망에서 교회의 기원과 목적(선교)과 일치(코이노니아)를 주장한다.

'교회와 그것의 선교'(사명)에 대한 기독교적 이해는 모든 창조세계를 위한 하나님의 원대한 계획 혹은 경세에 대한 비전에서 기원하고 있다. 곧, 그것은 예수 그리스도에 의하여 약속되었고 예수 그리스도 안에 현시(顯示)된 '하나님 나라'이다. 성경에 의하면, 남녀 인간은 하나님의 형상으로 창조되었기에(창 1:26-27), 하나님 및 인간 상호 간의 본유적인 코이노니아 능력을 타고났다. 하지만 창조에 대한 하나님의 목적은 인간의 죄와 불순종(창 3-4; 롬 1:18-3:20)에 의하여 좌절되었으니, 그로 인하여 하나님과 인간들과 창조질서 사이의 관계가 손상을 입었다. 그러나 하나님께서는 인간의 죄와 허물에도 불구하고 그의 신실성에 있어서 변함이 없으시다. 하나님의 코이노니아 회복의 역동적인 역사는 예수 그리스도의 성육신과 유월절 신비에서 돌이킬 수 없도록 성취되었다. 교회는 그리스도의 몸으로서 예언자적 사역과 긍휼의 사역으로 그리스도의 생명 살리시는 사명을 지속하기 위하여 성령의 능력에 의하여 행동하고 깨어진 세계를 고치시는 하나님의 사역에 동참한다. 성 삼위일체 하나님의 생명 그 자체를 근원으로 하는 코이노니아는 교회를 살리는 선물이요 동시에 하나님께서 교회를 부르시어, 화해와 치유를 희망하는 가운데 상처받고 분열된 인류에게 그것을 제공하게 하시는 선물이다.[77]

우리는 위 인용에서 교회가 다양성 속에서 코이노니아를 추구하면서 '삶과 봉사'운동과 '세계선교와 전복음전도' 등 그의 사명을 통해서 코이노니아를 추구하는 것이 다름 아닌 하나님 나라 운동인데, 이는 어디까지나 삼위일체 하나님의 생명(코이노니아)(Immanent Trinity)을 근원으로 하고 있고 그와 같은 코이노니아를 시간과 장소 속에서 구현하시는 삼위일체 하나님의 경세(Economic Trinity)에 달려 있는 것이다.

---

77 • Central Committee, 28 August - 5September 2012, Kolympari, Crete, Greece, Document No. GEN 06, Chapter Ⅰ. A. 1.

'제2장: 삼위일체 하나님의 교회'

본 장은 내재적 차원의 삼위일체 하나님의 코이노니아와 인류 및 창조세계 전체와의 경세차원의 코이노니아에 기원하고 그것을 목적으로 하는 코이노니아 교회론을 주장한다. 그리고 정교회가 주장하는 성부의 모나르케(monarche = monarchy)를 주장한다. 즉, 성자와 성령의 기원이신 성부(Unoriginate Origin)와 삼위일체 하나님의 통일성으로서 성부 하나님을 경세차원에서 부각시키고 있다.

> 교회란 '세상을 이처럼 사랑하사 독생자를 주셨으니 이는 저를 믿는 자마다 멸
> 망치 않고 영생을 얻을 것이라.'(요 3:16)고 하신 아버지 하나님, 그리고 믿는
> 자들을 예수께서 가르치신 모든 것을 저들에게 기억나게 하시어 모든 진리로
> 인도하시는 성령(요 14: 26)을 보내신 아버지 하나님에 의하여 존재하도록 부름
> 을 받는다. 믿는 사람들은 교회 안에서 성령을 통하여 예수 그리스도와 연합하
> 고 그렇게 함으로써 믿는 사람들에게 말씀하시고 그들의 신뢰하는 반응을 산
> 출하시는 아버지 하나님과 살아 있는 관계를 나눈다. … 교회는 본성상 선교적
> 이다. 그래서 교회는 자신의 삶으로 하나님께서 모든 인류와 모든 창조세계를
> 위하여 의도하신 하나님 나라 안에서의 코이노니아를 증언하도록 부름을 받고
> 파송을 받는다.[78]

그러면서도 본 장은 교회가 철저히 예수 그리스도와 그분의 복음에 근거하고 있음을 천명한다.

> 교회는 성부의 아들이신 예수 그리스도, 성육신하신 하나님의 말씀, 곧 복음에
> 중심하고 있고 근거하고 있다. 복음의 설교(롬 19:14-18)를 통해서 그리고 성령
> 의 능력 아래(고전 12:3) 인간들은 구원받는 신앙에 이르고 성례적 수단들을 통
> 하여 그리스도의 몸 안으로 합체된다(엡 1:23). 이와 같은 가르침을 따르는 어

---

78 • Chapter II. B. a) 13. 본문은 여기에서 코이노니아의 의미를 소개한다. 1. 컴뮤니온과 공동체성, 2. 참여, 3. 화해의 교제, 4. 나눔이 그것이다.

떤 공동체들은 교회를 '복음의 피조물'(creatura evangelii)라 부른다. …(Chapter Ⅱ. B. 14)

'제3장: 코이노니아에 있어서 성장하는 교회'

본 장은 '교회'가 '이미' 도래한 하나님 나라와 '아직' 도래하지 않은 하나님 나라 사이에서 성령의 사역에 힘입어 하나님 나라를 실현한다고 하여, 교회를 '종말론적 공동체'라 부른다.

교회는 하나의 종말론적인 실재이다. 교회는 이미 하나님 나라를 예기 (anticipating, 豫期)하고 있지만 아직 그것의 충만한 실현체는 아니다. 그런데 이 하나님 나라를 세우시고 교회가 이 하나님 나라 실현과정에서 하나님의 사역 의 종이 될 수 있도록 교회를 인도하심에 있어서 주된 행동자는 성령이시다. 만약에 우리들이 구원사의 전 과정을 아버지 하나님의 영광을 위한 그리스도 안에서의 궁극적 총괄갱신(recapitulation)으로 인도하시는 성령의 활동에 비추 어서 현재를 바라본다면, 우리는 교회의 신비에 대한 그 무엇을 파악하기 시작 하고 있는 것이다.(Chapter Ⅲ. A. 33)

위 본문에서 우리는 삼위일체 하나님의 경세(선교) 안에서 성령께서는 구원사 를 그리스도 안에서의 총괄갱신으로 인도하실 것이라고 하여, 삼위일체론과 종 말론이 불가분리한 관계 속에 있다 하겠다.

그리고 다음의 인용은 '신앙과 직제', '삶과 봉사', 그리고 '세계선교와 복음전 도'의 여러 부분들이 코이노니아의 새로운 삶을 구현하는 하나님 나라의 징표들 로 본다. 이와 같은 징표들은 미래에 도래할 새 하늘과 새 땅의 징표요 그것에 대 한 미리 맛봄을 가능하게 할 것이다.

한편, 하나님과의 인격적 관계를 맺고 있는 믿는 사람들의 공동체로서 교회는 이미 하나님께서 원하시는 종말론적 공동체이다. 다음과 같은 가시적이고 만져 서 알 수 있는 징표들은 코이노니아의 새로운 삶이 효율적으로 실현되고 있다고 하는 사실을 표현한다. 즉, 사도들의 신앙을 수용하고 나누기, 세례를 베풀고 성만찬 떡을 찢고 나누기, 서로서로를 위하여 그리고 세상의 필요를 위하여 기도하기, 사랑 가운데 서로 섬기기, 상호 간의 기쁨과 슬픔에 동참하기, 물질적 도움을 주기, 선교에서 복음을 선포하고 증언하고 정의와 평화를 위하여 함께 사역하기가 그와 같은 가시적이고 만져서 알 수 있는 징표들이다. … (Chapter Ⅲ. A. 34)

'제4장: 세상 안에 있는 그리고 세상을 위해서 있는 교회'

본 장은 교회란 인류와 창조에 대한 하나님의 사랑 그리고 이와 같은 하나님의 사랑이 궁극적으로 그리고 보편적으로 완성될 하나님 나라를 위해서 기원하였고 이것을 목적으로 하고 이를 섬긴다고 한다. 그리고 이와 같은 보편주의적 사랑과 하나님 나라의 근거를 예수 그리스도 안에서 찾는다.

예수님의 선교 이유는 '하나님이 세상을 이처럼 사랑하사 독생자를 주셨으니'라고 하는 말씀들로 명쾌하게 표현되어 있다. 그처럼 이 세상에 대한 첫째 되고 으뜸가는 하나님의 태도는 항상 인류 역사의 일부인 모든 아이들, 여성들과 남성들에 대한 사랑과 창조세계 전체에 대한 사랑이다. 예수께서 비유들로써 하나님의 말씀을 계시하심으로 설교하셨고 그분의 권세 있는 행동들, 특히 그분의 죽음과 부활의 유월절 신비에 의하여 등장한 하나님 나라는 온 우주의 종국적 운명이다. 그런데 교회는 그 자신을 위해서가 아니라 세상의 변혁을 위한 하나님의 계획을 섬기기 위하여 하나님에 의하여 의도되었다. 이처럼 섬김(diakonia)은 교회의 존재 그 자체에 속한다. '교회와 세상'이라고 하는 연구문서는 그와 같은 섬김을 다음과 같은 식으로 묘사한다. '교회는 그리스도의 몸으로서 신적인 신비에 참여하고 있다. 교회는 신비로서 복음을 선포하고 성례전들을 축하하며(그와 같은 것들은 그 자체가 '신비들'이지만), 이미 자신들 안에 현존하는 하나님 나라를 예기(豫期)하면서 그분에 의하여 주어진 새 생명과 새 삶을 현시함에 의하여 그리스도를 세상에 계시한다.(Chapter Ⅳ. A. 58)

4. 2012년 CWME 선교신학 지침서

2006년 포르트 알레그로 WCC 총회 이래로 작업이 진행되어, 2012년 9월에 WCC 중앙위원회를 통과한 본 선교신학 지침서는 1982년에 나온 선교신학 지침서(Mission and Evangelism: An Ecumenical Affirmation)로부터 30년 만에 나온 21세기 에큐메니칼 선교신학의 지침서이다. 필자는 본 저서의 본 장('제8장 WCC와 종말론')에서 1948-1980년대로부터 1990-2012년에로의 패러다임 이동을 살핀 바 있다. 그것은 '그리스도 중심적 보편주의'에 정위(定位)된 '종말론'으로부터 '삼위일체 중심적 보편주의'에 정위된 '종말론'으로의 이동이었다. 그런즉, 첫 지침서로부터 두 번째 지침서가 나오는 동안 7가지 변수들 가운데 하나가 다름 아닌 '삼위일체론적 종말론'이었으니, 우리는 본 지침서에서 그것을 찾아내고 제시해야 한다.

본 문서는 삼위일체와 종말론을 근간으로 하는 총회 주제를 소개하는 글에 이어서 성령에 초점을 맞추는, 4가지 주제를 다루었다. 하나는 '선교의 성령', 둘은 '해방의 선교', 셋은 '공동체의 성령', 넷은 '오순절의 성령'이다. 우리는 이제 총회 주제와 각 소주제들에서 삼위일체론과 종말론을 제시하려고 한다.

(1) 전체 주제

'함께 생명을 향하여: 변화하는 지형 속에서 선교와 복음전도'가 본 대회의 전체 주제였다. 본문은 성부·성자·성령의 위격과 사역을 언급하고 이어서 새 하늘 새 땅에 대하여 언급한다. 본문은 새 하늘과 새 땅을 향한 삼위일체 하나님의 선교를 언급하였다. 그리고 이 하나님 나라 실현을 향한 하나님의 선교의 맥락에서 '교회'와 교회의 '사명'을 언급한다.

우리는 모든 생명의 창조자시오 구속주시요 지탱자이신 삼위일체 하나님을 믿는다. 하나님께서는 오이쿠메네 전부를 그의 형상으로 창조하셨고 생명을 긍정하시고 보호하시기 위하여 이 세계 속에서 끊임없이 사역하신다. 우리는 세상의 생명이신 예수 그리스도를 믿는다. 그는 세상을 위한 하나님의 사랑의 성육신이시다(요 3:16). 예수 그리스도의 궁극적인 관심과 선교는 생명을 그것의 충만함에 있어서 긍정하는 것이다. 우리는 생명의 시여자이신 성령 하나님을 믿는다. 그분은 창조세계 전체를 지탱하시고 힘 주시며 새롭게 하신다(창 2:7; 요 3:8). 생명에 대한 부인은 생명의 하나님이 대한 배격이다. 하나님께서는 우리를 삼위일체 하나님의 생명 살리는 선교로 초대하시고 우리에게 힘을 실어주시어 새 하늘 새 땅에서 있을 만유를 위한 풍요로운 생명에 대한 비전을 증언하게 하신다. 우리는 어떻게 그리고 어디에서 오늘날 우리로 하여금 하나님의 선교에 참여하게 하시는 하나님의 생명 살리는 사역을 분별하고 있는가?(1)

선교는 삼위일체 하나님의 심장에서 시작된다. 성 삼위일체 하나님을 하나로 묶고 있는 사랑은 모든 인류와 온 창조세계로 흘러넘치고 있다. 아들을 이 세상에 파송하신 선교하시는 하나님께서는 하나님의 모든 백성을 부르시고(요 20:21) 그들로 하여금 한 희망의 공동체가 되도록 하셨다. 교회는 생명을 축하하고 성령의 능력으로 모든 생명파괴의 세력에 저항하고 그것을 변혁시키는 임무를 위탁받았다. '성령을 받고'(요 20:22) 하나님의 도래하는 통치에 대한 살아 있는 증인들이 된다고 하는 것이 얼마나 중요한가! … (2).

하지만 본문은 하나님께서 아들 예수 그리스도를 이 땅에 보내신 것은 인류만을 구원하기 위한 것이 아니라 "복음이란 창조세계의 모든 부분들과 우리의 삶과 사회의 모든 측면들에 대한 좋은 소식"(4)이라 하였다. 하나님의 선교는 "우주적 의미"(4)를 자니고 있다고 하는 말이다.

(2) '성령의 선교'

성령을 초점으로 하는 4개의 주제는 모두 위와 같은 삼위일체론과 만유구원론을 전거의 틀로 하면서 전개되고 있다. 대체로 이 부분은 인류 보편사와 창조세계 속에 현존하시고 사역하시는 구약의 루아흐 야훼로서 하나님의 영에 대하여 언급한다. 이는 니케아-콘스탄티노플 신조(381)가 고백하는 '생명의 시여자로서 성령'(the Lord anf life-giver)으로서 창조주의 영이시오 창조지탱자의 영이시오 창조세계를 완성시키실 하나님의 영시다.(12. 13) 주로 성령께서 아들에게서도 나오셨다고 하는 서방교회의 성령론('필리오케' = filioque = and also from the Son)에 반대하여 동방정교회가 주장한 성령이다. 그런데 본문은 이와 같은 인류 역사와 창조세계 전체에 관여하시어 하나님 나라를 실현해가시는 정교회의 성령론과 예수 그리스도께서 부활 후에 아버지께서 약속하신 성령을 보내주셨다고 하는 서방교회의 성령론을 통일시키고 있다. 그러니까 '역사와 창조' 안에 보편적으로 현존하시고 보편적으로 사역하시는 하나님의 영과 그리스도의 영 모두가 하나의 동일한 성령으로서 결국엔 역사와 창조 그리고 교회를 통하여 하나님 나라를 구현해가시는 영이시다.[79]

(3) '해방의 선교'

본문은 "(삼위일체) 하나님의 세상에 대한 목적은 또 다른 하나의 세계를 창조하시는 것이 아니라 삼위일체 하나님께서 이미 사랑과 지혜로 창조하신 바를 다시 창조하시는 것이다."(36)라면서, 주변화된 사람들의 해방의 근거를 삼위일체 하나님의 선교 안에서의 성령 충만한 예수님의 선교에서 찾는다. 물론, 여기에서 성령은 복음서들의 내러티브가 증언하고 있는 예수님 안에 현존하시고 사역하셨던 인류 역사와 창조세계 안에 보편적으로 현존하시고 보편적으로 사역하시는 하나님의 영(정교회의 'the Spirit-Christology')에 해당한다.

… 예수님께서는 성령 충만하심으로 억압받는 사람들을 자유케 하고 눈먼 자들을 보게 하며 하나님의 통치의 도래를 선포하셨다(눅 4:16-18)고 주장하심으로 그분의 사역을 시작하셨다. 그는 그 시대의 주변화된 사람들과 함께하시기를 우선 선택하심으로 이와 같은 선교를 성취하기 위하여 동분서주하셨다. … (36)

바로 위와 같은 하나님의 아들 예수님의 선교는 성령의 선교로서 아버지의 뜻

---

79 • 참고: 본 저서의 '제12장 WCC와 2013년 선교신학 지침서'

에 뿌리를 두고 있는 선교이다. 그런즉, "교회의 희망은 다름 아닌 이와 같은 하나님의 통치의 약속된 성취에 뿌리를 내리고 있다." 본문은 이와 같은 교회의 하나님 나라에 대한 희망을 그것의 '종말 이전'(the pen-Ultimate)의 '교회' 및 '역사와 창조세계'의 선교(사명)에 관련시키고 있다.

> … 그것은 하나님과 인류 그리고 모든 창조세계 사이의 바른 관계들의 회복을 가져온다. 비록 이와 같은 비전이 하나의 종말론적 실재를 말하고 있지만, 그것은 그와 같은 '종말 이전 시기' 안에서 이루어지고 있는 하나님의 사역에의 우리의 참여에 힘을 실어주고 정보를 제공해준다.(44)

그런즉, 본문은 교회 안에서든 역사와 창조세계에서든 "그리스도의 방법"에 따른 선교를 선포하고 있다.

> 하나님의 선교에의 참여는 섬김을 받으러 오신 것이 아니라 섬기기 위하여 오신(막 10:45) 예수님의 길을 따르는 것이다. 그분은 권세 있는 자들을 내리치셨고 낮은 자들을 높이셨다. 그분의 사랑은 상호관계와 상호성과 상호 의존성에 의하여 특징지어진다. 그러므로 그것은 하나님께서 만유를 위하여 원하시는 생명의 충만을 가로막는 권세들에 저항하고 투쟁허야 할 헌신을 요청한다. 그리고 그것은 정의와 존엄과 생명의 대의(大儀)를 위하여 헌신된 운동들과 주도적인 창안들에 관련된 모든 사람들과 함께 사역할 흔쾌한 의지를 요청한다.(45)

(4) '공동체의 성령'

이 부분은 주로 '교회 공동체' 안에 현존하시고 사역하시는 성령(그리스도의 영)에 대하여 언급하고 있지만, 교회 공동체는 "창조와 구속 안에서 보인 삼위일체 하나님의 사랑"이라고 하는 '역사와 전 창조세계'에 대한 하나님의 사랑에 동참하여야 할 것을 역설할 때, 이 삼위일체 하나님의 사랑의 영역은 '하나님의 영'이 보편적으로 현존하시고 사역하시는 영역일 것이다. 아래의 인용 중 첫 번째 글은 삼위일체 하나님의 사랑에 대하여 그리고 두 번째 인용은 그리스도의 영 안에 계시된 사랑의 성령에 대하여 언급한다.

교회의 생명은 삼위일체 하나님의 사랑으로부터 기원한다. '하나님은 사랑이시다.'(요일 4:8) 선교란 창조와 구속에서 보인 하나님의 강권적인 사랑에 대한 응답이다. '하나님의 사랑이 우리를 초대한다.'(Caritas Christi urget nos). 이와 같은 코이노니아는 하나님의 사랑을 나누려는 동일한 운동 안에 있는 형제자매들에게 우리의 마음들과 삶들을 개방시킨다(고후 5:18-21). 교회는 하나님의 사랑 안에서 살면서 만유를 위한 좋은 소식이 되도록 부름을 받고 있다. 삼위일체 하나님의 넘쳐흐르는 사랑의 나눔은 모든 선교와 복음전도의 원천이다.(55)

성령 안에 나타난 하나님의 사랑은 '모든 장소들과 모든 시간들'에 있어서의 모든 인류와 모든 문화들과 상황들에게 하나의 영감적인 선물이다. 십자가에 달리셨다가 부활하신 주님이신 예수 그리스도 안에 계시된 성령의 권세 있는 현존은 우리들을 우리들 각각에게 하나님의 선물인 생명의 충만 안으로 가입시킨다. 하나님(아버지)께서는 성령 안에서 그리스도를 통하여 교회 안에 거주함으로써 이 세상에 대한 하나님의 목적들을 계시하시고 교회의 성원들로 하여금 그와 같은 목적들의 구현에 동참하게 하신다.(56)

(5) '오순절의 성령'

본문은 '복음화하라는 부름'(80-92)에서 삼위일체 하나님의 선교의 큰 틀 안에서 일어나는 '그리스도의 영'이 현존하시고 사역하시는 복음전도에 대하여 언급하고 있으나, 다문화와 다종교와의 대화에 관련하여는 '하나님의 영'의 시간적 공간적 선재(先在)를 주장한다.

오늘날 세계의 다원성과 복잡성에 있어서 우리는 많은 서로 다른 신앙들, 이념들 그리고 확신들의 사람들과 해후한다. 우리가 믿기에, 생명의 영은 기쁨과 생명의 충만을 가져온다. 그러므로 하나님의 영은 생명을 긍정하는 므든 문화들 안에서 발견된다. 성령께서는 신비스러운 방법들로 사역하신다. 우리는 타 종교 전통들 안에서 일어나는 영의 사역들을 충분히 이해할 수 없다. 우리는 다양한 생명 살리는 영성들 안에 본유적인 가치와 지혜가 있다고 하는 사실을 인정한다. 그러므로 신빙할 만한 선교란 '타자'를, 선교의 '대상'이 아니라 선교에 있어서 파트너로 삼는 것이다.(93)

끝으로 본 문서는 '생명의 축제'라고 하는 제목하에 간결한 형태의 제언들(102-111)을 담고 있는데, 102항목과 112항목은 각각 서론과 결론으로서 삼위일체론과 종말론을 하나로 묶어내고 있다 하겠다.

우리는 모든 인류와 창조, 특히 생명의 충만을 갈망하고 있는 억압받고 고난당하는 사람들에게 좋은 소식을 선포하는 사명을 주신 삼위일체 하나님의 종들이다. 그리스도에 대한 공동증언인 선교란 하나님 나라 안에서의 '축제'(눅 14:15)에로의 초대이다. 교회의 선교는 잔치를 준비하는 것이고 모든 사람들을 이 생명의 축제로 초청하는 것이다. 그 축제는 풍성하게 넘쳐흐르는 하나님의 사랑, 곧 생명의 원천으로부터 나온 창조세계와 그것의 풍성한 열매를 축하하는 것이다. 그런즉, 선교의 목표는 모든 창조세계의 해방과 화해의 한 징표이다. 하나님의 영의 선교에 대한 새로운 이해를 가지고 우리는 이 문서의 초두에 제기된 물음들에 응답하여 다음과 같은 확언들을 제언한다.(101)

삼위로 일체되시는 하나님께서는 '생명을 얻고 더 풍성히 얻게 하시려고'(요 10:10) 이 땅에 오신 예수 그리스도를 통하여, '보라! 내가 새 하늘과 새 땅을 다시 창조하노라.'(사 65:17)고 하나님의 콩치에 대한 비전을 긍정하시는 성령을 통하여, 온 창조세계를 생명의 축제로 초청하신다. 우리는 겸손하고 희망하는 가운데 모든 것을 재창조하시고 화해케 할 하나님의 선교에 함께 헌신하십시다. 그리고 우리는 '생명의 하나님, 우리를 정의와 평화로 인도하소서.'라고 기도하십시다.(112)

Ⅳ

나가는 말

필자는 1948-1990년 직전까지 '그리스도 중심적 보편주의'에 정위(定位)된 종말론이 지배적이었고, 1990-2012년까지엔 '삼위일체 중심적 보편주의'에 정위된 종말론이 지배적이었음을 밝히면서 전자로부터 후자로의 '패러다임 이동'을 주장하였다. 그런데 1948-1990년 직전까지에서 특기할 만한 사항은 1960년대 후반으로 오면서 종말론과 '종말 이전'의 도덕윤리가 긴장관계 속에 있기 시작한 것이고, 1990-2012년까지에선 정교회의 '영 기독론'(the Spirit-Christology)이 등장한 것이며, 2012년 'CWME의 선교신학 지침서'에서는 그와 같은 정교회의 성령론과 서방교회의 '기독론적 성령론'이 통합되고 통일되었다고 하는 점이다.

우리는 정교회가 강조하는 창조주 아버지 하나님의 영으로서 성령 혹은 '생명의 부여자로서 주님'(the Lord and life-giver)이 교회 밖 '역사와 창조세계' 속에서 보편적으로 현존하시고 사역하신다고 하는 것에 주목하였다. 물론, '역사와 창조'를 통한 삼위일체 하나님의 선교를 전제하는 '하나님의 영'으로서 성령이시지만, 우리는 또한 성령의 보편적 현존과 사역에 유의해야 한다. 그도 그럴 것이 이스라엘과 교회 밖 '역사와 창조' 안에서 성령을 통하여 선교하시는 삼위일체 하나님께서는 다름 아닌 이스라엘과 교회를 통해서 성령을 선교하시는 삼위일체 하나님이시기 때문이다. 이로써 우리 교회는 이미 성령을 통하여 삼위일체 하나님의 선교 안에 있는 다문화와 다종교 그리고 나머지 모든 인류사회들과 대화하고 연대하면서 하나님 나라를 실현해갈 수 있는 것이다(참고: 『2013년 CWME 선교시학지침서』). 그러면서도 우리는 하나님 나라를 향한 삼위일체 하나님의 선교에 대한 전망에서 동서방교회의 성령론을 통합하고 통일시켜나가야 할 것이다.

그리고 우리는 1990년 이후의 공식문서들에서 '그리스도 중심적 보편주의'가 '삼위일체론의 얼개' 안에 재정위된 것을 발견하였고, '그리스도 중심적 보편주의'에 정위된 종말론 역시 '삼위일체 중심적 보편주의'에 재정위된 것을 확인하였다. 1948-1990 직전까지의 '그리스도 중심적 보편주의'와 그것에 정위된 '종말론'은 확실히 성령론과는 물론, 삼위일체론과도 유기적인 관계 속에 있지 아니하였었다.

이상의 논의에서 필자는 21세기 신학이 나아갈 방향과 비전을 본다. 즉, 신학의 근본적인 틀거리는 니케아-콘스탄티노플 신조가 제시하는 삼위일체론이요, 특히 철저한 종말론적인 기독론에 정위된 삼위일체론이었다. 이 글은 '니케아-콘스탄티노플 신조'(381)의 에큐메니칼 해석에서 모든 신학적인 주제들이 종말론을 지향해야 한다는 사실을 확인하였다. 그리고 이 신조의 에큐메니칼 해석에 의한 종말론이 칼 바르트의 종말론보다는 몰트만의 그것과 거의 같다는 점을 알게 되었다. 필자가 보기에, 이 신조를 해석함에 있어서 신앙과 직제 위원들 가운데 동방정교 대표들의 역할과 기능으로 말미암아 해석 전체에 있어서 동방정교회의 신학이 많이 반영되었다. 서방교회의 삼위일체론의 약점들이 많이 보완된 셈이다. 예컨대, 삼위일체론에 있어서 신적 본성의 통일성 차원을 강조하기보다 삼위의 공동체성을 강조하며, 성령론의 종말론적인 이해에 있어서 그것의 위격을 아버지와 아들 그 누구에게도 종속시키지 않으면서, 그것의 고유한 기능과 역할을 힘주어 말하고 있다. 그리고 아주 중요한 것은 실존주의 영향하에서 벗어나지 못한 신학들의 종말론에 있어서는 미래 지향적인 종말론적인 비전이 약하고, 공동체성이나 우주만물에 대한 관심이 희박하며, 개인주의적인 경험을 강조하는 데 반하여, 본 신조의 에큐메니칼 해석은 철저히 미래 지향적인 새 창조의 세계("the life of the world to come")를 주장하면서도 하나님의 역사 및 창조세계의 통치에 의한 그것의 현재적인 실재를 놓치지 않고 있다. 그리고 하나님 나라와 교회의 관계에 있어서도, 개인보다 공동체에 무게 중심이 가 있다고 보인다.

비록 이 글이 지면 제한으로 교회론 부분은 생략하고, 종말론 그 자체를 소개하는 데에 주력하였으나, 전체적인 흐름과 맥락으로 보아 결국 교회는 삼위일체 하나님의 객관적이고 보편적이며 종말론적인 하나님 나라 사역(선교)에 동참하여야 한다고 본다. 즉, 교회는 하나님 나라의 미리 맛봄과 그것의 징표와 그것을 역사와 창조세계 속에 구현하는 도구로서, 결국 그것의 기원과 존재이유와 존재목적을 하나님 나라에서 찾아야 한다고 하는 것이다. 본 문서는 바로 이와 같은 종말론적인 비전하에서 교회를, 그리스도의 몸, 성령의 전 그리고 하나님의 백성으로 본다. 즉, 삼위일체 하나님께서 교회와 연합하셨다는 의미이다. 그리고 이처럼 종말론적으로 정위되어 있는 교회는 "하나의 거룩하며 보편적이고 사도적인 교회"로서, 역사의 지평 속에서 사도직 수행(설교, 성례전, 선교, 사회참여 등)을 통해서 삼위일체 하나님의 하나님 나라 사역(선교)에 동참해야 한다는 것이다. 우리는 이상과 같은 '교회론'과 삼위일체론 및 종말론과의 관계를 『교회: 가시적인 일치를 향하여』(2012)에서 확인하였다.

제9장

WCC의 신앙과 신학이 추구하는 '종교 간 대화의 영성'

†

I

들어가는 말

　본 논고의 목적은 '종교 간 대화'에 관련된 WCC의 공식문서들에서 WCC의 '종교 간 대화'가 추구하는 기독교 '신앙과 신학'(영성)을 제시하는 데에 있다. 이 목적을 위해서 이 글은 첫째로 WCC의 '종교 간 대화의 역사'를 돌이켜 보고, 둘째로 4개의 공식문건들에서 WCC의 '신앙과 신학'이 추구하는 '종교 간 대화의 영성'을 집중적으로 섭렵하려고 한다. 이 글은 이와 같은 공식문서들이 과연 우리의 주제에 대하여 무엇을 말하고 있는가에 대한 사실(事實) 확인에 무게를 두려고 한다.

Ⅱ

WCC의 '종교 간 대화'의 역사

1910년 에든버러에서 종교 간 대화는 『힌두교의 왕관』이란 글에서 그리스도는 힌두교의 열망과 갈망의 성취라고 하였다. 그리고 1928년 예루살렘 IMC는 당시 서유럽의 세속화를 반대하는 맥락에서 종교 간 대화가 힘을 얻었다. 하지만 종교 간 대화에 큰 혼란이 일어나는 상황에서 칼 바르트의 신학을 따르는 H. 클레머는 1938년 탐바람 IMC에서 큰 역할을 하였으나, 세계 제2차 대전을 거치고 1961년 뉴델리에 오면 아시아 교회들의 에큐메니칼 참여로 종교 간 대화는 다시 활기를 띠게 되었다. 그리하여 오대양 육대주에 복음을 전해야 한다고 하는 1963년 멕시코에선 CCA의 참여와 더불어 종교 간 대화가 더욱 본격화되어, 탐바람을 넘어서려는 큰 몸부림이 있었다(post-Tambaram). 특히, 1967년 스리랑카의 칸디 종교 간 대화 모임은 제2차 바티칸 공의회(1962-1965)와 더불어 기독교의 종교 간 대화 발전의 큰 계기가 되었다. 1961년 뉴델리 WCC 때에 '종교 간 대화' 논의가 등장하였지만, 이때까지의 '대화'의 개념은 대체로 기독교적 메시지를 타 종교 사람들에게 선포하고 전도하기 위한 것이었다. 그러나 바야흐로 1967년 칸디 종교 간 대화 모임에서 진정한 대화가 비롯되었다. 칸디 문서는 '대화'에 대해서 그리고 '대화와 선포'에 대하여 이렇게 주장한다.

> 대화란 상호 간의 확신과 증언에 대한 상호이해를 통한 진리에 대한 심오한 이해에 도달하려는 하나의 적극적인 노력을 뜻한다. 그것은 어떤 새로운 것이 일

어날 것에 대한 기대를 포함한다. 그것은 전에는 알 수 없었던 새로운 차원의 개방이다. 대화란 다른 사람들에게 영향을 줄 뿐만 아니라 변화되려는 준비된 마음을 함축한다.[1]

대화와 선포는 동일한 것이 아니지만 관계되어 있다. 대화하는 우리의 삶의 과정 안의 어느 시간 혹은 어느 장소에서 복음 선포의 순간들이 주어질 수 있다. 기독교인들에게 선포는 예수 그리스도를 통한 역사 속에서의 하나님의 행동에 대한 복음을 나누는 것이다. 선포란 대화 이외의 다른 방법들로 행해지는 것이지만, 항상 대화의 정신으로 되어야 한다. 다른 한편, 대화는 선포를 포함한다. 그것은 항상 나누어야 할 복음을 지닌 사람들의 정신으로 시행되지 않으면 안 되기 때문이다.[2]

그리고 칸디는 인류를 하나로(a common humanity) 보기 시작하였다. 종전엔 사회적 이슈들에 대한 인류 공동의 책임 차원에서 하나의 인류였으나, 칸디는 종교 간 대화 차원에서 하나의 인류를 주장하였다.

그리고 에티오피아의 아디스 아바바에서 모인 WCC 중앙위원회는 제2차 바티칸공의회의 영향으로 1971년 사마르타를 총무로 하는 '살아 있는 종교들과 이념들에 대한 하나의 새로운 WCC 산하 부서'를 만들었다.[3] 이를 계기로 '종교 간 대화'는 크게 발전하였으니, 1979년에 와서는 종교 간 『대화 지침서』(『그리스도교와 살아 있는 종교들 및 이념들의 사람들과의 대화에 관한 지침서』(Guidelines on Dialogue with People of Living Faiths and Ideologies. Geneva, WCC, 1979.)(이하 『대화 지침서』로)가 작성되어, 모든 에큐메니칼 교회들이 이를 종교 간 대화의 신학적 길잡이로 삼기에 이르렀다. 아이딘(Aydin)은 이 『대화 지침서』를 WCC의 '종교 간 대화'의 역사에 있

---

1 • Mahmut Aydin, *Modern Western Christian Theological Understandings of the Muslims Since the Second Vatican Council, Vol. IIA.13*, CRVP, 2002. http://www.crvp.org/book/Series02/IIA-13/chapter_three.htm 3.3.1 *The Kandy Consultation [1967]*.

2 • Ibid.

3 • 참고: "Dialogue, Interfaith", In *The Dictionary of the Ecumenical Movement*, ed. Nichokas Lossky and others(Geneva: WCC, 1991), 281 이하.

어서 전환점으로 보면서, 그것의 특징을 8가지로 정리하였다. 그것을 요약하면 아래와 같다.

첫째로 그것은 WCC의 회원교회들이 타 종교의 사람들과의 더 좋은 관계를 위해서 지녀야 할 근본적인 이슈들에 대한 합의를 방해하는 장벽들을 허물었다. 둘째로 그것은 세계적 크기의 공동체로서 함께 살아가는 여러 다양한 인간 공동체들의 가치를 강조할 뿐만 아니라 WCC 역사상 처음으로 타자들의 신학적인 자리를 결정하기 위하여 타 종교의 사람들에 관한 신학적인 이슈들을 논하는 여유를 보였다. 셋째로 그것은 다원성을 하나님의 선물로 보았고, 하나의 공동체를 최상의 공동체로 여기는 것은 하나님의 의도를 남용하는 것임을 함축하였다. 그것은 인류 가족 공동체(one human community)를 중요시하였다. 넷째로 그것은 대화의 한 파트너가 다른 파트너가 이해되기를 원하는 대로 그를 이해해야 한다는 원칙을 강조하였다. 다섯째로 그것은 대화 파트너들이 서로가 서로를 '진정한 동료 순례자들'로 이해하면서 모두가 평등한 관계에 있어야 함을 강조하였다. 여섯째로 그것은 대화과정에서 파트너들은 대화 파트너을 향해 개방되어 있고 그의 말을 경청하며 그로부터 배워야 한다는 사실을 강조하였다. 그것은 대화란 대화 파트너와 더불어 나누고 함께 살고 있는 것에 근거되어야 한다. 일곱 번째로 그것은 대화의 주된 목적이 모든 사람들이 평화롭게 살 수 있는 좀 더 나은 사회를 창조하지 않으면 안 되는 것이니, 그 이유는 그와 같은 사회를 건설하려고 하는 것이 하나님을 섬기는 고유한 길이이기 때문이라 하였다. 여덟 번째로 그것은 양자 간, 지역적인, 그리고 국가 차원의 종교 간 대화를 위한 여러 지침서들의 원 자료가 되었다.[4]

그리고 『대화 지침서』에 이어서 산안토니오 CWME(1989), 『바아르 성명: 다원

---

4 • Aydin, op. cit., 3.4.6. The Significant Points of Guidelines on Dialogue.

주의에 대한 신학적인 전망들』(1990년 1월 15일)[5], 『종교적 다원성과 기독교의 자기이해』(2004)[6], 『함께 생명을 향하여: 지형 변화 속에서 선교와 전도 - WCC 선교와 전도에 대한 새로운 확언』(2012)에서 계속 종교 간 대화문제가 천명되었다. 그리고 2011년엔 WCC, 교황청, 그리고 WEA 사이에 '종교 간 대화'가 있었으니, 그것은 『다종교 사회에서 그리스도인의 증언 - WCC와 교황청 산하 종교 간 대화평의회와 세계복음주의 연맹 사이의 대화』라고 하는 결과물을 가져왔다.

---

5 • 본 문서는 '종교 간 대화'를 위한 협의회의 보고서이다. 아직 이 문서는 WCC의 공식적인 입장을 표명하는 문서적 status를 지닌 것이 아니다. 여전히 '대회 지침서'(1979)가 WCC의 종교 간 대화의 공식입장을 말하고 있다. 그런즉, 바아르 문서는 『종교적 다원성과 기독교의 자기이해』(2004) 문서와 더불어 향후 1979년 『대화 지침서』를 갱신하기 위한 자료로 사용될 것이다. 그러니까 산안토니오 CWME의 '긴장관계'에 대한 주장이 공식입장임에 틀림없을 것이다.

6 • 본 문서는 2002년 WCC 중앙위원회기 동안에 신앙과 직제, 종교 간 관계들, 그리고 선교와 복음전도에게 주어진 강한 제안들에 대한 응답으로 시발되어 진행된 연구의 결과물이다. 종교적 다원성에 접근하는 신학적인 문제는 여러 차례 WCC의 아젠다에 올려졌으며, 대체로 1989년(산안토니오)과 1990년(바아르)에 컨센서스에 도달하였으나, 최근에 다시 새로운 접근이 필요하게 되었다. 이처럼 세 분야의 학자들이 본 문서를 만들어냈다고 하는 것은 최근 에큐메니칼 운동사에 있어서 독특하다고 하겠다. 하지만 이 문서는 WCC의 그 어떤 기구에도 제출되지 않았으니, 위에서 언급한 3기구 중 그 어느 한 기구에 의해서도 받아들여진 것은 아니다.

Ⅲ

WCC의 '종교 간 대화' 문서들에 나타난
WCC의 신앙과 신학

.

1) 『대화 지침서』(1979)[7]

본 문서는 "대화를 해야 할 이유"에 대하여 이렇게 언급하였다. 즉, 우리 기독교인들은 가정과 마을과 같은 로컬 차원에서 뿐만 아니라 정의와 평화와 창조세계 보전이 요청되는 국가와 나라들과 같은 글로벌 차원에서도 타 종교들과 이념들과 문화의 문제들로 대화가 필요한데, 기독교인들에게 있어서 두 가지가 꼭 전제되어야 한다고 본다. 하나는 "상호 신뢰와 각 참여자의 정체성의 온전성에 대한 존중에 기초한" 대화를 위하여 "네 이웃에 대하여 거짓 증거 하지 말지니라."이고, 둘은 "네 이웃을 내 몸과 같이 사랑하라."(제2부 C. 17)고 하는 말씀을 지켜야 한다고 하였다. 그리고 본 문서는 '대화'를 통하여 복음이 '증언' 된다고 힘주어 말한다. "진실로 기독교인들이 예수 그리스도에 대한 헌신을 가지고 대화에 들어갈 때, 흔히 대화의 관계에서 신빙성 있는 증언을 위한 기회가 주어진다."(제2부 C. 18)고 한다. 다시 말하면, 본 문서는 '대화'와 '증언'을 이원화하지 않고, 대화를 통하여 증언도 가능하다고 본 것이다. 그리고 무엇보다도 중요한 것은 기독교인이든 불교인이든 힌두교인이든 각자가 "상호 신뢰와 각 참여자의 정체성의 온전성에 대한 신뢰"(a mutual trust and a respect of the integrity of each participant's identity)를 유지해야 한다고 하는 것이다. 이는 기독교를 포함하는 모든 종교들이 각각 자신

---

7 • http://www.oikoumene.org/resources/documents/wcc-programmes/intewrreligious-dial …

의 특수성과 정체성을 분명히 하면서 '대화'에 임해야 한다고 하는 말이다.

그리고 본 문서는 "타 종교들과 이념들의 사람들에 대한 신학적인 의미"(제2부 D)에서 타 종교인들과 타 이념의 사람들과의 대화에 들어가기 전에 4가지 자세와 태도를 가져야 한다고 말한다. 첫째로 우리는 회개하는 마음으로 대화에 임해야 한다. 그 이유는 그동안 우리는 예수 그리스도 안에 주어진 하나님의 계시를 잘 못 해석하였기 때문이다. 즉, 우리는 예수 그리스도 안에서 주어진 하나님의 은혜를 무상으로 받은 자들이라기보다는 하나님의 진리의 소유자로 자처하는 행동들과 태도들로써 복음을 배반하였기 때문이다. 둘째로 겸허한 마음으로 대화에 임해야 한다. 그 이유는, 타 종교들과 타 이념들 역시 "하나의 영성, 헌신, 긍휼 그리고 지혜"를 지니고 있기 때문이다. 셋째로 기쁨으로 대화에 임해야 한다. 왜냐하면 기독교인들은 자신들을 설교하는 것이 아니라 타 종교와 타 이념의 많은 사람들이 예언자요, 거룩한 분이요, 스승이요, 모범으로 인정되고, 그리고 그리스도인 자신들에 의하여 주님과 구세주로, 그 자신이 신실한 증언자요 장차 다시 오실 분으로 고백되는 예수 그리스도를 설교하기 때문이다. 넷째로 이상과 같은 세 가지 자세와 자신들이 믿고 있는 바 정체성(identity)과 온전성(integrity)을 가지고 대화에 임해야 한다. 즉, 기독교인들은 타 종교의 사람들에게 자기 자신들의 경험과 증언을 분명하게 해야 한다. 마치 타 종교와 타 이념의 사람들 역시 자신들의 정체성과 온전성을 확실히 하면서 기독교의 말에 귀를 기울여야 하는 것처럼.

그리고 대화에 참여하는 기독교인들은 위와 같은 '자세와 태도'로 "타 종교들과 타 이념들에 의하여 제기되는 신학적인 질문들에 대하여 창의적으로 응답할 것을 희망할 수 있다며, 특히 다양한 전통의 기독교인들은 다음과 같은 영역들에 있어서 이해가 증진되고 있다고 한다.

• 우리는 **창조교리**에 다시금 주목해야 한다. 특히, 타 종교와 타 이념의 사람들이 그와 같은 창조교리를, 삼위일체 하나님으로서의 하나님에 대한 기독교적 이해와 그리스도의 부활과 영화롭게 되심에 의하여 조명된 모습에서 볼 수 있도록 해야 한다.

• 우리는 하나님의 본성과 활동 그리고 성령론에 대한 근본적인 질문들을 대화 가운데 풀어갈 때, 이와 같은 포괄적인 전거를 놓치지 않으면서 이를 기독교적 토론에 비추어서 제시해야 할 것이다. 또한 우리는 성서를 발생하는 이슈들에 대한 기독교적 숙고의 기초로 창의적으로 사용해야 한다. 교회들의 전통과 학문으로부터 주어진 모든 보조수단들을 성서 이해와 수용을 위해 사용하면서 말이다. 비록 그것이 대화참여자들을 위한 하나의 전거로 전제될 수는 없지만, 그것은 격려와 동시에 따뜻함을 줄 것이다.

• 우리는 교회일치의 신학적인 문제들을 종교 간 대화와 관련하여 볼 필요가 있다.

• 대화의 목적은 살아 있는 종교들과 이념들을 최소한도의 공통분모로 환원시키려는 것이 아니요 상징들이나 개념들을 단순히 비교하거나 토론하려는 것도 아니요 인간의 삶의 심연에서 발견되는 그와 같은 영적 통찰들과 경험들 사이의 진정한 해후(邂逅)를 가능케 하려는 것이다. (제2부 D. 22)

2) 산안토니오 CWME(1989)

1983년 밴쿠버 WCC 총회는 1975년 나이로비 총회 때처럼 '종교 간 대화'에 큰 진정을 보일 수 없었다. 비록 밴쿠버가 '그리스도 중심적 보편주의'와 그리스도의 특수성을 강조하면서 동시에 이 그리스도께서 타 종교들 안에서도 현존하시고 사역하신다고 하였으나, 보수주의 교회들에 의하여 큰 반대를 받았다. 하지만 산안토니오 CWME는 제1분과('살아계신 하나님께로 돌아가기')에서 "대화한 그것의 자리와 온전성을 가지고 있고, 증언 혹은 선포와 반대되거나 양립 불가능한 것이 아니다."[8]라고 선언하였다. 본 대회의 주장 가운데 중요한 것은, "하나님께서 비기독교 종교들 사이에서 사역하시고, 하나님의 구원능력에는 한계가 없으며, 기

8 • Aydin, op. cit., 3.5. DEVELOPMENTS AFTER GUIDELINES ON DIALOGUE.

독교인들이 예수 그리스도를 통하여 알고 있는 하나님께서는 타 종교들의 사람들의 삶에서도 발견될 수 있다."는 것이었다.

산안토니오 문서에 의하면, 기독교 메시지의 핵심은 교회의 본성과 사명을 "주 예수님 안에서 등장한 하나님 나라"와 "삼위일체 하나님의 선교"이다.

> 이 세상에서의 교회 소명의 심장부에는 십자가에 달리셨다가 부활하신 주 예수님 안에서 등장하였고 성령에 의하여 우리들 가운데 현존하는 하나님 나라에 대한 선포가 있다("선교와 복음전도", 6). 성부, 성자, 성령 삼위일체 하나님께서는 선교하시는 하나님이시오, 교회의 선교의 원천과 지탱자이시다(요 20:21; 행 2). 교회의 선교는 오직 하나님의 전 창조세계에 대한 보살핌, 모든 사람들에 대한 무조건적인 사랑, 그리고 모든 인간들과 더불어 그리고 모든 인간들 사이에서 일치와 사귐을 가지시고저 하는 하나님의 관심으로부터 흘러나온다.(Ⅰ. 1)[9]

위의 인용문에서 기독교인들은 삼위일체 하나님의 하나님 나라를 향한 선교에 동참해야 한다고 하는 뜻에서 "살아계신 하나님께로 돌아가서 그 하나님의 선교에 동참해야 한다"(Ⅰ. 2)고 한다. 그 이유는, "이 살아계신 하나님께서는, 우리를 위하여 코이노니아 속에 있는 생명과 삶(life in communion)을 창조하셨고, (타락과 부패에도 불구하고: 역자 주) 무엇보다도 은혜와 사랑으로 우리를 찾아오시어, 우리의 주님이시고 구세주이신 예수 그리스도 안에서 그것의 절정을 보이셨기 때문이다." "때문에 우리의 증거사역은 단순히 우리에게 부과된 의무로부터가 아니라 무엇보다도 감사로부터 흘러나오는 것이다."(Ⅰ. 2)

그리고 본문은 이미 제시한 하나님 나라를 새 하늘과 새 땅을 바라보는 보편적 새 창조의 미래 지향적인 하나님 나라로 본다.

'교회의 선교는 우주적 차원을 가지고 있다.'(Orthodox, 33) '사랑과 평화와 정의

---

9 • *The San Antonio Report*(Geneva: WCC, 1990).

가 지배하는 새 하늘 새 땅에 대한 성서적인 약속은 … 역사 속에서 기독교인들로서 우리의 행동을 불러일으킨다.'("선고와 복음전도', 서론) 우리의 선교는 하나님의 통치의 도래를 섬기는 것이기 때문에, 하나님의 통치인 새 창조의 세계의 대의를 따라서 미래를 현재로 가져오는 데에 관심한다.(Ⅰ. 4)

그리고 본문은 위와 같은 하나님 나라를 역사의 고난의 현실들 속에서 구현해야 할 것을 힘주어 주장하고 있다.

세계의 어떤 곳들에선 사람들이 전적인 죽음의 체제, 괴상한 거짓 신들의 체제, 착취적인 경제체제, 폭력의 체제, 사회의 근본적인 유대가 붕괴되는 체제, 인간적인 삶을 파괴시키는 체제, 비인격적인 세력들에 직면한 거인 인격들의 절망의 체제에 직면하고 있다. 우리는 이와 같은 인간들의 투쟁의 맥락 속에서 우리의 선교를 감행하도록 부름을 받고, 땅을 살리고 인간의 존엄성을 증진시키도록 도전을 받고 있다. 그도 그럴 것이 살아계신 하나님께서는 하늘과 땅의 창조주이시오, 과부와 고아와 가난한 사람들과 낯선 사람들의 대의의 보호자이시기 때문이다.(Ⅰ. 5)

우리는 이상과 같은 기독교 메시지의 정체성을 분명히 붙들면서, 기독교와 타종교들 간의 대화에 대하여 설명해야 할 것이다.

본 보고서는 "제Ⅳ분과: 살아 있는 타 종교의 사람들 사이에서의 증언"에서 "선교와 복음전도"(ME)로부터, 우리가 앞에서 인용한 복음전도와 회심에 대한 주장들(1. 10; 7. 41, 43; 7. 41, 42)을 다시 인용하고 "에큐메니칼 운동에 있어서의 '복음전도의 위임명령을 다시 주장하면서", 다음의 두 진술을 긴장 속에 두고 있다. 이와 같은 주장은 『대화 지침서』 및 '선교와 복음전도'(ME)의 주장보다 진일보한 것으로 보인다.

우리는 예수 그리스도 이외의 그 어떤 다른 구원의 길도 가리킬 수가 없다. 그

런데 동시에 우리는 하나님의 구원하시는 능력을 제약할 수는 없다.(IV. 26)

그리고 본문은 "증언과 대화" 각각의 정체성을 인정하면서 긴밀하게 연결시킨다.

　… 우리는 증언과 대화가 쌍방적인 관계들을 전제하고 있다고 하는 사실을 인정한다. 우리는 증언이 대화를 막는 것이 아니고 대화가 증언을 방해하는 것이 아니라 그것을 연장시키고 심화시킨다고 하는 사실을 확언한다.(IV. 27)

그런데 본문은 "대화란 신앙 헌신의 수용과 표현으로부터 출발하지 않으면, 종교들 간 대화는 가짜가 되고 말 것이다."(IV. 28)라고 한다. 그런즉, 종교들 상호 간에 신앙 헌신들을 가지고 만날 때, "우리는 이와 같은 대화에서 우리가 예수 그리스도 안에서 알고 있는 하나님께서 타 종교에 속한 우리 이웃들의 삶 속에서도 우리를 만나실 수도 있을 것이라고 하는 가능성에 대하여 개방성을 가지고 청종하도록 초대를 받고 있는 것이다."(IV. 28) 그리고 우리는 종교 간 대화를 통하여 JPIC 차원의 하나님의 선교에 동참할 것을 주장한다. 즉, "다른 한편 우리는 역시 정의와 평화와 환경에 대한 섬김을 위한 노력에 있어서 타 종교의 사람들과 상호 나눔이 우리를 대화에 진입시킨다고 하는 사실을 알고 있다. 이는 삶의 대화이다. 우리는 온 인류가 하나님과 인간 가족 앞에서 책임이 있다고 하는 사실을 인정하면서 그와 같은 것을 천거하기를 원한다."(IV. 28)

끝으로 본문은 객관적이고 보편적이며 종말론적인, 예수 그리스도 안에 주어진 구원과 복음전도와 타 종교들과의 대화의 긴장을 주장하고 있다.

　우리의 증언의 대화적 본성을 긍정하면서, 우리는 은혜로 강권함을 받아서 '구원이란 예수 그리스도를 통하여 모든 창조세계에게 제공되었다.'(탐바람 II)고 하는 사실을 확언한다. 하지만, '우리의 예수 그리스도에 대한 증언에 대한 사명은 결코 포기될 수 없다.'(멜버른, 188). 우리는 이와 같은 확신들과 증언의 사역이 하나님께서는 타 종교의 사람들 안에서 혼존하시고 활동하신다고 우리가 확언한 내용과 긴장 속에 있다고 하는 사실을 잘 알고 있다. 우리는 이와 같은 긴장을 좋게 평가한다. 우리는 그와 같은 긴장을 해소시키려고 시도하지 않는다.(IV. 29)

이상 산안토니오의 보고서에 나타난 기독교와 타 종교들 간의 대화는『대화지침서』및 '세계선교와 복음전도'(ME)에서 보다 진일보하였다.

3)『바아르 성명』(1990)[10]

WCC의 하위 대화분과(DFI= Subunit for Dialogue with People of Living Faiths and Ideologies)는 '나의 이웃의 신앙과 나의 신앙 – 종교 간 대화를 통한 신학적인 발견들'에 대하여 4년 연구 계획을 진행해왔다. 바로 이 연구 프로그램의 절정으로서, WCC 역사상 처음으로 정교회, 개신교, 그리고 로마가톨릭 전통 출신의 대표들이 모여서 이와 같은 이슈들을 숙고하였다. 이들은 한 주일 동안 종교적 다원성(plurality vs. pluralism)의 의미, 기독론, 그리고 세상 속에서 일하시는 성령의 활동에 대한 이해와 같은 이슈들에 논의를 집중하였다. 다음의 성명서는 1990년 2월 스위스의 취리히 근처 바아르에서 회집된 이 신학 협의회의 구성원들에 의하여 작성되었다. 이것은 1991년 2월 호주의 캔버라에서 열린 제7차 WCC 총회에서의 논의를 위한 준비이기도 하고, 1991년『하나의 신앙을 고백하며: 니케아-콘스탄티노플 신조로 고백된 사도적 신앙에 대한 에큐메니칼 해설』을 지향하는 것이기도 하다.

본 문서는 제I장 서론에 이어서 제II장에서 창조주 하나님과 예수 그리스도와 성령께서 만유와 모든 사람들과 모든 종교들 안에 현존하신다고 하는 사실을 말하고, 제III장은 하나님의 아들의 성육신이신 예수 그리스도 안에서 만유와 모든 사람들과 모든 종교들이 포함되었고, 공관 복음서의 하나님 나라 역시 만유와 모

---

10 • http://www.oikoumene.org/resources/documents/wcc-programmes/intewrreligious-dia···

든 사람들과 모든 종교들을 포함한다고 하는 보편주의를 주장하고 있다. 그리고 제IV장은 성령께서 만유와 모든 사람들과 모든 종교들 안에 현존하신다고 가르치고 있다. 이렇게 정리할 때, 본 문서는 결국 삼위일체 하나님께서 만유와 모든 사람들과 모든 종교들 안에 실존하시고 계신 것으로 보고 있는 점에서 1980년대까지의 '그리스도 중심적 보편주의'와 '기독론적 배타성'을 넘어섰다.

(1) 창조주 하나님과 하나님의 영의 보편적 현존과 사역

본 장(제II장)은 기독교 신학의 관점에서 살아 있는 다양한 종교들에 대한 이해를 시도하고 있다. 본 장은 "만유를 창조하신 한 하나님으로서 태초부터 모든 창조세계 속에 현존하시면서 활동하시는 살아계신 하나님에 대한 믿음"으로부터 출발한다. 역시 본 문서의 입장은 기독교의 고유하고 특수한 '신앙'으로부터 타 종교들에 대한 이해를 추구한다. 이는 "지성을 추구하는 신앙"이라고 하는 신학 방법론에 해당한다. 바로 이 창조주 하나님께서 모든 종교들 안에서 현존하시고 활동하신다고 하는 것이다. 이 하나님은 만유와 만인과 모든 종교들의 하나님이시다. "성서는 이 하나님이야말로 모든 민족들과 모든 사람들의 하나님으로서 모든 인류를 사랑하시고 긍휼히 여기신다."고 한다. 그는 인류뿐만 아니라 노아의 무지개 언약에서 모든 창조세계와도 언약을 맺으신 분이시라고 한다. 그리고 "우리는 이 하나님의 지혜와 정의가 땅끝까지 이르고 있음을 본다. 그도 그럴 것이 이 하나님께서는 모든 민족들의 지혜와 이해의 전통들을 통하여 모든 민족들을 인도하시기 때문이다. 하나님의 영광은 창조세계 전체 속으로 침투되고 있다."(II. 첫 번째 단락)

그리고 이어서 문서는 모든 타 종교들 안에 기독인들이 신앙하고 있는 이 창조주 하나님께서 "현존하시고 활동하시기" 때문에, 결국 타 종교들은 이 창조주 하나님의 "현존과 활동"에 대하여 반응하고 있다고 하는 것이다. "사람들은 모든 시대를 통하여 그리고 모든 장소에서 그들 가운데 거하시는 하나님의 현존과 활동에 대하여 반응하였고, 그들 나름대로 살아계신 하나님과의 만남에 대한 그들 나름대로 증언해온 것이다. 그들은 이와 같은 증언에서 구원, 온전성, 각성(enlightenment), 신적 인도하심, 안식, 혹은 해방을 추구하였고, 그것을 발견하였다고 그들 나름대로 말한다."(Ⅱ. 세 번째 단락) 그래서 "우리는 하나님께서 정의와 해방을 위하여 우리들 안에 계신 것처럼 쟁투하는 저들 안에 계신다." (Ⅱ. 세 번째 단락)

따라서 문서는 "우리는 그와 같은 증언을 매우 진지하게 받아들이고, 모든 민족들과 사람들 안에 하나님의 구원하시는 현존이 항상 있어 왔다고 하는 사실을 인정한다."고 하면서, 인간이 하나님의 구원의 능력을 제약할 수 없다고 본다. "기독교인들로서 우리의 증언은 항상 우리가 그리스도 안에서 경험한 구원에 대한 것이지만, 동시에 우리는 '하나님의 구원하시는 능력을 제약할 수 없다.'(산안토니오 CWME, 1989) 따라서 본 문서는 타 종교인들과 불신자들에게도 구원의 길이 열려 있을 뿐만 아니라 구원을 받는 자들이 있다고 하는 사실을 암시하고 있다 하겠다.(Ⅱ. 세 번째 단락) 이는 창조주 하나님 아버지의 특수성과 보편성으로서 예수 그리스도의 특수성과 보편성을 통하여 계시된 하나님을 포함하고 넘어서는 것으로 보인다.

또한 본 문서는 "종교적 전통들의 다원성은 인류의 풍요와 다양성의 현시(顯示)일 뿐만 아니라 하나님께서 사람들과 민족들과 관계하시는 여러 가지 방법들의 결과로 이해하기도 한다."고 하면서, "우리는 하나님께서 타 종교들의 추구와 발견 속에 현존하심으로, 그들의 가르침들 속에 진리와 지혜가 있고, 그들의 삶속에 사랑과 거룩함이 있을 경우에, 그것은 우리 기독교인들 사이에서 발견되는 그 어떤 지혜와 통찰과 지식과 이해와 사랑과 거룩성과 유사한 성령의 은사라고 하는 사실을 긍정한다."(네 번째 단락) 이와 같은 성령은 1991년 캔버라와 1991년 『하나의 신앙을 고백하며: … 』의 '영 그리스도론'을 지향하고 있는 '생명의 영'이신 창조주 하나님의 영(the Lord and life-Give-)이시다. 그것은 예수 그리스도의 구속을 믿는 자에게 적용하여 칭의와 성화를 가져오고 각종 은사들을 베풀어주시는 '기독론적인 영'과 구별될 것이다.[11]

따라서 "우리는 기독교 신앙은 우리로 하여금 종교적 다원성의 전 영역을 진

---

11 • 이와 같은 '영 그리스도론'에 대하여는 본 단락의 '성령과 종교적 다원성' 및 『 함께 생명을 향하여: …』에서 논의될 것이다.

지하게 받아들이도록 도전한다. 우리는 그것을 극복해야 할 장애물들로 생각할 것이 아니라 우리의 하나님 및 이웃과의 해후를 심화시킬 수 있는 기회로 여겨야 한다. 그도 그럴 것이 우리는 '하나님이 만유의 주로서 만유 안에 계시려 하심이라.'(고전 15:28)가 이루어질 때를 기다리기 때문이다."(여섯 번째 단락)

이상과 같은 주장에서 우리는 주로 창조주 아버지 하나님께서(『대화 지침서』, 제1부. A. 1) 그리고 어느 정도 성령께서도 만유와 만인과 타 종교들 속에 현존(saving presence)하시고 활동하고 계심을 확인할 수 있었다.

하지만 비록 우리가 타 종교들 안에서 발견되는 우리의 성령의 열매들과 같은 것들을 인정한다고 하더라도, 우리는 "모든 종교 공동체 안에 현존하고 있는 인간의 사악함과 어리석음을"을 인정해야 한다고 하면서, 모든 종교들의 역기능들을 지적하고 있다.

> 우리들은 종교들이 너무나도 빈번히 억압과 배제의 체제를 지지하기 위하여 기능해온 방법들을 인정하지 않으면 안 된다. 그 어떤 종교들의 신학도 인간의 사악과 죄, 영적 통찰에 대한 불순종, 그리고 지상의 이상들에 부합하지 못하는 삶을 논하지 않으면 안 된다. 따라서 우리는 하나님의 지혜와 목적을 분별하도록 성령에 의하여 지속적으로 도전을 받는다.(여덟 번째 단락)

(2) 기독론과 종교적 다원성

본 문서는 창조주 하나님 아버지에 대한 주장에 이어서 기독론적 주장, 특히 그리스도를 통한 구원의 범위에 대하여 언급한다. 문서는 "모든 인류를 향한 하나님의 보편적인 창조 및 구속활동과 이스라엘의 역사와 예수 그리스도의 사역 안에서 일어난 하나님의 특수한 구속활동에 관하여"라고 하는『대화 지침서』의 23번째 단락에 대하여 산안토니오의 긴장관계를 넘어서서, "구원을 예수 그리스도에 대한 명시적이고 인격적인 헌신에 국한시키는 신학을 넘어서야 한다."고 주장한다. 이는 결국『대화 지침서』의 23번째 단락을 인정한 것이나 마찬가지이다. 따라서 본 문서는『대화 지침서』(1979)보다 좀 더 "모든 인류를 향한 하나님의 보편적인 창조 및 구속활동"을 힘주어서 주장하고 있다 하겠다. 우리는 이와 같은 사실을 다음과 같은 우주적인 기독론과 보편적인 하나님 나라 사상에서 엿볼 수가 있을 것이다. 즉, 본 문서는 그와 같은 기독론과 하나님 나라 사상을, 하나님의 보편적인 창조 및 구속활동의 근거로 본다.

> 우리는 성육신하신 말씀이신 예수 그리스도 안에서 전 인류 가족이 끊어질 수 없는 유대와 언약 안에서 하나님과 연합하였다고 하는 사실을 긍정한다. 모든 창조세계와 인류 역사 속에서의 하나님의 활동의 구속적인 현존은 그리스도의 사건에서 계시되었다. (Ⅲ. 두 번째 단락)

> 하나님께서는 예수님의 말씀들과 행동, 그의 선포, 그의 치유와 섬김의 사역 안에서 이 땅 위에 자신의 나라(통치)를 수립하셨으니, 이는 그것의 현존과 권능이 그 어느 하나의 공동체나 그 어느 하나의 문화에 국한될 수 없는 그와 같은 주권이다. … (Ⅲ. 세 번째 단락)

그리고 문서는 예수님의 지상 사역에서는 하나님의 통치의 구원하는 능력이 어떤 의미에서 제한적이었으나, 십자가와 부활 사건 혹은 유월절 신비 그 자체를 통하여 보편적이 되었다고 한다.(Ⅲ. 네 번째 단락) 그런즉, 이상과 같은 종말론적 완성을 향하여 운동하는 우주적인 기독론과 보편적인 하나님 나라야말로 타 종교들 안에서의 구원의 가능성을 가능하게 만든다. 즉,

> 이와 같은 구원하는 신비야말로 하나님의 계획이 그것의 완성을 향하여 전개되고 있는 도상에서 여러 가지 다양한 방법들로 대개되고 표현된다. 그 구원이 그리스도의 양 무리 밖에 있는 사람들(요 1:16)에게도 주어질 수 있다. … 우리 기독교인들에겐 그리스도의 사건이야말로 모든 인류 역사 속에 있는 하나님의 구원의지(딤전 2:4)를 가장 극명하게 표현한다.

(3) 성령과 종교적 다원성

끝으로 보고서는 "성령"에 대하여 논한다. 역시 성령의 보편적인 현존과 활동에 대하여도 "교회 밖에서 일어나는 성령의 역사를 이해하는 것이 옳은 것이고 도움이 되는 것인가?"라고 하는 『대화 지침서』의 23번째 단락에 대하여 산안토니오의 긴장관계를 넘어섰다. 만유와 만인과 타 종교들 안에 거하시는 성령의 내재에 대하여는 1991년 캔버라 WCC 총회를 준비하는 1990년의 쿠알라룸푸르 준비대회가 이미 언급한 바 있다. 1991년 캔버라는 쿠알라룸프르 준비대회의 보고서를 인용, "성령에 대한 이와 같은 강조는 창조의 신학에 새로운 시야를 열어놓았다."고 했다.

> 하나님의 성령은 창조되지 않은 에너지로서 창조세계 속에 살아계신다. 모든 창조물은 이 신적 생명 안에서 살고, 움직이며, 존재한다. 이 성령은 만물(ta panta) 안에, 만물과 함께, 만물 밑에 계신다. 이 성령께서는 이 만물을 완성하시고, 완전케 하신다. 이처럼 성령께서는 창조세계 속에 편만해 계시므로, 우리는 이 우주가 거룩한 것에 참여하고 있지 않으며, 인간이 자연의 일부가 아니라고 하는 견해를 배격한다. … 모든 것이, 특히 생명 있는 모든 것은 예수 그리스도를 통해서 성령의 능력으로 고통 중에 신음하면서 만물의 완전한 구속을 고대하고 있다. (롬8장)[12]

위의 인용을 떠올리면서 본 문서가 주장하는 성령의 보편성에 대하여 소개하면 다음과 같다.

본 신학 협의회에서 우리는 창조하시고 양육하시며 도전하시고 새롭게 하시며 지탱하시기 위하여 땅의 표면 위에 이미 운동하셨고, 아직도 운동하고 계신 성령의 위격과 사역에 특별한 관심을 기울였다. 또한 우리는 성령의 활동이 우리

---

12 • *Sustainable Growth - A Contradictory in Terms?*, Report of the Visser't Hooft Memorial Consultation(Geneva: The Visser't Hooft Endowment Fund, 1993), 82-83.

들의 정의(定義)들과 묘사들과 제약들을 초월한다는 사실을 배워 알게 되었다. 성령은 바람이 임의로 부는 것처럼 움직이시기 때문이다. 우리는 온 누리 안에서 일어나는 성령의 '경세'에 대하여 놀랐그, 희망과 기대로 가득 차 있다. 우리는 우리가 예측할 수 없는 방법으로 운동하시는 성령의 자유를 알고, 혼돈으로부터 질서를 가져오시고 땅의 표면을 사롭게 하시는 성령의 양육하시는 능력을 안다. 그리고 우리는 인류로 하여금 진리와 평화와 정의를 갈망하고 추구하도록 인류 안에서 역사하시고 인류를 영감 시키시는 성령의 에너지들을 알고 있다. '사랑과 희락과 화평과 오래 참음과 자비와 양선과 충성과 온유와 절제'에 속하는 모든 것은 성령의 활동의 열매(갈 5:22-23; 비교 롬 14:17)로 인식되어야 하고 인정되어야 하는 것이 정상이다. (Ⅳ. 첫 단락)

위의 인용문은 1991년 캔버라 WCC에서 부상되기 시작한 정교회의 '영 그리스도론'에 상응한다. 이는 서방교회가 부활하신 예수 그리스도께서 아버지께서 약속하신 성령을 이 땅 위에 파송하셨다고 하는 서방교회의 성령이해와 달리, 보편적인 역사와 창조세계 속에 현존하시고 사역하시는 구약의 루아흐 야훼께서 복음서들이 이야기하고 있는 예수님의 위격과 사역에 선행(先行)하시고 동행하시며 함께 사역하셨다고 하는 성령을 의미한다.

따라서 문서는 "우리는 성령 하나님께서, 살아 있는 종교들에 속한 사람들의 삶과 전통들 속에서 역사해오고 계신다고 하는 사실을 단호히 긍정한다."(Ⅳ. 두 번째 단락)고 하였고, "너희 사랑을 지식과 모든 총명으로 점점 더 풍성하게 하기"(빌 1:9-10)위하여 우리는 성령의 영역 안에서 타 종교들의 진리와 선함을 해석할 수 있고 '우리들의 것과 다른 것들'을 분별할 수 있다고 확언한다."(Ⅳ. 세 번째 단락)고 하였다.

이상 『바아르 성명』은 대체로 1989년 산안토니오의 긴장('우리는 예수 그리스도 이외에 그 어떤 다른 구원의 길도 가리킬 수가 없다. 동시에 우리는 하나님의 구원하시는 능력을 제약할 수는 없다.')을 넘어서서 타 종교들에 대하여 좀 더 열린 입장을 보여주고 있다. 그이유는 다음과 같다.

만유의 창조주로서 하나님께서는 종교들의 다원성 속에 현존하시고 활동하신다고 하는 확신 때문에, 우리 기독교인들에게 있어서는 하나님의 구원활동이 그 어느 대륙이나 문화적 유형이나 한 인간 집단에게 국한될 수 있다고 하는 사실은 이해될 수 없는 것이다. 온 세상의 민족들과 사람들 사이에서 발견되는 그렇게 많고 다양한 종교적 증거들을 진지하게 받아들이기를 거부하는 것은 만유의 창조주와 인류의 아버지이신 하나님에 대한 성서적 증언을 자기 것이 아니라고 말하는 것에 다름 아니다.(Ⅱ. 다섯 번째 단락)

뿐만 아니라 『바아르 성명』은 이미 지적한 대로 성령 역시 만유와 만인과 모든 종교들 안에 현존하시고 활동하신다고 하였고, 성령의 열매들에 유사한 모든 덕목들과 지혜들과 정의와 평화와 창조세계의 보전에 대한 갈망들을 일으키신다고 하였으며, 무엇보다도 신인 연합의 성육신에 유비하여 역사와 창조세계 속에 현존하시고 활동하시는 하나님의 말씀과 하나님 나라의 보편성에 대하여도 주장하였다.

4)『함께 생명을 향하여: 변화하는 지형 속에서 선교와 복음전도를 위한 신학 지침서(선교와 복음전도에 대한 하나의 새로운 WCC 확언, 2012년 9월)』[13]

본 문서는 이미 2012년 9월에 중앙위원회를 통과하였기 때문에, 새로운 CWME의 선교신학 지침에 다름없다. 이는 1982년 선교신학 지침서(Mission and Evangelism: An Ecumenical Affirmation)로부터 30년 후에 작성되었다. 본문에서 가장 눈에 띄는 신학적인 특징은 성령과 삼위일체론이다. 이 중에서도 가장 중요한 부분은 성령론, 그것도 삼위일체론적 성령론이다. 이미 우리는 방금 위의 문건에서 성령의 보편적인 현존과 사역에 대하여 소개하였거니와, 이제 본 문서는 이 성령을 삼위일체론의 틀거리 안에서 그러나 성부, 성자와 더불어 상대적인 독립성을 지닌 분으로 이해한다. 더군다나 본 문서는 1991년 캔버라 WCC와 특히 1991년

---

13 • www.oikoumene.org/en/resources/documents.html

『하나의 신앙을 고백하며: …』에 이미 제시된 동방정교회의 성령론을 도입하였다.[14] 그리고 이를 서방교회의 성령론과 통일시켰다. 즉, 그동안 WCC는 부활 승천하신 아들 예수 그리스도께서 아버지께서 약속하신 성령을 파송(filioque)하시어, 자신을 통하여 성취된 구속사역을 실현하신다고 하는 가르침에 매여 있었다. 부활하신 주님, 그리스도께서는 이 성령을 통하여 사도들의 복음사역으로 이신칭의와 성화를 가져오고 은사들을 주시며 교회를 세우시며 이 땅 위에 당신의 나라를 일구신다고 믿었다.

그런데 정교회는 니케아-콘스탄티노플 신조가 고백하는 아버지께로부터 나오신 성령(without filioque)에 주목하였고, 바로 이 창조의 영이시오 생명 지탱의 영이시오 생명의 영이신 주님(the Lord and life-giving Spirit)께서는 '역사와 창조세계' 안에 보편적으로 현존하시고 사역하시는 분으로서 복음서들에서 예수님의 위격과 모든 사역들(동정녀 마리아에게 잉태, 요단강 수세, 갈릴릴 사역, 십자가와 부활 등)에도 현존하시고 사역하셨다고 보았다. 바로 이 하나님의 영(구약의 루아흐 야훼)은 이미 논한 대로 성령의 만유 보편적 현존과 사역의 영이시라고 하는 말이다. 뿐만 아니라 본 문서는 『바아르 성명』(1990)이 그렇게 강조했던 성부·성자·성령의 만유 현존과 사역을 정교회의 '영 그리스도론'(the Spirit-Christology)를 도입한 삼위일체론으로 재정위시켰다. 이로써 바아르의 다소 과격한 입장(특히, 본 저서 Ⅰ. 12. 제Ⅲ장과 제Ⅳ장)이 루아흐 야훼의 삼위일체론적 관계에 의하여 해소된 셈이다. 그도 그럴 것이 '영 그리스도론'과 '기독론적 영'의 경세적 구별을 통하여 전자의 보편주의적 영역이 나름대로 확보되는 동시에 후자의 영역의 특수성도 확보되기 때문이다. 궁극적으로는 이 둘이 하나의 삼위일체론적 성령이시지만 말이다.

본 문서는 삼위일체론과 불가분리한 성령을 주장하면서 전체 내용구조를 성령의 4가지 사역분야로 구성하였으니, 하나는 '선교의 영', 둘은 '해방의 영', 셋은 '공동체의 영', 그리고 넷은 '오순절의 성령'이다. 그런데 '복음전도로의 부름'(80-85) 및 '신빙성 있는 복음전도'(86-92) 그리고 '복음전도, 종교 간 대화', 그리고 기독교적 현존'(93-96) 및 '복음전도와 문화들'(97-100)은 성령의 4번째 사역

---

14 • 본 저서의 C. Ⅱ.; 1-2. C. Ⅳ. 1. ; C. V. 3.

영역에서 다루어지는데, 전자는 종전의 서방교회가 강조해 온 '기독론적 성령'의 사역영역이요 후자는 '영 그리스도론'의 사역영역이다. 본문은 전자에 대해서 이렇게 언급한다.

> … 성령은 어떤 사람들을 전도자로 부르시지만(엡 4:11), 우리 모두는 우리 안에 있는 희망을 설명하도록 부름을 받았다(벧전 3:15), 개인들뿐만 아니라 온 교회가 함께 전도하도록 부름을 받았다(막 16:15; 벧전 2:9).(82)

그리고 후자, 곧 '복음전도, 종교 간 대화 그리고 기독교적 현존'은 루아흐 야훼로서 "하나님의 영이 생명을 긍정하는 모든 문화들 속에서 발견된다."(제93항)고 하는 전제를 가지고, "여러 다른 신앙들과 이념들과 확신들의 사람들"과의 대화와 파트너십과 연대를 주장한다. 그러니까 다문화 다종교의 "다양한 생명살림의 영성(diverse life-giving spiritualities)들 안에 본유적 가치들과 지혜가 있다."고 하는 것이다. 따라서 "신빙성 있는 선교란 타자를 선교의 '대상'으로 만드는 것이 아니라 파트너로 삼는 것이다."(제93항) 타 종교들과 대화에 관하여, 루아흐뿐만 아니라 성부와 성자 역시 구약과 신약이 증언하기 전에 그리고 교회가 만나기 전에 타 종교들 안에 이미 선재(先在)하고 있었다고 하는 전제를 강하게 내세운다. 따라서 "우리의 과제는 타 종교들에게 하나님을 운반해 갖다주는 것이 아니라 이미 선재하는 하나님에 대하여 증언해야 한다."(94항)고 한다. 그리고 본 섹션은 "소수 종교 집단과 종교적 자유를 보호하고 모든 사람들로 하여금 공동의 선(the common good)에 기여할 수 있게 하는 것이 꼭 필요하다."(제96항)고 한다. 그런즉, 모든 문화들과 이념들과 종교들이 창조와 어우러지는 하나의 지구생명공동체를 지향해야 한다고 하는 것이나 마찬가지이다.

끝으로 '복음전도와 문화들'은 '복음전도, 종교 간 대화 그리고 기독교적 현존'에서와 마찬가지로 "그리스도께서 이미 거기에(다문화와 다종교 등 안에: 역자 주)) 현존하시고 하나님의 영(루아흐 야훼)이 거기에서 사역하신다."(제97항)라고 하는 전제를 가지고 "복음이 다양한 특수 문화적·정치·종교적 실재들에 참여하는 상이한 맥락들 속에 뿌리를 내린다."(제97항)고 한다. 따라서 본문은 경제문화적인 권력에 의한 18-19세기 서구와 북미의 식민주의 복음전도를 비판하면서, 서구와 북미의 "선교주체들은 가난한 사람들과 소유권을 박탈당한 사람들과 소수자들과의 파트너십을 추구하지 않으면 안 되고 이들 소수자들의 신학적인 자원들과 비전들에 의하여 형성되지 않으면 안 될 것이다."(제98항)고 한다. 따라서 본문은 모든 인간들과 모든 문화와 종교들의 "획일성"이 아니라 다양성을 인정해야 한다며, 바벨탑의 획일성이 아니라 "오순절 성령강림의 날에 제자들의 설교가 낳은, 개인적 특수성들과 공동체적 정체성들이 상실된 통일성이 아니라 그와 같은 것들이 존중되는 통일성"을 강조하고 있다.

Ⅳ
나가는 말

1. 기독교를 포함하는 모든 살아 있는 종교들의
특수성과 보편성과 다원성

1979년 『대화 지침서』 이래의 모든 종교 간 대화 문서들은 순교자 저스틴과 알렉산드리아의 클레멘트와 같은 고대 변증신학자들, 중세 스콜라주의 신학자들과 17세기 개신교 정통주의 신학자들, 그리고 19세기 개신교 자유주의 신학자들과 20세기 에밀 브르너와 폴 틸리히 등처럼 기독교의 하나님과 타 종교의 하나님 사이의 접촉점이나 그 어떤 공유된 부분을 '종교 간 대화'의 출발점으로 하지 않는다. 그렇다고 칼 바르트와 크레머(Hendrik Kraemer)의 경우처럼 양자 간의 전적인 배타주의적 관계를 말하는 것도 아니다. 그리고 존 히크(John Hick)처럼 모든 종교는 결국 같은 하나님을 추구하는 등산로들이라고도 하지 않는다. 그리고 모든 종교들을 동질화하고 상대화시키지도 않고(Smith), "두렵고 떨리며 매혹적인 신비체"(mysterium trmendum et fascinans)(R. Otto)와 같은 인류의 종교적 본질에 의하여 기독교를 포함한 모든 종교들을 재단하고 정의하는 어떤 "거대담론"에 의하여, 역사적으로 기원하였고 사회문화적으로 다양한 종교들의 이야기의 역사적이고 사회문화적인 특수성과 다양성을 뭉개버리는 입장도 아니다.

결국 필자가 보기엔 조지 린드벡 등 내러티브 신학 전통이 주장하는 것처럼

(WCC의 신학은 전반적으로 성서적 신학 혹은 내러티브 신학을 추구하는 경향이지만)[15] WCC의 종교 간 대화의 신학은 각 종교가 각각 자신의 고유하고 독특한 '이야기'(종교)를 지니면서 타 종교들의 고유하고 독특한 이야기들의 다원성과 다양성과 다름과 차이와 타자의 타자성을 인정해야 한다고 본다. 따라서 이상의 문서들에서 발견한 기독교의 삼위일체론, 우주적 기독론, 성령론, 종말론(하나님 나라), 구원론은 어디까지나 기독교의 정체성과 고유성과 특수성과 다름과 차이를 유지하면서 만유와 모든 인류와 모든 종교들 안에서도 그것들의 보편적인 진리성과 타당성을 가지고 있는 진리들이라는 말이다. 그러니까 우리가 다룬 문건들에 나타난 진술들은 어디까지나 기독교(종교)의 성경 이야기에 근거한 신학적인 확신들의 정체성과 고유성과 특수성과 다름을 결코 포기한 것이 아니다. 환언하면 타 종교들 역시 각각 자신들의 이야기(종교)에 근거한 교리들의 정체성과 고유성과 특수성과 다름에 입각한 주장을 우리 기독교에 대하여 펼칠 수가 있어야 한다는 말이다. 그러니까 본 문서들은 기독교의 고유하고 특수한 입장에서 타 종교들을 본 것이지, 모든 종교들을 동질화시킨 것(homogenization)은 아니다. 물론, 이상과 같은 주장은 모든 종교를 도가니(melting pot)에 넣고 끓여서 제3의 새로운 종교를 만드는 것을 허용하지 않는다. 따라서 우리는 기독교를 포함하는 종교들의 다원주의(pluralism)가 아니라 종교들의 다원성(plurality)을 인정해야 할 것이다.

따라서 『대화 지침서』가 주장하는 '혼합주의'에 대한 반론 역시 종교들의 다원성을 지지할 것이다. 『대화 지침서』는 '혼합주의'(syncretism)에 대하여 이렇게 주장한다.

의식적으로든 혹은 무의식적으로든 타 종교들로부터 취해진 여러 가지 요소들을 자료로 제3의 무엇을 만들려고 하는 위험성인데(나이로비 WCC), 나이로비는 혼합주의의 위험성을 좀 더 넓게 보면서(제2부 C. 26), 두 가지 위험성을 덧붙인다. 하나는 기독교의 메시지를 대화 상대방의 문화적인 세팅이나 타 종교들과 타 이념들의 개념들과 용어로 번역하는 과정에서 "너무 과도하게 나감으로써

---

15 • 참고: 이형기, 『에큐메니칼 운동의 패러다임 전환』(서울: 한들출판사, 2011), 411-414; 422 이하.

제9장 WCC의 신앙과 신학이 추구하는 '종교 간 대화의 영성' 339

기독교 신앙과 삶의 신빙성을 타협해버리는 위험성이다. (제2부 C. 27)

둘째 위험은 "하나의 살아 있는 신앙을 자신의 고유한 언어로써가 아니라 타 신앙 혹은 타 이념의 용어로써 해석할 때 생기는 위험부담이다."(제2부 C. 27)[16] 이 는 학문성과 대화의 원칙에 근거하여 볼 때 합당하지 않다. 이를 상론하면 아래 와 같다.

이런 식으로 기독교는 자기 자신을 하나님에 대한 어떤 다른 접근의 한 변형체 라고 봄으로써 '혼합주의화' 될 수 있고, 혹은 기독교 이외의 신앙이 기독교인 들이 충만한 것으로 알고 있는 자신들의 신앙내용의 부분적인 이해에 불과하 다고 할 때 역시 '혼합주의화'할 수 있다. (제2부 C. 27)

오히려 이상의 공식문건들은 동방정교회의 삼위일체론에 따라서 성부와 성 자와 성령께서 그분의 정체성과 고유성과 독특성을 전적으로 보전하면서 만유와 모든 인류와 모든 종교들 안에 현존하시고 활동하시는 것으로 보았으니, 창조주 역시 삼위일체 하나님의 코이노니아 안에 계신 창조주로서 모든 종교 안에 현존 하시고 활동하시며 성령 역시 그러하시다. 그리고 모든 인류와 창조세계 전체를 자신의 것으로 삼으시고, 자신과 완전히 동일시하신 성육신하신 하나님의 아들 과 보편적이고 우주적인 하나님 나라, 특히 보편적이고 우주적인 미래 종말론적 인 새 하늘과 새 땅에 대한 비전 역시 기독교적 고유성과 특수성으로서 보편적이 고 우주적이다. 케노시스 기독론에 근거한 하나님의 아들 예수 그리스도의 자기 비움에 의한 하나님의 인류 및 우주만물에 대한 환대(hospitality)에 대한 이야기도 마찬가지이다.

하지만 동시에 이상과 같은 성서의 특수한 이야기에 근거한 기독교의 특수성 과 고유성과 정체성은 기독교적 신앙(특수성)의 입장에서 볼 때, 그것의 보편성을

___

16 • 폴 틸리히 같은 신학자는 하나님 대신에 철학적인 신개념(the Ground of Being, the Being itself, 혹은 the Ultimate Concern)을 사용한 나머지 성서 내러티브에서 발견되는 성부 · 성자 · 성령이라고 하는 하나님의 고유한 이름을 흐려놓았다.

양보할 수 없다고 하는 것이다. 예컨대, 그것은 복음의 객관성과 보편성, 창조주 아버지와 그의 아들 구속주 예수 그리스도(십자가와 부활의 의미 역시)의 객관성과 보편성, 그리고 성령의 객관성과 보편성을 주장한다. 물론, 기독교는 타 종교들의 특수성과 고유성과 정체성과 온전성(integrity), 그리고 그들이 주장하는 객관성과 보편성을 인정한다. 이것이 다름 아닌 종교들의 '다원성'(plurality)이다. 이는 단순히 모든 종교들 안에는 구원이 있다고 하는 '다원주의'(pluralism)와 다르다.

2. '지식을 추구하는 신앙'을 넘어서, 초월적인 삼위일체 하나님의 내재성에 대한 강조

아우구스티누스는 "알기 위하여 믿는다."(Credo, ut intellegam)의 맥락에서 삼위일체 하나님을 믿는 그리스도교인들이 이 '삼위일체 하나님의 흔적들'(vestigiae trinitatis)을 교회 밖의 '인간' 안에서 분별할 수 있다고 보았다. 서방교회를 대표하는 그는 삼위일체 하나님의 형상으로 지음을 받은 인간의 심리와 인식론적 구조 안에서 삼위일체 하나님의 흔적들을 찾았다. 그리고 이와 같은 신학방법론은 안셀름과 후기(1940년대부터) 칼 바르트로 이어졌고, 최근엔 몰트만에서 발견된다. 몰트만은 그 이전의 전통과 달리 인간, 인간 공동체, 창조공동체를 하나님의 형상(imago trinitatis)으로 보았다. 우선 그는 인간을 '삼위일체 하나님의 형상'이라고 한다. 그는 '삼위일체 하나님' 자체 내의 관계성을 생명의 공동체로 보고, 이것이 유비하여 인간과 인간 공동체(나중엔 창조공동체까지도)를 본다. 그는 서방교회를 대표하는 아우구스티누스의 '심리적' 삼위일체론 전통이 아니라 동방교회의 '사회적' 삼위일체론 전통을 선호한 것이다. 몰트만은 인간 공동체를 사회적 삼위일체 하나님의 반영으로 본다.[17]

적어도 우리가 읽은 '종교 간 대화'의 공식문서들은 이상과 같은 기독교 신앙의 정체성과 고유성과 특수성 그리고 그것의 객관성과 보편성에서 출발하는 '신

---

17 • 참고: Juergen Moltmann, *God in Creation*(SCM Press LTD, 1985)(독일어판, 1985). 241, 258-259.

앙의 유비'(analogia fidei)[18]와 '지식을 추구하는 신앙'(fides quaerens intellectum) 및 '관계의 유비'(analogia relationis)의 방법론을 배경으로 하고 있는 것으로 보인다. 창조세계와 모든 인류 안에 내재하고 계시는 성령에 대한 신학적인 확신 역시 구약의 성령 이야기로부터 창조세계와 인류와 모든 종교 안에 있는 성령에 대한 이해로 이동하였다.[19] 이렇게 볼 때, 동방교회 전통의 삼위일체론적인 부분을 제외하면, 말씀과 말씀들(the Word and words), 빛과 빛들(the Light and lights), 진리와 진리들(the Truth and truths)(CD, Ⅳ/3-1, 40-188: CD, Ⅳ/3-2, 375-379)을 주장한 후기 칼 바르트의 입장과 유사한 것으로 보인다.

하지만 실제로 종교 간 대화에 있어서 기독교가 자신의 특수성(the biblical Story and stories)에서 출발하여 그것의 보편성을 주장할 때, '보편성' 차원의 내용들이 단순한 '신앙의 유비'를 넘어서서 특수의 보편적 실재를 암시하는 경우들이 많다. 성부 성자 성령의 보편적 현존, 하나님의 영(루아흐)으로서 성령의 보편적 현존, 성령의 열매들의 보편적 현존, 정의와 평화에 대한 갈망과 추구, 그리고 도덕 윤리 혹은 덕목들의 보편적 현존은 '유사성'으로서의 '유비'이기보다는 '특수'의 '보편적 실재' 그 자체인 것으로도 보인다. 환언하면, 이는 특수한 초월적 삼위일체 하나님의 보편적인 내재에 다름 아니다. 이는 주지주의적 차원에 머물 가능성이 있는 '유비'로부터 한 걸음 더 나아가 좀 더 '실질적인 경험'에 대한 추구를 암시하고 있는 것으로 보인다. 따라서 종교 간 대화에 있어서 기독교는 '특별계시'와 '자연계시', '특별은총'과 '보편은총'의 이분법을 허락하지 않으며, 로마가톨릭의 '존재의 유비'(analogia entis)에 입각한 포괄주의(inclusivism)는 더더욱 거부하는 입장이다.

---

18 • '유비'(analogia)란 A와 B가 같은 것이 아니요 전혀 다른 것도 아니요 모종의 유사성이나 상응(correspondence)이 있다고 하는 것을 말하는데, '신앙의 유비'나 '관계의 유비'는 '계시내용'(A) 혹은 이것에 대한 신앙(A)으로부터 출발하여 A와 B 사이의 유사성이나 상응을 말하고, '존재의 유비'란 B(존재)로부터 출발하여 B와 A 사이의 그것을 말한다. 그러니까, 기독교 신앙인은 복음과 하나님 나라 중심의 성경 메시지들에서 발견되는 가치들에서 출발하여 사회과학들에서 발견되는 가치들에서 유사성이나 상응을 찾을 수 있다고 하는 뜻이다. 이와 같은 신학방법론은 아우구스티누스의 '내가 알기 위하여 믿는다.'(Credo, ut intellegam)와 안셀름의 '지식을 추구하는 신앙'(fides quaerens intellectum)으로 소급한다.

19 • Juergen Moltmann, *The Spirit of Life*(London, SCM Press, 1992)(독일어판, 1991), 9-10, 73-74, 92, 219-221.

끝으로 2012년 마닐라 CWME의 선교신학 지침서는 『바아르 성명』과 『종교적 다원성과 기독교의 자기이해』를 넘어선다. 본 믄서는 정교회의 '영 그리스도론' 안에 그 이전의 모든 종교 간 대화에 관련된 성령론(특히, 참고: 『종교적 다원성과 기독교의 자기이해』)을 포함시켰다. 이와 같은 주장 역시 기독교 신앙의 고유성과 다름과 정체성에 대한 주장이다. 그도 그럴 것이 성령기 그리스도인들과 교회 밖의 영역에도 현존하시고 사역하신다고 할 경우에도 이 영은 그 어떤 다른 영이 아니고 삼위일체론적 루아흐 야웨를 의미하기 때문이다. 아마도 성령과 그분의 열매들은 물론이고 창조주와 성자 예수 그리스도의 그 어떤 모습이 타 종교들 안에서 발견되고 경험될 경우, 그것은 어디까지나 기독교인들이 믿음에 입각하여 그렇게 보는 것일 것이다. 때문에 우리는 기독교 공동체와 인류공동체(다문화, 다종교 등) 사이의 그 어떤 공유된 부분들 역시 신앙에서 출발하는 주장일 것이다. 즉, 이것 역시 특수한 초월적 성령의 보편적인 내재성에 대한 주장에 다름 아니다.

3. 4문서에서 발견되는 '종교 간 대화의 영성'을 위한 WCC의 신앙과 신학의 변천과정

아이딘(Mahmut Aydin)은 WCC의 '종교 간 대화'의 시기를 세 시기로 보면서, 각 시대의 특징을 이렇게 주장한다. 첫째 시기는 1948년 WCC 제1차 총회 이전부터 시작하여 1971년 DFI(Subunit for Dialogue with People of Living Faiths and Ideologies = 살아 있는 타 종교들의 사람들 및 이념들과의 대화 부속기구)의 창립 때까지인데, 이 시기는 칼 바르트와 크레머의 배타주의적 접근이 그 특징이고, 두 번째 시기는 DFI의 창립과 사마르타가 이 기구의 총무로 재직하는 때로부터 1979년 『대화 지침서』까지인데, 그 특징은 2가지라고 본다. 하나는 타 종교들에 대한 기독교 자체 내의 대화로부터 종교들 간 양자 간 및 다자간 대화로의 발전이요, 다른 하나는 예수 그리스도에 대한 신앙만을 구원의 길로 보는 배타주의자들과 기독교 구원론의 특수성을 주장하면서도 타 종교들 역시 그것들을 추종하는 사람들을 위하여 어떤 구원적인 가치를 지니고 있다고 하는 양면성의 사람들 사이의 논쟁이었다. 그리고 또한 이 시기는 종교 간 대화의 목적을 모든 종교들을 포함하는 포괄적인 공동체를 세우기 위한 실천적이고 사회적인 이슈들을 다루는 데 두기도 하였다. 끝으로 세 번째 시기는『대화 지침서』(1979)로부터『바아르 성명』(1990)인데, 그 특징을 다음과 같이 말한다.

> 이 세 번째 시기는『대화 지침서』의 선포로 시작한다. 이 시기 동안에 WCC의 대화정책은 타 종교 사람들과 그들의 종교적 전통들에 대한 전통적인 그리스도 중심적 이해로부터 하나님 중심적 이래로 이동하였다.『바아르 성명』에 비추어보면, 우리는 두 번째 시기의 종교들에 대한 그리스도 중심적 포괄주의 신학이 점차 그것의 강조점을 여러 세계 종교들을 구원의 길들로 고려하는 하나의 다원적 신학으로 옮겼다고 주장할 수 있다.[20]

그러니까 필자가 다룬 4가지 자료는 아이딘 식으로 보면, 세 번째 시기에 속하는 것으로 보인다. 하지만 필자는 결론부분의 1과 2에서 논한 것이 WCC의 '종교 간 대화' 문서 전반에 나타나고 있는 것으로 보고, 이를 4문서 전체의 통일성이라고 주장한다. 그럼에도 불구하고 우리는 몇 가지 신앙과 신학의 패러다임 이동을 발견하였다. 가장 큰 이동은『대화 지침서』가 아직 '그리스도 중심적 보편주의'에 머물러 있다고 하는 것이요,『대화 지침서』가 제기한 질문들에 대하여 '산안토니오 CWME'는 '긴장관계'로 그리고『바아르 성명』은 긴장을 넘어서 삼위일체의 각 위격과 그것의 사역 그리고 하나님 나라에 대한 보편주의로 기울어졌다고 하는 사실이다. 확실히 1990년『바아르 성명』부터는 '그리스도 중심적 보편주의'와 '그리스도 중심적 보편주의적 하나님 나라로부터 '삼위일체론적 보편주의'와 '보편주의적 하나님 나라'(이것은 이미 1989년 산안토니오에서 나타나지만)로의 패러다임 이동을 보여주고 있다 하겠다.

그리고『대화 지침서』로부터 산안토니오 CWME, 바아르 문서, 그리고 마닐라

---

20 • Mahmut Aydin, *op. cit.*, 3.7 Conclusion.

문서는 다음과 같은 3가지 패러다임 이동을 보였다. 첫째로 "모든 인류를 향한 하나님의 보편적인 창조/구속 활동과 이스라엘의 역사 및 예수 그리스도의 위격과 사역 사이의 관계는 무엇인가?"에 대하여 산안토니오는 '긴장'을 그리고 바아르와 마닐라는 보편주의를 각오하였다. 둘째로『대화 지침서』의 "기독교인들은 하나님께서 모든 남성들과 여성들의 삶 속에 사역하시어, 저들로 하나님에 관한 그 무엇을 잠정적인 희망 차원에서 경험할 수 있게 하신다고 말해야 하는지 아니면 살아 있는 신앙들과 이념들의 사람들에 대한 하나님의 자기 노정(露呈)과 인간의 삶의 투쟁들 속에서 그와 같은 하나님에 관한 그 무엇을 좀 더 적극적으로 경험할 수 있는지?"에 대하여, '산안토니오'는 '새 하늘과 새 땅으로서 하나님 나라와 이를 향한 삼위일체 하나님의 선교를 힘주어 언급하였고, 기독교는 타 종교들과 대화하고 연대하여 JPIC를 갖춘 생명의 공동체를 세워나갈 것을 주장하였으나, 바아르와 마닐라는 '살아 있는 종교들'에 대하여 좀 더 보편주의적인 삼위일체 하나님, 하나님 나라, 그리고 삼위일체 하나님의 선교의 전거 틀 안에서 언급하고 있다. 그리고 끝으로『대화 지침서』의 "성령의 사역들에 대한 성서적 입장과 기독교적 경험은 무엇이고 성령론 차원에서 하나님의 사역을 교회 밖에서도 일어난다고 이해하는 것이 바르고 도움이 되는가?"에 대하여 산안토니오는 별로 언급하는 바가 없고, 바아르와 마닐라는 삼위 중 성령의 관계적 독립성을 인정하면서 '영 그리스도론'을 힘주어 언급하였는데, 마닐라는 '복음전도'의 '기독론적 성령'(서방교회)과 하나님의 선교의 '영 그리스도론'을 구별하면서도 통일시킨 것으로 보인다.

4. 제한 속죄냐 만유구원론인가?

"구원이란 예수 그리스도를 통하여 모든 창조세계에게 제공되었다."(탐바람 II) 하지만, "우리의 예수 그리스도에 대한 증언에 대한 사명은 결코 포기될 수 없다."(멜버른, 188)라고 하는 역설과 긴장 그리고 "우리는 예수 그리스도 이외의 그 어떤 다른 구원의 길도 가리킬 수가 없다. 그런데 동시에 우리는 하나님의 구원 하시는 능력을 제약할 수는 없다."(산안토니오. IV. 26)에서 우리는 오직 '복음'을 통한 구원의 길을 확보하면서도, 복음전도(evangelism)와 타 종교들과의 대화를 결코 포기할 수 없다고 하는 긴장을 유지해야 한다고 하는 사실을 발견한다.

그리고 『바아르 성명』의 서론은 객관적이고 보편적인 은혜를 선포한다. 곧 창조주 하나님과 예수 그리스도와 성령께서 만유와 모든 사람들과 모든 종교들 안에 현존하시고(the saving presence of the triune God)(바아르 이전까지는 the salvific presence of Christ), 하나님의 아들의 성육신이신 예수 그리스도 안에서 만유와 모든 사람들과 모든 종교들이 포함되었고, 공관 복음서의 하나님 나라 역시 만유와 모든 사람들과 모든 종교들을 포함한다고 하는 보편주의에 대한 것이다. 그리고 성령께서 만유와 모든 사람들과 모든 종교들 안에 현존하신다고 가르치고 있다. 우리는 창조주 아버지 하나님의 보편성에 이어서 예수 그리스도를 통한 구원의 범위를 다시 떠올려 본다. 바아르는 "모든 인류를 향한 하나님의 보편적인 창조 및 구속 활동과 이스라엘의 역사와 예수 그리스도의 사역 안에서 일어난 하나님의 특수한 구속활동에 관하여"(『대화 지침서』, 23번째 단락) 진지하게 생각할 것을 권고하면서, "구원을 예수 그리스도에 대한 명시적이고 인격적인 헌신에 국한시키는 신학을 넘어서야 한다."고 주장한다.

방금 위의 주장에 관련하여 아이딘은 비록 타 종교인들이 창조주 하나님에 대한 신앙으로도 구원을 얻을 수 있다고 보지만,[21] 창조가 삼위일체 하나님에 의하여 일어난 것이고 창조주 아버지 하나님은 그의 아들 및 성령과 불가분리한 페리코레시스 속에 계시기 때문에, 그와 같은 주장은 설득력이 약한 것으로 보인다. 앞에서 제시하였거니와, 『대화 지침서』는 이렇게 언급하였다.

우리는 창조교리에 다시금 주목해야 한다. 특히, 타 종교와 타 이념의 사람들이 그와 같은 창조교리를, 삼위일체 하나님으로서의 하나님에 대한 기독교적 이해와 그리스도의 부활과 영화롭게 되심에 의하여 조명된 모습에서 볼 수 있

---

21 • Aydin, op. cit., 3.5. DEVELOPMENTS AFTER *GUIDELINES ON DIALOGUE*.

도록 해야 한다.

우리는 하나님의 본성과 활동 그리고 성령론에 대한 근본적인 질문들을 대화 가운데 풀어갈 때, 이와 같은 포괄적인 전거를 놓치지 않으면서 이를 기독교적 토론에 비추어서 제시해야 할 것이다.

그런즉, 문맥으로 볼 때, "구원을 예수 그리스도에 대한 명시적이고 인격적인 헌신에 국한시키는 신학을 넘어서야 한다."고 하는 주장은 "모든 인류를 향한 하나님의 보편적인 창조 및 구속활동"(『대화 지침서』의 23번째 단락에 나타난 질문의 전반부)에 대한 주장을 긍정하고 있는 것이다.

그리고 『바아르 성명』과 '마닐라 에큐메니칼 선교신학 지침서'가 주장하는 '영 그리스도론'에 따른 성령의 현존과 보편적인 사역 역시 '기독론적 성령'의 구원사역 없이 홀로 인간과 만유를 구원할 수 없을 것이다. 결국, 본 문서는 『대화 지침서』(1979)보다 좀 더 "모든 인류를 향한 하나님의 보편적인 창조 및 구속활동"을 힘주어서 주장하고 있다 하겠다. 따라서 우리는 이와 같은 보편주의에 대한 강조를 우주적인 기독론과 보편적인 하나님 나라 사상에서도 엿볼 수가 있다. 즉, 본 문서는 그와 같은 기독론과 하나님 나라 사상을, 하나님의 보편적인 창조적이고 구속적인 현존과 활동의 근거로 본다.

우리는 성육신하신 말씀이신 예수 그리스도 안에서 전 인류 가족이 끊어질 수 없는 유대와 언약 안에서 하나님과 연합하였다고 하는 사실을 긍정한다. 모든 창조세계와 인류 역사 속에서의 하나님의 활동의 구속적인 현존은 그리스도의 사건에서 계시되었다.(Ⅲ. 두 번째 단락)
　하나님께서는 예수님의 말씀들과 행동, 그의 선포, 그의 치유와 섬김의 사역 안에서 이 땅 위에 자신의 나라(통치)를 수립하셨으니, 이는 그것의 현존과 권능이 그 어느 하나의 공동체나 그 어느 하나의 문화에 국한될 수 없는 그와 같은 주권이다. … (Ⅲ. 세 번째 단락)

이와 같은 주장은 산안토니오보다 한 걸음 더 나아간 보편주의인데, 결국 중요한 것은 우리 기독교인들은 성경과 전통이 선포하는 이상과 같은 보편적이고 객관적인 실재를 정통 기독론적이고 정통 삼위일체론적인 '하나님 나라의 복음'을 통하여 성령의 사역으로 이미 받아들여, 신애망의 공동체의 성원이 되었다고 하는 것이다. 우리 기독교인들은 기독교적인 신애망의 공동체의 성원들로서 여타의 다종교 공동체의 성원들의 구원론과 대화하고 교류하며 소통하여야 할 것이다. 이상과 같은 '종교 간 대화' 문서들이 주장하는 '보편주의적 구원론'은 어디까지나, '제한 속죄' 구원론을 넘어서는 기독교적 구원론에 해당한다. 그것은 그 어느 타 종교의 구원론이 아니다. 다시 언급하거니와, 이와 같은 보편주의적 구원론과 보편주의적 하나님 나라에 대한 비전에서 중요한 것은 아우구스티누스, 루터와 칼빈, 칼 바르트와 에밀 브루너 등을 통하여 우리에게 전해지는 '신애망'의 특수성과 교회의 특수성이다. 교회의 특수성은 보편주의적 하나님 나라에 대한 앞당겨진 모습, 곧 그것의 미리 맛봄과 징표와 도구로서 장차 도래할 하나님 나라를 이 땅 위에(정치, 경제, 사회, 문화 그리고 창조세계) 구현해야 하지만 말이다. 그러니까 종교 간 대화는 어디까지나 이와 같은 '신애망'과 교회의 특수성을 전제(前提)한 것이다.[22]

로마서 5:5-11, 고린도후서 5:17-19, 에베소서 1:10, 그리고 골로새서 1:15-20에서 바울은 보편주의적 화해론을 말하고 마태복음 24-25, 마가복음 13, 그리고 계시록은 신망애의 특수 공동체를 더 힘주어 주장하는 바, 필자는 이 둘의 긴장에도 불구하고 조화의 가능성을 주장하려고 한다.[23] 즉, 전자는 보편주의 차원을 개방하고 있고, 그럼에도 후자는 특수주의를 견지하고 있다고 하는 것이다. 이

---

22 • 참고: *Confessing the One Faith: An Ecumenical Explication of the Apostolic Faith as it is Confessed in the Nicene-Constantinopolitan Creed(381)*(1991), Faith and Order Paper. No. 153; *The Church: Towards A Common Vision*(2012), Document No. GEN 06.

23 • 참고: J. Moltmann, *Sun of Righteousness, Arise!*(Minneapolis: Fortress Press, 2010), 148; 몰트만은 여기에서 전자를 "신(삼위일체: 역자 주) 중심적 보편주의"라 하고, 후자를 "인간중심적 이원론"이라 부른다. 그는 이 둘 사이를 조화시킬 수 없기 때문에, 이 둘 중의 하나를 선택해야 하는데, 자신은 "구약의 희생자들을 위한 하나님의 정의 개념과 모든 것을 바로잡는 하나님의 심판 개념"을 선호하기 때문에, 결국 삼위일체 하나님의 객관적이고 보편주의적이며 종말론적인 구원사역에 찬성표를 던진다고 주장하였다.

미 지적한 것처럼 2012년 마닐라 CWME 선교 신학 지침서는 '기독론적 영'의 복음전도와 '영 그리스도론'의 하나님 선교를 구별하면서 후자를 삼위일체론에 합체시킴으로 『바아르 성명』의 다소 과격한 구원론 부분을 상당히 온건하게 만든 것으로 보인다.

『종교적 다원성과 기독교의 자기이해』[24]는 구원이란 보편적이고 객관적이며 전통 기독론적이고 정통 삼위일체론적인 '복음'(본 문서는 예수 그리스도를 통한 인류에 대한 하나님의 환대에 집중하고 있지만)을 믿음과 사랑과 희망으로 수용하고 증언하는 것을 말한다고 한다.

> 구원이란 하나님, 오직 하나님께 속한 것이라고 하는 사실을 말할 수 있게 한다. 우리는 구원을 소유한 것이 아니라 구원에 참여하고 있는 것이다. 그리고 우리가 구원을 제공하는 것이 아니라 우리는 그것에 대하여 증언하는 것이다. 우리는 누가 구원을 받는가를 판단하는 것이 아니라 우리는 그것을 하나님의 섭리에 내맡긴다. 그도 그럴 것이 우리들 자신의 구원은 하나님께서 우리들에게 베풀어주신 하나의 영원한 환대에 다름 아니기 때문이다.

대체로 WCC의 구원론은 펠라기우스주의를 따르지 않고 2000년에 선포된 로마가톨릭교회와 루터교 세계연맹의 '칭의 교리에 대한 공동 선언문'에 나타난 주장을 선호한다. WCC는 본 '공동 선언문'이야말로 교회일치를 위하여 매우 중요하다며, 신앙과 은혜에 근거한 도덕윤리를 천명하고 있다(참고: 『교회의 본질과 선교』(2006), Ⅳ.113). 2002년엔 세계 감리교 역시 이 문건에 서명날인하였고, 우리 개혁교회 역시 이에 대하여 크게 이의를 제기할 것이 없다 하겠다.

그럼에도 불구하고, 4문서에 나타난 구원론은 어디까지나 기독교가 구원의 열쇠를 가지고 있다고 하는 말이다. 다음과 같은 아이딘의 치앙마이와 『대화 지침서』의 구원론에 대한 주장은, 비록 그가 WCC의 '종교 간 대화'에 있어서 타 종교들 안에도 구원이 있다고 하는 사실을 부각시키려고 하는 주장이긴 하지만, 4

---

24 • http://www.oikoumene.org/en/resources/documents/wcc-commissions/mission-and-e…

문서 모두의 구원론에도 적용될 수 있다. 즉, "이미 관찰한 바, 비록 치앙마이 성명과 『대화 지침서』가 신학적인 문제들을 논하고 있지만, 그것들 중 그 어떤 문서도 구원이란 오직 기독교를 통하여 온다고 하는 전통적인 신앙을 교정하려고 노력하지 않는다."[25]고 하였기 때문이다.

5. '종교 간 대화'에 있어서 '그리스도 중심적 보편주의'로부터 '삼위일체 중심의 보편주의'로의 패러다임 전환의 중요성

필자는 콘라드 라이저(Konrad Raiser)와 더불어 WCC 중심의 에큐메니칼 운동이 1980년대까지 '그리스도 중심적 보편주의'를 추구해오다가 1990년대로 접어들면서 결정적으로 그리고 본격적으로 '삼위일체 중심적 보편주의'로 패러다임 이동을 했다고 주장한다. 물론, 그렇다고 전자가 폐기 처분된 것이 아니라 후자 속에 재편되었지만 말이다.

우선 우리는 라이저가 주장하는 '그리스도 중심적 보편주의'가 무엇인가를 알아보자. 라이저는 다음의 인용문들에서 그것을 설명하고 있다. 라이저는 그의 저서 『에큐메니칼 운동의 패러다임 전환』에서 '그리스도 중심적 보편주의'에 대하여 이렇게 언급하였다.

① 신약성서는 예수 그리스도께서 하늘과 땅의 주님(마 28:18)이라고 확언한다. 이 세상을 창조하시고 통치하시는 하나님의 말씀이 그분 안에서 성육신하셨고 하늘과 땅의 창조주시오 주님이신 하나님 자신이 그분 안에 계시되었다(요 1:14; 골 2:9). 그분은 낮아지심과 고난과 죽음을 통과하여 승귀 되심으로써 주님이 되신 것이다(빌 2:6-11).

② 하나님께서 그리스도에게 주신 주권은 최후 심판과 완성의 날에 그것의 완성을 볼 것이다(고전 15:24 이하; 계 11:15). 그러나 그 주권은 하나님의 (종말론적

■■■■ 25 • Aydin, op. cit., 3. 4. 5. Guidelines on Dialogue.

인) 약속이요 선물이지만 지금 현재 실제적이고 현재적이며 무제약적이고 완전하다. 사람들이 그것을 인정하든 말든(엡 1:20-22; 골 2:10; 딤전 3:16; 벧전 3:22) 말이다.

③ 그리스도의 주권은 인류에 의한 인정을 요구한다. 그와 같은 인정이 없이는 이 세상을 위한 진정한 웰빙과 구원이 없다. 하나님께서 신앙의 기적을 일으키시는 모든 곳에서 그리스도의 은폐된 주권에 대한 이와 같은 인정이 촉발되는 것이다(눅 10:23; 요 20:29; 고전 2:9).

④ 이 세상에 대한 그리스도의 주권은 그분의 교회에 대한 주권에서 특수하게 현현된다. 하나님께서 그리스도의 주권에 대한 선포를 통하여 모으시고 신앙의 기적을 일으키신 세상 안에 있는 그와 같은 사람들이 교회를 구축한다. 하나님께서는 세례와 성만찬을 통하여 충만한 역사적 실재성과 유일무이성을 지닌 사람들로 하여금 그분 자신의 죽음과 부활에 동참하게 하신다. 그렇게 해서 탄생된 교회 안에서 하나님께서는 성령을 통하여 교회를 그분이 겪으신 고난의 길을 따라 가게 하심으로써, 그들의 약함 속에서 강함을 나타내심으로써(고후 12:9; 참고 4:7), 신앙에로의 순종을 일으키심으로써, 그리고 예배 및 성만찬에 실질적으로 현존하심으로써(마 18:20; 엡 5:26 이하) 그분의 주권을 나타내신다(막 8:31, 34; 고후 4:10; 계 12:11). 교회는 그것의 실존 그 자체에 의하여 창조세계 전체에게 이 세상은 그리스도의 주권 밑에 있다고 하는 사실을 선포하는 것이다(마 5:14 엡 3:10). (40)[26]

그러면 이상과 같은 '그리스도 중심적인 보편주의'로부터 어떤 이유들로 '삼위일체 중심적 보편주의'로 패러다임 이동을 하였는가? 라이저에 따르면, 하나는 "살아 있고 상호관계적인 신학을 향한 성장"이고, 둘은 "다문화의 대화하는 문화"이며, 셋은 "코이노니아와 살아 있는 생명 집(oikos) 이미지"였다. 결국, 이상과

---

26 • Konrad Raiser, *Ecumenicism in Transition: A Paradigm Shift in the Ecumenical Movement*(Geneva: WCC, 1991). 참고: 이형기, 『에큐메니칼 운동의 패러다임 전환』(서울: 한들출판사, 2011), 365-375: "The Lordship of Christ over the World and the Church", study document, WCC Division of Studies(Geneva, WCC, 1959), 3. WCC 자체는 1954년 에반스턴 이후 '그리스도의 주권'에 대한 연구를 하나의 포괄적인 성서적이고 신학적인 연구 프로그램으로 정하여 이와 같은 결과물을 얻었다.

같은 이유들은, WCC로 하여금 "서로가 서로 안에 상호 내주하고 상호 침투하는 사랑의 관계" 속에 현존하시고 활동하시며, "개방성과 신뢰와 고난의 코이노니아" 속에서 현존하시고 활동하시는 "생명의 이미지"로서 삼위일체 하나님을 보게 하였다고 하는 말이다. 그리고 라이저는 여기에 더하여 우리가 본문에서 지적한 '영 그리스도론'을 주장한다. 이 영은 인류보편사와 창조세계 안에 보편적으로 현존하시고 사역하시는 '하나님의 영'(루아흐 야훼)으로서 '그리스도 중심적 보편주의'로부터 '삼위일체 하나님 중심의 보편주의'로의 패러다임 전환에 크게 영향을 주었다. 모든 인류보편사와 창조세계는 '다종교와 다문화' 그리고 '생명들의 창조공동체'를 포함한다. 1975년 나이로비 WCC만 해도 '배타적인 기독론'에 머물러 있었고, 『대화 지침서』(1979)는 바야흐로 그것을 벗어나고 있었지만, 우리는 대체로 4문서 모두에서 창조주 하나님 아버지와 성령의 보편적 현존과 사역에 대하여 확인하였거니와, '그리스도 중심적 보편주의'로부터 '삼위일체 하나님 중심의 보편주의'로의 패러다임 이동이 확연하였다. 그리스도 중심주의보다 삼위일체론이 창조주와 하나님의 영에 대한 강조로 인하여 '다종교·다문화'의 이슈를 잘 풀어낼 수 있다 하겠다.

그런데 '그리스도 중심적 보편주의'든 '삼위일체 중심적 보편주의'이든, WCC는 '신애망'의 특수성과 '교회의 특수성'을 항상 염두에 두고 있다.

6. 종교 간 대화의 목적

'산업화와 도시화'와 '신자유주의 시장경제의 세계화', 이로 인한 생태계파괴와 기후변화, 그리고 '핵무기의 위협'에 따른 JPIC 이슈는 비단 기독교를 향해서만 도전해오는 것이 아니다. 그것은 인류문명 전체, 다문화·다종교, 그리고 창주의 공동체(the community of creation)에게 주어지고 있는 도전임에 틀림없다. 정보통신과 교통수단의 발달로 문명이 세계화되고 있고, '신자유주의 패러다임'의 글로벌 자본주의(global capitalism)가 세계화되고 있는 21세기에도 종교들과 문명들의 충돌로 인한 전쟁과 테러와 폭력이 사람들과 자연의 생명들을 위협한다. 코소보와 보스니아 사태, 이스라엘과 팔레스타인의 갈등, 2001년 9 · 11테러 등은 우리의 기억에 아직도 생생하다. 오늘날 우리 인류와 창조세계(롬 8:18-25; 엡 1:10; 골 1:15-20)는 공동체를 목말라 한다. 하지만 우리 한국은 그리스도교회들 간에도 그렇고 이웃종교들과도 아직 '공동의 선'을 향한 그 어떤 목적 지향적인 대화와 연대(solidarity)를 적극적으로 추구해오지 않고 있다.

『대화 지침서』(1979)에 따르면, 종교 간 대화란 '공동체 안에서 일어나는 대화' (dialogue in community)요, 정의와 평화의 창조세계 보전의 공동체를 추구하는 '대화'이다.[27] 여러 종교와 이념의 사람들은 공동체들 안에서 살아가면서 충돌도 하고 화해도 하면서 살아간다. 하나의 공동체(the Church)(예수 그리스도의 몸, 성령의 전, 하나님의 백성) 안에 있는 역사와 사회문화적인 교회들(the churches)은 자체 내의 대립갈등을 경험하면서 하나의 인류공동체 안에 있는 수많은 다종족 · 다문화 · 다종교 공동체들과의 만남과 충돌 속에서 살아가고 있다. 때문에 종교 간 대화의 맥락은 이상과 같은 공동체 안에서의 삶을 전제한다. 그리하여 무엇보다도 그와 같은 '공동체 안의 대화'란 인류공동체와 교회 공동체가 정의와 평화와 창조세계 회복이 완성되는 하나님 나라를 지향할 것이다.

우리는 종교 간 대화의 궁극적인 목적이 사랑과 정의와 평화가 넘치는 공동체 추구에 있음을 확신한다. 우선 교회 공동체는 다문화와 다종교 속에서 다양한 교회들(교파)로 구성되어 있다(the Christian Community of diverse Christian communities). 그리스도의 몸, 성령의 전, 그리고 하나님의 백성으로서의 하나의 교회(=the One, Holy, Catholic and Apostolic Church)는 다문화 · 다종교 속에서 다양한 교회들로 표출되고 있다. 삼위일체 하나님의 이름과 돌로써 세례를 받은 사람들은 모두 이 '하나의 교회'에 합체되어 있다. 에큐메니칼 운동을 통해서 '역사적 교회들'(the

---

27 • 1975년 나이로비 WCC 총회가 종교 간 대화 이슈를 처음으로 WCC 차원에서 논의했으며, WCC차원에서 처음으로 '종교 간 대화'의 목적을 공동체 추구로 보았다. 본 총회의 제3분과의 주제는 "Seeking Community: The Common Search of People of Various Faiths, Cultures and Ideologies"였다. 그리고 치앙마이 협의회(1977)는 특히 "worldwide community in order to express the interdependent and pluralistic character of the global society."를 제시하였다[Aydin, op. cit., 3.4.4 The Consultation of Chiang Mai (1977)]. 그리하여 1979년 『대화 지침서』 역시 다원성(plurality vs. pluralism)을 존중하는 세계적 크기의 공동체 추구를 종교 간 대화의 목적으로 삼았다.

churches vs. the Church)은 '하나의 사도적 신앙'을 고백하고 '세례·성만찬·직제'에 대한 상호 인정과 이를 중심으로 하는 교회적 삶을 살고 복음전도와 인류사회의 갱신 및 창조보전에 참여('증언')하면서 '이웃종교들'과의 진정한 대화에 임해야 할 것이다. 특히, 그리스도교와 이웃종교 사이의 대화는 '증언'(복음전도와 인류사회의 갱신 및 창조보전에 참여) 차원에 속한 것이니, 우리는 복음전도의 현장에서, 정의와 평화를 구현하는 인류사회의 현장에서, 그리고 창조보전에의 참여의 현장에서 종교 간 대화를 통한 이웃종교들과의 연대를 추구해야 할 것이다.

그런즉, 그리스도교와 이웃종교들 사이의 대화의 궁극적인 목적은 '대화' 그 자체에 있는 것이 아니라 교회 자체 내에서 다양성 속에서 코이노니아를 추구하면서 '다문화·다종교 공동체들로 구성된 인류공동체'의 정의와 평화를 위한 것이요 창조세계를 건강하게 만드는 데 기여하는 것이다. 이런 의미에서 우리는 공동체를 위한 공동체 안에서의 대화를 추구해야 할 것이다.[28] 여기에서 인류공동체란 다문화와 다종교의 공동체들로 구성되었고(the human Community of diverse cultural and religious communities), 지구생명공동체 안에 있으며, 교회 공동체들은 인류공동체와 지구생명공동체를 위하여 존재한다.

록펠러(Steven C. Rockefeller)는 그의 글 "글로벌 상호 의존성, 지구헌장 그리고 기독교 신앙"에서 "모든 종교들은 각각 상이한 방법으로 역사적으로 조건 지워졌다."[29]며 종교들과 문화들의 다원성(plurality vs. pluralism)을 바탕으로 하는 "하나의 새로운 글로벌 도덕과 윤리"(101-102)를 주장하였다. 그는 각 종교의 정체성과 고유성과 특수성을 강조하면서도 동시에 각 종교가 다양한 문화 종교 공동체들로 구성된 글로벌 문명을 의식하면서 하나의 새로운 글로벌 도덕과 윤리를 제안하였다.

---

28 • "Guidelines on Dialogue with People of Living Religions and Ideologies(1979)", Introduction, In *The Ecumenical Movement: An Anthology of Key Texts and Voices*, ed. by Michael Kinnamon and Brian E. Cope(Geneva: WCC, 1997), 407 이하.

29 • Steven C. Rockefeller, "Global Interdependence, the Earth Charter, and Christian Faith", in *Earth Habitat: Eco-Justice and the Church's Response*, ed. Dieter Hessel aqnd Larry Rasmussen(Minneapolis: Fortress Press, 2001) 103.

이와 같은 관찰들에 있어서 의도는 하나의 새로운 종교의 창조를 천거하는 것이 아니다. 바라기는, 각 종교가 글로벌 상호의존성에 대한 자각, 종교적 다양성에 대한 수용, 그리고 공유된 가치들에 대한 헌신 및 세계 공동체를 추구하는 종교 간 협력을 포함하는 하나의 지구적 의식(a planetary consciousness)을 채택하는 것이다.[30]

따라서 필자가 보기에, '지구헌장'(the Earth Charter, 2000)의 정신은 위와 같은 '다양한 문화들과 종교들의 인류공동체'와 '다양한 지구생명공동체'가 추구해야 할 글로벌 도덕과 윤리에 있다고 본다. 록펠러는 '지구헌장'이란 단순히 "인류의 환경에 대한 관계들에 관한 문서"[31]가 아니라 "인류의 환경적, 경제적, 사회적, 정치적, 그리고 영적인 문제들이 상호 관련되어 있으며 오직 통합된 글로벌 해결책들을 가지고 언급되어야만 효과적이라고 하는 이해를 가지고 작성되었다."[32]고 하였다. 따라서 우리가 추구해야 할 '종교 간 대화' 역시 이상과 같은 생명의 관계망 속에 있는 인류공동체를 포함하는 지구생명공동체의 공동선에 기여해야 할 것이다. 그래서 우리는 그리스도교와 이슬람 등 이웃종교들과의 대화는 물론, 에큐메니칼 교회들과 근본주의적 에반젤리칼 교회들 사이에도 '글로벌 윤리'(한스 큉의 'the global ethics 혹은 요한 바오로 2세의 'the planetary ethics)와 같은 '공동의 선'을 향한 적극적인 대화와 연대를 추구해야 할 것이다. 이미 1948년에 선언된 '인권에 대한 보편적 선언문', 1966년의 '인권의 국제적 언약들'(경제적 권리들, 사회적이고 문화적인 권리들, 그리고 1989년의 '어린이의 권리들에 대한 국제협약')과 같은 그동안의 유엔 차원의 권리장전들이야말로 2000년 '지구헌장'과 더불어 '종교 간 대화'의 글로벌 도덕윤리 표준일 것이다.

하지만 기독교의 도덕과 윤리는 예수님의 '제자의 도'와 산상수훈, 사도들의 훈령들, 그리고 구약의 '희년제도'의 요구들과 예언자들의 요청들과 같은 철저한 사랑과 정의와 평화를 과감하게 실천해야 한다. 예수 그리스도의 십자가는 단순

---

30 • Ibid.

31 • Ibid., 109.

32 • Ibid.

히 보편적인 '구속' 혹은 '화해' 차원뿐만 아니라 '제자의 도'를 구축하기 때문이다. 이는 사회경제적 약자들 혹은 가난하고 병든 자들, 고아와 과부, 노인들과 어린들, 가난한 자들과 억압받는 자들, 그리고 지구의 상한 부분들에 대한 '우선배려'(a preferential option for…)를 포함하는 바, 우리는 앞에서 지적한 '글로벌 도덕과 윤리'가 이와 같은 기독교적 특수 도덕과 윤리와 충돌할 필요가 없다고 보아야 할 것이다.

제10장

WCC와 경제

†

I

들어가는 말

봉건주의 사회경제체제로부터 벗어나기 시작한 16세기 르네상스와 종교개혁, 그리고 18세기 계몽주의와 더불어 발전된 과학과 기술, 그리고 18세기 프랑스혁명 이후 민주주의와 애덤 스미스(1776)의 초기 자본주의는 그래도 인류를 잘살게 하는 일에 크게 기여하였다. 하지만 제1, 2차 세계대전은 18-19세기 서구의 모더니즘 전통의 과학과 기술, 산업혁명과 자유방임적 자본주의, 그리고 제국주의적 경제영토의 확장이 얼마나 인류공동체를 파괴하였고, 창조공동체를 짓밟았는지를 보여주었다. 1929년 세계경제공항으로 케인즈의 경제학이 설득력을 얻으면서 그동안의 자본주의가 얼마나 잘못되었나를 보여주었다. 1917년 볼셰비키 공산혁명, 인도와 중국과 쿠바의 공산화도 자본주의의 과오에 대한 반응이었다. 그리고 1970년대에 일어난 두 번에 걸친 오일쇼크로 인하여 다시 '신고전적 자본주의' 혹은 '신자유주의'로 전환한 '자본주의'가 2008년 미국발 금융위기 이래로 얼마나 인류공동체와 창조공동체를 위협하고 있는지를 우리는 경험하고 있다.

이와 같은 상황에서 우리는 과연 '인류가 추구해야 할 생명공동체'가 무엇일까를 질문하고, 과연 이와 같은 '생명공동체'를 섬기는 경제의 가치관이 무엇일까를 묻는다. 그래서 이 글은 먼저 인류가 추구해야 할 '생명공동체'가 무엇인가를 신학적으로 규명하고, 그 다음에 이를 저해하는 경제적 가치관이 무엇이며, 그와 같은 '생명공동체'를 섬기는 경제가 무엇일까에 대하여 '신자유주의'에 대응하는 두 개의 에큐메니칼 경제문서인 『기독교 신앙과 오늘의 세계경제』(1992)와 『아가페』 문서(2006)에서 그 대답을 찾아보려고 한다.

Ⅱ

인류가 추구해야 할 '생명공동체'

1. 신학적인 근거

1) 에큐메니칼 운동에서

'생명'의 문제는 1961년 뉴델리 WCC 총회에서 골로새서 1:15-20을 토대로 우주적 기독론에 입각한 창조세계 보전에 대한 주장을 펼친 지틀러(Joseph Sittler)에게서 시발되었다. 그러나 1960년대의 세계사적 격변들로 WCC는 관심의 초점을 '역사'로 집중하였다. 그러다가 1972년 유럽의 경제학자와 과학자, 기업인 등 36명으로 구성된 '성장의 한계'(The Limits to Growth)와 '스톡홀름 유엔인간환경회의'가 출범하면서, 지구환경문제는 글로벌 이슈가 되었다. 이와 같은 맥락 속에서 1975년 나이로비 WCC 총회가 교회의 사회참여의 이상(理想)으로서 JPSS(a just, participatory and sustainable society)를 내세우고, 1979년 MIT '교회와 사회 세계대회'가 그것을 숙성시켰으며, 1983년 밴쿠버 WCC 총회의 JPIC와 1990년 서울 'JPIC 세계대회' 이래로 오늘에 이르기까지 '창조세계의 보전'(integrity of the creation)의 틀 안에서 '생명의 신학'이 신학의 큰 흐름을 형성하였다.

그런데 콘라드 라이저[1]에 의하면 1948년 암스테르담 WCC로부터 1968년 웁

---

1 • *Ecumenism in Transition: A Paradigm Shift in the Ecumenical Movement*(Geneva: WCC, 1991), 54-77.

살라 WCC까지 '보편주의적 기독론'[2]이 지배적이었고, 1975년 나이로비 WCC로부터 1990년까지는 '보편적 기독론'으로부터 '삼위일체론'으로 넘어가는 과도기였으며, 1991년 캔버라 WCC와 1991년 『하나의 신앙을 고백하며: 니케아-콘스탄티노플 신조로 고백된 사도적 신앙에 대한 하나의 에큐메니칼 해설서』(1991)에서는 확정적으로 삼위일체론의 패러다임으로 전환하였다. 물론 러이저에게 있어서 그와 같은 '패러다임 전환'에도 불구하고 '보편주의적 기독론'은 폐기 처분된 것이 아니라 새로운 패러다임에 의하여 발전적으로 승계된 것이지만 말이다. 그러면 "그리스도 중심적 보편주의"란 무엇일가? 이 글은 러이저가 인용한 인용문을 다시 인용한다.

① 신약성서는 예수 그리스도께서 하늘과 땅의 주님(마 28:18)이라고 확언한다. 이 세상을 창조하시고 통치하시는 하나님의 말씀이 그분 안에서 성육신하셨고 하늘과 땅의 창조주시오 주님이신 하나님 자신이 그분 안에 계시되었다(요 1:14; 골 2:9). 그분은 낮아지심과 고난과 죽음을 통과하여 승귀되심으로써 주님이 되신 것이다(빌 2:6-11).

② 하나님께서 그리스도에게 주신 주권은 최후 심판과 완성의 날에 그것의 완성을 볼 것이다(고전 15:24 이하; 계 11:15). 그러나 그 주권은 하나님의 (종말론적인) 약속이요 선물이지만 지금 현재 실제적이고 현재적이며 무제약적이고 완전하다. 사람들이 그것을 인정하든 말든(엡 1:20-22; 공 2:10; 딤전 3:16; 벧전 3:22) 말이다.[3]

---

2 • 1954년 에번스턴은 "그리스도 - 세상의 희망", 뉴델리는 "그리스도 - 세상의 빛", 웁살라는 "볼지어다. 내가 만물을 새롭게 하노라.", 나이로비는 "예수 그리스도는 자유케 하시고 연합시키신다." 그리고 제1차 암스테르담 WCC("인간의 무질서와 하나님의 질서") 역시 칼 바르트와 라인홀드 니이버 등 보편주의적 기독론을 주장하는 '신정통주의 신학자들'에 의하여 주도되었다.

3 • "The Lordship of Christ over the World and the Church", study document, WCC Division of Studies(Geneva, WCC, 1959), 3. WCC 자체는 1954년 에번스턴 이후 '그리스도의 주권'에 대한 연구를 하나의 포괄적인 성서적이고 신학적인 연구 프로그램으로 정하여 이와 같은 결과물을 얻었다.

필자는 이상과 같은 라이저의 주장을 받아들이면서 1991년 캔버라 WCC가 어떻게 성령론을 부각시키면서 삼위일체론으로 방향을 전환하였으며 이를 '창조세계의 보전' 혹은 '생명 살리기 운동'의 신학적 근거로 삼았는지를 알아보고, 『하나의 신앙을 고백하며: … 』가 어떻게 삼위일체론과 성령론과 종말론을 '창조세계의 보전' 혹은 '생명 살리기 운동'의 신학적인 근거로 삼았는지를 살펴볼 것이다.

1991년 호주 캔버라 WCC 총회는 전체 주제를 '성령이여, 오소서 ! 전 창조의 세계를 새롭게 하소서!'로, 제1분과의 제목을 '생명의 시여자시여, 당신의 창조세계를 지탱하소서!'로, 제3분과는 제목을 '진리의 영이시여, 우리를 자유케 하소서!'로, 그리고 제4분과의 제목을 '성령이시여, 우리를 변혁시키시고 거룩하게 하소서!'로 정하였으니, 우리는 삼위일체 하나님 가운데 성령의 '관계적 독립성'(몰트만)을 부각시키면서 이 성령을 초대하는 기도로 일관되어 있다 하겠다. 그동안 서방교회는 '필리오케'(and also from the Son)에 대한 주장으로 성령을 기독론에 종속시키는 경향을 보였으나, 동방정교회는 성령 위격의 정체성과 고유성과 독립성을 고수해왔다. 이미 『하나의 신앙을 고백하며: …』(1991)에서 '필리오케' 없는, 니케아-콘스탄티노플 신조 본래의 본문으로 돌아가면서, 1991년 캔버라 역시 이와 같은 입장을 받아들이면서 성령의 '관계적 독립성'을 주장하였다. 이 맥락에서 캔버라는 1990년 쿠알라룸푸르 준비 모임의 주장을 따라서 생명을 구축하고 생명을 살리는 삼위일체론적 성령의 보편적인 만유편재를 주장하였다.

… 우리는 삼위일체 하나님을 모든 생명의 원천으로 고백한다. 이번 총회의 주제가 기도하는 성령께서는 만유 안에 현존하시는 생명의 에너지를 나타내신다. 만유는 예수 그리스도를 통하여 창조되었고 이분 안에서 하나님의 창조세계는 완성되어간다. 우리는 그리스도의 십자가와 부활을 통하여 전 창조세계가 새롭게 되었음을 확신한다. 만유가 예수 그리스도 안에서 하나님께 화해되었고 성령을 통하여 우리는 하나님의 미래를 경험하기 시작한다.(S. I. I. A. 1) 창조세계 안에 성령의 신적 현존은 우리를 인간들로서(as human beings) 모든

피조된 생명체들과 묶어주신다. 그래서 우리는 하나님 존전에서 생명의 공동체 안에서 그리고 생명의 공동체에게 책임이 있다. 그런즉, 이와 같은 책임성은 여러 가지 이미지들로 표현되었다. 머슴들과 청지기와 후견인들로서, 경작자들과 관리자들로서, 창조세계의 제사장들로서, 양육자들로서, 그리고 공동 창조자들로서 표현되어 있다. 이는 인간들에게 긍휼과 겸손, 존경과 경외를 요구한다.(S. I. I. A. 2)[4]

그리고 이어서 『하나의 신앙을 고백하며: …』는 '생명 살리기'운동의 신학적 근거로서 삼위일체 하나님과 하나님 나라에 대한 고백을 제시하였다. 첫째로 고백서의 첫 부분인 성부 하나님에 대한 고백에서 우리는 삼위일체론과 종말론을 발견한다.

이 세상이 하나님으로부터 분리되었고, 소외된 것은 죄악의 결과인데, 이것이 신적인 경세 속에서 아들의 화해사역과 성령의 변형시키시는 현존을 통해서 극복된다. 한 분 하나님은 이와 같은 신적 구원의 경세의 신비 속에서 자기 자신을 피조물들에게 나누어 주시는 생명과 사랑으로 계시되신다. 아버지 하나님은 자신의 영원한 아들의 성육신, 교역 및 고난을 통해서 이 세상을 자기 자신에게 화해시키신다. 이 아들 안에서 하나님은 인류에게 죄 사함과 부활과 영생(요 3:16)을 주시기 위해서 죽음에 이르기까지 인간의 고뇌에 동참하신다. 그리하여 하나님께서는 성령을 통하여 십자가에 달리신 분을 새로운 삶과 불멸의 삶으로 부활시키셨으니, 하나님께서는 장차 성령을 통해서 종괄론적 미래에 있어서 우리의 삶과 전 창조세계의 종국적 변형과 영화롭게 됨을 가져올 것이다.[5]

---

4 • *Signs of the Spirit: Official Report, Seventh Assembly*, ed. Michael Kinnamon(Geneva: WCC, 1991).

5 • *Confessing the One Faith: An Ecumenical Explication on the Apostolic Faith as it is Confessed in the Nicene-Constantonopolitan Creed(381)*, Faith and Order No. 153(Geneva: WCC Publications, 1992) (제2판), 21.

두 번째는 기독론 부분으로부터 가져온 인용문이다.

그리스도의 신실하신 신적 선교는 아버지의 뜻에 대한 모범적 실천이었다. 이 신실하심은 하나님으로부터 소외된 인류를 위해서 대리(代理)적이었다. 왜냐하면 예수님께서는 하나님의 의(義)에 자기 자신을 완전히 복종시키심으로써, 그를 따르는 모든 사람들이 그분의 고난과 죽음을 통해서 하나님께 화해되는 것이기 때문이다. 이처럼 그리스도의 고난과 죽음은 그것이 성령님의 능력을 통하여 인류 역사 속에 새로운 삶과 소망을 개방시키기 때문에 만인을 위한 좋은 소식이다.[6]

우리는 그리스도 안에서 다가온 하나님의 나라와 그것의 마지막 완성 사이에 긴장을 인정한다. 그러나 우리는 그리스도 안에서 시작된 새 창조가 또한 그리스도 안에서 성취될 것을 믿는다. 우리는 이것이 모든 것을 포함하는 완성이라고 본다. 개인의 이신칭의와 성화는 우리가 고대하는 전(全) 창조세계의 구속(救贖)의 일부에 불과하다. 그리하여 그리스도인들은 하나님께서 새 생명을 베풀어주실 마지막 성취와 완성을 소망 가운데 열심히 기다리고 있다. 이것은 우리의 세상과 역사 속에서 그리스도의 부활, 곧 십자가에 달리신 주님 안에서 주어진다.[7]

끝으로 성령론 역시 삼위일체론적이고 종말론적으로 이해하였다. 특히, '영 그리스도론'(Spirit-Christology), '창조주 영'(Creator Spiritus), '계시(말씀)의 영', '교회생명의 원천이 되시는 영', 그리고 '종말론적으로 전 창조세계를 완성하실 영'과 같은 성령의 현존과 활동이 주목할 만한 부분이다.

초기 기독교 세대는 성령님을, 동정녀 마리아에게 그리스도를 잉태케 하여 탄생시

___
6 • Ibid., 62.
7 • Ibid., 70.

키신 분으로(눅 1:35), 예수님을 세례주어서 메시아로 세우신 분으로(마 5:16; 비교: 막 1:10; 행 10:38), 그리스도의 전 교역을 통해서 그분 안에서 현존하시면서 일하신 분으로(마 12:28; 눅 4:14; 요 1:32 이하), 그리고 예수님을 죽은 자들로부터 부활시키신 분(고전 15:45)으로 믿는다.[8]

초기 그리스도인들은 이 성령님께서 창조 시에 수면 위에 운행하신 바로 그 성령님이시요(창 1:2), 예언자들을 통해서 말씀하신 분이시요, 백성들의 왕들을 기름 부으신 분이시요, 성도들로 기도하게 하신 분이시라는 사실을 인정한다. 그들은 오순절 성령 강림을, 이미 예언자들을 통해서 말씀하신 바로 그 성령님으로 그리고 마지막 때의 선물로(행 2:1-21) 경험하였고, 이해하였으며, 선포하였다. 신약성경은 오순절 때에 주어진 성령님께서 교회의 생명의 원천이라는 사실을 보여준다. 즉, 바로 이 성령님께서 설교를 듣는 사람들에게 신앙을 불러일으키고, 세례를 통하여 이들을 그리스도의 몸의 지체가 되게 하신다. 이 성령님은 신앙의 불을 붙이시고(고전 12:3), 믿는 개인의 삶과 공동체의 삶에 필요한 모든 은사들을 베풀어주신다(고전 12:4-13; 14:1). 이 성령님은 또한 기도하게 하시고(롬 8:15-16), 하나님의 자녀들의 자유를 불러일으키신다(롬 8:12-16). 바로 이 성령님으로부터 마지막 부활이 일어난다(롬 8:12-16). 성령님께서는 다른 보혜사이시다(요 14:16). 시간의 끝에 가서, 전 창조세계를 하나님의 영광 속에 있는 완성으로 부르시는 분은 다름 아닌 성령님이시다(계 22:17).[9]

2) 몰트만 신학에서

몰트만의 『생명의 영』(1991)[10]은 방금 위에서 논한 1991년 캔버라 WCC 보고서와 1991년에 출판된 『하나의 신앙을 고백하며: 니케아-콘스탄티노플 신조(381)로 고백된 사도적 신앙에 대한 하나의 에큐메니칼 해설서』로부터 영향을 주고

---

8 • Ibid., 74.

9 • Ibid., 75.

10 • Juergen Moltmann, *The Spirit of Life*(London: SCM Press, 1992)(독일어판, 1991).

받았다. 몰트만은 그의 글 모음에서 1991년 캔버라 WCC에 공헌하는 글을 썼고, 1978-1979년 어간의 '신앙과 직제'와 '필리오케'(filioque)에 대하여 깊은 대화를 나누었다.[11] 따라서 필자가 소개하려는 몰트만의 『생명의 영』은 그 당대에 그 어떤 신학자보다도 에큐메니칼 운동에 나타난 신학과 크게 소통하는 가운데 쓰였다. 우리는 에큐메니칼 신학과 몰트만의 신학(『생명의 영』)에서 '생명신학'의 근거를 찾을 수 있다.

그런데 몰트만은 이미 『창조세계 안에 계신 하나님』(1985)에서 창조세계 안에 현존하시고 사역하시는 '하나님의 영'을 주장하면서 '창조의 신학' 혹은 '생명의 신학'을 주장하고 있기 때문에, 필자는 『생명의 영』에 대한 소개에 앞서 『창조세계 안에 계신 하나님』에 나타난 '생명공동체'의 신학적 근거에 대한 주장들을 소개하려고 한다.

(1) 『창조세계 안에 계신 하나님』(1985)

① 역사와 자연

모더니즘 전통은 '역사'와 '자연'을 대립관계로 보았다. 프랜시스 베이컨 이래로 인간들과 역사의 관계는 주인과 노예의 관계로 전락하였다. 몰트만은 "인류와 땅의 공멸을 피하려면, 오직 인류의 역사와 자연의 역사의 시차가 좁혀져야 한다. …"(137-138)고 본다. 그리고 "인간 사회와 자연환경들이 활기찬 공생에 도달하려면 인류 역사의 열기를 식히고 그것의 일방적인 다양한 진보들의 속도를 줄여야 한다."(138)고 주장한다. 그는 모더니즘이 인간을 창조세계의 왕관으로 보고 이 세계에 대한 인간 중심적 세계관을 주장한 것에 반하여 하나님께서 6일간 창조의 사역을 마치시고 안식하신 안식일 그리고 유대인들이 6일간 일을 하고 안식하던 안식일을, 안식년과 희년과 관련하여 강조하면서, 이를 넘어선 새 창조세계의 영원한 안식을 주장한다. 그의 종말론적인 안식은 인류공동체와 창조공동체 모두의 안식을 말한다. 그는 이와 같은 안식의 미리 맛봄이 이미 안식일, 안식

---

11 • J. Moltmann, *The Trinity and the Kingdom*(독일어판 1980)(San Francisco: Harper & Row, 1981), x v.; Moltmann, *The Spirit of Life*(독일어판 1991)(London: SCM Press, 1992), 4.

년 그리고 희년축제에서 일어났다고 한다.

우리는 이상과 같은 몰트만의 주장에서 '역사' 일변도의 세계의 역사가 '창조세계'를 보듬어 안는 역사로 전환되어야 한다고 하는 사실을 확인할 수 있다. 구약의 구속사와 신약의 구속사가 지향하는 '새 하늘과 새 땅'에서의 '영원한 안식'을 바라보면서 우리는 '자연'의 소중함을 알아야 하고, '창조세계의 공동체성'을 존중해야 할 것이다.

② 생태학적 공간

몰트만은 데카르트의 기하학적 공간 이해를 반대하고 창조세계에 대한 생태학적 이해를 시도한다. 그는 공간을 '삶의 공간'(living space)으로 이해한다. 시편 104편은 하나님과 식물과 동물의 '삶의 공간'을 말하고 창세기 1:6-8; 1:9-11; 1:20-22 역시 피조물들의 다양한 '삶의 공간'에 대하여 말하고 있다.(148) 구약에서 '하늘'은 하나님의 거처(하나님께서는 이 하늘로부터 행동하시고, 이 하늘에서 그의 이름이 거룩히 여김을 받으시고 그의 뜻이 이루어지며 그의 나라가 준비된다)를 가리키기도 하고 지구 위의 대기권을 말하기도 한다.(149) 그리고 몰트만은 하늘과 땅의 종말론적 변형에 대한 희망을 주장한다. 즉, "'하늘나라'가 땅에 도래할 것이고 하나님의 영광은 그분의 하늘을 변형시키시는 것처럼 그분의 땅을 변형시키실 것이다."(149) 그리고 창조주 하나님께서는 종말 이전에 모든 공간의 중심에만(하늘) 거하시는 것이 아니라 그것으로부터 떨어져 있는 다른 삶의 공간들에도 현존하신다. 그도 그럴 것이 하나님께서는 자신이 창조하신 만유 가운데 내주하시면서 만유를 안식으로 초대하셨기 때문이다.(149)

따라서 무한하신 하나님 자신이 그의 유한한 창조세계 안에 거하시면서 그것을 그 자신의 삶의 공간(his own environment)으로 만드신다. "하나님께서는 그의 창조세계의 영원한 거처이시고 동시에 그의 지혜로 이 세상을 지으신 하나님께서는 그의 영(the Spirit)으로 이 세상을 계속 실존케 하시고 항상 이 세상 속으로 들어오신다."(150) 몰트만은 삼위일체에 유비하여 "하나님과 세계는 그들 상호 간의 내주와 참여의 관계로 상호 관계하고 있다."(150)고 한다. 이처럼 몰트만은 하나님과 창조세계 및 이 세상과의 관계를 설명함에 있어서 '하나님의 영'과 '삼위일체 하나님'을 전거로 삼았다.

끝으로 몰트만은 '하늘과 땅'의 관계를, 하나님의 주권과 인간의 순종으로 보고, 영혼과 몸 그리고 남성과 여성의 관계 역시 그렇게 보는 칼 바르트(『Doctrine of Creation』)의 주장에 반대한다. 여기에서 몰트만은 성부·성자·성령의 현존 공간을 이렇게 주장한다.

> 만약에 우리가 하늘과 땅의 하나님에 대한 관계를 이와 같이 하나의 유일 신론적인 것이 아니라 삼위일체적인 것으로 보기를 원한다면, 우리는 하늘이란 아버지의 선택된 거처요, 아들의 선택된 거처는 땅으로서 그는 이 땅 위에서 한 인간이 되셨고 죽으셨으며 다시 살아나셨고 장차 이 땅을 영광으로 충만케 하시기 위하여 오실 것이라고 말하지 않으면 안 된다. 그러나 성령의 선택된 장소는 새 창조의 세계 안에서 장차 도래할 하늘과 땅 사이의 직접적인 유대 안에서 보이지 않으면 안 된다. 이 새 창조의 에너지로서 성령은 이미 현재에도 그 자신을 나타내 보이시지만 말이다. 이런 이유로 우리는 하늘과 땅 사이의 하나의 '대조'에 대하여는 말할 수 없고 오직 하나의 상호보완을 말할 수 있을 뿐이다.(162)

이상에서 몰트만은 모든 공간들이 모든 생물들과 인간들과 하나님의 거처가 되기 때문에 가치가 있는 것으로 생각한다. 따라서 우리가 생태학적 공간을 파괴하는 것은 곧 바로 '생명'을 파괴하는 것에 다름 아니다.

③ 하나님의 형상(imago trinitatis)으로서 인간, 인간 공동체 그리고 창조공동체

몰트만은 인간을 '삼위일체 하나님의 형상'이라고 한다. 그는 '삼위일체 하나님' 자체 내의 관계성을 생명의 공동체로 보고, 이것이 유비하여 인간과 인간 공동체(나중엔 창조공동체까지도)를 본다.

하나님 이해의 세 번째 최선의 길은 훗날의 삼위일체론이다. 이는 하나님 안에서 다름과 통일성, 그리고 또한 다름과 통일성의 통일성을 말하는 것으로서 그 자신에 있어서 공동체시요 다양한 관계들의 풍성함이신 하나님에 대하여 말하고 있는 것이다. 인간의 하나님에 대한 유사성에 있어서, 그 유비가 발견되는 것은, 관계 속에 있는 세분화요 세분화 속에서의 관계의 풍성함이다. 바로 이것이 삼위일체 하나님 안에서 성부·성자·성령의 영원한 생명을 구축하고 인간들 사이에선 여성들과 남성들, 그리고 부모들과 자녀들의 일상적 삶(the temporal life)을 결정한다. 사람들 사이의 사회적으로 개방되어 있는 동반자 됨은 하나님께 상응하는 삶의 형태이다.(223)

몰트만은 서방교회를 대표하는 아우구스티누스의 '심리적' 삼위일체론이 아니라 동방교회의 '사회적' 삼위일체론을 선호한다. 전자는 하나님 개념에 있어서 '유일신'주의의 경향과 인간 이해에 있어서 개인주의의 경향을, 후자는 하나님 개념에 있어서 삼위일체주의의 경향과 인간 이해에 있어서 공동체주의의 경향을 지향하는 바, 후자는 삼위일체 하나님 안에서 진정한 인간 공동체의 원형을 발견하였다.(234)

아우구스티누스와 토마스 아퀴나스는 하나님의 형상으로서의 인간 이해를 삼위의 내재적 관계에 따른 사회적 관계성이 아니라 하나의 신적 존재에 따른 개인주의적 영혼과 지성, 영혼과 지성의 몸과 세계지배, 그리고 남성의 여성 지배를 주장한다.(235-237) 따라서 아우구스티누스와 아퀴나스는 하나님의 형상으로서 인간을 주로 '아버지 하나님'의 형상으로 본다.(239) 하지만 몰트만은 아담과 하와와 셋을 기본적인 인간관계의 셋이 한 쌍으로 보면서(비록 이것이 삼위일체론의 완벽한 성서적 전거를 아니지만) 인간론적 삼각관계야말로 모든 인간의 실존을 결정한다고 한다. 즉, 모든 사람은 누구나 한 남성이고 한 여성이며 그 혹은 그녀는 그 혹은 그녀의 부모의 자녀(the child of his or her parents)이다. 남성과 여성의 관계는 인간들의 소멸 불가능한 사회성을 의미하고 부모와 자녀의 관계는 이것에 못지않게 불변하는 인간들의 생식력을 나타낸다. 전체 인간들이 하나님의 형상이라고 지칭될 경우엔, 진정한 인간 공동체 — 성(性)들의 공동체와 세대들의 공동체 — 역시 동일하게 지칭될 것이다.(241)

그런즉, 그는 인간 공동체를, 사회적 삼위일체 하나님의 반영으로 본다.

인간들은 그들의 다양한 공동체들에 있어서 단순히 창조세계를 지배하시는 하나님의 통치의 형상으로서가 아니라 하나님의 내적인 본성의 형상으로서 이해되어야 한다. 아버지와 아들과 성령의 내적인 교제는 근본적인 인간 공동체들 안에서 표현되고 창조와 구속을 통하여 이들 인간 공동체들 안에서 나타나 보인다. 그런즉, 소위 삼위일체 하나님의 '주권'이란 그의 창조와 그의 백성과의 지속되는 교제인 것으로 드러난다. … (241)

인간과 창조세계와 이 세상에 대한 이해에 있어서 '체현'(embodyment) 개념도 중요하다. 몰트만은 '체현은 하나님의 모든 사역들의 목적이다.'라고 하는 외팅거(Oetinger)의 주장(244)을 받아들이고, 그것을 부연 설명한다. 몰트만은 체현이 창조와 화해와 종말론적 완성 모두에 물질과 생물과 인간과 창조세계 전체의 종국적인 모습으로 본다.

성서적 전통들에 의하면 체현은 하나님의 모든 창조사역(God's works in creation)의 목적이다. 창조주의 풍성하고 창의적인 사랑의 목적과 현장은 땅이다. 하나님께서 자신의 형상으로 지으신 인간들은 몸과 감각들을 지닌 인간들이다. '생육하고 번성하라 …'(창 1:28). 그것은 남성들과 여성들의 영성이 아니었다. … (245)

성서적 전통들에 의하면 체현은 또한 하나님의 화해사역의 목적이기도 하다. '말씀이 육신이 되니 …'. 화해케 하시는 하나님께서는 인간들의 죄스럽고 병들고 죽어야 할 육체를 취하시고 그것을 치유하시고 그들과의 교제로 진입하신다. 하나님의 영원한 로고스가 한 인간 몸이 되시어 말구유에 누인 아이가 되셨고, 골고다에서 병들고 고문당하고 있는 인간 몸의 한 구세주가 되셨다. 하나님께서 이 세상과의 화해를 가져오심은 그리스도의 몸의 형태 안에서이다. (245)

그리고 체현은 또한 이 세상을 영광과 평화의 나라로 만드는, 이 세상에 대한 구속의 목적이다. '새 땅'이란 구속이 완성된 실재이다(계 21). 새롭게 '변화된'(transfigured) 체현은 성령의 갈망의 성취이다(롬 8). … (246)

끝으로 몰트만은 창조공동체, 인간 공동체, 그리고 영혼과 몸 모두를 '삼위일체 하나님의 페리코레시스적 교제'로 이해한다. 성부는 그의 영(the Lord and life-giver)을 통하여 그의 창조세계 안에 침투하신다고 보는 것이다.

우리가 삼위일체 안에 있는 이와 같은 영원한 사랑의 풍요를 관상함에 있어서 그와 같은 사랑이 하나의 복합적인 사랑의 관계요 이 복합성과 다원성은 상호성의 관계라고 하는 것을 보았다. '성령 안에 있는 창조세계'는 단순히 창조세계를 하나님과 대립시키는 이해가 아니다. 그것은 또한 동시에 창조세계를 신격화시키지 않고 하나님 안으로 진입시키는 것이다. 하나님께서는 창조적이고 생명주시는 성령의 능력들로 그의 창조세계 속으로 침투해 계신다. … (258)

그리고 인간의 영혼과 몸 그리고 인간 공동체 역시 하나님의 영을 통한 삼위일체 하나님의 페리코레시스에 대한 유비로 이해한다.

끝으로 우리는 인간의 하나님 닮음(human likeness to God) 역시 이와 동일한 신적 페리코레시스의 맥락에서 이해하였다. 즉, 교제, 상호 필요, 상호 침투의 관계성으로 말이다. 진정한 인간 공동체란 삼위일체의 형상으로 디자인되었다. 때문에 우리는 영혼과 몸, 의식적인 것과 무의식적인 것, 의지적인 것과 무의식적인 것의 관계를, 상호 침투와 세분화된 통일성의 페리코레시스적 관계로 이해할 것이다. 비록 이와 같은 근본적인 인간론적인 세분화가 어떻게 정의될지라도. 그러나 우리는 그것들을 일방적인 지배구조들로 이해하지는 않을 것이다. (258-256)

이상에서 몰트만은 삼위일체 하나님의 내적인 관계(다양성 속의 통일성)와 페리코레시스적 연합에 유비하여 창조공동체, 인간 공동체, 영혼과 몸, 그리고 남성과 여성의 관계를 이해한다. 그리고 아래에선 이를 삼위일체론적 성령 안에서 이해한다.

④ 인간과 자연의 불가분리성과 그 가운데 현존하시는 '영'
모더니즘 전통은 인간의 정신과 몸을 우주적인 영과 자연으로부터 고립시켜 이해하였다. 몰트만은 창조의 영과 우주 내재적 영이 인간과 자연과의 연속성의 원천으로 이해한다. 그리고 믿는 사람들이 경험하는 이신칭의와 성화의 영이신 '그리스도의 영'이 그와 같은 우주적 영과 자연을 변혁시키는 것으로 보았으니, 몰트만에게 있어서 '창조의 영'과 '우주 내재적 영'은 '하나님의 영'('영 그리스도론) 과 '그리스도의 영' 경험으로부터 얻어진 보편적인 영 경험인 것으로 보인다.

⑤ '영과 형체'(Gestalt)
몰트만은 플라톤, 데카르트, 그리고 칼 바르트의 영혼 위주의 인간론이 아니라 구약에서의 몸의 중요성을 내세우면서 몸과 영혼의 페리코레시스를 주장한다.(247-262) 몰트만에 따르면, '창조의 영'으로서 '우주 내재적 영'이 물질과 생명체, 그리고 인간의 영혼과 몸 각각을 구축하고 관계 맺게 하며 소통하게 하는 원리와 에너지이다.

우리는 '영'(the Spirit)을, 물질과 생명의 모든 열린 체계들의 구성(organization) 과 소통의 형식들이라 불렀다. 이로부터 나오는 결과는, 인간존재의 의식은 반성적 정신이라고 하는 것이다. 즉, 그것은 그의 몸과 그의 영혼의 구성에 대하여 깨닫고 사회와 자연 속에서 인간유기체의 필연적인 소통형식들을 깨닫는다. 인간의 체현은 창조의 영에 의하여 침투되어 있고 생기를 얻고 있으며 형성되는 체현이다. 즉, 인간은 하나의 '영의 몸'(a spirit-body)이다. 인간의 영혼 — 그의 느낌들, 생각들, 의도들 등 — 은 창조의 영에 의하여 침투되어 있고 생기를 얻으며 형성되는 하나의 '영의 영혼'(a spirit-soul)이다. 그리고 몸과 영혼이 연합되어 있는 인간의 형체(Gestalt)는 창조의 영에 의하여 형성되는 하나의 '영의 형체'(a spirit-Gestalt)이다. (263-264)

⑥ '예기(anticipatory)로서 영'

모든 인간의 몸과 영혼을 구축하고 있고 관계 맺게 하며 소통을 가능하게 하는 우주 내재적 영은 또한 예수님을 부활시키셨고 교회로 하여금 새 창조의 세계를 미리 맛보게 하는 성령에 대한 믿음에 근거한 보편적인 영 경험이다.

우리가 의미하는 것은, 인간의 전(全) 물리적이고 지성적이며 정신적인 실존의 예기적 구조이다. 사람들은 항상 어떤 방향성을 가지고 살아간다. 즉, 그들 앞에 놓여 있는 그 무엇의 방향 말이다. 따라서 인간들은 계속해서 그들 자신의 현재의 경계선을 너머서 미래의 열려진 가능성들을 향하여 기획하고 그들의 역사적 실존의 궤도수정을 하는 것이다. (265)

⑦ '소통으로서 영'

이것은 방금 위에서 언급한 '예기로서의 영'(Spirit as Anticipation)의 보완적 소통 구조이다.

인간의 생명과 삶은 자연 및 사회와의 소통에 의존하고 있다. 그는 그와 같은 소통 속에서만 실존한다. 생명과 삶은 관계이다. 그것은 교환이다. 우리가 살고 있는 것은 우리가 아닌 것과의 교환 속에서이다. 우리는 공기를 호흡하며 살아간다. 이와 같은 교환은 공동체를 창조하고 오직 공동체 안에서만 가능하다. 인간의 생명과 삶은 필연적으로 공동체 안에 있는 삶이다. 그것은 컴뮤니 온 안에서의 소통이다. 인간의 생명과 삶은 개인들 사이에서 일어나는 것이다. … (266)

⑧ '생명과 삶의 긍정으로서 영'

끝으로 이것 역시 '하나님의 영'(영 그리스도론)과 '그리스도의 영' 경험으로부터 얻어진 보편적인 영 경험이다. 특히, 예수님을 부활시키신 성령, 곧 생명의 영 혹은 사랑의 영으로부터 얻어진 영 경험으로부터 보편적인 차원에서의 생명과 삶의 긍정으로서의 영을 경험한다고 보는 것이다.

분명히 인생의 인간다움이란 직접적으로 우리가 사랑이라 부르는 생명과 삶에 대한 관심에 달려 있다. 오직 사랑받는 생명과 삶만이 모든 어린이들이 알고 있듯이 인간적인 것으로 경험된다. 오직 사랑하는 생명과 삶, 곧 사랑 안에서 용납되고 긍정된 생명과 삶만이 인간적인 것으로 살아질 수 있다. 모든 성인들이 알고 있듯이. 인간은 하루하루 그의 삶을 수동적으로만 사는 것이 아니다. 인간은 그의 사랑을 통하여 그가 그의 생명과 삶을 용납하고 긍정하고 활력이 넘치게 하는 정도로 인간으로서 살아 있는 것이다. … 그러나 사랑은 그로 하여금 행복을 느끼게 할 수 있게 하고 고통을 느낄 수 있게도 한다. … 오직 사랑하는 삶만이 그 자신을 실망과 모순과 병과 죽음에 노출시킨다.… (268)

우리가 행복과 고통, 삶과 죽음에 대한 이와 같은 긍정에 있어서 생명과 삶의 영(the Spirit of life)에 대하여 언급한다면, 우리는 현재의 삶 속에 이미 사실상 불멸하고 영원한 생명과 삶이 현존하고 있다고 말하고 있는 것이다. … 구약에서 영은 생명과 삶의 신적 에너지, 곧 생명과 삶의 창조적 영으로 이해되고 있다. 신약에선 영은 부활의 능력으로 묘사되고 있다. 살리는 영(생명 주시는 영)은 현재의 삶 속에서 결코 그 무엇에 의해서도 조건 지워짐이 없고 무조건적인 사랑으로 경험되고 있는 것이다. 이것은 결코 그 무엇에 의해서도 조건 지워짐이 없고 무조건적인 사랑이다. 부활의 영 안에서 영생이 지금 여기에서 죽음으로 인도하는 삶의 한복판에서 경험되고 있는 것이다. 그것은 무조건적인 사랑으로 경험되고 있다. 죽음 앞에 영생이 있다.(269-270)

　　몰트만은 본 저서(『창조세계 안에 계신 하나님』)에서 '하나님'은 '하나님의 영' 곧 성령이라며, 창조주 하나님 아버지께서 이 성령을 통하여 만유와 모든 생명체들 안에 내주하시고, 동시에 그리스도 역시 그를 통하여 만유와 모든 생명체들 안에 내주하시며(cosmic Christ), 이 성령은 창조세계 안에 계시고 창조세계 또한 이 성령 안에 계신다고 한다. 그리하여 삼위일체 하나님의 내주와 초월을 동시에 주장하여, 만유와 모든 생명체들의 상호 관계 속에 있는 다양성 속의 통일성을 삼위일체 하나님의 '페리코레시스적 연합'(perichoretic union)의 반사로 본다.(2-16) 그리고 성령께서는 개인의 의식, 개인의 사회관계, 개인의 자연에 대한 관계에 대한 이해에 있어서도 결정적으로 중요하다.(17-19)

　　그리고 본 저서는 예수 그리스도 안에 계시된 하나님을 삼위일체 하나님으로 보고 역사와 자연 속에서 '삼위일체 하나님의 흔적'(vestigia trinitatis)을 발견할 수 있고, 이 하나님이 영광의 하나님 나라의 도래를 약속하시는 분이시기 때문에 역사와 자연 속에서 '하나님 나라의 흔적'(vestigia regni Dei)을 발견할 수 있다고 한다.(63-64) 그리고 몰트만은 '통치자 하나님의 세계츠월'을 내세우며 '성령 하나님의 세계내주'를 포기할 경우, 자연은 죽은 것이고 무영성이며 하나님 없음일 것이다. 그래서 그는 '세계 안에 거주하시는 창조주 영(the Creator Spirit)이 없다면, 인간들과 자연이 공유하는 하나의 평화로운 창조계의 공동체가 있을 수 없을 것이라고 한다. 그는 창세기 1:2절의 '하나님의 신'이란 신적인 영(루아흐)으로서 '하나님의 창조의 영이시요 창조세계 안에 내주하시는 영'이시라고 한다. '청조세계 전체는 성령에 의하여 짜진 직물이요 성령으로부터 형태를 부여받는 실재이다.'라고 하였다. (98-99)

　　이상에서 몰트만은 복음서에서 경험된 예수님의 구속사역에 선행(先行)하는 '하나님의 영'과 바울의 글들에서 경험된 이신칭의와 성화와 은사 등을 가능하게 하시는 '그리스도의 영' 경험을 전제하는 혹은 이를 출발점으로 하는 '하나님의 영' 이해를 주장하고 있다. 그가 말하는 '하나님의 영'은 삼위일체론적인 영이다. 그는 바로 이 '하나님의 영'이 물질과 생명체, 영혼과 몸, 그리고 인간과 자연 각각을 구축하고 관계 맺게 하며 소통하게 하는 원리와 에너지요 종말론적 추진력이며 '생명과 삶의 긍정'을 가능하게 하는 힘으로 보았다. 그런데 몰트만은 이 '하나님의 영'에 대하여 다음의 저서에서 더 소상히 다루었다. 아래에서 다룰 저서는 주로 성령, 그것도 삼위일체론적 성령론에 집중하면서 성령께서 삼위일체 하나님 자체 내의 코이노니아 그 자체이실 뿐만 아니라 만유와 모든 생명체들의 코이노니아와 통일성의 원천이심을 힘주어 주장하고 있다.

이상과 같은 몰트만의 주장은 유일신주의(유대교, 이슬람, 서방기독교)와 '이신론' 전통에 대한 반론이나 마찬가지이다. '유일신주의'(monotheism)는 하나님과 창조 세계의 관계를 초월과 내재의 대립관계로 보았고, 서방교회의 전통을 잇는 유럽의 '계몽주의' 전통의 '이신론'은 '초월'을 배제하고 동시에 창조세계가 그 자체의 법칙대로 운영된다고 보았다. 그리하여 역사적으로 그리고 사상사적으로 서구와 북미 전통에서 결국, 하나님은 물질과 생명, 인간 공동체와 자연공동체와는 전혀 생명적인 관계를 갖고 계시지 않는 하나님이 되어버렸다. 세상은 기계로 전락하였고, 단순히 인간의 작품에 불과한 것이 되고 말았다.(312-316) 이와 같은 배경에서 우리는 인간과 만유와 상호 침투적인 관계 속에 계시고 활동하시는 몰트만의 삼위일체 하나님과 삼위일체론적 성령이 얼마나 중요한가를 알 수 있다. 몰트만에게 있어서 이와 같은 삼위일체 하나님과 삼위일체론적 성령은 인간과 창조세계 안에 초월적 내재와 내제적 초월로 현존하시고 사역하신다.(317)

(2) 『생명의 영』(1991)

하나님의 영과 그의 아들 사이의 삼위일체론적 상호성: 몰트만은 복음서들에서는 '하나님의 영'이 예수님의 모든 구속사역에 선행(先行)한다고 본다. 이것이

다름 아닌 동방정교회 신학 전통에서 온 '영 그리스도론'이다.[12] 그는 이를 바울의 글들에서 발견되는 그리스도의 부활 승천 후의 '기독론적 성령론' 혹은 '그리스도의 영'으로부터 구별한다. 그리고 그는 하나님의 영이 어떻게 그리스도의 영이 되며, 그리스도의 구속의 영에 대한 교회 공동체의 경험적 참여, 나아가서 보편사와 창조세계 안에서 예수님과 그리스도를 통하여 경험된 '그리스도의 영'에 다름 아닌 하나님의 영에 대한 경험이 가능한 것으로 본다. 무엇보다도 여기에서 중요한 것은 삼위일체론이다. 즉, "… 우리는 성령께서 아버지께로부터 나오시고 아들을 규정하시며 아들 위에 머물러 계시고 아들을 통하여 빛을 비추신다."(71)고 하는 것이다. 몰트만은 '기독론적 성령론'으로 기울어지는 서방교회의 삼위일체론을 의식하면서 균형 잡힌 삼위일체론을 주장한다. 그는 아버지의 군림도 성자의 군림도 성령의 군림도 거부한다. 그는 아버지의 시원을 의식하면서도 아버지와 아들과 성령이 상호 동등하시고 상호 내주하시며 상호 침투하는 사랑의 관계(perichoresis) 속에 계심을 주장한다.(72)

① 성령의 경험

몰트만에게 있어서 성령의 경험은 미래 지향적 종말론적 열망을 일깨운다. "성령의 경험은 구원의 완성을 향한 종말론적 열망이요, 몸의 구속과 만유의 새 창조에 대한 종말론적 열망이다."(73)라고 할 때, 성령론은 이신칭의와 성화와 은사에 대한 경험에 국한되지 않는다. '이신칭의'와 '성화'와 '은사'는 완성될 구원과 몸의 구속과 만유의 새 창조의 담보요 미리 맛봄이요 그것의 부분이다. 이는 성령의 보편적인 오심을 기대한다. 바울은 아버지의 영이요 아들의 영으로서 성령을 종말론적으로 이해한다.

---

12 • 몰트만은 이 주제에 대하여 *The Way of Jesus Christ*(1989, 73 이하)에서 소상히 논하였다. 몰트만에 의하면, 부활하신 그리스도가 그분의 공동체 안에 성령으로 현존하신 것은 예수께서 죽은 자들로부터 부활하신 이래의 현존을 말하는데, 바로 이 성령은 그리스도를 매개로 임하신 아버지께서 약속한 성령이시다(Christological pneumatology). 따라서 사도들은 이와 같은 성령 안에서의 그리스도에 대한 경험을 토대로 하여 그분의 잉태와 요단강세례와 광야시험 등에 있어서 성령을 통한 메시야 사역을 내러티브로 엮어낼 수 있었다. 이런 의미에서 복음서들은 부활 이후 사도들의 성령을 통한 복음 선포의 맥락에서 소급적으로 기억된 복음 이야기이다.

현재의 성령경험은 장차 도래할 영광의 하나님 나라의 시작과 담보(혹은 선급금)와 미래 맛봄이다(롬 8:23; 고후 1:22; 5:5; 엡 1:14). 이와 같은 경험 속에서 만유의 새 창조가 이미 경험되었다. 이는 모든 사람들을 대신하여 기대 가운데 일어난 경험이다. 성령의 경험에서 성령의 카리스마적 에너지들은 몸과 영혼 속으로 침투한다. 이 에너지들은 초자연적인 은사들이 아니다. 그것들은 '장차 올 시대의 능력들'(히 6:5)이다. 이 때문에 성령의 경험은 참된 생명과 삶으로의 중생, 곧 온 우주의 중생을 기대하는 한 인격의 중생이기도 하다.(74)[13]

② 성령의 코이노니아: 코이노니아의 삼위일체론적 개념

몰트만은 고린도후서 13:13("주 예수 그리스도의 은혜와 하나님의 사랑과 성령의 교통하심이 너희 무리와 함께 있을지어다.")을 분석함으로써, 성령의 삼위일체 하나님 자체 내에서의 코이노니아와 인간 및 창조세계 전체의 이 삼위일체 하나님 자체 내의 코이노니아에의 참여를 논한다. 그는 왜 은총은 아들에게, 코이노니아는 성령에게, 그리고 사랑은 아버지에게 돌려지는가를 묻는다.

몰트만은 하나님과 인간의 코이노니아는 아스토텔레스가 말하는 '유사한 자들끼리 서로가 서로를 끌어들이는 것('like draws like')이 아니라 "유사하지 않은 자들의 공동체 혹은 코이노니아"(a community of those who are unlike and dissimilar)라고 한다. 그리하여 몰트만은 '성령의 교통'(고후 13:13)이야말로 매우 놀라운 사건이라며, 이와 같은 코이노니아는 성령이 인간을 삼위일체 자체 내의 코이노니아로 초대하는 차원과 인간들이 성령과 누리는 코이노니아 모두를 의미한다고 본다. 그는 이렇게 주장한다.

… 코이노니아란 단순한 성령의 한 '은사'가 아니다. 그것은 성령 그 자신의 영원하고 본질적인 본성임에 틀림없다. 하나님의 아들 그리스도께서 은혜의 원

---

13 • *The Way of Jesus Christ*는 이 성령을 구약의 '루아흐 야훼'로 보아, 이렇게 말한다. 즉, "우리가 루아흐 야훼 혹은 성령을 하나님의 창조의 에너지, 구원의 능력 그리고 예언자적 능력을 이해할진데, 그리스도의 공동체 안에 이 성령이 지속적으로 현존한다고 하는 것은 남자들과 여자들의 종말적 구출(the end-time deliverance)이요 새 창조요 하나님의 영광의 현시이다. 또한 예수님 안에 성령의 지속적인 현존이란 하나님 나라의 참된 시작이요 역사 안에서 일어난 새 창조의 참된 시작이다."(92)

천으로 불리고, 아버지 하나님께서는 사랑의 원천으로 불리는 데 반하여, '코이노니아'는 성령 그 자신의 본성으로 지칭되고 있다. 성령께서는 단순히 그 자신과의 코이노니아를 가져오시기만 하는 것이 아니다. 성령은 그 자신이 아버지 및 아들과의 코이노니아로부터 발출하신다. 그리고 그분이 믿는 자들과 맺으시는 코이노니아는 그분의 성부 및 성자와의 코이노니아에 상응한다. 그래서 이는 삼위일체적 코이노니아이다. 성브 · 성자 · 성령의 일치 안에서 삼위로 일체되시는 하나님 자신은 전 창조세계가 그 안으로 초대받아 공간을 지닐수 있는 하나의 개방적인 코이노니아이다. … 성령의 코이노니아는 풍요로운 관계성 속에 계신 삼위일체 하나님의 본질적인 내적 공동체성으로부터 나오며 이 코이노니아(공동체성)를 모든 인간들에게 개방하시어, 이 남녀 인간들과 모든 다른 피조물들을 그와 같은 공동체 안으로 모으심으로 이들이 영생을 갖게 하신다. 그런즉 결과적으로 우리는 '성령의 교통'(13:13)을 위격들의 공동체(코이노니아)로 이해하지 않으면 안 된다. 그것은 단일신론적인 의미에서 본질의 공유정도가 아니다. (218-219)

이어서 몰트만은 "성령과 (삼위일체 자체 내의) 공동체성의 연계(link)에 대한 성령 경험이 성령과 인간들 및 타 피조물들과의 코이노니아에 대한 경험으로 인도한다."(219)고 하면서 인간 공동체성과 나머지 피조세계의 공동체성에 대하여 주장한다.

사회성에 대한 경험은 생명과 삶의 경험이다. 모든 생명과 삶은 음식과 에너지의 상호 교환과 상호 참여에 있기 때문이다. 그것의 특수 사회적 관계가 없는 생명과 삶은 없다. 관계가 없는 고립된 생경과 삶은 — 즉 문자 그대로 개인적이고 더 나뉠 수 없는 생명과 삶 — 자체 내 모순이다. 그것은 살 수 없고 죽고만다. 관계의 전적인 결여는 전적인 죽음이다. '성령의 교통'이란 '생명을 살리는 성령'('the life-giving Spirit')을 묘사하는 또 다른 하나의 방법이다. 성령 하나님께서는 그분 자신과의 코이노니아와 그분의 창조적 에너지들을 통하여 사회적 관계망들을 창조하시니, 이 안에서 생명과 삶은 태어나고 꽃피어나며 열매를 맺는다. 이런 의미에서 '성령의 교통'이란 코이노니아 혹은 공동체성을 부여하는 성령의 활동이다. 생명과 삶은 공동체로부터 생긴다. 생명과 삶을 가능하게 하고 그것을 진척시키는 공동체들이 생기는 곳마다 성령의 효력이 있는 것이다. 생명과 삶의 공동체가 탄생하는 곳마다 그곳엔 하나님의 생명살리시는 영과의 공동체성(코이노니아)이 있는 것이다. 공동체의 창조가 분명 자연과 인간들의 세계 속에서 하나님의 생명 살리시는 영의 목적인 것이다. 모든 피조된 존재들은 다른 존재들 안에 있다. 스스로 있는 것이 아니다. 그런즉 그들은 상호 의존적이다. 그들은 함께 거기에 있는 것이고 서로가 서로를 위하여 있는 것이고 서로가 서로 안에 실존하는 것이다. … (219)

이상과 같은 주장에 근거하여 몰트만은 하나님은 개인주의적으로 경험되는 것이 아니라 사회적으로 경험된다고 한다. 아우구스티누스 이래로 인간은 자아의 경험과의 관계에서 하나님 경험을 강조해왔지만, 몰트만은 하나님의 형상을 '하나님의 형상'이라기보다는 '삼위일체 하나님의 형상'이라며, "인간들은 서로가 서로로부터, 서로가 서로와 더불어, 그리고 서로가 서로 안에서 삼위일체 하나님의 반영을 본다."(221)고 한다. 그런데 성령은 창조주시요 만유의 새 창조주이시기 때문에 이상과 같은 개인 차원의 하나님 경험과 사회성 속에서의 하나님 경험을 너머서 자연에 대한 경험으로부터도 하나님 경험이 가능하다고 주장한다.(221) 따라서

몸을 통한 경험들, 감성적 경험들, 그리고 자연 속에 있는 우리의 동료 피조물들의 경험들 역시 하나님 경험에 있어서 자아의 경험 및 사랑의 사회적 경험과 동등한 수준을 누리는 것이다. 자연에 대한 이와 같은 경험들은 자아의 경험들과 사회성의 경험들과 불가분리하게 묶여져 있으며, 그것은 이와 같은 경험들에 있어서 하나의 구성적 요소이다. 그런즉 영혼의 공동체만을 높이고 창조공동체를 경멸하는 사람은 누구나 하나님의 창조적 성령의 불길을 꺼버리는 사

람이요 성령께서 모든 피조세계를 구속하시기 위하여 그것들과 함께 누리려고 하시는 그의 코이노니아를 거부하는 사람이다. … (221)

우리는 이와 같은 몰트만의 신학적 패러다임 안에서 '생명공동체로서 교회 공동체'와 '교회 밖의 '생명공동체들'(남녀의 공동체, 세대들의 공동체, 다문화 공동체, 다종교 공동체, 민족들의 공동체, 국가들의 공동체, 정치적 경계 글로벌 공동체, 인간 공동체들과 타 생명체들의 공동체, 인류공동체와 창조세계 공동체가 함께 어우러지는 공동체 등)의 자리와 기능을 생각해본다. 이상에서 제시한 몰트만의 신학 패러다임의 골자는 결국 종말론적으로 정향되어 있는 삼위일체론적 성령론이다. 그리고 그의 이와 같은 성령론이 종전의 서방교회의 그것과 다른 점은 니케아-콘스탄티노플 신조에서 정리된 삼위세 위격의 개별성과 공동체성이요, 이 맥락에서 특히 '생명을 살리시는 주님'('the Lord and life-giver)으로서 성령의 '관계적 독특성'에 대한 강조이다. 그런즉 몰트만은 동방정교회의 삼위일체론과 성령론 전통을 대폭 수용한 것이고, 여기에 더하여 이를 그의 보편주의적 종말론에 정향시킨 것이다. 따라서 몰트만은 기독론적 종말론 혹은 종말론적 기독론(『십자가에 달리신 하나님』)에 근거하여 이제 여기에선 성령의 종말론 혹은 종말론적 성령론, 그것도 '영 그리스도론' 차원에서 '하나님의 영'을 크게 부각시키면서도 결국 이 '하나님의 영'이 '그리스도의 영'이 되시고 전자가 후자와 동일시되는 신학적인 과정을 제시하였다.

2. 관계망 속에 있는 생명공동체

이제 우리는 이상과 같은 에큐메니칼 운동의 '신학적인 패러다임'에 상응하는 몰트만의 새로운 신학적인 패러다임 안에서 '생명공동체로서 교회 공동체'와 교회 밖의 공동체들의 자리와 기능을 말할 수 있다. 몰트만에게 있어서 하나님 아버지의 메시아적 복음을 통한 성령 안에서의 그 원사역은 객관적이고 보편적이고 종말론적이다. 이 맥락에서 삼위일체론적 성령론 역시 교회만을 위한 것이 아니라 객관적이고 보편주의적이며 종말론적으로 정향되었다. 비록 그가 '이신칭의와 성화와 은사'와 같은 '그리스도의 영'에 대한 교회의 고유 경험을 언급함에도 불구하고, 그의 '하나님의 영'에 대한 교회의 경험은 그것에 대한 교회 밖의 사람들과 경험을 공유하는 것으로 보는 것이다.[14] 비록 그들이 그와 같은 경험을 '하나님의 영'에 대한 경험으로 돌리지 않을지라도 말이다. 그리고 몰트만은 교회의 '공동체성'과 '교회 밖의 공동체성'이 모두 삼위일체 하나님의 반영이며, 특히 성령께서 삼위일체 하나님 자체 내에서 코이노니아를 가능케 하시는, 본성상 사랑과 자유의 코아노니아이시요, 동시에 타자들('교회 공동체'와 '교회 밖의 공동체들')을 삼위일체 하나님의 코이노니아에 동참케 하시고 이 '타자들' 안에서의 코이노니아를 구축하시고 만드시는 분 혹은 삼위일체 하나님의 코이노니아를 '타자들' 안에 반영시키시는 분이시다.

이상과 같은 몰트만의 삼위일체론과 삼위일체론적 성령론 그리고 새 창조의 세계에 대한 주장에 비추어볼 때, 그리고 이와 같은 신학적 근거에서 제시된 '교회의 공동체성'과 '교회 밖의 공동체들의 공동체성'을 생각할 때, 생명의 문제는 단순히 생태학적이고 생물학적인 차원의 문제만이 아니다. 그것은 정치 · 경제 · 사회 · 문화와의 관계망 속에 있다. '역사'(정치 · 경제 · 사회 · 문화) 차원과 창조세계의 차원은 불가불리한 네트워크 속에 있다. '정의와 평화' 문제는 창조세계 보전 문제와 맞물려 있기 때문이다. 인간을 포함하는 모든 생명체들은 하나님의 창조세계 안에서 서로 관계망을 형성하고 있고, 상호 의존적인 부분들(interdependent parts of the whole)이라고 하는 뜻에서 '생명'은 관계망 속에 있는 '생명공동체'이다. 그러니까 생태계뿐만 아니라 정치 · 사회 · 경제 · 문화 역시 하나의 생명의 관계망을 이루고 있고, 이와 같은 역사 차원 역시 창조세계와 생명적인 관계 속에 있다고 하는 말이다. 따라서 인간과 동식물은 각각 그와 같은 생명의 관계망으로부터 벗어날 때, 생명 상실과 생명 집의 파고를 경험한다.

성부 · 성자 · 성령은 사랑의 네트워크 속에서 하나가 다른 하나를 인정하고

---

14 • 참고: '제 I 장: 생명과 삶의 경험 – 하나님 경험'(17-38)에서 보편사와 창조세계 안에서 가능한 '생명과 삶의 영'(the Lord and life-giver) 혹은 '하나님의 영'에 대한 경험에 대하여 논한다.

존중하며 하나가 다른 하나에게 마땅히 돌려야 할 영광과 사랑을 돌린다. 삼위일체 하나님은 상호 간에 상대방의 개별성과 영역주권을 인정하면서도 존재(내재적 삼위일체)와 행동(경세적 삼위일체)에 있어서 공동체성을 추구하신다. 성령께서는 인류와 창조세계를 삼위일체 하나님과의 코이노니아로 인도하시고 인류와 창조세계의 다양한 공동체들을 구축하시고 만들어가신다. 예수님의 유언과도 같은 대제사장 예수님의 기도인 요한복음 17:21-23은 하나님께서 네트워크 속에 있는 공동체(God as Communion)시요 인류 역사와 창조세계 역시 그래야 하고 후자가 전자에 참여해야 할 것을 암시하고 있다.

3. 생명공동체로서 하나님 나라

'하나님의 영'에 대한 체험 속에서 아버지 하나님의 인도하심을 받으신 예수님은 "요한이 잡힌 후에 갈릴리에 오셔서 하나님의 복음을 전파하여 가라사대 때가 찼고 하나님 나라가 가까웠으니 회개하고 복음을 믿으라."(막 1:14-15)고 하셨다. 예수님은 모든 인류의 죄를 대신하여 요단강에서 세례를 받으시고 '하나님의 영'을 부음받으시고 난 다음에, 이렇게 하나님 나라의 복음을 선포하시면서 듣는 사람들에게 신앙과 회개를 요구하셨다. 그가 선포하신 하나님 나라는 인류 역사와 창조세계 전체에 대한 왕권을 행사하시는 아버지 하나님의 나라이다. 구약의 이스라엘 사람들은 창조 이야기로부터 말라기에 이르는 구약의 모든 이야기로부터 이와 같은 열방들과 창조세계에 대한 야훼의 왕권과 주권을, '야훼의 루아흐'에 대한 경험을 통하여 익히 잘 알고 있었다. 그러니까, 예수님의 하나님 나라는 구약이 이야기하고 있는 야훼의 인류 역사와 창조세계에 대한 왕권과 주권을 말하며, 계시록 21-22장이 예언하고 있는 '새 창조'에 의하여 완성될 나라일 것입니다.

사랑과 은혜의 언약의 하나님께서는 애굽 제국의 억압과 압제의 굴레 속에서 신음하는 이스라엘 백성 공동체의 절규를 들으시고 그들을 출애굽 시키시는 공의의 하나님이셨고, 출애굽 후 시내 산 언약을 주시는 사랑과 은혜의 하나님이셨다. 이로써 하나님께서는 아브라함에게 주신 은혜의 언약을 갱신하시면서 이스라엘 백성 공동체의 신앙과 순종(사랑과 정의)을 확인하셨다. 하지만 이스라엘은 반복적으로 하나님의 은혜의 언약에 대하여 불신앙하였고 불순종하였다. 때문에 하나님께서는 아브라함에게 주신 은혜의 언약을 여러 번 갱신하셨다. 그것은 요시아, 다윗, 예레미야로 이어졌고, 급기야 예수 그리스도께서 은혜의 언약을 아랑곳하지 않는 이스라엘과 인류를 대신하여 그리고 이들을 위하여 십자가에 달리셨다가 부활하셨다. 그리고 이것은 장차 새 하늘과 새 땅에서 완전하게 마무리될 것이다. 그런즉, 구약의 이야기는 이방인들의 구원경세뿐만 아니라 "새 하늘과 새 땅"을 목표로 하고 있다. 아브라함에게 주어진 하나님의 약속(창 12:2-3)은 예수 그리스도와 성령강림을 통하여 이루어졌고, 역사의 과정 속에서 실현되고 있으며, 새 하늘 새 땅에서 온전히 이루어질 것이다(사 11:6-9; 65:17-25; 계 21-22). 이는 인류 역사와 창조세계를 아우르는 새롭게 창조된 생명공동체일 것이다. 그것은 '역사'와 죽음 저편에서 전개될 새로운 세계, 곧 마지막 때에 도래할 '새로운 세계의 생명공동체'(the life of the world to come)(니케아-콘스탄니노플 신조, 381)일 것이다. 계 21:1-7은 바로 이 '새 창조의 세계'(creatio nova)를 묘사하고 있다 하겠다.[15]

예수님은 하나님 나라를 선포하셨을 뿐만 아니라 그의 권세 있는 사역들을 통하여 하나님 나라의 현존을 알리셨다. 오직 사람들은 그것을 신앙의 눈으로만 알 수 있었다. 예언자들과 세례 요한과 달리 예수님은 하나님 나라를 선포하셨을 뿐만 아니라 그것의 현존을 권세 있는 행동과 말씀으로 보여주셨습니다. 예수님은 세례 요한이 보낸 메신저들의 물음("오실 그이가 당신이오니이까 우리가 다른 이를 기다리오리까?")(마 11:3)에 대하여 이사야 35:5-6과 61:1-2를 배경으로 대답하셨다. 즉, "소경이 보며 앉은뱅이가 걸으며 문둥이가 깨끗함을 받으며 귀머거리가 들으며 죽은 자가 살아나며 가난한 자에게 복음이 전파된다 하라."(마 11:5)고 하심으로 하나님 나라의 현존을 나타내신 것이고, "누구든지 나를 인하여 실족하지 아니하는 자는 복이 있도다 하시니라."(마 11:6)에서는 그것에 대한 믿음을 요구하신 것이다. 바로

---

15 • 참고: 이형기, 『하나님 나라와 공적신학』(한국학술정보, 2009), 95-135. 여기에서 필자는 몰트만의 '하나님 나라' 신학을 집중적으로 소개하였다. 참고: 『하나의 신앙을 고백하며: …』의 모든 종말론 부분들.

예언자들이 선포했던 야훼의 날이 예수님을 통하여 선포되고 임저 한 것이며, 예수님의 부활을 통하여는 계시록 21:1-7절이 선포하는 '새 창조의 세계'가 계시되고 약속된 것이다. 예수님은 십자가와 부활을 통하여 인류와 모든 창조세계에 대한 아가페 사랑을 보이셨고, 나아가서 가난한 자, 병든 자, 소외된 자, 죄인들, 눌린 자들에 대하여도 특별한 아가페 사랑을 보여주셨다. 그는 하나님의 아들로서 아버지의 인류 및 창조세계에 대한 왕권과 주권을 보여주신 것이다.

따라서 예수님께서 선포하시고 그것의 현존을 몸소 알리신 하나님 나라는 계시록 21:1-7 말씀에 나타난 '새 하늘과 새 땅'의 앞당겨진 현존이었다. 특히, 예수님은 그의 부활을 통하여 이 '새 창조'의 세계의 '첫 열매'(고전 15:20, 23; 롬 8:23)를 보여주신 것이다. 그리고 부활 후 강림하신 성령께서 바로 이상과 같이 예수님에게 나타난 하나님 나라의 현존을 계속 지속시키시고 계신다. 성령께서는 이 하나님 나라의 미리 맛봄이요 담보요 보증이다(행 1:8; 고후 1:22; 엡 1:14). 오순절 성령강림의 날에 제자들은 예언자들이 바라보았던 '마지막 날들'(the last days) 혹은 '야훼의 날'(the Day of the Lord)을 경험하였고, 마지막 때에 도래할 '새 창조의 세계'를 보았다. 바로 종말의 날이 동터 오른 것이다(행 2:17). 바벨탑의 저주가 제거되었고, 노아에게 주어진 열방들과 창조세계에게 주어진 축복의 약속이 성취되었으며, 모든 열방의 민족들이 자기네들의 언어로 하나님의 놀라운 사역들에 대하여 들을 수 있게 된 것이다. 모든 열방이 주님과 그의 메시아의 백성으로 불러 모아지는 일이 시작된 것이다.

4. 하나님 나라의 미리 맛봄과 표지판과 징표와 도구: 생명공동체로서 교회

사분오열된 고린도 교회, 황제의 시녀가 된 콘스탄틴 기독교 세계, 중세 암흑기의 교황주의 교회, 종교개혁 직전 혼란기의 교회, 히틀러의 이념을 지지했던 '독일 기독교인들', '신자유주의' 시대에 매몰된 돈량주의적 한국교회 등 역사 속의 교회들이 과연 '하나님 나라의 미리 맛봄과 징표와 도구'인가를 우리는 인정하기 어렵다.

일찍이 오스카 쿨만과 칼 바르트는 예수 그리스도와 교회 및 세상(국가)의 관계를 '두 개의 동심원'에 비유하였다. 즉, 두 원의 중심에 교회의 머리되시고 역사 및 창조세계의 주님 되시는 주 예수 그리스도께서 자리하고 계시고, 그 다음 원은 교회이고 두 번째 원은 이 세상(국가)이라고 하는 뜻이다. 이들 스위스의 신정통주의 신학자들은 '교회'와 '세상'이 하나님 나라를 반영해주고 있다고 보면서, '교회 공동체'가 좀 더 두 원의 중심이신 예수 그리스도에게 가까이 자리하고 있다고 본 것으로 판단된다. 여기에서 우리는 역사를 순례하는 교회 안에 너무나도 죄와 허물이 많이 있지만, 그럼에도 불구하고 하나님의 크신 은혜로 교회는 하나님 나라의 반사체라고 하는 것이다. 때문에 우리는 역사 속에 현존하는 혹은 현존했던 어떤 교회를 예로 들기 어렵기 때문에, 신약성서가 선포하고 정의하고 있는 교회의 '생명공동체성'을 생각해보아야 할 것입니다.

예수께서 요단강에서 세례를 받으신 후 하나님 나라를 선포하셨으며 그의 권세 있는 행동과 말씀으로 그것의 현존을 보여주셨다. 그리고 부활하신 주님으로부터 하나님 나라의 복음을 위임받고(눅 24장) 성령의 강림으로 이 세상 속으로 파송받은 사도들과 사도적 공동체 역시 그것을 선포하고 그것의 현존을 알렸다. 그리고 사도들과 사도적 공동체 역시 하나님 나라의 복음을 믿고 구원을 경험한 사람들에게 세례를 베풀었고, 나아가서 이 하나님 나라를 선포하고 그것의 현존을 알리도록 이들을 이 세상으로 파송하였다. 이들 사도들과 사도적 공동체와 오고 오는 세대의 교회 공동체들은 하나님 나라의 복음을 받아들인 후 세례를 받고, 성령으로 예수 그리스도와 연합하며(롬 6장), 나아가서 아버지 하나님과의 연합을 경험하였다. 그리하여 교회란 본성상 삼위일체 하나님 자체 내의 코이노니아를 가능케 하시고 아버지와 아들로부터 나오신 사랑의 코이노니아 그 자체이신 성령을 통하여 예수 그리스도 및 삼위일체 하나님과 수직적으로 연합하였고, 다른 성도들과 수평적으로 연합(성도들의 교제)한, 글자 그대로 '생명공동체'의 성원들이 되었다.

그런즉, 신약성서는 이상과 같은 수직적이고 수평적인 코이노니아 속에 있는 교회를 남편과 부인의 관계로(엡 5:22-33)로, 포도나무와 그 가지들로(요 15장), 그리스도를 머리로 하는 그의 몸의 지체들과 성령의 다양한 은사들을 받은 자들로(고전 12장), 성령의 전(고전 6:19)으로, 그리고 하나님의 소유된 백성(벧전 2:9)으로 묘사하고 있다. 이는 모두 '생명공동체로서의 교회'의 모습을 그리고 있는 것이다. 바로 이 교회는 '그리스도의 몸', '성령의 전' 그리고 '하나님의 백성', 곧 삼위일체 하나님의 형상이다. 이처럼 교회는 성부·성자·성령의 영원한 사랑의 사귐과 나눔을 반사시켜 주는 '생명공동체'이다. 그런즉, 교회는 다름 아닌 계시록 21장과 22장, 이사야 11:1-9, 창세기 12장-2장이 보여주고 있는 창조세계와 인류공동체 전체를 아우르는 우주적이고 '생명공동체'에 대한 미리 맛봄이요, 징표요, 표지판이요, 도구이다. 바로 이와 같은 '생명공동체로서의 교회'는 하나님 나라를 선포하고 그것의 현존을 알리며 그것을 푯대로 하여 자신의 본질과 사명을 가다듬어가야 하는 '대안(代案) 공동체'인 것이다.

5. 하나님 나라의 파편들과 징표들과 표지판들과 도구들로서 '교회 밖의 생명공동체들'

우리는 에큐메니칼 운동 및 몰트만의 신학적인 패러다임을 따라서 '교회 밖의 생명공동체들'을 경험하고 이해할 필요가 있다. 자연재해와 인류사회의 모든 구조 악과 부정성에도 불구하고, 우리는 '영 그리스도론'에서 제시되었고 '기독론적 성령론'과의 연장선상에 있는 '하나님의 영' 혹은 '창조주 하나님 아버지의 영' 혹은 '생명을 살리시는 영'(the Lord and life-giver: 니케아-콘스탄티노플 신조)이 그와 같은 '교회 밖의 공동체들'의 심저(the transcendental depth)에 있으며, 그것들을 삼위일체 하나님의 코이노니아로 초대하시고, 이와 같은 '생명공동체들'의 다양성과 다원성을 보장하시며 새 창조의 세계로 인도하신다고 하는 사실을 믿고 희망해야 할 것이다. 그리고 삼위일체 하나님께서 친히 그것들 안에 현존하시고 사역하시어, 그것들의 치유와 화해와 회복을 통하여 하나님 나라의 파편들과 징표들과 표지판들을 경험케 하신다고 하는 것을 명심해야 할 것이다.

우리는 종말론적으로 정향된 삼위일체론적 성령론을 통하여 그리고 사랑에서 출발하고 사랑을 표준으로 하며 사랑을 목표로 하는 정의구현을 통하여 그와 같은 '교회 밖의 공동체들'에게 바른 길을 제시해야 할 것이다. 우리는 항상 새 창조의 성령초대의 기도로써 '교회 밖의 공동체들'이 성령으로 충만하여 삼위일체 하나님의 형상을 따라 다양성과 다원성을 확보하면서 생명의 공동체인 하나님 나라를 일구도록 촉구해야 할 것이다.

우리는 삼위일체 하나님의 형상과 삼위일체론적 성령론 그리고 인류와 창조 세계의 종말론적 완성(새 창조)에 비추어서, 가정과 사회와 문화의 불변수인 남녀의 공동체성, 세대들 간의 상호 보완적인 조화의 공동체성, 다문화 · 다종교 · 다민족들의 인류공동체성, 다국가들의 공동체성, 정치적 경제의 글로벌 공동체성, 그리고 인류공동체와 창조세계 공동체(the commnunity of creation)가 함께 어우러지는 공동체성을 발견하고 추구하고 일구어나가야 할 것이다. 우리는 이와 같은 의미와 목적을 가지고 '교회 공동체' 안아서 그리고 '교회 공동체'를 통하여 그리고 '교회 밖의 공동체들' 안에서 그리고 '교회 공동체들'을 통하여 '샬롬의 생명공동체'를 구현해나가야 할 것이다.

Ⅲ

'생명공동체'와 경제

1. '생명공동체'에 역행하는 경제

1) 글로벌화의 역기능[16]: 글로벌화 과정 속에서 교회와 신학의 주변화

우리는 글로벌화 시대에 살고 있다. 미국발 금융 위기는 하루아침에 전 세계로 확산되었고, 신종플루 역시 멕시코로부터 글로벌화되었다. 오늘날 자유주의 시장경제(신자유주의)와 정보통신 역시 글로벌화되었다. 온 지구가 하나의 거대한 시장으로 변형되어가고 있고, 글로벌 시민들은 컴퓨터를 통하여 빠르게 소통하고 있다. 글로벌화는 대체로 18세기 계몽주의시기로까지 소급한다. 이 시기 동안에 베이컨과 뉴턴에 의한 과학혁명으로 비롯되어, 과학과 기술이 인류사회를 지배하게 되었고, 데카르트와 칸트의 철학혁명으로 하나님 대신에 인간의 지성과 의지가 이 세계의 주체가 되었으며, 미국혁명과 프랑스혁명으로 인권과 자유와 평등과 같은 시민사회적 가치와 민주주의적 가치가 글로벌화되었다. 무엇보다도 산업혁명과 자본주의의 발달과 제국주의로 말미암는 유럽발 글로벌화는 미국과 유럽의 피식민지 국가들로 널리 그리고 크게 확산되었다.

---

16 • 글로벌화의 '순기능들'에 대하여 주장하는 학자들도 있다. 대체로 이와 같은 학자들은 자연과학과 기술, 자유와 인권과 같은 민주주의적 가치들, 경제적인 발전에 의한 빈곤퇴치 등 모더니즘의 글로벌화로 말미암아 그것의 '역기능들'에도 불구하고 아시아와 아프리카와 라틴아메리카 등 '제3세계'들에게 좋은 영향을 주었고 계속해서 줄 것으로 본다. 참고: Max Stackhouse, *God and Globalization. Vol.4: Globalization and Grace*(New York: Continuum, 2007), 1-33. John Atherton, op. cit., 9-30.

특히, 냉전시대를 잇는 1960년대부터 탈냉전시대로 돌입하는 1990년대는 '신자유주의' 시대(1980년대 초 영국의 대처 수상과 미국의 레이건 대통령의 시대가 그것의 절정이었으나)가 등장하였다. 바로 이 시기 동안에 사람들의 주변화(빈익빈 부익부), 환경의 주변화 그리고 교회 및 기독교 신학의 심한 주변화가 초래되었다. 바야흐로 이와 같은 "대와해"(푸쿠야마: Great Disruption)의 시기 동안에 교회와 기독교 신학은 여지없이 공적인 영역으로부터 사적인 영역으로 밀려났다. 주변화된 나라와 지역의 교회와 신학은 이중적인 주변화와 사사(私事)화(privatization)와 소외를 경험할 수밖에 없게 되기도 하였다.[17] 뿐만 아니라 유럽과 북미 등 종전의 기독교 종주국들에서 교회와 기독교인들이 급감하고 있으며, 선진국으로 진입하려는 우리 한국 역시 교회와 기독교인들의 감소를 경험하고 있다.[18]

2) '신자유주의'의 글로벌화로 인한 인종차별에 맞먹는 빈익빈 부익부

2009년 5월 14일 프란시스코 교육회관에서 한국의 로마가톨릭교회와 개신교의 '그리스도인 일치 협의회' 주관으로 열린 세미나에서 몰트만 교수는 『지구화 시대에 있어서 오이쿠메네: 회칙 '하나 되게 하소서'』를 발표하였다. 그는 이 강연의 결론 부분에서 그동안의 글로벌화 과정은 '신자유주의'와 '정보통신'과 '인권'과 '민주주의'의 세계화로 일류 공동체가 하나 되어 잘 살아갈 것으로 기대되었으나, 실제로 오늘날 우리들에게는 글로벌화(특히, '신자유주의')가 4가지 역기능을 초래하였다며, 세계교회들이 연합하여 그와 같은 역기능들을 극복해나가야 할 것을 촉구하였다. 우선 4가지 역기능에 대하여 몰트만은 다음과 같이 주장하였다.

첫째로 점점 더 많은 사람들이 세계적으로 주변으로 내몰리고 있다. 이들은 직업이 없고 소비할 것이 없는 사람들이다. 아무도 이들을 필요로 하지 않고, 아

---

17 • John Atherton, Marginalization(London: SCM Press, 2003). 12. 36. 70-75.
18 • Ibid., 31 이하. 93 이하.

무도 이들을 원하지 않는다. 둘째로 환경파괴는 급속도로 증가하고 있고 글로 벌화된 경제는 세계 정상들의 기후변화 대응 세계대회들을 방해하고 있다. 셋째로 글로벌화된 세계는 인류사회를 부유한 사회와 빈곤한 사회로 분열시키고 (20 대 80), 사회적 국가들(Sozialstaaten)과 자유민주주의를 파괴한다. 넷째로 나라들이 짊어지고 있는 산더미 같이 큰 부채는 세대들 간의 계약을 깨뜨리고, 오고 오는 세대들의 생명과 삶을 짓누르고 있다.

'빈익빈 부익부'의 현상은 왜 일어나는가? 그것이 다만 개인의 능력과 주어진 환경 때문인가? 물론 개인도 어떤 직업을 얻기 위하여 부지런하고 성실하게 모든 노력을 하지 않으면 안 되겠으나, 그것은 사회경제적인 구조와 정치적인 구조와도 맞물린 문제이기도 할 것이다. 그런즉, 이상과 같은 우리나라의 경제위기는 단순히 최근 미국발로 일어난 경기침체의 결과만은 아니다. 그것은 좀 더 구조적인 차원의 문제이다. 1989-1990년 공산 동구권의 해체와 공산 구소련 연방의 붕괴 이후 가속화되고 있는 '신자유주의'의 글로벌화와 '정보기술(Information technology) 의 혁명으로 인한 양극화와 주변화라고 하는 구조적인 문제에다가 최근 세계적인 경기침체가 더 얹어진 것일 것이다.

3) '신자유주의' 이념으로 추동되는 무한경쟁 · 무한개발 · 무한소비로 인한 생태계파괴

오늘날 글로벌화되고 있는 '신자유주의의 정치적 경제'는 무한성장과 무한경쟁으로 빈익빈 부익부를 초래하였고 환경파괴를 가져왔다. 산업화 시대로 이래로 가속화된 생태계파괴는 멈출 줄 모른다. 오늘날 우리는 기후변화로 인한 지구온난화, 생태계파괴로 인한 종의 축소, 지진과 쓰나미와 같은 자연재해로 인한 생명파괴, 일본의 원전사고와 같은 인재로 인한 생명체들에 대한 위협, 조류독감과 구제역과 신종박테리아와 같은 글로벌 전염병 등 지구환경과 생태계의 파괴가 인류사회의 생존을 위협하고 있는 시대를 살아가고 있다.

오늘날 우리 주변에서 환경파괴와 종의 다양성 소멸은 왜 일어나는가? 산업화와 도시화, 자본주의와 신자본주의, 개발과 소비지향적 삶의 스타일은 오늘날 우리의 지구자원을 고갈시키고, 환경파괴와 생태계파괴로 인한 종(種)의 축소를 초래하였다. 무엇보다도 신자유주의의 글로벌 개발과 무한 성장이론은 향후 창조세계를 파괴하는 가장 큰 요인일 것이다. 오늘날 우리가 살고 있는 지구는 이산화탄소로 인하여 온실가스와 지구온난화에 직면해 있고, 이로 인하여 북극과 남극의 빙하가 녹아내려 해수면이 상승하고 있음을 눈앞에 보고 있다.

4) 글로벌 차원의 '빈익빈 부익부'로 인한 이민과 인구 이동으로 발생하는 다민족 · 다문화 · 다종교의 문제

오늘날 세계는 다민족 다문화 다종교의 사회가 되어가고 있다. 영국 프랑스 이탈리아 등에서 무슬림 이민자들에 대한 문제로 고민하고 있고, 중국과 아프리카와 중동 등에서 종족들과 민족들의 갈등문제로 이미 수많은 생명들이 희생되었으며, 이민자들을 100만 명 이상을 바라보는 우리 한국에서도 다민족 · 다문화 · 다종교의 문제는 결코 남의 일이 아닐 것이다.

방금 언급한 생태계파괴와 생명파괴가 주로 "신자유주의"로 인한 것인 것처럼 오늘날 지구적 빈익빈 부익부의 상황에서 주변화된 나라의 사람들이, 좀 더 잘사는 나라로 이민을 떠나는 상황에서 다문화 사회가 세계 도처에서 생겨나고 있다. 직장을 찾아서 안산시로 모여든 이주 노동자들을 목양하며 섬기고 있는 박천웅은 외국인 인구이동에 대하여 다음과 같이 언급하였다.

시민의 80%는 원주민이 아닌 외지인이다. 생계와 직장을 따라 이주한 사람들로서 안산이 고향이 아닌 사람들이다. …

안산시 원곡본동의 경우 2004년 말 기준 인구수는 1만 1,822명이다. 지난 2002년 3월 25일부터 5월 25일까지 불법체류자 자신신고를 통해 조사한 내용을 보면 안산시 원곡동 전체에는 외국인 1만 5,279명이 거주하는 것으로 밝혀졌다. 원곡동에 인구가 가장 많던 1996년 인구가 3만 4,000명가량 되었다. 그 동안 고시원 등의 주거시설이 증가한 것을 고려하면, 2만 명 정도의 이주 노동자가 원곡동에 거주한다고 보아도 무방하다. [19]

■■■ 19 • 박천응, 『이주민 신학과 국경 없는 마을 실천』(안산시: 국경 없는 마을, 2006), 38-39.

IV

'생명공동체'를 섬기는 경제

1. 글로벌 차원의 '생명공동체' 운동

'창조세계 보전'의 문제는 1961년 뉴델리 WCC 총회에서 골로새서 1:15-20을 토대로 우주적 기독론에 입각한 창조세계 보전에 대한 주장을 펼친 지틀러(Joseph Sittler)에게서 시발되었다. 그러나 1960년대의 세계사적 격변들로 WCC는 관심의 초점을 '역사'로 집중하였다. 그러나 1970년대는 고(高)물가, 고(高)인플레션, 저성장, 두 차례의 오일쇼크(1973년과 1979년) 등으로 혼란에 빠졌으며, 1970년대 후반으로 오면서 케인즈의 경제가 '신자유주의 경제'로 대치되기 시작하였고, 1980년대 후반부터는 대처와 레이건이 추진하는 '신자유주의 경제의 글로벌화'의 시대로 돌입하여 오늘에(2008년) 이르고 있다.

바로 위와 같은 상황에서 1972년 유럽의 경제학자와 과학자, 기업인 등 36명으로 구성된 '성장의 한계'(The Limits to Growth)와 '스톡홀름 유엔인간환경회의'가 출범하면서, 지구환경문제는 글로벌 이슈가 되었다. 이와 같은 맥락 속에서 바야흐로 1975년 나이로비 WCC 총회가 교회의 사회참여의 이상(理想)으로서 JPSS(a just, participatory and sustainable society)를 내세웠고, 1979년 MIT '교회와 사회 세계대회'가 그것을 완성시켰다. 그리고 이어서 1983년 밴쿠버 WCC 총회의 JPIC(Justice, Peace and Integrity of Creation)와 1990년 서울 'JPIC 세계대회' 이래로 오늘에 이르기까지 '창조세계의 보전'(integrity of the creation)의 틀 안에서 '생명의 신학'이 신학의 큰 흐름을 형성한 바, 이와 같은 '생태계파괴'문제는 전적으로 '신자유주의의 글로벌화'와 맞물려 있었다. 그리하여 1991년 호주 캔버라 WCC 총회는 전체 주제를 "성령이여, 오소서! 전 창조의 세계를 새롭게 하소서!"로, 제2분과의 제목을 "생명의 시여자시여, 당신의 창조세계를 지탱하소서!"로 정했으니, 서울 JPIC 이래로 특히 "IC"의 문제가 역사상 유래 없이 크게 부각되었다. 서울 JPIC를 계기로 WCC 중앙위원회는 향후 100년 동안 JPIC야말로 세계교회의 과제가 될 것이라 하였다. 그런즉, JPSS와 JPIC의 요구가 실현되는 공동체(인류공동체＋창조공동체)야말로 '생명공동체'에 다름 아니다.

2. 1992년『기독교 신앙과 세계경제』

1) 상황

두흐라우와 리드케는 1990년 '서울 JPIC 대회'를 준비하는 저서에서 대체로 '신자유주의 경제'가 등장하기 시작했던 1970년대 후반과 1980년대의 데이터에 근거하여 생태계파괴(Destructon of Creation)와 경제문제(Oppression of Humanity)와 평화문제(No Peace among Peoples)를 논하면서 특히 경제문제에 대하여 다음과 같이 언급하였다.

사회경제적 정의의 문제는 JPIC를 위한 에큐메니칼 과정의 중심이다. 빈익빈 부익부가 심화되고 있고 이것이 나라들의 관계를 결정한다. 그리고 그 간격은 나라들 안에서도 크게 벌어지고 있다. 부유한 산업국가들에 있어서 '새로운 빈자들이' 증가하고 사회적 서비스들은 감소하고 있다. '개발도상에 있는 나라들'에선 수입의 차이가 점증하고 있다.
1년에 4천만 명을 죽음으로 몰아가는 기아는 자원의 문제가 아니라 분배의 문제이다. 첫째로 우리의 산업 그리고 우리의 은행들은 발전도상국들의 부채를 먹고 산다. 초국적 기업들은 3분의 2의 세계의 저임금을 착취하고 그곳의 내수 차원의 취업을 파괴하며 시장을 지배한다. 이들 초국적 기업들은 그곳에서 비밀스러운 카르텔을 만들고 이미 수지계산이 괜찮은 이익균형들을 조작한다.[20]

3. 『기독교 신앙과 세계경제』

1) 경제에 대한 기본적인 이해

본 문서는 경제의 기본적인 이야기부터 시작한다. "economy"란 "oikos"(한 집안)와 "nomos"(법)의 합성어로서 "한 집안의 자원에 대한 경영"을 의미하는 것으로 본다.[21] 경제사적으로는 경제뿐만 아니라 경제의 정치 혹은 정치적 경제에 관심을 보인 애덤 스미스의 『국부론』(1776)으로부터 경제에 대한 학문적인 정의가 내려지기 시작했다고 본다.[22] 그리고 경제란 "권력의 영역"으로서 여러 차원에서 "권력"과 관계되어 있는데, 오늘날엔 "글로벌 네트워크의 권력"으로 인하여 각 나라들의 경제에 대한 제어 능력이 크게 한계를 보인다고 본다.[23] 그리고 이상과 같은 권력으로서 경제의 전제는 "가치판단들"이라고 본다.

결정적으로 중요한 것은 '경제'란 항상 가치판단들을 포함하고 있다고 하는 사실이다. 그러니까 경제는 그 자체의 중성적이고 글로벌 차원에서 적용될 수 있는 법들에 의하여 지배를 받는 그 어떤 종류의 독립적인 실재영역이 아니다. 우리가 경제체제들과 정책들을 검증하려면 그것이 전제하는 가치판단들과 '가

---

20 • Ulrich Duchrow and Gerhard Liedke, Shalom: Biblical Perspectives On Creation, Justice and Peace(Geneva: WCC Publications, 1987). 22-27.

21 • Ibid., 4.

22 • Ibid., 4-5.

23 • Ibid., 5.

치의 위계질서'를 찾아내야 하고 결정적인 행동자(주체: 역자 주)들을 확인해야 한다. … [24]

2) 기독교 신앙의 본질적인 전망들

이 부분은 방금 위에서 언급한, '경제'에 대한 '가치 판단'의 기독교적 반대급부로서, 그것은 다름 아니라 '하나님 나라'에 대한 희망을 제안한다. 이와 같은 종말론적 비전은 이미 『교회와 세상: …』(1990)에서 발견되었고, 『하나의 신앙을 고백하며: …』(1991) 등에서도 발견되었다. 대체로 본 문서의 신학적인 주장들은 성서의 '내러티브'를 존중하고 '내러티브' 신학에 근거하고 있다.

본문은 창조 이야기로부터 시작한다. 창조는 인류의 것이 아니라 하나님의 것이요(시 24) 하나님께서는 무로부터 그의 순 사랑으로 우주만물과 인간을 지으셨다고 하는 이야기이다. 그리고 하나님께서는 그가 지으신 모든 만물을 끝까지 지탱하시고 보전하시는 바, 이와 같은 창조에 대한 기본적인 신앙 항목들에 대한 증인들로서 말로써만이 아니라 삶과 관계들을 통한 증인들로서 이스라엘과 교회를 부르셨다고 한다. 그리고 하나님 아들의 성육신을 통해서 하나님께서 인간의 모습으로 오셨고, 특히 창조주께서 그의 낮아지심과 사랑으로 예수님 안에 계셨다고 하면서,[25] 성령을 통하여 모든 피조물들과 그 안의 모든 생명체들과 경제를 포함하는 모든 세상의 변혁을 가져올 예수님의 하나님 나라에 대한 약속을 크게 부각시키고 있다.

> 예수님은 그의 증언을 '하나님 나라'에 대한 약속에 집중한다. 이 나라는 모든 피조물들이 하나님의 사랑의 목적에 전적으로 응답할, 끝 날 땅 위에 있는 생명의 변형과 완성을 가져올 '이상적인 국가'(an "ideal state")이다. 하지만 그것은 이미 예수님 안에 현존하였다. 예수님은 죽음을 이기신 그의 부활에서 계시

---

24 • Ibid., 5-6.

25 • Ibid., 7.

하신 생명 안에서 성령의 능력을 자신을 따르는 자들에게 부어주시어 이들로 하여금 하나님 나라를 섬기고 증언하게 하셨다. 그 나라에 대한 좋은 소식은 경제를 포함하는 삶의 모든 영역에 적용된다. … [26]

그리고 본 문서는 위와 같은 계시 내용 혹은 약속 내용에 대하여 교회가 진리(믿음)와 희망과 사랑으로 반응해야 하는 것으로 보고,[27] 예수님의 하나님 나라 선포에 있어서 행동들과 이야기들은 주로 권력에 의하여 희생당한 자들, 최악의 삶을 사는 자들, 주변으로 밀려났거나 억압 속에 있는 사람들(어부, 여성, 가난한 자들, 오늘날로 말하면 피난민들, 생계가 어려운 한쪽 부모, 농토가 없는 농민, 슬럼가에 사는 사람들)에게 집중되어 있었다고 한다.[28] 그리하여 본문은 구약과 신약 그리고 기독교 역사를 통하여 발견되는 가난한 자들에 대한 우선 배려에 대하여 소상하게 소개한다.[29]

3) 세계경제의 방향을 가리키는 4가지 하나님 나라의 표지판들

이제 본문은 위와 같은 하나님 나라에 대한 비전을 가지고, 세계경제가 가야 할 방향 '표지판'(signposts)들을 제시한다. 이는 경제를 바라보는 기독교적 가치 표준들일 것이다. 그러나 이 '표지판들'은 다양한 경제적 정책들과 경제체제들을 가늠하는 가치 표준들이지, "보편적으로 타당하고 적용 가능한 정치적 경제 모델들 혹은 사회를 위한 청사진"[30]이 결코 될 수 없다고 주장한다. 이런 의미에서 그것은 특수 상황을 겨냥한 '중간공리'[31]에 다름 아닐 것이다.

그래서 본문은 "경제정책들과 경제체제들이 역사적이고 사회적이며 문화적인 상황들에 있어서 폭 넓은 상이성들을 고려하면서 맥락적이지 않으면 안 된

---

26 • Ibid.

27 • Ibid.

28 • Ibid., 8.

29 • Ibid., 8-10.

30 • Ibid., 12.

31 • 참고: 이형기, 『에큐메니칼 운동의 패러다임 전환』(서울: 한들출판사, 2011), 52쪽 이하.

다."라고 하며 동시에 "… 우리는 각 맥락과 각 문화 그리고 모든 맥락들과 모든 문화들에 있어서 닻 혹은 나침반의 역할을 할 수 있는 원칙들과 표준들이 있다고 믿는다."[32]고 힘주어 언급한다. 그래서 본 문서는 성서와 신학에 근거한 4가지 원칙들을 소개하고 그것들을 오늘의 맥락적 이슈들에 대한 경험적 탐구들과 결부시킨다. 그 4가지 원칙들은 다음과 같다. ① 창조세계의 본질적 선함과 인류에게 위탁된 그것을 위한 책임. ② 각 인간과 모든 인류의 본유적 가치와 자유. ③ 하나님의 관심, 특히 그리스도 안에서 맺어진 은혜의 언약은 모든 인류를 위한 것이어서, 우리들이 우리들 사이에 쌓아올린 그 어떤 장벽들도 무너뜨린다. ④ 인간들 사이의 관계들과 행동의 포괄적인 표준은 '가난한 자들에 대한 우선 배려'를 통하여 발견되어야 할 하나님의 정의이다.

4) '신자유주의'의 맥락에서

본 문서는 삼위일체론에 입각한 미래 지향적인 그러나 현재적인 보편주의적 '하나님 나라'에 대한 희망을, '경제'이해와 경제활동의 가장 기본적인 신학적인 틀로 보고, 이 '하나님 나라'를 바라보고 순례하는 사람들에게 꼭 필요한 4가지 방향 표지판들을 성서의 내러티브에 근거하여 제시하였다. 이제 이 글은 아래에서 4가지 하나님 나라에 대한 '표지판들'을 '신자유주의'라고 하는 맥락적 이슈들에 관련하여 정리한다.

첫 번째 표지판은 생태윤리와 불가불리한 경제윤리인데, 그것의 맥락은 세 가지이다. ① "창조세계의 온전성과 조화롭게 살아갈 수 있는 하나의 인류문화를 건축하는 것"이요, ② "하나님의 선물인 지구의 대기권을 보전하여 세계의 생명과 삶을 양육하고 지탱하게 해야 할 것"이요, ③ "지구의 기후를 변화시키고 고통의 확산을 가져오려고 위협하는 대가권의 파괴적인 변화들의 원인을 제거할 것"이다.

두 번째는 하나님의 형상인 인간의 본유적 가치와 자유에 근거한 경제정책인

---

32 • Ibid., 13.

데, 그것의 맥락은 창조세계를 일원으로 포함하는 공동체 안에서 개인과 연대성의 조화를 위한 정책, 풀뿌리까지 동참하는 결의구조를 만드는 정책, 가난한 자들과 억압받는 자들을 배려하는 노동과 사회적 안전망을 구축하는 정책, 재정 투명성과 책임소재를 위한 정책, 시장의 역할과 그것의 규제를 조화롭게 실행하는 정책, 그리고 경쟁과 협력의 조화를 추구하는 정책이다.

세 번째로 보편적인 은혜의 언약 혹은 예수 그리스도를 통한 삼위일체 하나님의 보편주의적 구원경세(갈라디아서 3:28)에 유추하여 경제 영역에서의 '보편성'이라고 하는 '표지판'을 제시하였다. 시장을 시장에게만 맡겨두거나 어느 한 국민국가에게만 맡겨두지 말고 국제적 기구에 의해서 제어하자고 하는 유추를 말한다. "경제적 권력이 온 세계를 포괄하고 있는 오늘날 우리 시대에 있어서, 시장들을 규제하는, 글로벌하게 이해되고 도덕적으로 받아들여지는 방법들을 찾아내는 것이 시급하게 되었다고 하였다. 이는 국제적인 '틀거리'(a framework) 안에 있지 않으면 안 된다. 그것은 자주권을 주장하는 국민국가들에 의한 자기규제에 내맡겨질 수는 없다. 그럼에도 불구하고, 이와 같은 '보편성'은 개인과 지역 차원에서도 타당성을 지니는 보편성이다. 즉, 유대인, 헬라인, 남성과 여성, 종이나 자유자의 배타적 실재들을 인정하면서 인간 상호 간에 배제가 극복되는 방법을 말하는 바울처럼 "경제 영역의 경우, 각 공동체(그리고 원칙적으로 각 개인)는 보다 넓은 공동체를 위하여 가능한 한 자신을 신뢰하는 가운데(이것이 반드시 자신을 위한 것만은 아니지만) 그 자신의 일들을 돌봐야 하는 기회를 누릴 만하다. 그러니까, 각 공동체는 더 큰 공동체에게 건강한 세포를 공급하고 더 큰 곤경에 빠진 타자들에게 어떤 도움을 주어야 하는 것이다." 이와 같은 주장은 각 경제주체들과 지역적 경제 조직체들의 자율성과 정체성과 고유성과 특수성을 인정하면서 그것으로 하여금 보다 넓은 인간 공동체들과 이 공동체들의 공동체의 웰빙에 기여할 수 있게 하자고 하는 의도 같이 보인다. 그것은 어느 정도로 '다원적 영역자율'을 허용하는 공동체 지향주의를 뜻하는 것으로 판단된다.

네 번째 표준은 미가서 6:8에 근거하여 '히브리 예언자들과 예수님의 정의'를 소개하였다. 정의란 "무엇이 창조주께서 지구와 우리를 창조하신 목적에 좀 더 가깝게 되는 것인가를 알려고 씨름하는 것이다."[33]라고 하면서, 경제란 우리의 경배를 받으실 만한 창조주 하나님에 대한 예배와 직결되어 있는 것으로 본다. 그도 그럴 것이 경제의 예배를 받으시는 분은 맘몬이 아니라 사랑과 긍휼에 넘치시는 정의의 하나님이시기 때문이라고 하였다. 경제 차원에서 구현되어야 할 정의는 다름 아니라 바로 이와 같은 정의인 것이다. 그런데 본 항목은 특히 "가난한 사람들에 대한 우선배려"가 이 정의 개념에서 중요한 자리를 차지하고 있는 것으로 보아, "토착민들의 토지"문제, "남반구 나라들의 부채"문제 그리고 "국제적인 제도들"에 대한 정책을 말한다. 이는 '그리스도 중심적 보편주의'와 '삼위일체론적 보편주의적 구원경세'를 전제하는 "포괄적 공동체를 위한 하나의 편견"(a bias for inclusive community)일 것이다. 그리고 이를 위하여 글로벌 차원의 기구의 필요성을 주장하면서, 그와 같은 기구를 현 유엔 안에 설치하자고 제안하였다. 이는 다시 세 번째 표준에서 언급한 '보편성'의 표지판일 것이다.

끝으로 제Ⅳ장은 교회들과 기독교인들이 "신앙과 영성의 차원"에서 기여할 수 있는 행동 가능성들을 제시하였다. 본문은 교회들과 기독교인들이 상황에 걸맞은 방법들로 "글로벌하게 생각하고 로컬 차원에서 행동하라."그 권하였다. 이 모든 행동은 교회들과 기독교인들 자신을 위한 것이 아니라 "하나님 나라"를 위한 것이기 때문에, "교회들과 기독교인들은 다른 배경(타 종교들, 타 학문들, 사회의 각 계각층들)의 사람들과 대화하고 파트너십"을 가지고, "인간 공동 삶의 좀 더 나은 인간다움"과 "창조세계 전체를 돌보는 관계"를 위한 삶을 위하여 힘써야 할 것을 말한다.

그리하여 본문은 기독교인 개인들과 교회들이 나가야 할 길을 4가지로 제시하였다. "① 개인적 차원의 혹은 가정 그룹들의 행동", "② 지역별 기독교 공동체들 혹은 회중들 차원 안에서 그리고 그 차원에 의한 행동", "③ 국가 차원의 교회들에 의한 행동", "④ 국제적 기구들과 네트워크들 안에서의 행동"에 대한 정책을 제안하였다. 이 중에서 WCC의 경제관련 활동은 4번째 것에 해당한다. 그런즉, 이상과 같은 4가지 기독교적 경제정책과 경제행동은 그 어떤 하나의 경제체

---

33 • Ibid., 39.

제나 정치체제에 대한 선택이 아니라 기독교인들과 교회들은 그 어떤 정치·경제체제하에서도 그와 같은 정책을 제시하고 그와 같이 행동을 해야 한다고 하는 것이다.

우리는 본 문서에서 성서의 내러티브에 근거한 신학을 발견하였다.[34] 창세기 내러티브와 복음서의 그것이 중요하였거니와, 예수 그리스도와 성령을 통한 삼위일체 하나님의 구원경세 역시 성서적 내러티브를 떠나서는 있을 수 없을 것이다. 하나님의 정의 역시 히브리 예언자들과 예수님에 관한 내러티브에 근거한 것이었다.

그리고 1966년 제네바 '교회와 사회' 대회와 1979년 MIT 세계대회의 경우처럼 본 협의회에는 경제학자들도 많이 동참하였으니, 이는 "기독교 신앙의 본질적인 전망"(the essential perspectives of Christian faith)에 해당하는 하나님 나라의 실현, 그리고 그것의 4가지 표지판이 도덕과 윤리차원에서 타 종교들과 타 학문들과 각계각층의 사람들의 목소리를 결코 배제하지 않는다고 하는 사실을 보여주었다. 본 문서가 주장하는 4가지 가치표준들의 요구들에 부응하는 신학적 경제는 '사랑의 복음'과 '사랑의 하나님 나라'에 응답하는 1937년 옥스퍼드의 신학적 도덕과 윤리에 다름 아니다.

우리는 여기에서 오직 어느 하나의 정치체제와 경제체제 그리고 오직 어느 하나의 경제체제나 경제정책을 자기 것이라고 하거나 그것을 편들려고 하지 않는 것이 에큐메니칼 운동의 입장임을 확인할 수 있으나, 우리는 본문에서 에큐메니칼 입장이 철저히 풀뿌리 민주주의와 예언자들과 예수님의 사랑을 전제하는 긍휼의 정의를 추구하고 있음을 알 수 있다. 즉, 자유방임적 자본주의체제와 마르크스 레닌적 공산주의적 경제체제 모두를 비판할 뿐만 아니라 사회적 자본주의, 공동체적 자본주의, 사회적 민주주의 등 좀 바람직한 경제체제와 정치체제에 대하여도 항상 예언자들과 예수님의 사랑을 전제하는 긍휼의 정의 입장에서 비판적으로 참여한다. 물론, 좀 더 넓게는 성서의 내러티브들과 그것에 근거한 신학적

---

34 • 필자는 본인의 졸저 『포스트모던 시대의 성경읽기』(서울: 한들출판사, 2006, 99-153)에서 *The Bible: Its Authority and Interpretation in the Ecumenical Movement*(Geneva: WCC, 1983)(신앙과 직제 문서. No. 99)에 나타난 에큐메니칼 성서관의 핵심을 내러티브 신학으로 보았다.

주장들이 그것의 표준일 것이다. 우리는 이미 하느님 나라에 대한 비전과 4가지 '표지판들'을 제시한 바 있다. 이와 같은 의미에서 하나님 나라를 희망하는 가운데 믿음과 사랑(+정의) 가운데 행하는 기독교인들과 교회야말로 지상의 정치체제나 정책 그리고 경제체제나 정책에 비판적으로 참여하지만 자기 자신을 그 어느 하나와 완전히 동일시하거나 어느 하나에 빠져버리지 않는 '제3의 세력'(the third force)이다.

4. 포르트 알레그로의 『아가페』(2006)

1) 역사적 배경

WARC는 '아크라 신앙고백'[35]에서 오늘의 글로벌 이슈를 '신자유주의와 환경 파괴'로 보았다. 그리고 WCC의 삶과 봉사 전통을 잇는 JPIC는 2006년 11월 4일 알레그로 WCC 총회에서 『아가페』 문서(AGAPE = Alternative Globalization Addressing Peoples and Earth)[36]를 선포하였다. 이 『아가페』 문서는 살바도르 CWME(1996) 문서와 『오늘날 교회일치를 동반하는 선교와 복음전도』(1998)와 하라러 WCC 총회의 '신자유주의의 글로벌화'에 대한 전통을 이어받았다. 따라서 우리는 무엇보다도 먼저 살바도르로부터 『아가페』에 이르는 에큐메니칼 운동(특히, '삶과 봉사', 'JPIC', 혹은 '교회와 사회')이 주장하는 '신자유주의의 글로벌화'에 대한 비판적인 시각에 주목할 필요가 있다.

1979년 MIT 대회는 '하나의 정치적 경제'에 의하여 JPSS의 요구가 실현되는 공동체를 하나님 나라의 앞당겨진 모습으로 보았고, 1992년 『기독교 신앙과 오늘의 세계경제』는 하나님 나라(공동체)에 대한 희망을 초석으로 '신자유주의'로 인

---

35 • *Covenanting For Justice: the Accra Confession*, in Reformed World, vol. 54. September-December 2004, 169-174. 참고: WARC는 World Alliance of Reformed Churches의 이니셜인데, 2010년부터는 WCRC(Reformed Communion of Reformed Churches)로 바뀌었다.

36 • 『경제세계화와 아가페 운동』(2006), 김승환 옮김(한국기독교교회협의회 한국기독교생명논업포럼: 도서출판사, 2007).

한 역기능들을 극복하려 하였으며, 『신앙과 삶과 증언에 있어서 코이노니아를 향하여』(1993)는 하나님 나라의 미리 맛봄과 징표로서 교회의 코이노니아(공동체성)를 '증언'의 전제로 하고 있는 바(『값비싼 일치』와 『값비싼 헌신』과 『값비싼 순종』도 결국 공동체를 추구하지만), 살바도르로부터 『아가페』 문서에 이르는 에큐메니칼 운동이 공동체 차원에서 '신자유의의 글로벌화'의 역기능들을 극복하고 '생명공동체'를 추구하려고 하는 것은 결코 새로운 시도가 아니었다.

하라레 총회는 지구적 '인종차별'(apartheid)과 맞먹는 '신자유주의'의 '글로벌화 공동체'에 대한 '대안 공동체' 추구를 촉구하였다. 이것은 복음과 하나님 나라를 통일성으로 하여, 모든 문화들과 인류와 창조세계가 다양성 속에서 코이노니아를 추구해야 한다고 하는 살바도르의 공동체 이상을 '대안 공동체' 혹은 '대조사회'로 바꾸어 표현한 것이기도 하다. 물론, 그렇다고 본문이 16세기 과격파 종교개혁과 요더 및 하우워와쓰가 추구하는 분리주의적 완전주의를 주장하는 것은 아니다. 우리는 이와 같은 입장의 근거를 "교회와 에큐메니칼 그룹들과 사회운동들과 시민사회 안에 있는 다른 파트너들과 협력하고 행동할 것"이라고 하는 주장에서 발견하였다. 이는 올드햄에게서 기원하여 파울 아브레히트에 의하여 발전된 '일반윤리'를 아우르는 '신학적 윤리'를 의미할 것이다.[37] 이것은 미래 지향적인 하나님 나라를 바라보면서 이 땅 위에서 실현되어야 할 '정의'와 '평화'를 포함하는 샬롬의 공동체일 것이다.[38]그러니까 여기에서 주장하는 '대안 공동체' 혹은 '대조 공동체'는 단순히 이 세상으로부터 고립되어 있는 케토가 아니라 다양성 속에서 코이노니아를 추구하는 우주적인 혹은 코스모폴리탄 공동체를 일컫는 말이다.

---

37 • 참고: 이형기, 『에큐메니칼 운동의 패러다임 전환』(서울: 한들출판사, 2011), 60-61. 아브레히트는 1949년부터 1980년대 초까지 '삶과 봉사'운동의 총무직을 수행하면서 올드햄의 방법론을 계승 발전시켰다.

38 • 참고: Ulrich Duchrow and Gerhard Liedke, op. cit.: 본 저서는 크게 4부분으로 되어 있다. 하나는 '창조세계를 위한 해방', 둘은 '인류를 위한 정의', 셋은 '모든 인민을 위한 평화', 넷은 '샬롬: 창조세계를 위한 해방, 인류를 위한 정의, 모든 인민을 위한 평화'를 다루었다. 즉, 본 저서는 '정의와 평화'를 포함하는 '샬롬'을 말한다. 그것도 창조세계를 포함하여. 그리고 이 4부분 모두에 있어서 'Indicative와 Imperative' 혹은 'the Gospel and Law' 혹은 'Gabe und Aufgabe'의 신학논리가 지배적이고, 'Imperative, Law, and Aufgabe'는 유엔헌장과 같은 보편적인 도덕과 윤리와의 연속성을 주장한다.

2) 『아가페』 문서

(1) 대안공동체

'대안 공동체'에 대한 비전과 관련하여, 『아가페』 문서는 "희년" 정신에 입각한, '신자유주의'의 글로벌화에 대한 극복, '생명 중심적 비전' 그리고 '가난한 사람들에 대한 우선배려'를, 종말론적 공동체로서 교회들과 에큐메니칼 운동이 추구해야 할 가장 중요한 비전으로 보았다. "가난한 사람들에 대한 우선배려"는 해방신학적 요소이긴 하지만, 위에서 언급한 '대안 공동체'를 생각할 때, 그것은 분명이 '포괄적 공동체를 위한 하나의 편견'(a bias for inclusive community)일 것이다.

그리하여 포르트 알레그로의 『아가페』 문서는 하라레 WCC 총회의 '신자유주의'의 글로벌화에 대한 대안을 물려받아, '신자유주의'에 대한 단순한 비판을 넘어서서 일종의 '대안 공동체'를 제시하였다. 즉, 그것은 "하나의 정의롭고 긍휼이 넘치는 포용적 세계"를 말했다. 이것은 우리가 하나님의 사랑과 은혜를 바탕으로 "정의와 평화와 창조세계 보전"이라고 하는 하나님의 명령에 응답할 때 가능하다고 하였다. 그러니까 적어도 경제문제는 JPIC의 사회이미지를 구현하는 것과 다른 것이 아니고, 이와 같은 비전은 모든 차원에서의 민주적 참여와 함께 경제적이고 생태학적인 정의문제를 통전적으로 다룰 때에만 실현될 수 있다고 하였다. 그런즉, "하나의 정의롭고 긍휼에 넘치고 포괄적인 세계"란 '신자유주의 시장경제'세계에 대한 대안(代案) 공동체로서 "은혜의 경제"가 지배하는, "하나님의 생명 집 살림살이"에 다름 아니다. 그리고 이것이 "생명의 경제"이다. 이것이 다름 아닌 '생명공동체'를 섬기는 경제일 것이다.

따라서 에큐메니칼 운동은 경제문제를 경제논리에 의해서만 풀려고 하는 것이 아니라 공동체 전체의 웰빙을 위한 다차원적인 혹은 다중적인 접근 혹은 "좀 더 상호 관련성이 있는 접근"(a more coherent approach)에 의해서 경제문제를 풀려고 한다. 대체로 에큐메니칼 운동 전체를 통해서 볼 때, WCC가 어떤 경제체제나 정치체제 혹은 그 어떤 정치적이고 경제적인 정책들 자체를 해체시키려고 하기보다는 지구생명공동체 전체의 건강을 감안하면서 그것이 지향하고 추구하는 가치들을 문제 삼는다. 모든 경제이론과 정치이론은 가치판단을 전제하고, 그것이 이념화하고 정치화하는 과정에서 인간의 존엄성과 창조세계의 가치를 파괴하는 결과를 초래하는 경우들이 허다한 것이다. 어찌됐든 WCC는 각 분야의 상대적인 영역 주권을 인정하는 맥락에서 각양 경제이론들의 주권을 인정하면서 그것에 대한 비판적 참여를 주장하는 경향이다.

따라서 우리는 '신자유주의' 극복에 있어서 단순히 '가진 자'와 '못 가진 자'의 갈등구조에서 출발하는 것이 아니라 이상과 같은 '대안 공동체'에서 출발하고 그것을 목표로 해야 할 것이다. 하지만 우리는 하나님의 자기 내어주심이라고 하는 하나님의 말할 수 없는 은혜와 신자유주의의 세상과의 갈등구조에서 출발한다. 그도 그럴 것이 "교회와 에큐메니칼 가족들은 신자유주의의 글로벌화에 대한 비판을 넘어서서 어떻게 하나님의 은혜가 그와 같은 패러다임을 변혁시킬 수 있는지를 밝히는 소명을 부여받았다."(10)고 하기 때문이요, '아가페'라고 하는 개념이 "하나님의 풍성한 은혜와 사랑"(11)과 같은 신학적이고 영적인 토대를 바탕으로 하여 "정의와 평화와 창조세계 보전"(11)이라고 하는 하나님의 명령에 응답하는 것이기 때문이기도 하다. "그리하여 이와 같은 비전은 모든 차원에서의 민주적 참여와 함께 경제적이고 생태학적인 정의문제를 통전적으로 다룰 때에만 실현될 수 있다."(13)고 하였다." 그리하여 본 문서가 대안으로 제시하는 "하나님의 생명 집 살림살이"(God's Household of Life)는 다음과 같은 특징들을 지니고 있다.

• 하나님의 은혜의 경제는 넉넉함의 경제로 만민에게 풍요를 선사하고 그것을 보전한다.
• 하나님의 은혜의 경제는 그 풍성한 생명을 정의롭고 참여적이며 지속 가능한 방법으로 관리할 것을 요구한다.
• 하나님의 은혜의 경제는 나눔, 지구적 연대, 인간의 존엄성, 창조세계의 보전을 중요시하는 생명의 경제이다.
• 하나님의 경제는 전체 오이쿠메네, 즉 온 지구 공동체를 위한 경제이다.
• 하나님의 정의와 가난한 자에 대한 우대적 선택(preferential option for the poor)

은 하나님 경제의 징표이다.(17)

(2) 교회들이 변혁적 공동체들이 되라고 하는 부름

문서는 여기에서 교회가 죽음의 경제에 대응하는 '생명의 경제'를 과연 어떤 신앙과 신학적인 근거를 가지고 일구어낼 것인가를 논한다. 본문은 교회들이 "아가페 사랑과의 연대를 통하여 하나님의 뜻을 행함으로써(롬 13:10; 요일 3:10-24)"(1.3.), 무엇보다도 '신자유주의의 글로벌화'의 공범자인 교회야말로 하나님의 아가페 사랑의 은혜에 의하여 변혁된 교회로서 그것을 변혁시켜야 한다(1.3)고 주장한다. 그리고 "복음이야말로 오늘날의 '정사와 권세와 이 어둠의 세상 주관자들과 하늘의 영들'(엡 6:12)에 대면하는 대안 세계를 가능하게 하는 것"(1.3)이며, 타종교들과 문화들과 연대하여 하나님의 영으로 실현되는 바른 관계 속에 있는 생명에 대한 비전을 가질 것을 말한다. 그리고 본문은 교회는 삼위일체 하나님에 대한 굳건한 신앙으로 가난하고 소외된 사람들과 신음하는 창조세계와 연대할 것을 강조하고 있다.

> 우리는 대안적 생명공동체를 건설하고 있는 사람들과 연대하여 고난당하는 사람들 및 신음하는 피조물과 함께해야 한다. 교회의 자리는 하나님께서 일하시고 그리스도께서 고난당하시며 성령께서 생명을 돌보시고 파괴적인 정사와 권세에 저항하는 곳이다. 따라서 삼위일체 하나님께서 일하시는 구체적인 자리에서 떨어져 있는 교회는 신실한 교회라고 할 수 없다.(1.3)

따라서 신자유주의의 글로벌화의 맥락에서 교회들은 말과 행동으로 표현되는 하나의 명시적이고 공적인 신앙헌신으로 부름을 받았다. 교회들은 다음과 같은 방법으로 자신들의 신실성을 표현할 수 있다.

- 예수님을 따름으로써 순교자들이 될 각오로 값비싼 제자의 도를 선택함으로,
- 불의와 파괴의 권세가 복음의 온전성 그 자체를 위협할 경우, 신앙 입장을 취

하기: '정사와 권세'(권세자들과 제왕적 국가들: 역자 주)에게 분명히 '아니오'라 함
으로써 신앙을 고백하기.

• 생명의 충만을 위한 삼위일체 하나님의 코이노니아에 참여하기.
• 모든 피조물과 더불어 탄식하고 계시는 성령과 함께 사람들과 땅의 고난과 고
통을 함께 나누기(롬 8:22-23)
• 만백성들 및 하나님의 다른 피조물들과 더불어 살아가면서 정의실천을 위한
언약 맺기.
• 고난당하는 사람들 및 땅과 연대하고 불의와 파괴의 권세에 저항하기.(1.3)

그리고 본문은 교회가 "우주 안에 계신 역동적이고 창조적인 하나님의 영"에
대한 증언으로서 "전 지구 공동체를 위한 생명의 영성들을 포용할 것"을 주장한
다. 끝으로 "협력과 상호성과 연대성에 근거한 경제는 다음과 같은 점들에 있어
서 하나의 생명의 경제이다."라고 한다.

• 사회적 분열을 극복한다.
• 사회 안에 있는 각 개인과 모든 개인들과 공동체의 유익을 위하여 인적 자원
들과 자연자원들을 함께 모아야 한다.
• 우리는 타자들 및 창조세계 전체와 상호 얽혀져 있는 연결망 속에 있음을 인
정하면서 책임을 함께 나누어져야 한다.
• 갈라진 것을 다리 놓고 분열된 것을 연합시켜야 한다.
• 자신들의 개인적이고 공동체적인 살림을 헤쳐나가며 자신들의 역사를 기획하
고 자신들의 속성들과 가능성들을 개발시키도록 책임을 위임받고 힘을 부여
받은 사람들을 신뢰해야 한다.
• 자본을 사람들의 노동과 지식과 창의성으로 대치시켜야 한다. 그것은 경제활
동의 추동력이기 때문이다.
• 개발을 기획하고 구체화시킴에 있어서 개인의 권리와 사회적 권리를 준거 틀
로 삼는다.

• 개인들과 공동체들과 나라들에게 연대성에 근거한 글로벌화를 건축함에 있어
서 협력하도록 허락해야 한다.(Ibid.)

(3) 아가페: 사랑은 하나님의 은총처럼 정의롭고 너그럽다

"생명의 경제"를 위협하는, 신자유주의의 글로벌화로 인한 생명 죽임과 절망
에도 불구하고, 하나님께서는 "은혜로 주신 무상의 선물로서 성스러운 생명의 선
물(the sacred gift of life)"을 결코 무화시키지 않으신다. 이 생명은 "모든 창조세계
속에 침투해 있는 삼위일체 하나님의 사랑인 아가페로부터 그것의 힘을 끌어온
다."며, 바로 이 생명이야말로 "죽음과 파괴의 세력들에 대한 창조적이고 살아 있
는 대안들을 위한 초석이요 능력 그 자체이다."(2.3)[39]라고 한다. 이와 같은 아가
페에 대한 주장은 "땅과 모든 생명이 그것의 기원을 하나님께 두고 있고 하나님
께 속해 있다고 하는 사실을 강조하는 것이다."(2.3) 그것들은 상품화될 인간의
재산이 아니다(레 25:23; 시 24:1). 창조세계가 인간에게 속한 것이 아니라 인간이
창조세계에 속한 것이고 창조세계는 하나님의 것이다. 그런즉, 아가페가 중요하
다.(2.3) 그리고 이와 같은 "아가페 관계는 삶의 모든 차원들에 영향을 준다."(2.3)

(4) 중심은 변혁적 정의

본문은 이상과 같은 "아가페"를 전제하고 그것을 목표로 하며 그것에서 출발
하는 "정의"에 대하여 논한다. 성서적 전통은 "불의한 권력의 축적과 창조세계
에 대한 오용과 남용을 예방하고 교정하도록 창안된 안전장치를 말하고 있다. 즉,
본문은 "예방적 법들 가운데 하나는 이자에 대한 금지요, 교정적인 법은 안식일
과 희년의 세 측면에 관한 것이다."(2.4)라고 한다. 즉, 하나는 쉼의 날로서 안식일
이요 둘은 안식년이요 셋은 희년이다. "예수님은 자신의 선교를 희년정의(jubilee
justice)로 제시하셨다.(눅 4장)"며, "희년 전통은 다른 인간들과 동물들과 토지에 대
한 정의로운 관계를 위한 자원에 대한 재입수를 변호한다."(2.4)고 하였다.
본문은 안식년과 희년법이야말로 "비대칭적이고 불의한 관계"를 변혁시킬 것

---

39 • AGAPE, 143.

이라고 한다. "그것은 경제생활의 조직을 위하여 하나의 파워풀한 비전을 제공한다."(4.3) 하지만 "그것은 분배정의를 훨씬 뛰어넘어 사람들이 살아갈 수 있는 능력과 수단을 온전히 회복시켜주는 것이다."(4.3) 본문에 의하면, 안식년과 희년제도는 "정의를 위한 투쟁"과 "노예 됨으로부터 벗어나려는 투쟁"을 위하여 놀라운 비전을 제시하는 바, 그것은 철저히 "사랑의 은혜"와 은혜의 언약에 근거한 제도라고 주장한다.(4.3)[40] 본문은 이상과 같이 은혜의 언약에 근거한 "희년정의"에 입각한 "정의"에 대하여 말한다. "하나님의 은혜로부터 온 선물"로서 "변혁적 정의"란 "인종주의"를 극복하는 운동에서 왔다며, 3가지를 추구하는 "공동체들과 사회들"이라고 한다.

- 진정으로 포용적이고 참여적인(정치적이고 사회적이며 문화적인 정의) 공동체들과 사회들.
- 권력의 저조한 분배를 고치고 동일한 나라 안에서와 나라들 사이에 부유하고 권력을 지닌 사람들과 빈곤한 사람들 사이의 격차를 극복하려는 준비가 된 공동체들과 사회들.
- 인류의 땅에 대한 의존을 받아들이고 자신들을 조직하고 발전시키는 지속 가능한 방법들과 자연자원(생태정의)에 대한 나눔을 지지하는 공동체들과 사회들.(2.4)[41]

그리하여 이상과 같은 "변혁적 정의의 열매는 인간의 존엄성과 평화이다."(2.4)[42]라고 한다. 역시 본 문서는 포괄적인 '정의'를 말한다. 즉, 경제적 정의가 '분배정의'같은 한 차원으로 축소되는 것이 아니라 정치 · 경제 · 사회 · 문화 그리고 생태정의와 관계망 속에 있다 하겠다.

---

40 • AGAPE, 170-171.

41 • AGAPE, 145.

42 • AGAPE, 146.

(5) 하나님의 식탁에서의 생명 나눔: 아가페 생명경제의 한 예

끝으로 문서는 성만찬에서 일어나는 생명 나눔의 의미를 말한다. "예수님께서 죄인들과 함께 나눈 식탁교제들에서 변혁적 정의가 엿보이는 바, 초기교회는 이것을 성만찬으로 실천하였다."(2.5) 즉, "초기교회는 마지막 충만한 생명축제로서 종말론적인 잔치를 예기(豫期)하는 아가페 식사에 바탕을 둔 성만찬을 축하하였다."(2.5)고 한다. 예컨대, "사도행전 2:42 이하와 4:32-35에 보면 초기 기독교 공동체는 힘을 실어주고 희망을 주는 이야기들을 이야기하면서 생활에 꼭 필요한 것들을 함께 나누는 공동체로서 하나님 및 이웃과의 사랑과 생명을 키우는 관계에 의하여 지탱되는 공동체로 묘사되고 있다."(2.5) 본문은 아가페 식사를 유월절 식사로 소급하여 이해한다. 아가페 식사는 유월절 식사처럼 하나의 변혁적인 식사라고 한다. 즉, 유월절 식사란 자유케 하시는 하나님에 대한 '위험했던 기억'을 다시 떠올리고 하나의 다른 형태의 공동체적 삶을 요청하기 때문이라고 하는 것이다. 본문은 공관 복음서의 내러티브에 나타난 식탁교제들에서 "가난한 자들에 대한 우선배려"가 발견된다며, 초기교회의 아가페 식사를 유월절 식사처럼 "생명 지탱적이고 생명 긍정적인 하나님의 경제"를 함축하고 있다고 한다.

> 아가페 식사는 유월절 식사처럼 생명을 위험하게 하고 바로 혹은 권력 집중적인 경제로부터 생명 지탱적이고 생명 긍정적인 하나님의 경제에로의 하나의 변혁을 의미한다. 사람들이 노예 됨으로부터 해방된 것은 하나님께서 정의와 생명을 향한 저들의 절규를 들으셨기 때문이다. 잔치들에 대한 복음서들의 이야기들은 분명히 하나님의 가난한 자들에 대한 우선 배려의 정신을 반영하고 있다. (2.5)[43]

끝으로 본문은 일반 식사와 아가페 식사의 풍성한 신학적인 의미에 대하여 언급하여, 아가페 식사뿐만 아니라 성만찬의 중요성을 일깨우고 있다.

---

43 • AGAPE, 146-147.

하나의 식사라고 하는 것은 그것에 참여하고 있는 사람들을 음식을 생산해내느라고 땀 흘려 일한 사람들과 그것을 넘어서 창조세계 전체와 그것에게 생명을 공급하고 그것의 생명을 지탱시키는 권세와 연결시킨다. 아가페 식사는 우리들로 하여금 증언과 예배예전과 다이코니아와 코이노니아에 있어서 계속해서 연합되어 있도록 도전한다. 그것은 예배와 반성과 행동을 연결하는 교량 역할을 한다. 그것은 예배예전과 매일매일의 삶의 예전 사이를 다리 놓는다. (2.5)[44]

본문은 이상과 같은 신앙과 신학에 근거하여 "3. 정의로운 무역"(3.1 자유무역으로부터 정의로운 무역으로, 3.2 WTO에 의한 무역규정들, 3.3 식량안전으로부터 식량주권에로, 3.4 저항과 무역규정들과 관계들에 대한 변혁)과 "4. 정의로운 금융"(4.1 금융: 터무니없이 높은 이자로부터 정의로운 금융에로, 4.2. 생태학적이고 비합법인인 부채, 4.3 아가페는 부채탕감과 회복을 요청한다, 4.4. 글로벌 금융체제를 변혁시키기, 4.5 로컬 차원들에서의 대안 금융기구들에 대한 지지, 4.6 윤리실천들과 투자를 위한 기업 코드를 증진시키기)을 주장한다. 이와 같이 본 문서가 주장하는 "생명의 경제"는 하나님의 은혜로서 아가페와 변혁적인 정의에 기초하고 있다 하겠다.

---

44 • AGAPE, 147.

V

나가는 말

　우리는 'Ⅱ. 2. 관계망 속에 있는 생명공동체'에서 인류공동체 안에 있는 다양한 공동체들과 창조공동체, 그리고 인류와 창조를 아우르는 공동체에 대하여 언급하였다. 이 글은 가정과 사회와 문화의 불변수인 남녀의 공동체성, 세대들 간의 상호 보완적인 조화의 공동체성, 다문화 · 다종교 · 다민족들의 인류공동체성, 다국가들의 공동체성, 정치적 경제의 글로벌 공동체성, 그리고 인류공동체와 창조공동체(the commnunity of creation)가 함께 어우러지는 공동체가 모두 '생명공동체'라고 하는 사실을 확인하였다. 우리는 이와 같은 공동체들이 삼위일체 하나님의 반영이고 동시에 성령께서는 이와 같은 공동체들의 다양성 속에서 통일성('한 성령의 다양한 은사들'에서처럼)을 구축하고 동시에 모든 공동체들을 삼위일체 하나님의 코이노니아로 초대한다고 하는 사실을 주장하였다.

　무엇보다 모든 공동체들을 위한 특수 공동체인 교회 공동체는 이미 삼위일체 하나님의 코이노니아에 동참하고 있는 생명공동체로서, '교회 밖의 공동체들' 역시 삼위일체 하나님의 코이노니아를 나타내야 한다고 하는 사실을 알고 있다. 그리고 '이신칭의', '성화', '은사'와 같은 성령의 능력들 경험한 교회는 '영 그리스도론과 그리스도론적 영' 경험에 근거하여 '교회 밖의 공동체들' 속에서 다양성 속에서 통일성과 같은 성령의 경험을 저들과 공유하고 있으며, 이들을 삼위일체 하나님과의 코이노니아에 동참하게 하려는 성령의 사역에 참여하고 있는 것이다. 성령께서는 성부의 뜻에 따라서 그리고 성자의 사역에 근거하여 결국 새 하늘과 새 땅에서 '교회 밖의 모든 공동체들'까지도 진정한 의미에서 '생명의 공동체'가 되게 하실 것이다(계 21-22장). '생명의 공동체'로서 '교회 공동체'는 하나님 나라에 대한 미리 맛봄이요, 징표요, 표지판이요, 도구이고, '교회 밖의 생명공동체들' 역시 장차 도래할 새 하늘 새 땅의 징표요 표지판이요 도구이다.[45]

따라서 우리의 과제는 삼중적이다. 하나는 '신앙과 직제' 전통을 따라서 교회가 진정으로 '생명공동체'가 되어야 하는 일이요, 둘은 '교회 밖의 공동체들'로 하여금 '생명공동체'가 되게 해야 하는 일이다. 그리하여 '생명공동체로서 하나님 나라'를 미리 맛본 교회 공동체는 인류공동체 안의 모든 공동체들과 창조공동체가 함께 어우러지는 우주적 생명공동체를 추구해나가야 할 것이다. 물론, 삼위일체 하나님의 구원경세 속에서 '교회 밖의 공동체들'이 생명공동체가 되려고 발버둥치고 있지만 말이다. 그리하여 교회는 '교회 밖의 공동체들'과 대화하고 연대하며 파트너십을 가지고, 본문에서 지적한 4가지 '글로벌화의 역기능'으로서 4가지 문제점을 집중적으로 공략하여 진정한 '생명공동체'를 세워나가야 할 것이다. 그리고 셋은 '경제'로 하여금 '생명공동체'를 섬기게 하는 일이다. 이것이 우리의 삼중적인 관제이다.

그러면 이상과 같은 '생명공동체'를 섬기는 '경제'의 가치관이 무엇일까? 우리는 "B의 Ⅰ. '생명공동체'에 역행하는 경제에서"에서 '신자유주의적 자본주의'의 가치관이 인류공동체와 창조공동체에 역기능으로 작용하고 있다고 하는 사실을 지적하였다. 그리고 『기독교 신앙과 오늘의 세계경제』(1992)와 『아가페』 문서에서 그 대안을 찾았다. 첫 번째 문서는, 경제가 진정으로 '친생명공동체적 경제'가 되기 위해서는 JPSS와 JPIC의 요청들이 실현되는 사회를 추구해야 한다며, 하나님 나라의 4가지 표지판을 제시하였다. 하나는 생태정의가 보장되는 경제요, 둘은 하나님의 형상으로서 인간의 본유적 가치와 자유가 확보되는 경제이다. 즉, 창조세계 보전을 포함하는, 공동체 안에서 개인과 연대성을 갖는 여러 정책들을 말하였

---

45 • 'On Being the Church for the World'(1988), In *Lesslie Newbigin, Missionary Theologian, A Reader*, Compiled and introduced by Paul Weston(Grand Rapids, Michigan: William B. Eerdmans, 2006), 140. 레슬리 뉴비긴은 하나님 나라에 대한 '미리 맛봄'은 오직 교회의 경험에 국한되는 것으로 본다. 하나님 나라의 '징표, 파편, 도구'에 관하여는 교회가 '교회 밖의 공동체들'과 공유하고 있지만.

다. 그리고 셋은 삼위일체 하나님의 보편주의적 구원경세에 따른 모든 민족국가들을 아우르는 '친생명공동체적 글로벌 경제기구'를 만들어야 한다고 하는 것이었고, 넷은 '가난한 자들에 대한 우선배려'에 의한 경제공동체 추구였다.

그리고 교회들과 기독교인들이 "신앙과 영성 차원"에서 기여할 수 있는 행동 가능성들을 제시하였고, 타자들(타 종교들 타 학문들 타 시민단체들 등)과 대화하고 연대하여 진정한 생명공동체를 일구어나감으로써 장차 도래할 하나님 나라의 표지판들을 세워나가야 한다고 하는 것이었다. 그리고 우리는 이 모든 '생명공동체'를 섬기는 경제를 위하여 어떤 특정 정치형태나 경제체제와 자신을 동일시할 것이 아니라 '제3세력'으로서 모든 정치 · 경제적 형태들과 활동들에 대하여 초월적이고 비판적인 예언자적 입장을 취해야 할 것으로 보았다.

끝으로 『아가페』 문서는 "희년" 정신에 의한 '신자유주의'의 글로벌화에 대한 극복을 제안하면서, "생명 중심적 비전"과 "가난한 사람들에 대한 우선배려를 역설하였다. 본 문서는 무엇보다도 '신자유주의'에 대한 단순한 비판을 넘어서서 일종의 "대안 공동체", 곧 "하나의 정의롭고 긍휼이 넘치는 포용적 세계"를 제안하였다. 이는 '신자유주의 시장경제' 세계에 대한 대안(代案) 공동체로서 "은혜의 경제"가 지배하는, '하나님의 생명 집 살림살이'에 다름 아니다. 그것은 "생명의 경제"요, '생명공동체'를 섬기는 경제이다. 이것이 가능한 것은, 하나님의 사랑과 은혜를 바탕으로 '정의와 평화와 창조세계 보전'이라고 하는 하나님의 명령이 실현될 때이다. 따라서 에큐메니칼 운동은 경제문제를 경제논리에 의해서만 풀려고 하는 것이 아니라 공동체 전체의 웰빙을 위한 다차원적인 혹은 다중적인 접근 혹은 "좀 더 상호 관련성이 있는 접근"(a more coherent approach)에 의해서 경제문제를 풀려고 한다.

따라서 우리는 '신자유주의' 극복에 있어서 단순히 '가진 자'와 '못 가진 자'의 갈등구조에서 가 아니라 '하나님의 자기 내어주심이라고 하는 하나님의 말할 수 없는 은혜'(kenotic grace)와 '신자유주의 세상'과의 갈등구조에서 출발한다. 즉, 『아가페』 문서는 '대안 공동체'에서 출발하고 그것을 목표로 하고 있다. 그리하여 코이노니아와 케노시스와 디아코니아를 중요시하는 "교회와 에큐메니칼 가족들은 신자유주의의 글로벌화에 대한 비판을 넘어서서 어떻게 하나님의 은혜가 그와 같은 패러다임을 변혁시킬 수 있는지를 밝히는 소명을 부여받았다."(10)고 한다. '아가페'라고 하는 개념이 "하나님의 풍성한 은혜와 사랑"(11)과 같은 신학적이고 영적인 토대를 바탕으로 하여 "정의와 평화와 창조세계 보전"(11)이라고 하는 하나님의 명령에 응답하는 것이기 때문이다. 그리고 "이와 같은 비전은 모든 차원에서의 민주적 참여와 함께 경제적이고 생태학적인 정의문제를 통전적으로 다룰 때에만 실현될 수 있다."(13)고 하였다.

본 문서는 '하나님의 생명 집 살림살이'(God's Household of Life)에 대하여 좀 더 구체적으로 제안하고 있다. 교회들은 하나님 나라에 대한 비전과 아가페 사랑과 정의에 입각하여 우선 자신이 '신자유주의 자본주의'로부터 변혁되고, 그 다음 '교회 밖의 공동체들'을 변혁시켜야 할 것이라고 하였다. 교회들은 자신의 신실성을 보이면서, '교회 밖의 타 생명공동체들'과 공유하고 있는 생명을 소중히 여길 것을 주장하였다. 교회와 교회 밖의 공동체들을 생명공동체들로 보기 때문이다. 삼위일체 하나님께서 모든 생명의 근원으로서 만유를 아가페 사랑으로 붙들고 계신다고 하면서, 아가페 사랑에 근거한 변혁적 정의와 희년정의 구현을 주장하고, 이와 같은 "변혁적 정의의 열매는 인간의 존엄성과 평화다."(2.4)[46]라고 하였다. 역시 본 문서는 포괄적인 '정의'를 말한다. 즉, 경제적 정의란 '분배정의' 같은 한 차원으로 축소되는 것이 아니라 정치 · 경제 · 사회 · 문화 그리고 생태정의와 관계망 속에 있다 하겠다. 그리고 끝으로 본서는 신약성서의 식탁교제들과 성만찬에서 아가페 사랑에 근거한 '변혁적 정의'를 보았다. 그리고 이상과 같은 기독교 신앙과 신학에 근거하여 '정의로운 무역'과 '정의로운 금융'에 대한 세부적인 사항들을 제안하였다.

이상과 같이 『아가페』 문서는 확실히 '생명공동체'를 섬겨야 할 '경제'로 주장하였다. 그런데 여기에서 우리가 관찰할 수 있는 것은, '하나님의 생명 집 살림살이'의 요건들이 '아가페 사랑'에 근거하고 있으면서도 구체적인 도덕적이고 윤리적인 실천에 있어서는 '교회 공동체'가 '교회 밖의 공동체들'과 공유할 수 있는

---

46 • AGAPE, 146.

구체적인 사항들이라고 하는 사실이다. 본 문서는 아가페 사랑과 희년정의와 같은 과격한 입장을 일반도덕과 윤리의 초석으로 삼으면서도, 라인홀드 니이버와 존 베넷의 '중간공리'(middle axioms)에 대한 주장을 배격하고 있지 않은 것으로 보인다. 이에 관하여는 『기독교 신앙과 오늘의 세계경제』가 주장하는 하나님 나라의 4가지 표지판들 역시 마찬가지고, JPSS와 JPIC 역시 마찬가지일 것이다. 이와 같은 원리는 교회 공동체로 하여금 너무 폐쇄된 자기 언어 안에만 갇혀 있어서도 안 되고, 기존의 정당이나 경제이념에 너무 미시적으로 참여해서도 안 되게 할 것이다. 일찍이 존 베넷은 '중간공리'에 근거하여, 경제제도에 관련된 다섯 가지 원리들을 "옥스포드 삶과 봉사 세계 제2차 대회" 문서로부터 요약 소개한다.

① 인간이 하나님과 누리는 코이노니아에 근거하여 사람과 사람 사이의 바른 관계가 형성되어야 한다. 모든 경제적인 활동은 이것에 준하여 변형되어야 한다.

② 인종과 계층에 관계없이 모든 어린이와 청소년은 그들에게 주어진 특별한 능력들을 충만히 계발하기에 적절한 교육의 기회들이 주어져야 한다.

③ 질병이나 연약성이나 나이로 인하여 경제활동을 할 수 없는 사람들(persons)은 그들의 무능력 때문에 경제적으로 궁지에 몰리게 되서는 안 되고 반대로 특별한 보살핌의 대상이 되어야 한다.

④ 노동은 인간의 복지를 위하여 하나님께로부터 계획된 본유적인 가치와 존엄성을 지니고 있다. 따라서 인간의 노동의무와 권리가 보장되어야 한다. 산업화 과정에서 노동은 결코 하나의 단순한 상품으로 여겨져서는 안 될 것이다. 일상적인 노동에서 사람들은 하나의 기독교적 소명을 인정해야 하고 성취해야 할 것이다.

⑤ 땅과 광물자원과 같은 땅의 자원들은 모든 인류에게 주어진 하나님의 선물들로 인식되어야 하고 현 세대와 미래 세대들의 필요를 위한 적절하고 균형

잡힌 고려로써 사용되어야 한다.[47]

  따라서 '교회와 에큐메니칼 가족들'은 오늘의 글로컬 이슈들이 모든 인류공동
체에게 주어지는 공통의 도전들이라고 볼 때, 타 종교들, 타 학문들(예컨대, 정치학,
경제학, 도덕철학과 윤리학, 심리학과 철학의 행복과 웰빙 이론들), 그리고 사회의 각계각층 역
시 이와 같은 글로벌 이슈들의 도전에 응전해야 하는 바, 에큐메니칼 교회는 이
들 다른 분야들과 상호성과 대화와 파트너십과 연대성을 추구해야 할 것이다.

---

47 • John C. Bennett, *Christian Ethics and Social Policy*(New York: Charles Scribner's Sons, 1946), 17-
88, In *Social Christianity*. ed. John Atherton(Cambridge: the University Press, 1994), 249-250.

제11장

WCC와 로마가톨릭교회

- 제2차 바티칸 공의회 이후 로마가톨릭교회의 에큐메니즘 -

✝

I

들어가는 말

로마가톨릭교회는 제2차 바티칸 공의회(1962-1965) 이후 자체 내의 개혁과 더불어, 비가톨릭교회들에 대하여 개혁·개방의 길을 택하였다. 이 글의 목적은 1960년대 후반 이후 전개된 로마가톨릭교회의 에큐메니즘과 에큐메니칼 운동을, WCC[1] 중심의 에큐메니칼 운동과 '신앙과 직제'운동의 역사에 조명하여 논구하는 데에 있다. 그래서 필자는 첫째로 "WCC의 기원과 역사를 통하여 로마가톨릭교회의 에큐메니칼 운동의 자리와 역할"을 살피고, 둘째로 신앙과 직제운동의 일치추구 역사 속에서 로마가톨릭교회의 자리와 역할을 논구한다. 셋째로 "제2차 바티칸의 "교회 헌장"(Lumen Gentium)과 "일치 교령"(Unitatis Reintegratio)에 나타난 에큐메니칼 신학"을 제시함으로써, 로마가톨릭교회의 비로마가톨릭교회들과의 에큐메니즘에 대한 입장과 태도를 밝힌다. 넷째로 에큐메니칼 운동의 두 흐름의 합류와 요한 바오로 2세가 쓴 회칙인『하나 되게 하소서』(1995)에서는 '신앙과 직제'와 '삶과 봉사'의 신학적인 합류에 비추어서『하나 되게 하소서』를 평가하며, 끝으로는 "향후 '신앙과 직제'와 로마가톨릭교회가 추구해야 할 일치 모델"을 제시해보려고 한다.

이상과 같은 연구는 한국교회의 에큐메니칼 운동에 기여할 것으로 기대한다. 2013년 부산에서 제10차 WCC 총회가 열리는 오늘의 상황에서 본인이 몸담고

---

1 • WCC는 영어로 "World Council of Churches"로서 우리말로 "세계교회협의회"라고 보통 번역되고 있다. "협의회"는 사실상 "공의회"라는 말과 같은 것으로 보인다.

있는 개신교 안에서조차 총회 유치를 반대하는 목소리까지 나오고 있어, 우리는 하나님과 세계교회 앞에 부끄러움을 느낀다. 더군다나 우리 한국교회 안에서는 1970년대 들어서면서 세계 도처에서 활발하게 전개되는 '양자 간 대화' 역시 매우 미진하여, 개신교가 성공회와 로마가톨릭교회와 동방정교회와 그렇게 좋은 관계를 맺고 있지 못하고 있다. 개신교 안에는 로마가톨릭교회를 심지어 '이단'이라고까지 하는 사람들이 없지 아니한 상황에서 본 연구는 한국의 개신교와 로마가톨릭교회 사이의 에큐메니칼 관계 증진을 위하여 매우 중요한 것으로 보인다.

II

WCC의 '기원과 역사' 속에서
로마가톨릭교회의 자리

라투렛(Scott Latourette) 교회사 교수는 1817-1914년까지의 유럽과 북미의 역사를 "위대한 세기"(The Great Century)라 하였다. 그 이유는 바로 19세기에 개신교의 복음 선교가 절정에 도달하였다고 보았기 때문이다. 바로 이와 같은 시기에 선교의 현장에서 교파들의 협력이 요청되었고, 교파를 초월하는 '복음' 전파가 필요하였다.[2] 그리하여 1910년 세계선교대회(WMC)의 폐막식에서 필리핀의 선교사로서 미국의 성공회 주교인 브렌트가 '신앙과 직제'(Faith and Order) 운동을 제안하여, 이 운동은 미국을 중심으로 전개되면서 '신앙과 직제' 운동이 등장하였고, 1914년 제1차 세계대전 직전에 스웨덴의 루터교 주교인 죄더블럼이 '평화에의 호소문'을 전쟁 당사국들의 교회를 포함하는 세계교회에 보낸 것이 계기가 되어 '삶과 봉사'(Life and Work) 운동이 출범하였다. 그리고 1910년 '세계선교대회'(WMC)가 1921년엔 '국제선교협의회'(IMC)로, 그리고 1960년대에는 '세계선교와 복음전도 위원회'(CWME)로 명칭이 바뀌었다. 이리하여 '신앙과 직제', '삶과 봉사' 그리고 '세계 선교와 복음전도 운동'이 향후 에큐메니칼 운동의 흐름을 결정하였다. 그런즉, 결국 WCC를 통한 에큐메니칼 운동의 주된 흐름은 셋인데, 이는 요한복음 17:21(아버지께서 내 안에, 내가 아버지 안에 있는 것 같이 저희도 다 하나가 되어 우리 안에 있게 하사 세상으로 아버지께서 나를 보내신 것 같이

---

2 • 참고: Kenneth Scott Latourette, *A History of Christianity*, Vol. II, New York: Harper & Row, Publishers, 1975, 1334-1345; 1349-1380.

믿게 하옵소서)과 골로새서 1:20(그의 십자가의 피로 화평을 이루사 만물 곧 땅에 있는 것들이나 하늘에 있는 것들을 그로 말미암아 자기와 화목되기를 기뻐하심이라)과 에베소서 1:10(하늘에 있는 것이나 땅에 있는 것이 다 그리스도 안에서 통일되게 하려 하심이라)에 나오는 성경구절로 요약될 수 있다.

그리고 1920년엔 동방정교회가 "국제연합"(The League of Nations)에 맞먹는 "교회들의 코이노니아"(koinonia ton ecclesion)를 제안하였고, 비슷한 시기에 죄더블럼과 올드햄 역시 교회들의 연합체 구성을 제안하였다. 그리하여 1925년에 스톡홀름에서 제1차 삶과 봉사 운동 세계대회가, 그리고 1927년에 로잔에서 제1차 신앙과 직제 세계대회가 열렸다. 그리고 이 두 대회의 대표들이 결국 1937년 케버트(McCrea Cavert)가 제안한 WCC(세계교회협의회)란 용어를 받아들여, 네덜란드의 유트레히트에서 WCC 헌장이 작성되었다. 그 교리헌장(the Basis)은 성육신 교리와 칼세돈의 정통 그리스도론을 배경으로 하였고, 1961년 뉴델리 WCC 때에는 성공회의 제안을 받아들여서 "성경"과 "삼위일체 하나님"을 첨부하였다.

세계교회협의회(World Council of Churches)란 우리 주 예수 그리스도를 하나님과 구세주로 받아들이는 교회들의 코이노니아이다.[3]

세계교회협의회란 성경을 따라서 우리 주 예수 그리스도를 하나님과 구세주로 고백하고 성부와 성자와 성령 삼위로 일체되시는 하나님의 영광을 위한 교회의 공동 소명을 함께 성취하려고 하는 교회들의 코이노니아이다.[4]

그런데 로마가톨릭교회는 제2차 바티칸 공의회의 "에큐메니즘에 대한 교령"(Unitatis Reintegratio)의 제2장 "에큐메니즘의 실천" 부분에서 이것을 간접적으로 인정하고 있는 것이나 마찬가지이다. 그 이유는 아래와 같다.

3 • "World Council of Churches", Nicholas Lossky and Others(ed.), *Dictionary of the Ecumenical Movement*, Geneva: WCC Publications, 1991, 1084.

4 • Ibid.

모든 그리스도교인들로 온 세상 앞에서 자신들의 삼위로 일체되시는 하나님과 수육하신 하나님의 아들, 곧 우리의 구속주와 주님을 믿도록 하자. 그들의 노력으로 연합되고, 상호 간의 존중으로 저들로 하여금 우리를 거짓으로 행동하게 하지 않게 하는 공통의 희망을 증언하게 하자. … (제2장 12절)

그리하여 향후 이상과 같은 WCC 교리헌장에 동의하는 모든 교회들은 WCC의 회원교회가 될 수 있게 되었다. 예컨대, 중국교회는 중국의 공산화로 인하여 1949년에 WCC를 탈퇴하였다가 1991년 캔버라 WCC에서 WCC 교리헌장을 다시 받아들이는 선서식과 더불어 다시 WCC의 회원교회가 되었던 것이다. 그러나 기독교인의 수가 일만 명을 넘지 못하는 교회는 비록 WCC 헌장을 받아들일지라도 회원권을 얻을 수 없으니, 북한의 '조선그리스도교연맹'이 그와 같은 예에 해당할 것이다. 이와 같은 맥락에서 로마가톨릭교회는 WCC 교리헌장에 전적으로 동의할 수 있는 교리전통을 가지고 있으나, 결국 교회론과 '직제론'의 문제, 그리고 이 직제론과 불가분리한 '성례론'의 문제로 WCC의 에큐메니칼 운동에 적극적인 참여를 삼가고 있었으나, 제2차 바티칸 공의회(1962-1965) 이후인 1968년부터는 '신앙과 직제위원회'의 정식 회원이 되어 오늘에 이르고 있다.[5]

그동안 WCC 총회는 아홉 번 열렸다. 그런데 제2차 바티칸 공의회는 1961년 뉴델리 제3차 WCC 총회와 1968년 웁살라 제4차 WCC 총회 사이에 위치한 1962-1965년 어간에 열었고, 그것의 공식적인 교리문서 중 "에큐메니즘에 대한 교령"과 교회론의 상당 부분에 근거하여 WCC에 참여하였다. 즉, 1965년에 신앙과 직제의 대표들과 로마가톨릭교회의 공식 대표들로 구성된 '공동연구위원회' (Joint Working Group)가 발족하였고, 1968년엔 로마가톨릭교회의 공식대표들이 '신앙과 직제위원회'의 정식 회원이 되었던 것이다. 그런데 1968년 웁살라에서 모인 제4차 WCC는 유럽의 학생운동, 신마르크스주의, 마틴 루터 킹 목사와 케네디 대통령의 암살, 베트남전쟁, 중국의 문화혁명 등 세계사적 격변 속에서 "보라, 내가

---

5 • 참고: "신앙과 직제'는 WCC를 구축하는 세 기둥이나 마찬가지이고, 그것이 주로 신학과 직제를 다루기 때문에, 필자의 입장에선 그것이 에큐메니칼 운동에 있어서 가장 중요한 부분으로 보인다.

만물을 새롭게 하노라"라는 주제를 가지고 열렸으니, 로마가톨릭교회가 부분적으로나마 에큐메니칼 운동에 참여한 것은 세계사적 소용돌이 속에서였다.

우리는 지금까지 WCC의 기원과 역사를 살피면서, 그동안 로마가톨릭교회가 세계교회의 일치운동에 언제부터 참여하기 시작하였나를 살펴보았다. 이제 아래에서는 '신앙과 직제운동'의 역사를 통하여 로마가톨릭교회의 자리와 역할에 대하여 논할 것이다.

Ⅲ

신앙과 직제운동의 일치추구 역사 속에서
로마가톨릭교회의 자리와 역할

그동안 '신앙과 직제'는 1927년 로잔에서 제1차 세계대회가, 1937년 에든버러에서 제2차 세계대회가, 1952년 룬드에서 제3차 세계대회가, 그리고 1963년 몬트리올에서 제4차 세계대회가 열렸고, 제5차 세계대회는 스페인의 산티에고 데 콤포스텔라에서 열렸다. 제1차에서 "복음"에 대한 정의를, 제2차에선 "① 은혜의 의미. ② 칭의(의화)와 성화, ③ 하나님의 주권과 인간의 반응. ④ 교회와 은혜. ⑤ 은혜: 말씀설교와 성사. ⑥ 오직 은혜"에 대한 수렴이 있었다. 이 글은 이와 같은 주제들 가운데서 '복음'과 복음의 수용에 해당하는 '칭의(의화)와 성화'에 대한 진술만을 소개한다.

1. '복음'

1927년 로잔에서 열린 '신앙과 직제 세계대회'는 복음을 다음과 같이 정의하였다.

세상을 위한 교회의 메시지는 예수 그리스도의 복음이요, 항상 복음이어야 한다. 복음은 현재와 미래를 향한 구속의 기쁜 메시지인 바, 그리스도 안에서 죄인에게 주어진 선물이다. 성령은 온 인류 역사 속에서 활동하시어 그리스도의 오심을 준비하셨고, 무엇보다 구약 안에 주어진 그의 계시를 통해서 그의 오심을 준비하셨는데, 때가 차서 하나님의 영원한 말씀이 성육하사 인간이 되신 것이다. 바로 예수 그리스도는 하나님의 아들과 사람의 아들로서 은혜와 진리가 충만하신 분이시다.

이 예수 그리스도는 그의 삶과 가르침, 그의 회개에로의 부름, 그의 하나님의 나라의 도래와 심판에 대한 선포, 그의 고난과 죽음, 그의 부활과 하나님 아버지 우편에로의 승귀 및 그의 성령의 파송을 통하여 우리에게 죄의 용서를 베풀어주셨고, 살아계신 하나님의 충만함과 우리를 향하신 하나님의 한없는 사랑을 계시하였다. 예수 그리스도는 십자가에서 보이신 완전한 사랑에 호소하시어 우리들을 신앙에로 부르시고, 하나님과 인간을 섬기기 위한 자기희생과 헌신에로 부르신다.[6]

이상과 같이 그리스도론적이고 어느 정도로 삼위일체론적인 '복음'을 주장하는 '신앙과 직제'는 1952년 빌링겐의 IMC가 삼위일체 하나님의 선교를 주장한 후, 이미 지적한 대로 1961년 뉴델리 WCC에 와서는 WCC 헌장에 삼위일체론을 첨가하였다. 이 헌장내용은 하나님의 아들의 성육신과 구속, 그리고 칼세돈 그리스도론과 니케아-콘스탄티노플 신조의 삼위일체 하나님을 배경으로 하고 있다. 우리는 여기에서 적어도 "복음"과 "삼위일체 하나님"이 WCC 회원 교파들의 다양한 신학전통들을 한데 묶는 통일성으로서 가장 근본적인 사도적 신앙전승이라는 사실을 주장할 수 있다.

1963년 제3차 몬트리올 신앙과 직제 역시 성경(Scriptures)과 전통들(traditions: 소문자 t)로부터 구별되는 "복음전승"(the Tradition 혹은 the Gospel Tradition: 대문자 T)을 가장 중요한 사도적 신앙으로 확정 지웠고, 이와 더불어 어느 정도 삼위일체를 부각시켰다.[7] 하지만 삼위일체론이 본격적으로 등장한 것은, 제네바에서 열

6 • Lukas Vischer(ed.), *A Documentary History of the Faith and Order Movement: 1927-1963*, Missouri, St. Louis: The Bethany Press, 1963, p. 29(Report of Section Ⅱ).

7 • P C Rodger and L Vischer(ed.), *The Fourth World Conference on Faith and Order*. Geneva: WCC, 1964, 51ff.

린 1981년 니케아-콘스탄티노플 공의회(381) 제1600주년 기념예배 이래로 사도적 신앙의 공동표현으로서(filiogue 없는) '니케아-콘스탄티노플 신조'에 대한 에큐메니칼 해석이 시작됨에 따른 것이다. 그런즉, 사도들을 지도자들로 하는 공동체 전체에게 위탁되었으며(S.Ⅱ.6), 성서에 규범적으로 증거 된 이 근원적 사도적 신앙(복음)은 니케아-콘스탄티노플 신조에 의해서 요약되었고, 교회사를 통해서 다양한 신앙고백서들로 표현되었다(S.Ⅱ.7).[8] 따라서 교회들의 신학의 통일성과 다양성은 성서의 통일성(복음과 니케아-콘스탄티노플 신조)과 다양성(여러 다양한 상황에 대응하여 기록된 성서의 다양한 메시지들과 가르침들)에 근거해야 할 것이다.

그리고 1989년 바젤에서 열린 '유럽교회들의 에큐메니칼 총회' 최종문서는 이상과 같은 화해의 복음이 하나님과 인류의 관계 정상화뿐만 아니라 창조세계에 대한 구원도 약속하고 있는 것으로 본다.[9] 그리고 1975년의 "하나의 정의롭고 참여적이며 지속 가능한 사회"(JPSS)와 1983년의 "정의, 평화, 창조세계의 보전"(JPIC)을 물려받았고, 서울 JPIC 및 1991년 캔버라 WCC를 바라보았던 1989년 산안토니오의 CWME 역시 '창조세계 보전'의 문제를 '하나님의 선교' 개념에 포함시키면서, 창조세계를 포함하는 우주적(보편적), 종말론적 "화해" 개념(이밀리오 카스트로)을 제시하였다.[10] 그리하여 1990년 3월 서울 JPIC가 열린 지 10일 후에, WCC 중앙위원회는 JPIC를 차기 캔버라 WCC 총회에서 최우선 과제로 추천하였고, Unit Ⅱ의 WCC 중앙위원회에게 주는 보고서는 JPIC가 "다음 21세기 동안 에큐메니칼 비전의 심장"이 될 것이라고 했다.

우리는 이상에서 인류뿐만 아니라 창조세계 전체까지 포함하는 '삼위일체론적이고 그리스도론적인 화해의 복음'이야말로 성경의 다양성 속의 통일성이요, 교회들과 신학들의 다양성 속의 통일성이라고 하는 사실을 발견한다. 삼위일체

---

8 • *Confessing the One Faith: An Ecumenical Explication of the Apostolic Faith as it is Confessed in the Nicene-Constantinopolitan Creed(381)*, Faith and Order Paper Number 153, Geneva: WCC Publications, 1992.

9 • *Peace With Justice. The Official Documentation of the European Ecumenical Assembly*, Basel, Switzerland, 15-21 May, 1989, 150 route de Ferney, CH-1211 Geneva 20: Conference of European Churches, 40.

10 • Frederick R. Wilson(ed.), *The San Antonio Report*, Geneva: WCC Publications, 1990, 52ff.(Ⅲ. The Earth Is the Lord,s.).

하나님의 사역 속에서 하나님의 아들 예수 그리스도께서는 하나님과 인류, 하나님과 창조세계, 인간과 인간, 그리고 인간과 창조세계의 화해를 이룩하셨고, 하나님 나라에서 그것을 완성하실 것이다. 이상과 같은 인류와 창조세계를 하나님 아버지께 화해케 한 '복음'은 객관적이고 보편적이며 종말론적이다.

2. '칭의(의화)와 성화'

본 신앙과 직제 문서는 위에서 언급한 '복음'의 수용(受容)에 해당하는 칭의(의화)와 성화에 대하여는 다음과 같이 주장한다.

값없이 사랑을 베푸시는 하나님은 그리스도를 통해서 우리를 칭의하시고 성화시키신다. 우리는 이 하나님의 은혜를 믿음으로 받아들이는데, 이 믿음 자체는 선물이다.

칭의와 성화는 죄인과 관계를 맺으시는 하나님의 은혜로우신 행동의 불가분리한 두 측면이다.

칭의는 하나님께서 우리의 죄를 용서하시고, 우리를 그 자신과 교제케 하시는 하나님의 행동이다. 하나님은 그리스도 안에서, 그리고 그의 십자가의 죽으심을 통해서 죄를 정죄하시고, 당신의 사랑을 죄인들에게 나타내시며, 세상을 자신과 화해시키신다.

성화는 성령을 통하여 우리와 전 교회를 새롭게 하시는 하나님의 역사이다. 하나님은 우리를 죄의 세력으로부터 구해내시고, 우리를 그의 거룩함 안에서 자라게 하시며, 예수 그리스도의 죽음과 부활의 삶에 동참함을 통해 우리로 그리스도를 닮아가게 만드신다. 우리를 지속적인 영적 행위와 악과의 투쟁으로 고 무시키는 이러한 갱신은 하나님의 선물에 의해 유지된다. 거룩함에서의 우리의 성장이 어떤 것이라 할지라도, 우리의 하나님과의 교제는 항상 하나님의 용서하시는 은혜 위에 근거하고 있다.

믿음은 그리스도 안에 나타난 계시의 지적인 수용(受容) 이상의 것이다. 그것은 하나님과 그의 약속에 대한 전적인 신뢰이며, 우리의 구세주이며 주님이 되시는 예수 그리스도께 우리 자신을 위탁하는 것이다.[11]

이미 1927년과 1937년에 세계교회는 이상과 같은 기독교의 기본교리들에 동의하였으니, 비록 로마가톨릭교회가 아직 제2차 바티칸 공의회 이전의 상황에 있었고, '신앙과 직제'의 정식 대표들을 파송하기 이전이었으나, 필자의 판단으로는 로마가톨릭교회가 위의 교리들을 충분히 받아들일 것으로 보인다.

그리고 1952년 룬드에서 열린 제3차 '신앙과 직제 세계대회'는 에큐메니칼 운동을 위한 그동안의 비교회론적 접근을 접고, 그리스도 중심의 일치운동을 추구하였으니, 훗날 제2차 바티칸 공의회의 '에큐메니즘에 대한 교령' 제2장 '에큐메니즘의 실천' 부분에서 룬드의 선언을 간접적으로 인정하고 있다.

우리가 그리스도에게 더 가까이 가려고 할수록 우리는 서로 더 가까워진다. 우리의 분열의 배후를 뚫고 들어가 그리스도와 그의 교회 사이에 있는 하나님께서 주신 연합의 신비를 보다 깊고 풍요롭게 이해할 필요가 있다.(I . 2)[12]

3. '신앙과 직제'와 로마가톨릭교회의 만남

본 '신앙과 직제'가 제2차 바티칸 공의회와 교감을 갖기 시작한 것은 1963년 제4차 신앙과 직제 세계대회에서부터였다. 본 대회 제2분과의 "성경, 전통 그리

---

11 • 루카스 피서, 『에큐메니칼 신학의 발전사(I)』, 이형기 옮김, 서울: 한국장로교출판사, 1998, 50-54.

12 • 같은 책, 112-113.

고 전통들"(Scriptures, Tradition and traditions)과 제2차 바티칸의 "신적 계시에 대한 교리헌장"(Dei Verbum)이 서로 상통하였다. 몬트리올의 '신앙과 직제'가 주장하는 대문자 T는 "복음전승"을 가리키는 것으로 성경의 유일한 원천이요, 다름 아닌 이 "복음전승"은 교회사 속의 여러 교회들의 전통들(소문자 t) 속에 현존하고 있다고 하는 주장인 바, 이는 제2차 바티칸의 "Dei Verbum (I. 2)"(계시 헌장)이 주장하는 "계시 그 자체"와 전적으로 동일한 것으로 보인다.

하나님께서는 그의 선하심과 지혜로우심으로부터 자기 자신을 계시하시고, 그의 뜻에 감추어진 목적을 우리들에게 알리시기를 선택하시었다(비교: 엡 1:9). 이 때문에 인간은 말씀이 육신이 되신 그리스도를 통하여 성령 안에서 아버지 하나님께 접근하여 신의 본성에 참여하게 된다(비교: 엡 2:18; 벧후 1·4). 그럼으로 이와 같은 계시를 통해서 눈에 보이지 않는 하나님께서 그의 충만한 사랑으로부터 인간에게 친구처럼 말씀하시고, 인간들 가운데 거하신다(비교: 출 33:11; 요 15:14-15). 때문에 하나님께서는 인간들을 초대하시어, 자기 자신과 교제케 하신다. 그런데 이러한 계시의 계획은 내적인 통일성을 가진 행동들과 말씀들에 의해서 실현된다. 즉, 구속사 속에서 하나님에 의해서 행해진 행동들이 말씀들이 의미하는 가르침과 실재들을 나타내고, 확인하는 반면에, 말씀들은 행동들을 선포하고, 이 행동들 안에 포함된 신비를 밝힌다. 바로 이 계시에 의해서 하나님과 인간의 구원에 대한 가장 심오한 진리가 중보자시요, 동시에 모든 계시의 충만이신 그리스도 안에서 우리들에게 밝히 드러난다.[13]

1970년대부터 활발하게 진행된 양자 간 대화는 그 결과물이 책 두 권으로 출판될 정도로 활발하였다.[14] 이미 1965년엔 신앙과 직제의 대표들과 로마가톨릭

---

13 • Walter M. Abbott, S.J.,(ed.), *The Documents of Vatican II*, trans. by Joseph Gallagher, American Press/Association Press, 1966, 112.

14 • Harding Meyer and Lukas Vischer(ed.), *Growth in Agreement: Reports and Agreed Statements of Ecumenical Conversations on a World Level*, Geneva: WCC Publications, 1984. Jeffrey Gros, FSC, Harding Meyer, and William G. Rusch(ed.), *Growth in Agreement II: Reports and Agreed Statements of Ecumenical Conversations on a World Level*, 1982-1998. ed. by Geneva: WCC Publications, 2000.

교회의 공식 대표들로 구성된 '공동연구위원회'(Joint Working Group)가 생겨, 1990
년에 『진리들의 위계질서』와 『보편교회와 지역별 교회』라고 하는 공동 선언문이
나왔다. 트렌트 공의회 이래로 계시란 '성경과 전통'이라고 하는 "두 근원"(duae
fontes)으로부터 나오는 것으로 여겨졌으나, 제2차 바티칸에서는 방금 위에서 인
용한 "하나의 원천"(unus fons), 곧 "계시 그 자체"로부터 성경과 전통이 나오고,
다분히 전통은 성경해석에 봉사하는 것으로 여기게 되었다. 즉, 양측은 "복음" 혹
은 "계시 그 자체"를 진리의 위계질서에 있어서 꼭짓점(top priority)에 있다고 본
것이다. 그리고 그동안 가톨릭교회는 '보편교회'를, 그리고 개신교는 '지역교회'
를 힘주어 말해왔으나, 이제는 이 둘 중 그 어느 것도 더 우위에 있지 않다고 하
는 사실이 수렴된 것이다.[15] 그리고 1968년부터는 로마가톨릭교회의 공식대표들
(초기에는 6명)이 '신앙과 직제' 위원회의 공식 위원이 되었고, 그 후 1982년에 『세
례 · 성만찬 · 직제』(BEM Text)를, 1991년에 『하나의 신앙을 고백하며: 니케아-콘
스탄티노플 신조(381)로 고백된 사도적 신앙에 대한 에큐메니칼 해설』[16]을, 그리
고 2006년엔 『교회의 본질과 선교』(The Nature and Mission of the Church)[17]를 함께 내
놓았다. 물론 이와 같은 문서작업에는 동방정교회 대표들도 참여하였다.

---

15 • *Joint Working Group between the Roman Catholic Church and the World Council of Churches*,
Sixth Report, Geneva: WCC, 1990, Appendix A와 B(23-35).

16 • 세계교회협의회 편, 『세계교회가 고백해야 할 하나의 신앙고백』, 이형기 옮김, 서울: 한국장로교출판사,
1996.

17 • 본 문서의 번역본은 이형기 · 송인설 공역, 『신앙과 직제와 삶과 봉사의 합류』, 한국기독교교회협의회
신앙과 직제위원회 편(서울: 한국기독교교회협의회, 2009)에 포함되었다. 본 역서는 1990년부터 나온
신앙과 직제와 삶과 봉사의 합동연구 결과물들의 모음집이다.

Ⅳ

제2차 바티칸의 『Unitatis Reintegratio』와 『Lumen Gentium』에 나타난 에큐메니칼 신학

오늘의 세계에의 적응(a bringing up to date)을 의미하는 "aggiornamento"는 여러 차원들에 있어서 로마가톨릭교회가 새롭게 되어야 한다고 하는 뜻을 지닌다. 그 것은 "Gaudium et Spes"(사목헌장)가 선언하고 있는 교회의 세계 참여에 대한 교회의 사목만이 아니라 로마가톨릭교회 밖의 교회들(정교회, 성공회, 개신교), 유대교, 이슬람, 동방교회들에 대한 사목도 포함한다. 버틀러는 "사목적이란 말이 제2차 바티칸 공의회의 핵심이다."[18]라고 하면서, 공의회는 로마가톨릭교회에 소속된 그리스도교인들을 보호하는 데에만 주력할 것이 아니라 복음 선포와 복음화(마태 28:19f.)를 가장 시급한 급선무로 여겼다고 한다. 그리하여 "그와 같은 사목적 사랑의 동기"는 "교회들과 갈라져 나간 형제들"에 관심하게 하였다고 한다. 버틀러의 말을 들어보자.

공의회는 언덕 위에 세워진 도성의 담들 너머를 보았을 때 바로 그와 같은 담 너머에 있는 구세주의 친구들과 형제들과 동료 제자들을 의식한 것 같다. 이와 같은 갈라져 나간 형제들 안에 있는 교회는 그 자신의 경계선을 가시적으로 너머선 것으로 보인다. 바로 이와 같은 초월로부터 일련의 신학적인 문제들이 제

---

18 • Abbot Christopher Butler, "The Aggiornamento of Vatican Ⅱ", in Vatican Ⅱ: An Interfaith Appraisal: International Theological Conference in University of Notre Dame: March 20-26, 1966. 7. 참고: James C. Livingstone, Francis Schuessler Fiorenza, Modern Christian Thought. Vol.Ⅱ. (Upper Saddle River, N.J. 07458: Prentice Hall, 2000). 233-237.

시된 바, 그것이 '일치운동에 관한 교령'뿐만 아니라 "교회에 관한 교의헌장"에도 나타나 있다.[19]

필자는 이상과 같은 배경을 염두에 두면서 로마가톨릭교회의 교회론과 에큐메니즘에 대한 공식적인 입장과 태도를 분명히 제시함으로써, 로마가톨릭교회가 이상에서 제시한 '신앙과 직제'의 일치운동과 향후 WCC 차원에서의 에큐메니즘과 에큐메니칼 운동에 얼마나 열려있는가를 검토하려고 한다.

1. 『일치 교령』(Unitatis Reintegratio, 1964년 11월 21일)

요한 23세가 1959년 1월 25일 전(全) 교회를 위한 에큐메니칼 공의회(제2차 바티칸)를 소집하기 전까지만 해도 로마가톨릭교회는 '교회일치 주간'(1월 18-25)에 "개신교들이 하나의 참 교회로 '돌아오라고' 기도하는 일만을 반복해왔다."[20] 그러나 로마가톨릭교회가 개신교회들과의 에큐메니칼 관계를 위하여 기도하고 있는 동안에, 개신교와 성공회와 정교회는 1920년대부터 에큐메니칼 운동에 본격적으로 참여하기 시작하였다. 이 점에서도 로마가톨릭교회는 WCC라고 하는 축제의 배에 좀 뒤늦게 올라탄 것으로 보인다.

본 교령은 로마가톨릭교회 자체 내의 에큐메니즘을 위한 지침서가 아니라 비로마가톨릭교회들과의 에큐메니칼 관계와 태도를 규정하는 "에큐메니즘에 대한 가톨릭 원리들"(chapter Ⅰ)이다. 이 문서는 3장으로 되어 있다. 하나는 "에큐메니즘에 대한 가톨릭 원리들"이요, 다른 하나는 "에큐메니즘의 실천"이요, 셋은 "로마의 사도좌로부터 분리된 교회들(churches)과 교회적 요소들을 지닌 공동체들"(ecclesial communities)에 대한 것이다. 필자는 이 셋 중에 앞의 둘에 대하여만 논할 때에 "에큐메니즘의 실천"에 대해서 먼저 논한다.

---

19 • Ibid., 8.

20 • Walter M. Abbott, op. cit., 336.

1) 에큐메니즘의 실천

로마가톨릭교회는 특히 "갈라진 형제들"과의 에큐메니칼 실천을 위하여 이미 지적한 WCC의 '교리헌장'(the Basis)과 '신앙과 직제'의 주장을 인정한다. 첫째로 "에큐메니즘에 대한 교령"의 다음의 주장은 WCC의 '교리헌장'에 상응한다.

우리의 생각들은 무엇보다도 성부와 성자와 성령, 삼위일체 하나님의 영광을 위하여 예수 그리스도를 하나님과 주님으로 그리고 하나님과 인간 사이의 유일무이한 중보자라고 공적으로 고백하는 그와 같은 그리스도인들에 관심한다.(UR 20)

둘째로 로마가톨릭교회가 자신들과 비로마가톨릭교회의 교리들 사이에 상이점들이 있을지라도, 예수 그리스도에게 가까워지고 예수 그리스도를 중심으로 하나가 되려고 할 때, 일치에 도달할 수 있을 것이라고 보는 것은 1952년 룬드(Lund)에서 열린 제3차 신앙과 직제 세계대회의 주장과 같다. "에큐메니즘에 대한 교령"은 다음과 같이 주장하기 때문이다.

그러나 우리는 분리된 형제들이 그리스도를 교회적 연합(communion)의 근원과 중심으로 바라보고 있는 것을 보면서 기뻐한다. 저들은 그리스도와의 연합에 대한 갈망으로 영감 된 나머지 점점 더 열정적으로 일치추구를 하지 않으면 안 되는 느낌을 갖게 되고, 이 땅의 모든 사람들에게 자신들의 신앙을 증언하지 않으면 안 되는 느낌을 갖게 된다.(UR 20)

셋째로 본 교령은 로마가톨릭교회의 "교도권"에 대한 주장을 양보하는 것은 아니지만, 성경의 우위성과 중요성을 말하고, '복음'을 이 성경의 중심으로 보고 있다. 본 교령은 "갈라진 형제들은 성경을 사랑하고 존중하며 거의 숭상함으로써, 거룩한 본문을 꾸준히 그리고 전문적으로 연구하도록 인도함을 받는다."

(UR 21)라고 하고, 복음은 "모든 믿는 자에게 구원을 주시는 하나님의 능력이라 됨이라 첫째는 유대인이게요 또한 헬라인에게로라(롬 1:16)."고 하였다.(UR 21) 이 부분은 이미 뉴델리 WCC의 헌장에 나타난 "성경을 따라서"를 생각나게 하고, 이미 제시한 1927년 로잔에서 열린 제1차 신앙과 직제 세계대회의 "복음"에 대한 정의와 1963년 몬트리올 신앙과 직제 제4차 세계대회가 선포한 "복음전승"(the Tradition)과 같다 하겠다.

넷째로 "에큐메니즘에 대한 교령"은 에큐메니칼 운동의 출발점과 기본으로서 그리스도인의 가장 기본적인 정체성에 해당하는 '세례'를 힘주어 주장할 때, 이는 '신앙과 직제' 운동이 1927년 로잔에서부터 논의하기 시작하여 1960년 "한 주님, 한 세례"(The One Lord, One Baptism)에 대한 연구를 거쳐 1982년 『BEM Text』에서 완성된 '세례' 부분에 해당할 것이다. 본 교령의 주장은 다음과 같다.

> 세례 성례에 의하여 … 한 인간은 십자가에 달리셨다가 영화롭게 되신 그리스도에게로 합체되고 중생하여 신적 생명에 참여하기에 이른다. …
> 때문에 세례란 그것에 의하여 중생한 모든 믿는 사람들을 연합시키는 하나의 성례적인 일치의 끈을 구축한다. 하지만 세례 그 자체는 시작 혹은 출발점에 불과하다. 그도 그럴 것이 세례는 그리스도 안에 있는 생명의 충만을 얻는 방향으로 정향되어 있기 때문이다. 세례란 이런 식으로 하나의 완전한 공적 신앙고백에로, 그리스도께서 원하시는 구원의 체제 속으로, 그리고 결국 성만찬적 교제에의 완전한 참여로 정향되어 있다.(UR 22)

다섯째로 본 교령은 그리스도에 대한 신앙에서 나오는 그리스도인들의 개인적이고 공적인 삶 일반에 대하여 주장하고 있다. 기독교적인 삶은 세례와 말씀에 대한 청종으로 강화되는 바, 이것은 개인적인 기도와 성경에 대한 명상, 기독교적 가정생활과 하나님을 찬양하는 예배로 표현되고, 나아가서 이웃을 향한 정의와 사랑 등 도덕적인 행동들로 나타나게 된다고 하였다.(UR 23)

따라서 로마가톨릭교회는 이상과 같은 자신들과 "갈라진 형제들" 사이의 에큐메니칼 공통분모들을 에큐메니칼 실천의 출발점으로 보고, 이를 "그리스도인들 사이에 기존하는 형제애의 끈"이라며, 이것을 시발점으로 하여 "하나님께서는 애정을 기울여 갈망하시는 충만하고 완전한 일치에로 인도하신다."(UR 5)고 한다. 이는 개신교가 부족한 구원의 수단들을 지니고 있을지라도, 그것을 출발점으로 하여 완전한 일치에 도달할 수 있다고 하는 주장이다. 그리고 본 교령은 그리스도께서는 순례하는 교회에게 지속적인 개혁을 요청하시는데, 이와 같은 개혁은 교회의 삶의 영역에서 이미 일어나고 있는 바(성경적이고 예전적인 운동들, 하나님의 말씀설교, 평신도의 사도직 수행, 새로운 형태의 종교생활과 결혼생활의 영성, 그리고 교회의 사회적 가르침과 행동)(UR 6), 이는 "미래를 향한 에큐메니칼 진전의 호의적인 보증들과 징표들"(UR 6)이 될 것이라고 한다.

이어서 본 교령은 "마음의 변화가 없이는 그 이름에 합당한 에큐메니즘이 결코 있을 수 없다."(UR 7)며, 부름에 합당한 복음적 삶을 전제한 에큐메니즘, 곧 "영적인 에큐메니즘"을 주장하고(UR 8), 나아가서 로마가톨릭교회는 "분리된 형제들"과 "대등한 자리"(on equal footing)에서 신학적인 합동연구와 대화를 통하여 상대방의 "역사와 영적이고 예전적인 삶과, 종교적인 심리와 문화적인 배경"(UR 9)을 연구할 것을 촉구하고 있다. 뿐만 아니라 로마가톨릭교회는 신학의 여러 분야들을 에큐메니칼 시각에서 교육하고, 장차 주교와 사제가 될 사람들에게 개신교들과 대화하고 연구할 수 있게 하기 위하여 에큐메니칼 신학을 교육하여 에큐메니칼 전문가로 만들 것을 힘주어 말하고 있다.(UR 10) 그리고 선교 차원에서도 선교지 분할 등 에큐메니칼 배려가 요청된다고 한다.(UR 10) 하지만 로마가톨릭교회는 모든 에큐메니칼 운동에 있어서 "가톨릭 교리의 순수성"을 양보하거나 흐려놓아서는 안 될 것으로 보면서, "진리들의 위계질서"를 주장한다. 즉, 기독교 진리의 위계가 "기독교 신앙의 초석"과의 관계에서 결정되어야 할 것이라고 하는데(UR 11), 말하자면 '복음' 혹은 '계시 그 자체'(Dei Verbum I. 2)와 삼위일체 하나님이 모든 진리들 가운데 가장 높은 꼭짓점(top priority)에 놓여 있고, 마리아론과 연옥문제와 같은 것은 위계의 낮은 자리에 있다고 하는 뜻일 것이다.

2) "에큐메니즘에 대한 가톨릭 원리들"

본 문서는 로마가톨릭교회야말로 "그리스도 주님에 의하여 세워진 유일무이한 하나의 교회"(The Church established by Christ the Lord is, indeed, one and unique.)(UR 1)라고 전제하면서, 본 제2차 바티칸 공의회의 주된 관심사들 가운데 하나는 "모든 그리스도인들 사이의 일치 회복을 추진하는 것이다."(UR 1)라고 하였다. 즉, 본 교령은 제도로서 로마가톨릭교회와 제도로서 동방정교회들(the Churches)과, 부족하지만 교회적 요소들을 지닌 나머지 제도적 개신교 공동체들(ecclesial communities)과의 일치운동보다는 '기독교인들'(the Christians) 사이의 일치추구를 앞세우는 것으로 보인다.

그럼에도 불구하고 본 "에큐메니즘에 대한 교령"은 제도권 교회의 분열책임이 양측에 있다고 보기 때문에(UR 3), 비가톨릭제도권 교회들과의 에큐메니칼 운동에 크게 공헌한 것이 확실하다. 그리스도인들 차원의 일치는 이미 제시한 대로 세례를 그 출발점과 기초로 하고 있다. 로마가톨릭교회는 "그리스도를 믿고 바르게 세례를 받은 사람들은 비록 불완전하긴 하지만 가톨릭교회와의 모종의 코이노니아에 편입되는 것이다."(UR 3)라고 본다. 여기에서 가톨릭교회 안으로 편입되는 것은 다름 아닌 그리스도 안으로 합체되는 것이다. 하지만 "그럼에도 세례를 통하여 신앙으로 의롭다 함을 받은 사람들은 그리스도 안으로 합체된다."(UR 3)고 주장할 때, 그리스도의 교회와 로마가톨릭교회가 완전히 일치하는 것으로 보인다. 전자가 후자보다 더 큰 것이 아니라 등식관계라고 하는 뜻에서 말이다.

이와 같이 로마가톨릭교회는 '세례'를 그리스도인 정체성의 기본으로 하여, "로마가톨릭교회의 가시적인 경계선들 밖에도 교회 그 자체를 구축하고 이 교회에게 생명을 불어넣는 가장 중요한 요소들"(UR 3)이 있다고 한다. 즉, "하나님의 기록된 말씀, 은혜의 삶, 성령에 따른 내적인 은사들 및 가시적인 요소들과 더불어 주어지는 신망애"(UR 3)가 그것이다. 그리고 가톨릭교회 밖에 있는 성공회와 "교회적 요소들을 지닌 공동체들"은 "복음을 설교하고, 거룩한 세례를 베풀며 예전적인 행동들을 수행하고 하나님 나라를 확장함에 있어서 사도적 증거를 하고 있는 것이며 그리스도의 이름으로 고난받는 인류를 섬기고 있는 것이다."[21]라고 스트란스키는 주장하였다. 그리고 "이 모든 것들은 그리스도로부터 오고 그리스도에게로 되돌아가는 바, 세례라고 하는 그리스도인의 기본적인 정체성 때문에 수세자들이 그리스도의 교회에 속하는 것이다."(UR 3)라고 할 때, 역시 '그리스도의 교회' 개념이 단순히 로마가톨릭교회와 등식의 관계에 있는 것처럼 생각하게 한다.

그리고 본 교령은 분리된 교회들(정교회: 필자 주)과 공동체들(개신교들: 필자 주)은 구원의 수단들에 있어서 "결핍"을 지니고 있지만 이와 같은 구원의 수단들이 그리스도의 영의 힘으로 가톨릭교회에게 위탁된 은혜와 진리의 충만으로부터 그것의 효력을 발휘한다고 한다.(UR 3) 하지만 이들은 "그리스도께서 하나의 몸과 하나의 새로운 생명 안으로 중생시키셨고, 살리신 모든 사람들에게 주시기를 원하시는, 성경과 존경받는 전통이 선포하는 일치의 복을 얻지 못하였다."(UR 3)고 본다. 그런즉, 본 교령은 로마가톨릭교회만이 완전한 구원의 수단을 지녔기 때문에, 부족하지만 교회적 요소들을 지닌 개신교들은 이미 하나님의 백성이긴 하지만 그리스도의 한 몸(로마가톨릭교회)에 합체되지 못하였다고 하는 것이다. 다음의 인용을 읽어보자.

> 우리가 완전한 구원의 수단들을 얻는 것은 오직 가장 포괄적인 구원의 수단인 그리스도의 가톨릭교회를 통해서 만이다. 우리가 믿기로 우리 주님께서 새 언약의 모든 축복들을 베드로를 수장으로 하는 사도단에게만 위탁하셨으니, 이는 이미 어떤 모양으로든지 하나님의 백성에 승하는 모든 사람들이 그 안으로 합체되어야 할 그리스도의 한 몸을 이 땅 위에 세우기 위함인 것이다. … (UR 3).

그런즉, 본 교령에 따르면, 우리 그리스도인들은 완전한 교회적 일치(commnion)를 가로막는 방해요인들을 점차 제거하고, " … 하나의 공동 성만찬 축

---

21 • Thomas F. Stransky, C.S.P., "The Decree on Ecumenism", In John H. Miller, C.S.C.(ed.), *The II Vatican: An Interfaith Appraisal*, Notre Dame & London: University of Notre Dame Press, 1966, 380.

하를 통하여 그리스도께서 처음부터 그의 교회에게 베풀어 주셨던 하나의 유일한 교회의 일치에로 모일 것이다."(UR 4)라고 하면서, "우리가 믿기에 이 일치는 가톨릭교회 안에 있고, 이 가톨릭교회가 그것을 결코 상실할 수 없으며, 우리는 그것이 시간의 끝까지 지속될 것을 희망하는 것이다."(UR 4)라고 주장할 때, 다분히 로마가톨릭교회 중심의 흡수통일 비슷한 것이 느껴진다.

2. 『교회에 대한 교리헌장』(Lumen Gentium, 1964년 11월 21일)

교황 레오 13세의 Apostolicae Curae(1896)는 개신교는 그리스도의 참 교회에 속하지 않는다고 했다. 1919년 교황 베네딕트 15세는 신앙과 직제 세계대회를 위한 준비 모임에 받은 초대를 거부하였다. 1943년 비오 12세의 회칙인 Mystici Corporis가 교회를 "그리스도의 신비체"라고 지칭함으로써 어느 정도 경직된 제도적 교회를 양보하는 듯하였으나, 1950년 교황의 회칙인 Humani Generis는 "신비체"와 로마교회를 구분하는 로마가톨릭 자유주의 신학자들의 경향을 맹공격하였다. 그리고 비오 12세는 1950년 "동정녀 마리아의 육체적 승천 교리"를 교황의 수위권으로(ex cathecha) 선언하였다. 끝으로 1951년 비오 12세의 회칙인 Sempiternus는 동방정통교회들에게 교황의 수위권 밑으로 들어오라고 촉구했다.

이처럼 대체로 20세기 초반까지만 해도 로마가톨릭교회는 자신만이 "하나의 거룩하며 보편적이고 사도적인 교회"(the One, Holy, Catholic, Apostolic Church)로 보면서, 타 교회들에 대하여 다분히 배타적인 입장을 취해왔다. 하지만 1958년 요한 23세가 교황직에 오르자 로마가톨릭교회 내에 엄청난 기상 변화가 일어났다. 요한 23세가 1959년 로마가톨릭교회 주교들의 공의회인 "에큐메니칼 공의회"(an Ecumenical Council)를 소집하려고 했을 때, 그의 측근들도 이 사실을 알지 못했다. 그의 "아지오르나멘토"[22]는 제2차 바티칸 전체의 정신으로서, 요한 23세의 의도

---

22 • 참고: 이 이태리어는 전통적인 로마가톨릭 가르침과 행동을 오늘의 시대에 걸맞게 한다고 하는 뜻을 지니고 있는 바, 『Gaudium et Spes』(the Church in the modern World)라는 사목헌장에만 국한되는 것이 아니라 Vat. Ⅱ 문서 전체를 규정하는 말이다.

는 비오 12세의 폐쇄주의와 큰 대조를 이루었다.

제2차 바티칸 문서에 있어서『교회에 관한 교리 헌장』(Lumen Gentium = Dogmatic Constitution on the Church)과『현대 세계의 사목 헌장』(Gaudium et Spes)은『계시에 대한 교리 헌장』및『에큐메니즘에 대한 교령』과 함께 에큐메니즘에 크게 기여한 내용들로서, 그중에서도 교회론은 더 큰 비중을 차지한다. 그도 그럴 것이 제1차 바티칸 공의회(1869-70)가 교황의 수위권(首位權)과 무오성을 논하고, 정작 다루려던 교회론은 다룰 수 없어서 그것을 훗날로 미루었기 때문이요, 또 요한 23세의 "aggiornamento"의 의견을 관철시키는 데 있어서 교회의 갱신과 로마교회의 타교회들과의 관계 쇄신이 아주 중요했기 때문이다. 끝으로『Lumen Gentium』이 로마가톨릭교회의 정체성을 분명히 한 것이라면,『Gaudium et Spes』는 교회의 사회참여를 말한 것이라 할 수 있다.

1) 신비체로서의 교회

LG Ⅰ은 신약성서에 나타난 교회의 다양한 이미지들을 소개함으로써 종래의 경직된 교회론을 지양하고 신비적인 교회론, 나아가서 개방적인 교회론을 지향한다.(Ⅰ. 6-7) 즉 교회는 신약성서에서 선한 목자와 양의 우리, 하나님의 밭, 참 포도나무와 가지, 건물, 어머니, 신부, 몸과 머리 등으로 묘사되어 있다. LG 1. 2-4[23]는 예수 그리스도를 '믿는 모든 사람들'이 삼위일체 하나님과 코이노니아 속에 있다고 하는 사실을 말한다. 교회의 그리스도론적 기초, 성령론적 실현 및 삼위일체론적 코이노니아를 명시하고 있다. 그리고 LG Ⅰ. 5는 복음서들에 근거하여 "하나님의 나라"를 교회의 시발과 목표로 본다.

2) 신비체와 제도적 교회의 하나 됨

그런데 LG 1. 8은 제도를 초월하는 위와 같은 "그리스도의 신비체"(the Mystical

---

23 • Walter M. Abbot, op. cit.

Body of Christ)와 제도권 교회를, 성육신하신 하나님의 아들의 두 본성에 유비 (analogia)하여 상호 불가분리한 관계 속에 있다며, 바로 "이것이 니케아-콘스탄티 노플 신조에서 우리가 하나의 거룩하며 보편적이고 사도적인 교회라고 고백하는 그리스도의 유일무이한 교회이다."라고 못 박는다. 그런즉, 결정적인 문제는 다음 과 같은 주장에 있다.

> 우리 구세주는 부활 후 이 교회를 베드로에게 넘겨주시어 목양되게 하셨고, 이 베드로와 다른 사도들에게 이 교회의 확장과 통치를 위임하셨다(비교: 마 28:18 이하). 그리하여 우리 주님께서는 이 교회를 모든 시대를 위한 '진리의 기 둥과 터'(딤전 3:15)로 세우셨다. 이 세상 속에 하나의 사회(a society)로서 세워 지고 조직된, 바로 이 교회야말로 베드로의 승계자 및 이 승계자와 연합해 있 는 주교들에 의하여 통치되는 가톨릭교회 안에 존속한다(subsists in the Catholic Church). … (LG 1. 8)

이상과 같은 로마가톨릭교회의 '교회의 본질론'에 있어서 우리는 다분히 신 비적이고 제도적인 로마가톨릭교회가 다름 아닌 '그리스도의 교회'(the Church of Christ)와 등식관계에 있다고 하는 듯한 주장을 발견한다. 하지만 이미 "에큐메니 즘의 실천"과 "에큐메니즘에 대한 가톨릭 원리들"에서 밝힌 대로 로마가톨릭교 회가 정교회와 성공회와 개신교들과 많은 신학적이고 교회적인 공통분모들을 지 니고 있다고 주장하기 때문에, "교회가 … 가톨릭교회 안에 존속한다(subsists in …)."라고 하는 명제가 단순한 A와 B 사이의 등식은 아닌 것으로 보인다. 그러나 제 2차 바티칸 공의회의 교회론에 있어서 가장 큰 문제는 다름 아닌 로마가톨릭교 회가 '그리스도 우리 주님에 의하여 세워진 교회'요, '하나의 거룩하고 보편적이 며 사도적인 교회'요, '하나님의 백성과 그리스도의 몸과 성령의 전'인가 하는 문 제이다. 다시 말하면 가장 큰 문제는 '그리스도의 교회'를 다분히 '로마가톨릭교 회'와 동일시하는 경향이요, 모든 비가톨릭교회들을 로마가톨릭교회 안으로 흡 수 통합하는 것 같이 보는 인상이다.

스트란스키에 따르면, 로마가톨릭교회라고 하는 가시적인 경계(extra compaginem) 밖에도 "성화의 여러 요소들"이 엄존하고 있다고 하는 이유로, 공의회의 신학위원회의 공식보고서는 다음과 같이 언급하였다. "그리스도의 하나의, 거룩하고, 보편적이고, 사도적인 교회라고 하는 상호 연결된 하나의 실재란 가톨릭교회가 아니라(1964년 초안), 이 가톨릭교회 안에 '존속한다.' ("subsists in" it)(LG 8)."[24]

3) 하나님의 백성

하지만 LG 제2장 "하나님의 백성"이 제3장 "교회의 계층 구조: 주교직에 관하여"보다 먼저 나온다는 사실은 로마가톨릭교회가 세례받은 모든 그리스도인들과 가톨릭 평신도들 모두를 하나님의 백성으로 보고 있는 것이다. LG 2의 하나님의 백성의 소명에 대한 주장은 개신교가 16세기에 주장했었던 만인제사장론을 생각나게 하고, 성직자들의 계층을 하나님의 백성 개념 안에 포함시킴으로써, 종전의 경직화된 성직 중심의 교회론을 많이 극복하고 있는 것 같이 보인다. 그리고 본 문서는 주교들의 설교권을 강조함으로서, 역시 16세기 종교개혁 이래 개신교가 강조해온 예배하는 공동체의 설교를 회복하였다.

LG Ⅱ.9는 구약에서 신약에 이르는 구속사적 맥락에서 교회를 예수 그리스도에 의해서 완성되었고 성령에 의해서 실현된 하나님의 새 언약의 백성 혹은 "하나님의 새 백성"으로 본다. 교회는 예수 그리스도를 머리로 하는 메시아적 백성으로서 "성령의 전"이다. 역시 교회는 삼위일체 하나님의 새 언약 백성인 것이다. 하지만 LG Ⅱ의 "하나님의 백성"에서 하나님 개념은 유대교와 회교도 나아가서 기타 일반 종교와 철학자들의 하나님 개념과 접촉점을 가지고 있을 뿐만 아니라, 이 개념을 향하여 열려 있다.(참고: Declaration on the Relationship of the Church to None- Christian Relationship) 다시 말하면 이는 로마가톨릭교회가 유대교, 회교 및 기타 일반 종교들과 비기독교인들에게도 구원의 길이 전혀 닫혀 있는 것이 아니라는 사

---

24 • Thomas F. Stransky, C.S.P, op. cit. 381.

실을 뜻한다.(LG Ⅱ.16)

4) 예수 그리스도의 삼중직

LG Ⅱ. 10-14는 예수 그리스도의 삼중직인 제사장직, 예언자직, 왕직에 근거한 성직자들의 삼중직과 평신도들의 삼중직을 논하면서, 전자를 후자와 구별하고 있다. 본 문서가 평신도들이 예수 그리스도의 삼중직에 참여한다고 하는 점에서 개신교와 공통점을 갖고 있으나, 가톨릭 성직자의 삼중직에서는 개신교의 그것과 다르다고 하겠다. 서품 성례에 의하여 은혜를 받은 성직자들의 삼중직은 성만찬 집전의 사도적인 권한(제사장직), 성경과 전통을 교도하는 사도적인 권리(예언자직), 그리고 교회의 법을 행사하는 사도적인 권리(왕직)를 말하고, 평신도들의 그것은 모든 사람들 사이에서 화해사역에 힘쓰고, 가르치는 일에 동참하며, 삶의 현장과 직업의 현장에서 하나님의 나라를 일구는 것이다.

5) 비가톨릭교회에 대한 규정

LG Ⅱ. 15는 로마가톨릭교회 밖에 있는 동방정통교회들, 성공회 및 개신교들 안에도 구원이 있으며, 성령께서는 이 비로마가톨릭교회들의 은총의 수단들을 통해서 구원을 베푸신다고 본다. 비록 로마가톨릭 당국은 동방정통교회들을 로마의 사도적 보좌로부터 분리된 "교회들"(churches)[25]로, 성공회를 정교회와 개신교들 중간에 위치한 컴뮤니온(the Communion)으로, 그리고 개신교회들을 로마의 사도적 보좌로부터 분리된 "교회적 요소들을 지닌 공동체들"(ecclesial communities)이라고 보지만 말이다. 그리고 이 맥락에서 제2차 바티칸은 개신교의 은총의 수단과 직제에 관하여, 개신교가 가장 큰 "결핍"(defectus)을 지니고 있음을 지적한다.

----

25 • 정교회는 각 주교의 감독하에 있는 성만찬적 교회를 삼위일체 하나님의 교회로 보면서, 이와 동일한 다른 정교회들과의 평등성과 다양성 속에서 통일성을 강조하고 "primus inter pares"에 따른 직제를 주장하기 때문에, 로마가톨릭교회는 이들에게 교회의 보편성과 통일성이 결핍되어 있는 것으로 볼 것이다. 참고: UR Ⅲ. 15.

6) 사도단의 동료적 연대성

LG 제3장 "교회의 계층 구조: 주교직에 관련하여"는 주교직의 사도적 기원과 사도적 승계에 대해서 논하는데(Lumen Gentium Ⅲ. 18-21), 특히 LG Ⅲ. 22-23이 말하는 "사도들의 동료적 연대성"(one apostolic collegiality)과 "주교들의 동료적 연대성"(the collegiality of the bishops)은 대단히 중요하다. 교황을 머리로 하는 집단 지도체제가 여기서 엿보이기 때문이다. 하지만 LG Ⅲ. 25가 말하듯이 교황의 무오류한 교도권에서 교황의 독자적인 권한을 열어놓고 있다.

7) 교회의 표지

LG Ⅲ. 24-26은 주교가 복음을 설교해야 하고, 세례와 성만찬을 베풀어야 한다고 하는 점에서 개교회의 목양을 강조했는데, 이는 개신교의 은총의 수단과 동일한 것이다. 물론 로마가톨릭교회는 정교회와 더불어 아직도 7성례를 주장하지만, 진리들의 위계질서에 따라서 그중 세례와 성만찬을 우위에 놓고 있어서, 에큐메니칼 대화에 참여할 수 있는 것으로 보인다.

8) 평신도의 사도직

LG Ⅳ. 31과 32는 평신도의 삼중직, 세속적인 삶 속에서 하나님 나라 건설 및 평신도들의 사도직(the apostolate of laity)에 대해서 언급한다. Vatican Ⅱ가 평신도의 위치와 역할을 크게 고양시킨 것은 크나큰 공헌일 것이다. 이는 에큐메니칼 운동 차원에서도 매우 중요한 것으로 보인다.

9) 종말을 향하여 순례하는 교회

LG Ⅶ은 "순례하는 교회의 종말론적 본성과 이 교회와 하늘에 있는 교회와의 연합"은 종말론적 차원에서 지상 교회를 봄으로써 어느 정도 지상의 제도권 교회를 상대화하고, 이 지상교회가 하늘에 있는 승리적 교회로 이어진다고 봄으로써 지상교회의 중요성과 진지성을 말해주며 종말론적으로는 모든 구원 얻을 자들이 하나 될 것을 내다보고 있다.[26] 이 점에 대해서 로마가톨릭교회는 에큐메니칼 교회론에 대해서 열려져 있다.(LG Ⅶ. 48-49).

---

[26] • 참고: Walter M. Abbot, op. cit., Ⅳ. Gaudium et Spes, 39. 45.

V

에큐메니칼 운동의 두 흐름의 합류와
『하나 되게 하소서』(Ut Unum Sint., 1995)

그런데 이상과 같은 '신앙과 직제'운동은, 1968년 웁살라 제4차 WCC가 "하나님의 선교"(missio Dei)를 강조하였고, 1975년 나이로비 제5차 WCC가 환경문제와 맞물려 있는 정의롭고 참여적인 사회(A Just, Participatory and Sustainable Society= JPSS)를 주장하였으며, 1983년 밴쿠버 제6차 WCC가 "정의·평화·창조세계의 보전"(Justice, Peace and Integrity of Creation = JPIC)을 향후 세계교회의 과제로 제시하였던 바, 1983년 밴쿠버의 JPIC 이전까지는 이 세상에서의 정의·평화·자유의 실현 같은 것보다는 다분히 '교회의 일치와 갱신'에 집중하였다. 하지만 1990년부터 본격적으로 신앙과 직제와 삶과 봉사의 만남이 점차 강조되고 있어, 두 운동은 그동안에 다음과 같은 결과물들을 출판하였다. ①『교회와 세상: 교회의 일치와 인류공동체의 갱신』(1990), ②『값비싼 일치』(1993), ③『값비싼 헌신』(1994), ④『값비싼 순종』(1995), ⑤『교회의 본질과 선교』(2006).[27]

이제 우리는『하나 되게 하소서』[28] 회칙에 나타난 신앙과 직제와 삶과 봉사의 합류에 대하여 생각해보아야 한다. 그도 그럴 것이 본 회칙이 1995년에 나왔기 때문이다. 이미 지적한 대로 제2차 바티칸의 LG과 GS가 각각 교회와 교회의 사회참여를 말하고 있긴 하지만 말이다. 어찌됐든, 본 회칙은 동방정교회와 개신교가 그동안 순교에 의하여 복음을 공동으로 증언하였다는 말로 시작하여(1), 로

---

27 • 참고: 이형기 · 송인설 공역, 같은 책.

28 • 참고: 교회일치와 종교간대화위원회 편,『교회일치문헌 제1권』, 서울: 한국천주교중앙협의회, 2008, 43 이하.

마가톨릭교회와 정교회와 개신교가 "참으로 하느님의 도우심으로 분열과 불신의 벽을 허물고자, 인간의 구원자이시며 모든 개인의 유일한 구원자이신 예수님의 십자가 안에서 복음 선포를 가로막는 장애와 편견들을 극복하고자 가능한 모든 일을 어찌 다 하지 않을 수 있겠습니까?"(2)라고 말한다. 결국, 『하나 되게 하소서』는 교회들이 코이노니아를 추구하면서 하나의 복음을 증거하고 고난과 순교를 각오하면서 "삶과 봉사"차원의 일을 해야 한다고 역설하고 있는 것이다. 이는 다름 아닌 로마가톨릭교회 차원에서의 '신앙과 직제'와 '삶과 봉사'의 합류에 해당한다. 그래서 본 회칙은 제1장에서 "가톨릭교회의 일치 투신"을, 제2장 "대화의 결실" 부분에서 "인류에게 봉사하는 연대"를 주장한다. 다음의 인용은 '삶과 봉사'의 일에 해당할 것이다.

그리스도교 공동체의 지도자들이 그리스도의 이름으로 인간의 소명과 자유, 정의, 평화, 세계의 미래에 관한 중요한 문제들에 대하여 공동 입장을 취하는 경우가 점차 증가하고 있습니다. 이런 식으로 그들은 그리스도인의 사명을 이루는 한 과업에서 '공동으로 행동합니다.' 그 과업이란 곧 현실적인 방식으로 사회에 하느님의 뜻을 일깨워주고, 정부와 시민들이 인권을 짓밟는 길로 들어서지 않도록 경고하는 것입니다. 경험으로 보듯이, 어떤 상황에서는 그리스도인들의 단합된 목소리가 혼자 내는 목소리보다 그 영향력이 훨씬 더 클 수 있습니다.(43)

그리고 제3장에선 향후 로마가톨릭교회가 가야 할 에큐메니칼 길을 제시하고 있다.

VI

향후 신앙과 직제와 로마가톨릭교회가
추구해야 할 일치 모델

1948년 암스테르담 WCC 총회는 아직 비교교회론적 차원에 머물면서, 교회들의 "주어진 일치"(a God-given unity)를 말했다. 이는 신약성서가 증언하고 있는 교회요, 사도신경이나 니케아-콘스탄티노플 신조가 고백하는 믿음의 대상으로서의 교회이다. 이와 같은 계시에 의하여 은혜로 주어진 교회(the Church)와 역사 속에 있는 경험적 교회들은 구별은 되지만 분리는 될 수 없는 예수 그리스도의 두 본성의 관계처럼 결코 이분화될 수 없다. 그러나 1952년 룬드 신앙과 직제 제2차 세계대회는 그리스도론 중심의 일치를 언급하였고, 1954년 에번스턴 WCC가 가시적 일치추구를 시발시킨 이래, 정식으로 가시적 일치추구가 방향 잡힌 것은 1961년 뉴델리 WCC 총회 때였다. 이 시기 동안에 중요한 것은 무엇보다도 일치추구의 중심이 그리스도론으로부터 삼위일체로 이동한 사실이다.

뉴델리는 "각 장소에 있는 모든 기독교인들"(all in each place)이 사도적 신앙과 복음, 세례와 성만찬, 코이노니아와 증거에 있어서 교파적인 정체성을 뒤로 하고 하나의 유기체적 공동체(organic union)를 지향할 것을 촉구하였다. 이와 같은 일치추구는 우리가 추구하는(we seek) 가장 기본적이고 이상적인 일치추구의 모형으로서 1961년 이전에는 없었던 것이요, 향후 이와 같은 일치모델은 계속하여 에큐메니칼 운동이 추구하는 이상적인 일치의 모델로 남아 있게 된다. 하지만 1961년 WCC 총회 때에 동방정교회와 오순절 교회들이 정식 회원으로 가입하였고, 1962-1965년 사이에 제2차 바티칸 공의회가 열렸으며, 성서의 연구 결과로 신약성서 안에서 발견되는 다양한 교회의 모습이 강조되면서, "화해된 다양성 속의 일치" 혹은 "교파별 기독교 공동체들의 코이노니아"가 강조되었으니, 궁극적으로 교파들의 정체성을 해체시키는 뉴델리의 "유기체적 일치"의 이상을 바라보면서도, 그 도상에서 양자 간 대화를 통한 일치운동이 활발하게 전개되었다.

이미 지적한 대로 1961년 뉴델리와 제2차 바티칸 이후 1960년대 말부터 시작된 양자 간 대화는 1970년대 이후 매우 활발하였다. 바야흐로 1991년 캔버라 WCC 총회를 계기로 뉴델리적인 "유기체적 일치"는 더 이상 추진되지 않은 경향이었고, 다양성 속의 코이노니아가 부각되었다. "코이노니아로서 교회의 일치: 은혜와 소명"이라고 하는 캔버라 진술은 교파들과 '교파별 세계 그리스도교 공동체들'의 정체성을 폐기시키지 않는 범위 안에서 이들 상호 간의 코이노니아 속의 일치를 추구하였다.

그리고 1968년 웁살라 WCC 총회는 교회들의 정체성과 연속성과 다양성을 허용하는 교회의 보편성을 부각시켰고, 1975년 나이로비는 교회들의 일치추구에 있어서 교회의 협의회성을 강조하였으며, 1983년 밴쿠버 WCC 총회는 가시적 일치추구의 요건으로 "사도적 신앙"과 "세례 · 성만찬 · 직제", 그리고 "공동의 결의방법과 공동의 권위 있는 가르침"을 제시하였으니, 이 모든 교회 일치추구를 위한 이정표들은 모두 "주어진 일치"를 가시화시키는 바, "유기체적 일치"를 궁극적인 목표로 하는 것이다. 오늘에 이르기까지 그리고 향후 "신앙과 직제" 운동은 이와 같은 "유기체적 일치"를 결코 포기하지 않을 것으로 보인다. 비록, 그것이 약화되었고, 여러 다양한 일치 모델들 가운데 하나로 굳어졌지만 말이다.

특히, 우리는 "신앙과 직제" 운동의 금자탑과도 같은 결과물인 『BEM Text』(1982)에 대하여 언급해야 한다.[29] 『BEM Text』는 1982년에 에큐메니칼 회원교회들의 다자간 수렴문서로 확정된 다음에 나온 문서로서 역시 교회론에 관한 것이다. 이미 여러 해 동안 회원교회들로부터 논찬을 수렴하여 6권의 책이 출판된 바, 『BEM Text』는 에큐메니칼 교회론으로서 반세기 동안의 신앙과 직제운동의 결실이었다. 또한 그동안 10년의 연구 결과물인 『하나의 신앙을 고백하며: 니케아-

---

29 • 본 역서에서 번역된 나머지 문서들에 대한 간단한 소개는 각 책의 서론에 실려 있다.

콘스탄티노플 신조(381)로 고백된 사도적 신앙에 대한 하나의 에큐메니칼 해석』(1991)이 출간되어, 로마가톨릭교회와 동방정교회를 아우를 수 있는 삼위일체 신앙을 더욱 공고히 하였다. 그리고 1993년 '신앙과 직제 제5차 세계대회'는『신앙과 삶과 증거에 있어서 코이노니아』(Towards Koinonia in Faith, Life, and Witness)를 출판하여 사도적 신앙에 있어서 코이노니아, 세례·성만찬·직제를 중심으로 하는 기독교적 삶에 있어서 코이노니아, 그리고 복음전도와 하나님의 선교에 있어서의 코이노니아를 그 대회의 전체 주제로 삼았으니, 신앙과 직제운동이 삶과 봉사 운동이 별거의 관계로부터 재연합의 관계로 돌입하였던 것이다. 이와 같은 재연합은 JPIC를 향후 21세기 동안 세계교회의 공통의 과제임을 선포한 1990년 WCC 서울 JPIC 대회를 계기로 강화되었다.

그런즉, 1990년대로 접어들어, "신앙과 직제"와 "삶과 봉사" 운동이 합류하는 경향을 보이면서, 이 두 운동을 합류시키는 책자들이 나와, 오늘날 신앙과 직제운동이 어떤 방향으로 나가야 할지를 정위시켜 주었다. 이미 지적한 대로 1990년에 출판된『교회와 세상: 교회의 일치와 인류공동체의 갱신』, 1993년의『값비싼 일치』, 1994년의『값비싼 헌신』, 그리고 1995년의『값비싼 순종』은 모두 이 두 운동의 합류를 지향하고 있다. 적어도 WCC는 '삶과 봉사" 운동과 동떨어진 "신앙과 직제" 운동을 "값싼 일치"운동으로 보는 가치판단에 도달한 것이다. 이와 같은 합류의 경향은 이미 1993년 산티아고 신앙과 직제 대회 문서에서 확고하게 정향되었다.

끝으로『BEM Text』를 뒤잇는『BEM Text』만큼 중요한『교회의 본질과 선교』(2006) 역시 '신앙과 직제' 전통과 '삶과 봉사' 전통을 결합시켰다. 실제로 본 연구 문서는 교회의 "본질" 부분과 교회의 "사명" 부분을 긴밀하게 연결시키고 있고, 말씀설교와 세례·성만찬 이외에 복음전도와 하나님의 선교(missio Dei)와 같은 것이 교회의 본질 자체를 구축하고 있는 것으로 보고 있다.

Ⅶ

나가는 말

　　비록 로마가톨릭교회가 WCC 중심의 에큐메니칼 운동에 좀 늦게 동참하기 시작하였지만, 제2차 바티칸 공의회의 "에큐메니즘에 대한 교령"(1964) 이래로 1965년부터 '공동 연구 위원회'(Joint Working Group)에, 그리고 1968년부터는 '신앙과 직제' 위원회에 참여해오고 있다. 그리고 1970년대 이래로 '양자 간 대화'가 매우 활발하게 진행되어오고 있다. 나아가서 그동안에 출판된 『진리들의 위계질서』, 『보편교회와 지역교회』, 『BEM Text』, 『하나의 신앙을 고백하며: … 』, 『교회의 본질과 선교』, 그리고 2000년에 나온 『의회교리에 대한 공동 선언문』 등은 로마가톨릭교회의 에큐메니칼 운동에의 참여를 웅변적으로 말해준다. 이 맥락에서 발표된 교황 요한 바오로 2세의 회칙 『하나 되게 하소서』야말로 큰 역사적인 의미를 지니는 것으로 보인다. 필자는 무엇보다도 1990년대부터 부각된 '신앙과 직제' 그리고 '삶과 봉사'의 합류의 관점에서 『하나 되게 하소서』(1995) 회칙이 매우 중요하다고 하는 점을 지적하였다.

　　그런데 문제는 로마가톨릭교회와 개신교 사이의 일치 모델의 문제가 현안으로 남아 있다 하겠다. 『진리들의 위계질서, 26』은 다음의 두 가지 일치 모델을 로마가톨릭교회의 일치 모델로 보았기 때문이다.

　　제2차 바티칸 공의회는 두 종류의 코이노니아를 말한다. 하나는 하나의 거룩하고 보편적이며 사도적인 교회가 통전적으로 현존하는 충만하고 완전한 교회적 코이노니아인데, 제2차 바티칸 공의회는 이 그리스도의 유일무이한 교회가 가톨릭교회 안에 "존속한다."(subsists)고 가르친다. 하지만 성화와 진리의 많은 요소들이 가톨릭교회의 가시적 구조 밖에서도 발견될 수 있기 때문에(Lumen Gentium, 8), 이와 같은 사실은 부분적이고 불완전한 그럼에도 실질적인 교회적 코이노니아의 두 번째 유형의 코이노니아로 인도한다는 것이다. 그것은 기록된 하나님의 말씀, 그리스도와 삼위일체 하나님에 대한 신앙, 세례와 성례들, 은혜의 삶, 신망애, 성령의 내적인 은사들, 기도와 기타 영적인 은사들을 말한다(Unitatis Reintegratio, 3, 20-23 그리고 Lumen Gentium, 15).

위의 인용문에서 로마가톨릭교회는 "가톨릭교회의 가시적 구조" 밖에서도, 결핍(defectus)속에 있긴 하지만 "성화와 진리의 많은 요소들"을 통하여 불완전한 코이노니아가 있다고 하는 바, 가톨릭교회는 이와 같은 전제를 가지고 개신교와 성공회와 동방정교회의 WCC 중심의 에큐메니칼 운동에 동참하고 있다 하겠다. 따라서 로마가톨릭교회의 일치운동에 있어서는 다양성 속에서 코이노니아를 지향하는 제도적 일치추구가 뒷전으로 밀려나고 있는 것으로 보인다.

하지만 가장 큰 문제는 '교회론'과 '직제', 그리고 이 직제와 불가분리한 성사에 있다 하겠다. "그리스도의 교회가 로마가톨릭교회 안에 존속한다."(LG Ⅰ. 8)고 하는 것이 그리스도께서 로마가톨릭교회 밖의 교회들 안에도 존속하신다고 하는 사실을 용인하는 것이라면, 교황의 자리와 역할이 나머지 '주교들'과 동등하면서 으뜸인 것으로(primus inter pares) 혹은 동방정교회가 말하는 여러 '총대주교들'(Patriarchs)과 동등하면서 으뜸인 것으로 받아들여진다면, 그리고 로마가톨릭교회 밖의 교회들과 성만찬을 함께 축하한다면, 로마가톨릭교회가 WCC의 정식 회원이 될 수 있음은 물론, 세계교회의 교회일치운동에 엄청난 기여를 할 수 있을 것으로 내다보인다.

그런즉, 만약에 로마가톨릭교회가 말씀을 설교하고 세례와 성만찬을 집례 하는 모든 다른 교회들과 더불어 '그리스도의 교회' 혹은 '하나의 거룩하고 보편적이며 사도적인 교회'의 한 구성원이 되어, 교회들의 다양성 속에서 통일성을 추구할 수 있다면, 세계교회야말로 인류와 창조세계를 위하여 엄청난 일을 할 수 있을 것이리라. 그러나 로마가톨릭교회와 다른 교회들 간의 에큐메니칼 운동이 아직 초보 단계에 있을지라도, 향후 '그리스도의 교회' 혹은 '하나의 거룩하고 보편적이며 사도적인 교회'는 '신앙과 직제'운동이 제시한 대로 "다양성 속에서의 코이노니아" 혹은 "코이노니아 속에서의 다양성"을 향하여 분투 노력하면서 "삶과 봉사"(JPIC) 차원에 적극적으로 참여해야 할 것이다. 그런즉, 로마가톨릭교회와 개신교와 정교회는 세계교회들의 일치를 추구하는 '신앙과 직제' 전통을 따라서 신자유주의의 지구화로 인한 경제적 양극화와 무한성장과 무한경쟁의 결과로 초래되는 환경파괴와 같은 "삶과 봉사" 차원의 문제들을 함께 씨름하며 풀어나가야 할 것이다.[30] 로마가톨릭교회는 위에서 언급한 "두 번째 코이노니아" 차원에서는 '그리스도인들 사이의 일치운동'과 '삶과 봉사'운동에 전적으로 열려 있기 때문에, 이것이 충분히 가능할 것이다.

끝으로 부언하고 싶은 것은, 볼셰비키 공산혁명 이후 동방정교회의 성총회(the Holy Synod)는 1919년에 '교회들의 코이노니아'를 제안하여 결국 WCC 형성에 기여하였다. 물론, 올드햄과 죄더블럼의 제안이 동시다발적으로 WCC 형성에 기여하였지만. 정교회는 자체 내에서 WCC 참여에 대한 논란을 거듭하면서 초기 에큐메니칼 운동에 참여해오다가, 1961년 뉴델리 WCC 총회에서 WCC의 정식 회원교회가 되어, 특히 '신앙과 직제'운동에 있어서 엄청난 기여를 해오고 있다 하겠다. 로마가톨릭교회가 교회법과 직제 부분에 있어서 정교회와 상당 부분 유사성을 지니고 있음에도 불구하고, 전자는 무엇보다도 교황 중심의 교직체제와 '거룩한 로마가톨릭교회'(the Holy Roman Catholic Church)라고 하는 그들의 교회론으로 말미암아 WCC의 회원교회가 될 수 없는 것으로 보인다. 그들이 자신들만의 '공의회'의 역사를 주장하면서, '세계교회협의회'(공의회)를 인정하지 못하고 있는 것 역시 교회론의 연장선상에 있다 하겠다. 대체로 이상과 같은 필자의 논의에서 제시된 바에 따르면, 로마가톨릭교회는 '교회'(the Church)와 '교회들' 사이의 관계문

---

30 • 참고: 2009년 5월 14일 프란시스코 교육회관에서 몰트만 교수가 발표한 『지구화 시대에 있어서 오이쿠메네: 회칙 '하나 되게 하소서'』, 비간행물.

제로 아직도 고민하고 있는 것으로 보인다. 그들이 '기독교인들' 차원에서 일치운동은 환영하지만, 공교회 차원에서 다양성 속의 코이노니아를 통한 일치추구에는 적극적으로 참여하고 있지 않기 때문이다. 로마가톨릭교회는 자신들의 '교회'(the Roman Catholic Church)가 역사 속의 '여러 교회들'(the churches) 가운데 하나라고 하는 사실을 인정하기까지는 결코 자신들을 WCC의 회원교회라고 할 수 없을 것이다.

제12장

WCC와 2013년 '선교신학 지침서'

†

I

들어가는 말

　　CWME는 2006년 포르트 알레그로 제9차 WCC 총회 이래로 하나의 새로운 선교 확언서의 작성을 향하여 연구하고 기여해왔다. 이 새로운 성명서는 2013년 부산에서 열리는 제10차 WCC 총회에 상정될 예정이다. 1961년 뉴델리 WCC 총회에서 IMC와 WCC가 통합한 이래로 WCC 중앙위원회가 인정하는 유일무이한 선교와 복음전도 신학지침서는 1982년의 "선교와 복음전도: 하나의 에큐메니칼 확언"뿐이었다. 그리고 나서 작성된 본 새로운 선교 확언서는 중앙위원회에 의하여 2012년 9월 5일에 공인되었다. 본 문서의 목적은 변화된 지형 속에서 선교와 전도의 하나의 새로워진 이해와 실천을 위한 비전과 개념들과 방향들을 추구하는 데에 있다. 본 성명서는 WCC 회원교회들과 관련 기구들의 울타리를 넘어서 매우 넓은 범위의 기독교인들과 교회들에게 대한 호소력을 지닐 것이다. 그리하여 그렇게 함으로써 우리는 생명의 하나님에 의하여 인도되는, 모두를 위한 생명 충만을 향하여 함께 헌신할 수 있을 것이다.

　　CWME의 역사상 첫 '에큐메니칼 선교와 전도신학 지침서'가 1982년에 나왔고, 두 번째 것이 2012년에 거의 완성되어[1] 2013년 제10차 부산 WCC 총회에 상정될 예정이다. 전자가 1928년 예루살렘 IMC 이후, 그리고 1963년 멕시코

---

　　1 • 이 글에서 사용된 문서는 "Together Towards Life: Mission and Evangelism in Changing Landscapes: A New WCC Affirmation on Mission and Evangelism"인데, 2012년 9월 5일 WCC 중앙위원회가 2012년 6월 15일 CWME 이사회에 의하여 만장일치로 통과된 수정보완 판을 약간의 수정보완을 거쳐 최종 인준한 것이다.

CWME, 1973년 방콕 CWME, 1980년 멜버른 CWME의 결과물들을 담아낸 '지침서'라고 하면, 후자는 1989년 산안토니오 CWME, 1996년 살바도르 CWME, 그리고 2005년 아테네 CWME의 선교와 전도신학을 담아낸 지침서이다. 따라서 우리는 2012년의 지침서가 1982년의 이래로 발전된 선교와 전도신학을 잘 담아내고 있는지를 살펴보고, 전자와 후자의 패러다임 전환(어느 정도의 연속성도 있지만)을 논하기 위하여 7가지 변수를 제시하면서 이를 본문에서 확인하고, 향후 CWME가 추구해야 할 '화해와 치유를 통한 생명공동체'에 대한 그림을 그려보려고 한다.

Ⅱ

30년 동안 일어난 신학적인 변수들

1. 창조세계 보전과 생명

1972년 유럽의 경제학자와 과학자, 기업인 등 36명으로 구성된 '성장의 한계' (The Limits to Growth)와 '스톡홀름 유엔인간환경회의'가 출범하면서, 지구환경문제는 글로벌 이슈가 되었다. 이와 같은 맥락 속에서 1975년 나이로비 WCC 총회가 교회의 사회참여를 위한 이상(理想)으로서 "정의롭고 참여 가능하며 지속 가능한 사회"(JPSS: a just, participatory and sustainable society)를 제시했고, 1979년 MIT '교회와 사회 세계대회'가 그것을 숙성시켰으며, 1983년 밴쿠버 WCC 총회의 '정의, 평화, 창조세계 보전'(JPIC)과 1990년 서울 'JPIC 세계대회' 이래로 오늘에 이르기까지 '창조세계의 보전'(integrity of the creation)의 틀 안에서 '생명의 신학'이 신학의 큰 흐름을 형성하였다.

따라서 1991년 호주 캔버라 WCC 총회는 전체 주제를 "성령이여, 오소서! 전 창조의 세계를 새롭게 하소서!"로, 제1분과의 제목을 "생명의 부여자시여, 당신의 창조세계를 지탱하소서!"로 정했다. 이때 '창조세계 보전'의 문제가 역사상 가장 크게 부각되었다.

하지만 '창조세계 보전'(IC)의 문제는 '정의와 평화' 문제와 맞물려 있다. 과학과 기술에 의한 자연에 대한 탐욕적 정복, 산업화와 도시화로 인한 자연환경파괴, 무한경쟁과 무한소비를 추구하는 '신자유주의 시장경제'의 글로벌화로 인한 자연

착취, 이로 이한 기후변화와 자연재해 등은 경제적 부정의의 예증이요, 제1, 2차 세계대전과 같은 전쟁과 핵 실험으로 인한 자연에 대한 오염 등은 모두 반평화의 예증일 것이다. '정의, 평화, 창조세계의 보전'(JPIC)운동이야말로 교회와 인류가 추구해야 할 '샬롬의 생명공동체'라고 말할 수 있다. 그도 그럴 것이 건강한 '창조의 세계'만이 '생명'의 세계가 아니라 '사랑과 정의와 평화'의 인류공동체 역시 '생명'의 세계이기 때문이다. 그리고 인류공동체와 '창조세계 안에 있는 생명체들의 공동체를 아우르는 하나님의 집 역시 '생명'의 집이기 때문이다.

1972년 스톡홀름, 1990년 서울 JPIC, 그리고 1992년 리우 유엔 세계정상회의에서 북반구의 나라들은 환경주의(environmentalism) 입장에서 그리고 남반구의 나라들은 정치 · 사회 · 경제적인 측면으로쿠터 환경을 보아야 한다고 주장했다. 그러나 리우에서 환경문제는 '지속 가능한 발전'으로 일단락났다. 오늘날 세계는 정치 · 사회 · 경제와 창조보전 문제를 상호 불가분리한 관계 속에 있는 것으로 보는 경향이다. 위의 세계 환경 대회들과의 연속성상에 있는 '지구헌장'(2000. Paris) 역시 이 둘을 분리할 수 없는 관계로 본다.[2]

2. '신자유주의 시장경제'의 글로벌화: 글로벌화 과정 속에서 교회와 신학의 주변화

우리는 글로벌화 시대에 살고 있다. 오늘날 자유주의 시장경제(신자유주의)와 정보통신 역시 글로벌화되었다. 온 지구가 하나의 거대한 시장으로 변형되었고, 글로벌 시민들은 컴퓨터를 통해 빠르게 소통하고 있다. 바로 이 시기 동안에 사람들의 주변화(빈익빈 부익부), 환경의 주변화 그리고 교회 및 기독교 신학의 주변화가 초래되었다. 또한 교회와 기독교 신학은 공적인 영역으로로부터 사적인 영역

---

2 • '지구헌장'은 4장으로 구성되어 있는데, 제1장 "생명공동체에 대한 존중과 배려", 제2장 "생태학적 온전성", 제3장 "사회경제적 정의", 제4장 "민주주의, 비폭력, 그리고 평화"를 논했다. 처음 두 장은 환경문제이고 나머지 두 장은 정치 · 경제 · 사회 · 문화의 문제이다. "Appendix: The Earth Charter" (2000, Paris), In *Earth Habitat: Eco-Injustice and the Church's Response*, ed. Dieter Hessel and Larry Rasmussen(Minneapolis: Fortress Press, 2001), 207-216.

으로 밀려났다. 주변화된 나라와 지역의 교회와 신학은 이중적인 주변화와 사사(私事)화(privatization)와 소외를 경험할 수밖에 없게 되었다.[3] 뿐만 아니라 유럽과 북미 등 종전의 기독교 종주국들 안에서 교회와 기독교인들이 급감하고 있으며, 한국 역시 교회와 기독교인들의 감소를 경험하고 있다.[4] 하지만 오늘날 우리는 기독교의 중심축이 북반구로부터 남반구로 이동하고 주변부의 세력화가 부상하고 있음을 본다.

'신자유주의 시장경제의 글로벌화'의 역기능을 정리하면 아래와 같다.

① 1990년대 들어서 '신자유주의 패러다임' 아래서 글로벌 '인종차별'(apartheid)에 해당하는 나라들 안에서, 그리고 나라들과 나라들 사이에 빈익빈 부익부로 인한 삶의 모든 분야에 있어서의 양극화와 인간 및 창조공동체의 파괴

② '신자유주의'의 무한경쟁, 무한성장, 무한소비로 인한 기후변화와 환경파괴와 생태계파괴

③ '신자유주의의 글로벌화'로 야기되는 이민과 민족이동, 이로 인한 다민족 · 다문화 · 다종교의 상황, 그리고 그 결과로 야기된 종교 및 문명 간 충돌(폭력과 전쟁)

④ 모더니즘의 유산인 획일주의 문화와 동시에 다름, 정체성, 차이, 다원주의를 강조하여 공동체성을 약화시키는 포스트모더니즘 문화의 공존

그동안 에큐메니칼 운동은 '신자유주의 시장경제'의 도전에 대하여 계속해서 응전해왔다. 이 부분은 『기독교 신앙과 오늘의 세계경제』(1992), 『하라레 총회 보고서』(1998), 그리고 『아가페』(2006) 문서에 잘 나타났다. 또한 1998년에 나온 『Mission and Evangelism in Unity Today』[5]는 "글로벌화"와 "포스트모더니즘"이 새로운 선교신학 지침서의 새로운 변수라고 언급하였다.

---

3 • John Atherton, *Marginalization* (London: SCM Press, 2003), 12. 36. 70-75.

4 • Ibid., 31 이하. 93 이하.

5 • 본 문서는 2005년 아테네 CWME 총회를 위하여 CWME에 의하여 채택된 a study document로서 "Preparatory Paper No.1"이다. *Mission and Evangelism in Unity Today*, 3-6.

3. 포스트모더니즘과 다민족 · 다문화 · 다종교

우리는 오늘날 '신자유주의'와 '정보통신'의 글로벌화로 인해 초래되는 다민족, 다종교, 다문화 이슈를 포스트모더니즘과 관련하여 생각해야 한다. 첫째로 리요타르는 각 담론의 차이(disparity)와 배리(背理)(paralogy)를 말한다. 리요타르는 다원주의(pluralism), 다양성(diversity), 다름(difference) 그리고 타자의 타자성(otherness of others)을 중요하게 여긴다. 둘째로 푸코는 담론들의 다원성, 다양성, 상대성을 주장하면서 담론 배제의 요인들을 배제하면서 디시담론을 힘주어 주장하였다. 셋째로 데리다는 의미와 가치의 보편화와 절대화와 통일성, 그리고 전체화를 거부하고, 그것의 다양화와 상대화와 분산을 주장하였다.[6]

이들은 모두 다양성, 미시담론들, 보편(universals)이 아닌 특수(particulars), 다름과 차이를 주장하였다. 이들은 네트워크와 파트너십과 연대성이 아니라 흩어짐을 역설하였다. 필자는 『포스트모던 시대의 성경읽기』에서 교회와 '타자들'과의 관계 맺음의 방법론을 제시함으로써 '거대담론'을 해체하려는 포스트모던 사상가들의 좋은 점들(다양한 이야기, 특수와 다름 등)을 받아들이면서도 그들의 딜레마를 해결하려고 시도하였다. 필자는 삼위일체론과 우주적기독론과 에큐메니칼 교회론을 통해 푸코, 데리다, 리요타르의 해체주의의 문제점을 해결할 수 있다고 보았다.[7]

우리는 다문화 글로벌화 시대 속에서 자신의 문화전통과 정체성을 귀하게 여기면서 타 문화 공동체들과 함께 어울려 살면서 문화적 코이노니아를 추구하고, '다문화 공동체들로 구성된 하나의 인류공동체'(the Community of humankind of diverse cultural communities)를 구축해야 한다. 한 문화가 타 문화 속에 침투하는 페리코레시스[8]를 추구하면서도, 타 문화에 흡수되지 않고, 다양성을 뭉개서 제3의

---

6 • 참고: 이형기, 『포스트모던 시대의 성경읽기』(서울: 한들출판사, 2006), 44-45. 48-52. 52-54.

7 • 참고: Ibid., 56. 56-60.

8 • 희랍어의 *perichoresis*는 라틴어로는 *circuminsessio*와 *circumincessio*를 뜻한다. 즉, 전자는 삼위 상호 간의 내주를, 다른 하나는 삼위 상호 간의 침투를 뜻하는 것으로, 삼위의 사랑의 관계성을 뜻한다. 영어로는 'coinherence'로 번역되기도 한다. 이는 동방정교회 신학이 애용하는 용어로서 그 기원은 요한복음 10:30, 38; 14:11; 17:21에 근거하고, 그것을 처음 사용한 교부는 6세기경의 가(假) 키릴로 추정되나, 그것을 삼위일체론에 처음 정식으로 사용한 교부는 동방의 다메섹의 요한(c. 675-c. 749)이다. 그리고 일찍이 그것을 예수 그리스도의 '두 본성의 교류'(communicatio idiomatum)에 관련하여 사용한 교부는 역시 동방의 니싸의 그레고리(Gregory of Nyssa: c. 330-c. 395)였고, 고백자 막시무스(Maximus the Confessor: c. 580-662)였다.

무엇을 만들지 않는 다양성 속에서의 코이노니아를 추구하는 문화 공동체를 성취하여 하나님 나라를 앞당겨 보여주어야 할 것이다.

1996년, 살바도르 CWME의 보고서[9]는 포스트모더니즘 문화에 대한 WCC 선교신학의 공식적인 응답이었다. 첫째로 하나의 복음과 종말론적 소망이라고 하는 통일성의 축과, 다양한 문화 속에서 다양한 문화로 표현되는 기독교라는 다양성의 축이 살바도르 CWME의 선교적 비전의 핵심적인 부분이다. 살바도르는 다가오는 종말론적 새 공동체를 바라보면서, 역사의 지평 속에 있는 다(多)문화를 긍정적으로 보고, 복음에 의해서 이 다(多)문화가 개변될 것을 촉구한다. 둘째로 살바도르는 인종, 성, 종족, 나이 등 한 사회 안에 있는 특정 집단들에 관련된, 문화의 구조적 요소들, 즉 "정체성"의 문제를 "공동체성"의 문제와 결부시켜 논한다. 살바도르는 인종, 성, 종족, 나이로 인한 소외를 극복하고 진정한 공동체를 형성해야 할 것을 주장한다. 이와 같은 맥락에서 우리 동아시아적 가치(불교와 유교와 힌두교 등)의 정체성을 회복하면서도 글로벌 공동체의 가치들과 함께 어우러지는 삶을 추구해야 한다. 이것은 정체성과 공동체성의 문제이다.

살바도르는 시장경제 원리의 글로벌화와 정보혁명의 글로벌화로 집약되는 글로벌화(globalization)야말로 오늘날 "글로벌 인종차별"(global apartheid)을 초래했다고 본다. 즉, 가난하고 약한 나라와 민족과 종족들의 소외가 진정한 공동체 형성을 파괴시키고 있으며, 인류의 자연소외는 생태계파괴와 이상기온을 초래했다고 본다. 그리하여 살바도르는 교회가 진정한 종말론적 '샬롬 공동체'를 바라보면서 복음의 능력으로 이러한 공동체 파괴현상들에 대처할 것을 촉구한다. 샬롬 공동체는 삼위일체 하나님과 다문화 인류공동체와 창조세계가 함께 어우러지는 하나님 나라를 가리킨다. 따라서 우리는 '다양성 속에서 통일성 혹은 다양성 속에서 코이노니아'라고 하는 교회일치의 모델을 '유비'로 사용해서 다민족, 다종교, 다문화 공동체를 추구할 수 있을 것이다. '신앙과 직제'에서 출현한 교회론은 '삶과 봉사'뿐만 아니라 모든 에큐메니칼 운동에 있어서도 중요하다.

---

9 • *Called to One Hope - The Gospel in Diverse Cultures*, Conference on World Mission and Evangelization, Salvador, Bahia, Brazil: 24 November - 3 December 1996, 12-33.

4. 오순절주의를 비롯한 세계기독교의 지형변화

1990년대에 접어들면서 "세계기독교의 지형변화"가 일어나고 있다. 특히 1990년대의 신자유주의 시장경제의 여파로 이민과 민족이동이 글로벌화되었고 지구는 다민족, 다문화, 다종교의 시대로 돌입하였다. 지구 남반구와 동쪽에서 오순절 교회들과 은사주의 형태의 기독교들이 선교적 열정을 보여주고 있고, 가난한 자들에게 손을 뻗치고 있으며, 이로 인하여 풀뿌리 대중운동이 일어나고 기독교 인구의 역전을 가져왔다. 이는 세계기독교를 더욱 다양하게 만들고 있다.

이러한 새로운 선교운동과 대중운동은 기성 제도권 교회의 지도 없이 자발적 선교활동으로 표출되었고, 때로는 통일성을 무시하는 다양성을 지향하기도 했다. 향후 기독교의 과제는 이러한 새로운 선교운동들과 흐름들이 어떻게 기존의 교회들과 화해하고, 조화롭게 함께 나가는 '세계기독교'를 구축할 수 있는가에 있다. 따라서 마닐라 선교지침서는 성령의 새로운 바람에 교회가 응답할 것을 촉구하면서, 이와 같은 글로벌 남쪽과 동쪽에서 일어나는 기독교적 운동이 '하나의 세계기독교'의 부분이 되어야 한다고 본다.

오늘날 세계에 있어서 변화의 바람은 확실히 교회가 성령의 인도하심을 받음으로써 더 나은 세계를 위한 바람이 되라고 요청한다. 그와 같은 교회에 대한 새로운 상상은 오직 이 세상의 삶 속에 다시 새롭게 성육신되는 교회를 통해서만 가능하다. 특히, 대중들이 모든 사람들을 위하여 자유와 존엄성을 지닌 삶을 가능하게 만들기 위하여 하나님의 구원의 은혜를 갈망하고 있는 맥락 안에서 그렇다. 그런데 밑에 깔려 있는 교회를 향한 핵심적인 도전은 권력의 문제이다. 주류에서 벗어난 혹은 주변에 있는 글로벌 남반구 안에 있는 교회들의 목소리들과 아젠다가 국제선교 및 에큐메니칼 협력 안에서 아직 충분히 인식되고 있지 않았기 때문이다. (제95항)[10]

---

10 • 참고: 2012년 6월 15일 CWME 이사회에 의하여 만장일치로 통과된 수정 보완판, 91-95항. 따라서 이 것은 2012년 9월 5일 중앙위원회에 의한 최종 수정판이 나오기 직전의 문건이다.

5. 그리스도 중심적 보편주의로부터 삼위일체 중심적 보편주의

필자는 본 주제에 대하여 '제5장 WCC와 삼위일체론'과 '제6장 WCC와 종말론'에서 충분히 논하였다. 간단히 약술하면, 1991년 『하나의 신앙을 고백하며: …』와 『1991년 캔버라 WCC 총회 보고서』를 계기로 그 이전의 '그리스도 중심적 보편주의'가 '삼위일체론'으로 패러다임을 전환하였고, 종말론에 있어서도 '그리스도 중심적 보편주의'에 정향된 종말론으로부터 '삼위일체 중심의 보편주의'에 정향된 종말론으로 패러다임이 전환하였다고 하는 것이다.

6. 미래 지향적이면서도 현재적인 '하나님 나라'

선교지침서는 라이저의 삼위일체론적 패러다임 전환에 더하여 미래 지향적 종말론도 새로운 패러다임의 에큐메니칼 신학의 틀로 사용한다. 따라서 우리는 1990년대의 신앙과 직제 문서들에서 교회론을 비롯한 다른 신학적인 주제들에 접근할 때에 보편주의적 기독론과 삼위일체론, 그리고 종말론을 주목해야 한다.

미래 지향적이면서도 현재적인 종말론은 1950년대 WCC와 IMC문서에 부분적으로 나타난다. 하지만 종말론이 매우 강조되기 시작한 것은 교회론(신앙과 직제)과 사회윤리(삶과 봉사)를 하나로 묶는 『교회와 세상: 교회의 일치와 인류공동체의 갱신』(1990)이었고 1991년 캔버라 WCC에서 크게 부각되었다. 본 총회는 성령을 "생명의 부여자"(the Lord and Life-Giver, 니케아-콘스탄티노플 신조)로 보면서 성령의 성부·성자와의 관계적 독립성을 부가시켰다. 성령께서는 성부와 성자에게 종속하지 않는다. '창조주 아버지'와 '창조의 영'(Creator Spiritus)의 구별 그리고 '성자 예수 그리스도의 영'과 '생명의 부여자로서의 성령'의 구별, 그럼에도 불구하고 성부·성자·성령의 페리코레시스 통일성 혹은 다양성 속에서의 코이노니아가 중요시되었다.

그리고 『하나의 신앙을 고백하며: 니케아-콘스탄티노플 신조로 고백된 사도적 신앙에 대한 하나의 에큐메니칼 해설서』(1991)에서 삼위일체론과 미래 종말론적인 하나님 나라에 대하여 강한 주장이 나타난다.

첫째, 고백서의 첫 부분인 성부 하나님에 대한 고백에서 삼위일체론과 종말론이 나타난다.

> 이 세상이 하나님으로부터 분리되었고, 소외된 것은 죄악의 결과인데, 이것이 신적인 경세 속에서 아들의 화해사역과 성령의 변형시키시는 현존을 통해서 극복된다. 한 분 하나님은 이와 같은 신적 구원의 경세의 신비 속에서 자기 자신을 피조물들에게 나누어 주시는 생명과 사랑으로 계시되신다. 아버지 하나님은 자신의 영원한 아들의 성육신, 교역 및 고난을 통해서 이 세상을 자기 자신에게 화해시키신다. 이 아들 안에서 하나님은 인류에게 죄 사함과 부활과 영생(요 3:16)을 주시기 위해서 죽음에 이르기까지 인간의 고뇌에 동참하신다. 그리하여 하나님께서는 성령을 통하여 십자가에 달리신 분을 새로운 삶과 불멸의 삶으로 부활시키셨으니, 하나님께서는 장차 성령을 통해서 종말론적 미래에 있어서 우리의 삶과 전 창조세계의 종국적 변형과 영화롭게 됨을 가져올 것이다.[11]

둘째, 기독론 부분으로부터 가져온 인용문이다.

> 그분의 신적 선교에 대한 신실하심은 아버지의 뜻에 대한 모범적 실천이었다. 이 신실하심은 하나님으로부터 소외된 인류를 위해서 대리(代理)적이었다. 왜냐하면 예수님께서는 하나님의 의(義)에 자기 자신을 완전히 복종시키심으로써, 그를 따르는 모든 사람들이 그분의 고난과 죽음을 통해서 하나님께 화해되는 것이기 때문이다. 이처럼 그리스도의 고난과 죽음은 그것이 성령님의 능력을 통하여 인류 역사 속에 새로운 삶과 소망을 개방시키기 때문에 만인을 위한

---

11 • 『하나의 신앙을 고백하며: 니케아-콘스탄티노플 신조로 고백된 사도적 신앙에 대한 하나의 에큐메니칼 해설서』(1991), 이형기 옮김(서울: 한국장로교출판사, 1996), 40.

좋은 소식이다. [12]

우리는 그리스도 안에서 다가온 하나님의 나라와 그것의 마지막 완성 사이에 긴장을 인정한다. 그러나 우리는 그리스도 안에서 시작된 새 창조가 또한 그리스도 안에서 성취될 것을 믿는다. 우리는 이것이 모든 것을 포함하는 완성이라고 본다. 개인의 이신칭의와 성화는 우리가 고대하는 전(全) 창조세계의 구속(救贖)의 일부에 불과하다. 그리하여 그리스도인들은 하나님께서 새 생명을 베풀어주실 마지막 성취와 완성을 소망 가운데 열심히 기다리고 있다. 이것은 우리의 세상과 역사 속에서 그리스도의 부활, 곧 십자가에 달리신 주님 안에서 주어진다. [13]

끝으로 성령론 역시 삼위일체론적이고 종말론적으로 이해하였다. 특히, '영기독론'(Spirit-Christology), '창조주 영'(Creator Spiritus), '계시(말씀)의 영', '교회생명의 원천이 되시는 영', 그리고 '종말론적으로 전 창조세계를 완성하실 영'과 같은 성령의 현존과 활동이 주목할 만한 부분이다.

초기 기독교 세대는 성령님을, 동정녀 마리아에게 그리스도를 잉태케 하여 탄생시키신 분으로(눅 1:35), 예수님을 세례주어서 메시아로 세우신 분으로(마 5:16; 비교: 막 1:10; 행 10:38), 그리스도의 전 교역을 통해서 그분 안에서 현존하시면서 일하신 분으로(마 12:28; 눅 4:14; 요 1:32 이하), 그리고 예수님을 죽은 자들로부터 부활시키신 분(고전 15:45)으로 믿는다. [14] 초기 그리스도인들은 이 성령님께서 창조 시에 수면 위에 운행하신 바로 그 성령님이시요(창 1:2), 예언자들을 통해서 말씀하신 분이시요, 백성들의 왕들을 기름 부으신 분이이요, 성도들로 기도하게 하신 분이시라는 사실을 인정한다. 그들은 오순절 성령 강림을, 이미 예언자들을 통해서 말씀하신 바로 그 성령님으로 그리고 마지막 때의 선물로(행 2:1-21) 경험하였고, 이해하였으며, 선

---

12 • Ibid., 94-95.

13 • Ibid., 105.

14 • Ibid., 111.

포하였다. 신약성경은 오순절 때에 주어진 성령님께서 교회의 생명의 원천이라는 사실을 보여준다. 즉, 바로 이 성령님께서 설교를 듣는 사람들에게 신앙을 불러일으키고, 세례를 통하여 이들을 그리스도의 몸의 지체가 되게 하신다. 이 성령님은 신앙의 불을 붙이시고(고전 12:3), 믿는 개인의 삶과 공동체의 삶에 필요한 모든 은사들을 베풀어주신다(고전 12:4-13; 14:1). 이 성령님은 또한 기도하게 하시고(롬 8:15-16), 하나님의 자녀들의 자유를 불러일으키신다(롬 8:12-16). 바로 이 성령님으로부터 마지막 부활이 일어난다(롬 8:12-16). 성령님께서는 다른 보혜사이시다(요 14:16). 시간의 끝에 가서, 전 창조세계를 하나님의 영광 속에 있는 완성으로 부르시는 분은 다름 아닌 성령님이시다(계 22:17).[15]

7. '신앙과 직제', '삶과 봉사' 그리고 '세계선교와 복음전도'의 다양성 속의 통일성

1980년대(1982년의 『선교와 복음: 에큐메니칼 확언』)와는 달리 1990년대 접어들어 '신앙과 직제'와 '삶과 봉사'는 신학적으로 합류하기 시작하였다.[16] 예컨대, 1993년 산티아고 데 콤포스텔라 제5차 신앙과 직제 세계대회는 대회 총주제(Towards Koinonia in Faith, Life and Witness)에서 '사도적 신앙'(Confessing the One Faith: An Ecumencial Explication on the Apostolic Faith as it is Confessed in the Nicene-Constantinopolitan Creed(381), 1991)을 고백하는 코이노니아, '세례·성만찬·직제'(1982년에 BEM Text가 출판)를 상호 인정하고 이를 중심으로 하는 코이노니아, 그리고 삶과 봉사 및 CWME 전통을 아우르는 '증언'을 통한 코이노니아를 다루었다. 여기에서 우리는 '신앙과 직제'와 '삶과 봉사' 그리고 '세계선교와 전도'가 상호 교류하고 침투하며 상호 의존하고 상호 불가분리한 관계임을 발견한다.

---

15 • Ibid., 111-112.

16 • 참고: 이형기, 『에큐메니칼 운동의 패러다임 전환』(서울: 한들출판사, 2011).

그리고 2006년『교회의 본질과 선교』역시 교회의 본질 안에 '삶과 봉사' 및 'CWME 전통' 모두를 포함시켰다.(참고: Ibid.) 그리고 2005년 아테네 CWME 문서는 '신앙과 직제', '삶과 봉사' 그리고 WCC의 종교 간 대화부서가 신학적으로 합류하는 내용을 보여주고 있다. 아테네 CWME 대회와 2012년의 마닐라 선교지침서에서도 이러한 경향이 그대로 나타났다. CWME의 선교와 전도 신학은 보다 '진정으로 보편적인 에큐메니즘'에 근접한다고 생각된다.[17] 1998년 하라레 WCC는 C.U.V(A Common Understanding and Vision Of the World Council of Churches)를 받아들여 로마가톨릭교회, 오순절 교회 그리고 복음주의 교회를 포용하는 하나의 에큐메니칼 운동, 그리고 '신앙과 직제'와 '삶과 봉사'와 'CWME'가 '하나의 사명' 혹은 '하나의 선교'를 추구하는 하나의 에큐메니칼 운동을 선언하였다. 예를 들면, 1990년대 'Costly Unity', 'Costly Commitment', 'Costly Obedience' 문서는 '신앙과 직제'와 '삶과 봉사'의 신학적인 합류가 나타나고, 2005년 아테네 CWME의 '성령이여 오소서! 치유하고 화해시키소서'에서는 '치유와 화해' 개념이 '삶과 봉사'의 개념과 함께 나타난다.

'신앙과 직제'의 교회론('사도적 신앙', '세례 성만찬 직제' 등)과 교회 일치추구는 CWME와 불가분리한 관계 속에 있다. 그 이유는, '신앙과 직제 위원회의 기능'은 "그리스도의 교회의 본질적인 하나 됨을 선포하고 WCC와 교회들 앞에서 세계선교와 복음전도를 위한 그와 같은 교회의 본질적 일치와 그와 같은 본질적 일치의 긴급성을 나타내는 의무를 탁월하게 지키는 것이다."('신앙과 직제의 헌장')[18] 그리고 CWME의 헌장(2005년 아테네 CWME 보고서)은 그 목적으로 다음과 같이 제시하고 있다.

선교와 전도 위원회의 목적은 종전의 IMC에 의하여 수행된, 그리고 WCC의

---

17 • 1968년 웁살라 WCC에서 제안되었고, 1975년 나이로비 WCC에서 이미 시작되었으며, 1998년 하라레 WCC에서 추진되기 시작한 'a genuinely universal ecumenical Council'은 보다 넓은 에큐메니칼 운동을 추구한다고 하는 의미를 갖는다.

18 • "The Constitution of the Commission on Faith and Order", In A Documentary History of the Faith and Order Movement: 1927-1963, 202. 본 헌장은 1952년 룬드 '신앙과 직제' 세계대회에서 받아들여졌고, 1954년 에번스턴 WCC, 1955년 중앙위원회에 의하여, 그리고 1960년과 1962년 센 에드류에서 신앙과 직제위원회와 중앙위원회에 의해 수정되었다.

C.U.V.에 의하여 명시된 기능들과의 연속선상에서, ① 모든 사람들이 그리스도를 믿고 구원받게 하기 위하여 예수 그리스도의 복음을 선포하는 그리스도교 공동체를 돕는 것이고, ② 각 장소와 모든 장소들에서 교회들의 공동증언을 진척시키며 교회들로 하여금 선교와 전도사역에 있어서 로컬 차원에서, 나라별 차원에서, 그리고 세계적 차원에서 상호 간에 지지하도록 돕는 것이다.

따라서 마닐라 선교신학 지침서는 위에서 제시한 1982년 이후 신학적인 변수들을 담아내었고, 에큐메니칼 운동의 세 흐름(신학, 윤리, 선교)의 다양성 속에서 코이노니아를 추구하고 있는지 확인할 필요가 있다. 우리는 글로벌 차원의 하나님의 선교를 의식하면서 좀 더 통전적이고 '상호 관련성이 있는 접근' 혹은 '일치 안에 근본적인 다원성'(a fundamental pluralism in a coherent unity)의 성격을 지닌 에큐메니칼 신학을 추구해야 한다. 우리는 1990년대부터 2006년에 이르는 '신앙과 직제'와 '삶과 봉사'의 신학들의 다양성을 받아들이면서 그것들을 '선교와 전도 신학'으로 통전시키고 통일시켜야 할 것이다. 즉, 우리가 음미하고 분석하고 평가해야 할 2012년 마닐라 지침서야말로 위와 같은 새로운 패러다임의 신학 방법론을 사용하여 작성된 것인가를 눈여겨보아야 한다. 우리는 이를 본문에서 증명해야 할 것이다.

Ⅲ

1982년 지침서로부터 2012년 마닐라 지침서로

우리는 1982년(『선교와 전도: 에큐메니칼 확언』)이래, 앞에서 언급한 7가지 변수를 염두에 두고 마닐라 본문을 살펴려고 한다. 1982년 문서와 마닐라 문서는 연속성을 가지고 있지만 7가지 변수를 통해 패러다임의 변화가 나타난다.

여기서 1982년 지침서(이하 '확언')의 내용을 간단히 살펴보자. '확언'은 18-19세기적 '복음주의' 전통의 '복음전도'와 WCC 전통의 선교신학 양쪽을 모두 포함하고 있다.[19] 하지만 확언은 또한 새로운 패러다임의 선교신학을 제시한다. 즉, 복음주의적 회개와 순종으로의 부르심은 한걸음 나아가서 나라들, 집단들 및 가정들에게도 주어져야 한다. 교회는 전쟁에서 평화로, 부정의에서 정의로, 인종주의에서 연대성(solidarity)으로, 증오에서 사랑으로 변혁되어야 할 필요성을 선포해야 한다. 예수 그리스도에 대한 증거란 그의 나라에 대한 증거이기 때문이다.[20] 그밖에 "하나님의 선교 안에 있는 교회와 교회일치", "그리스도의 방법에 따른 선교", "오대양 육대주 안에서 그리고 이들에 대한 선교", 그리고 "현존하는 종교들의 사람들 사이에서의 증언"을 논하고 있다. 또한 새 하늘과 새 땅에 대한 종말론적 비전에서 복음전도와 missio Dei 전통에 입각한 넓은 의미의 교회의 사회참여에 대해서 주장한다.

'확언'은 '하나님의 선교'와 같은 에큐메니칼 선교신학을 비판하고 나온 1974

---

19 • *The Ecumenical Movement: An Anthology of Key Texts and Voices*, ed. by Michael Kinnamon and Brian E. Cope(Geneva: WCC, 1997), 372-383.

20 • Ibid.

년의 '로잔 복음주의 세계대회'와 '온전한 복음, 온전한 인격, 온 교회, 온 세상'을 주장했던 1975년 WCC 총회의 통전적 측면을 염두에 두면서 복음 설교를 통한 개인의 회심과 개교회의 개척과 성장을 부가시키면서 하나님의 선교로 나갔다. 그러나 라이저의 논지대로 '확언'은 '그리스도 중심적 보편주의'로부터 '삼위일체론 및 삼위일체론적 성령론'으로 패러다임 이동을 보여주지 않고 있으며, 아직 'JPIC'에 대하여 다루지 못했다.

IV

마닐라 지침서의 본문 읽기

마닐라 문서는 이미 1982년에 "에큐메니칼하게 합의된 것"을 반복할 필요가 없었다고 하는 점을 전제로 작성되었다.

1. 제1-11항 마닐라 신학 지침서의 주제 소개

제1-11항은 마닐라 신학 지침서의 주제(Together Towards Life)를 소개한다.

이 부분에서 우리는 앞서 제시한 "I.1. 창조세계 보전과 생명"과 "I.5. 그리스도 중심적 보편주의로부터 삼위일체 중심적 보편주의의 패러다임 이동"을 발견한다. 본문은 삼위일체 하나님을 주도 아이디어(leading ideas)로 하여 삼위일체론적 성령, 생명, 그리고 하나님 나라에 대한 희망을 새로운 신학의 초석으로 깔고 있다.

제1항은 통전적인 의미의 '생명' 개념에 입각하여, 삼위일체 하나님의 경세 안에서 "세상의 생명, 예수 그리스도"와 "생명을 지탱하시고 생명에게 능력을 공급하시는 생명의 부여자, 성령"에 대하여 언급하였다. 본 지침서는 '복음'의 보편적인 의미(제4항)를 말하고 복음전도는 "우리의 신앙과 확신을 다른 사람들과의 확신 있는 그러나 겸손한 나눔"(제8항)으로 정의한다. 그리고 종교 간 대화와 증언을 언급하였다.(9항) 오늘의 변화된 세계 기독교 지형을 지적하면서 글로벌 남동 지역의 선교와 전도의 신학과 아젠다를 주목한다.(5항) 제6항은 "중심으로부터 주

변으로 그리고 기득권자들로부터 사회의 주변화된 사람들로 이동하는" 선교운동을 말한다. 특히, 제7항은 '신자유주의 패러다임'에서 글로벌 자본주의가 추구하는 맘몬신앙을 지적하면서 글로벌 시장 안에서 "어떻게 우리는 복음과 하나님 나라의 가치들을 선포할 것인가?"를 언급하였다.

그리하여 지침서는 교회의 사명을 하나님 나라와의 긴장 관계에서 천명한다. 즉,

> 교회란 하나님 나라를 향한 세상의 변혁을 위하여 이 세상에 주어진 하나님의 선물이다. 교회의 선교는 새로운 생명을 가져오는 것이고 우리의 세계 속에서 하나님의 사랑의 현존을 선포하는 것이다. 우리는 우리들 사이에 기존하고 있는 분열들과 긴장들을 극복하면서 일치 속에서 하나님의 선교에 참여하지 않으면 안 된다. 그래야 세상 사람들이 믿고 모두가 하나가 될 것이기 때문이다(요 17:21). 그리스도의 제자들의 공동처로서 교회는 포괄적 공동체가 되어야 하고 이 세상을 치유하고 화해시키기 위하여 실존하지 않으면 안 된다. … (제10항)

여기에서 교회는 "일치 안에서 선교에 참여"할 것과 "치유와 화해"(2005년 아테네 CWME의 주제)를 포함하는 "새로운 생명" 운동, 즉 이 땅에서 하나님 나라를 위해 존재해야 한다고 본다.

끝으로 제11항에선 삼위일체 하나님의 선교(missio Dei) 안어서 '성령의 선교'에 대하여 언급한다. 그 내용은 "선교의 성령: 성명의 숨결", "해방의 성령: 주변들로부터의 선교", "공동체의 성령: 움직이는 교회", 그리고 "오순절의 성령: 모든 사람들과 만유를 위한 기쁜 소식"을 포함한다. 이러한 성령의 위격과 사역에 대한 강조는 1991년 캔버라 WCC로부터 기원한 것이다.

소결론: 1982년 지침서가 여전히 기득론 중심에 머물러 있었다면, 2012년 지침서는 삼위일체 하나님, 삼위일체론적인 성령, '생명', 그리고 하나님 나라에 대

한 희망과 같은 '신앙과 직제' 전통에 뿌리를 내리고 있다. 그리고 복음의 우주적 범위, 선교와 전도의 중심축의 이동, 신자유주의의 맘몬 숭배에 대한 대응, 복음과 종교 간 대화의 문제 등의 새로운 패러다임을 보여준다. 게다가 '삶과 봉사' 전통이 본 문서의 '선교' 부분뿐만 아니라 '전도'의 모든 부분에도 스며들어 있다. 여기서 '선교와 전도신학' 자체의 패러다임 전환을 감지해야 한다.

2. 제12-35항 "선교의 성령 생명의 숨결"

제12-35항은 "선교의 성령 생명의 숨결"란 제하에 "성령의 선교"(제12-18항), "선교와 창조세계의 번영"(제19-23항), "영적인 은사들과 분별력"(제24-28항), 그리고 "변혁적 영성"(제29-35항)에 대하여 논한다.

1) 성령의 선교

이 부분에서는 "I.5. 그리스도 중심적 보편주의로부터 삼위일체 중심적 보편주의"와 "I.1. 창조세계 보전과 생명"의 신학적 틀이 반영되어 있다. 본문은 동방정통교회의 영 기독론(Spirit-Christology)과 서방교회의 기독론적 성령론(Christological Pneumatology)을 종합하고 있다.

영 기독론은 창조세계와 보편사 속에서 현존하시고 사역하시는 구약의 "루아흐" 야훼께서 부활 이전 예수님의 위격과 사역에 선행하시면서 사역하셨다는 것이며 기독론적 성령론은 그리스도께서 부활 승천하시어 아버지 우편에 앉아 계시면서 사도들과 교회에게 아버지께서 약속하신 성령을 보내주셨다고 하는 것이다. 그리하여 이 두 가지 성령의 선교(혹은 경세)는 "창조세계 안에서의 성령경세의 보편성과 성령의 구속사역의 특수성으로서 이는 궁극적으로 하나님께서 '모든 것 안에서 모든 것'이 될 새 하늘과 새 땅을 위한 성령의 선교로 이해되어야 한다."(제15항) 끝으로 제18항은 '종말 이전의 지평'(the pen-ultimate)인 교회와 세상에게 성령을 통한 삼위일체 하나님의 선교에 동참할 것을 촉구한다.

분명한 사실은 우리들이 성령에 의하여 삼위일체 하나님의 생명의 핵심에 놓여 있는 사랑의 선교에 참여하는 것이다. 그런즉, 이것의 결과는, 예수 그리스도를 통한 하나님의 구원 능력을 끊임없이 선포하고 항구적으로 성령을 통한 하나님의 창조된 온 세계에의 참여를 긍정하는 기독교적 증언이다.(제18항)

2) 선교와 창조세계의 변

이 부분은 주로 "I.1. 창조세계 보전과 생명"에 관련된다. 여기서 성령은 삼위일체론의 틀 안에서 창조의 영이고, 창조브전을 지탱하는 영이고, 생명을 부여하고 살리는 '생명의 영'(the Lord and Life-Giver)이다. 제19-23항은 우리의 선교가 영혼구원만을 위한 선교 혹은 이분법적 선교가 아니라 "창조된 모든 세계"에 대한 선교라고 선언한다. 인간의 구원과 창조세계의 구원은 불가분리하기에 선교는 '삶과 봉사' 영역을 포함한다. "선교는 삼위일체 하나님의 무한한 사랑의 흘러넘침이다. 창조세계의 생명과 하나님의 생명은 상호 엮어 짜여 있다. 하나님의 영의 선교는 항상 베풀어지는 하나님의 은혜 행동 안에 우리를 포함한다. …"(제19항). 따라서 루아흐 야훼의 선교는 예수 그리스도를 통해 "모든 창조된 생명과 우리의 화해된 관계"(제19항)를 이루며 "새 하늘과 새 땅"(제20항)을 지향하고 있다. 즉 루아흐 야훼께서 창조세계 속에 현존하시고 사역하시며 예수 그리스도를 통한 화해사역은 인간 중심주의와 교회 중심주의를 넘어선다고 하는 뜻이다.

3) 영적인 은사들과 분별력

본문은 성령의 은사들은 "타자들을 세우기 위함이요(고전 12:7; 14:26) 창조세계 전체의 화해를 위한 것"(롬 8:19-23)(제24항)으로 말한다. 우리는 성령의 은사인 영 분별력을 가지고 삶을 살아야 한다. 특히, 본문은 교회 밖, 인류 보편사 속에서 일어나는 "피억압자들의 해방, 깨어진 공동체들의 화해"와 "창조세계의 회복"(제24항)을 포함하는 "하나님의 정의의 통치"(행 1:6-8)(제25항)를 분별하고 그것의 반대급부인 사단마귀의 현존과 사역도 분별해야 한다.(제24항)

그리고 성령에 대한 전통적인 상징들과 명칭들(불, 빛, 이슬, 샘, 기름 부음, 치유, 녹이기, 따뜻하게 함, solace, 위로, 힘, 쉼, 씻음, 비추임)은 성령의 현존과 사역이 창조세계를 포함하는 모든 삶의 영역들을 포함하고 있다고 강조한다.(제26항) 이러한 성령이해도 역시 구약의 루아흐 야훼를 암시한다. 제27항에서 "우리를 모든 진리로 인도하시는"(요16:13) "지혜의 영"(the Spirit of wisdom) 역시 창조세계와 인류공동체안에 현존하시고 사역하시는 성령이다.

4) 변혁적 영성

본문은 기독교인들과 교회들이 삼위일체 하나님과의 연합에서만 자체 변혁과 선교를 향한 변혁이 가능한 것으로 본다. 그것은 "삼위일체 하나님의 사랑의 공동체 안에 뿌리내린 영성들"만이 "삶의 여정을 자극하고 그것에 동기를 부여하고 역동성을 부여한다."(제29항) "그것은 충만한 삶을 위한 에너지요 생명을 부정하고 파괴하며 축소시키는 모든 세력들과 권세들과 체제들에 저항하는 헌신을 요청한다."(제29항)

이 문서는 생명파괴의 권세를 '신자유주의 시장경제'의 글로벌화(제31항)로 예증한다. 그리고 성만찬의 경험에 비추어서 변혁을 주장하면서, 십자가의 의미를 개인 구원론적 차원 혹은 개인 성화론적 차원으로 축소하지 않고, "억압과 차별과 상해의 상황들에서 … 구원을 위한 하나님의 능력"(제32항)이라고 한다. 즉 "십자가는 선교와 교회 안에서의 잘못된 권력사용과 남용에 관하여 회개를 요청한다."(제33항) 그리고 "성령 안에서의 생명경험이야말로 충만한 생명경험이다. 우리는 이로써 생명을 향한 운동에로 부름을 받고 있는 것이다."(제34항) 우리는 성령을 통하여 삼위일체 하나님의 사랑의 공동체에 참여하면서, 자체 내의 변혁과 아울러 밖을 향한 선교에 헌신할 수 있다.

소결론: 문서는 첫째로 삼위일체 하나님의 하나님 나라 실현의 선교(missio trinitatis)라는 틀 안에서 동서방교회의 성령론('the Spirit-Christology)을 배경으로 기록했다. 둘째로 이러한 삼위일체론, 삼위일체론적 성령론, 생명 그리고 하나님 나라를 틀거리로 하여 JPSS와 JPIC 전통을 담아내었다. 셋째, 영분별의 은사를 받은 교회들은 교회 밖의 창조세계와 인류공동체에서 현존하시고 사역하시는 성령의 은혜를 인식해야 한다고 본다. 넷째 성령을 통해 삼위일체 하나님과의 코이노니아로부터 오는 영성만이 진정한 변혁의 힘이다. 따라서 성령의 변혁은 개인 구원론적이고 개인 성화론적인 것뿐만 아니라 '삶과 봉사' 차원에 해당하는 변혁을 촉구한다.

3. 제36-54항 "해방의 성령: 주변으로부터의 선교"

제36-54항은 "해방의 성령: 주변으로부터의 선교" 제하에 본 주제에 대한 개관(제36-37항), "왜 주변들이고 주변화인가"(제38-42항), "투쟁과 저항으로서 선교"(제43-45항), "정의와 포용성을 추구하는 선교"(제46-49항) 그리고 "치유와 온전성으로서 선교"(제50-54항)를 말한다.

"해방의 성령: 주변으로부터의 선교"에서 선교란 새 하늘과 새 땅을 바라보면서 '종말 이전의 지평' 안에서 '주변'의 의미와 중요성을 본다. 따라서 '중심'과 '주변'의 변증법은 칼 마르크스적인 대립이 아니라 기독교적인 전제를 가지고 있다.

1) "왜 주변이고 주변화인가?"

"고아와 과부를 위하여 신원하시며 나그네를 사랑하사 그에게 식물과 의복을 주시나니 너희는 나그네를 사랑하라 전에 너희도 애굽 땅에서 나그네 되었음이니라."(신 10:18-19) 본문은 이 구절에 근거하여 "모든 선교적 활동은 각 인격적 존재와 땅의 성스러운 가치를 지키는 것이다."(제42항)라고 한다. 결국 '중심'은 "인격적인 존재와 땅의 성스러운 가치"를 무시하는 부류의 인간 집단이요 계층이요 세력인 셈이다. 그러나 "선교의 목적은 사람들을 주변으로부터 권력의 중심으로 이동시키는 것이 아니라 사람들을 주변에 계속 놓아둠으로써 계속 중심이 되려고 하는 사람들에 대면하는 것"이다. "교회는 권력구조를 변혁시키기 위하여 부름을 받고 있다."(제40항)

따라서 "주변으로부터의 선교란 삶과 교회와 선교에 있어서 일어나는 부정의들에 대항하는 행동들을 추구한다."(제38항) 그래서 본문은 교회들의 선교가 '중심'과 야합하고 이 '중심' 편에 서서 "억압적이고 생명을 죽이는 체제들"에 연루되어서는 안 된다고 역설한다.(제41항)

2) "투쟁과 저항으로서 선교"

본문은 "역사와 창조 안에 있는 구체적인 실재들과 맥락들 속에서 행동하시고 정의와 평화와 화해를 통하여 온 땅의 생명 충만을 추구하는 하나님의 선교"를 전제로 우리가 하나님의 선교에 동참하는 것은 "착취하고 노예화하는 마귀들을 분별하고 노출시키는 것을 포함한다."고 한다.(제43항) 그리고 본문은 가부장적(온정적인) 이념들의 해체, 토착민들을 위한 자결권 확보, 그리고 인종주의와 카스트 체제의 사회적 뿌리에 대한 도전과 같은 것들을 악마적인 것에 대한 응전으로 본다.

교회는 "하나님, 인류, 창조 사이에 바른 관계가 회복되는" "약속된 하나님의 통치의 실현"을 희망하면서 "종말 이전 시기 안에서 일어나는 현행 하나님의 구원사역에 동참해야 한다.(제44항) 또한 본문은 예수님의 선교의 길을 하나님 선교 참여의 본보기로 제시한다.

… 섬김을 받기 위해서가 아니라 섬기기 위해서 오셨고(막 10:45), 생각이 교만하고 권세 있는 자들을 내리치시고 보잘 것 없는 자들을 높이셨으며(눅 1:46-

55), 상호관계와 상호성과 상호 의존성에 의하여 특징지어진 사랑을 실천하신 예수님의 길을 따르는 것이다.(제45항)

이상에서 성서적 하나님의 본성과 주권 그리고 특히 예수님의 선교의 길이 '주변'이고 그것에 반대되는 길이 '중심'이라고 하는 사실을 발견한다. 이는 단순히 칼 마르크스와 해방신학 전통의 갈등구조로부터 가난하고 소외된 계층의 해방을 의미하는 것이 아니다.

3) "정의와 포용성을 추구하는 선교"

투쟁과 저항으로서 선교는 잘못된 '중심'에 반대하는 운동이고 결국 "하나의 정의롭고 포용적인 세계의 구현"을 추구하는 것이 된다. 특히, "포용성이란 인격들과 창조 간의 상호 인정 그리고 각자의 성스러운 가치에 대한 상호 존중과 지탱을 지니고 있는 인류와 창조의 공동체 안에서의 정의로운 관계를 양육시킨다."(제46항) 따라서 선교는 단순히 '중심'을 배제하는 것이 아니라 정의롭고 포용적인 공동체를 추구하는 것이다. 그리고 본문은 이와 같은 포용성은 각 사람으로 하여금 공동체의 삶에의 충만한 참여를 촉진한다며, "그리스도 안에서의 세례"에 대하여 언급한다.

그리고 하나님의 통치는 "교회가 사회 안에서 얼마나 소외된 사람들을 환대하고 자기중심적 삶의 방식을 얼마나 잘못된 것으로 여기며 인격들의 상호 작용들과 정치·경제·사회 체제에서 나타나는 물리적이고 심리적이며 영적인 폭력들을 얼마나 포기하는가의 정도만큼 나타나는 것이다."(제47항) 그런즉, 이상과 같은 "정의롭고 포용적인 공동체를 파괴하는 가치들과 실천들"이야말로 "예수 그리스도 안에서 계시된 하나님의 세상을 향한 거룩하시고 생명긍정의 계획"(제49항)에 위배되는 것이다. 그리하여 본문은 교회들과 기독교인들을 향하여 "너희 중에는 그렇지 아니하니 너희 중에 누구든지 크고자 하는 자는 너희를 섬기는 자가 되고 너희 중에 누구든지 으뜸이 되고자 하는 자는 너희 중에 종이 되어야 하리라."(20:26-27)고 언급한다.

4) "치유와 온전성(wholeness)으로서 선교"

왜 본문은 '주변과 주변화'의 문제를 논하는 맥락에서 '치유와 온전성'을 논할까? 2005년 아테네 CWME 문서는 "교회의 치유사역"(Preparatory Paper 11)에서 '통전적 치유'를 주장한다. 본문은 의료와 의약과 보건, 그리고 오순절 교회의 치유사역을 포괄하면서도 성경적이고 신학적인 전망에서, 곧 삼위일체 하나님의 선교와, 창조와 인류 모두의 완성인 하나님 나라에 대한 희망으로부터 치유를 이해한다. 현 창조와 역사 속에서 일어나는 치유는 삼위일체 하나님의 사역에 의한것이라고 본다. 그리고 이와 같은 신학적인 전망으로부터 교회의 치유사역에 대하여도 통전적으로 이해하였다.

따라서 '치유되고 화해된 온전한 공동체'로부터 소외된 사람들은 '주변'이요 '주변화된' 사람들이다. 그래서 본문은 "개인 인격들과 공동체들의 생명과 삶의 치유와 온전성을 향한 행동들이 다름 아닌 선교의 중요한 표현이다."(제50항)라고 한다. 즉, 복음서의 치유은사는 성령의 다양한 은사들(고전 12:9; 행 3) 가운데 하나이다. 다시 말하면, "성령께서는 한편 기도, 목회적 돌봄, 전문적인 보건, 그리고 다른 한편 고통의 뿌리에 대한 예언자적 고발, 부정의를 일삼는 구조들에 대한 변혁 및 의술과 의약에 대한 과학적인 탐구 등을 포함하는 생명양육 선교를 위하여 교회에게 능력을 실어 주신다."고 하였다.

따라서 장애인이나 환자는 뭔가 "결핍된 개인"(제52항) 혹은 죄인이 아니라 공동체 안에서 제자리를 차지해야 할 매우 고귀한 인격이다. 그런즉, "치유란 결핍으로 이해된 그 무엇을 교정하는 것에 대한 것이기보다는 온전성(wholeness)의 회복에 대한 것이다."(제52항) 그리고 "온전해지기 위해서 소외된 부분들은 다시 되찾을 필요가 있다."(제52항)는 것이다. 이상과 같은 '치유되고 온전해진' 궁극적인 생명공동체는 다름 아닌 하나님 나라이다. 그리고 "불완전한 사람들의 공동체이자 고통 속에서 신음하며 해방을 갈망하고 있는 창조세계의 일부로서 교회"(제54

항)는 하나님 나라의 미리 맛봄이 된다.

소결론: 선교의 목적은 인류로부터 특수한 사람들의 영혼만을 구원하거나 가난하고 소외되었으며 주변화된 특수 계층의 사람들만의 해방에 있는 것이 아니라, 이미 사랑과 지혜로 창조하신 것을 재창조하시려는 하나님의 목적(제36항)에 정향(定向)되어 있는 것이다. 그래서 '주변'이 '중심'을 정복하는 것과 같은 것을 목적으로 하지 않는다. 또한 본문은 "생명 충만이 모든 사람들과 모든 생명체들에게 주어지는 그와 같은 세계를 위하여 사역하시는 하나님의 영"(제37항)을 언급하고, 예수께서 주변화된 사람들과 함께하시고 이들을 우선 배려하신 것은 "이들의 상황들이 이 세상의 죄성을 증언하였기 때문이다."(제36항)라고 하였기 때문이다. 이렇게 볼 때, 본 마닐라 지침서에서는 1981년 멜버른 CWME(특히, 제3 섹션)의 해방신학적 색깔이 전적으로 삼위일론, 삼위일치론적 성령론, 생명, 그리고 보편주의적인 하나님 나라에로 재정향(定向)된 것으로 보인다.

4. 제55-79항 "공동체의 성령: 움직이는 교회"

제55-79항은 "공동체의 성령: 움직이는 교회"라고 하는 제하에 "하나님의 선교와 교회의 생명 및 삶"(제55-58항), "하나님의 선교와 교회의 일치"(제59-66항), "하나님께서 선교하고 있는 교회에게 힘을 주신다."(제67-71항) 그리고 "개체교회들: 새로운 창의적 주도성"(제72-79항)에 대하여 논한다. 그런데 본 섹션은 '교회'에 대한 선언에 24개 항목을 할애하면서 큰 비중을 두고 있다.

1) "하나님의 선교와 교회의 '생명 및 삶'(Life)"

본 문서는 삼위일체 하나님의 선교의 틀 안에서 창조와 구속과 교회를 보기 때문에, 교회와 창조세계 및 역사(세상)를 이분화하지 않고, '선교와 복음전도' 역시 이분화하지 않는다. 흘러넘치는 삼위일체 하나님의 사랑에 대해 교회와 창조 세계 및 역사는 응답한다. 그러나 다음 인용에서 우리는 교회의 특수한 자리를 발견한다.

> 교회의 생명 및 삶은 삼위일체 하나님의 사랑으로부터 기원한다. 하나님은 사랑이시기 때문이다.(요일 4:8) 선교란 창조와 구속 안에서 보여주신 하나님의 초대하시는 사랑에 대한 하나의 응답이다. '하나님의 사랑은 우리를 초대하고 있다.' 이와 같은 하나님의 사랑의 초대에 응답하여 하나님과 코이노니아에 진입한 사람들은 삼위일체 하나님의 사랑을 나누는 동일한 운동 속에서 자신들의 마음과 삶을 그들의 형제자매들에게 개방한다. 교회는 하나님의 사랑 안에서 살면서 모든 인간들과 모든 창조를 위해서 좋은 소식이 되도록 부름을 받는다. 그런즉, 삼위일체 하나님의 흘러넘치는 사랑의 나눔은 모든 선교와 복음전도의 원천이다.(제55항)

여기서 "창조와 구속 안에서 보여주신 하나님의 초대하시는 사랑"은 루아흐 야훼(the Spirit-Christology)로 보인다. 루아흐는 창조와 인류 역사 속에 보편적으로 현존하시고 사역하시며 "모든 시대들과 모든 장소들에서 온 인류에게 영감적 선물"을 선사하시는 사랑이다. "십자가에 달리셨다가 부활하신 예수 그리스도 안에 계시"되었던 루아흐는 "하나님의 선물인 생명의 충만으로 우리를 인도하신다."(제56항) 이는 전적으로 동방교회 전통인 '영 기독론'에 입각한 성령이해이다.

본문은 루아흐 성령이해를 전제하여 교회는 없었던 때가 있었고, 교회가 생긴 것은 선교를 위함이라고 한다.(제57항) 그리고 교회와 선교는 모두 삼위일체 하나님의 흘러넘치는 사랑으로부터 기원하였고 그 목적을 갖고 있기 때문에 불가분리하며, "하나님의 선교적 목적을 성취하는 것이 교회의 목적이다."(제57항)라고 언급한다. 이는 교회의 선교와 복음전도가 더 넓고 더 궁극적인 삼위일체 하나님의 선교의 틀 안에 있다는 말이다.

2) "하나님의 선교와 교회의 일치"

본문은 믿는 사람들은 "세례를 통해 그리스도 안에서 함께 속한 형제자매들"이고, "교회는 말씀과 행동을 통해서 그리고 그 자신의 존재 안에서 장차 도래할 하나님의 통치에 대한 비전의 미리 맛보고 그것을 증언한다."(제59항)고 정의한다. 그러면서 "교회 안에서 우리의 신앙을 삶으로 살아내는 것이 다름 아닌 선교참여의 하나의 중요한 길"(제59항)이라고 한다.

본 CWME 문서는 '신앙과 직제' 전통을 자기 것으로 편입시키고 있다. 1961년 뉴델리 WCC 때에 IMC와 WCC가 통합한 것은 선교를 교회들의 일치와 하나로 묶었다는 의미가 있다. 그 후 1990년대 이후 '신앙과 직제'와 '삶과 봉사'는 신학적으로 합류하고 있다.[21] 본 문서는 "신학적으로뿐만 아니라 실천적으로도 선교와 일치는 동일 귀속한다"(요 17:21)(제63항)고 보고, "그 둘은 서로 함께 엮어 짜여 있다."(제61항)고 한다. 그리고 삼위일체 하나님의 인류와 창조에 대한 선교는 교회의 일치를 인류의 일치와 창조의 일치로 확장시킨다.(제61항)

본문은 이어서 '신자유주의 시장경제'의 물결에 압도되고 정복당한 교회의 물량적이고 수적인 성장을 위한 힘의 선교를 경고한다. 본문은 "제자의 도가 요구하는 타자들에 대한 존중"을 언급하고, "예수님은 돈이나 권력에 의해서가 아니라 "자기 비움"(kenosis)과 십자가상의 죽음으로 우리의 그리스도가 되셨다."(제62항)고 역설한다.

그리고 교회들은 부족하지만 이미 주어진 일치와 "하나님이 주신 진리와 삶의 은사들"(제63항)을 가지고 있다. 따라서 물량적 토대로 다른 교회를 억누르지 말고 "다양성 속에 있는 기독교 공동체들이 상호 존경하고 책임을 지는 복음전도의 형태들을 포함하는 파트너십과 협력의 정신으로 공동증언의 방법들을 확인하고 실천하도록 부름을 받고 있다."(제63항)고 선언한다. 그리고 교회들과 유사교회들의 연대도 강조하면서 "유사교회들의 구조는 교회들에게 자신들의 역동적인 사도적 성격을 망각하지 않게 한다."(제64항)그 덧붙인다. 그 후 '선교와 일치'

---

21 • 7가지 변수들 가운데 7. '신앙과 직제', '삶과 봉사', '세계선교와 복음전도'의 다양성 속의 통일성 참조.

의 신학에 관하여 CWME는 로마가톨릭교회, 정교회, 성공회, 그리고 로잔 운동 및 WEA 및 다양한 개신교들의 견해들에 대해 열려 있다고 말한다. 이로써 "우리는 온 교회(the whole church)가 온 누리에게 온전한 복음을 증언해야 한다고 하는 공통관심사를 함께 나누고 있는 것"(제65항)이라고 한다. 그리고 끝으로 성령께서 다름 아닌 교회들의 다양성과 통일성을 가능하게 한다는 사실을 밝힌다.(제66항)

3) "하나님께서 '선교하고 있는 교회'(the Church in mission)에게 힘을 주신다"

창조와 역사 속에서 사역하시는 삼위일체 하나님께서(참고: II. 1. 2)는 교회 안에 내주하셔서, 그 구성원들에게 힘을 주시고 에너지를 공급하신다.(제67항) 이는 '그리스도 중심적 보편주의'가 아니라 '삼위일체론적 보편주의'이다. 그래서 "선교는 기독교인들에겐 그리스도의 사랑의 심오한 요구들에 뿌리를 두고 있는 하나의 긴급한 내적 충동으로써 다른 사람들을 예수께서 이 땅 위에 오셔서 가능케 하신 생명 충만을 함께 나누도록 촉구하는 것이다."(제67항)

하지만 본문은 인류와 창조세계에 대한 하나님의 풍성한 사랑에 대한 기독교적 메시지가 이 세상 사람들에게 신빙성 있게 들리고 믿어질 수 있게 하기 위해서 그동안 '신앙과 직제'의 교회일치 노력들이 '선교와 복음전도'(CWME)와 연대하여 선교 속에서 하나의 목소리를 냈다며, 특히 '화해와 치유'[22]라고 하는 주제로 회집된 2005년 아테네를 떠올리고 있다. 즉, "치유와 화해의 살아 있는 유기체 안에서 모든 기독교인들의 일치를 회복해야 할 것"(제68항)이라고 말한다. 본 문서는 '신앙과 직제'와 '삶과 봉사'의 합류를 생각하면서 CWME 역시 이들과 연대할 것을 촉구한다. 즉, 교회일치는 1990년 이전의 '신앙과 직제' 차원의 "교회 조직 구조" 차원의 가시적 일치가 아니라 교회들이 "정의" 문제와 같은 하나님의 선교와 맞물린 가시적 일치추구에 힘쓸 것을 말한다. 그래서 본문은 "선교 속에서의 일치(unity in mission)야말로 교회들의 가시적 일치를 위한 바탕이다."(제69항)라고

---

22 • "'Come Holy Spirit, Heal and Reconcile!' Called in Christ to be Reconcile and Healing Communities" 라고 하는 주제로 모였다.

한다.

그리고 이민으로 인하여 발생하는 다민족 · 다문화 · 다종교의 상황에서 "교회들은 소수민족적이고 문화적인 경계들을 넘어서는 하나님의 선교를 섬기기 위하여 하나가 되도록 부름을 받고 있고 다양성 속에서 공동증언의 한 구체적인 표현으로서 다문화적 사역과 선교를 창조해내야 한다."(제70항)고 하였다. 즉, 본문은 '신앙과 직제' 전통의 교회일치를 오늘의 다민족 · 다문화 · 다종교의 상황과 결부시키고 있다. 그리고 끝으로 본문은 '하나님께서 호스트시요 우리들 모두는 성령에 의하여 초대를 받아, 겸손과 상호성을 가지고 하나님의 선교에 참여하도록 초대를 받고 있다."(제71항)면서, 경제와 문화가 우월한 지배 집단들과 그렇지 못한 피지배 집단들 사이의 그 어떤 이층 구조도 있을 수 없다고 하였다.

4) "개체교회들: 새로운 창의적 주도성"

CWME는 여기에서 WCC 중심의 에큐메니칼 운동이 소홀히 여기기 쉽고 도외시하곤 하는 "개체교회들의 새로운 창의적 주도성"을 내세우고 있다. 이는 단순히 개인 구원과 개교회주의와 '교회주의'(ecclesaisticism)를 위한 이야기가 아니다. 본문에 따르면 세속화된 북반구 교회들은 "새로운 수도원주의", "이머징 교회", "신선한 표현들"과 젊은이들의 "팝스와 커피점 혹은 개조된 극장"에서의 모임과 "온라인 예배참여"와 같은 새로운 맥락적 상황들에 직면하면서, "새로운 형태들의 맥락적 선교"를 생각해야 한다며 "하나의 교회 안에서 성령의 하나 되게 하심도 소중하지만, 각 지역교회들(혹은 개체교회들)이 성령에 의하여 그들 자신의 특수한 맥락적 실재들에 응답하도록 인도되는 방법들을 존중하는 것도 중요하다."(제72항)고 하였다. 그러니까 교회들의 통일성과 다양성 문제에 있어서 "다양성"의 새로운 면모들과 새로운 다양한 선교적 맥락들이 클로즈업되고 있다는 말이다.

그리고 본문은 위와 같은 새로운 '다양성 속에서 통일성'을 염두에 두면서, "사도행전의 초기교회처럼 개체교회들이 부활하신 그리스도의 현존에 의하여 특징지어지는 하나의 공동체를 형성시킬 수 있는 특권을 가지고 있다."(제73항)고 하고, "그러므로 개체교회들은 선교의 성령에 의하여 끊임없이 갱신되고 영감 되는 것이 꼭 필요하다. 개체교회들은 선교의 최일선이요 우선적 대행자들이다."(제73항)라고 한다. 이어서 본문은 "예배와 성례전들은 변혁적 영성과 선교 형성에 있어서 결정적인 역할을 한다."고 하면서 동시에 개체교회들이 자신들이 처한 맥락에 적용하기 위한 성서해석을 함으로써 맥락적인 차원에서 "하나님의 정의와 사랑의 메신저들과 증인들"이 되어야 한다고 본다. 그런즉, "교회본당에서의 예배예전이 온전한 온전성을 갖게 되려면, 우리가 우리의 일상생활에서 우리의 공동체를 위한 하나님의 선교를 몸으로 살아내야 할 것이다."(제74항)라고 한다.

그리고 본문은 개체교회들이 문화적이고 인종적인 경계선을 넘는 것을 강조함에 있어서 매우 중요한 역할을 할 수 있다며, 그와 같은 인종적이고 문화적인 다양성을 "성령의 선물들"로 알고, "지역 차원에서 간 문화적이고 다문화적인 교회들"(제75항)이 생겨나야 할 것을 격려하고 있다. 그리하여 본문은 "모든 교회들은 상이한 문화적 공동체들이 함께 모이고 우리 시대에 있어서 간 문화적 선교의 맥락적 표현들을 위한 놀라운 기회들을 포용할 수 있는 공간을 창조할 수 있다."(제75항)라고 한다.

끝으로 "인권, 성 정의, 기후 정의, 일치와 평화" 그리고 "정의변호"는 국가별 교회들의 총회나 중앙 사무국들의 역할만이 아니라 개체교회들의 것이기도 하고(제77항), 개체교회들은 "섬김의 힘을 나타냄으로써 지배세력을 부끄럽게 하는 하나의 "섬김의 공동체"가 되어(제78항), 진실로 "개체교회가 하나의 선교하는 공동체로서 자신의 정체성을 보다 심오하게 발견할 때, 그것의 외형적인 성격은 복음전도로 나타나는 것이다."(제79항). 이처럼 본문은 '선교'와 '복음전도'를 이분화하려고 하지 않는다.

소결론: 본 섹션(공동체의 성령: 움직이는 교회)의 4항목들 가운데 앞의 두 항목("하나님의 선교와 교회의 생명 및 삶" 그리고 "하나님의 선교와 교회의 일치")은 역사와 창조를 아우르는 루아흐 야훼(Gods' Spirit)를 통한 삼위일체 하나님의 선교(하나님 나라를 지향

하는)의 틀 안에서 "교회의 생명과 삶"(the Life of the Church)에 대하여 논하고 "교회일치"에 대하여 선언하였으니, 이는 교회의 생명과 삶 그리고 교회일치운동을 삼위일체 하나님, 삼위일체론적 성령론, 생명, 그리고 하나님 나라와의 관계에서 보고 있는 것으로 보인다. 따라서 본문은 역사와 창조와 교회가 하나님의 경세 속에서 관계망을 형성하고 있기 때문에 선고와 복음전도를 이분화시키지 않는다. 그리고 본문은 선교와 복음전도가 '신자유주의 시장경제'를 의식하고 이에 그리스도의 방법으로 응전할 것을 촉구하니, 이는 '신앙과 직제'와 '삶과 봉사'를 하나님 나라를 향한 성령을 통한 삼위일체 하나님의 선교 안에서 하나로 묶고 있다 하겠다. 그리고 이 맥락에서 '하나님의 선교'(missio trinitatis)와 '교회의 선교 및 복음전도'(missio ecclesiae)를 통합시키고 있다 하겠다.

본 섹션은 나머지 두 항목[("하나님께서 선교하고 있는 교회'(the Church in mission)에게 힘을 주신다."와 "개체교회들: 새로운 창의적 주도성")]도 앞의 두 항목을 논할 때처럼 삼위일체 하나님, 삼위일체론적 성령론, 생명, 그리고 하나님 나라라고 하는 신학적 전거의 틀 안에서 논하였다. 그리고 이 두 항목들에서도 '신앙과 직제' '삶과 봉사'가 CWME와 합류하고 있음을 보여준다. 이 맥락에서 제3항의 특기할 만한 사실은 '교회일치'가 '삶과 봉사'와 불가분리한 것처럼 '선교'와도 불가분리하다 (unity in mission)고 하는 것이고, '가시적 일치'가 '선교'와 불가분리한 관계 속에서 있다고 하는 선언이다.

그리고 네 번째 "개체교회들: 새로운 창의적 주도성"은 상당히 최근 개신교회들의 맥락들을 감안하고 있다. 보편교회(the Church)를 강조하는 로마가톨릭교회와 정교회와는 대조적으로 개신교는 교회들(the churches)과 개별교회들을 귀하게 보기 때문이다. 본문은 최근 교회들의 새로운 현상들을 반영하면서 '다양성 속에서 통일성' 혹은 '다양성 속에서 코이노니아'라고 하는 에큐메니칼 신학에서 다양성 차원에 대하여 언급한다. 이것은 미시담론에 속한다. 본문은 이러한 다양하게 변화되는 새로운 선교의 맥락을 언급하지만 구체적인 대안을 제시하지는 못한다.

끝으로 공동체로서 개교회의 정체성(예배예전, 성례, 그리고 삶)을 강조한 것이 매우 돋보인다. 더 나아가서 이 개교회가 다문화, 다종교와의 대화의 최일선에 있고, "인권, 성, 정의, 기후 정의, 일치와 평화" 그리고 '정의 변호' 같은 '삶과 봉사' 차원의 사명도 최일선에서 감당해야 한다고 하는 선언 역시 '삼위일체 하나님의 하나님 나라를 향한 선교'의 틀 안에서 이해되어야 한다.

5. 제80-100항 "오순절의 성령: 모든 인간과 모든 창조세계를 위한 좋은 소식"

제80-100항은 "오순절의 성령: 모든 인간과 모든 창조세계를 위한 좋은 소식"의 제목을 가지고 "복음화로의 부름"(제80-85항), "그리스도의 방법에 따른 복음전도"(제86-92항), "복음전도, 종교 간 대화 그리고 기독교적 현존"(제92-96항), 그리고 "복음전도와 문화들"(제97-100항)에 대하여 선언하였다.

"오순절의 성령"은 '루아흐 야훼'가 아니라 부활 승천하신 그리스도께서 아버지의 약속을 따라 파송하신 성령이며, 유대인들과 이방인들 모두에게 '복음'을 전하신 기독론적이고 구원론적이며 교회론적인 성령이시다. 그런데 이 섹션의 제목에서 "오순절의 성령"을 '복음'의 보편성에 일치하는 "모든 인간과 모든 창조세계를 위한 좋은 소식"이라고 표현한 것을 보아 이 성령이 또한 루아흐 야훼라는 것을 나타내는 것이다.

1) "복음화로의 부름"

본 지침서는 제1-54항까지 '역사와 창조'를 아우르는 영역에서의 삼위일체하나님의 '선교'에 대하여 논했고, 제55-79항까지는 '하나님의 선교'와 관련하여 '교회의 생명과 삶', '교회의 일치', '선교하는 교회', 그리고 '개체교회들: 새로운 창의적 주도성'을 논하였다. 그리고 지금 제80-100항은 오순절에 강림하신 성령의 현존과 사역을 다룬다.

본문은 증언(martyria)의 구체적인 형태가 복음전도이며, 이 복음전도는 온전한 복음을 온 누리 안에 있는 온 인류에게 소통시키는 것으로 본다. 18-19세기 '복음주의 전통'이 복음전도에 있어서 '온전성'(wholeness)을 상실한 것에 비추어볼때, 1975년 나이로비 WCC에서 표현된 '온전한 복음'(whole Gospel), '온 누리'(whole world), '온 인류'(whole people)에 드러난 '온전성'은 그 의미가 중요하다. 그리고 "그것(전도)의 목적은 세상의 구원이고 삼위일체 하나님의 영광이다."(제80항)라고 할 때, 우리는 '복음'의 범위가 보편적이고 우주적임을 알 수 있다. 그러면서도 복음전도란 "아직 그것을 듣지 못한 모든 사람들과 나누고 그들을 그리스도 안에 있는 생명경험으로 초대하려고 하는 것이다."(제80항)라고 하여, 실제로 믿지 않는 사람들에 대한 전통적인 복음전도를 포함하고 있다.

그리고 본문은 '선교'와 '복음'을 구별하면서도, 그 둘을 이분화하지 않는다. "복음전도는 하나님의 구원의 은혜의 한계를 정하지 않은 채 예수 그리스도의 성육신과 고난과 부활이라고 하는 복음의 중심을 명시적이게 하고 애매성을 없애버리는 선교활동(mission activity)이다."(제80항) "복음전도란 선교의 상이한 차원들을 배제하지 않으면서 '개인들을 그리스도 안에서의 새로운 삶과 제자의 도로 초대하는 것'을 포함하는 복음에 대한 명시적이고 의도적인 명확한 표현에 초점을 두는 것이다."(제81항) 좀 더 구체적으로 말하면, "복음전도는 회개, 신앙과 세례로 인도한다 … 그것은 태도, 우선순위들 그리고 목표들의 변혁을 포함하는 회심을 촉발한다. 그 결과는 상실된 자들의 구원이요, 병든 자들의 치유요, 억압당하고 있는 자들과 창조세계 전체의 해방이다."(제84항) 그리고 본문은 각 기독교 전통이 선교와 복음전도에 대하여 다르게 이해하고 있긴 하지만, "우리는 아직도 예배(leiturgia)가 증언(martyria), 섬김(diakonia) 그리고 코이노니아(koinonia)와 불가분리하게 연결되어 있는 개체교회의 생명과 삶 안에 뿌리를 내리고 있는 복음전도에 대한 이해를 향하여 성령께서 우리 모두를 부른다고 확신한다."(제85항)고 한다.

2) "그리스도의 방법에 따른 복음전도"

본문은 우리의 "복음전도"가 그리스도의 방법대로 말과 행동 혹은 행동과 말의 일치 속에서 수행되어야 할 것을 주장한다. 그 길만이 "예수 그리스도 안에 나타난 하나님의 계시와 하나님의 목적들을 증언한다."고 한다. 또 "복음전도는 일치와 긴밀하게 관련되어 있다."(제86항)고 한다. 본문은 또한 기독교인들이 자신들의 지역적 맥락들에서 "신실하고 겸허한 섬김"에 힘쓰고 "타 문화권에서 사역하는 선교사들도 겸손과 상호성과 존경심"을 가지고 섬길 것을 권고하면서(제87항), "그리스도의 방법에 따른 선교(참고: 1989년 산안토니오)란 타자들의 존엄성과 권리들에 대한 긍정을 포함한다."(제88항)고 한다. 그리하여 "신빙성 있는 복음전도란 대화의 맥락에서 만인에 대한 겸손과 존경심에 근거하고 있다."(제89항) 그리고 복음전도는 연대성을 가져오고, "도래하는 하나님의 통치에 대한 메시지에 대한 공유를 포함하지 않고 있는 연대성은 없다."(제89항)고 하여, 복음전도가 "간 인격적 관계와 공동체 관계"를 형성하는 것으로 보았다.

본문은 "다종교 세계 안에서 기독교적 증언: 행동을 위한 추천들"을 인용하여, 복음전도의 행동 차원을 힘주어 언급한다. 예컨대, 폭력에 대한 배격, 종교의 자유 확보, 모든 인간들과 문화들에 대한 존중, 거짓증언의 포기, 그리고 "타종교들 혹은 무종교의 사람들과 관계형성을 통한 공동선을 향한 심오한 상호이해, 화해 그리고 협력을 촉구하는 것"(제90항)이다. 이는 '삶과 봉사'운동의 영역과 CWME의 사역(종교 간 대화 등)과 중첩되는 부분으로서 복음전도가 그동안 무시했던 부분들을 강조한 것으로 보인다.

끝으로 본 섹션은 위와 같은 교회의 사회참여와 종교 간 대화에의 참여에 대한 언급에 이어서 제91항에서 복음전도의 예언자적 기능을 힘주어 주장하고 제92항에선 이와 같은 예언자적 기능수행에 뒤따르는 복음전도가 감수해야 할 고난에 대하여 언급한다. 아래의 인용은 복음전도와 선교를 이원화하지 않으려는 의도를 보여주고 있다.

우리는 하나님 나라의 가치들에 도전해오는 개인주의, 세속주의와 물질주의, 그리고 다른 이념들에 의하여 강하게 영향을 받고 있는 세계에서 살고 있다. … 그와 같은 정도로 복음전도는 또한 희망과 사랑 안에서 권력어게 진리를 말하는 것을 포함하는 하나의 예언자적 소명(행 26:25; 골1:5; 엡 4:15)이다. 복음은 해방적이고 변혁적이다. 그것에 대한 선포는 정의롭고 포용적인 공동체들을 창조해내려는 목적을 지닌 사회들의 변혁을 포함하지 않으면 안 된다. (제91항)

3) "복음전도, 종교 간 대화 그리고 기독교적 현존"

본문은 루아흐 야훼로서 "하나님의 영이 생명을 긍정하는 모든 문화들 속에서 발견된다."(제93항)고 하는 전제를 가지고 "여러 다른 신앙들과 이념들과 확신들의 사람들"과 대화하고, 파트너십을 맺고 연대할 것을 주장한다. 다문화·다종교의 "다양한 생명살림의 영성(diverse life-giving spiritualities)들 안에 본유적 가치들과 지혜가 있다."고 하는 것이다. 따라서 "신빙성 있는 선고란 타자를 선교의 '대상'으로 만드는 것이 아니라 파트너 삼는 것이다."(제93항)

본문은 위와 같은 논지를 가지고 "대화"와 "복음전도"를 정의한다. 우선 종교적 차원 이외의 대화도 루아흐 야훼의 보편적인 현존과 사역을 전제로 하고, 인류와 창조가 함께 사는 생명공동체를 목표로 삼는 것이다. 즉, "대화란 생명의 긍정과 창조보전 차원에서 우리의 공동 생명과 목표들을 긍정하는 하나의 방법이다." 그리고 타 종교들과 대화에 관하여는, 루아흐뿐만 아니라 성부와 성자 역시 구약과 신약이 증언하기 전에 그리고 교회가 만나기 전에 타 종교들 안에 이미 선재(先在)하고 있었다고 하는 전제를 강하게 내세운다. 따라서 "우리의 과제는 타 종교들에게 하나님을 운반해 갖다주는 것이 아니라 이미 선재하는 하나님에 대하여 증언해야 한다."(94항)고 한다.

그리고 '복음전도와 대화'의 차이점과 관계를 다음과 같이 주장한다.

복음전도와 대화는 차이가 있지만 상호 관련되어 있다. 기독교인들은 모든 사

람들이 삼위일체 하나님에 대한 살아 있는 지식에 도달하기를 희망하고 기도
하지만, 복음전도가 대화의 목적은 아니다. 하지만 대화란 또한 '헌신들의 상
호 해후'이기 때문에, 예수 그리스도의 복음에 대한 나눔은 대화 안에서 합당
한 자리를 갖는다.(제95항)

끝으로 본 섹션은 "소수 종교 집단과 종교적 자유를 보호하고 모든 사람들로
하여금 공동의 선(the common good)에 기여할 수 있게 하는 것이 꼭 필요하다."(제
96항)고 한다. 그런즉, 모든 문화들과 이념들과 종교들이 창조와 어우러지는 하나
의 지구생명공동체를 지향해야 한다고 하는 것이나 마찬가지이다.

4) "복음전도와 문화들"

본문은 "그리스도께서 이미 거기에(다문화와 다종교 등 안에: 역자 주) 현존하시고
하나님의 영(루아흐 야훼)이 거기에서 사역하신다"(제97항) 라는 전제를 가지고 "복
음은 특수 문화적 정치적 종교적 실재들에 참여하면서 상이한 맥락들 속에 뿌리
를 내린다."(제97항)고 한다. 따라서 본문은 18-19세기 서구와 북미의 식민주의
복음전도를 비판하면서, 서구와 북미의 "선교주체들은 가난한 사람들과 소유권
을 박탈당한 사람들과 소수자들과의 파트너십을 추구하지 않으면 안 되고 이들
소수자들의 신학적인 자원들과 비전들에 의하여 모습을 갖추어야 한다."(제98항)
고 한다. 본문은 모든 인간들과 모든 문화와 종교들에게 바벨탑의 획일성을 강
요하는 것을 반대한다. "오순절 성령강림의 날에 제자들의 설교가 개인의 특수
성과 공동체의 정체성을 손상하지 않고 존중하는 통일성을 가져왔다."는 것을
강조한다.

소결론: 20항으로 되어 있는 본 섹션은 방금 위에서 논한 "공동체의 성령: 움
직이는 교회"(23항) 다음으로 많은 항목을 제시하고 있다. 이는 본 지침서가 그동
안 WCC 중심의 에큐메니칼 운동이 덜 강조했던 '교회와 개교회들 그리고 복음

전도' 부분을 의식적으로 강조하려는 것으로 보인다. 본 지침서는 앞부분에서 주로 '선교'에 대해서 다루었던 반면, 마지막 두 섹션은 '교회, 개교회들 그리고 복음전도'에 대하여 비중 있게 논하고 있다. 그러나 복음전도와 선교가 이원론적으로 분리되지 않는다.

본 문서의 제12-54항은 '루아흐 야훼'의 사역에 역점을 두는 '하나님의 선교'에 치중하였으나, 마지막 두 섹션(제55-79항 그리고 제80-100항)은 '기독론적 성령' 혹은 '오순절의 성령'의 현존과 사역에 대하여 주장하고 있다. 여기서 정교회의 '루아흐 야훼' 성령론과 서방교회의 '기독론적인 성령'이 경세 차원에서 다르게 보일 수 있지만 결국 그 두 사역 모두가 하나님 나라의 구현을 최종 목표로 삼기 때문에 동일한 삼위일체론적 성령이다.

따라서 본 섹션 "1) 복음화로의 부름"은 성령('그리스도의 영')과 복음으로 말미암는 개교회의 정체성과 기능을 매우 강즈하고 있지만, 루아흐와 불가분리한 관계 속에 있는 것이다. 그리고 본 항목은 18-19세기 복음주의 전통이 상당 부분 말로 선포하는 복음전도와 개인주의적인 구원론에 초점을 맞추는 복음전도인 것을 반성하면서, 그것을 교회일치, 종교 간 대화, 그리고 '삶과 봉사'(사회윤리) 차원의 활동과 연결시키고 있다.

그러나 "3) 복음전도, 종교 간 대화 그리고 기독교적 현존"에서는 다시 루아흐의 보편적 현존과 사역을 전제하면서 삼위일체 하나님의 하나님 나라실현을 지향하는 교회 대 타 종교들의 대화뿐만 아니라 종교 밖의 사람들과 공동체들과의 대화도 강조하는데, 여기에서 특기할 만한 사실은 루아흐뿐만 아니라 성자와 성부께서도 구약과 신약 이전에 그리고 교회 이전에 역사와 창즈세계 안에 보편적으로 현존하시고 사역하셨다고 하는 주장이다. 그래서 선교사들이 타 문화권에 복음을 전할 때에 하나님을 운반해 가는 것이 아니라 저들 다문화 다종교 안에 선재(先在)하시고 선행(先行)하시는 하나님을 선포하는 것이 된다. 이와 같은 맥락에서 복음전도와 대화는 구별되지만 불가분리한 것이다. 이 둘은 모두 삼위일체 하나님의 성령을 통한 하나님 나라 실현을 목표로 하고 있기 때문이다. 그런데 대화의 목적이 복음전도는 아니지만, "대화란 또한 헌신들의 상호 해후"이기 때문에, 종교 간 대화에 있어서 기독교인들과 타 종교인들은 상대방 종교의 종교적 경험과 헌신(기독교인들의 경우는, 복음경험과 헌신)을 함께 나눌 수 있기 때문에 대화는 복음에 대한 간접증언이 되는 것으로 보인다.

끝으로 본문은 "4) 복음전도와 문화들"에서 모든 문화들과 종교들 안에 그리스도와 성령께서 보편적으로 선재하시고 사역하신다고 하는 전제를 가지고, 복음이 뿌리내리고 있는(inculturated) 다양한 문화들과 종교들의 특수성과 다양성을 존중해야 한다고 하면서, 19세기 서구와 북미의 문화제국주의를 비판한다.

6. 제101-112항 "생명의 축제: 본문은 결론적인 확언들"

제101-112항 "생명의 축제: 본문은 결론적인 확언들"의 제하에 끝맺음하는 항목들을 제시하고 있다. 이 항목들(101-112)은 이미 본문에 나온 내용들을 매우 응축시킨 확언들이다. 본문은 제101항에서 모든 '선교와 복음전도'의 종말론적인 목적을 선언하고, 제112항은 이 종말론적인 목적을 향하여 만유를 초대하시는 삼위일체 하나님의 부르심에 대한 고백으로 끝맺음한다.

V

나가는 말: "7가지 변수"에 비추어본 평가

2012년 지침서는 '7가지 신학적 변수들'을 잘 담아내고 있음을 알 수 있다. 그리고 본 문서는 전체적으로 "삼위일체 하나님, 삼위일체론적 성령론, 생명 그리고 하나님 나라"를 신학적인 전거의 틀로 삼고 있다는 것이 확인된다. 이러한 신학적 전거의 틀은 적어도 1990년 이래로 어큐메니칼 운동의 세 가지 흐름(신학, 봉사, 선교) 안에서 모두 발견되고 있다.

그런데 이상 7가지 중에서 가장 중요한 것은 "I.5. 그리스도 중심적 보편주의로부터 삼위일체 중심적 보편주의로"와 "I.6. 미래 지향적이면서도 현재적인 '하나님 나라'"로의 신학적인 패러다임 이동이다. 그리고 이 중에서도 가장 뜨거운 이슈가 되는 것은 동서방교회의 삼위일체론이 합류한 것이고, 그중에서도 특히 정교회의 "영 기독론"(the Spirit-Christology)이다.

본 문서는 성령을 통한 삼위일체 하나님의 하나님 나라 실현과정에서 '성령'의 경세를 두 가지로 보았다. 하나는 복음서들에서 하나님의 아들 예수님의 위격과 사역에 선행하시고 사역하시는 성령께서 다름 아닌 인류 역사와 창조 안에 보편적으로 현존하시고 사역하시던 구약의 루아흐 야훼라고 하는 것이다. 그리고 구약의 예언자들을 통하여 말씀하신 이 창조주 하나님 아버지의 영이 예수 그리스도를 마리아의 몸에 잉태케 하시고, 하나님의 아들을 요단강에서 세례 주셨으며, 그를 광야로 인도하여 시험을 받게 하셨고, 갈릴리에서 하나님 나라의 복음사역을 하게 하셨으며, 예루살렘에서 십자가에 달려 죽게 하셨고, 급기야 하나님의 아들을 죽은 자들로부터 다시 살리셨다고 하는 것이다. 바로 이 '하나님의 영'(루아흐 야훼)은 '창조의 영'(Creator Spiritus)과 '생명의 영'(the Life-giver)으로서 '수면 위에 운행하신' '하나님의 신'이시오, 모든 생명체들에게 호흡을 주시고 모든 피조물을 멸절치 않게 하시며 '지면'을 새롭게 하시는 영(시 104:24-30)이다. 이 야훼의 신은 창조와 역사 속에 보편적으로 현존하시고 사역하신다(정교회의 '영 기독론').

둘은 부활 승천하시어 아버지 우편에 앉아 계신 아들 예수 그리스도께서는 아버지께서 약속하신 성령을 보내주시어 사도들과 사도적 교회들로 하여금 '하나님 나라의 복음'을 선포하고 실천하게 하셨으니, 바울과 요한(16:7-15)에 있어서 이 그리스도의 영(서방교회의 '기독론적인 영')은 칭의와 성화의 영이시요 은사의 영으로서 하나님 나라를 미리 맛보게 하는 영이시라고 하는 것이다(고후 1:12; 고후 5:5; 엡 1:14)(서방교회의 기독론적 성령론).

그런즉, 전자(정교회의 성령론)는 하나님 아버지께로부터 나오시어 아들을 통하여 역사와 창조 그리고 교회로 파송되시는 '하나님의 영'(루아흐 야훼)을, 그리고 후자(서방교회의 성령론)는 아들로부터 나오시어 교회로 파송된 성령, 즉, 부활 승천하시어 아버지 우편으로부터 승귀하신 아들이 아버지께서 약속하신 성령(filioque = and also from the Son)을 교회에게 파송해주신 '그리스도의 영'을 가리킨다. 그런데 본 문서는 전체적으로 성령의 이와 같은 두 가지 경세를 구별하면서도 통일시키고 있다.

그리하여 대체로 첫 번째 성령의 경세는 '하나님의 선교' 영역에서 사역하시는 삼위일체론적 '하나님의 영'이시고, 두 번째 성령의 경세는 '교회'와 '복음전도' 영역에서 일하시는 삼위일체론적인 영이시다. 따라서 본 문서는 창조와 역사 그리고 교회를 하나의 관계망 속에서 볼 수 있었고, '선교'와 '복음전도'를 이분화하지 않을 수 있었다. 그리고 '선교' 개념 안에 다문화 다종교와의 대화(참고: V.3)를 포함시킬 뿐만 아니라 종교 밖의 공동체들 및 창조세계의 보전 문제도 포용할 수 있었다. 하지만 이와 같은 두 가지 경세는 결국 하나의 하나님 나라를 향한 하나의 경세이고, 루아흐와 그리스도의 영은 상통하고 교류하는 한 분 성령이시다.

그런데 이상과 같은 신학적인 패러다임 이동에서 문제가 제기되고 있다. 서방 교회들 가운데 '기독론'을 강조하면서, '기독론적 성령론'의 틀에 갇혀 있는 대부분의 개신교회들(고전적인 종교개혁 전통을 따르거나 18-19세기 복음주의 각성운동 전통을 고수하거나 칼 바르트 신학을 선호하는)은 '영 기독론'을 거부한다. 오순절주의 계통의 복음주의 교회들도 영 기독론에 대해 비판하고 있다.

이미 논한 대로 콘라드 라이저는 칼 바르트와 비셔트후프트 전통의 '기독론 중심의 보편주의'를 버리지 않으면서 정교회의 성령론을 포함하는 삼위일체론으로의 패러다임 이동을 주장하였다. 필자는 라이저의 견해에 동의하면서 더 세부적인 첨가가 필요하다고 본다. 즉 '그리스도 중심적 보편주의'는 삼위일체론, 삼위일체론적 성령론, 생명, 그리고 하나님 나라의 전거 틀 안에서 재정위되어야 한다고 하는 것이다. 그리고 또한 '그리스도 중심적 보편주의'[23] 안에 복음서 내러티브들에서 발견되는 '아래로부터의 기독론'(누가복음 4장 등에서 발견되는 가난한 자, 병든 자, 소외된 자, 눌린 자에 대해 애정을 보이신 메시아로서 예수님의 사격)이 강조해야 할 것이다.

---

23 • 참고: 이형기, 『에큐메니칼 운동의 패러다임 전환』(서울: 한들출판사, 2011), 365-375. 라이저는 그의 저서 『에큐메니칼 운동의 패러다임 전환』에서 '그리스도 중심적 보편주의'에 대하여 이렇게 언급하였다.
  ① 신약성서는 예수 그리스도께서 하늘과 땅의 주님(마 28:18)이라고 확언한다. 이 세상을 창조하시고 통치하시는 하나님의 말씀이 그분 안에서 성육신하셨고 하늘과 땅의 창조주시오 주님이신 하나님 자신이 그분 안에 계시되었다(요 1:14; 골 2:9). 그분은 낮아지심과 고난과 죽음을 통과하여 승귀되심으로써 주님이 되신 것이다(빌 2:6-11).
  ② 하나님께서 그리스도에게 주신 주권은 최후 심판과 완성의 날에 그것의 완성을 볼 것이다(고전 15:24 이하; 계 11:15). 그러나 그 주권은 하나님의 (종말론적인) 약속이요 선물이지만 지금 현재 실제적이고 현재적이며 무제약적이고 완전하다. 사람들이 그것을 인정하든 말든(엡 1:20-22; 골 2:10; 딤전 3:16; 벧전 3:22) 말이다.
  ③ 그리스도의 주권은 인류에 의한 인정을 요구한다. 그와 같은 인정이 없이는 이 세상을 위한 진정한 웰빙과 구원이 없다. 하나님께서 신앙의 기적을 일으키시는 모든 곳에서 그리스도의 은폐된 주권에 대한 이와 같은 인정이 촉발되는 것이다(눅 10:23; 요 20:29; 고전 2:9).
  ④ 이 세상에 대한 그리스도의 주권은 그분의 교회에 대한 주권에서 특수하게 현현된다. 하나님께서 그리스도의 주권에 대한 선포를 통하여 모으시고 신앙의 기적을 일으키신 세상 안에 있는 그와 같은 사람들이 교회를 구축한다. 하나님께서는 세례와 성만찬을 통하여 충만한 역사적 실재성과 유일무이성을 지닌 사람들로 하여금 그분 자신의 죽음과 부활에 동참하게 하신다. 그렇게 해서 탄생된 교회 안에서 하나님께서는 성령을 통하여 교회를 그분이 겪으신 고난의 길을 따라 가게 하심으로써, 그들의 약함 속에서 강함을 나타내심으로써(고후 12:9; 참고 4:7), 신앙에로의 순종을 일으키심으로써, 그리고 예배 및 성만찬에 실제적으로 현존하심으로써(마 18:20; 엡 5:26이하) 그분의 주권을 나타내신다(막 8:31, 34; 고후 4:10; 계 12:11). 교회는 그것의 실존 그 자체에 의하여 창조세계 전체에게 이 세상은 그리스도의 주권 밑에 있다고 하는 사실을 선포하는 것이다(마 5:14; 엡 3:10).(40)
  "The Lordship of Christ over the World and the Church", study document, WCC Division of Studies(Geneva, WCC, 1959), 3. WCC 자체는 1954년 에번스턴 이후 '그리스도의 주권'에 대한 연구를 하나의 포괄적인 성서적이고 신학적인 연구 프로그램으로 정하여 이와 같은 결과물을 얻었다.

그렇게 할 때 우리는 뉘앙스는 다르지만 칼빈[24]과 칼 바르트가 공히 주장하는 '기독론적이고 삼위일체론적인 화해의 복음'이 성령을 통하여 인간에게 적용됨으로써, 믿음과 희망과 사랑의 교회 공동체, 예배예전, 말씀설교, 코이노니아, 교육, 봉사, 복음전도와 같은 교회의 본질적 기능이 강조될 수 있고, 이신칭의, 회심과 성화 및 교회의 왕적, 제사장적, 예언자적 기능들이 잘 발휘될 수 있을 것이다. '아래로부터의 기독론'은 예수님을 따르는 기독교적 제자의 도와 교회의 사회참여의 길을 잘 보완할 수 있고, 하나님 나라에 대한 미리 맛봄을 강조하게 된다.

다른 한편, 교회가 '그리스도의 영'과 '루아흐'를 이분화하게 되면, 교회가 역사와 창조로부터 격리되고 고립되는 외딴섬이 되는 결과를 가져오기에 주의가 필요하다.

기독론이 보완된 삼위일체론과 성령의 두 가지 경세(창조와 역사, 복음전도와 선교)에 대한 주장을 가지고 오순절주의 교회들의 비판에 대해서도 응답을 할 수 있다고 본다.

【제언】

1. 1982년 지침서로부터 2012년 지침서가 나오기까지 30년 동안 글로벌 차원에서 어떤 일들이 일어났는가를 제시하면서 시대의 징표를 읽는 글이 있어야 한다. 그리고 이에 대응하는 '선교와 전도신학의 패러다임 전환'을 지적해야 할 것이다. 그리고 1982년 지침서와 2012 문서의 어떤 부분이 연속성상에 있는지 언급해야 한다.

2. 마지막 두 섹션(제55-79항과 제80-100항)은 2012년 6월 15일 CWME의 이사회가 만장일치로 통과시켰던 문서에 나타난 내용보다 '교회 공동체', '개교회들', '회심', '복음전도' 등을 좀 더 강하게 논하였다(참고: 두 섹션의 "소결론"). 그러나 위 필자의 결론 부분에서 지적한 대로 이 주제들에 관련하여 '루아흐'와 '기독론적 영'의 불가분리한 관계를 좀 더 명시적으로 묘사했으면 더

---

24 • 참고: 1559년 최종판 『기독교 강요』의 II와 III 그리고 1950년대 칼 바르트의 『교회 교의학, IV』.

좋을 것으로 생각된다. 그리고 '세계 기독교 지형변화'에 따른 '선교와 복음전도' 역시 그와 같은 성령론과의 연관 속에서 제시되었으면 좋을 것 같다.

3. '선교와 전도의 신학' 그 자체의 패러다임 전환을 언급해야 한다. 1990년대로 접어들면서 삼위일체론, 삼위일체론적 성령론, 생명의 신학, 그리고 하나님 나라에 대한 희망이 크게 부각되면서, 선교와 전도의 신학에 패러다임 전환이 일어났고, 여기에 더하여 '신앙과 직제'와 '삶과 봉사'와 함께 짜여지는 '선교와 전도의 신학'이 전개되었다고 하는 점을 지적해야 할 것이다.

4. 30년 어간에 걸쳐 발생한 '7가지 변수'에 따른 패러다임 전환에 걸맞도록 Mission and Evangelism in Unity Today(1998)가 제시한 '선교'와 '전도'의 개념 정의를 다시 보완하면 어떠할지? 주로 마지막 두 섹션에서 '선교'와 '복음전도'를 구별하면서도 그 둘의 이분화를 경계하고 있고, 이 두 개념이 성령의 두 가지 경세와 관련하여 정의되고 있는 바(참고: V.1), 우리는 이 두 개념을 좀 더 명쾌하게 정의할 것을 CWME에 요청한다.

5. '선교'부분에서든 '전도'부분에서든 전체적으로 '신앙과 직제'의 교회론과 교회 일치추구에 대한 내용이 좀더 CWME와 '삶과 봉사'운동의 내용과 함께 직조된 직물이 되어야 할 것이다.

6. "Ⅱ. 4: 변혁적 영성"에서 회심과 칭의와 성화를 일으키고 교회 공동체를 변혁시키는 '기독론적인 성령'(바울과 요한)에 대하여 좀 더 언급하면서, 세상과 창조세계를 변혁시키시는 루아흐 야훼로서 하나님의 영의 보편적 현존과 사역을 주장하는 것이 필요했다.

그리고 필자는 신자유주의 글로벌화의 역기능으로서 교회와 신학의 주변화 그리고 이 세상의 주변화들에 대하여 언급했다. 본 문서의 "Ⅲ. 해방의 성령: 주변들로부터의 선교"의 주제가 '신자유주의 시장경제'와 직결된 문제인 것이 분명한데 이런 역사적 요인을 배제한 채 성서에 입각하여 일반적인 '중심'과 '주변'을 언급한 것이 아쉽다. 따라서 하라레 WCC 이래로 본격적으로 논의되었고, 『아가페』문서(2006년)에서도 다루어진 '신자유주의 시장경제'의 역기능에 관련해서 '중심' 대 '주변'을 언급했어야 했다. 그리고

제59항에서 '하나의 포용적인 공동체'와 그리스도 안에서의 '세례'가 무슨 관계가 있는지 불분명하다. 둘 사이의 관계는 비약으로 보인다.

7. 향후 CWME 운동은 '생명공동체'를 추구하는 에큐메니칼 운동이 되어야 한다. 향후 CWME는 '신앙과 직제' 및 '삶과 봉사'를 자체 내에 함께 직물처럼 짜여지게 하면서, "생명의 잔치: 결론적 확언"이 가리키는 '샬롬의 생명공동체'를 추구해야 할 것이다. 이는 특히 '신자유주의 시장경제' 패러다임의 글로벌 자본주의에 대한 대안 공동체가 될 것이다. 우리가 궁극적으로 추구하는 '대안 공동체'는 관계망 속에 있는 샬롬(정의와 평화)의 생명공동체(창 1-2; 요 10:10; 계 21-22)이다. 이 생명공동체는 이념과 체제를 초월한다. 이 공동체는 화해되고 치유된 공동체요 정의와 평화와 사랑이 강 같이 흐르는 공동체이다. 교회 공동체, 교회 밖의 공동체들, 그리고 지구생명공동체들은 각각 그리고 상호 간에 생명의 관계망 속에서 살고 있다. 생명의 문제는 단순히 생태학적이고 생물학적인 차원의 문제만이 아니다. 정치·경제·사회·문화와의 관계망이 다름 아닌 '생명'이다. '역사'(정치·경제·사회·문화) 차원과 창조세계 차원은 불가불리한 관계망 속에 있다. '정의와 평화'문제는 창조세계 보전문제와 맞물려 있기 때문이다. 그러나 오늘의 '신자유주의 시장경제'는 빈부 격차의 증폭과 환경파괴의 가속화로 인류공동체와 창조공동체를 파국으로 몰아넣고 있다. 그래서 『아가페』 문서는 아가페 사랑을 전제하는 희년(레 25)의 실천을 선언하는 맥락에서, '글로벌 자본주의'에 대한 '대안 경제'로서 "긍휼과 정의가 넘치는 세계"를 선포하였다. 그것은 "하나님의 생명 집 살림살이"(God's Household of Life)에 다름 아니다. 이는 진정으로 삼위일체 하나님께서 원하시는 생명의 오이코스이다.

삼위일체 하나님께서는 '생명의 성령'(루아흐)을 통하여 이상과 같은 '샬롬의 생명공동체' 혹은 '대안공동체'를 인류공동체와 창조세계 안에서 실현해가신다. 이와 같은 성령을 통한 삼위일체 하나님의 선교는 하나님께서 만유 안에 거하실 새 하늘과 새 땅에서 완결될 것이다. 보편적으로 현존하시고 사역하시는 삼위일체 하나님과 성령께서는 예수 그리스도의 성육신과 십자가와 부활을 통하여 그리스도의 몸 된 교회에게 이와 같은 삼위일체 하나님의 선교를 계시하시어 이에 대하여 감사하게 하셨다. '성령의 전'이요 '하나님의 백성'이요 '그리스도의 몸'인 교회(the Church)는 역사적 교회들(the churches) 안에서 성령을 통하여 삼위일체 하나님의 우주적 선교에 동참해야 한다. 하지만 세례와 성만찬과 같은 특수한 은혜의 수단을 통하여 특수한 공동체가 된 교회는 성령을 통한 하나님의 선교에서 특수한 자리와 역할을 감당해야 할 것이다. 교회는 성령을 통하여 복음의 우주적 범위에 동참함으로써 하나님 나라를 미리 맛보고, 그것을 표징하며, 그것의 도구가 되어야 한다. 교회는 이 마지막 잔치를 성만찬에서 미리 축하한다. 보편사와 창조 안에서도 그와 같은 하나님 나라에 대한 파편들과 표지판들과 도구들이 발견될 수 있지만 말이다. 우리는 성령의 은사인 분별력을 통하여 이를 분별해야할 것이다.

　- 1982년 에큐메니칼 선교와 전도신학 지침서로부터 2012년 에큐메니칼 선교와 전도신학 지침서로의 패러다임 전환[25]-

---

25 • 본문 참고: www.oikoumene.org/en/resources/documents.html

제13장

'화해와 치유를 통한 생명공동체운동 10년'(2013-2023)을 향한 신학적인 비전과 방향

†

I

들어가는 말

　그동안 우리 총회는 하나님의 은혜로 '생명살리기운동 10년'을 펼쳐왔다. 그 운동은 2012년에 마감예정인데, 우리는 총회창립 100주년을 맞이하여 그리고 2013년 부산 WCC 총회를 앞두고 향후 다시 '생명'을 주제로 하여 '생명공동체운 동 10년'을 기획하고 있다. 우리 총회는 WCC와 WCRC의 글로벌 차원의 생명운 동과 맥을 같이하여 로컬차원에서 생명운동을 펼쳐왔다. 우리는 향후 10년을 '화 해와 치유를 통한 생명공동체운동 10년'의 기간으로 정하면서 그것에 대한 신학 적인 비전과 방향을 제시한다.

II

은혜로 주어지고 주어질 '생명공동체'

1. 은혜(Gabe=Gift)로 주어지고 주어질 하나님 나라는 '생명공동체'이다

창세기의 처음 두 장은 '에덴동산'에 대해서, 계시록의 마지막 두 장은 '거룩한 도성 새 예루살렘'에 대해서 이야기한다. 성서의 이야기는 에덴동산으로 시작하여 "거룩한 도성"인 "새 예루살렘"으로 끝맺음한다. 성서는 얼핏 보면 '전원' 이야기로 시작하여 '도시' 이야기로 끝나는 것 같으나, 새 예루살렘은 에덴동산의 특징(계 22:1-2)을 가진 '전원도시'(a garden city)요, 에덴은 인간이 야생의 자연을 가꾸어 만든 전원이 아니라 하나님께서 가꾸시는 야생의 전원(겔 28:13) 혹은 하나님께서 본디 있기를 원하신 그 자연이다. 아담이 에덴의 정원사가 된 것은 인간이 자연에게 질서를 부여하는 그런 것이 아니라 하나님께서 그것에게 이미 주신 질서를 존중하고 관리하기 위한 것이었다.

에덴동산은 생명이 충만한 공동체로서 인간과 자연뿐만 아니라, 하나님과 인간, 그리고 하나님과 자연이 함께 어우러지는 하나의 조화로운 생명공동체였다. 이와 같은 에덴동산은 생명을 공급하는 자연의 심장으로서 이 세상의 생명이 그것으로부터 흘러나오고, 다시 공급을 받는 그와 같은 생명의 나라였다. 에덴동산으로부터 생명수 강이 흘러나와서, 네 개의 강줄기를 만들어내는 바, 이는 상징적으로 땅의 사방팔방을 포함한다(창 2:10-12). 에덴은 모든 동식물들을 살려내는 모든 땅의 비옥함의 원천이다. 에덴에서 산다고 하는 것은 마르지 않는 생명의 원천으로부터 사는 것이다. 그것은 생명수를 마시는 것일 것이고, 생명나무의 열매를 먹는 것일 것이다.

그런데 이상과 같은 에덴동산의 생명공동체가 '거룩한 도성 새 예루살렘'에서 완성될 것이다. 즉, 타락 전의 아담과 하와는 악으로부터 깨끗하였으나, 도덕적으로 완전했던 것은 아니었으니, 죄를 범할 수 있었고, 죄를 범하였으나, 새 창조의 세계에 있어서 부활한 인류는 하나님처럼 죄를 범할 수 없을 것이라고 하는 것이다. 그런즉, 에덴동산의 생명공동체의 모습은 계시록의 새 하늘과 새 땅의 '생명공동체'를 가리키고 있는 것이다. 새 창조에 있어서는 사망이 멸절될 것이고, 모든 생명이 모든 생명의 원천이신 하나님과 직접적인 관계 덕분에 죽음에 이르지 아니하고 영원히 살 것이다. 성서적 이미지들에 의하면 새 예루살렘의 거주자들은 하나님과 그리스도의 보좌로부터 흘러나오는 생명수를 마실 것이고, 나라들은 생명 강가에서 자라나는, 언제라도 따먹을 수 있는 생명나무의 열매를 먹고 살 것이다(계 22:1-2; 비교: 2:7; 21:6; 22:17).

그리고 '거룩한 도성 새 예루살렘'에서 인류문명과 야생적 자연이 조화를 이룰 것인데, 이와 같은 생명공동체의 조화는 하나가 다른 하나를 지배하는 형식으로가 아니라 하나님에 의한 이 둘의 화해에 의해서 이루어질 것이다. 그들은 '에덴의 특징들을 지닌 이상적인 도시란 문명과 야생적 자연의 화해에 대한 상징이고', '새 창조의 세계란 낙원일 뿐만 아니라 도시로서 에덴 이후 인류문명 안에 있는 모든 좋은 것들을 취하여 영원한 하나님 나라로 변형시킬 그와 같은 세계일 것이다.'라고 하다. 때문에 그것은 단순한 '복낙원'이 아니라 새 창조의 세계이다. '거룩한 성 새 예루살렘'은 '에덴동산'과 마찬가지로 이 새 창조에 대한 이미지이다. 그리하여 새 창조의 세계는 '생명의 공동체'이다. 그것은 틀림없이 에덴동산에서처럼 인류와 하나님이 하나 되고 인류와 자연이 하나 되는 것이요, 나아가서 전례 없이 인류문명이 야생적 자연과 조화를 이루는 장소일 것이다. 이것에 대한 또 다른 하나의 성서적 이미지는 마지막 때에 이루어질 거룩한 성의 평화에 대한

비전이다(사 11:609; 65:25).[1]

새 하늘과 새 땅은 에덴동산의 모든 것이 새롭게 창조되고, 인간의 하나님 형상이 완전히 회복되기 때문에, 에덴동산보다 비교될 수 없을 정도로 탁월할 것이다.

2. 사단마귀의 사역과 인간 자유의지의 합작으로 연출되는 '역사'의 비극과 '창조세계'의 파괴는 '생명의 공동체'를 파국으로 몰고 간다

예수 그리스도의 구속사역으로 옛 뱀의 머리는 상하였다(창 3:15; 눅 10:18). 하지만 사단마귀는 아직도 삼킬 자를 찾는다(벧전 5:8). 부활하신 주님께서는 이미 "하늘에 있는 자들과 땅에 있는 자들과 땅 아래 있는 자들로 모든 무릎을 예수의 이름에 꿇게 하시고"(빌 2:10) 계시지만, 그 승리의 날까지는 "정사와 권세"(엡 6:12)가 '역사'와 '창조' 속에 온갖 죄악과 비극을 연출할 것이다. 오늘날 우리는 '역사' 차원과 '창조' 차원의 공동체가 다섯 가지 차원에서 깨어졌음을 경험하는 바, 이는 옛 뱀과 인간의 자유의지 남용의 소산일 것이다.

그럼에도 오늘날 인류사회와 창조세계는 공동체를 목말라 한다(롬 8:18-25). 이와 같은 공동체에 대한 갈증과 깨어진 공동체의 신음소리는 내재하시는 성령의 소리이다. 우리는 다섯 가지 차원에서 깨어진 공동체의 신음소리를 듣고 있다. 하나는 '신자유주의'의 글로벌화로 인한 경제적 양극화 현상이다. 오늘날 인류공동체는 글로벌 인종차별정책(global apartheid)과도 같은 빈익빈 부익부로 인하여 공동체 파괴에 직면해 있다. 둘은 이와 같은 '신자유주의' 이념으로 추동되는 무한경쟁·무한개발·무한소비로 인한 생태계파괴이다. 이것은 다름 아닌 인간과 자연의 깨어진 공동체성일 것이다. 셋은 글로벌 차원의 '빈익빈 부익부'로 인한 이

---

1 • 참고: 이형기, 『역사 속의 내러티브 신학』(서울: 한들출판사, 2005); 이형기, 『포스트모던 시대의 성경 읽기』(서울: 한들출판사, 2006); 이형기, 『성경의 내러티브 신학과 교회의 공적책임』(서울: 한들출판사, 2010): 필자는 이상과 같은 포스트모더니즘을 배경으로 연구한 성경의 내러티브 신학에 입각하여, 구약으로부터 신약으로 이어지는 내러티브 신학에 관심하였다. 여기에 소개한 글은 Richard Bauckham and Trevor Hart, *Hope against Hope: Christian ESchatology at the Trun of the Millennium*(Michigan, Grand Rapids: Eerdmans, 1999), 147-149를 요약 정리한 것이다.

민과 인구 이동으로 발생하는 다민족·다문화·다종교·다가치의 분산(分散)이요, 포스트모더니즘의 개인주의, 다양성, 그리고 다름 혹은 타자성에 대한 강조로 인한 공동체 상실이다. 넷은 타 종교들, 특히 이슬람과 기독교의 충돌, 그리고 근본주의 기독교들과 에큐메니칼 기독교의 분열 속에서 인류는 세계 종교들의 특수성과 다양성 속에서 도덕과 윤리 차원에서 공동체성을 갈망하고 있다. 다섯째는 전쟁의 위협과 테러로 인한 인류공동체의 파괴이다. 인류는 '생명의 공동체' 인 사랑과 정의와 평화의 공동체를 애타게 기다리고 있다.

3. 깨어진 공동체에 대한 대안은 '복음', '삼위일체 하나님', '하나님 나라'

1) 복음은 성경과 교회 전통들의 원천이다

4복음서는 하나의 복음에 대한 네 가지 버전이다. 고린도전서 15:1-4절은 4복음서의 원천에 해당하는, 기록 이전 사도적 복음 선포 내용의 핵심이다. 몬트리올 신앙과 직제 제4차 세계대회(1963)는 4복음서의 통일성이요, 심지어 신약성경의 통일성으로서 '하나의 복음전승'(the One Gospel Tradition)을 주장하면서 이를 기록된 신약성경의 원천으로 보았고, 성경 내의 전통들(traditioning)은 물론 교회들의 전통들(traditions) 속에서도 발견되는 것으로 보았다.

우리의 현재의 상황에서 우리는 성서와 전승(T)의 문제, 혹은 오히려 전승(T)과 성서의 문제를 다시 숙고하기를 원한다. 그러므로 우리는 다음의 진술을 우리의 문제를 효과적으로 다시 공식화하기 위한 방법으로 제안하기를 원한다. 우리의 출발점은 우리 모두가 우리의 주님에게 거슬러 올라가는 하나의 전승 안에서 살고 있는 바, 그것은 구약에 뿌리를 내리고 있으며 우리 모두는 우리가 그것이 한 세대로부터 또 다른 세대로 전달되는 것을 통해 그 계시된 진리, 즉 복음을 받아들이는 만큼, 그 전승에 빚지고 있다는 사실이다. 따라서 우리는 기독교인들로서 우리가 성서 안에서 확증된, 성령의 능력을 통해 교회 안에서, 그리고 교회에 의해서 전달된 복음(the paradosis of the kerygma)의 전통에 의해서 존재하고 있다고 말할 수 있다. 이러한 의미에서 취해진 전승(T)은 말씀의 선포에서, 성례전과 예배의 집행에서, 기독교적 가르침과 신학에서, 그리고 교회의 구성원들의 삶들에 의한 선교와 그리스도에 대한 증거에서 실현된다.(몬트리올 신앙과 직제 세계대회의 제2분과: The Scripture, Tradition and traditions, 45)

그런데 누가복음 1:1-4절에 따르면, 4복음서들은 A.D. 70년대와 그 후에 회상에 의하여 기록된 이야기들이다.

우리 가운데서 일어난 여러 가지 일에 대하여 차례대로 이야기를 엮어내려고, 손을 댄 사람이 많이 있었습니다. 그들은 이 이야기를, 처음부터 그 일의 목격자요 말씀의 전파자가 된 이들이 우리에게 전해준 대로 엮어냈습니다. 그런데 존귀하신 데오빌로 님, 나도 모든 것을 처음부터 정확하게 조사하여 보았으므로, 귀하께 이 이야기를 차례대로 엮어드리는 것이 좋겠다고 생각하였습니다. 이는, 이미 배우신 일들이 확실하다는 것을 귀하께서 아시게 하려는 것입니다.(표준 새 번역)

내러티브 신학의 원조인 한스 프라이에게 영향을 준 신학자, H.R. 니버의 이야기 신학을 잠시 살펴보자. 니버는 복음서 내러티브가 케뤼그마적 모티프에서 회상에 의하여 기록된 것으로 본다. 그에 따르면, 신약성서의 주요 내러티브가 예수 그리스도의 십자가와 부활사건 후 성령강림과 더불어 시작된 사도들과 초기 공동체의 설교에 나타난, 회상된 이야기들이라고 하는 것이다.

초기교회의 설교는 하나님의 존재증명을 위한 논증이나 성격상 어떤 비역사적이고 초사회적인 어떤 공통의 인간 양심의 명령을 따르라고 하는 하나의 훈령도 아니다. 그것은 우선적으로 예수 그리스도의 역사적 현현과 관련된 큰 사건들에 대한 하나의 단순한 이야기요, 제자들의 공동체에게 일어난 것들에 대한 하나의 신앙고백이다. …[2]

따라서 우리는 정통 삼위일체론과 정통 기독론은 물론, 종말론과 교회론 등이 이상과 같은 케뤼그마적 모티프에 의해서 형성된 내러티브에 근거해야 한다는 사실을 명심해야 할 것이다. 바울과 요한 등 사도적 복음증언 역시 복음 이야기를 기본으로 하고 있기 때문이다.

2) 복음은 하나님 나라에 대한 기쁜 소식이다

복음서들의 복음은 하나님 나라에 대한 기쁜 소식이다. 예수께서 요단강에서 세례를 받으신 후 하나님 나라를 선포하셨으며 그의 권세 있는 행동과 말씀으로 하나님 나라의 현존을 보여주셨다. 그리고 부활하신 주님으로부터 하나님 나라의 복음을 위임받고(눅 24장) 성령의 강림으로 이 세상 속으로 파송받은 사도들과 사도적 공동체 역시 그것을 선포하고 그것의 현존을 알렸다. 그리고 사도들과 사도적 공동체 역시 하나님 나라의 복음을 믿고 구원을 경험한 사람들에게 세례를 베풀었고, 나아가서 이 하나님 나라를 선포하고 그것의 현존을 알리도록 이들을 이 세상으로 파송하였다. 이들 사도들과 사도적 공동체와 오고 오는 세대의 교회 공동체들은 하나님 나라의 복음을 받아들인 후 세례를 받고, 성령으로 예수 그리스도와 연합하며(롬 6장), 나아가서 아버지 하나님과의 연합을 경험하였다. 그리하여 교회란 본성상 삼위일체 하나님 자체 내의 코이노니아를 가능케 하시고 아버지와 아들로부터 나오신 사랑의 코이노니아 그 자체이신 성령을 통하여 예수 그리스도 및 삼위일체 하나님과 수직적으로 연합하였고, 다른 성도들과 수평적으로 연합(성도들의 교제)한, 글자 그대로 '생명공동체'의 성원들이다.

---

2 • *Why? Narrative: Readings in Narrative Theology.* ed. by Stanely Hauerwas and L. Gregory Jones(Grand Rapids, Michigan: Eerdmans, 1989), 21.

3) 복음의 핵심은 '화해와 치유'이다

구약에서 우리는 야곱과 에서, 그리고 요셉과 그 형제들 사이의 화해뿐만 아니라 하나님과 이스라엘의 화해 그리고 이스라엘을 통하여 장차 일어날 하나님과 이방 나라들의 화해를 발견한다. 신약에선 '화해'개념이 마태복음 5:14절과 사도행전의 유대교 출신 기독교인들과 이방인 출신 기독교인들의 화해 이야기를 제외하면 대체로 바울의 글들(고후5:17-20; 롬5:10-11; 11:15; 고전 7:11, 그리고 엡 1:10; 2:16과 골 1:20-22)에서 발견되며, 그와 같은 화해의 의미는 신약성서의 중심 메시지 혹은 복음의 핵심의미를 함축하고 있다.[3] 그리고 복음서에 나타난 '치유' 이야기들이 예수 그리스도의 부활을 가리키고 이 부활을 통하여 계시되고 약속된, 영생과 영광의 하나님 나라를 가리키지만 말이다. 대체로 '화해'와 '치유'는 동일 귀속하는 개념이다. 인류사회와 창조세계의 화해와 치유에 있어서 전자가 일어나면 후자도 일어나고 후자가 일어나면 전자도 일어나기 때문이다. 따라서 우리는 '화해와 치유' 혹은 '치유와 화해' 모두가 결국 동일 귀속하는 의미로 사용될 수 있다고 본다.

2005년 아테네 CWME 문서는 "교회의 치유사역"(Preparatory Paper 11)에서도 '통전적 치유'를 주장한다. 본문은 의료와 의약과 보건, 그리고 오순절 교회의 치유사역을 포괄하면서도 성경적이고 신학적인 전망에서, 곧 삼위일체 하나님의 선교와, 창조와 인류 모두의 완성인 하나님 나라에 대한 희망으로부터 치유를 이해한다. 현 창조와 역사 속에서 일어나는 치유는 삼위일체 하나님의 사역에 의한 것이라고 본다.(100쪽)(37항) 그리고 이와 같은 신학적인 전망으로부터 교회의 치유사역에 대하여도 통전적으로 이해하였다.

---

3 • 칼 바르트는 *The Church Dogmatics IV/1-4*(1953-1967)에서 화해론을 다루었다. 그는 예수 그리스도의 삼중직에 바탕 하여 보편적이고 객관적이며 종말론적인 화해(de iure)를 주장하고 이에 상응하는 혹은 이것을 성령의 능력 안에서 받아들인 믿음과 사랑과 희망(de facto)을 말한다. 그리고 그의 이와 같은 화해론은 복음의 3계기인데, 이는 4복음서가 추구하는 '하나의 온전한 복음'이기도 하다(참고: Karl Barth, G. Bromiley tr., *The Christian Life, Baptism as the Foundation of the Christian Life*(Ch. Do., IV /4)(T&T Clark, Edinburgh, 1981)(독일어판, 1967), 13. 특히, 그는 복음서의 내러티브에서 그의 화해론을 입증하였다(참고: 이형기, 『성경의 내러티브 신학- 교회의 공적책임』(서울: 한들출판사, 2010), 53-57.

교회가 하나의 화해시키고 치유하는 공동체가 된다고 하는 것은 하나님 나라
에 대한 전망에서, 관계들을 창조하고 새롭게 하는 교회의 선교에 대한 본질적
인 표현이다. 이것은 그리스도의 은혜와 용서를 선포하고, 생명의 충만함을 전
망하는 가운데 몸들, 마음들, 영혼들을 치유하며, 깨어진 관계들을 화해시키
는 것을 의미한다(John 10:10).(101쪽)(51항)

이제 우리는 바울에게 있어서 '화해'의 복음을 살펴보자. 첫째로 우리는 바울
에게서 보편적이고 객관적인 화해의 의미를 발견한다. 바울은 예수 그리스도를
첫 아담(인류공동체)을 구속하시는 두 번째 아담으로 보아, 보편적이고 객관적인
'화해와 치유'를 주장한다.

그러므로 한 사람을 통하여 죄가 세상에 들어오고, 또 그 죄를 통하여 죽음이
들어온 것과 같이, 모든 사람이 죄를 지었으므로, 죽음이 모든 사람에게 이르
게 되었습니다.(롬 5:12)

… 그러니 한 사람의 범죄 행위 때문에 모든 사람이 유죄 판결을 받았는데, 이
제는 한 사람의 의로운 행위 때문에 모든 사람이 의롭게 하여 주심을 받아서,
생명을 얻었습니다. 한 사람이 순종하지 않음으로 말미암아 많은 사람이 죄인
으로 판정을 받았는데, 이제는 한 사람이 순종함으로 말미암아 많은 사람이 의
인으로 판정받을 것입니다.(롬 5:15-19)(참고: 고후 5:17-19)

둘째로 바울은 개인이든 집단이든 인간이 성령을 통하여 위와 같은 보편적이
고 객관적이며 종말론적인 화해와 치유 사역을 받아들여 화해되고 치유된 교회
공동체가 된다고 본다. 바울은 하나님 나라에 대한 희망이 우리를 실망시키지 않
는 이유는, "하나님께서 우리에게 주신 성령으로 하나님의 사랑을 우리 마음속에
부어주셨기 때문이다."(롬 5:5)라고 하였다. 여기에서 우리는 보편적이고 객관적이
며 종말론적인 화해와 치유가 성령의 사역으로 우리 믿는 사람들에게 적용된다

고 하는 사실을 발견한다. 또한 바울은 에베소서에서도 보편적이고 객관적이며 종말론적인 화해와 치유를 전제하면서 우대계 기독교인들과 이방인 출신 기독교인들, 곧 집단 대 집단이 인종과 문화와 종교를 넘어서 하나의 교회 공동체가 되었다고 할 때에도, "둘이 한 성령 안에서 아버지께 나감을 얻게 하려 하심이라."(엡 2:18)고 하였다. 그리고 바울은 갈라디아서에서 성령의 사역에 의한 '세례'(갈 3:23-29)가 나라와 민족과 문화와 종교, 그리고 여성과 남성이 화해되고 치유된 공동체를 만드신다고 하는 사실을 언급하였다. 성만찬 역시 화해되고 치유된 공동체성을 말한다. 흑인이나 백인이나 부자나 가난한 자나 여자나 남자나 모두 여러 낱알처럼 흩어진 존재들이지만 하나의 빵에 동참하여 하나의 그리스도의 몸을 이루기 때문이다. 특히, 바울은 성령의 사역으로 그리스도의 몸의 지체들이 된 기독교인들은 다툼이나 갈등이 없이 화해되고 치유된 공동체를 지향하고 있음을 보이고 있다고 한다.

몸은 하나인데 많은 지체가 있고, 몸의 지체는 많지만 한 몸임과 같이, 그리스도도 그러합니다. 우리는 유대 사람이든지, 그리스 사람이든지, 종이든지, 자유인이든지, 모두 한 성령으로 세례를 받아서 한 몸이 되었고, 또 모두 한 성령을 마시게 되었습니다. 몸은 한 지체가 아니라, 여러 지체로 되어 있습니다. … 그런데 실은 하나님께서는, 원하시는 대로, 우리 몸에다가 각각 다른 여러 지체를 두셨습니다. 전체가 한 지체로 되어 있다고 하면, 몸은 어디에 있습니까? 그런데 실은 지체는 여럿이지만, 몸은 하나입니다. 그러므로 눈이 손에게 말하기를 "너는 내게 쓸 데가 없다." 할 수가 없고, 머리가 발에게 말하기를 "너는 내게 쓸 데가 없다." 할 수가 없습니다. 그뿐만 아니라, 사람이 몸 가운데서 더 약하다고 여기는 지체가 오히려 더 요긴합니다. 그리고 몸 가운데서 덜 귀하다고 생각하는 지체들을 더욱 귀한 것으로 입히고, 볼품없는 지체들을 더욱더 아름답게 꾸며줍니다. 그러나 아름다운 지체들에게는 그럴 필요가 없습니다. 하나님께서는 몸을 골고루 짜 맞추셔서 부족한 지체에게 더 큰 존귀함을 주셨습니다. 그래서 몸에 분열이 생기지 않게 하시고, 지체들이 서로 같이 걱정하게 하셨습니다. 한 지체가 고통을 당하면, 모든 지체가 같이 고통을 당합니다. 한 지체가 영광을 받으면, 모든 지체가 함께 기뻐합니다. 여러분은 그리스도의 몸이요, 한 사람 한 사람은 그 지체입니다.(고전 12:12-27)

셋째로 우리는 "하나님의 경륜은, 때가 차면 하늘과 땅에 있는 모든 것을 그리스도 안에서 그분을 머리로 하여 통일시키는 것입니다."(엡 1:10)라고 하는 바울의 사상을 발견한다. 그는 보편적이고 객관적인 화해와 치유가 결국 화해되고 치유된 종말론적인 우주적 생명공동체를 가져올 것을 희망하고 있다. 그리고 골로새서 1:15-20절은 이와 같은 인류와 창조세계가 창조의 중보자 예수 그리스도를 통하여 지음을 받았고, 그분 안에서 지속되며, 그분을 통하여 우주적인 화해와 치유가 이미 이루어진 것으로 보았다.

그 아들은 보이지 않는 하나님의 형상이시요, 모든 피조물보다 먼저 나신 분이십니다. 만물이 그의 안에서 창조되었습니다. 하늘에 있는 것들과 땅에 있는 것들, 보이는 것들과 보이지 않는 것들, 왕권이나 주권이나 권력이나 권세나 할 것 없이, 모든 것이 그로 말미암아 창조되었고, 그를 위하여 창조되었습니다. 그는 만물보다 먼저 계시고, 만물은 그의 안에서 존속합니다. 그는 그의 몸인 교회의 머리이십니다. 그는 근원이시요, 죽은 사람 가운데서 맨 먼저 살아나신 분이십니다. 이렇게 살아나심은, 그가 만물 가운데서 으뜸이 되시려고 하심입니다. 하나님께서는 그리스도 안에 모든 충만함을 머물게 하시기를 기뻐하시고, 그리스도의 십자가의 피로 평화를 이루셔서, 그리스도로 말미암아 만물, 곧 땅에 있는 것들이나 하늘에 있는 것들이나 다, 그리스도로 말미암아 만물, 곧 땅에 있는 것들이나 하늘에 있는 것들이나 다, 기쁘게 자기와 화해시키셨습니다.(골 1:15-20)

이상과 같은 보편적이고 객관적이며 종말론적인 '화해와 치유' 이야기는 "예수 그리스도의 성육신, 수난, 죽음, 부활 그리고 승천"[4]에 근거하고 있지만, 이사야 53장의 고난의 종이나 구약의 속죄 제사 전통에 따른, 십자가의 의미가 더 두드러진다. 하지만 부활은 이와 같은 십자가 사건의 진정성을 확인 혹은 정당화하고, 나아가서 영생과 영광의 하나님 나라를 가리키는 것으로 이해된다. 2005년 아테네 CWME는 십자가와 관련하여 부활을 이해하였다.

> 부활은 하나님께서 예수님과 그의 십자가를 인정하셨다고 하는 사실을 의미한다. 부활은 십자가를 구원과 화해의 한 도구로 만드는 하나의 자유케 하는 판결이다. 심지어, 부활 역시 그 자체로서 그리스도 안에서의 하나님의 화해사역의 한 구성적 부분이다. 기독교인들에게 있어서, 부활이란 단순히 과거의 한 역사적 사건 혹은 신앙의 한 항목으로 이해되는 것이 아니라 하나의 신비적으로 살아 있는 오늘 현재의 실재로 이해된다. … 교회는 그리스도께서 십자가에 달려 죽으셨을 뿐만 아니라 그가 죽은 자들로부터 부활하시어 모든 인류의 첫 열매(참고: 고전 15:20)가 되셨기 때문에 실존한다. 신약성경과 교회의 삶에 있어서 부활의 중심성은 "너희 속에 있는 소망"(벧전 3:15)을 줄 뿐만 아니라 불가피하게도 그것은 종말론의 우선적 중요성으로 인도한다. (Preparatory Paper 10, 72쪽)(18항)

4) 복음 이야기는 삼위일체 하나님의 선교를 말한다

우리는 방금 위에서 제시한 성경구절들에 대한 해석을 염두에 두면서 슈라이터가 주장하는 화해의 신학에 주목한다.

수평적 화해와 우주적 화해를 가능하게 만드는 것은 수직적 화해이다. 그래서

---

4 • *"Come Holy Spirit, Heal and Reconcile!"* Called in Christ to be Reconcile and Healing Communities, *Report of the WCC Conference on World Mission and Evangelism, Athens, Greece May 9-16, 2005,* Jacques Matthey, Editor(Website : http://www.oikoumene.org). Preparatory Paper 10: Mission as Ministry of Recomciliation 72쪽(17항).

우리는 수직적이고 수평적이며 우주적인 화해의 틀 안에서 기독교적 선교를 보아야 한다. 이 선교는 하나님의 선교에 뿌리를 두고 있다. 즉, 성 삼위일체 하나님께서는 자신(내재적 삼위일체" 역자 주)으로부터 나오시어 창조, 성육신, 구속, 그리고 종말론적 완성의 행동들(경세적 삼위일체: 역자 주)을 이룩하셨다고 하는 말이다. 하나님께서는 아들을 통하여 우리가 저질러놓은 죄와 불순종과 소외를 극복하시기 위하여 이 세상에 화해를 가져오셨다. 그리스도께서는 그의 구원하시는 죽음을 통하여 우리를 하나님과 다시 연합시키셨으니, 하나님께서는 이를 부활과 변화된 삶의 계시를 통하여 확인하셨다. 성령께서는 교회로 하여금 이 세상을 화해시키시는 아들과 성령의 사역에 동참하도록 힘을 주신다. 교회 그 자체도 끊임없는 화해를 필요로 하고 있지만, 하나님의 구원하시는 은혜를 위한 통로가 되어 깨어지고 절망하고 있는 이 세상으로 다가가야한다.[5]

복음서들은 예수님의 요단강 세례와 변화산상, 요한복음 17장과, 에베소서 4:3-6절에서 '삼위일체 하나님'을 암묵적으로 선포하고 있고, 예수님의 겟세마네 동산의 기도와 바울의 빌립보서 2:5-11에선 예수님을 하나님의 아들로 보고 있다.

그리고 구약의 예언자들을 통하여 말씀하신 창조주 하나님 아버지의 영은 예수 그리스도를 마리아의 몸에 잉태케 하시고, 하나님의 아들을 요단강에서 세례 주셨으며, 그를 광야로 인도하여 시험을 받게 하셨고, 갈릴리에서 하나님 나라의 복음사역을 하게 하셨으며, 예루살렘에서 십자가에 달려 죽게 하셨고, 급기야 하나님의 아들을 죽은 자들로부터 다시 살리셨다. 바로 이 '하나님의 영'(루아흐 야훼)은 '창조의 영'(Creator Spiritus)과 '생명의 영'(the Life-giver)으로서 '수면 위에 운행하신' '하나님의 신'이시오, 모든 생명체들에게 호흡을 주시고 모든 피조물을 멸절치 않게 하시며 '지면'을 새롭게 하시는 영(시 104:24-30)이시다. 이 야훼의 신은 창조와 역사 속에 보편적으로 현존하시고 사역하신다(정교회의 '영 그리스도론').

그리고 부활 승천하시어 아버지 우편에 앉아 계신 아들 예수 그리스도께서는

---

5 • Robert Schreiter, "Reconciliation as a New Paradigm of Mission", In Athens CWME, 2005, 215.

아버지께서 약속하신 성령을 보내주시어 사도들과 사도적 교회들로 하여금 '하나님 나라의 복음'을 선포하고 실천하게 하셨으니, 바울과 요한(16:7-15)에 있어서 이 그리스도의 영(서방교회의 '기독론적인 영')은 칭의와 성화의 영이시요 은사의 영으로서 하나님 나라를 미리 맛보게 하는 영이시다(고후 1:12; 고후 5:5; 엡 1:14).

따라서 구속사에 나타난 하나님은 경세적 삼위일체 하나님(economic Trinity)으로서 '생명의 하나님'이시다. 그는 인간의 타락에도 불구하고 창조와 역사를 지탱하시고 보존하시며 재창조하신다. 그는 '하나님의 영'과 '그리스도의 영'을 통하여 창조와 역사를 아우르는 '생명의 공동체'를 만들어가신다. 바로 이 삼위일체 하나님과 '하나님의 영'은 창조와 역사 속에 보편적으로 혼존하시면서 하나님 나라의 사역을 이어가신다. 성부 · 성자 · 성령이 사랑으로 상호 내주하시고 침투하시는 내재적 삼위일체(immanent Trinity)(요 17:17-24)의 상호 관계성, 상호 의존성, 그리고 '생명의 관계망'은 삼위일체 하나님의 형상인 교회에서뿐만 아니라 창조와 역사 속에서도 발견될 수 있다(vestigiae trinitatis). 삼위일체 하나님은 내재적이든 경세적이든 모두 생명의 하나님이시다. 그는 '창조'와 '역사'를 사랑과 정의와 평화로 인도하신다.

그러니까 인간이 성령을 통하여 하나님 나라의 복음(화해와 치유)을 수용(교회의 신망애)하기 이전에 '예수 그리스도의 선교'와 '성령의 선교'가 일어났다. 성부로부터 파송받으신 아들(아들의 역사)의 종말론적인 화해와 치유사역은 이 아버지로부터 파송받으신 성령에 의하여 이루어졌다(성령의 역사). 창조사역과 화해사역과 종말론적인 구원사역은 삼위일체 하나님의 역사로서 창조는 주로 성부께서, 화해와 치유는 주로 성자께서, 그리고 종말론적인 구원은 주로 성령께서 이룩하신다. 그런즉, 하나님 나라의 시작과 진행과 도래는 '삼위일체 하나님의 선교'에 달린 것이다.

Ⅲ

과제로서 생명공동체의 구현

1. 교회는 '화해와 치유'(복음)사역을 통하여 삼위일체 하나님의 하나님 나라 실현에 참여한다

고린도후서 5:17-19는 교회의 화해와 치유사역에 대하여 언급하거니와, 교회는 삼위일체 하나님의 나라를 실현을 위하여 삼위일체 하나님의 '화해와 치유' 선교에 동참한다. 사도신경이 성부, 성자, 성령에 대한 신앙을 고백한 다음에, 교회에 대하여 고백하는 것은 우연한 일이 아니다. 결국, 교회는 삼위일체 하나님의 '역사'와 '창조' 영역에 대한 변혁의 역사에 참여한 것이다. 몰트만은 예수 그리스도의 선교와 성령의 선교에 근거한 삼위일체 하나님의 선교(역사)를 우주적 종말론의 '틀거리'(framework)로 보면서, 만유가 이 삼위일체 하나님 안에서 통일될 것이고 새롭게 창조될 것으로 보았다. 몰트만에게 있어서 교회는 이처럼 종말론적인 전망을 가지고 삼위일체 하나님의 세계 참여의 역사에 동참하는 것이다. 교회는 기본적으로 삼위일체 하나님의 우주적인 하나님 나라를 향한 운동 혹은 '하나님의 선교'(mssio trinitatis)에 동참한다. 여기에서 결정적으로 중요한 것은 삼위일체 하나님의 객관적이고 보편적이며 종말론적인 '선교'(역사)이다. 교회의 참여는 그 다음 문제이다.

교회는 성령의 현존과 사역에 의한 '하나님의 선교'의 대행자이다. 이때에 삼위일체 하나님의 선교운동은 교회뿐만 아니라 나머지 세계와 창조세계까지 포함하는 것으로 이해된다. 몰트만에게 있어서 삼위일체 하나님의 세상 관여는 이스라엘, 타 종교들, 세속세상 및 창조세계를 포함한다. 따라서 교회뿐만 아니라 인류공동체 전체가 이 운동에 참여해야 할 것이다. 결국 삼위일체와 인류 및 만유는 사랑과 공의가 충만한 샬롬의 나라(creatio ncva) 안에서 상호 교류하고 상호 내주하는 영원한 삶을 누릴 것이다.

2. 우리가 믿는 교회는 '생명의 공동체'인 '하나님 나라'에 대한 미리 맛봄이요 그 징표요 그 도구이다(고후 1:12; 고후 5:5; 엡 1:4)

사도들과 사도적 공동체와 오고 오는 세대의 교회 공동체들은 하나님 나라의 복음을 받아들인 후 세례를 받고, 성령으로 예수 그리스도와 연합하며(롬 6장), 나아가서 아버지 하나님과의 연합을 경험하였다. 이처럼 교회 공동체는 화해되고 치유된 공동체로서 '역사'와 '창조'의 화해와 치유를 미리 보여주고 있다. 신약성서는 이상과 같은 수직적이고 수평적인 코이노니아 속에 있는 교회를 남편과 부인의 관계로(엡 5:22-33)로, 포도나무와 그 가지들로(요 15장), 그리스도를 머리로하는 그의 몸의 지체들과 성령의 다양한 은사들을 받은 자들로(고전 12장), 성령의 전(고전 6:19)으로, 그리고 하나님의 소유된 백성(벧전 2:9)으로 묘사하고 있다. 이는 모두 사랑과 정의와 평화가 넘치는 화해되고 치유된 '생명공동체로서의 교회'의 모습을 그리고 있는 것이다. 바로 이 교회는 '그리스도의 몸', '성령의 전' 그리고 '하나님의 백성' 곧 삼위일체 하나님의 형상이다. 이처럼 교회는 성부·성자·성령의 영원한 사랑의 사귐과 나눔을 반사시켜 주는 '생명공동체'이다. 그런즉, 이와 같은 '삼위일체 하나님의 형상'으로서의 교회 안에는 삼위일체 하나님이 현존하시고 사역하신다. 그리고 교회는 다름 다닌 계시록 21장과 22장, 이사야 11:1-9, 창세기 1-2장이 보여주고 있는 창조세계와 인류공동체 전체를 아우르는 우주적인 '생명공동체'에 대한 미리 맛봄이요, 징표요, 표지판이요, 도구이다. 바로 이와 같은 '생명공동체로서의 교회'는 하나님 나라를 선포하고 그것의 현존을 알리며 그것을 푯대로 하여 자신의 본질과 사명을 가다듬어가야 하는 '대안(代案) 공동체'인 것이다.

3. 창조세계의 파괴와 인류사회의 깨어짐과 교회의 분열은 '화해와 치유'를 요청한다

2005년 아테네 CWME는 첫째로 인간 중심주의에 의한 자연파괴를 지적하면서, "생태학적인 위기의 큰 부분은 생명에 대한 존중과 창조세계의 온전성에 대한 존중의 결핍에 그 원인을 가지고 있다."(Preparatory Paper 10, 82쪽)(63항)며, '창조세계에 관련된 화해와 치유'와 병행하는 정치·경제·사회·문화와 같은 '역사' 차원의 비극과 불행과 병폐의 화해와 치유, 그리고 교회의 분열에 대한 화해와 치유를 말한다. 첫째는 생태계 차원에서의 화해와 치유이다.

> 하나의 생태학적인 치유 혹은 화해는 기독교인들이 구상하고 있는 것이다. 땅에 있는 것이든 하늘에 있는 것이든 만유의 화해(골 1:20)가 요청되기 때문이다. 니케아-콘스탄티노플 신조에서 우리는 성령을 주님과 생명의 부여자로 고백한다. 성령 안에서의 선교는 이 땅을 번성하게 하고 인간 공동체들을 지탱시키게 할 하나의 새로운 전망 혹은 하나의 생명 중심의 접근방법을 보장한다. 따라서 이와 같은 우주적 화해와 치유는 인류 사이의 화해를 위한 하나의 힘 있는 초석을 마련해준다.(Preparatory Paper 10, 83쪽)(63항)

둘째로 깨어진 관계는 인간 관계들의 영역에서도 일어난다며 주로 "하나님의 형상"의 일그러짐과 깨어짐을, 개인의 영혼(아우구스티누스) 차원이 아니라 관계 혹은 사회적 차원 혹은 구조의 차원에서 해석한다.

깨어짐은 또한 인간관계들의 영역에서도 느껴진다. 하나님의 형상은 흔히 권력구조와 연계된 소외와 적대감으로 일그러져 있다. 이와 같은 것들이 구체적으로 드러나는 경우는, 이 세상에서 전반적으로 일어나는 여러 형태의 차별, 예컨대 사회적 신분제, 인종, 성, 종교, 성적 정위 그리고 사회경제적 신분에 바탕을 둔 차별들 말이다. 이 맥락에서 화하와 치유의 선교란 그와 같은 장벽들을 뛰어넘어 인류 안에 있는 하나님의 형상을 회복하는 것이다. 리얼한 말로 하면, 교회들의 선교는 분열적인 장벽들을 제거하기 위하여 함께 사역하려고 분투하는 것이다. 그와 같은 장벽들은 교회 안팎에 있다. 이는 교회들 안에서 그리고 교회들 사이에서 일어나는 화해를 향한 에큐메니칼 시도들과 사회 혹은 교회들이 심하게 분열되어 있는 곳에서 대화와 논의를 위한 공간을 마련해 줄 뿐만 아니라 정의와 인권에 근거한 사회 재건축을 향한 대중들의 투쟁들에 동참하는 것이다. 그리스도의 몸은 다양한 은사들을 부여받고 있다(고전 12:8-10; 참고: 롬 12:6-8). 이와 같은 은사들은 사랑의 정신으로 행사됨으로써 공동체를 세우고 공동체로 하여금 다양성 속에서 통일성을 갖게 하는 것이다. (Ibid., 83쪽)(63항)

셋째로 교회의 분열에 대하여 다음과 같이 언급하고 있다.

… 교리적이든 지신학적이든 교회들 사이의 분열들은 화해와 치유 선교에 대한 도전이다. 나누어진 교회는 그리스도의 몸의 탈선이요(고전 1:13) 성령을 근심케 하는 일이다(엡 4:25-32). 만약에 교회들이 서로 화해할 수 없다면 복음의 부름에 응답하지 못하는 것이고 증언에 있어서 신빙성을 잃을 것이다. '인류공동체의 경쟁과 파편화 와중에서 일치와 더 큰 상호의존을 필요로 하는 세상 속으로 파송받은 교회는 하나님의 화해케 하시는 사랑의 징표와 도구가 되도록 부름을 받는다. … 그리스도인들 사이의 븐열들은 그리스도에 대한 반증언이요 그리스도 안에서 일어난 화해에 대한 증언과 모순된다.'[6](Ibid., 83-84)(66항)

---

6 • "The Challenge of Proselytism and the Calling to Common Witness", Appendix C of the *7th Report of the Joint Working Group between the Roman Catholic Church and the World Council of Churches*, Geneva-Rome 1998, 45, §§ 8 and 9.

그리고 본문은 이상과 같은 '깨어짐'과 '파괴'와 '분열'의 맥락에서 교회의 역할은 성령의 그것처럼 '사이'에서 공동체를 창조해내는 것으로 본다. 즉, 교회는 깨어진 인간관계, 특히 가해자(부정의와 착취)와 피해자 사이에서 가난한 사람들과 부유한 사람들 사이에서, 여성들과 남성들 사이에서, 흑과 백 사이에서 "가교 형성자"의 역할을 해야 한다고 한다. 그런데 성령은 그의 컴뮤니온을 창조하시고 지속시키시는 역할(엡 2:18; 4:3) 때문에 '하나님과 인간 사이' 혹은 '인간과 인간 사이'에 개입하시는 분으로 묘사된다고 한다. 하지만 본문은 이와 같은 '사이에 들어감'은 한편 힘없는 자를 동반하면서 그들에게 힘을 실어주고 동시에 가해자가 회개하도록 도전하는 것을 뜻한다.(65번)(83) 그런데 본문에 의하면, 교회들은 에큐메니칼 운동을 통하여 이와 같은 '화해와 치유'의 사역에 진전을 보이고 있다고 한다.

> 하지만 근년에 개립된 선교운동들 사이의 어떤 신학적인 수렴의 징표들이 보인다. 그리고 교회들 자신들이 공유된 세례, 성만찬, 직제 그리고 공동 증언을 향하여 상당한 진정을 보았다. 우리는 이와 같은 것들이 갱신된 관계로 인도할 것을 희망한다. 교회가 하나의 화해되고 치유된 공동체일진데 교회는 화해의 복음을 온전하게 나누어 가져야 한다.(Ibid., 83-84)(66항)

4. '치유되고 화해된 공동체'로서 생명공동체인 교회 공동체는 모든 공동체를 치유와 화해로 인도하는 매개공동체가 되어야 한다

교회 공동체들(the Christian Community of diverse Christian communities)은 종말론적으로 완성될 생명공동체를 미리 보여주는 생명의 공동체로서 인류공동체를 포함하는 지구생명공동체와 창조공동체의 '치유와 화해'를 위하여 존재한다. 예수 그리스도의 몸 된 교회는 예수 그리스도께서 타자를 위한 존재인 것처럼 타자를 위한 존재이기 때문이다. '치유되고 화해된 공동체'로서 생명공동체인 교회 공동체는 다섯 가지 차원에서 깨어진 그러나 하나님의 사랑을 받고 있는 모든 생명공동체를 '치유와 화해'로 인도해야 할 것이다.

첫째로 교회는 '신자유주의 자본주의 시장경제'로 인하여 야기되고 있는 사회, 문화, 교육, 보건, 주거 등 삶의 모든 차원에서의 '양극화'를 직시하고, 우선 자체 안에서 '치유되고 화해된 공동체'가 되어야 하고, 나아가서 '시민단체들'과의 대화와 연대를 통하여 경제공동체들과 국가공동체를 향하여 사랑과 정의와 평화의 생명공동체를 선포해야 할 것이다. 둘째로 교회는 상호 간에 지속 가능하기 어렵게 되어가는 인류사회와 자연생태계를 '치유와 화해'의 생명공동체로 바꾸어나가야 할 것이다.

셋째로 교회는 다민족 · 다문화 · 다종교 · 다가치의 분산(分散)과 포스트모더니즘의 개인주의, 다양성, 그리고 다름 혹은 타자성에 대한 강조로 인한 공동체 상실을 직시하면서 문화들과 종교들을 '치유되고 화해된 생명공동체'로 만들어야 한다. 교회사를 통하여 교회의 분열을 뼈저리게 경험해왔고 유대교 및 이슬람을 비롯한 이웃 종교들과의 불화를 잘 알고 있는 교회는 먼저 자체 안에서 '다양성 속에서 코이노니아'를 통하여('신앙과 직제') '치유되고 화해된 생명공동체'가 되어야 하고, 나아가서 타 종교들과의 관계에서도 자신의 특수성과 아울러 상대방의 특수성을 인정하는 가운데 역시 '다양성 속에서 도덕윤리적인 통일성' 추구를 통한 '치유와 화해의 생명공동체'로 거듭나야 할 것이다. 넷째로 교회는 우선 사회 · 문화 · 경제 · 생태학적인 이슈와 같은 '과제' 중심의 접근을 통하여 반에큐메니칼 개신교 근본주의와 친에큐메니칼 교회들을 '치유와 화해의 생명공동체'로 인도해야 할 것이다. 다섯째로 교회는 전쟁의 위협과 테러로 인한 인류공동체의 파괴에 직면하여 나라와 나라, 종교와 종교, 문화와 문화, 이념과 이념, 경제와 경제 사이에서 '치유와 화해'의 매개 공동체가 되어야 할 것이다.

하지만 창조세계와 인류공동체를 포함하는 지구생명공동체에게 '치유와 화해'를 매개시키는 것은 교회 홀로가 아니다. 만유 안에 내주하시는 초월적인 삼위일체 하나님께서는 만유 안에 내주하시는 성령을 통하여 '치유와 화해'의 '선교'(missio trinitatis)를 하시고 계시기 때문이다. 우리가 궁극적으로 희망하는 하나님 나라는 '생명의 공동체'인데, 생명의 하나님이신 삼위일체 하나님께서는 '새 하늘 새 땅'에서 창조세계와 인류공동체를 포함하는 지구생명공동체를 완전하게 치유하시고 화해시키신 후 자신과의 영원한 코이노니아를 누리실 것이다. 우리 교회는 이와 같은 삼위일체 하나님의 선교(역사)에 참여하고 있는 것이다.

5. 화해와 치유의 영성이란 자기 비움(kenosis)과 고난에도 불구하고 비폭력을 감행하는 공적인 영성이다

"증언, 회개, 케뤼그마, 디아코니아, 레이투루기어, 다다케 그리고 코이노니아"는 기독교적 영성을 매개한다.(84)(69항) 삼위일체 하나님은 영성의 원천으로서 세례와 성만찬과 같은 성례전, 그리고 기도와 설교와 예배예전 그 자체를 통하여 화해와 치유의 영성을 공급하신다.

… 세례는 예수 그리스도의 죽음과 부활을 함께 나누는 행위이다. 그것은 자신에 대해서 죽는 십자가의 영성(막 8:34)과 새로운 삶으로 다시 살아나는 영성(요 3:14)을 상징한다. 성만찬은 치유의 한 성례적 행동이요 기억의 행동이다. 그것은 우주적 화해를 위한 그리스도의 몸의 깨어짐의 한 재현이다. 하늘로부터 내려온 하나님의 떡은 이 세상에게 생명을 준다(요 6:33). 모든 사람들 사이에서의 떡과 즙의 나눔은 부의 재분배와 예수 그리스도께서 선포하신 하나님 나라의 평등성을 요청한다. 교회는 기도를 드리면서 하나님과 세상 사이에 개입하신다. 교회는 하나님께서 화해와 치유를 가져오시도록 신앙으로 '사이로 들어간다.' 말씀설교에서 교회는 짓밟힌 사람들을 위로하고 진리와 정의를 선포하며 모든 사람들을 회개와 용서로 부른다. 아니, 교회의 예배예전 그 자체가 그리스도 안에서 일어난 화해의 세계에 대한 하나의 증언이고 교회는 성령의 능력 안에서 일상생활 속에서 이와 같은 성만찬적 증언을 삶으로 살아낸다.(The Preparatory Paper 10, 85)(72)

'신자유주의 시장경제'로 인한 권력과 부의 편중은 자기 비움과 상호의존과 진정한 코이노니아를 요구한다. 특히, 자기 비움에 의한 화해와 치유의 영성은 비폭력의 방법, 곧 십자가를 감수하는 영성이다.

자기 비움의 영성은 또한 십자가를 짊어지는 영성이다. 교회는 고난을 감수함에 의하여 예수 그리스도의 십자가를 감당하도록 부름을 받고 있다. 비폭력적 저항의 영성이란 가난한 자들과 주변화된 자들에 대한 지속적인 착취의 시대에 화해와 치유의 구성적 측면이다. 억압과 차별과 상처받음의 상황들에서 그리스도의 십자가는 구원을 위한 하나님의 능력이다(고전 1:18). (Ibid., 85쪽)(71항)

따라서 화해와 치유의 영성이란 칭의, 성화, 성령의 열매들, 그리고 성령의 은사들을 사사화(privatization)하는 개인주의적 영성이 아니라, '역사'(정치 · 경제 · 사회 · 문화 등)와 '창조'의 세계에서 JPIC를 추구하여 생명의 공동체인 하나님 나라를 구현하게 하는 영성이다. 끝으로 2005년 아테네 CWME는 화해와 치유의 영적 자원들이 타 종교들 안에서도 발견된다며, 기독고와 타 종교의 대화와 연대를 촉구한다.

이는 우리들에게 선교의 종교 간 차원들을 진지하게 생각하라고 도전해온다. 그도 그럴 것이 통전적 의미에서 화해와 치유는 다종교들과 다문화들 사이의 화해가 없이는 성취될 수 없다. 이것을 수행하는 한 가지 방법은 타 종교들과 타 문화들로부터 갖다 쓸 수 있는 영적 자원들을 음미하고 배우는 것이다. 토착 공동체를 포함하는 치유와 화해어 대한 타 전통들과 경험들이야말로 매우 가치가 높다.(Ibid., 85-86쪽)(73항)

6. 화해와 치유의 출발점은 '화해와 치유'의 기쁜 소식(복음)이요
그 과정은 삼위일체 하나님의 선교요 그 목표는 '하나님 나라'이다

우리는 '역사'(정치 · 경제 · 사회 · 문화) 차원의 부정성(the Negative)과 '창조' 차원의 부정성이 아버지 하나님의 사랑으로 성령의 능력 안에서 예수 그리스도를 통하여 일어난 화해와 치유사건(복음)에서 극복되었고, 삼위일체 하나님의 선교에 의하여 '역사'와 '창조' 안에서 실현되고 있으며 장차 하나님 나라에서 완성될 것을 믿는다. 우리는 믿음으로 화해와 치유에 착수하고 사랑으로 삼위일체 하나님의 화해와 치유에 동참하며 화해와 치유 하나님 나라를 희망한다.

이 과정에 참여하는 사람들은 흔히 피해자들과 가해자(잘못한 사람)로 나뉜다. 그런데 기독교적 관례는 희생자들의 공경에 특별한 관심을 갖지만 화해와 치유는 피해자의 회복과 치유 그리고 가해자의 회개와 개변 모두를 요구한다. 이와 같은 과정이 반드시 분명한 순서를 따라서 일어나는 것은 아니지만, '새 피조물'(고후 5:17)이 된다고 하는 것은 양자 모두의 변화를 요청한다. 그리하여 우리는 화해와 치유과정의 6측면들에 특별히 주목한다. 진실, 기억, 회개, 정의, 용서 그리고 사랑이 그것이다.(Preparatory Paper 10, 37항)(77쪽) 즉, 과거사에 대한 참된 기억에 의하여 진실이 밝혀져야 하고 피해자의 아픈 기억이 치유되어야 하며, 가해자의 회개가 일어나야 한다. 본문은 '회개'에 대하여 이렇게 언급한다.

> 많은 갈등 상황에서 화해가 일어날 수 있기 전에 회개(metanoia)의 필요성이 있다. 개인적이든 집단적이든 적대감과 소외를 야기시킨 잘못 혹은 죄책이 있을 수 있기 때문에, 진정한 화해가 일어나려면 죄책이 있는 쪽이 죄와 실수를 회개했어야 한다. 예수님의 하나님 나라 선포는 회개에 대한 부름과 복음에 대한 신앙에 의하여 동반되었다(막 1:15).(49항)(79쪽)

'정의'에 관하여는 가해자를 법적으로 조치하는 '보응적 정의'(48항), 피해자의 피해부분을 원상으로 회복시키는 '회복적 정의'(49항), 그리고 잘못된 사회구조와 제도를 고치는 '구조적 정의'(50)를 주장한다. '용서'에 관하여는 이렇게 언급한다.

하나님의 용서는 우리 인간이 다른 사람들을 기쁜 마음으로 용서하려는 우리의 의지와 맞물려 있다(참고: 마 6:12, 14-15). 이런 이유로 기독교인들은 흔히 '우리는 용서하고 잊어버려야 한다.'고 말한다. 하지만 우리는 잘못된 과거가 마치 일어나지 않았던 것처럼 지난날의 잘못을 결코 망각할 수는 없다. 피해자에게 이렇게 하라고 요구하는 것은 다시 한번 그의 품위를 떨어뜨리는 것이다. 우리는 결코 망각할 수가 없다. 우리는 그것을 종전과는 다른 방법으로 기억할 수가 있다. 즉, 그것은 과거 및 가해자와의 다른 관계를 맺게 하는 방법일 것이다. 이것이 다름 아닌 우리가 기독교인들로서 부름받은 행동이다.(55항)(80쪽)

끝으로 '사랑'에 대하여 알아보자.(56항)(80-81)

사랑(아가페)이란 기독교의 가장 두드러진 특징이다. 삼위일체 하나님(the Three-in-One)은 서로 다른 위격들의 온전한 연합을 표현한다. 그는 포용하지 않는 것이 없으신 지고의 사랑이시다. 하나님은 그 자신을 사랑으로 계시하시고 나타내신다. 그는 사랑이시기 때문이다(요 3:16; 요일 4:7-12). 하나님의 형상으로 지음을 받고 세례를 통하여 새롭게 창조된 우리 인간들에게 '주신 성령으로 말미암아 하나님의 사랑이 우리 마음속에 부은 바 됨이라.'(롬 5:5; 비교: 갈 5:22) 때문에 믿는 자들에게 주신 원수에 대한 사랑 명령(마 5:44)은 성취 불가능한 것이 아니다. 하나님께서는 그가 이미 주시지 않으신 것을 우리들에게 요구하시지 않는다. 원수를 사랑한다고 하는 것은 하나님의 선물이요 동시에 인간의 개인적 공헌이다. … 사랑이란 그것의 신빙성의 징표로써 화해의 과정 전체를 포함한다.

이상에서 살펴본 '화해와 치유'의 과정에서 우리는 사랑과 정의의 관계에 주목한다. '보응적 정의', '회복적 정의' 그리고 '구조적 정의'와 방금 위에서 인용한 '사랑'의 관계 말이다. 우리는 '복음'을 믿음으로 출발하고, '사랑'으로 삼위일체 하나님의 선교에 동참하며 하나님 나라를 희망하고 기다려야 한다. 그런데 '정의'는 사랑을 목표로 해야 한다.

그런즉, 이상과 같은 화해와 치유의 출발과 과정과 목표는 앞에서 언급한 다섯 가지 깨어진 '역사'와 '창조'뿐만 아니라 남한과 북한의 화해와 치유에도 적용되어야 할 것이다.

7. 교회 밖의 '생명의 공동체들' 역시 하나님 나라의 파편들이요 도구들이다

교회 밖의 세계, 곧 '보편사' 및 창조세계 속에 현존하시고 활동하시는 아버지 하나님께서는 자신의 우편에 앉아 계신 아들 예수 그리스도에게 전권을 맡기시어 그로 하여금 성령을 통하여 세상 끝 날에 모든 사단마귀의 권세가 그의 발 앞에 굴복할 때까지 다스리신다. 하지만 동시에 그는 만유 안에 내주하신다. "… 곧 만유의 아버지시라 만유 위에 계시고 만유를 통일하시고 만유 가운데 계시도다 (엡 4:6)." 그리고 이와 같은 전 종말론적(the pen-ultimate) 시기 동안에도 하나님의 아들 예수 그리스도께서 역시 만물 안에 내주하신다. 예수 그리스도께서는 "만물 안에서 만물을 충만케 하시는 자"(엡 1:23)이다. 성령 역시 예수 그리스도의 위격과 사역에 선행(先行)하신 '하나님의 영'(루아흐 야훼)으로서 그리고 그리스도의 부활 후 기독론적이고 교회론적인 영(바울과 요한)으로서 역사와 창조세계 및 그 안에 있는 모든 생물체들 안에 보편적으로 현존하시고 사역하신다. 삼위일체 하나님께서는 인류와 창조 안에 내재하시면서 초월하시면서, '화해와 치유'를 통하여 '생명의 공동체'를 일구어가신다.

따라서 삼위일체 하나님께서는 '보편사' 및 창조세계의 종말론적인 완성 이전에 이미 만유 안에서 '화해와 치유'활동을 통하여 현존하시고 활동하신다. 따라서 우리 교회와 기독교인들은 성령의 은사로 주어지는 '분별력'(고전 2:13-14; 고전 2:24-15)을 가지고 교회 안에서 뿐만 아니라 가정과 사회와 문화의 불변수인 남녀의 공동체, 세대들 간의 상호 보완적인 조화의 공동체, 다문화·다종교·다민족들의 인류공동체, 다국가들의 공동체, 정치적 경제의 글로벌 공동체, 그리고 인류공동체와 창조세계 공동체(the commnunity of creation)와 같은 '교회 밖의 공동체들' 안에서도 '화해와 치유'로 특징지어지는 하나님 나라에 대한 파편들, 징표들 그리고 도구들을 분별할 수 있을 것이다. 이는 다름 아닌 관계와 대화와 참여의 공동체로서 삼위일체 하나님의 '형상들'에 해당할 것이다. 따라서 우리는 '교회 공동체' 안에서 그리고 '교회 공동체'를 통하여 그리고 '교회 밖의 공동체들' 안에서 그리고 '교회 밖의 공동체들'을 통하여' '화해되고 치유된 사랑과 정의와 평화의 생명공동체'를 구현해나가야 할 것이다. 비록 '보편사'와 창조세계의 회복을 위하여 택함을 받은 이스라엘과 교회만이 그것에 대한 미리 맛봄을 경험하지만 말이다. [7]

그리하여 '교회의 공동체성'과 '교회 밖의 공동체들의 공동체성'을 생각할 때, 생명의 문제는 단순히 생태학적이고 생물학적인 차원의 문제만이 아니다. 그것은 교회가 믿고 있고 희망하고 있는 새 생명과 영생뿐만 아니라 정치·경제·사회·문화와의 관계망 속에 있는 생명이다. '역사'(정치경제사회문화) 차원과 창조세계의 차원은 불가불리한 네트워크 속에 있다. '정의와 평화' 문제는 창조세계 보전문제와 맞물려 있기 때문이다. 인간을 포함하는 모든 생명체들은 하나님의 창조세계 안에서 서로 관계망을 형성하고 있고, 상호 의존적인 부분들(interdependent parts of the whole)이라고 하는 뜻에서 '생명'은 관계망 속에 있는 '생명공동체'이다. 그러니까 생태계뿐만 아니라 정치·사회·경제·문화 역시 하나의 생명의 관계망을 이루고 있고, 이와 같은 역사 차원 역시 창조세계와 생명적인 관계 속에 있다고 하는 말이다. 따라서 인간과 동식물은 각각 그와 같은 생명의 관계망으로부터 벗어날 때, 생명 상실과 생명 집의 파괴를 경험한다. '화해와 치유'의 길

---

7 • 'On Being the Church for the World'(1988), In Lesslie Newbigin, *Missionary Theologian*, Compiled and introduced by Paul Weston(Grand Rapids Michigan: William B. Eerdmans, 2006), 140.

은 '생명 집'으로 우리를 인도한다.

이상과 같은 '관계망' 논리 역시 삼위일체 하나님의 형상이다. 성부·성자·성령은 사랑의 네트워크 속에서 하나가 다른 하나를 인정하고 존중하며 하나가 다른 하나에게 마땅히 돌려야 할 영광과 사랑을 돌린다. 삼위일체 하나님은 상호 간에 상대방의 개별성과 영역주권을 인정하면서도 존재(내재적 삼위일체)와 행동(경세적 삼위일체)에 있어서 공동체성을 추구하신다. 성령께서는 인류와 창조세계를 삼위일체 하나님과의 코이노니아로 인도하시고 인류와 창조세계의 다양한 공동체들을 구축하시고 만들어가신다. 예수님의 유언과도 같은 대제사장 예수님의 기도인 요한복음 17:21-23은 하나님께서 네트워크 속에 있는 공동체(God as Communion)시요 인류 역사와 창조세계 역시 그래야 하고 후자가 전자에 참여해야 할 것을 계시하고 약속하고 있다.

우리는 종말론적으로 정향된 삼위일체론적 성령론을 통하여 그리고 사랑에서 출발하고 사랑을 표준으로 하며 사랑을 목표로 하는 정의구현을 통하여 그와 같은 '교회 밖의 공동체들'에게 '바른 길'(사랑과 정의와 평화)을 제시해야 할 것이다. 우리는 항상 새 창조의 성령을 초대하는 기도로써 '교회 밖의 공동체들'이 성령으로 충만하여 삼위일체 하나님의 형상을 따라 다양성과 다원성을 확보하면서 생명의 공동체인 하나님 나라를 일구도록 촉구해야 할 것이다.

8. 교회와 세계와 창조세계는 함께 하나님 나라를 추구하고 실현해야 할 것이다

바울은 에베소서 1:1-10절과 골로새서 1:15-20절에서 역사와 창조세계의 새 창조로의 출애굽을 주장하였고, 이제 로마서 8:19-23절에서는 성령의 보편적인 현존과 사역으로 모든 피조물들이 모든 인류가 하나님의 자녀들이 되는 날을 애타게 열망하고 고대한다고 하였다. '하나님의 영'(루아흐 야훼)의 보편적인 현존과 사역으로 '피조물이 고대하는 바는 하나님의 아들들의 나타나는 것이니' 그리스도의 영으로 하나님의 자녀들이 된 사람들은 루아흐 야훼의 신음소리에 귀를 기울여야 할 것이다. 이처럼 창조세계와 인류사회와 교회는 새롭게 될 공동체성을 목말라하고 있다. 역사의 틀 안에서 아브라함과 맺어진 인류를 위한 은혜의 언약은 노아와 맺으신 온 우주에 대한 하나님의 사랑의 언약을 전제하고 있다. 그리하여 서울 JPIC 대회는 위와 같은 은혜의 언약을 전제로 언약의무 수행 차원에서 4가지 구체적인 사항에 대한 '언약 행동들'(acts of covenant)을 제시하였으니, 이것 역시 생명공동체 만들기를 향한 지표들이다. 즉,

- 하나의 정의로운 경제 질서와 외채의 속박으로부터의 해방
- 모든 나라들과 사람들의 진정한 안전
- 창조세계의 온전성과 조화를 이룰 수 있는 문화건설
- 국가적 차원이든 국제적 차원이든 사람들 사이의 인종주의와 차별에 대한 근절

오늘날 인류사회와 창조세계의 다섯 가지 차원에서 깨어진 공동체성은 '대안 공동체'를 요청한다. 우리가 궁극적으로 추구하는 '대안 공동체'는 관계망 속에 있는 샬롬(사랑과 정의와 평화)의 생명공동체(창 1-2; 요 10:10; 계 21-22)이다. 이 생명공동체는 이념과 체제를 초월한다. 이 공동체는 화해되고 치유된 공동체요 정의와 평화와 사랑이 강 같이 흐르는 공동체이다. 교회 공동체, 교회 밖의 공동체들, 그리고 지구생명공동체들은 각각 그리고 상호 간에 생명의 관계망 속에서 살고 있다. 생명의 문제는 단순히 생태학적이고 생물학적인 차원의 문제만이 아니다. 정치 · 경제 · 사회 · 문화와의 관계망이 다름 아닌 '생명'이다. '역사'(정치 · 경제 · 사회 · 문화) 차원과 창조세계 차원은 불가불리한 관계망 속에 있다. '정의와 평화'문제는 창조세계 보전문제와 맞물려 있기 때문이다. 그러나 오늘의 '신자유주의 시장경제'는 빈부 격차의 확대와 환경파괴의 가속화로 인류공동체와 창조공동체를 파국으로 몰아넣고 있다. 그래서 『아가페』 문서는 아가페 사랑을 전제하는 희년 (레 25)의 실천을 선언하는 맥락에서, '글로벌 자본주의'에 대한 '대안 경제'로서 "긍휼과 정의가 넘치는 세계"를 선포하였다. 그것은 "하나님의 생명 집 살림살

이"(God's Household of Life)에 다름 아니다. 이는 진정으로 삼위일체 하나님께서 원하시는 생명의 오이코스이다.

삼위일체 하나님께서는 생명의 성령(the Lord and life-giver)을 통하여 이상과 같은 '샬롬(사랑과 정의와 평화)의 생명공동체' 혹은 '대안공동체'를 인류공동체와 창조세계 안에서 실현해가신다. 이와 같은 성령을 통한 삼위일체 하나님의 선교는 하나님께서 만유 안에 거하실 새 하늘과 새 땅에서 완결될 것이다. 삼위일체 하나님과 성령께서는 보편적인 현존과 사역 속에서 예수 그리스도의 성육신과 십자가와 부활을 통하여 그리스도의 몸 된 교회에게 이와 같은 삼위일체 하나님의 선교를 알리시어 교회로 하여금 이에 대하여 감사하게 하셨다. '성령의 전'이요 '하나님의 백성'이요 '그리스도의 몸'인 교회(the Church)는 역사적 교회들(the churches) 안에서 성령을 통하여 삼위일체 하나님의 우주적 선교에 동참해야 한다. 하지만 세례와 성만찬과 같은 특수한 은혜의 수단을 통하여 특수한 공동체가 된 교회는 성령을 통한 하나님의 선교에서 특수한 자리와 역할을 감당해야 할 것이다. 교회는 성령을 통하여 복음의 우주적 범위에 동참함으로써 하나님 나라를 미리 맛보고, 그것을 표징하며, 그것의 도구가 되어야 한다. 교회는 이 마지막 하나님 나라 잔치를 성만찬에서 미리 축하한다. 보편사와 창조 안에서도 그와 같은 하나님 나라에 대한 파편들과 표지판들과 도구들이 발견될 수 있다는 말이다. 이를 분별할 수 있게 하는 것은 성령의 은사로 받은 분별력이다.

적어도 하나님 나라 혹은 새 하늘과 새 땅은 '역사'와 '창조' 모두에 있어서 화해와 치유가 온전히 이루어진 장차 도래할 세계의 삶일 것이다(the life of the world to come)(니케아-콘스탄티노플 신조, 381).

성경의 끝, 곧 계시록에서 성 요한은 자신에게 주어진 새 하늘과 새 땅에 대한 비전을 받았다. 다시 말하면 그 비전은 그리스도 안에서의 하나님의 화해사역의 결과인 새 창조의 세계(계 21:1, 5; 참고 고후 5:17-18)에 대한 것이었다. 새 예루살렘은 하나님께서 그의 백성과 거주하시는 화해된 도성(都城)이다. 그 도성 안에선 이미 정의가 이루어졌기 때문에 거기에는 더 이상 그 어떤 슬픔이나 통곡이나 그 어떤 고통도 더 이상 없다. 그도 그럴 것이 모든 것이 하나님의 영광의 빛 가운데 있기 때문이다. 그 도성의 한가운데로 나라들을 치유하기 위하여 생명의 강이 흐르고 있다(계 21:1-22:5). 그러므로 우리는 세계선교의 영역에서 "장차 도래할 오이쿠메네"에 대하여 말할 수 있으니, 이는 기존하는 문화들 사이에 하나의 정직한 대화가 일어날 수 있는 하나의 개방된 사회이다(히 2:5; 참고 13:14 이하). 오늘의 세계는 모든 사람들이 '타자'에게 열려 있고 (그들은 궁극적 타자에 대하여 열려 있기 때문에) 모든 사람들이 그들의 정체성의 다원성과 다름에도 불구하고 하나의 공동생활을 할 수 있고 하지 않으면 안 되는 한 가족이다. 하나의 새로운 선교 패러다임으로서 화해란 '오니쿠메네'라고 하는 개념과 그것의 파생 개념들(에큐메니즘 등)을 새롭게 이해하게 하는 결과를 낳는다. 이와 같은 개념들은 더 이상 인간이 거주하는 온 세계, 온 인류, 혹은 심지어 하나의 연합된 보편교회와 같은 하나의 추상적인 보편성을 가리키지 않는다. 환언하면, 그것들은 더 이상 하나의 즈어진 상황이 아니라 교회들 사이의, 문화들 사이의, 사람들과 사회들 사이의, 그리고 동시에 인류와 나머지 하나님의 창조세계 사이의 실질적이고 동시에 위협을 받는 관계를 묘사한다.(Preparatory Paper 10, 89쪽)(85항)

Ⅳ

나가는 말

　제13장은 두 장으로 구성되었다. 하나는 'Ⅱ. 은혜로 주어지고 주어질 '생명 공동체'요 다른 하나는 'Ⅲ. 과제로서 생명공동체의 구현'이다. 그 구조로 보아서, 전자는 '은혜의 하나님 나라 복음'이요 후자는 그것에 대한 인간의 응답으로서 과제에 해당한다. 필자는 Ⅱ. 1[은혜(Gabe=Gift)로 주어지고 주어질 하나님 나라는 '생명공동체' 이다]에서 '생명공동체'의 개념 안에 '인류공동체 및 창조공동체' 그리고 '교회 공동체'를 포함시켰다. 그것이 새 하늘 새 땅의 생명공동체의 모습이요, 타락 이전 의 생명공동체의 모습이기 때문이다. 그러나 인류의 타락은 '생명공동체의 파괴' 였다. 이는 사단마귀와 인류의 자유의지의 합작으로 결과하였다. 그래서 필자는 Ⅱ. 3(깨어진 공동체에 대한 대안은 '복음'과 '삼위일체 하나님'과 '하나님 나라'이다)에서 복음을 정의하였다. 복음을 하나님 나라에 대한 기쁜 소식으로 그리고 삼위일체 하나님 의 복음으로 정의하였다. 그리고 이 복음의 핵심을 '화해와 치유'로 이해하였고, 이 하나님 나라란 이와 같은 '화해와 치유'가 완전히 실현될 나라인데, 삼위일체 하나님의 선교가 그것을 실현해가신다고 보았다. '화해와 치유'에 관하여는 2005 년 아테네 CWME 총회 보고서를 참고하였다. 따라서 이상과 같은 생명공동체는 이미 은혜로 주어졌고 장차 은혜로 완성될 생명공동체이다.

　그리고 필자는 'Ⅲ. 우리의 과제로서 생명공동체의 구현'에서 '교회와 세상과 창조세계'가 모두 '생명공동체'를 구현해간다고 보면서, 교회의 자리와 역할을 첫 항목[Ⅲ. 1. 교회는 '화해와 치유'(복음)사역을 통하여 삼위일체 하나님의 하나님 나라 실현에 참여한 대으로 다루었다. 그리고 나머지 7항목에서는 교회 밖의 모든 인류 및 창조공동체들 역시 '생명공동체'인 하나님 나라를 추구한다고 보았다.

　필자는 이 글에서 아우구스티누스의 '두 도성'사상과 루터의 '두 왕국론'을 극복하려고 시도하였다. 특히, 우리 한국의 개신교는 교회와 세상, 성과 속, 개인 구원과 세상, 신앙과 자연과학 및 사회과학 등의 이분법에 익숙한 나머지, 거의 '영지주의'에 가까운 이원론을 지향하고 있는 바, 인류 역사와 세상과 창조세계를 사단마귀의 일터로 간주하는 경향마저 있다 하겠다. 여기에 더하여 근대주의와 근대주의의 유산인 '신자유주의 시장경제'로 인하여 개인주의가 한국교회 안팎을 지배하고 있는 오늘의 상황에서 이상과 같은 보편주의적 생명공동체로서 하나님 나라에 대한 희망은 새로운 교회와 신학의 패러다임을 요청한다고 생각된다. 그리하여 필자는 그와 같은 요청에 따른 신학을 아래의 '전체 결론'에서 '생명공동체'를 전제로 하고 그것을 출발점으로 하는 새로운 패러다임의 신학을 제안하였다.

전체 결론

1. 에큐메니칼 교회와 신학의 목적

13장의 글들은 각각 나름대로 그 끝 부분에 결론을 가지고 있다. 그런즉, 독자는 각 글의 결론 부분에 주목하기를 바란다. 각 글이 온전성(integrity)을 가지고 있듯이 그것의 결론도 그러하기 때문이다. 그러나 필자는 제12장의 '나가는 글' 끝부분과 제13장 본문과 결론에 제시된 '생명공동체'에 대한 주장을 13제목의 글 모두의 결론으로 하고 싶다. 그도 그럴 것이 제2장에서 제13장 본문에 이르기까지 모두가 '교회 공동체', '인류공동체' 그리고 '창조공동체'(참고: 제13장 '나가는 말')를 지향하고 있기 때문이다. 신학의 궁극적인 목적은 공동체 추구에 있다. 에큐메니칼 교회와 신학은 궁극적으로 교회와 세상과 역사와 창조세계를 아우르는 생명공동체를 추구한다(참고: 제12장의 '나가는 글' 끝 부분과 제13장 본문).

하나님의 아들 예수 그리스도께서는 이와 같은 생명공동체를 다시 세우시기 위하여 자기를 비우시고(kenosis) 부활하시사 죄와 죽음과 흑암의 권세 아래 있는 세상과 역사와 창조세계의 궁극적인 출애굽을 계시하시고 약속하셨다. 우리가 믿는 하나님은 '생명의 하나님'이시다. 출애굽 이후 이스라엘은 자신들의 '역사'를 구속하신 하나님께서 우주만물을 창조하시고 그 가운데 인간을 포함하는 모든 생명체들을 지으신 '생명의 창조주 하나님'이심을 깨닫게 되었다. "땅이 혼돈하고 공허하며 흑암이 깊음 위에 있고 하나님의 신이 수면에 운행하시니라 하나님이 가라사대…"(창 1:2-3). 하나님께서는 땅을 위협하는 '혼돈', '공허', '흑암', '깊음', '물'과 같은 무성(無性)을 허용하시고 이 무성에도 불구하고 '그분의 생명 살리는 영'을 통하여 '무로부터 하늘과 땅을 창조'(creatio ex nihilo)하셨다. 그런즉, 말씀과 성령으로 천지의 보이는 것과 보이지 않는 모든 것을 지으신(니케아-콘스탄티노플 신조, 381) 하나님은 생명의 삼위일체 하나님이시다. 이와 같은 창조주와 하나님의 영의 보편성을 경험한 이스라엘은 자신들을 하나님께서 모든 이방 나라들을 구속하기 위하여 선택하신 '제사장 나라'(출 19:5-6)로 인식하였다. 구약의 구속사의 하나님은 '역사'와 '창조'를 아우르는 생명의 삼위일체 하나님이시다. 그리고 '제13장 Ⅱ와 Ⅲ'에서 필자는 생명공동체에 대하여 상세히 언급하였으니, 그와 같은 '생명공동체'는 신학의 전제요 출발점이요 궁극적인 목적이다(참고: 제 13장의 결론).

2. 에큐메니칼 신학의 전제와 자리

에큐메니칼 신학은 이상(제12장의 '나가는 말'과 제13장)과 같은 '생명공동체 추구'를 목표로 한다. 또한 에큐메니칼 신학은 그 전제 역시 '생명공동체'이다. 신학자는 실존주의 전통에서처럼 개인으로서 실존하는 것이 아니다. 에큐메니칼 신학이 삼위일체 하나님을 그 대상으로 할 경우에, 그 하나님은 '공동체로서 하나님'(God as Communion), 곧 '생명의 하나님'이시다.[1] 한 신학자는 어디까지나 '생명공동체'로서 교회의 성원이요, 교회 밖에 있는 '생명공동체'(정치 · 경제 · 사회 · 문화 공동체들)의 성원이요, 창조세계와 그 안의 생명공동체들의 성원이다. 그는 생명의 관계망 속에 있기 때문에 교회의 성원만일 수가 없다. 그리고 신학자들은 제13장이 제시하는 21세기 '생명공동체'를 깨뜨리는 요소들(사탄마귀와 인간의 자유의지)에 대응하여 역사와 창조를 아우르는 '생명공동체' 운동에 동참하기 때문이다.

---

1 • 비교: Patricia A. Fox, *God as Communion*(Collegeville, Minnesota: The Liturgical Press, 2001). 본 저서에서 폭스는 지지울라스(Zizioulas)의 많은 저서들을 사용하여, 삼위일체 하나님의 공동체성에 기초한 교회의 공동체성을 강조하는 신학을 펼쳤다.

성경의 중심 메시지(참고: 'WCC와 '복음과 성경')는 '하나님 (삼위일체) 나라의 복음'이다. 성경의 말씀들은 이 중심 메시지를 증언하고 있다. 그것은 다름 아닌 '생명 공동체'를 그 핵심 내용으로 한다(창 1-2; 사 11장과 65장; 요 17:21-23; 행 2; 고전 12장과 고후 5:17-19; 엡 2:12-22; 갈 3:27-29; 에1 1:10; 골 1:15-20; 계 21장과 22장). 물론, 복음서들이 증언하고 있는 가난한 자, 병든 자, 소외된 자, 억압받는 자, 여성 등에 대한 긍휼과 온 인류와 창조를 그 한 몸(a corporate Person = 집단 인격) 안에 품으시는 십자가와 부활사건은 정의·평화·사랑이 넘쳐흐르는 '생명의 공동체'를 겨냥하고 있다.

이상과 같은 신학적인 공동체론을 전제하면서 혹은 그것을 출발점으로 하여 우리는 신학을 추구하고 그것의 자리를 가늠해야 한다. 그도 그럴 것이 예수님께서 선포하셨고 그분의 말씀들과 행동들로 미리 보여주셨으며 그분의 십자가와 부활을 통하여 더욱 극명하게 계시하시그 약속하신 '하나님 나라의 복음'이란 '역사와 창조'를 아우르고 '생명공동체' 안에 보편적으로 현존하시고 사역하시는 '생명의 영'(the life-giving Spirit)과 교회 공동체 안에 현존하시고 사역하시는, 부활 승천하신 그리스도께서 파송해주신 성령(그리스도의 영)을 통하여 선포되고 실현되기 시작한 것이기 때문이다. 환언하면, '생명의 영', '생명지탱의 영', 혹은 '코이노니아의 영'(관계와 참여와 공동체 형성의 영)이 하나님의 아들 예수님과 동행하시고 사역하셨고, 그리스도의 영은 사도들로 하여금 이 '하나님 나라의 복음'을 선포하게 하심으로써 '생명공동체'(행 2장)를 창조하셨다는 말이다.

성경은 주로 이와 같은 '복음'과 '하나님 나라'를 증언하고 있는 말씀들이다. 신학은 이와 같은 '복음(the Tradition)과 성경'을 전제하는 바, 성경은 여러 '전통들'(the traditions)을 통하여 하나님 나라의 복음전통을 매개하고 있다. 그런데 우리는 이와 같은 '전통'(T)과 성경 안에 있는 '전통들'(ts)을, 앞에 제시한 '생명공동체'를 전제하고 그것을 목적으로 하여 해석하고 실천해야 할 것이다. 물론, 우리가 '전통'(T)을 전수받아서 전승시킨다고 할 때 우리는 그때그때의 정치·사회·경제·문화라고 하는 맥락 속에서 우리으 해석과정에 돌입한다고 하는 사실을 알고 있지만 말이다.

따라서 교회와 신학은 첫째로 '전통과 전통들'을 통하여 전승된 '하나님 나라의 복음'(the Word of God)을 성령의 사역으로 수용하여, 섬기고 전승시킨다. 둘째로 교회와 신학은 설교와 세례 및 성만찬 등을 포함하는 '예배예전'과 '기도', 그리고 '하나님과의 코이노니아' 및 '성도들과의 코이노니아'를 성령을 통하여 전승받아, 전승시킨다. 셋째로 교회와 신학은 신조(Creeds) 그리고 그 당대의 세상 및 역사에 대한 경험을 통하여 자신을 형성해나간다. 이런 뜻에서 신학은 교회를 전제하는 것이다. 이런즉 이와 같은 신학의 기능들은 앞에서 지적한 '생명공동체'를 전제하고 그것을 추구하며 그것을 구현하기 위해서 존재한다. 그리고 이 모든 전수받음과 전승시킴에 있어서 이미 지적한 대로 해석학적 과정이 있어야 할 것이다.

이제 필자는 WCC의 신학을 교회라고 하는 '생명공동체' 안에 국한시켜 논하려고 한다. 교회 밖의 '생명공동체'에 관련된 것은 이미 제13장에서 언급되었기 때문이다.

지지울라스는 교회를 '생명공동체'인 삼위일체 하나님의 코이노니아의 반사체로 이해한다. 그는 교회를, "다양한 인격들 사이의 역동적이고 상호적인 관계, 곧 집단 인격(a corporate Person)이신 한 분 그리스도 안으로 회집된 다자(多者)"로 이해하면서, "전통들"(기독교 역사 속에서 교회들의 신학전통들)이란 이와 같이 삼위일체 및 성령 그리고 성도들과의 코이노니아 속에 있는 믿는 자들에 의해서 "그것이 전승된 특수 맥락에 비추어서 재해석되고 재수용된 실재이다."[2]라고 한다. 따라서 '전통들'(신학전통들)은 "세상, 그것의 역사, 그것의 문화, 심지어 그것의 비극적인 경험들과 실패들을 수용한다. 교회는 십자가에 달리신 주님의 몸이기 때문이다. … 교회 역시 수용되는 것이고 … 교회는 세상으로 하여금 수용하도록 그 자신을 드려야 한다."[3]

폭스에 따르면, 지지울라스는 교회와 신학의 두 가지 측면의 '수용'(reception)을 주장한다.

---

2 • "The Church As Communion", St. Vladimir's Theological Quarterly 38(1994).13, In Patricia A. Fox, *God as Communion*(Collegeville, Minnesota: The Liturgical Press, 2001), 90.

3 • Fox, op. cit., 91.

첫째로 우리가 수용하게 되는 것은 예수님 안에서 성육신하였고 성령 안에서 우리들에게 주어진 하나님의 사랑이다. 우리에게 주어지고 전수된 이 선물에 대한 메시지와 그 매개는 인격적이고 관계적이다. 그리하여 교회는 이와 같은 하나님의 사랑을 이 세상에 전해주기 위해서 존재하는 것이다.[4]

그런 식으로 교회는 또한 예수님의 삶과 죽음과 부활에 대한 역사적 사실들을 살아 있는 전통의 일부로 수용하고 나아가서 하나님의 백성들이 우리들 사이에서 일어난 하나님의 행동들에 대한 참된 진술로 고백하는 신조들을 수용하지만, 중심되는 실재는 무엇보다도 교회가 '코이노니아를 누리고 계신 위격들로서 하나님'(삼위일체 하나님)을 수용한다고 하는 사실이다.[5]

수용의 두 번째 측면은 교회가 이 세상으로부터 수용하는 것에 관한 것이다. 세상 그 자체, 그것이 수용될진대, 그것은 교회를 형성한다. 그것은 교회와 문화, 교회와 역사, 교회와 타 학문들의 관계에 관한 것인데, 여기에서 지지울라스는 "다양한 문화들을 수용함에 있어서 하나의 본질적인 요소로서 자유를 역설한다." 그는 "다양한 사람들이 복음과 그리스도 자신을 다양한 방법으로 수용함에 있어서 표현의 자유와 문화적 형태들의 다양성을 말한다. 이는 수용이 항상 지역교회를 통하여 일어난다고 하는 사실을 필연적이게 만든다.[6]

따라서 에큐메니칼 신학들은 다양성 속에서 통일성을 지닌다. 코이노니아의 맥락 안에 있는 전통(the Tradition: 하나님 나라의 복음)과 성경, 그리고 보편교회의 신조(주로 칼세돈 정통 기독론과 니케아-콘스탄티노플 신조)는 다름 아닌 에큐메니칼 신학들의 공통분모로서 신학들의 통일성인데, 이는 교회가 '수용'한 것이다. 물론, 그와 같은 전제들이 수용되고 전승될 때, 그것은 해석학적 과정 속에 있어야 하지만 말이다.

---

4 • Fox, op. cit.

5 • Fox, op. cit.

6 • Fox, op. cit., 92.

그리고 여기에서 우리는 신학의 자리를 확인해야 한다. 신학은 자신이 그 무엇을 말하기 전에 그 자신이 무엇을 전수받았는가를 알아야 하고, 중세 교회에서처럼 자신이 제왕적 위치에 있는 것이 아니라 뭔가 받아서 뭔가 다시 주어야 하는 자리에 있음을 알아야 한다. 무엇보다도 에큐메니칼 신학은 삼위일체 하나님과의 코이노니아와 교회 공동체 안에서의 코이노니아 안에서 하나님 나라의 복음, 신조들 그리고 세상 역사 및 창조세계를 수용하면서, '신자유주의의 글로벌화'와 '환경파괴'와 같은 21세기 상황들에 걸맞은 메시지를 창의적으로 발의하고 진술하며 증언해야 할 것이다. 에큐메니칼 신학은 자신을 특정 교파의 신학에 국한시켜서는 안 되고, 이상과 같은 보편적 교회의 신학의 전제들을 받아들이면서 그동안 에큐메니칼 신학전통(the traditions)에 비추어서 21세기 상황에 대처하는 신학을 펼쳐야 할 것이다. 이때에 에큐메니칼 신학자는 신학자이기 이전에 이미 지역교회의 성원으로서 위에서 언급한 코이노니아를 누리고 있는 것이다. 이와 같은 코이노니아는 신학적 코이노니아 이전의 코이노니아의 조건일 것이다. 이와 같은 신학은 18-19세기의 모더니즘적 개인주의 신학이나 교파주의 신학이기를 멈춘다.